POETAE MELICI GRAECI

POETAE MELICI GRAECI

ALCMANIS STESICHORI IBYCI
ANACREONTIS SIMONIDIS CORINNAE
POETARVM MINORVM RELIQVIAS
CARMINA POPVLARIA ET CONVIVIALIA
QVAEQVE ADESPOTA FERVNTVR

EDIDIT

D. L. PAGE, Litt.D.

APVD CANTABRIGIENSES
LINGVAE GRAECAE PROFESSOR REGIVS
COLLEGII IESU MAGISTER

OXFORD
AT THE CLARENDON PRESS
1962

Oxford University Press, Amen House, London E.C.4

GLASGOW   NEW YORK   TORONTO   MELBOURNE   WELLINGTON
BOMBAY   CALCUTTA   MADRAS   KARACHI   LAHORE   DACCA
CAPE TOWN   SALISBURY   NAIROBI   IBADAN   ACCRA
KUALA LUMPUR   HONG KONG

PRINTED IN GREAT BRITAIN

PRAEFATIO

Octo lyricorum praeter Pindarum anthologiam primus edidit Michaelis Neander in *Aristologia Pindarica*, Basil. 1556, pp. 378 seqq.: est libellus pulcher sed exilis, fragmenta vix triginta continens. mox anno 1560 comparuit anthologia ab H. Stephano confecta, *Pindari Olympia &c. ... ceterorum octo lyricorum carmina*; idem iam anno 1554 *Anacreontis Teii Odas*, 1556 *Anacreontis et aliorum lyricorum aliquot poetarum odas*, scilicet Sapphonis Alcaeique fragmenta pauca congesserat. sexies provulgata est anthologia Stephaniana, quamquam anno 1568 palmam facile abripuerat Fulvius Vrsinus, qui fragmentorum copiam multo locupletiorem coacervarat, non nulla feliciter emendavit. restat adhuc veneratione dignus liber, *Carmina novem illustrium feminarum ... et lyricorum Alcmanis Stesichori Alcaei Ibyci Anacreontis Simonidis Bacchylidis ... ex bibliotheca Fulvii Vrsini Romani*, Antverp. 1568.

sequuntur anni ducenti in quibus nihil huiusmodi memorabile invenio, quamquam permulta obiter emendata sunt ab Athenaei aliorumque editoribus, inter quos eminent eminebuntque Gulielmus Canter Isaac Casaubon Ricardus Bentley. paulum moramur, si *Anacreonta Teium* edidit I. Barnes (1705, tert. 1734), *Sapphus poetriae Lesbiae fragmenta &c.* Iohannes C. Wolf (1733), *Anacreontis Teii Carmina* Iohannes F. Fischer (1754, tert. 1793), *Fragmenta Stesichori Lyrici* Iohannes A. Suchfort (1771). nec multum profecit Ricardus F. P. Brunck in *Analectis Veterum Poetarum Graecorum* (1776); pauca enim selegit, perpauca correxit; eadem commentario haudquaquam inutili instruxit Fridericus Iacobs (*Anthologia Graeca* 1794–1814). his fere temporibus operam praesertim in Athenaeo navabat Ricardus Porson, raro sed egregio in melicis successu. mox accesserunt a Carolo I. Blomfield edita *Sapphonis Fragmenta, Mus. Crit.* I (1814) 1 seqq., *Alcaei Mitylenaei Fragmenta* ibid. IV 421 seqq., *Stesichori Fragmenta* ibid. VI 256 seqq.: huius collectiones parum amplas, textus paucis liberatos vitiis denuo publicavit, Simonidis fragmenta addidit Thomas Gaisford (*Poetae Minores Graeci* III 1823). interdum in Germania rerum novus incipiebat ordo: *Fragmenta Alcmanis lyrici* edidit Fridericus G. Welcker (1815), *Sapphonis Mytilenaeae Fragmenta* Christianus F. Neue (1827), *Alcaei Mytilenaei Reliquias* Augustus Matthiae (1827), *Stesichori Himerensis Fragmenta* Ottomarus F. Kleine (1828), *Ibyci Rhegini Carminum Reliquias* Fridericus G. Schneidewin (1833), *Anacreontis Carminum Reliquias* Theodorus Bergk (1834), *Simonidis Cei Carminum Reliquias* Schneidewin (1835); eisdem temporibus *Anthologiam Lyricam* componebat Fridericus Mehlhorn (1827), *Delectum Poesis Graecorum III: Poetarum Melicorum Reliquias* Schneidewin (1838); lectu digna etiam eiusdem opuscula, *Exercitationum Criticarum in Poetas Graecos Minores capita quinque* (1836), *Coniectanea Critica* (1839), *de Laso Hermionensi Commentatio* (1842–3), *Beitraege zur Kritik der Poetae Lyrici Graeci ed. Th. Bergk* (1843). aurea vere aetas, cum tot tantisque philologis superaddendum sit immortale nomen Godofredi Hermann, cui uni plus debemus quam ceteris ante Theodorum Bergk omnibus. eo duce summum denique culmen attigerunt Henricus Ludovicus Ahrens (*de Graecae Linguae Dialectis* 1839–43), et Theodorus Bergk (*Poetae Lyrici Graeci III: Poetae Melici* 1843; ed. sec. 1853, tert. 1867, quart. 1882): quorum libros modo compares cum quovis antecedentium (paene addideram etiam futurorum), agnosces inter praestantissimos omnium saeculorum in hac nostra disciplina esse numerandos. praebuit Theodorus Bergk adamussim id quod tempus postulabat: Hermanno praeeunte numerorum, Ahrensio dialectorum peritiam; eruditionem in litteris Graecis ut profundam ita latissime extentam; industriam in fragmentis colligendis, curam in exscribendis paene incredibilem, acumen in emendando quale nemo postea. nunquam obsolescet hominis ingeniosissimi illustre monumentum.

Ahrensii vestigia prementes Augustus Fick, mox etiam Otho Hoffmann Anacreontis Lesbiorumque dialectos purgavere. Bergkii inter successores vix quemquam mentione dignum reperio ante Fridericum Blass, cui obtigit novam rerum seriem ordiri: is enim primus notissimum illud Alcmanis fragmentum papyraceum, anno 1855 repertum, 1863 publicatum, qua par erat disciplina tractavit. successit aetas de qua infinitum esset si debita loquerer: satis erit virorum illustrium nomina commemorare, quibus debentur inopinata ac mirifica poesis melicae incrementa, nec non editiones doctrina incomparabili instructae. primo igitur nominandi loco Bernardus Grenfell & Arturus Hunt; Gulielmus Schubart & Vdalricus de Wilamowitz-Moellendorff; Hieronymus Vitelli & Medea Norsa; et qui in arte quae vocatur papyrologica omnibus antecellit, Edgar Lobel.

quod ad reliquias iam dudum notas attinet, non ita multum post Bergkium profecimus: tantum in Sapphone Alcaeoque Lobel, in ceteris Wilamowitz prospere versatus est; accedit ut viri artis metricae periti, quorum praestantissimi Wilamowitz et Paulus Maas, plurimum ad textus corrigendos recteque repraesentandos contulerint.

de historia hactenus: hodie qui melicis studet, suam ipsum oportet reliquiarum redigere collectionem. sane omnia suis temporibus nota congessit I. M. Edmonds (*Lyra Graeca* i–iii; i 1922, ed. alt. 1928; ii 1924, iii 1927): cuius liber quamquam utilissimus in coacervatione scriptorum ad vitas spectantium, in auctoribus laudandis plenus et accuratus, textus tamen plerumque audaciores praebet, manuscriptorum lectiones paucas easque parum studiose renuntiat. quibus potius selecta quam collecta placent, nequaquam spernenda Ernesti Diehl *Anthologia Lyrica Graeca* (I iv 1935, II ed. alt. 1942), quamvis parum dialectis artique metricae satisfaciat, manuscriptorum lectiones nec plene nec lucide referat, apparatum criticum adnotatiuncularum sartagine plerumque parum necessaria atque adeo inutili referciat.

ego hoc mihi proposui, ut textus titulosque carminum melicorum exceptis Pindaricis Bacchylideisque omnes qui ad nos usque pervenere denuo ex editionibus recentissimis provulgarem; testimonia omnia fere exscriberem; lectiones manuscriptorum plenissime renuntiarem. terminum constitui, quo tempore incipit liber utilissimus ab Iohanne Powell conscriptus *Collectanea Alexandrina* (1925): repetita invenies pauca quae

vii

potius mei quam istius libri temporibus congruunt; animi causa scolia Berolinensia inclusi; denique accedunt adespota quaedam Alexandrina istic praetermissa, nequid omnino sit neglectum.

poetarum Lesbiorum fragmenta separatim placuit edere, praesertim cum Edgar Lobel, in hac doctrina omnium facile princeps, semet papyros denuo perlecturum spoponderit, re vera omnia ingenio examinaturus acerrimo. reliqua continet hic liber, cui pauca praefabor.

de dialectis disserendi nihil est hic loci: etenim fusius alibi de Alcmane Corinnaque disputavi, de ceteris libellum longiusculum taedio plenum conscripsi, nunquam ita me di ament publicaturus. quomodo dialectos Alexandrini repraesentarint, praecipue in Alcmane Sapphone Alcaeo Corinna, multo minus in ceteris, papyri nos aliquatenus certiores fecere. harum exemplo, quamquam nequaquam in omnibus rebus secum ipsae constant, obtemperare conatus, in eo potissimum haerebam, an falsa cum veris recipere deberem. exemplum si quaeris: scripsit Alcman ΘΙΟΣ, ΣΙΟΣ Alcmanis editor Alexandrinus. ego quamvis haesitabundus ut in re lubrica tandem tradita referre decrevi. in una re videbor mecum ipse vix constitisse: ΚΛΕΟΒΟΥΛΟΣ, ΔΕΟΝΥΣΟΣ, similia scripsit Anacreon, scripserunt Iones usquequaque ante saec. V p. post.; nos in fontibus nostris ΚΛΕΥ-, ΔΕΥ- legimus. vereor ut recte ducibus Augusto Fick, Othone Hoffmann hunc posterioris aetatis scribendi modum ab Anacreonte secernendum esse censuerim. moneo autem ΣΙΟΣ in Alcmane scripsisse Lacedaemoniis exceptis omnes omni tempore, ΔΕΥ- pro ΔΕΟ- in Anacreonte neminem unquam ubicumque ante saeculum V p. post.

qua ratione cuiusque poetae fragmenta ordinaverim si quaeris, vix habeo quod respondeam. plerumque primo papyracea, tum quae ad libros numero vel titulo notatos relata accepimus, sequentia ita pro materie dispono ut cohaereant quae ad res fabulosas, quae ad res divinas spectant; in Anacreonte etiam quae eisdem fere numeris scripta sunt. sed parum me iudice refert, nam indice verborum subiecto quidquid quaesiveris facile invenies.

in apparatu qui vocatur critico manuscriptorum lectiones fere omnes refero quibus utuntur fontium nostrorum editores recentissimi. nempe multa ac praeclara adminicula habemus quibus indigebat Theodorus Bergk, velut scholia in Apollonium Rhodium Theocritumque a Carolo Wendel edita, in Euripidem ab Eduardo Schwartz, in Pindarum ab A. B. Drachmann; Etymologici Genuini codicem Vaticanum contulit Ricardus Reitzenstein; Plutarchum legimus in editione nova Teubneriana; Stobaei textum optime edidere Curtius Wachsmuth et Otho Hense, Hephaestionis Maximilianus Consbruch, Sudae Ada Adler, Apollonii Dyscoli R. Schneider et G. Vhlig; ne dicam Pollucis Athenaei aliorum editiones hodie probatiores.

coniecturarum seriem paene infinitam perpendi, eas tantum exscripsi quas probabiles vel aliquo modo utiles esse iudicabam, reliquas aut omnino taciturus aut in commentarium relegaturus. in auctoribus emendationum nominandis laboriosius egi: negligentissimi in hac re et Theodorus Bergk et Vdalricus de Wilamowitz-Moellendorff, quibus posteri tam serviliter obsequuntur ut etiam errores perpetuent. sescenta suis reddidi, plura dubio procul debui. tantum dialectorum quisquilias nihil moror: ubicumque forma in textum recepta manuscriptorum auctoritate eget, rem in apparatu notatam invenies, correctoris nomen frustra requires. parum enim refert hodie, quis primus ἤ in ἀ, ἔλκειν in ἕλκην, ἡμῖν in ἡμὶν mutaverit; atqui semper memores erimus, quantum hoc nomine debeamus viris illustrissimis Ahrens Bergk Fick Hoffmann Meister Bechtel Lobel.

adnotationes denique exegeticas consulto exclusi, futtile ratus brevia praecipere in rebus quae explanatione plenissima indigent. commentariola non nulla iam alias scripsi, plura fortasse posthac scripturus. interim tantum quae tradita sunt quatenus possum correcta offero. qua in re inconstantiam meam iure reprehendes: scilicet initium ab Vrsino Stephanoque cepi, quae in melicos scripta sunt paene omnia perlegi vel percucurri; hinc exoritur immensa adnotationum multitudo, quas in exsilium coacturus pauculis peperci, praesertim eis quae te ad scripta eorum referrent qui de textu ipso disceptarint quorumque interpretationes arbitrium meum in textu constituendo gubernaverint. scio autem memet extra terminos iusto saepius esse palatum; erunt qui condonent, erunt qui secus. ego me crimini obnoxium esse confiteor et huic et aliis innumerabilibus. utilem tamen libellum meum mihi ipsi iam per annos tredecim fuisse scio, aliis fore spero.

D. L. P.

Fragmenta Alcmanis 10, 13 (*b*), (*c*), (*d*), Stesichori 193, 217 excerpta sunt e papyro adhuc inedita, commentarium in poetas melicos scriptum continente; haec quam potest plenissime in *P.Oxy.* vol. xxix suo tempore publicabitur.

SUMMARIUM

ALCMAN

Μελῶν ᾱ

1 (23 B., I D.)

col. i

    ] Πωλυδεύκης·
οὐκ ἐγὼ]ν Λύκαισον ἐν καμοῦσιν ἀλέγω
'Ενα]ρσφόρον τε καὶ Σέβρον ποδώκη
]ν τε τὸν βιατὰν

5   ]. τε τὸν κορυστὰν
Εὐτείχη] τε ϝάνακτά τ' Ἀρήιον
    ]ά τ' ἔξοχον ἡμισίων·
    ]ν τὸν ἀγρόταν
    ] μέγαν Εὔρυτόν τε

10   ]πώρω κλόνον
    ]. τε τὼς ἀρίστως
    ] παρήσομες
    ]αρ Αἶσα παντῶν
    ] γεραιτάτοι

15   ἀπ]έδιλος ἀλκὰ
μή τις ἀνθ]ρώπων ἐς ὠρανὸν ποτήσθω
μηδὲ πη]ρήτω γαμῆν τὰν Ἀφροδίταν
ϝ]άν[α]σσαν ἤ τιν'
    ] ἢ παίδα Πόρκω

20   Χά]ριτες δὲ Διὸς δ[ό]μον
    ]σιν ἐρογλεφάροι·
    ]τάτοι
    ]τα δαίμων
    ]ι φίλοις

25   ]ωκε δῶρα
    ]γαρέον
    ]ώλεσ' ἤβα
    ]ρονον
    ].ταίας

30   ]έβα· τῶν δ' ἄλλος ἰῶι
    ] μαρμάρωι μυλάκρωι

2

].ἐν Ἀίδας
]αυτοι
]'πον· ἄλαστα δὲ

35 col. ii ϝέργα πάσον κακὰ μησαμένοι·
ἔστι τις σιῶν τίσις·
ὁ δ' ὄλβιος, ὅστις εὔφρων
ἀμέραν [δι]απλέκει
ἄκλαυτος· ἐγὼν δ' ἀείδω
40 Ἀγιδῶς τὸ φῶς· ὁρῶ
ϝ' ὥτ' ἄλιον, ὅνπερ ἇμιν
Ἀγιδὼ μαρτύρεται
φαίνην· ἐμὲ δ' οὔτ' ἐπαινῆν
οὔτε μωμήσθαι νιν ἁ κλεννὰ χοραγὸς
45 οὐδ' ἁμῶς ἐῆι· δοκεῖ γὰρ ἤμεν αὔτα
ἐκπρεπὴς τὼς ὥπερ αἴτις
ἐν βοτοῖς στάσειεν ἵππον
παγὸν ἀεθλοφόρον καναχάποδα
τῶν ὑποπετριδίων ὀνείρων·

---

1 seqq. cf. Clem. Alex. *protr.* 36, et schol. ibid. i 308 Staehlin (de Hercule ab Hippocoontis filiis vulnerato): μέμνηται καὶ Ἀλκμὰν ἐν ᾱ 2 Schol. Pind. *Ol.* xi 15 a, i 346 Dr. ἀλέγων ὑμνῶν. καὶ Ἀλκμάν (Ἀλκαῖος codd.)· οὐκ ἐγὼ Λύκον ἐν Μούσαις ἀλέγω. παρὰ τὸ ἀλέγειν καὶ φροντίδα ποιεῖν 6 An. Ox. Cramer i 158. 31 ὅσοις κυρίοις εἰς ῆς λήγουσι βαρυτόνοις συνθέτοις παράκειται ἐπιθετικά, ταῦτα ὀξύνεται . . . εἴ που βαρύνεται τὸ κύριον, τὸ ἐπιθετικὸν ὀξύνεται. εἰ οὖν ἐστιν Εὐτείχης ὄνομα κύριον παρ' Ἀλκμᾶνι, Εὐτείχη τ' ἄνακτ' ἀρήιον, καὶ ὤφειλεν εἶναι τούτωι τῶι λόγωι Εὐτείχεα. πόθεν οὖν ἡ τετριμμένη βαρεῖα τάσις; similia Hdn. I 81. 33, II 99. 32 L.; cf. Schol. A Hom. *Il.* 16. 57, εἰ δὴ Εὐτείχης ὄνομα κύριον παρ' Ἀλκμᾶνι, ὀξύνεται τὸ ἐπιθετικόν 19 Hesych. s.v. Νηρεύς· θαλάσσιος δαίμων. Ἀλκμὰν καὶ Πόρκον ὀνομάζει 49 Et. Mag. 783. 20, Et. Sym. cod. V ibid. Gaisf. ὑποπετριδίων ὀνείρων (ὑποπτέρων ὀν. codd. DM, ὑποπετριδίων (sscr. πετρι) ὀν. Et. Sym.)· Διονύσιος ὁ Σιδώνιος πρῶτος ταύτηι τῆι ἐπιβολῆι ἐχρήσατο, ἧιπερ χρῶνται οἱ γραμματικοί, ὡς τύμβος τυμβίδιος, . . . πτερὸν πτερίδιον. ἐχρῆν οὖν εἰπεῖν καὶ τῶν ὑποπτέρων ὀνείρων τῶν ὑποπετριδίων ὑπερθέσει τῶν ὑποπετριδίων (ὑποπετερ- DM, ὑποπετρ- Et. Sym.)· οὕτως Ἡρωδιανὸς ἐν τῶι περὶ Παθῶν (II 237. 11 L.)

accentus, sim., permulti; vid. *Alcman* (1951) 4 seqq. 2 suppl. e schol. Pind. l.c. 3 ἀλλ' Ἔνα] suppl. Bergk 6 suppl. ex An. Ox. l.c. fort. Ἀρήιτον scribendum, coll. schol. A 11 Ἀλκων]α suppl. Bergk 13 γ]ὰρ veri sim. 14 seq. καὶ Πόρος] γεραιτάτοι | σιῶν vel δαιμόνων] γεραιτάτοι | Πόρος τ'· veri sim., coll. schol. A 16–17 suppl. Blass 17 γαμεν 18 Κυπρίαν] suppl. Blass 20 suppl. Blass 25 ἔδωκε vel δέδωκε 28 θρόνον vel χρόνον 29 ματαίας veri sim. 35 εργα 38 suppl. Blass 39 ἄκλαυστος 41 ϝ(ε) Diels, alii: scriba quid voluerit incertum 43 φάινεν, ἐπαινὲν 44 μωμέσθαι 45 δοκεει, εἰμεν sscr. η 46 ωιπερ

3

50   ἦ οὐχ ὁρῆις; ὁ μὲν κέλης
      Ἐνετικός· ἁ δὲ χαίτα
      τᾶς ἐμᾶς ἀνεψιᾶς
      Ἁγησιχόρας ἐπανθεῖ
      χρυσὸς [ὡ]ς ἀκήρατος·
55   τό τ' ἀργύριον πρόσωπον,
      διαφάδαν τί τοι λέγω;
      Ἁγησιχόρα μὲν αὖτα·
      ἁ δὲ δευτέρα πεδ' Ἀγιδὼ τὸ ϝεῖδος
      ἵππος Ἰβηνῶι Κολαξαῖος δραμήται·
60   ταὶ Πεληάδες γὰρ ἇμιν
      ὀρθρίαι φᾶρος φεροίσαις
      νύκτα δι' ἀμβροσίαν ἅτε σήριον
      ἄστρον ἀυηρομέναι μάχονται·
      οὔτε γάρ τι πορφύρας
65   τόσσος κόρος ὥστ' ἀμύναι,
      οὔτε ποικίλος δράκων
      παγχρύσιος, οὐδὲ μίτρα
      Λυδία, νεανίδων
col. iii ἰανογ[λ]εφάρων ἄγαλμα,
70   οὐδὲ ταὶ Ναννῶς κόμαι,
      ἀλλ' οὐ[δ'] Ἀρέτα σιειδής,
      οὐδὲ Σύλακίς τε καὶ Κλεησισήρα,
      οὐδ' ἐς Αἰνησιμβρ[ό]τας ἐνθοῖσα φασεῖς·
      Ἀσταφίς [τ]έ μοι γένοιτο
75   καὶ ποτιγλέποι Φίλυλλα
      Δαμαρ[έ]τα τ' ἐρατά τε ϝιανθεμίς·
      ἀλλ' Ἁγησιχόρα με τείρει.
      οὐ γὰρ ἁ κ[α]λλίσφυρος
      Ἁγησιχ[ό]ρ[α] πάρ' αὐτεῖ,
80   Ἀγιδοῖ .... αρμένει
      θωστήρ[ιά τ'] ἄμ' ἐπαινεῖ.
      ἀλλὰ τᾶν [..]... σιοὶ
      δέξασθε· [σι]ῶν γὰρ ἄνα
      καὶ τέλος· [χο]ροστάτις,
85   ϝείποιμί κ', [ἐ]γὼν μὲν αὐτὰ
      παρσένος μάταν ἀπὸ θράνω λέλακα

4

γλαύξ· ἐγὼ[ν] δὲ τᾶι μὲν Ἀώτι μάλιστα
ϝανδάνην ἐρῶ· πόνων γὰρ
ἆμιν ἰάτωρ ἔγεντο·
90   ἐξ Ἁγησιχόρ[ας] δὲ νεάνιδες
ἰρ]ήνας ἐρατ[ᾶ]ς ἐπέβαν·
τῶ]ι τε γὰρ σηραφόρωι
..]τῶς εδ...........
τ[ῶι] κυβερνάται δὲ χρὴ
95   κ[ῆ]ν νᾶϊ μάλιστ' ἀκούην·
ἁ δὲ τᾶν Σηρην[ί]δων
ἀοιδοτέρα μ[ὲν οὐχί,
σιαὶ γάρ, ἀντ[ὶ δ' ἕνδεκα
παίδων δεκ[ὰς ἅδ' ἀείδ]ει·
100   φθέγγεται δ' [ἄρ'] ὥ[τ' ἐπὶ Ξάνθω ῥοαῖσι
κύκνος· ἁ δ' ἐπιμέρωι ξανθᾶι κομίσκαι

col. iv [   ]
         [   ]
         [   ]
105   [   ]

---

61 Herodian. π.μ.λ. β 36, II 942. 9 (cf. I 393. 2) L. παραφυλακτέον ὅτι τὸ φάρος
τυχὸν συστελλομένου τοῦ ᾱ ἀναδέχεται πάλιν ἐν διαφόρωι σημαινομένωι τὰ τρία
γένη . . . οὐδέτερον, ὁπότε σημαντικὸν τοῦ ἱματίου ἢ καὶ τοῦ ἀρότρου, ὡς καὶ
παρ' Ἀλκμᾶνι· ἀλλὰ καὶ παρ' Ἀντιμάχωι (fr. 119 Wyss)· ἀεὶ φάρεος χατέουσιν
ἑκόντες (χατεύουσιν ἔχων codd.: corr. Lehrs)· οὕτως ἐν τοῖς ἀντιγράφοις εὕρηται
64–65 Schol. Lips. Hom. Il. 5. 266, i 243 Bachm. (eadem, sed τόσσος, Eust. Il. 546.
29), φησὶ γὰρ ὁ γραμματικὸς Ἀριστοφάνης τὸ ἀμύνεσθαι οὐ μόνον σημαίνειν τὸ κακῶς
παθόντα ἀντιδιατιθέναι, ἀλλὰ τίθεσθαι καὶ ἀντὶ ψιλοῦ τοῦ ἀμείψασθαι. φέρει γὰρ
χρῆσιν ἔκ τε Ἀλκμᾶνος τό· οὐ γὰρ πορφύρας τόσος κόρος ὥστ' ἀμύνασθαι   71 Et.
Mag. 134. 25, Et. Sym. cod. V Ἀραιτασιείδης· κατὰ συγκοπὴν Ἀραιτασιοείδης, ὡς
σιοείδης σιείδης συγκοπῆι τοῦ ō

---

51 ενετικος: 'Ενητικὸς Diels: fort. potius ϝενητ-   54 [ὥ]τ' coni. Blass
56 διαφρα-, deleto ρ   58 ἁγὶδὼι ἁ ειδος   59 ειβῆνωι, δραμείται   60 πελειάδες
61 'Ορθίαι (ϝορθίαι) coni. Bergk, coll schol. A   62 σιρ, sscr. ut vid. σειρ
63 ανειρ-   64 ουτι, sscr. ε   69 ιανο-: vid. Taillardat Rev. de Phil. 27 (1953)
131 seqq.   76 ιανθ-   80 [δὲ π]αρμένει vel [δ' ἴκτ]αρ μένει veri sim.   82 τᾶν
[εὐ]χὰς (Blass) veri sim.   85 ειποιμί   86 βεβακα, sup. utrumque β scr.
λ   88 ανδ-   91 ιρ] potius quam εἰρ], sed etiam η incertum   93 αὐ]
τῶς veri sim.   97 suppl. Weil   98 e schol. A suppl.   99 suppl. Wilam.,
Blass   100 suppl. Blass   104 seq. latet Hagesichorae nomen   105 in
marg. coronis

5

Schol. A: in marginibus P.Louvr. scripta

2 ὅτι τοιαύτη ἥ | διάν(οια)· τὸν Λύκαι|ον οὐ συγκατα|ριθμ(ῶ) τ[οῖς] α... | ['Ιπ-
ποκων]τίδαις | ουμ[....]...|του[......]. | .εια.[..]...[.]. | ἔσται οὐ μόνον | τὸν
Λύκαι(ον) ἀλλ[ὰ] | καὶ τοὺς λο[ι]ποὺς | Δηρίτιδας οὓς ἐπ' ὀ|νόματος λέγει
6 (scr. manus²) Φερεκ(ύδης) ἕνα | τ(ῶν) 'Ιπποκωντιδ(ῶν) | Ἀρήιτον· μή[π]ο|τ' οὖν
κ(αὶ) ᾧδε σὺν τῶ[ι τ̄] | δεῖ γρ(άφειν) ἢ τ(ὸν) Ἀρήιτον | ὁ Ἀλκμ(ὰν) Ἀρήιον
14 ὅτι τὸν Πόρον εἴρηκε τὸν αὐτὸν | τῶι ὑπὸ τοῦ 'Ησιόδο(υ) μεμυθολογη|μένωι Χάει
32 Ἀριστο(φάνης) Ἀΐδας, Πάμφιλο(ς) | Ἀιδας
37 αἱ π(ρὸς) τῆ(ς) Ἀγιδοῦς......
38 Ἀρί(σταρ)χ(ος) ὄ[δ' ὄλβιος]
42 ἐντεῦθεν αἱ π(ρὸς) τῆς Ἀγησιχόρ(ας) | παρα[....].ουσι
48 αἱ π(ρὸς) τῆ(ς) Ἀγιδο(ῦς) τοῦτ[ο....] | οτα αἱ π(ρὸς) τῆ(ς) Ἀγησιχό(ρας)
49 ὅτι τὰ θαυμα|στὰ καὶ τερατώδη οἱ | ποιηταὶ εἰώθα(σι) τοῖς | ὀνείροις προσάπτειν
κ(αὶ) | παρομοιοῦν διὰ τὸ φαίνεσθαι | κατὰ τὸ[ν] ὄνειρον τοιαῦτα· | ὑ[πο]π[ετρ]ιδίο(υς)
εἴρηκε ὡς | ὑπὸ π[έ]τρα(ι) οἰκοῦντα(ς) | ἐν α.... τόπω(ι)· παραγρά(φει) | δὲ ῞Ομη(ρον)
ὡς ἐν τῆ(ι) 'Οδυσσείαι· | Πὰρ δ' ἴσαν 'Ωκεανοῖο ῥοὰς | καὶ Λευκά|δα πέτρην ἠδὲ παρ'
ἠελίοιο πύλας καὶ δῆμο(ν) ὀνείρων
59 |τα γένη ἐστὶν ....ικῶν ἵππων [.].[| Εἴβην() | ....[.].... | .αζειαχ-
[...]... | την
61 sup. voc. φᾶρος : αροτο
sub col., ad vv. 60 seqq. spectantia: ἄρ[ο]τρο(ν)· | ὀρθίαι φᾶρος· Σωσιφάνης
ἄροτρον. ὅτι | τὴν Ἀγιζὼ καὶ Ἀγησιχόραν περιστεραῖς εἰκάζουσι
supra col. ad vv. 64 seqq. spectantia, linearum vi reliquiae: tres priores legere
nequeo (nisi in tertio διδάσκαλος), in tribus sequentibus tantum (4)]ις τ' ἀριθμ' τ'
ιβ πρωτοσ........ οὐδὲ ταὶ Ναν[νῶς κόμαι], (5) .... Ἀρέτα.... Θυλακίς
(συλ, sscr. θ) τ(ε) κ(αὶ) Κλεησισήρα[, (6) τ]ε κ(αὶ) Ἀσταφὶς ...... κ(αὶ) Φίλυλλα κ(αὶ)
Δαμαρέτα κ(αὶ) 'Ιανθεμ[ίς
79 ἀν(τὶ) αὐτοῦ. | Στασικλεῖ.[|.[.].ρ.
81 θωστήρια ἑορτ[ή
83 ὅτι τὸ ἄνα ἄνυσις
88 ἀρέσκειν ἐπιθυμῶ
95 ναῖ ναῖ Ἀρι...
98 ενδ...|τα..[....]δ⁰ εἴρηκε | ἀλλὰ διὰ | τὸ τὸν | χορὸν ὅτε μὲν ἐξ ἵα παρθένων
ὅτε δὲ ἐκ ἵ· φη(σὶν) οὖν | τὴν χορηγὸν ...γχ... ἀντὶ ἵα ἀιδειν ἵ· ἐξῆν γὰρ α̣ | ἀριθμὸν
εἰπεῖν ..... εἴπερ οὐκ ἐβούλετο τὸν ἀριθ[μ(ὸν) τ(ῶν) | παρθένων - - - (cetera vix
legibilia, nisi αι Ολυμπι et ιθ̄ εξην)

Schol. B: P.Oxy. 2389

fr. 6 col. i

].s ἵππος Κολαξαῖος
] οὕτως ἡ Ἀγιδὼ προ
δευ]τέρα κατὰ τὸ εἶδος
] ἵππος Κολ[αξαῖος πρὸ]s Ἰβηνὸν
5   Κολ]αξαίου δ.[.........].[....]ọ
'Ιβ]ηνοῦ· πε[ρὶ δὲ τοῦ γένο]υς τῶν
ἵππω]ν Ἀρίσταρχος o[ὕτως ἱστορ]εῖ· ἀμ-
φότερ]α ταῦτα γένη ἵπ[πων......]κά· λέ-
γουσι] δὲ ἀμφοτέρω[ν διαπρε]πόντων
10   προφ]έρειν τὸν ['Γ]βην[όν.....] τοὺς
'Ιβην]ούς φησιν τῆς Λ[υδίας ἔθνος εἶ]ναι·
ἀπὸ τ]ούτου δὲ βούλετ[αι......ὅτι] Λυ-
δὸς ἦν] ὁ Ἀλκμάν· Σω[σίβιος δὲ τὸ τ]ῶν
'Ιβηνῶ]ν ἔθνος ἀποφ[αίνει ....].ρι-
15   ]κεῖσθαι προσα[γόμενος ..].δο
μ]άρτυν· περὶ δὲ τῶ[ν Κολαξαί]ων
Εὔδοξο]s ὁ Κν[ίδι]ος δια[   ]νεαμ[
].ιως γρ[   ]δε.[
] τὸν πόντον τοῦτο[ν
     . . .

---

post e.p. pauca suppl. Barrett *Gnomon* 33 (1961) 682 seqq.

1 seqq. incertum quo modo versus obscurissimos (vv. 58–59 supra) interpretetnr: v. 1 fuerit] ὡς ἵππος necne, videtur Agido cum equo Colaxaeo comparari; si eadem Agido v. 3 δευτέρα κατὰ τὸ εἶδος dicitur (ut veri simill.), credideris commentatorem cum Aristarcho consentire, qui Colaxaeum Ibeno posthabendum censuit. itaque nominative ἀ δὲ δευτέρα Ἀγιδώ intellexit, adverbiascente πεδά, 'quae deinde pulchritudinis secundas fert, scilicet Agido, ea (cum Hagesichora) velut equus Colaxaeus cum Ibeno concurret (= Hagesichorae palmam cedet)': obstat tamen v. 2 προ-, cum πρὸς Ἀγησιχόραν· καὶ γὰρ δευτέρα κτλ. exspectasses; at divisio πρὸ|s quoad sciam inaudita. egomet πεδ' Ἀγιδώ nihil nisi 'post Agido' (accus.) significare posse credo: 'quaecunque puella post Agido secundas fert, ea (cum rivali sua) velut Col. cum Ib. concurret' (i.e. reliquae puellae, quae in proxima stropha nominatim memorantur, non tam formosae sunt ut chori rivalis aequales superent,—'neque enim satis purpurae habemus, etc.')

8 cf. schol. A ad 59 Ἀσιατι]κά, sim.   13 vel δ' ἕτερ]ον (Barrett)   13 seqq. 'Σω. Ibenorum sedem (nescio quo loco) esse demonstrat, testem (nescio quem) adducens'].δω in]. δο corr. Π, fort. Ἡρόδωρον in -δοτον (Barrett)   17 vel Κτησία]s (e.p.)

7

ALCMAN 1 Schol. B

fr. 6 col. ii

ᾶμιν ὂ[ρθρίαι φᾶρος φεροίσαις νύκτα δι'
ἀμβροσία[ν ἄτε σίριον ἄστρον ἀνειρομέναι
μάχοντα[ι
εἰρημέν[
5 τὴν Ἀγιδὼ [
αὐταῖς ὀρ[
δὲ τοῦτο λ.[πλεο-
<u>νάκις εἶσα[</u>   Ἄ-
ταρνίδες [
10 [
αδ.....[
χονται· τὰς [δὲ Πλειάδας Πελειάδας φη-
σὶν καθάπερ [καὶ Πίνδαρος   ὀρει-
ᾶν γε Πελει[άδων μὴ τηλόθεν 'Ωαρίωνα
15 νεῖσθαι· ἐὰν [
οὕτως ἀκοῦσα[ι   ἤ τε Ἀγησιχό-
ρα καὶ ἡ Ἀγιδώ.[
οὖσαι τὸ τοῦ σιρ[ίου ἄστρον
μαχόμεναι πε[
20 πλειάδων τὸ α[
γὰρ ὡς πελει[άδες
ρουσιν πα.[
νύκ[τ]α δι' ἀ[μβροσίαν ἄτε σίριον ἄστρον ἀνει-
ρο]μέναι μ[άχ]ο[νται
25 πειν τι· εἶναι γὰρ [νύκτα δι' ἀμβρο
σίαν ἀντίστροφο[ν τῶι   κανα-
χάποδα ὥστε ηλ[
λείπειν· τιμων[
.]ν ἄστρον ἄτε σ[ίριον   κατὰ
30 λόγον τοιοῦτον [
ἡμᾶς περὶ τῆς [
]..νου ἀστρ[
].πο[

                    ·   ·   ·

fere omnia suppl. e.p.   9 Atarnides quid sibi velint prorsus ignotum
11 διορμ possis, tum spat. ii litt. vac.; fort. δι' ἀμβρ[οσίαν ἀνειρομέναι μά|χονται
voluit   12 seqq. Pind. Nem. 2. 11 (cf. Athen. xi 490 F)   24 seq. φασὶ δὲ
ἐν τοῖς ἄνω ἐλλεί|πειν τι possis: sed de responsione minus accurate disserit, de
omissione (24–25, 27–28) prorsus hariolatur   26 παγὸν ἀεθλοφόρον spatium
excedit: fort. παγόν omisit

8

ALCMAN 1 Schol. B

fr. 7 col. i

(a)

<pre>
              ·] . [·   ·
          ] Φίλυλλα Δαμαρέ-
  τα   ] . · καθ' ὑπόθεσιν ταύ-
  τ-   τ]ῆς Αἰνησιμβρό-
  τας   5   ]βου[
              ·   ·   ·
</pre>

(b)

<pre>
       ῖ]να βλέπηι[·
    τὰς λ]οιπὰς παρθ[ένους   ἀλλ' Ἀγη-
    σιχό]ρα με [τ]είρ[ει
          ]. ἀλλ' Ἀγησιχ[όρα με τείρει· οὐ
 5 γὰρ ἁ] καλλίσφυρος Ἀγη[σιχόρα πάρ' αὐτεῖ·
    ο]ὐχ ὡς νῦν μὴ παρού[σης
    τ]ῆς Ἀγησιχόρας ἀλλὰ [
    ]ται ὅτι ἐὰν εἰ[ς] τῆ[ς Αἰνησιμβρότας
    ἔλ]θηις οὐδεμίαν [
10]. ειν πα[ρθ]ένο[ν
    ]ε τείρ[ει
</pre>

e.p. secutus supplevi monendum est, a supplementis pendere sententiam.
indicio v. 6 fretus ita summam reddere possis: 3 seq. [τ]είρ[ει· τουτέστιν ἔρωτί με |
πιέζε]ι·; 6 seqq. παρού[σης μετὰ τῶν ἄλλων | τῆς Ἀγ. ἀλλὰ [λέγειν βούλε|ται κτλ.;
9 οὐδεμίαν [τοιαύτην δυνήσηι | εὑ]ρεῖν παρθένο[ν ἀλλὰ μόνη Ἀγησιχό|ρα μ]ε τείρ[ει . . .
'verbis οὐ γὰρ . . . αὐτεῖ dicit poeta ab Aenesimbrotae domo, non ab hac nostra
caerimonia, abesse Hagesichoram'; ad v. 73, οὐδ' ἐς Αἰν. ἐνθοῖσα, refertur γάρ v. 78,
'non ibis ad Aen., nam non illic (αὐτεῖ) sed hic prope Agido manet Hagesichora';
intervenit vv. 74-77 id quod dicere potuisses si ad Aen. ivisses, cuius summa est,
nullam illic esse puellam quae tali te desiderio oppresserit quali Hagesichora.
ita fere locum obscurissimum interpretari conatus est noster, perperam opinor
  (a) 3-5 init. accedit ut vid. fr. 13 τ[, τα[ς (vid. e.p.)

fr. 7 (a) col. ii

<pre>
        εισκ[·
    ταδο.[
      .[
    ·   ·   ·
</pre>

  2 lemma indicat ἔκθεσις: veri simile est, hic et in col. i carmen idem respici, sed
post v. 80 nusquam invenitur ταδο

fr. 8

<pre>
    ]μεν.[·
    ]ωθεοιδε[
   ·   ·   ·
</pre>

cf. vv. 82-83 σιοὶ δέξασθε
cf. etiam fr. 20 τ]ὴν ἡμέρα[ν (ἀμέραν διαπλέκει?); 21. 3, ubi Ξ]άνθω [ῥοαῖσι possis

9

2 (9+74ᴬ B., 2+89 D.)

2　(i) Ps.-Herodian. π. σχημ., *Rhet. Gr.* viii 606 Walz (iii 102 Spengel)

Ἀλκμανικὸν δὲ τὸ μεσάζον τὴν ἐπαλλήλων ὀνομάτων ἢ ῥημάτων θέσιν πληθυντικοῖς ἢ δυϊκοῖς ὀνόμασιν ἢ ῥήμασι . . . πλεονάζει δὲ τοῦτο τὸ σχῆμα παρ' Ἀλκμᾶνι τῶι λυρικῶι, ὅθεν καὶ Ἀλκμανικὸν ὠνόμασται. εὐθὺς γοῦν ἐν τῆι δευτέραι ὠιδῆι παρείληπται·

Κάστωρ τε πώλων ὠκέων δματῆρες ἱππόται σοφοὶ
καὶ Πωλυδεύκης κυδρός

Schol. Pind. *Pyth.* 4. 318, ii 141 Dr., τῶι δὲ τῆς ἑρμηνείας σχήματι πλειστάκις Ἀλκμὰν κέχρηται . . . Κάστωρ—κυδρός. Schol. Hom. *Od.* 10. 513, ii 476 Di., τοῦτο καλεῖται Ἀλκμανικὸν οὐχ ὅτι Ἀλκμὰν πρῶτος αὐτῶι ἐχρήσατο ἀλλ' ὅτι πολύ ἐστι παρ' αὐτῶι, οἷον· Κάστωρ—Πολυδεύκης. sim. Eust. *Od.* 1667. 34, ubi Κάστωρ—Πολυδεύκης

1 Κάστορε Herod. cod. Haun.　　τε om. Schol. Hom., Eust.　　κώλων ὠκέων Herod. cod. Haun.; κώλων (om. ὠκέων) cod. Ven.; κώλων ὠκέα codd. Parr.; πώλων ταχέων Schol. Pind.; ὠκέων πώλων Schol. Hom., Eust.　δματῆρες Schol. Pind. codd. BE (δμῆτ- GQ, δημῆτ- D); δαμαντῆρες Herod. codd. Ven., Parr., δαμάντορες cod. Haun.; ἐλατῆρες Schol. Hom., ἐλατῆρε Eust.　　ἱππότα σοφὼ Herod. codd. Parr.; ἱππ. σοφ. om. Schol. Hom., Eust.　2 Πωλυδεύκης (-εις Eust.) codd.: corr. Bergk　κῦδρος Herod. cod. Ven., κύδεος codd. Parr., κυδνὸς Schol. Pind. cod. E

(ii) Et. Gen. A *Ind. Lect. Rost.* 1890/1 p. 5 Reitz., B p. 55 Miller

καὶ τὸ αἰδοιεστάτοι (-τον B) ὡς παρ' Ἀλκμᾶνι, οἷον·
σιοῖσι κἀνθρώποισιν αἰδοιεστάτοι

ita A (sed συοῖσι) : ναοῖσιν ἀνθρώποισιν αἰδοιέστατον B　　accent. -έστατοι utroque loco A

(iii) P.Oxy. 2393 fr. 1. 8–9 (vid. fr. 12. 8 infra, p. 32)

]σιόδματον τέγ[ος· τὸ τῶν Δι-
ος κούρων ο[ἴκημα

(iv) manifestum est haec omnia coniungi in P.Oxy. 2389 fr. 3 (a) :

· · ·
]ετω[
]νκω .[
]οα...[.] σιοῖσι π[
αἰδ]οιεστάτοι ν[αί]οισινε[
5   σι]όδματο[ν (σ)τ]έγος Κά[στωρ τε πώλων
ὠκέων] δματῆ[ρε]ς [ἱ]ππότα[ι σοφοὶ καὶ Πωλυ-
δεύκης] κυδρός. π . .γηστων[
]ς ὅτι οἱ μὲν οὐ του[
]τωι πυθ .[
10   ]ιστ[

· · ·

---

3 non erat κ[; fort. γ .[possis   4 post [αί], ο valde dubium   5 incertum utrum [νστ] an [ντ]   7 vix τησ
(iv) 4–5 e.g. ν[αί]οισι νέ[ρθεν γᾶς ἀειζώιοι σι]όδματον (σ)τέγος possis. quod si [-στωρ τε πώλων ὠκέων] inter 5 Κα- et 6 δματῆρες suppleris, inter 3 σιοῖσι π[et 4 αἰδ]οι- spatium xii fere litt. habebis, quod nequaquam caperet π[– ᴗ – ᴗ κἀνθρώ-ποισιν; ergo voc. κἀνθρώποισιν om. Π, nisi forte σιοῖσί γ' .[legendum, σιοῖσί γ' [ἀνθρώποισί τ' αἰδ]οι- (et fort. σιοῖσί τ' debuit), aut ia. trim. aut [ᴗ –ᴗ–] σιοῖσι κτλ. alioquin σιοῖσι π[– ᴗ –ᴗ αἰδ]οι-, om. voc. κἀνθρώποισιν
fort. ita legendum :

[ᴗ –ᴗ–] σιοῖσί τ' ἀνθρώποισί τ' αἰδοιεστάτοι
ναίοισι νέ[ρθεν γᾶς ἀειζώοι] σιόδματον τέγος
Κάστωρ τε πώλων ὠκέων δματῆρες ἱππόται σοφοὶ
καὶ Πωλυδεύκης κυδρός

vid. etiam Barrett l.c. (ᴗ –] σιοῖσι π[ᾶσι κἀνθρ. αἰδ.)

3

3 P.Oxy. 2387

fr. 1

]τα[
π]αρεγγρά(φεται) ἐν [το]ῖς ἀντιγρά(φοις) αὗτη
]πέμπτωι   καὶ ἐν ἐκείνωι
ἐν μὲν τῶι] Ἀρ(ιστο)νί(κου) περιεγέγρα(πτο) ἐν δὲ τῶι Πτολ(εμαίου)
ἀπερ[ί]γρα(πτος) ἦν

'Ολ]υμπιάδες περί με φρένας
          ]ς ἀοιδας
          ]ω δ' ἀκούσαι
          ]ας ὀπός
5   ]..ρα καλὸν ὑμνιοισᾶν μέλος
          ].οι
ὕπνον ἀ]πὸ γλεφάρων σκεδ[α]σεῖ γλυκύν
          ]ς δέ μ' ἄγει πεδ' ἀγῶν' ἵμεν
ᾶχι μά]λιστα κόμ[αν ξ]ανθὰν τινάξω·
10   ].σχ[ἀπ]αλοὶ πόδες
          ⟨desunt vv. 20⟩

fr. 3 col. i   ]
                                              ]λος·
                                              ]
          ⟨κρυερὰ⟩   ]
35   ]α
                                          ].ας·
                                              ]
          ⟨desunt vv. 23⟩

fr. 3 col. ii   λυσιμελεῖ τε πόσωι, τακερώτερα
          δ' ὕπνω καὶ σανάτω ποτιδέρκεται·
          οὐδέ τι μαψιδίως γλυκ..ήνα·
          Ἀ[σ]τυμέλοισα δέ μ' οὐδὲν ἀμείβεται
65   ἀλλὰ τὸ]ν πυλεῶν' ἔχοισα
          [ὥ] τις αἰγλά[ε]ντος ἀστήρ
          ὠρανῶ διαιπετής
          ἢ χρύσιον ἔρνος ἢ ἁπαλὸ[ν ψίλ]ον
                    .̑.]ν

12

ALCMAN 3 fr. 3 ii

70]. διέβα ταναοῖς πο[σί·]
-κ]ομος νοτία Κινύρα χ[άρ]ις
___ ἐπὶ π]αρσενικᾶν χαίταισιν ἴσδει·
Ἀ]στυμέλοισα κατὰ στρατόν
] μέλημα δάμωι
75]μαν ἑλοῖσα
]λέγω·
]εναβαλ' α[ἰ] γὰρ ἄργυριν
].[.]ία
]α ἴδοιμ' αἴ πως μϵ..ον φίλοι
80 ἆσ]σον [ἰο]ῖσ' ἁπαλᾶς χηρὸς λάβοι,
αἶψά κ' [ἐγὼν ἰ]κέτις κήνας γενοίμαν·
νῦν δ' [   ]δα παίδα βα[.]ύφρονα
παιδι.[   ]μ' ἔχοισαν
].·ϵ[   ].ν ἁ παίς
85   ] χάριν·

⟨desunt vv. 5⟩

_____

accedit fr. 2 ¹]αν[, ²] [, ³]ϝι·[, fr. 1 parti dext. inf. vicinum ut vid.   omnia
suppl. e.p. exceptis 9 ἄχι, 65 τό]ν, 71 -κ]ομος, 80 ἆσσον ἰοῖσ', 81 ἐγὼν
schol. marg. sup.: 2 αὕτη sc. ὠιδή (vix στροφή); 3 κἂν (τῶι) supplendum ut vid.
(ita e.p.); ferebatur ergo idem carmen in libris primo et quinto; rectius in primo
opinatur Aristonicus, Ptolemaeus in quinto
accentus, sim., 1–10: 1 ρί   3 κού   5 κᾶ   ᾶν   7 σεῖ   8 γῶ   ἰμ
9 ξω·
1 seqq. erat huiusmodi sententia: Μώσαι 'Ολυμπιάδες περί με φρένας | ἱμέρωι
νέας ἀοιδᾶς | πίμπλατ'· ἰθύω δ' ἀκούσαι | παρθενηΐας (hoc e.p.) ὀπὸς | πρὸς αἰθέρα καλὸν
κτλ.   3 marg. schol. vestig. minima   6]σοι vel]εοι ut vid.
34 marg. schol. κ]ρυερα ψυχρα | απαρχ^ϵ | π^ϵ |
accentus, sim., 61–85: 61 πόσ   62 δ' ται·   63 γλυκ'.ἡνᾶ·   64 α[·]τύ-
μέλ δέμ'   65 ῶν'   67 διὰι   68 χρῦ ἢ απ   70 ἐβᾶ οῖς   71 τίᾱκι-
νύρᾱ   72 ᾶν ἴσδει·   73 μέλ   74 δά   75 οῖσ   76 γω·   77 λ'ᾶ
ἀργ   78 ίᾱ   79 αἴδοιμ' ἀι   80 σὸ.[].ς λᾶς λάβοι·   81 κηνᾶς μαν·
82 νῦνδ' παί   84 ·ϵ[ἁπαίς   85 ιν·
62 θαν in σαν corr.   63 γλυκῆα κήνα non scripsit, fort. debuit   ante
hunc versum coronidem posuit manus posterior   65 fort. πυλιῶν' debuit
68 ἢ ἀπ-: synecphonesis   Paus. iii 19. 6 ψίλα καλοῦσιν οἱ Δωριεῖς τὰ πτερά
71–72 supra (παρσενικ)ᾶν nescioquid scriptum: fort. καλλίκομος ν. Κ. χ., | ἤν, ἐπὶ
παρσενικᾶς κτλ.   71 unguentum Cyprium ut vid.   72 marg. schol. vestig.
minima   73–74 e.g. ἢ μὰν Ἀστ., ἔρχεται μέλ.   77 de βάλ' (vel ἀβάλ') αἰ
γὰρ cogitat e.p.   79 vel ἴδοι μ': hic et 64, 73 (ϝαστυ-) fort. digamma scriben-
dum   μεϲιον ut vid.   i.e. φίλοι, sed fort. φιλοῖ debuit   marg. schol., fort.
μό(νον, -νως) Π(τολεμαῖος), vid. e.p.   suppl. Barrett, Peek   81 sed κηνᾶς Π
82 βα[θ] vel βα[ρ]   marg. schol. fort. ὁμ(οίως) vel οὕ(τω)

13

fr. 3 col. iii ι[

        ǫ[

        <u>μ[</u>

        μ[

95   ἐι̣.[

        <u>ὸυ.[</u>

        σῡ̣.[

        ὁλκ[

        <u>οσσάι[</u>

100   ἀλλα̣.[

        ε̣σδε.[

        <u>β̂.̣με.[</u>

        ..]κεσ[

        ..].εσ[

105   [

        [

        [

        [

        .[

110   δ[

        <u>.[</u>

        σ[

        έ[

        <u>κ.[</u>

115   ἴστε̣[

        οἶδε[

        <u>ευδε[</u>

        ]..τ[

     •   •   •

---

99 ante h.v. coronis (cf. 63 sup.)   118 sequebantur huius col. vv. ii, mox eiusdem strophae vv. vi initio col. sequentis

fr. 4

```
      ]ν[.]κ.[
      ]αιόλᾱ..[
      ‾]τακομέ[ν-
      ]ῆράνῠγ̣[
5     ].ὐτῐ̈συ.[
      ]νυμφᾶ[
      α]εἰσεν[
      ]ρατᾱν[
      ].ον.[
```

2 fort. -λᾱν

fr. 5

```
      ]..[
      ]σᾰ́ω[
      ].ᾰ́λα.[
      ].ιπολ[
5     ]χορη[
      ].οῖ[
```

5 οὐ]χ ὀρη[?

fr. 6

```
      [
      [
      .[
     ‾a[‾
5    .[
```

fr. 7

```
      ].ενασ[
      ]μυχ.[
```

fr. 8

```
      ]πε[
      ]υρεσ̣τ̣[
```

fr. 9

```
      ]        [
      ].νχερ[
      ]ἰῶνᾰ̈.[
      ].ανϋ̈β[
5     ]    [
```

2]αν possis

fr. 10

```
      ].[
      ].σαν[
      ].α·δ[
      ].οσ[
5     ]θον[
      ]σπ[
      ].σ.[
```

3]σα· possis
4]λος,]δος, sim.

fr. 11

```
      ]αφιλοπτ[
      ].οντο᾽πή.α[
      ]στευρυστερν[
      ]τοναμευσα[
5     ]θαδη[
      ]..[
```

2–3 fort. πήρατα . . .
εὐρυστέρνω sc. γᾶς (e.p.)

fr. 12

```
      ].[
      ]        [
      ]ᾱσᾰ́ᾱσ[
      ]..κ̣ο.[
5     ]        [
      ]δόιαν[
      ].ισιῶγ[
      ]ς·    [
      ]ναοιδ[
```

4 κακο possis
7].: α vel δ
9 col. fin.

fr. 13	fr. 14	fr. 15

fr. 13

```
      .    .
    ].[
    ].α..εμ[
    ΄.]ωπολ[
    ]αδικα[.].[
5   ]νεπασανα [
       ]κν.[
      .    .
```

5 Ἀσανα| vel ἀσανα|τ-?

fr. 14

```
  .   .   .
]   [
]    [
]σουτ[
].[.]σα[
  .   .   .
```

fr. 15

```
  .       .
]ηα[
]   [
].νọ[
]ε [
5  ]αντ[
  .   .   .
```

fr. 16

```
  .       .
]σμ[
]ων[
].κα[
]   [
5 ]   [
  .   .   .
```

fr. 17

```
   .   .   .
      ].[
   ]τοῖσὰ[
   ]δομοισιν[
   ]σοτ[.].[
5  ].ον.[..].α [
   ]δεκαισιοκ.[
   ].υγετωι.[
      ].[
   .   .   .
```
                    λ
7 fort. τ]ηυγ-

fr. 18

```
  .       .
].[
]         [
]s      [
]ἐσώιτε [
5 ]        [
]      [ ][
  .   .   .
```

fr. 19

```
  .   .   .
.[
[
ασ.[
κω[
  .   .   .
```

1 ut vid. coronidis fr.
3 ασυ[vel αστ[

fr. 20

```
  .   .   .
]
]
]τοι [
]
]
]
5 ]υκη.[
  .   .   .
```

fr. 21

```
  .   .   .
].[
].ταιρ[
]φοιβ[
]αν.[
5 ]..[
  .   .   .
```

fr. 22   fr. 23   fr. 24

]σσ.[   ].ιπεν [   ]ιν[

       ].ορωδασια.[

       ]εσσαπυρος [

       ].πολλαδεκ[

5   ]άστηκαιφ[

       ]ντεμαιόι.[

         ]ν[

1]. : ε vel σ possis   2 εὐρυ]χόρω δ᾽
Ἀσίας possis (e.p.)   5 ἄστη καὶ φ[
6 Μαιόν[possis (e.p.)   6–7 inter
lineas τα[

fr. 25   fr. 26   fr. 27

]ι· [   ].[   ]......[

]αιταδ[   ]σᾱ.[   ]ωνμεγα[

] [   ]ωιδα[   ]οστε.[

]ρηϊα[   ]ενσω[

5   ]αλευ[5   ]ανδε[

]ωσα[   ].ιο[

fr. 28   fr. 29   fr. 30

].[   ]τᾱν[   ].ο[

]. [   ]ου[   ].ᾱσ·[

] [

]. [

5   ]τό.[

fr. 31   fr. 32   fr. 33

```
      ·    ·              ·    ·        ·    ·
   ] [                ] [              ] [
   ]   [              ]ν.[            ]′..[
   ]   [              ]  [
   ]   [               ·    ·    ·
   ].χατ[
      ·    ·    ·
```

4

4   P.Oxy. 2388

fr. 1

```
               ·      ·
         ].[.]ναὶ.[
        ]αλλονεραιοφ[
        ]ωταδεγινετ[
     σαυ]μαστὰ δ' ἀνθ[
5    γαρύματα μαλσακὰ [
     νεόχμ' ἔδειξαν τερπ[
     ποικίλα φ.[.]ρα[.].αι·[
     ἆ δ' ἱππέω[
     Κλησιμβ[ρότα
10   βῶσ' ἆ τεμε[
     κλη..νβ[
     οὐδ' ἀ[.].ιο[
            ].[
               ·    ·    ·
```

suppl. e.p.   accentus, sim., 1 αἰ   4 δ'   5 ρό   6 δ⁽ί   7 αι·
8 ἀδ'   10 βῶσ' ἆ   12 δ' ἀ
    4 fort. ἀνθ[ρώποισ(ι), e.p.   6 τερπ[: sequebatur syll. brevis   10 fort.
e.g. ἤ-|βῶσα   11 κληρον possis

fr. 2

```
      ·   ·   ·
       δ[
      ποισ.[
      σαλαμ[
      ἴχθυ.[
5    τᾶνσυ[
      συνκ.[
      ·   ·   ·
```

fr. 3

```
      ·   ·   ·
       .[
      ταλλοτρ[
      ροσμεν[
      ἴδμεν.[
5    οιοσῆ.[
      πολυδ[
      ·   ·   ·
```

fr. 4

```
        ·     ·
        ].[
        ].ογο[
        ]ψαιφα[
        ]πολεμ[
5       ].γ’αϊδη[λ-
        ]ρωντ’α.[
        ]στάγ’οιδε.[
        ].ωσδυσμ[
        ]ηναυτον[
10      ].[.]ανο[
        ].γ[
          ·     ·
```

2]λογο possis   5 suppl. e.p.

fr. 5

```
        ·    ·
       ]αν [
       ]δεπ[
      ]λουσον [
      ].ωνδυμαι[ν-
5    -πλ]οκαμοισχα[
       ]δονες
      ]εσουδετε.[
     (-)σ]αλπιξ·
      ]...κοκλετ[
        ·    ·
```

3 ἀκό]λουσον veri sim.   4–5
Euphorionis fr. 47 φιλοπλοκάμοισι
Δυμαίναις conf. e.p.   8 suppl.
e.p.

fr. 6

```
      ]ξυναιξ[
      ]χοραγοι[
      ].ι.    [
      ]       [
5     ]       [
      ]ος      [
      ]       [
      ]    [
      ]ιππωνεα[
10   ]νο[.]σα [
      ]μεῖον·[
      ]   [
      ]   [
       ·    ·
```

fr. 7

```
       ·    ·
       ].[
       ]η[
      ]κ[
      ]αλ[
5     ]μ.[
      ]τρ[
       ·    ·
```

versuum initia?

1 col. init. ut vid.   ]ξ : del. ut
vid., fort. in γ corr.   9 e.g.
ἐ]π’ vel ἁ]π’ ἵππω vel ἵππων
11 fort. μῆον debuit

fr. 8	fr. 9	fr. 10	fr. 11

fr. 8

```
      ]. εσ[
   ]        [
   ]        [
Σ]ϵράπνᾱ[
5  ]νουκ[
   ] [
```

fr. 9

```
].ησ[
]δαστ[
]ιοσ[
```

fr. 10

```
].[
].αμ[
]χειπ[
```

fr. 11

```
]λ̣[[μ]][
]ἠ̣.[
].ω[
]ν.[
```

fr. 12

```
] [
].ησ[
]ϵα [
]ἁ̣ισ[
```

fr. 13

```
]πα[
]αλ.[
]ζ̣.[
```

fr. 14

```
]κ[
]λω[
]πω[
].[
```

fr. 15

```
].[
]κουει̣[
] [
```

2 ἀ]κούει veri sim.

fr. 16

```
]ᾱ̣.[
]α.[
].ν[
```

fr. 17

```
]ϵυρ᾽ϵ[
```

fr. 18

```
].τϵ[
```

fr. 19

```
]δϵ[
]αῐ.[
```

fr. 20

```
]ο̣π[
].δ.[
```

fr. 21

```
]..[
]πει̣.[
᾽]υτα[
```

fr. 22

```
]ν.[
].θν[
```

20

INCERTI LIBRI

5

P.Oxy. 2390 commentarii fragmenta

fr. 1 (*a*) col. i 3 seqq., (*b*), (*c*)

(*a*)

τ]οῦ Πολυδεύ[κεος
]ρχας οδεξο
5   Κάστ]ωρ ἕως τοῦ
]οσ . . ηνεξο
]γ . ἀπέφευ-
γ-   ]. ἔβλαψεν
Π]ολυδεύκης
10   κασιγ]νηταν σα
κ]ασιγνητ'[
]. αιστη[
]αυτα[

.   .   .

(*b*)

.   .   .

].[
]. φροναλα
]. ρωναλλη
]αγερωχε
5   ]ιστοδικη
]. βλεφαρων
]τοσονει
]ρωνμου
]. ουκει. [
] [

(*a*) 5 Κάστωρ hic ex Alcmane, si recte interpretati sumus   9–10 de
Leucippidis Dioscurisque agebatur ut vid. (e.p.)

(*b*) 4 ἀγέρωχε: cf. fr. 10 (*b*) 15 (infra, p. 31)   5 Πλε]ιστοδίκη? sed aliter
dividere possis

(c)

].̣.[]̣...[]̣...[
].τ'φοιβα̣[.]ωνε̣ρ̣[
]στηντωνφοιβϛω[
]ναλαμβανομ[
]̣νωσϛ αλλα[
]σ̣τι συμφορ.[

. . .

(c) 2 τ(ὴν) τῶν Φοιβα[ί]ων ἑο[ρτήν possis (e.p.)   3 i.q. φοιβαιω[

fr. 2 col. i

. . .

].ου[
]..ν οὐδ.[
] παρασταθεῖσαν
] τὴν Ἀφροδίτην Θέ-
5   ων [καὶ Τ]υραννίων ἀναγι-
νώσκου[σι χρυσῷ] κατὰ γενικήν, ἵν' ἦι·
οὐδὲ εἷς [σε μέμ]ψεται πλησίον χρυσοῦ
στᾶσαν οὐ[δὲ] ἐ̣[ξελ]έγξει σε χρυσός, ἀλλὰ
διοίσεις αὐτόν. οὐ γὰρ πολυπήμων Κά-
10   λα]ισος ἀνὴρ πεδ' ἀνδρῶν οὐ[δ'] ἄγριος· ἐ̣[κ
τοῦ ἐναντίου τὸ ἐναντίον. οὐκ ἐστὶ πολυπή-
μων ὁ Κάλαισο[ς ἀ]λλ' εὐδαίμων οὐδ' ἄγριος
ἀλλὰ ἥμερος. νῦν δ' ἴομες τῶ δαίμονος
ἔω(ς) τοῦ παι[δῶν] ἀρίσταν· Λεωτυχίδας
15   Λ]ακεδαι[μονί]ω̣ν βασιλεύς. ἄδηλον δὲ
θ]υγάτηρ ἡ Τιμασιμβρότα
].αι τινος. φυὰν δ' ἔοι̣κεν
π]αιδὶ ξανθῶι Πολυδώ[ρ]ω[
] Λεωτυχίδα υἱός ἐστι τοῦ

22

ALCMAN 5 fr. 2

20 Λακεδαιμονίων] βασιλέ[ω]ς· [το]ῦ δ' Εὐρυκ[ρ]ά-
τους υἱὸς Πολύδ]ωρος καὶ Τιμ[ασιμ]βρότα
θυγά[τηρ. σὲ Μῶ]σα λίσσομαι π[αντ]ῶν μά-
λιστα [· τὰς Μο]ύσας ὑπερ .[   ].ατρος
τῆς τ[   ]ντιδων φυλ[ῆς. ὁ δὲ χ]ορός (ἐστι)
25 Δύμα[ιναι, ὧν πά]τρα Δυμᾶ[νες. ἐν δ]ὲ ταύ-
τηι τῆι ὠιδ[ῆι Ἀλ]κμὰν φυσ[ιολο(γεῖ)· ἐ]κθη-
σ[ό]μεθα δὲ [τὰ δ]οκοῦντα ἡ[μῖν μ]ετὰ τὰς
τῶν λοιπῶ[ν πεί]ρας. Γῆς [μὲν] Μούσα[ς
θυγατέρας ὡς Μίμνερμ[ος]τας ἐγε||[νεαλόγησε

e.p. secutus supplevi (CR n.s. 9 (1959) 16 seqq.)
i 2 lemma indicat spat. vac. ante ουδ.[relictum   4 seqq. χρυσῶ (πέλας,
sim.) pro χρυσῶι legebant   9 διοίσεις: 'superabis'   9 seqq. πολυπήμων
'multis miseriis adflictus' male interpretabantur   17 ἔοικεν incertum
18 potius -δώρω quam -δώρωι opinor   19 seq. Leotychidae filius est Hippo-
cratidas: eius nomen et in lemmate (18) et in comment. (19) supplendum esse
iudico   20 seqq. de Polydoro et Timasimbrota, Eurycratis regis Spartani
filiis, ut vid., agitur; huic Polydoro comparatur Leotychidae regis filius Hippo-
cratidas   22 vel τεὶ Μῶσα; est novi carm. initium   23]. :]λ ut vid.,
vel fort.]μ   24 fort. Πιτα]ν⟨α⟩τιδων, α sup. ντ scr.   28 seq. cf. fr.
67; vid. etiam Barrett Gnomon 33 (1961) 682 seqq.

23

col. ii

```
.ν.[
πάντων...[
τις ἐκ δὲ τῶ π[                    τέ-
κμωρ ἐγένετο τ[
```
5 μο[.] ἐντεῦθεν ει.[
  πόρον ἀπὸ τῆς πορ.[..].[
  ὡς γὰρ ἤρξατο ἡ ὕλη κατασκευα[σθῆναι
  ἐγένετο πόρος τις οἱονεὶ ἀρχή· λ[έγει
  οὖν ὁ Ἀλκμὰν τὴν ὕλην πάν[των τετα-
10 ραγμένην καὶ ἀπόητον· εἶτα [γενέ-
  σθαι τινά φησιν τὸν κατασκευά[ζοντα
  πάντα, εἶτα γενέσθαι [πό]ρον, τοῦ [δὲ πό-
  ρου παρελθόντος ἐπακολουθῆ[σαι] τέ-
  κμωρ· καὶ ἔστιν ὁ μὲν πόρος οἷον ἀρχή, τὸ δὲ τέ-
15 κμωρ οἱονεὶ τέλος. τῆς Θέτιδος γενο-
  μένης ἀρχὴ καὶ τέ[λ]ο[ς ταῦτ]α πάντων ἐ-
  γένε[τ]ο, καὶ τὰ μὲν πάντα [ὁμο]ίαν ἔχει
  τὴν φύσιν τῆι τοῦ χαλκοῦ ὕληι, ἡ δὲ
  Θέτις τ[ῆι] τοῦ τεχνίτου, ὁ δὲ πόρος καὶ τὸ τέ-
20 κμωρ τῆι ἀρχῆι καὶ τῶι τέλει. πρέσγ[υς

  δὲ ἀντὶ τοῦ πρεσβύτης. καὶ τρίτος σκότος·

  διὰ τὸ μηδέπω μήτε ἥλιον μήτε σε-
  λ]ήνην γεγονέναι ἀλλ᾽ ἔτι ἀδιάκριτ[ο]ν εἶναι
  τ]ὴν ὕλην· ἐγένοντο οὖν ὑπο.[.]... πό-
25 ρος καὶ τέκμωρ καὶ σκότ[ος].[ἆμάρ

  τε καὶ σελάνα καὶ τρίτον σκότος· τας
  μαρμαρυγας· ἆμαρ οὐ ψιλῶς ἀλλὰ
  σὺν ἡλίωι· τὸ μὲν πρότερον ἦν σκότος μό-
  νον, μετὰ δὲ ταῦτα διακριθέ[ντο]ς αὐτοῦ

---

post e.p. pauca supplevi vid. etiam Barrett l.c.
ii 2–3 Θέ]τις possis   3–4 π[όρω τὸ τέκμωρ· τὸ δὲ τέ|κμωρ ἐγένετο
τ[ῶι πόρωι ἀκόλουθον, sim. 6 πορ.[: post πορ, h.v. apex 17 μὲν, [ὁμο],
incerta 20 seq. cf. 1. 14 Schol. A, ubi Poros deorum vetustissimus
21 seqq. hariolari mihi visus hic commentator: scilicet καὶ τρίτος σκότος, quod
poeta (25 seq.) prope ἆμαρ et σελάναν tertio loco posuit, hic a contextu evolsit, ad
Porum Tecmorque quasi socium transtulit 24 fort. ὑπὸ τ[α]ὐτὸ (e.p.)
26 fort. ⟨ἕως⟩ τας μαρμ. debuit: alioquin obscurum quomodo intellegi possit

fr. 49

col. i   col. ii

```
     ]κρι[
     ]περση[                    .].[
     ]νεσθα[ ] [               στιγκ...[
     ]..ονκλη                 γαρυσεσ.[
5    ]..ην                    πρ.[..]..[
     ].γενει                  γαμον.[
     Ε]υβοιαν                 ηπειγ..[
     ].δεκαλ                  γαρανδρ.[
     ]ιτροφουσ                επειτα.[
10   ]ραστην                  μηδιω.[
     ]οδε                     ενβ πα.[
     ]βριαρε-                 ναινε[
     ].[.].[        ]         γενεᵃ.[
                   ]          πιπτω[
15                 ]  [       ]υπερκ.[
                   ]    [ ]φοτερωστι.[
```

(i) 1–2 fort. Κρί[ωι, Πέρση[ν: Hes. *Theog.* 375 seqq. Κρίωι δ' Εὐρυβίη τέκεν ...
Πέρσην (e.p.) 12 Βριάρε-|[ως vel 'Οβρ- e.p.
(ii) 4 γᾶρυς, γαρύσεσθαι? 11 ἐν β' παρ[θενείων veri sim. 13 lemma ut vid.
accedunt frr. 14. 2–3 lemma? π..ιονολ[, διφυ.απαν[; 19 lemmata? 4 αἴ.[, 7 ληκ[;
29. 5]δετινμ[, fort. τίν; 30. 2 κακίζειν | κυ[δάσδεν?; 34. 7–8 Ἀλκμ[ὰν | ἐ]ν τῶι ᾱ[

6

6   P.Oxy. 2391 commentarii fragmenta

fr. 4 2–6   fr. 21

(a)

```
        .   .   .                        .   .   .
     ]αργυρου[.].[
     ]εχειvεκεινη[                    ]νεμμε.[
     ]φατιφιλεν[                    ].πενθερο[
5    ]φησινηφιλ[                    ].τοσπενθ.[
     ]ηρδιοδιδω[                    ]οσκειθιδησ[
        .   .   .              5    ]..[.]οοαλκ·[
                                      .   .   .
```

(b)

```
                          .   .   .
                       ]νει.[
                       ]σδηεπ[
                       ]σουκα.[
                       ]εον..απαι.[
              5     ]...καλ.[.].ναηρ[
                   ]ραλληλωστοαυτο[
                   ]τεθνηωτων λα[
                   ]συνουσιανγα[
                   ]ασαμυκλασκα[
              10       ].δρομονφυλα[
                          ]ευου.[
                          .   .   .
```

(c)

```
                   .   .   .
              ].ọ..[
              ]γλυκηα[
              ].[.]σδιαδε.[
```

---

accedunt eiusdem pap. frr. 9. 4 γλυκεω[, 10. 1 ubi ? Φ]ίλυλλ[α- possis, 11. 5 Κ]υπριδ[
fr. 4. 4 lemma ut vid. φατὶ φιλέν   fr. 21 (a) 1 .[: γ vel π veri sim.
4 κεῖθι δή?   5 fort. Ἀλκαῖ(ος); non erat Ἀλκμ(άν)   (b) 7 post τεθνηώτων
spatiolum vac.: lemma?   9 ? τ]ὰς Ἀμύκλας

7

7 P.Oxy. 2389 commentarii fragmenta

fr. 1 (*a*) (*b*) (*c*) coniuncta

. . .
                   ]..[
            ]ἐ'δ.[..]. κῶμα
σιῶν   κῶ]μα θεῶν δ' εἴρη-
ται (*vel* -κε)   ] ἀσανάτας τελε-
5   τὰς   ] ἐτάρφθεν φρέ-
    να(ς)   ] ὁ Μενέλαος
           ]α.δ.[.....α]ὑτὸν τιμᾶ-
σθαι ἐν ταῖς Θεράπ]ναις μετὰ τῶν Διὸς κού-
ρων   ]κος ἐν τῆι Πελο[ποννήσωι
10   ]σ[.]αι Ἑλένη καὶ[
     ]λεγρ[   ]ω...[.].αφα[
     ].μετ...δ.[   ]ν ἐν Θεράπναις
τιμ]ὰς ἔχουσι· πο[λλὰ] δ' ἐμνάσαντ' οσ[
     ]αν ἀπήρ[ι]τον Β[α]κχῶν Καδ[μ-
15   ].σεγ[.]κα.[]. ἀμφίβ[ολ]ον πότ[ερον
     ].ουσα..[   ].ν ἔργων [ἐμ]νήσθη[σαν
     ]ασαν [ὕ]βριος ἀντ' ὀλοᾶς καὶ ἀτα[σθαλίας

---

fere omnia suppl. e.p.   de coniunctione fragmentorum vid. e.p.
accentus, sim.: 2 κῶ   13 σαντ'
de Menelao ut vid. agitur Therapnis una cum Dioscuris colendo: κῶμα σιῶν
somnus est quo alternis diebus fruuntur Dioscuri   cf. Schol. E. *Tro.* 210, ii 353
Schw., οἰκητήριόν φασι τὰς Θεράπνας τῶν Διοσκούρων παρόσον ὑπὸ τὴν γῆν τῆς
Θεράπνας εἶναι λέγονται ζῶντες, ὡς Ἀλκμάν φησι (ubi ἀλκ. ... cod. A, ἀλκμαιων a);
Harpocr. s.v. Θεράπναι· ... τόπος ἐστὶν ἐν Λακεδαίμονι οὗ μνημονεύει καὶ Ἀλκμὰν ἐν ᾱ.

---

11 Ἀφα[ρητιαδ-?   13 ante πο[spat. vac.   15 non ut vid. πα]ρσεν[ί]-
καν :]ισε vel]ησε ν[ί]καν possis   ante αμφ spat. vac.   16 fort. τῶν ἔργων
17 post]ασαν spat. vac.   cf. fr. Orph. 103. 2 Ab. ὕβριος ἀντ' ὀλοῆς καὶ ἀτασθαλίης
ὑπερόπλου   sup. 17 schol.].ως οἱ Διὸς κο[ύ]ρ[οι] Ἀιδου.[17 col. fin.: marg.
inf. schol.].καθόλου[|]ειν.[

8

8 P.Oxy. 2389

fr. 4 col. ii

·   ·   ·

ἀν-

δροδάμα[
Φοίβη κα[ὶ Ἰλάειρα
ται ἀπολλ[
στροφε τον[
5   συλληπτικ[
θεῶν[   ]..[
(.[   ]ων γ.[
Τ[υν]δαρίδα[ι]ς ἐκ τῶν [
Μῶσαι Μ[ν]αμοσύνα μ[
10   γεισαπ.[..]..σε γέννατο[
...μα[..]ρθνα.ισι τερτ.[

---

omnia suppl. e.p.   vid. etiam Barrett l.c.
2 Leucippi filiae, a Dioscuris raptae (Apollinis filiae in Cypriis, Pausan. iii 16. 1;
fort. Ἀπόλλ[ων- v. 3)   7 seq. carminis titulus, cancellis appositis deletus
10 corr. ex εγειν- vel εγην-   11 τερτα[vel τερτο[ut vid.

9

9 P.Oxy. 2389

fr. 23

·   ·   ·

ποδ[
ρουσαυτ[
δε σφυ[
φυ...[
5   .]ν[

·   ·   ·

---

init. καναχά|ποδ[, ὀνεί|ρους credidisses, sed obstat lemma σφυ[

10

10 (*a*) P.Oxy. xxix comment. in melicos (vid. praef. p. x supra)
fr. 1 col. iii

..]Φλε[ι]άσιος[

Α]ἰσχύ[λ]ος ομ[.].α[

Λ]ακεδα[ι]μόνιον ἀ[ποφαί-

νει τὸν Ἀλ[κμ]ᾶνα [

5   γὰρ ἐν τοῖς Ὑακιν[θ-

ἄκουσα ταν ἀηδ[ον-

παρ' Εὐρώτα.[

ταν Ἀμυκλα[

μεναι τατ[

10   τον εὐνομῳ[

ουσαν αυτα.[

ἀρεταν ταν[

που μέλεσι.[

ταλλαν ταν τ.[

15   Ἀταρνίδα ἐν[

ἐν γὰρ τούτο[ις

γράφειν ταπ[

Ἀλκμᾶνος [

τον αλ[

20   ἐπιλε[

]α.[

]νον[

]θοπ[

]νθ.[   ].ια.[

(col. ii ibid. de arte citharistica apud Lacedaemonios agitur : nihil pro certo ex Alcmane laudatum vel de Alcmane dictum)

fere omnia suppl. Lobel

1 seq. cf. Xen. *Symp.* iv § 63 ubi inter doctos numeratur Αἰσχύλος ὁ Φλειάσιος 4–5 λέγει γὰρ ἐν τοῖς Ὑακινθίοις, sim., sed etiam alia possis 6 seq. ἄκουσα τᾶν ἀηδόνων, sim. nequaquam certum est ex Alcmane vv. 6 seqq. esse delectos 7 ταὶ παρ' Εὐρώτα ῥοαῖσ(ι) possis 9–15 incertum quatenus lemma extentum : formae ουσαν, που Alcmani alienae 24 seqq. 24 Ξά]νθο[ς, 26 ἐν Λ[υδοῖς possis, ut fiat sententia 'rerum in Lydia gestarum nihil ullius momenti omisit Xanthus (unde scias Alcmana non esse Lydium, alioquin memorasset Xanthus)'

25 Ἄ]λκμ[ὰν   οὐδ]ὲ γὰρ ἄ[λ-
λο τῶν ἐν [πα]ραλέλ[οι-
πεν οὐδ[ὲν   κα]τὰ μι[κρὸν
ἀξίων λό[γου γεγεν]ημέ-
νων· ἐστι[.]ουδε.[..]..[

30 ὡς Λακεδα[ι]μόνιοι τότ[ε
ἐπέστησαν Λυδὸν ὄντα
διδάσκαλον τῶν θυγατέ-
ρων καὶ ἐφή[βω]ν πατρίο[ις
χοροῖς το[...].των [ἀ-

35 γωνίσασθα[ι δ]ὲ μηδέπω [
καὶ νῦν ἔτι [ξε]νικῶι κέχρη[ν-
ται διδασκάλωι χο[ρῶν.
γ]ὰρ εἰ διὰ [τ]ὴν σοφία[ν πο-
λίτην ἐπ[ο]ιήσαντο [

40 ἐστιν ἑα[υ]τοῦ κατη[γορεῖν
.η τοῖς ἄ[ισ]μασι τὸν [Ἀλκμᾶ-
να καὶ λέγειν ὅτι βά[ρβαρος
ἦν καὶ Λυδὸς ὑπερλ[
π]ατρίδος καὶ γε[

45 .]ου καιτο[.].[

29 seqq. 29 ἔστι δ' οὐδὲν θαυμάσιον | ὡς possis, 'nequaquam incongruum est, Lacedaemonios eo tempore Lydium puellis chori magistrum praeficere, cum etiam hodie peregrino utantur'   34 seq. ἀγωνίσασθαι δὲ μηδέπω quo modo cum reliquis cohaereat incertum; et sup. το[...].των ut vid. est aliquid inter lineas scriptum   39 seqq. 39 [ἄτοπον, sim., possis: 'si Lacedaemonii artis causa civitatem ei dedissent, parum veri simile est Alcmana semet ipsum in car-minibus accusare et dicere se barbarum esse Lydiumque'   41 init.: primae litt. exstat hasta vertic. pede dextrorsum hamato, π possis
videntur Lydium esse Alcmana negare vv. 24 seqq., affirmare 29 seqq., negare 38 seqq. (qui negat in civitatem adscriptum, negat esse peregrinum; adscribitur enim peregrinus, non ingenuus): quae quo modo inter se cohaereant equidem non video
39 seqq. ita fort. intellegendi: 'sunt qui Spartanum fieri Alcmana concedant, nasci negent: in carminibus enim (fr. 16. 5 Σαρδίων ἀπ' ἀκρᾶν) Lydium se esse iactat; est ergo Lydius, in civitatem Spartanorum adscriptus.—haec manifeste falsa sunt, nam si in civitatem adscriptus fuisset, nequaquam se barbarum esse natum iactasset.' restat ut asseveret hic commentator ne verum quidem esse, Alcmana genus barbarum iactasse: versus enim istos non ab ipso Alcmane sed a choro esse cantatos, ita ut dubitationi fuerit locus, quisnam hominum com-memoratus sit

(b) ibid. fr. 5 col. ii

```
          .    .    .
        ]οις ποι.[
        ]ς ἀλλὰ ἀγ[ένειος
   τὴν ἡ]λικίαν ᾐ [Ἀγ]η[σ]ί[δαμος
        ]ς Δ[ι]οσκού[ρ]ων κα[
5       ]ανάγει πρὸς τὸ χ[ρ]ῶ-
   μ[α . . . . . ] ἐλεφάντι-
   νο[ν . . .] προσονο[μ]άζειν·
   τὺ δ[. . .]λαις ἄρχε ταῖς Δυ-
   μαί[ναις ] Τυνδαριδαιενα[
10  εσα[          ]εν αἰχμαι σι-
   οφιλὲς χο[ρα]γὲ Ἀγησίδαμε
   κλεε[νν]ὲ Δαμοτιμίδα· καὶ
   μικρ[ὸν π]ροελθὼν περὶ τῆ[ς
   ἡλ[ικίας] αὐτοῦ λέγει καὶ τό[δε·
15  .γερώχως κῆρατὼς χο-
   ρα]γώς· αυτα γὰρ ἁμῶν ἥλι-
   κ]ες νεανίαι φίλοι τ' ἀγ[έ]νει-
   οι κ]ἀνύπανοι· αὐτόν τε γὰρ
   τὸ]ν Ἀγησ[ί]δαμον ἀγένει-
20  ον] ἀποφα[ίνει      ]ν συν
   ].δεδει[            ] αὐτῶι
   ]τον πω[γων-
        κτλ.
```

---

omnia suppl. Lobel
9 fin. incerta lectio et divisio   10 potius -μᾶι quam -μαί   12 fort.
κλεννὲ debuit   15 init. non erat α, vix ω; circuli arcus superior ut vid.
voc. ἀγέρωχος apud Alcmana testatur Eust. Il. 314. 43 δηλοῖ . . . τοὺς σεμνούς, ὡς
Ἀλκμὰν βούλεται   16 fort. αὐτοὶ (vel αὐτεῖ) voluit   16–17 ἅλικες debuit
lemmatum Alcmanicorum numeris sententiisque frustra insudavi

11

11 P.Oxy. 2389

fr. 35

columnarum ii fragmenta locupletiora: col. i multa puellarum mentio quarum aliae ταὶ Πιτανάτιδες, aliae Δύμαιναι nominantur (i 3 ἐν Πιτά|[νηι, 7 ἐ[ς] τ(ὴν) Πιτά[νην], 8 τ[αῖς Πιτανάτισι, 11 Πι]τάνηι, fort. etiam 10 ἐν Π[ιτάνηι; 5 Δυμαι|[ν-, 7 Δ]υμαιν[, cf. Hesych. Δύσμαιναι· αἱ ἐν Σπάρτηι χορίτιδες Βάκχαι; col. ii de Chalcidensibus disceptatio longior

lemmata ut vid. col. i 1 **παρσεν**[; 14 **ἐπέων π**[   ]ν, ὡς Ὁμη(ρος) ἔπεα πτερό[εντα, unde π[τεροέντω]ν supplere possis; 15 κἀμὰ πα[ίγνια (suppl. Barrett) πα]ρσένω μάλι[σ]τ' ἀείσατ[ε
cf. etiam i 13 κ(αὶ) τὰ ἔπ[η   ].ε τὸ μέλο[ς κ(αὶ) τὴ]ν λέξιν: cf. fr. 39.1 (p. 45) haec fragmenta feliciter retractavit Barrett l.c.

12

12 P.Oxy. 2393 lexici fragmentum

fr. 1 4–10

```
        .   .   .
       ]σιοφιν[
  5    ]  .μ[
       ]αιχμα[.]α.. ...[
       ]  κοναθρο[.]σμα[
       ]σιοδματο.τ..[
       ] οσκουρῳνο[
  10   ].[
        .   .   .
```

---

4 = θεόφιν
κὸν ἄθροισμα
sim.

6–7 αἰχματὰς στρατ[ὸς (vel -ὰν . . . -ὸν) ut vid. explic. πολεμι]|-
8–9 σιόδματον τέγ[ος ut vid. explic. τῶν Δι]|οσκούρων ο[ἰκία,

cf. fr. 2 supra (p. 10): ex quo carmine verba ordinatim ut vid. explicantur

13

13 excerpta e commentariis ad Alcmanis carmina vitamque
spectantibus

(a)

P.Oxy. 2389 fr. 9 col. i

```
 5            ].[. . .]νος ἐχέγγυος
              ] βεβαιωτὴς ἂν γένοι-
        το    ὅτι] Λάκων εἴη ὅτε φη-
        σί·   ] ἀντίφαριν Λάκωνι τέ-
              κτονα πα]ρθενίων σοφῶν Ἀλκμᾶ-
10      νι    ω]ν τε μελέων ποτίφορον
              ].ον· ἀλλ᾽ ἔοικε Λυδὸν αὐ-
              τὸν νομί]ζειν ὅ τε Ἀριστοτέλης καὶ
              σύ]μψηφοι ἀπατηθέντες
              ] ἀνὴρ ἀγρεῖος οὐδ[ὲ
15      σκαιὸς κτλ.]
```

'Lacedaemonium esse Alcmana testatur (nescio quis) cum dicat "rivalem
Alcmanis Laconis etc." (versus alias incognitos). Aristoteles (et Crates?), fr. 16
freti, Lydium esse coniecerunt, sed falso . . .'

14 αγριος, ε sup. ι scr.

(b)   (c)

P. Oxy. xxix comment. in melicos (vid. praef. p. x)

  fr. 4. 10–15   fr. 5 col. i (b) 3–5

```
10          [ἐμπε-                    Ἀλκ]μᾶνα
   ριπλέκει, ἐζ[ήτησε γὰρ ὥσ-         ]ς· οὐδὲ
   περ ἔφην ἤδ[η    διαλλατ-          ] Σαρδι-
   τούσαις καὶ μὴ [κοιναῖς ἱστο-
   ρίαις χρῆσθαι κ[                    cf. 16. 4–5 infra
15 ἐστὶ περὶ Ἀλκμ[ᾶνος
```

(d)

fr. 17. 5–8

```
             ]εκτον ὅτι
   Ἀλκ]μὰν ἐν Λυδοῖς
             ]σαιτο[.] μέλους
             ]ς κλ[ε].ιναὶ Σάρ- ‖[διες?]
```

Μελῶν ᾱ

14 (1+4+6 B., 7 D.)

14 Syrian. *in Hermog. comment.* i 61. 14 Rabe (= Max. Plan. ap. *Rhet. Gr.* v 510 W.)

ἡ μὲν οὖν στροφή ἐστιν ἡ πρώτη τιθεμένη περίοδος ἐκ δυεῖν ἢ πλειόνων κώλων ὁμοίων ἢ ἀνομοίων συγκειμένη, ὡς παρὰ Ἀλκμᾶνι . . . ἐξ ἀνομοίων δὲ ὡς τόδε·

(a) Μῶσ' ἄγε Μῶσα λίγηα πολυμμελὲς
    αἰὲν ἀοιδὲ μέλος
    νεοχμὸν ἄρχε παρσένοις ἀείδην

Priscian. *de metr. Terent.* 24, *Gramm. Lat.* iii 428 Keil

Simonides et Alcman in iambico teste Heliodoro non solum in fine ponunt spondeum sed etiam in aliis locis; Simonides in ἐπ' Ἀρτεμισίωι ναυμαχίαι . . . (fr. 27). Alcman autem in primo catalecticum trimetrum fecit habentem in quarto loco modo iambum modo spondeum, sic:

    νεοχμὸν ἄρχε παρσένοις ἀείδην
(b) καὶ ναὸς ἁγνὸς εὐπύργω Σεράπνας

hic quarto loco spondeum habet; similiter

(c) χέρρονδε κωφὸν ἐν φύκεσσι πίτνει

quarto loco spondeum posuit (nam φ̄ῡ producitur) teste Heliodoro, qui ait Simoniden hoc frequenter facere.

Ap. Dysc. *synt.* ᾱ 3, p. 3 Uhlig ἔστιν οὖν ⟨καὶ⟩ ἐκ τῶν παρεπομένων τὸ τοιοῦτον ἐπιδεῖξαι, ἐν οἷς δὶς τὸ αὐτὸ στοιχεῖον παραλαμβάνεται, ἔλαβεν ἔννεπε· ἀλλὰ καὶ συλλαβή, Λέλεξ πάμπαν· ἀλλὰ καὶ λέξις, Μῶσ' ἄγε Μῶσα λίγεια. Schol. Callim. fr. 1. 42, i p. 7 Pf. κ(αὶ) Ἀλκ(μάν)· Μῶσ' ἄγε Μῶ' ἄγε λίγια. Et. Mag. 589. 47 ἐτυμώτερον δὲ οἱ Δωριεῖς λέγουσι· Μῶσ' ἄγε Μῶσα λίγεια. Erotian. p. 99 Klein νεοχμόν· νεώτατον, ὡς καὶ Ἀλκμὰν ἐν ᾱ μελῶν (ᾱ'ᵍ μελῶν codd. AB). Harpocrat. *lex.* i 151 Di. Θεράπναι· . . . τόπος ἐστὶν ἐν Λακεδαίμονι Θεράπναι, οὗ μνημονεύει καὶ Ἀλκμὰν ἐν ᾱ; fere eadem Suda ii 706 A. (ubi Ἀλκαῖος pro Ἀλκμάν codd.)

(a) 1 Μῶσ' om. Syr. cod. S, Μῶσ' ἄγε om. Ap. cod. B   λίγη ἀπὸ δ' υμμελέ-σαιεν Syr. cod. S: λίγεια Syr. cod. V, Ap., Et. Mag.; λιγια Schol. Callim.   2 αἰ-εναοιδὲ coni. Bergk   3 νεομον Prisc. codd. RVA   παρσενοις αιειδεν Prisc. RVA, παρσεῦ ἀείδεν Syr. cod. S, π. ἄειδε cod. V

(b) καὶ—Σερ. om. Prisc. cod. R   ἁγνᾶς codd., corr. Hermann   ευτυρτων εραπνας Prisc. cod. A   σερ- codd.

(c) χερσάνδε codd.: post Ahrensium correxi, coll. Hesych. χέρρον· τὴν χέρσον γῆν. Λάκωνες   κωφων εν φουκεσσι Prisc. cod. A   πιτνεῖ codd. (om. R)
Max. Planudis errores non exscripsi

ALCMAN 15

15 (10+11 B., 11 D.)

5   Hephaest. *ench.* i 3, p. 2 Consbr.

θέσει μακραὶ γίνονται ὅταν βραχέος ὄντος ἢ βραχυνομένου φωνήεντος σύμφωνα πίπτηι μεταξὺ αὐτοῦ καὶ τοῦ τῆς ἑξῆς συλλαβῆς φωνήεντος πλείονα ἑνὸς ἁπλοῦ. γίνεται δὲ τοῦτο κατὰ πέντε τρόπους· ἤτοι γὰρ λήξει εἰς δύο σύμφωνα, οἷον· Τίρυνς οὐδέ τι τεῖχος ἐπήρκεσε (adesp. 125)·

καὶ κῆνος ἐν σάλεσσι πολλοῖς ἥμενος μάκαρς ἀνήρ

Ap. Dysc. *pron.* 75 b, i 59 Schn. Δωριεῖς τῆνος· καθαιρημένος θην καὶ τῆνος ὑπὸ τῶ χρόνω, Σώφρων (fr. 56 K.). σπανίως διὰ τοῦ κ̄· καὶ κεῖνος ἐν σάλεσιν πολλοῖς ἥμενος, Ἀλκμάν. ibid. 74 a, i 58 Schn. Ἀλκμὰν πρώτωι· μάκαρς ἐκεῖνος. Schol. Dion. Thrac. p. 346. 20 Hilg. μάκαρς περίηρς παρὰ Ἀλκμᾶνι

κεῖνος codd.   σάλεσσι Heph. cod. D : σάλεσιν codd. AI et Ap. Dysc.   πολλοῖς om. Heph.   κείμενος Heph. cod. I   ex Ap. Dysc. 74 a alterius versus initium μάκαρς ἐκεῖνος fingunt edd., fort. recte
'Herculem dicere videtur', Bergk

35

Μελῶν β̄?

16

16 (24 B., 13 D.)

οὐκ ἦς ἀνὴρ ἀγρεῖος οὐ-
δὲ σκαιὸς οὐδὲ †παρὰ σοφοῖ-
σιν† οὐδὲ Θεσσαλὸς γένος,
Ἐρυσιχαῖος οὐδὲ ποιμήν,
5   ἀλλὰ Σαρδίων ἀπ' ἀκρᾶν

Steph. Byz. s.v. Ἐρυσίχη, i 281 Meineke (= Hdn. I 130. 35, II 874. 9 L.) Ἐρυσίχη·
πολις Ἀκαρνανίας ἥτις ὕστερον Οἰνιάδαι ὠνομάσθη . . . τὸ ἐθνικὸν Ἐρυσιχαῖος, περὶ
οὗ πολὺς λόγος τοῖς ἀρχαίοις· ὁ τεχνικὸς γὰρ καὶ Ἡρωδιανός φησιν (φασιν codd.)
ὅτι σεσημείωται τὸ ἐρυσίχαιος προπαροξυνόμενον ἐν τοῖς ἐθνικοῖς· μήποτε οὖν τὸ
χαῖον ἐγκεῖσθαι, ὅ ἐστιν ἡ βουκολικὴ ῥάβδος, καὶ τὸν ἐρύσω μέλλοντα. διχῶς οὖν
ἔσται, ὡς ἔστι δῆλον παρ' Ἀλκμᾶνι ἐν ἀρχῆι τοῦ δευτέρου τῶν παρθενείων ἀισμάτων·
φησὶ γάρ· οὐκ εἶς—Ἐρυσιχαῖος. εἰ γὰρ τῶι Θεσσαλὸς γένος συναπτέον, ἐθνικόν ἐστι
καὶ προπερισπάσθω, Ἡρωδιανὸς ἐν ταῖς καθόλου προσωιδίαις καὶ Πτολεμαῖος ἔφη·
εἰ δὲ τῶι οὐδὲ ποιμὴν συνάψειέ τις, λέγων τὸ οὐδὲ ποιμὴν ἢ ἐρυσίχαιος, πρόδηλον ὡς
προπαροξυνθήσεται καὶ δηλοῖ τὸν βουκόλον ἢ τὸν αἰπόλον, πρὸς ὃ τὸ ποιμὴν ἁρμόδιον
ἐπαχθήσεται. ὁ πολίτης Ἐρυσιχαῖος κτλ. cf. An. Ox. Cramer i 10. 28, Et. Mag. s.v.
Ἀχαιός
Strabo x 2. 22, ii 364 Kramer τῆς δὲ μεσογαίας κατὰ μὲν τὴν Ἀκαρνανίαν Ἐρυσι-
χαίους τινάς φησιν Ἀπολλόδωρος λέγεσθαι, ὧν Ἀλκμὰν μέμνηται· οὐδ' Ἐρυσιχαῖος—
ἀκρᾶν. Chrysipp. π. ἀποφατ. 21, ii 57 Arnim εἰ Ἀλκμὰν ὁ ποιητὴς οὕτως ἀπεφαίνετο·
οὐκ ἦς—σκαιὸς (sim. ter repet.) Schol. Ap. Rhod. 4. 972, p. 300 W. καὶ τὸ παρ'
Ἀλκμᾶνι δὲ λεγόμενον ἐρυσίχαιον, τῶι χαίωι ἐρύοντα καὶ ποιμαίνοντα (ἐρύοντας ἢ ποιμ.
codd., corr. Keil, Wilam.). P.Oxy. 2389 fr. 9 i 14 (p. 33 supra)] ἀνὴρ ἀγρεῖος οὐδ[,
ubi ε sup. ι scr.   cf. Aelian. epist. 20 fin.

---

1 ἦς Chrys., cf. Eust. Od. 1892. 44 ἔτι ἰστέον καὶ ὅτι τὸ εἰρημένον ἦν ἐπὶ τρίτου
ἐνικοῦ προσώπου ὁ Ἀλκμὰν ἦς λέγει, μετειλημμένου τοῦ ῦ εἰς ṣ Δωρικῶς, ὡς ὁ Ἡρα-
κλείδης παραδίδωσιν: εἰς Steph.   ἄγριος Steph. et P.Oxy. ante corr.; αγροικος
Chrys.   2 παρὰ σοφοῖσιν (φοῖσιν Steph. cod. V) vix sanum; parum veri
similia coni. edd., velut παράσοφος (Jacobs), παρ' ἀσόφοισιν (Welcker)   si non
gravius corruptum, πὰρ et fort. σοφοῖς scribendum   4 οὐδ' ἐρυσιχαῖος (εὐρυσι-
χέος καλυδωναίου δὲ ποιμήν Strabo) codd. : οὐδ' del. Hartung   ἐρυσίχαιος legebant
nonnulli, falso opinor   5 ἀλλὰ—ἀκρᾶν om. Strab. codd. n (in marg. add. man.
sec.), p; ἄκραν vel ἄκρας codd. reliqui

Μελῶν γ̄

17 (33 B., 49 D.)

17 Athen. (om. E) x 416 C D

καὶ Ἀλκμὰν δ' ὁ ποιητὴς ἑαυτὸν ἀδηφάγον εἶναι παραδίδωσιν ἐν τῶι τρίτωι διὰ τούτων·

> καί ποκά τοι δώσω τρίποδος κύτος
> †ὦκ ἐνιλεα Γειρης†
> ἀλλ' ἔτι νῦν γ' ἄπυρος, τάχα δὲ πλέος
> ἔτνεος, οἷον ὁ παμφάγος Ἀλκμὰν
> 5 ἠράσθη χλιαρὸν πεδὰ τὰς τροπάς·
> οὔτι γὰρ †οὐ τετυμμένον† ἔσθει,
> ἀλλὰ τὰ κοινὰ γάρ, ὧπερ ὁ δᾶμος,
> ζατεύει

Aelian. *v.h.* i 27 λέγεται δὲ ἐν Σικελίαι Ἀδηφαγίας ἱερὸν εἶναι καὶ Σιτοῦς ἄγαλμα Δήμητρος· ὁμολογεῖ δὲ καὶ Ἀλκμὰν ὁ ποιητὴς ἑαυτὸν πολυβορώτατον γεγονέναι

1 τόκα coni. Bergk   2 init. ὦι κ' ἐνι, fin. ἀγείρηις vel (Bergk) ἀγείραις (ἀγή- Bechtel) veri sim.; in medio quid steterit prorsus ignotum   3 δ' ἔμπλεος coni. Lobel   5 χαιερον παιδα Athen., corr. Casaubon   6 vulgo ἠὺ (anon.) τετυγμένον (cod. rec., probavit Casaubon), sed forma adverb. ἠὺ inaudita; varia possis, velut ἀδὺ τετυγμένον, οὐδὲ γὰρ εὖ τι τετυγμένον ἐσθίει coni. Hartung   7 καινὰ Athen., corr. Casaubon   ὥσπερ Athen.

Μελῶν δ

18

18 P.Oxy. 2392

commentarium in librum quartum scripsit Dionysius quidam:

Διονυσίου ἐπο.[   ]| Ἀλκμᾶνος | μελ[ῶ]ν δ' | ὑπ(όμνημα)

$$M\epsilon\lambda\hat{\omega}\nu\ \bar{\epsilon}$$

19 (74^B B., 55 D.)

19 Athen. iii 110 F seq.

μακωνίδων δ᾽ ἄρτων μνημονεύει Ἀλκμὰν ἐν τῶι ε′ (ἶε cod., corr.
Schweighaeuser) οὕτως·

> κλίναι μὲν ἑπτὰ καὶ τόσαι τραπέσδαι
> μακωνιᾶν ἄρτων ἐπιστεφοίσαι
> λίνω τε σασάμω τε κὴν πελίχναις
> †πεδεστε† χρυσοκόλλα.

ἐστὶ ⟨δὲ⟩ βρωμάτιον διὰ μέλιτος καὶ λίνου (cf. Hesych. χρυσοκόλλα).

---

1 τόσσαι coni. Maas   2 μακωνίδων Athen., corr. Chantraine et Irigoin
coll. Philostr. *gymn.* 44   2–3 ἐπιστεφεῖς σελίνωι codd. CE   4 πεδεστε (ita
cod. A sec. Peppink) nondum sanatum : παίδεσσι Schweighaeuser, πέδεστι Bergk
(et cod. A sec. Desrousseaux *Mélanges Cumont* 661 seqq.)   πλέεσσι possis   κὴν
—χρυσ. om. CE (σασάμω τε· ὅτι χρυσοκόλλα ἐστὶ βρωμάτιον κτλ.; vid. Desrousseaux
l.c., qui ita locum refingit : ἐπιστεφεῖς, ἆι / λίνω—πελίχναις / πέδεστι χρυσοκόλλα⟨ς·
χρυσοκόλλα⟩ ἐστὶ βρωμ. κτλ.)   eidem carmini fr. 96 adscr. Wilam. *GV* 285 n. 2,
probat Von der Mühll *Schweiz. Ges. für Volkskunde* (1951) 212 seq.

---

20 (76 B., 56 D.)

20 Athen. (om. E) x 416 D

κἂν τῶι ε′ δὲ ἐμφανίζει (scil. Ἀλκμὰν) αὑτοῦ τὸ ἀδηφάγον λέγων
οὕτως·

> ὥρας δ᾽ ἔσηκε τρεῖς, θέρος
> καὶ χεῖμα κὠπώραν τρίταν
> καὶ τέτρατον τὸ ϝῆρ, ὅκα
> σάλλει μέν, ἐσθίην δ᾽ ἄδαν
> 5   οὐκ ἔστι

---

1 fort. τρῖς et σέρ- scribendum   2 χειμάχωι·παραν cod., corr. anon.
3–4 τοηροκας ἀλλ᾽ εἰ μὲν cod., explic. Grotefend, Fiorillo, Porson, Schweighaeuser
4 ἐσθειεν cod., corr. Grotefend, Fiorillo (ἐσθίειν), Porson (ἐσθίεν)

INCERTI LOCI

21 (13 B.)

21 Pausan. i 41. 4, i 110 seq. Sp.

ταῦτα μὲν οὕτω γενέσθαι λέγουσιν· ἐγὼ δὲ γράφειν μὲν ἐθέλω
Μεγαρεῦσιν ὁμολογοῦντα, οὐκ ἔχω δὲ ὅπως †εὕρωμαι πάντα σφίσιν,
ἀλλὰ ἀποθανεῖν μὲν λέοντα ἐν τῶι Κιθαιρῶνι ὑπὸ Ἀλκάθου πείθομαι,
Μεγαρέως δὲ Τίμαλκον παῖδα τίς μὲν ἐς Ἄφιδναν ἐλθεῖν μετὰ τῶν
Διοσκούρων ἔγραψε; πῶς δ' ἂν ἀφικόμενος ἀναιρεθῆναι νομίζοιτο
ὑπὸ Θησέως, ὅπου καὶ Ἀλκμὰν ποιήσας ἄισμα ἐς τοὺς Διοσκούρους,
ὡς Ἀθήνας ἕλοιεν καὶ τὴν Θησέως ἀγάγοιεν μητέρα αἰχμάλωτον,
ὅμως Θησέα φησὶν αὐτὸν ἀπεῖναι; Πίνδαρος δὲ τούτοις τε κατὰ
ταὐτὰ ἐποίησε (fr. 243 Sn.) καὶ γάμβρον τοῖς Διοσκούροις Θησέα
εἶναι βουλόμενον ⟨ἁρπασθεῖσαν τὴν Ἑλένην διαφυλάξαι add. Schroe-
der⟩ ἐς ὃ ἀπελθεῖν αὐτὸν Πειρίθωι τὸν λεγόμενον γάμον συμπράξοντα.

Schol. A Hom. Il. 3. 242, i 153 Di.

Ἑλένη ἁρπασθεῖσα ὑπὸ Ἀλεξάνδρου, ἀγνοοῦσα τὸ συμβεβηκὸς
μεταξὺ τοῖς ἀδελφοῖς Διοσκούροις κακόν, ὑπολαμβάνει δι' αἰσχύνης
αὐτῆς μὴ πεπορεῦσθαι τούτους εἰς Ἴλιον, ἐπειδὴ προτέρως ὑπὸ
Θησέως ἡρπάσθη, καθὼς προείρηται. διὰ γὰρ τὴν τότε γενομένην
ἁρπαγὴν Ἄφιδνα πόλις Ἀττικῆς πορθεῖται καὶ τιτρώσκεται Κάστωρ
ὑπὸ Ἀφίδνου τοῦ τότε βασιλέως κατὰ τὸν δεξιὸν μηρόν. οἱ δὲ
Διόσκουροι Θησέως μὴ τυχόντες λαφυραγωγοῦσι τὰς Ἀφίδνας (Ἀθή-
νας cod.). ἡ ἱστορία παρὰ τοῖς Πολεμωνίοις ἢ τοῖς Κυκλικοῖς καὶ
ἀπὸ μέρους παρὰ Ἀλκμᾶνι τῶι λυρικῶι.

22 (13 adn. B.)

22 Hesych. s.v.

Ἀσαναίων πόλιν· τὰς Ἀφίδνας.

Ἀσανέων cod., corr. Palmer   Alcmani adscripsit O. Mueller (= fr. 13 Bergk),
recte opinor (frustra Latte ad loc. 'sed est senarii pars')

23 (14 B.)

23   Pausan. iii 26. 2, i 313 seq. Sp.

Θαλαμῶν δὲ ἀπέχει σταδίους εἴκοσιν ὀνομαζομένη Πέφνος ἐπὶ
θαλάσσηι. πρόκειται δὲ νησὶς πέτρας τῶν μεγάλων οὐ μείζων,
Πέφνος καὶ ταύτηι τὸ ὄνομα. τεχθῆναι δὲ ἐνταῦθα τοὺς Διοσκούρους
φασὶν οἱ Θαλαμᾶται. τοῦτο μὲν δὴ καὶ Ἀλκμᾶνα ἐν ἄισματι οἶδα
εἰπόντα. τραφῆναι δὲ οὐκέτι ἐν τῆι Πέφνωι φασὶν (φησὶν coni.
Siebelis) αὐτούς, ἀλλὰ Ἑρμῆν τὸν ἐς Πελλάναν κομίσαντα εἶναι.

24

24   Himer. *or.* xxxix 12, p. 160 Colonna

Ἀλκμὰν (-μαίων codd.) δὲ ⟨ὁ⟩ τὴν Δώριον λύραν Λυδίοις
κεράσας ἄισμασιν ἐτύγχανε μὲν διὰ τῆς Σπάρτης εἰς Διὸς Λυκ⟨α⟩ίου
κομίζων ἄισματα· οὐ μὴν παρῆλθε τὴν Σπάρτην πρὶν καὶ αὐτὴν τὴν
πόλιν καὶ Διοσκόρους ἀσπάσασθαι.

25 (12 B.)

25   Schol. Bern. ad Verg. *Geo.* iii 89 ed. Hagen *Fleckeisen's Jahrb.*
Suppl. iv (1861–7) 930

Amycla urbs in Peloponneso: equos autem a Neptuno Iunoni
datos Alcman lyricus (C. G. Mueller: alcimân liricos codd.)
dicit Cyllarum et Xanthum, quorum Polluci Cyllarum, Xan-
thum fratri eius concessum esse dictum est; Cyllarus enim
equus fuit Pollucis.

---

cf. Serv. Dan. ibid. (iii 1. 283 T.–H.) Xanthum autem ⟨dicit⟩ et Cyllarum equos,
quos Neptunus Iunoni dono dedit, illa Castori et Polluci, ut poetae Graeci
fabulantur
   de Alcmanis mentione dubitabat Vürtheim *Stesichoros* (1919) 4 seqq.; fort.
recte, sed vid. Fraenkel *JRS* 39 (1949) 151

26 (26 b., 94 d.)

26   Antigon. Caryst. *mir.* xxiii (27), p. 8 Keller

τῶν δὲ ἀλκυόνων οἱ ἄρσενες κηρύλοι καλοῦνται. ὅταν οὖν ὑπὸ τοῦ
γήρως ἀσθενήσωσιν καὶ μηκέτι δύνωνται πέτεσθαι, φέρουσιν αὐτοὺς
αἱ θήλειαι ἐπὶ τῶν πτερῶν λαβοῦσαι. καὶ ἔστι τὸ ὑπὸ τοῦ Ἀλκμᾶνος
λεγόμενον τούτωι συνωικειωμένον· φησὶν γὰρ ἀσθενὴς ὢν διὰ τὸ
γῆρας καὶ τοῖς χοροῖς οὐ δυνάμενος συμπεριφέρεσθαι οὐδὲ τῆι τῶν
παρθένων ὀρχήσει·

οὔ μ' ἔτι, παρσενικαὶ μελιγάρυες ἱαρόφωνοι,
γυῖα φέρην δύναται· βάλε δὴ βάλε κηρύλος εἴην,
ὅς τ' ἐπὶ κύματος ἄνθος ἅμ' ἀλκυόνεσσι ποτήται
νηδεὲς ἦτορ ἔχων, ἁλιπόρφυρος ἱαρὸς ὄρνις.

Ap. Dysc. *coni.* 522, i 254 Schn. τὸ ἀβάλε ἐντελές ἐστι, καὶ σαφὲς ἐκ τῆς ἐκτάσεως
τοῦ ā· καὶ ἀφαιρεθὲν γὰρ τὸ αὐτὸ δηλοῖ· βάλε—εἴην. Et. Gen. A *Ind. Lect. Rost.*
1890/1 p. 6 Reitz., B p. 60 Miller βάλε· ἀντὶ τοῦ ἀβάλε, οἷον· βάλε δὴ—εἴην. ὁ δὲ
Ἀλκμὰν τὸ ἀβάλε, οἷον· ἀβάλε καὶ νοέοντα (= fr. 111); sim. Et. Mag. 186. 39 (βάλε
βάλε κῆρυξ φωνήν), Et. Sym. cod. V ibid., An. Ox. Cramer i 264 seq. (βάλε δὴ—εἴην),
Hdn. I 108. 34 L., An. Bekker ii 946. 9 = Schol. Dion. Thrac. p. 279. 14 Hilg. (βάλε
δὴ—εἴην. Ἀλκμάν). Suda iii 112 A. (= Schol. Ar. *Av.* 300) s.v. κηρύλος· ὁ ἄρρην
ἀλκυών, ὃς ἐν ταῖς συνουσίαις ἀποθνήισκει. Εὐφρόνιός φησι τοὺς Δωριεῖς λέγειν· βάλε
δὴ—εἴην· τοὺς δὲ Ἀττικοὺς κειρύλον. τοὺς δὲ ἄρρενας γηράσκοντας αἱ θήλειαι βαστά-
ζουσι τοῖς πτεροῖς. Schol. Ar. *Av.* 251, p. 60–61 White ὦν τ' ἐπὶ πόντιον· ὁ τε περιτ-
τός. ἐστὶ δὲ παρὰ τὸ Ἀλκμᾶνος· ὅς τ'—ποτᾶται. διὸ καὶ Δωρικῶς εἴρηται. Phot. *lex.*
ὄρνις· . . . καὶ Δωριεῖς ὄρνιξ, παρ' Ἀλκμᾶνι δὲ ἅπαξ ὄρνις· ἀδεὲς—ὄρνις. Athen. xi
374 D Ἀλκμὰν . . . ἁλιπ.—ὄρνις

1 οὐ μέν τι Antig. παρθ- Antig. ἱερο- Antig. ἱμερόφωνοι coni. Barker, sed
cf. Theogn. 761, Aesch. *Suppl.* 696, *Agam.* 245, alia (vid. etiam Pontani *Maia* 3
(1950) 44 seqq.)   2 φέρειν Antig. βάλε βάλε Et. Mag., βάλλε βάλλε Et. Sym.,
βάλε δὲ βάλε Suda, βάλλε δὲ βάλλε Schol. Ar. κῆρυξ (κήρυκος Et. Sym.) φω⟨νήν⟩
Et. Mag., κύρρηλος εἴην An. Ox., ἀπὸ τοῦ κήρυκος εἴην Et. Gen. B   3 ποτᾶται
Schol. Ar. et codd. Ar. in parodia   4 νηδεὲς Boissonade : νηλεὲς Antig.,
ἀδεὲς Phot. ἱαρὸς Hecker : εἴαρος Antig., Athen., Phot. Rhian. 73. 3 (Powell),
Anth. Pal. vii 171. 1, alia confert Pontani l.c. 47 n. 1; cf. Callim. fr. 803 n. Pfeiffer.
falsa est Antigoni interpretatio: ἅμ' ἀλκυόνεσσι ποτᾶται, non φορεῖται, hic cerylus

27 (45 B., 67 D.)

27 Hephaest. *ench.* vii 4, p. 22 Consbr.

Ἀλκμὰν δὲ καὶ ὅλας στροφὰς τούτωι τῶι μέτρωι κατεμέτρησε·

> Μῶσ᾽ ἄγε Καλλιόπα θύγατερ Διὸς
> ἄρχ᾽ ἐρατῶν ϝεπέων, ἐπὶ δ᾽ ἵμερον
> ὕμνωι καὶ χαρίεντα τίθη χορόν.

ibid. iv 1, p. 13 C. (cf. epitom. p. 361 C.) ἀκατάληκτα καλεῖται μέτρα ὅσα τὸν τελευταῖον πόδα ὁλόκληρον ἔχει, οἷον ⟦ὡς⟧ ἐπὶ δακτυλικοῦ· Μῶσ᾽—Διός. Syrian. *comment. in Hermog.* i 61. 14 Rabe ἡ μὲν οὖν στροφή ἐστιν ἡ πρώτη τιθεμένη περίοδος ἐκ δυεῖν ἢ πλειόνων κώλων ὁμοίων ἢ ἀνομοίων συγκειμένη, ὡς παρὰ Ἀλκμᾶνι· Μῶσ᾽— χορόν. αὕτη γὰρ ἡ στροφὴ ἐκ τριῶν ἐστι κώλων δακτυλικῶν ἰσομέτρων. cf. Arsen. = Apostol. xi 94 a, ii 540 L.–S. Μῶσά γε—χορόν· Ἀλκμᾶνος

1 μῶσάγε Heph. AD bis, μῶσαγε Heph. I bis, μῶσ᾽ om. Syr. S   καλλιῶπα Syr. V   θύγατερ αἱ Syr. S   2 ἐρατ᾽ Heph. D   ἐπῶν Syr. V (ἐπ- codd. omn.) 2–3 ἐπὶ δ᾽ ἱερῶν ὕμνον (ex ὕμνων) Syr. V   3 τίθει codd.   χορῶ Syr. V, χώρωι Syr. S (χορῶ in marg. man. prima)

28 (59 B., 40 D.)

28 Schol. A Hom. *Il.* 13. 588, ii 25–26 Di.

τῆι ϝι̅ παραγωγῆι ὁ ποιητὴς κατὰ τριῶν κέχρηται πτώσεων, ἐπὶ γενικῆς δοτικῆς αἰτιατικῆς . . . ἐπὶ δὲ κλητικῆς Ἀλκμὰν ὁ μελοποιὸς οὕτως·

> Μῶσα Διὸς θύγατερ λίγ᾽ ἀείσομαι ὠρανίαφι,

ἐστὶ γὰρ οὐρανία.

Schol. Lips. Hom. *Il.* 2. 233, i 102 Bachm. ἀπὸ κλητικῆς οἷον οὐρανία οὐρανίαφι· οὐρανίαφι λίγ᾽ ἀείσομαι. Ap. Dysc. *adv.* 575, i 165 Schn. ἐστὶ δὲ καὶ παρὰ Ἀλκμᾶνι καὶ κατὰ κλητικῆς τὸ οὐρανία οὐρανίαφιν. An. Ox. Cramer i 293. 22 ἀπὸ κλητικῆς ὡς τὸ οὐρανίαφι· οὐρανίαφι γ᾽ ἀείσομαι. Et. Gud. 411. 16 ἀπὸ κλητικῆς οἷον· οὐρανίαφι φίλη γα εἴσομαι. Et. Mag. 800. 10 ἐν κλητικῆι, ὦ οὐρανία, λίγ᾽ αἴων καὶ οὐρανίαφι. Et. Sym. cod. V ibid. μοῦσα λίγεια οὐρανίαφι

λίγ᾽ ἀείσ. ante ὠραν. Et. Mag. (in λίγ᾽ αἴων καὶ corruptum): post ὠραν. rell. ὠραν. Schol. A Hom.: οὐραν. rell. cetera ut supra exhibui

29 (2 B., 9 D.)

29 Achill. *comment. in Arat.* p. 82 Maass

(ad ἐκ Διὸς ἀρχώμεσθα :) Ἀλκμάν·

> ἐγὼν δ᾽ ἀείσομαι
> ἐκ Διὸς ἀρχομένα

ἐγὼ δὲ ἀεί σοι με ἐκ Διὸς ἀρχόμενα cod. : corr. Valckenaer, qui ἀρχόμενος coni. ἐγώνγα δ᾽ ('nisi malis ἐγὼ λίγ᾽ ') Bergk

30 (7 B., 10 D.)

30 Aristeid. *or.* xxviii 51, ii 158 Keil

> ἀκούεις δὲ τοῦ Λάκωνος λέγοντος εἰς αὐτόν τε καὶ τὸν χορόν·
> ἁ Μῶσα κέκλαγ᾽ ἁ λίγηα Σηρήν

. . . προστίθει δὲ κἀκεῖνο, ὅτι αὐτῆς τῆς Μούσης δεηθεὶς κατ᾽ ἀρχὰς ὁ ποιητής, ἵν᾽ ἐνεργὸς ὑπ᾽ αὐτῆς γένοιτο, εἶτα ὥσπερ ἐξεστηκὼς φησὶν ὅτι τοῦτο ἐκεῖνο χορὸς αὐτὸς ἀντὶ τῆς Μούσης γεγένηται.

ἡ Μῶσα κεκλήγη codd. AS[1], ἡ Μῶσα κεκλήγει QUTS[2], corr. Welcker (κέκληγ᾽ ἡ) ἡ λίγεια σειρήν codd.

31 (95 B., 42 D.)

31 Eust. *Od.* 1547. 60

λέγει δὲ καὶ Ἀλκμάν·

> τὰν Μῶσαν καταυσεῖς

ἀντὶ τοῦ ἀφανίσεις.

Μοῦσαν καταύσεις Eust.   cf. Hesych. καθαῦσαι· ἀφανίσαι

32 (152 B.)

32 Phot. *lex.* ii 268 Naber = p. 654 Porson

⟨ψιλεύς· ἐπ᾽ ἄκρου χοροῦ ἱστάμενος. ὅθεν καὶ φιλόψιλος
παρ᾽ Ἀλκμᾶνι, ἡ φιλοῦσα ἐπ᾽ ἄκρου⟩ χοροῦ ἵστασθαι.

eadem Suda iv 846 A. s.v. ψιλεύς, unde Phot. suppl. Porson   cf. Hesych.
ψιλεῖς· οἱ ὕστατοι χορεύοντες

33 (146ᴬ B.)

33 Anon. I *comment. in Arat.* p. 91. 11 Maass

καὶ Ἀλκμὰν ὁμοστοίχους ἐκάλεσε τὰς ἐν τάξει χορευούσας παρθένους.

34 (125 B.)

34 Schol. Theocr. *argum. carm.* xii, p. 249 seq. W.

ἐπιγράφεται μὲν τὸ εἰδύλλιον Ἀίτης, γέγραπται δὲ ᾿Ιάδι διαλέκτωι. ὁ δὲ λόγος ἐκ τοῦ ποιητικοῦ προσώπου πρὸς ἐρώμενον. ὅθεν καὶ τὸ ἐπίγραμμα Ἀίτης, ἐπειδὴ τοὺς ἐρωμένους ἀίτας ἔνιοι καλοῦσιν, ὡς Θεσσαλοί. καὶ γὰρ Ἀλκμὰν τὰς ἐπεράστους κόρας λέγει

ἀίτιας

ibid. p. 251 W. ᾿Ερατοσθένης (Wendel: -σθένους ὑπόθεσις codd.) ἀίτην τὸν ἑταῖρόν φησιν, Ἀλκμὰν δὲ τὰς ἐπεράστους κόρας ἀιτιάς φησιν (Wendel: ἀίτας χορδὰς ἀπεράστους (ἐπ- cod. T) codd.). cf. Et. Gud. 57. 19 Stef.; Et. Mag. 43. 40; Hesych. s.v. ἀίτας; Phot. s.v. ἀείταν, p. 37 Reitz.; Sud. i 63 A. s.v. ἀείτης; Hdn. I 105. 11, II 296. 6 L.; An. Ox. Cramer ii 173. 1; Eust. *Il.* 732. 24, *Od.* 1500. 29, 1547. 18

ἀίτας codd., corr. Ahrens (fem. ἀῖτις, acc. pl. -ιας)

35 (98 B., 19 D.)

35 Et. Mag. 486. 38

καλά· τὸ καλά παρὰ τῶι Ἀλκμᾶνι κάλλα (cod. P: καλά MD) ἐστίν, οἷον·

κάλλα μελισδομέναι

fere eadem An. Par. Cramer iv 63. 13 (cod. Paris. 2636). Ap. Dysc. *adv.* 565, i 155 Schn. τοιοῦτόν ἐστι καὶ τὸ καλά, ὃ δι᾿ ἑνὸς μὲν λ γράφεται κατὰ τὸ κοινὸν ἔθος, παρὰ Δωριεῦσι δὲ δι᾿ ἑτέρου λ

κάλλα μελλεισδόμεναι Et. Mag. DP, καλὰ μη λεισδόμεναι M, καλὰ μελισδόμεναι An. Par.

36 (65 B., 18 D.)

Ap. Dysc. *pron.* 118 c, i 93 Schn.

36 ἀμές Δώριον. Ἀλκμάν·

ὡς ἀμὲς τὸ καλὸν μελίσκον

μελίσκιον (olim Bergk) exspectasses; μελίσκον iterum fr. 113 infra   vid. Locker *Glotta* 28 (1940) 76 seqq.

37 (77–78 B., 17+21 D.)

37 Ap. Dysc. *pron.* 123 b, i 96 seq. Schn.

ἡ ἁμίν Δωρικὴ συστέλλει τὸ ῑ, ἐν οἷς ἐγκλινομένη προπερισπᾶται·

(a)   αἱ γὰρ ἅμιν
          τούτων μέλοι,

ὀξυνομένη τε

          (b)   ἁμὶν δ' ὑπαυλησεῖ μέλος,

Ἀλκμάν.

_____

(a) 2 τωυτων Ap., corr. Bekker   (b) -ήσει Ap.

38 (66 B., 20 D.)

38 Ap. Dysc. *pron.* 121 b, i 95 Schn.

ἡ ἁμῶν παρὰ Δωριεῦσι καὶ σύναρθρον γενικὴν σημαίνει ἀκόλουθον τῆι ἁμός. τῆι μέντοι διαιρέσει ἡ πρωτότυπος διαλλάσσει τῆς κτητικῆς, οὐκέτι τὸ αὐτὸ ἀναδεχομένης. Ἀλκμάν·

          ὅσσαι δὲ παῖδες ἁμέων
          ἐντί, τὸν κιθαριστὰν
          αἰνέοντι

_____

1 ὅσαι Ap.

39 (25 B., 92 D.)

39 Athen. (om. E) ix 389 F seq.

καλοῦνται δ' οἱ πέρδικες ὑπ' ἐνίων κακκάβαι, ὡς καὶ ὑπ' Ἀλκμᾶνος λέγοντος οὕτως·

          ϝέπη τάδε καὶ μέλος Ἀλκμὰν
          εὖρε γεγλωσσαμέναν
          κακκαβίδων ὄπα συνθέμενος,

σαφῶς ἐμφανίζων ὅτι παρὰ τῶν περδίκων ᾄδειν ἐμάνθανε. διὸ καὶ Χαμαιλέων ὁ Ποντικὸς ἔφη τὴν εὕρεσιν τῆς μουσικῆς τοῖς ἀρχαίοις ἐπινοηθῆναι ἀπὸ τῶν ἐν ταῖς ἐρημίαις ᾀδόντων ὀρνίθων.

_____

1 ἐπη γε δὲ Athen.: ἔπη τάδε Bergk (τάδε in γα δὲ, γε δὲ corruptum), quem dubitanter sequor; vix ἔπη δέ τε, quod coni. Wilam.   2 εὑρετε γλωσσαμενον Athen.: corr. Meineke (γεγλ-), Marzullo (-μέναν: sed idem voc. tanquam glossema delet; vid. *Rh. Mus.* 98 (1955) 73 seqq.)   3 ὄπα Schneidewin (*Beitr.* 33), probant Marzullo, Desrousseaux *RÉG* 65 (1952) 40 seq.: ὄνομα Athen.; στόμα Emperius improbat Marzullo op. cit. 75 seq.

40 (67 в., 93 D.)

40 Athen. (om. E) ix 374 D

οἱ δὲ Δωριεῖς λέγοντες ὄρνιξ τὴν γενικὴν διὰ τοῦ χ̄ λέγουσιν ὄρνιχος. Ἀλκμὰν δὲ διὰ τοῦ σ̄ τὴν εὐθεῖαν ἐκφέρει· ἀλιπόρφυρος εἴαρος ὄρνις (fr. 26. 4)· καὶ τὴν γενικήν·

ϝοῖδα δ' ὀρνίχων νόμως
παντῶν

---

1 οἶδα Athen.   δ' Hermann: δι' Athen.   2 πάντων Athen.

41 (35 в., 100 D.)

41 Plut. vit. Lycurg. 21. 6, iii 2. 37 seq. L.–Z.

μουσικωτάτους γὰρ ἅμα καὶ πολεμικωτάτους ἀποφαίνουσιν (scil. Πίνδαρος καὶ Τέρπανδρος) αὐτούς (scil. τοὺς Λακεδαιμονίους)·

ἕρπει γὰρ ἄντα τῶ σιδάρω τὸ καλῶς κιθαρίσδην,

ὡς ὁ Λακωνικὸς ποιητὴς εἴρηκε.

---

id. de Alex. fort. aut virt. 2, ii 2. 96 Nachst.–Siev.–Titch. καὶ μαρτυρῆσαι τοῖς Σπαρτιάταις ἄιδουσιν· ἕρπει—κιθαρ.

ἕρπει: ῥέπει coni. Scaliger   ante Welckerum scribebatur τῶι σιδάρωι   -ίσδην Lyc. S²: -ίσδειν Lyc. L², Alex. Π; -ίζειν Alex. JFZ; -ίδδειν Lyc. L¹, Alex. SΨ, -ίδδεν Lyc. S¹

42 (100 в., 3 D.)

42 Athen. ii 39 A

οἶδα δ' ὅτι Ἀναξανδρίδης (II 160 K.) τὸ νέκταρ οὐ ποτὸν ἀλλὰ τροφὴν εἶναι λέγει θεῶν . . . καὶ Ἀλκμὰν δέ φησι τὸ

νέκταρ ἔδμεναι

αὐτούς.

Eust. Od. 1633. 1 Ἀλκμὰν δὲ λέγων τοὺς θεοὺς νέκταρ ἔδμεναι

43 (51 B., 25 D.)

43 Ap. Dysc. *pron.* 64 b, i 50 seq. Schn.

οἱ αὐτοὶ Δωριεῖς ἐγώνγα καὶ ἐγώνη·

οὐ γὰρ ἐγώνγα ϝάνασσα Διὸς θύγατερ,

Ἀλκμάν.

ἄνασσα cod.

44 (104 B.)

44 Schol. Ar. *Pac.* 457

πρὸς τοὺς οἰομένους τῶν νεωτέρων τὸν αὐτὸν εἶναι Ἄρεα καὶ
Ἐννάλιον, κατ᾽ ἐπίθετον. τινὲς δὲ Ἄρεως καὶ Ἐννοῦς τὸν Ἐννάλιον,
οἱ δὲ Κρόνου καὶ Ῥέας. Ἀλκμᾶνα δὲ λέγουσιν ὁτὲ μὲν τὸν αὐτὸν
λέγειν ὁτὲ δὲ διαιρεῖν.

Ἀλκμᾶνα κτλ. om. cod. R, habet cod. V

45 (86 B., 32 D.)

45 Ap. Dysc. *pron.* 105 a, i 82 Schn.

ὀρθοτονεῖται δὲ (scil. τοί) καὶ παρ᾽ Ἀλκμᾶνι συνήθως Δωριεῦσιν·

ϝάδοι Διὸς δόμωι χορὸς ἁμὸς καὶ τοί, ϝάναξ

ἄδοι Ap.   ὁ χορὸς Ap., corr. Hartung   τοί γ᾽ αναξ Ap., corr. Maittaire

46 (85ᴬ B., 34 D.)

46 Hephaest. *ench.* xii 2, p. 37 seq. Consbr.

καὶ ὅλα μὲν οὖν ἄισματα γέγραπται ἰωνικά, ὥσπερ Ἀλκμᾶνι·

Ϝέκατον μὲν Διὸς υἱὸν τάδε Μῶσαι κροκόπεπλοι

ἑκατὸν et ἐκατὸν codd.

47 (61 B., 31 D.)

47 Ap. Dysc. *coni.* 490, i 223 seq. Schn.

ἆρα· οὗτος κατὰ πᾶσαν διάλεκτον, ὑπεσταλμένης τῆς κοινῆς καὶ
Ἀττικῆς, ἦρα λέγεται . . . παρ' Ἀλκμᾶνι·

ἦρα τὸν Φοῖβον ὄνειρον εἶδον

48 (17 B., 33 D.)

48 Ap. Dysc. *pron.* 96 b, i 75 Schn.

ἡ σέο μεταβάλλει τὸ σ εἰς τὸ τ παρὰ Δωριεῦσιν. Ἀλκμάν·

ἐμὲ Λατοΐδα τέο †δ' αχοσχορον†

ἐμὲ: ἐν ε' coni. Hermann   δ' ἀρχέχορον coni. Hermann, δαυχνοφόρον Bergk

49 (73 B., 29 D.)

49 Ap. Dysc. *adv.* 563, i 153 Schn. (= An. Bekker ii 563)

πρόσθεν (-θε cod., corr. Dronke) πρόσθα· καὶ παρ' Ἀλκμᾶνι
οὕτω δεκτέον τὴν συναλοιφήν·

πρόσθ' Ἀπόλλωνος Λυκήῳ

προς cod., corr. Bast

50 (83–84 B., 30+39 D.)

50 Hephaest. *ench.* xiv 6, p. 46 Consbr.

ἀπ' ἐλάσσονος δὲ ἐπιωνικὸν τρίμετρον ἀκατάληκτόν ἐστι παρ'
Ἀλκμᾶνι, ὃ τὴν μὲν πρώτην ἔχει ἰαμβικὴν ἑξάσημον ἢ ἑπτάσημον,
τὰς δὲ ἑξῆς δύο ἰωνικὰς ἑξασήμους καθαράς, οἷον·

(a)   περισσόν· αἱ γὰρ Ἀπόλλων ὁ Λύκηος

(b)   Ἰνὼ σαλασσομέδοισ' ἂν ἀπὸ μασδῶν

(b) σαλασσομέδοισὰν cod. A, σάλασ· ὁμέδοισαν cod. I   ἀπομάσδων codd., dist.
Porson

51 (102 B.)

1 Plut. *mus.* 14, p. 117. 28 Lasserre, vi 3. 12 Ziegler

ἄλλοι δὲ καὶ αὐτὸν τὸν θεόν (scil. Ἀπόλλωνα) φασιν αὐλῆσαι, καθάπερ ἱστορεῖ ὁ ἄριστος μελῶν ποιητὴς Ἀλκμάν.

52 (103 B.)

2 Schol. Theocr. v 83, p. 170 seq. W.

τὰ δὲ Κάρνεα· Πράξιλλα (fr. 7) μὲν ἀπὸ Κάρνου (K : -ης G, -ίου rell.) φησὶν ὠνομάσθαι τοῦ Διὸς καὶ Εὐρώπης υἱοῦ, ὃς ἦν ἐρώμενος τοῦ Ἀπόλλωνος· Ἀλκμὰν δὲ ἀπὸ Καρνέου τινὸς Τρωϊκοῦ.

53 (18 B., 62 D.)

3 Schol. T Hom. *Il.* 21. 485, vi 364 Maass

θῆρας ἐναίρειν· φονεύειν ἢ σκυλεύειν. περιάπτεται γὰρ νεβρίδας (scil. Ἄρτεμις). Ἀλκμάν·

    ϝεσσαμέναι πέρι δέρματα θηρῶν

ἐσσαμέναι cod. (ἐπαμέναι apogr. Vat.); fort. -μένα scribendum   παρὰ cod., corr. Hartung   fort. σηρῶν

54 (101ᴬ B., 64 D.)

4 Eust. *Od.* 1618. 28 (= Hdn. II 646. 5 L.)

κατὰ δὲ τὴν παρὰ Ἡρωδιανῶι Ἀλκμανικὴν χρῆσιν καὶ Ἀρτέμιδος Ἀρτέμιτος, οἷον·

    Ἀρτέμιτος θεράποντα

Ἀρτάμ- coni. Bergk   an σεράπ-?

ALCMAN 55, 56

55 (21 B., 35 D.)

55 Strabo viii 3. 8, ii 111 Kramer

καὶ Ἀλκμὰν δέ·

> Κύπρον ἱμερτὰν λιποῖσα καὶ Πάφον περίρρυταν

Eust. *Il.* 305. 34 Ἀλκμάν· Κύπρον—περίρρυταν. cf. Menand. π. ἐπιδεικτ. iii init., *Rhet. Gr.* ix 135 seq. Walz ἅμα μὲν γὰρ ἐκ πολλῶν τόπων τοὺς θεοὺς ἐπικαλεῖν ἔξεστιν ὡς παρὰ τῆι Σαπφοῖ καὶ τῶι Ἀλκμᾶνι πολλαχοῦ εὑρίσκομεν

56 (34 B., 37 D.)

56 Athen. (om. E) xi 498 F–499 A

Ἀσκληπιάδης δ᾿ ὁ Μυρλεανὸς ἐν τῶι περὶ τῆς Νεστορίδος φησὶν ὅτι τῶι σκύφει καὶ τῶι κισσυβίωι τῶν μὲν ἐν ἄστει καὶ μετρίων οὐδεὶς ἐχρῆτο, συβῶται δὲ καὶ νομεῖς καὶ οἱ ἐν ἀγρῶι, ὡς ὁ Εὔμαιος (*Od.* 14. 112 seqq.). καὶ Ἀλκμὰν δέ φησι·

> πολλάκι δ᾿ ἐν κορυφαῖς ὀρέων, ὅκα
> σιοῖσι ϝάδηι πολύφανος ἑορτά,
> χρύσιον ἄγγος ἔχοισα, μέγαν σκύφον,
> οἷά τε ποιμένες ἄνδρες ἔχοισιν,
> 5 χερσὶ λεόντεον ἐν γάλα θεῖσα
> τυρὸν ἐτύρησας μέγαν ἄτρυφον Ἀργειφόνται.

Aristeid. *or.* xli 7, ii 331 Keil πολλή τις καὶ ἄμαχος ἡ δύναμις τοῦ θεοῦ (scil. Διονύσου), καὶ δύναιτ᾿ ἂν καὶ ὄνους πτερουῖν, οὐχ ἵππους μόνον· ὥσπερ καὶ λεόντων γάλα ἀμέλγειν ἀνέθηκέν τις αὐτῶι Λακωνικὸς ποιητής. Gramm. anon. Hamburg. ed. Welcker, *Rh. Mus.* 10 (1856) 256 (cf. Schneidewin *Philol.* 10 (1855) 349, *Lex. Vindob.* (Nauck) 269) ἀργειφόντης· καὶ τύρος ἐν τηρήσας μέγαν ἀργύφαν. ἀργιφόντα. cf. Hesych. ἄτρυφος (ἄτροφος cod., corr. Welcker)· τυρὸς ὁ πησσόμενος ὑπὸ Λακώνων

2 θεοῖς ἄδηι Athen. -φαμος coni. Fiorillo   3 χρύσεον Athen.   4 ἔχουσιν Athen.   5 λεόντιον malit Bechtel ἐπαλαθεισα Athen.: corr. Hermann; minus veri sim. λεόντειον γάλα (Fiorillo)   6 ἀργειοφόνται Athen.; ἀργειφόντης in lemmate, in adnot. recte ἀργ(ε)ιφόντα(ι) gramm. anon. (unde ἀργιφόνταν male Welcker)   vid. Pontani *Maia* 3 (1950) 36

57 (48 B., 43 D.)

57 Plut. *quaest. conv.* iii 10. 3, iv 115 seq. Hub.

τοῦτο δὲ καὶ τὸν ἀέρα πάσχοντα θεωροῦμεν· δροσοβολεῖ γὰρ ταῖς
πανσελήνοις μάλιστα διατηκόμενος, ὥς που καὶ Ἀλκμὰν ὁ μελοποιὸς
αἰνιττόμενος τὴν δρόσον ἀέρος θυγατέρα καὶ σελήνης·

> οἷα Διὸς θυγάτηρ Ἔρσα τράφει
> καὶ Σελάνας

id. *aet. phys.* 24, v 3. 21 Hub.–Pohl. δροσοβόλοι γὰρ αἱ πανσέληνοι· διὸ καὶ τὴν
δρόσον ὁ Ἀλκμὰν Διὸς θυγατέρα καὶ Σελήνης προσεῖπε ποιήσας· Διὸς—Σελάνας δίας.
de fac. in orbe lun. 25, v 3. 75 Hub.–Pohl. ἐξηγούμενος ταυτὶ τὰ Ἀλκμᾶνος· θυγάτηρ—
Σελ., ὅτι νῦν τὸν ἀέρα καλεῖ Δία καί φησιν αὐτὸν ὑπὸ τῆς σελήνης καθυγραινόμενον εἰς
δρόσους τρέπεσθαι. Macrob. *Sat.* vii 16. 31, p. 474 Eyss. nam cum luna plena est
vel cum nascitur . . . aer aut in pluviam solvitur aut, si sudus sit, multum de se
roris emittit: unde et Alcman lyricus dixit rorem aeris et lunae filium. (hinc
fortasse quae lusit Natalis Comes, *mythol.* iii 255. 1 : ita vero Bergk in adnot.;
equidem cum libri editionem Venet. 1567 legerem locum somnolentus praeterii
(illud 'iii 255' in ed. Ven. non cadit). 'optime de homine fraudulento et mendaci
disseruit Naeke, *Op.* II p. 218–25', Pfeiffer *Callim.* i 305. 2)

1 incipiunt οἷα, φησί, Διὸς θυγάτηρ *qu. conv.*, Διὸς θύγατερ *aet. phys.*, θυγάτηρ
(post lac. 6 litt. cod. E, 12 litt. cod. B) *fac. lun.*   ἔρσα τρέφει *aet. phys.* : ἔργα τρέ-
φει *fac. lun.*, μέγα τρέφει *qu. conv.*   2 καὶ σελάνας *fac. lun.* : καὶ ἀσελάνας *qu. conv.*,
καὶ σελάνας δίας *aet. phys.* (fort. σελά(νας) δίας ex ΣΕΛΑ ΔΙΑΣ pro ΣΕΛΑΝΑΣ
scripto; ita Sandbach)   ἠδὲ pro καὶ coni. Welcker ut hexam. dact. efficeret

58 (38 B., 36 D.)

58 Hephaest. *ench.* xiii 6, p. 42 Consbr.

δύναται δὲ καὶ μέχρι τοῦ ἑξαμέτρου προκόπτειν τὸ μέτρον διὰ τὸ τὸ
τριακοντάσημον μὴ ὑπερβάλλειν, καὶ εἴη ἂν ἑξάμετρον καταληκτικὸν
τὸ καλούμενον ⟨...⟩ τὸ τοῦ Ἀλκμᾶνος ἐκ μόνων ἀμφιμάκρων·

> Ἀφροδίτα μὲν οὐκ ἔστι, μάργος δ᾽ Ἔρως οἷα ⟨παῖς⟩ παίσδει,
> ἄκρ᾽ ἐπ᾽ ἄνθη καβαίνων, ἃ μή μοι θίγῃς, τῶ κυπαιρίσκω.

Apostol. *cent.* iv 62 b, ii 322 L.–S. Ἀφροδίτα τὰ μὲν οὐκ ἔστι μάργος δ᾽ ἔρως οἷα
παίσδα ἄκρ᾽ ἐπ᾽ ἄνθηκα βαίνων, ἃ μή μοι θίγης, τῶ κιπαρίσσω. Ἀλκμᾶνος

1 παῖς suppl. Bentley : οἷα παίσδει (-δει sscr. η cod. A) codd.   2 ἄνθη cod. H :
-ης codd. AI   -ίσκωι cod. A

59 (36–37 B., 101–2 D.)

59 Athen. xiii 600 F

Ἀρχύτας δ' ὁ ἁρμονικός, ὥς φησι Χαμαιλέων, Ἀλκμᾶνα γεγονέναι τῶν ἐρωτικῶν μελῶν ἡγεμόνα καὶ ἐκδοῦναι πρῶτον μέλος ἀκόλαστον† ὄντα καὶ περὶ τὰς γυναῖκας καὶ τὴν τοιαύτην Μοῦσαν εἰς τὰς διατριβάς· διὸ καὶ λέγειν ἔν τινι τῶν μελῶν·

(a) Ἔρως με δηὖτε Κύπριδος ϝέκατι
γλυκὺς κατείβων καρδίαν ἰαίνει.

λέγει δὲ καὶ ὡς τῆς Μεγαλοστράτης οὐ μετρίως (οὐ μετρ. Schweigh. : συμμέτρως Athen.) ἐρασθεὶς ποιητρίας μὲν οὔσης δυναμένης δὲ καὶ διὰ τὴν ὁμιλίαν τοὺς ἐραστὰς προσελκύσασθαι· λέγει δ' οὕτως περὶ αὐτῆς·

(b) τοῦτο ϝαδειᾶν ἔδειξε Μωσᾶν
δῶρον μάκαιρα παρσένων
ἁ ξανθὰ Μεγαλοστράτα.

(a) 1 με δ' αὖτε Α, δ' αὖ με Ε   ἕκατι Athen., E
(b) 1 τουθ' αδειαν Athen., corr. Stephanus (ἀδειᾶν), Bergk   an ϝαδηᾶν?   Μοῦσαν ἔδειξε Athen. : Μωσᾶν Stephanus, Bergk, ἔδ. Μω. Wilam.   2 παρθ- Athen.   (b) om. Epitom.

60 (16 B., 24 D.)

60 Athen. (om. E) xv 680 F

ἐν δὲ τῶι θ' (h.p. ix 19. 3) ὁ αὐτὸς Θεόφραστός φησιν· ἐάν τις τοῦ ἑλιχρύσου τῶι ἄνθει στεφανῶται, εὔκλειαν ἴσχει μύρωι ῥαίνων. μνημονεύει αὐτοῦ Ἀλκμὰν ἐν τούτοις·

καὶ τὶν εὔχομαι φέροισα
τόνδ' ἑλίχρυσω πυλεῶνα
κἠρατῶ κυπαίρω.

Eust. Od. 1648. 7 κύπειρον κύπαιρον παρ' Ἀλκμᾶνι. cf. Didym. ad Hom. Il. 21. 351

2–3 πυλεω ακηράτων κυπερω Athen., corr. Casaubon (πυλεῶνα), Boissonade, Welcker   cf. Athen. xv 678 A πυλεών· οὕτως καλεῖται ὁ στέφανος ὃν τῆι Ἥραι περιτιθέασιν Λάκωνες, ὥς φησιν Πάμφιλος.   Hesych. πυλεῶνα· στέφανον. Callim. fr. 80. 5 n. Pf.

61 (III B.)

61 Eust. *Il.* 1154. 25

Ἄκμων δὲ ὅτι καὶ ὁ τοῦ οὐρανοῦ, ὡς ἐρρέθη, λέγεται πατὴρ διὰ τὸ ἀκάματον τῆς οὐρανίου κινήσεως, ἀφ᾽ ἧς ἐννοίας καὶ ὁ Ἄτλας εἴληπται, καὶ ὅτι Ἀκμονίδαι οἱ Οὐρανίδαι, δηλοῦσιν οἱ παλαιοί. ὡς δὲ Ἄκμονος ὁ οὐρανὸς ὁ Ἀλκμάν, φασίν, ἱστορεῖ.

---

cf. eund. 1150. 59, et quae Bergk in adnot. affert

62 (105 B.)

62 Pausan. iii 18. 6, i 287 Sp.

ἐς Ἀμύκλας δὲ κατιοῦσιν ἐκ Σπάρτης ποταμός ἐστι Τίασα· θυγατέρα δὲ νομίζουσιν εἶναι τοῦ Εὐρώτα τὴν Τίασαν, καὶ πρὸς αὐτῆι Χαρίτων ἐστὶν ἱερὸν Φαέννας καὶ Κλητᾶς, καθὰ δὴ καὶ Ἀλκμὰν ἐποίησεν. ἱδρύσασθαι δὲ Λακεδαίμονα Χάρισιν ἐνταῦθα ⟨τὸ⟩ ἱερὸν καὶ θέσθαι τὰ ὀνόματα ἥγηνται.

63

63 Schol. min. Hom. *Il.* 6. 21, *Atti della Reale Accademia Nazionale dei Lincei* 1931 ser. vi (sci. mor., stor., e filol.) vol. iv p. 384 de Marco

οὕς ποτε νύμφη· . . . οἱ δὲ πολλὰ γένη νυμφῶν, ὥς φησιν Ἀλκμάν·

Ναΐδες τε Λαμπάδες τε Θυιάδες τε,

Θυιάδες μὲν αἱ συμβακχεύουσαι Διονύσωι καὶ συνθυίουσαι, τουτέστι συνεξορμοῦσαι (-μῶσαι cod., corr. de Marco)· Λαμπάδες δὲ αἱ σὺν Ἑκάτηι δαιδοφοροῦσαι καὶ συλλαμπαδεύουσαι (-δέουσαι cod. sec. de Marco).

64 (62 B., 44 D.)

64   Plut. *de fort. Rom.* 4, ii 2. 49 Nachst.–Siev.–Titch.

οὕτως εἰσῆλθεν (scil. ἡ Τύχη) εἰς ʿΡώμην ὡς μενοῦσα καὶ τοιαύτη
πάρεστιν ⟦ὡς⟧ ἐπὶ τὴν δίκην. οὐ μὲν γὰρ ἀπειθής, κατὰ Πίνδαρον
(fr. 40 Sn.), οὐδὲ δίδυμον στρέφουσα πηδάλιον, ἀλλὰ μᾶλλον

> Εὐνομίας ⟨τε⟩ καὶ Πειθῶς ἀδελφὰ
> καὶ Προμαθήας θυγάτηρ

ὡς γενεαλογεῖ Ἀλκμάν.

Εὐνομίης, Πειθοῦς, ἀδελφή, Προμηθείας codd.   τε add. Bergk

65 (69 B., 45 D.)

65   Schol. A (i 36 Di.) D Gen. (p. 9 Nicole) Hom. *Il.* 1. 222

μετὰ δαίμονας ἄλλους· οὕτως δαίμονας καλεῖ τοὺς θεοὺς ἤτοι
ὅτι δαήμονες· ἔμπειροι γὰρ καὶ ἴδριες πάντων αὐτοί εἰσιν· ἢ ὅτι
διαιτηταί εἰσι καὶ διοικηταὶ τῶν ἀνθρώπων, ὡς Ἀλκμὰν ὁ λυρικός
φησιν·

> †οἴεθεν† πάλως ἔπαλε δαιμονάς τ' ἐδάσσατο·

τοὺς μερισμούς, τὰς διαιρέσεις αὐτῶν.

---

fere eadem An. Ox. Cramer iv 409. 14 et An. Matranga 409. 19

οἴεθεν schol. A, οἴεθεν An. Matr., οἱ ἔθεν An. Ox., οἱ ἔθεν schol. Gen.: vix ὃς
ϝέθεν (Bergk); οἰόθεν possis   πάλοις schol. A Gen., πάλλοις An. Ox., πάλιν An.
Matr.: corr. Bergk, qui tamen dativum defendit   ἔπαλε Ursinus: ἔπαλλε(ν)
codd. exc. schol. Gen. ἔπαλαν   δαίμονάς τ' ἐδάσσατο schol. Gen.: δαίμονάς
τεδάσσαντο schol. A, δαίμονας ἐδάσατο An. Ox., δαιήμονάς τ' ἐδάσατο An. Matr.;
δαιμονάς Nauck

66 (108 B.)

66   Tzetz. in Hom. *Il.* p. 65 Herm.

Θαλῆς, Πυθαγόρας, Πλάτων τε καὶ οἱ Στωικοὶ διαφορὰν ἴσασι
δαιμόνων τε καὶ ἡρώων. δαίμονας γὰρ φάσκουσιν ἀσωμάτους εἶναι
οὐσίας, ἥρωας δὲ ψυχὰς σωμάτων διαζυγείσας. ʾΟρφεὺς δὲ καὶ
῞Ομηρος ʿΗσίοδός τε καὶ Ἀλκμὰν ὁ λυροποιὸς καὶ οἱ ἄλλοι ποιηταὶ
ἀλληνάλλως ταῦτα ἐκδέχονται.

67 (119 B.)

67 Diod. Sic. iv 7. 1, i 404 Vogel

περὶ δὲ τῶν Μουσῶν ἐπειδήπερ ἐμνήσθημεν ἐν ταῖς τοῦ Διονύσου πράξεσιν, οἰκεῖον ἂν εἴη διελθεῖν ἐν κεφαλαίοις. ταύτας γὰρ οἱ πλεῖστοι τῶν μυθογράφων καὶ μάλιστα δεδοκιμασμένοι φασὶ θυγατέρας εἶναι Διὸς καὶ Μνημοσύνης. ὀλίγοι δὲ τῶν ποιητῶν, ἐν οἷς ἐστι καὶ Ἀλκμάν, θυγατέρας ἀποφαίνονται Οὐρανοῦ καὶ Γῆς.

Schol. Pind. *Nem.* iii 16 b, iii 43 Dr.

ὁ μὲν Ἀρίσταρχος Οὐρανοῦ θυγατέρα τὴν Μοῦσαν δέδεκται καθάπερ Μίμνερμος (fr. 13 Bergk) καὶ Ἀλκμὰν ἱστοροῦσιν.

68 (68 B., 77 D.)

68 Choerob. *in Theodos. can.* i 123. 4 Hilg. (= An. Bekker iii 1182, cf. Hdn. I 525. 30, II 7. 28, 321. 17, 617. 23, 768. 34 L.)

ἰστέον δὲ ὅτι οὐ μόνον τὸ λᾶας τὸ προσηγορικὸν καὶ τὸ μέγας τὸ ἐπίθετον σημειούμεθα ἔχειν τὸ ā συνεσταλμένον, ἀλλὰ καὶ τὸ Αἴας τὸ παρ' Ἀλκμᾶνι ἔχομεν σεσημειωμένον ὡς συστέλλον τὸ ā· ἐκεῖνος γὰρ συνέστειλεν αὐτὸ εἰπών·

δουρὶ δὲ ξυστῶι μέμανεν Αἴας αἱματῆι τε Μέμνων.

ἐστὶ δὲ τροχαϊκὸν τὸ μέτρον καὶ μετρεῖται οὕτως· δουρὶ—Μέμνων.

id. i 217. 19 Αἴας παρὰ τῶι Ἀλκμᾶνι; eadem i 384. 24; cf. i 346. 28. An. Ox. Cramer iii 283. 11 πᾶν εἰς ᾱς ἀρσενικὸν βαρύτονον ἐπ' εὐθείας ἐκτείνεσθαι θέλει, εἴτε ὄνομα εἴη εἴτε μετοχή· Αἴας Δρύας Θόας, λέξας γράψας ποιήσας. διὸ σημειούμεθα ποιητικῶς τὸ λᾶας ἀναιδής, καὶ μέγας ἐπίθετον, τὸ δουρὶ—Αἴας, καὶ ὅσα τοιαῦτα. Et. Gen. p. 92 Miller τὸ δὲ δουρὶ ξυστῶι μέμνη Αἴας παρ' Ἀλκμᾶνι, ἀπὸ τῆς δουρὸς γενικῆς. Draco Straton. p. 12 Herm. δουρὶ—μίμνων

fort. δωρὶ δὲ om. Et. Gen. μέμηνεν (μέμνη Et. Gen.) codd. αἵματά Choer., Draco, corr. Hiller-Crusius (-τᾶι iam Hermann) μίμνων Draco

69 (56ᴮ B., 76 D.)

69 Et. Gen. B p. 212 Miller (cf. Et. Mag. 574. 38)

μέγας· γίνεται παρὰ τὸ μή ἀπαγορευτικὸν καὶ τὸ γῆ, μέγας τις
ὢν ὁ μὴ ἀεὶ ἐν τῆι γῆι ὢν ἀλλ᾽ ὑπερέχων αὐτῆς καὶ εἰς ὕψος ἐπαιρό-
μενος. τὸ δὲ †μὴ† Ἀλκμὰν (Ἀλμᾶν cod.) εἶπε

   †με δ᾽ αὖτε† φαίδιμος Αἴας

vel fort. Ἀλκμάν· εἶπε κτλ.   μέγ᾽ αὐτεῖ coni. Bergk, contextui incommo-
dum   vel Αἴας

70 (52–54 B., 113 + 74 + 47 D.)

70 Ap. Dysc. *pron.* 106 b, i 83 Schn.

ἡ σέ ὁμοίως πρὸς πάντων κοινή. Δωριεῖς διὰ τοῦ τ . . .

   (*a*)   πρὸς δέ τε τῶν φίλων

Ἀλκμάν· καὶ ἔτι μετὰ τοῦ ῑ

   (*b*)   τεὶ γὰρ Ἀλεξάνδρωι δαμάσαι

καὶ ἔτι κοινῶς

   (*c*)   σὲ γὰρ ἄζομαι

id. *synt.* β̄ 89, 100, pp. 193, 203 Uhlig (sine nomine auctoris) σὲ γὰρ ἄζομαι

(*b*) δάμασε(ν) coni. Ahrens   'te (scil. Achillem) Paridi domandum tradidere
fata', sim.
(*c*) fort. ἄσδομαι

71 (113 B.)

71 Schol. A Hom. *Il.* 3. 250, i 154 Di.

Λαομεδοντιάδη· μήτηρ Πριάμου, ὥς φησι Πορφύριος ἐν τῶι περὶ
τῶν παραλελειμμένων τῶι ποιητῆι ὀνομάτων, κατὰ μὲν Ἀλκμᾶνα τὸν
μελοποιὸν Ζευξίππη, κατὰ δὲ Ἑλλάνικον Στρυμώ.

72 (107 B.)

2 Plut. *de malign. Herod.* 14, v 216 Bernad.

καίτοι τῶν παλαιῶν καὶ λογίων ἀνδρῶν οὐχ Ὅμηρος οὐχ Ἡσίοδος οὐκ Ἀρχίλοχος οὐ Πείσανδρος οὐ Στησίχορος οὐκ Ἀλκμὰν οὐ Πίνδαρος Αἰγυπτίου ἔσχον λόγον Ἡρακλέους ἢ Φοίνικος, ἀλλ᾽ ἕνα τοῦτον ἴσασι πάντες Ἡρακλέα τὸν Βοιώτιον ὁμοῦ καὶ Ἀργεῖον.

73 (88 B.)

3 An. Ox. Cramer i 418. 3 (schol. ad voc. ὕπαιθα in Hom.)

λέγεται δὲ καὶ ἄνευ τῆς θ̅α̅ παρὰ Ἀλκμᾶνι καὶ σημαίνει τὸ πρότερον·

> †ὁπότε ὑπὸ τοῦ Ἱππολόχου κλέος δ᾽ ἔβαλλον
> οὐ νῦν ὑπεστάντων†

ἀντὶ τοῦ πρότερον.

---

locus conclamatus: init. οἱ τότ᾽ ὑπ᾽ Ἱππολόχῳ veri sim.; mox ⟨Δορυ⟩κλέος τ᾽ coni. Bergk; sub ὑπε- latet ὑπαί   'qui tunc ab Hippolocho et ⟨Dory⟩cle, antea non resistentibus, pulsi sunt', sim.

74 (72 B., 84 D.)

74 An. Ox. Cramer i 159. 30

καὶ ὁ μὲν ποιητὴς τὴν ἄρχουσαν συστέλλει ἐν τῶι ἔσκεν, ὁ δὲ Ἀλκμὰν φυλάττει·

> ἦσκέ τις Καφεὺς ϝανάσσων·

τινὲς δύο μέν φασι, ἧς ἀντὶ τοῦ ἦν Δωρικῶς καὶ κέ σύνδεσμος· οἱ Δωριεῖς ἢ μετὰ τοῦ ν̅ λέγουσιν ἢ τροπῆι τοῦ ε̅ εἰς κα.

σκαφεὺς cod., corr. Neumann   ἀν- cod.

75 (109 B.)

75 Aelian. *v.h.* xii 36, ii 132 Hercher

ἐοίκασιν οἱ ἀρχαῖοι ὑπὲρ τοῦ ἀριθμοῦ τῶν τῆς Νιόβης παίδων μὴ συνάιδειν ἀλλήλοις. Ὅμηρος μὲν ἓξ λέγει ἄρρενας καὶ τοσαύτας κόρας (*Il.* 24. 603), Λᾶσος δὲ δὶς ἑπτὰ λέγει (fr. 5), Ἡσίοδος δὲ ἐννέα καὶ δέκα (fr. 34 Rzach), . . . Ἀλκμὰν ⟨δὲ⟩ δέκα φησί, Μίμνερμος εἴκοσι (fr. 19 Bergk) καὶ Πίνδαρος τοσούτους (fr. 52 n Sn.).

76 (110 B.)

76 Aelian. *h.a.* xii 3, i 292 Hercher

Ὁμήρωι μὲν οὖν φωνὴν Ξάνθωι τῶι ἵππωι δόντι (*Il.* 19.404 seqq.) συγγνώμην νέμειν ἄξιον, ποιητὴς γάρ· καὶ Ἀλκμὰν δὲ μιμούμενος ἐν τοῖς τοιούτοις Ὅμηρον οὐκ ἂν φέροιτο αἰτίαν, ἔχει γὰρ ἀξιόχρεων †ἐς αἰδῶ† τὴν πρωτίστην τόλμαν. Αἰγυπτίοις δὲ τοιαῦτα κομπάζουσι προσέχειν πῶς οἷόν τε;

77 (40 B., 73 D.)

77 Schol. A Hom. *Il.* 3. 39, i 139 Di.

δύσπαρι· ἐπὶ κακῶι ὠνομασμένε Πάρι . . . καὶ Ἀλκμάν φησιν·

Δύσπαρις Αἰνόπαρις κακὸν Ἑλλάδι βωτιανείραι.

Eust. *Il.* 379. 34 τὸ δὲ Δύσπαρι εἶδος ἄριστε, ὅπερ Εὐριπίδης Αἰνόπαρι φησίν, ὡς καὶ τὴν Ἑλένην Δυσελένην διὰ τοῦ ἐξαγγέλου Φρυγός, ἀφορμὴν ἐνδέδωκε τῶι Ἀλκμᾶνι μίξαντι ἀμφότερα εἰπεῖν· Δύσπαρις—βωτ.

Δύσπαρις καὶ Αἰνόπ. Eust.   -είρηι codd.

78 (149 B.)

78 Et. Mag. 663. 54 (= Hdn. I 246. 8, II 252. 30 L.)

Περίηρς· ἐκ τοῦ περιήρης ἆρον τὸ η̄,

Περίηρς·

ταύτηι ἐάν σοι προτεθῆι παρ' Ἀλκμᾶνι, ὅτι κλῖνον αὐτό, μὴ κλίνηις· οὐ γὰρ ἀκολουθεῖ ἡ κατάληξις, εἰ γένοιτο περιήρους, πρὸς τὴν περιήρης εὐθεῖαν. περὶ Παθῶν.

Schol. in Dion. Thrac. p. 346. 20 Hilg. μάκαρς περίηρς παρὰ Ἀλκμᾶνι

79 (87 B., 72 D.)

79 Schol. Pind. *Ol.* i 91 a, i 37 seq. Dr.

καὶ Ἀλκαῖος δὲ καὶ Ἀλκμὰν λίθον φασὶν ἐπαιωρεῖσθαι τῶι
Ταντάλωι· κεῖσθαι πὲρ κεφάλας μέγας ὦ Αἰσιμίδα λίθος (Alc. fr.
365)· ὁ δὲ Ἀλκμάν·

> †ὅπως ἀνὴρ δ' ἐν ἀσμένοισιν ἀλιτηρὸς ἧστ' ἐπὶ
> θάκας κατὰ πέτρας ὀρέων μὲν οὐδὲν δοκέων δέ†

Eust. *Od.* 1701. 23 ὅτι δὲ φαντασία ἦν καὶ τὰ ἐπὶ Σισύφωι ῥηθησόμενα πλάσματα
δηλοῖ ὁ Ἀλκμὰν ἐν τῶι· ὀρέοντι μὲν οὐδέν, δοκέοντι δέ. ἔνθεν ὅρα τὸ ὀρέοντι, ἐξ οὗ
φαίνεται ὅτι τρισὶν ὑποπέπτωκε συζυγίαις τὸ ὁρῶ . . . ὁράω . . . ὁρόω . . ., καὶ ὁρέω
παρὰ Ἀλκμᾶνι, οὗ μετοχὴ ὀρέων

1 ὅπως ΑΕΗ, ὅπη Q ; οὕτως· coni. Bergk ἐν ἁρμ- coni. Bergk φθιμένοισιν vel
ἐνέροισιν subiacere coni. Ursinus ἀλιτρὸς coni. Bergk, -τήριος Crusius ἧστ' ΑQ,
ἧσθ' Η, οἶσθ' Ε 2 θάκοις coni. Heyne, -κω Bergk ὀρέων Aᵖᶜ, ὀρέων Aᵃᶜ ΕΗQ
'locum sanent ii, qui velint aut possint', Porson

80 (41 B., 80 D.)

80 Schol. T Hom. *Il.* 16. 236, vi 177 Maass

καὶ Ἀλκμὰν γάρ φησι·

> καί ποκ' Ὀδυσσῆος ταλασίφρονος ὦατ' ἑταίρων
> Κίρκα ἐπαλείψασα,

οὐ γὰρ αὐτὴ ἤλειψεν, ἀλλ' ὑπέθετο Ὀδυσσεῖ.

1 ποτὲ cod. ὦατ' Schneidewin (ὦαθ'): ὦτά θ' cod. ἑτάρων cod. 2 Κίρκη
cod. ἐπᾱλ- vix credibile, sed vid. Schulze *Quaest. Ep.* 258; monstrum invenies
simile Hes. *op.* 131 ἀτάλλων ἐπάλειψε(ν) coni. Heyne (ἐπή-)

81 (29 B., 16 D.)

81 Schol. Hom. *Od.* 6. 244, i 314 Di.

αἰ γὰρ ἐμοὶ—ἐνθάδε ναιετάων· ἄμφω μὲν ἀθετεῖ Ἀρίσταρχος.
διστάζει δὲ περὶ τοῦ πρώτου, ἐπεὶ καὶ Ἀλκμὰν αὐτὸν μετέβαλε
παρθένους λεγούσας εἰσάγων

> Ζεῦ πάτερ, αἰ γὰρ ἐμὸς πόσις εἴη.

cf. Hom. *Od.* 6. 244

82 (28 B., 15 D.)

82 Athen. (om. E) ix 373 D

Μένανδρος Διδύμαις (fr. 105 K.–Th.)· ὄρνεις φέρων ἐλήλυθα, καὶ ἑξῆς (fr. 106 K.–Th.) ὄρνιθας ἀποστέλλει, φησίν. ὅτι δὲ καὶ ἐπὶ τοῦ πληθυντικοῦ ὄρνις λέγουσι πρόκειται τὸ Μενάνδρειον μαρτύριον. ἀλλὰ καὶ Ἀλκμάν πού φησι·

> λῦσαν δ' ἄπρακτα νεάνιδες ὥ-
> τ' ὄρνις ϝιέρακος ὑπερπταμένω.

1 λῦσαν iure suspectum: δῦσαν coni. Jacobs; numeris incommodum ἄυσαν (Bergk; ἄυσαν ἄπρακτα non licet scribere) ὥστ' Athen.   2 ὄρνιθας Athen., corr. recc.   ἱερ- Athen.; fort. ϝιάρ- scribendum   -μένωι Athen., -μενω iam Ursinus   cf. Hom. Od. 6. 138

83 (31 B., 106 D.)

83 An. Par. Cramer iv 181. 25 (Cyrilli lex.)

εἴκω· τὸ ὑποχωρῶ. ἔνθεν καὶ τὸ οἶκος εἰς ὃν ὑποχωροῦμεν, ὡς Ἀλκμάν·

> τῶι δὲ γυνὰ ταμία σφεᾶς ἔειξε χώρας.

Ap. Dysc. pron. 142 b, i 112 Schn. τὸ †σφεασε, ειξεν† χώρας παρ' Ἀλκμᾶνι τῶι ε̄ πλεονάζει

τό δε γυναι τάμιας An. Par., corr. Bergk   φέας εἶξε An. Par., σφεασε, ειξεν Ap.

84 (32 B., 82 D.)

84 Eust. Il. 110. 35 (cf. Hdn. II 356. 7, 645. 20, 748. 23 L.)

μονῆρες δὲ ἐν θηλυκοῖς ἡ χείρ, ἣ κλίνεται διχῶς, ποτὲ μὲν διὰ τοῦ ε̄, ὅθεν καὶ τὰ χέρνιβα, ποτὲ δὲ διὰ τῆς ε̄ι διφθόγγου, ποτὲ δὲ κατὰ Ἡρωδιανὸν καὶ μετατεθείσης αὐτῆς εἰς η̄, ὧι μαρτυρεῖ, φησίν, Ἀλκμὰν ἐν τῶι·

> ἐπ' ἀριστερὰ χηρὸς ἔχων.

⟨Ἄρκτον δ'⟩ ἐπ' κτλ. suppl. Bergk, coll. Hom. Od. 5. 276

85 (3+30 B., 4+46 D.)

85 Ap. Dysc. pron. 139 b, i 109 Schn.

πλεῖστα γοῦν ἔστι παρ' ἑτέροις εὑρεῖν. σφέτερον πατέρα (Hes. op. 2) ἀντὶ τοῦ ὑμέτερον, ἀντὶ τοῦ τεά τὸ κήδεα λέξον ἐά παρὰ

Καλλιμάχωι (fr. 472 Pf.) καὶ πάλιν παρ' αὐτῶι ἀντὶ τοῦ σφωϊτέρου.
Ἀλκμάν·

    (a)   ὑμέ τε καὶ σφετέρως ἵππως

    (b)   σφεὰ δὲ †ποτὶ γούνατα πίπτω

(b) δὴ ποτὶ coni. Lobel, δὲ προτὶ Bekker   fort. γών-

86 (148 B.)

86 An. Ox. Cramer i 343. 10 (schol. ad voc. πλεῖτε in Hom.)
καὶ πλῆτρον τὸ πηδάλιον καὶ ὑποκοριστικῶς εἶπεν Ἀλκμὰν
πλήθριον.

87 (adesp. 34–37 B., Alcm. 12+22+27+85+79 D.)

87 Ap. Dysc. *synt.* δ 61, p. 483 seq. Uhlig

εἰς δὲ τὴν τοῦ ἀνδρὸς συνηγορίαν καὶ τὰ τῆς συναλιφῆς οὐκ
ἐμποδιεῖ τὸν λόγον· ἀπειράκις γὰρ τὰ Δωρικὰ διὰ ψιλῶν ἀντιστοίχων
τὰς συναλιφὰς ποιεῖται·

    (a)   κὼ τοξότας Ἡρακλέης

    (b)   κάλλιστ' ὑπαυλῆν

    (c)   κὰ μεγασθενὴς Ἀσαναία

    (d)   Μελάμποδά τ' Ἀρπόλυκόν τε

    (e)   ἄρχοι μὲν γὰρ †κοθρασιων†

ad haec cod. Aⁿ in margine: Ἀλκμᾶνος

(b) καλιστ' cod., corr. Aldina   υπαυλεν cod.
(c) καμεγασθενησασαναια cod. A¹: prim. σ del. et π ex θ fecit A³
(e) κὼ θρασίων Bekker, Ahrens, Bergk, κ' ὁ θρασίων Hiller–Crusius, Diehl

88 (56ᴬ B., 88 D.)

88 Ap. Dysc. *pron.* 143 b, i 112 Schn.

πάλιν δὴ ὁ Ἀλκμὰν τὸ σφεᾶς ἀντὶ ἑνικοῦ ἔταξε καὶ τὸ

                σφοῖς ἀδελφιδεοῖς
    κᾶρα καὶ φόνον

2 κάραν cod., corr. Bast

89 (60 B., 58 D.)

89 Apollon. Soph. *lex.* s.v. κνώδαλον, p. 488 seq. de Villoison

. . . ἔνιοι δὲ θῆρας μὲν καὶ θηρία λέγουσι (λέγοντες cod., corr.
de Villoison) λέοντας καὶ παρδάλεις καὶ λύκους καὶ πάντα τὰ παρα-
πλήσια τούτοις, ἑρπετὰ δὲ πάλιν κοινῶς τὰ γένη τῶν ὄφεων, κνώδαλα
δὲ τὰ θαλάσσια κήτη, φαλαίνας καὶ ὅσα τοιαῦτα, καθάπερ καὶ
Ἀλκμὰν διαστέλλει λέγων οὕτως·

> εὕδουσι δ᾽ ὀρέων κορυφαί τε καὶ φάραγγες
> πρώονές τε καὶ χαράδραι
> φῦλά τ᾽ ἑρπέτ᾽ ὅσα τρέφει μέλαινα γαῖα
> θῆρές τ᾽ ὀρεσκώιοι καὶ γένος μελισσᾶν
> 5 καὶ κνώδαλ᾽ ἐν βένθεσσι πορφυρέας ἁλός·
> εὕδουσι δ᾽ οἰωνῶν φῦλα τανυπτερύγων.

---

de numeris non constat; incertum etiam quatenus dialectus Lacon. sit resti-
tuenda 1 ὀρέων disyll.; vel εὕδουσιν δ᾽ ὀρέων trisyll. 1–2 φάλαγγες πρώτονέστέ
cod., corr. de Villoison, Welcker 3 φῦλα: ὕλα coni. Pfeiffer *Herm.* 87 (1959)
1 seqq.; pluralem maluissem τε ἑρπετά θ᾽ ὅσα cod.: lect. dub., praesertim
cum ἑρπετόν adiect. inauditum sit 4 θ. ὀρ. τε καὶ coni. Welcker σῆρές?
μελισσῶν cod. 5 κνώδαλα ἐν βένθεσι πορφυρῆς cod., corr. Welcker, Bergk
-ρέας monosyll. 6 vel εὕδουσιν δ᾽

90 (58 B., 59 D.)

90 Schol. Soph. *O.C.* 1248, p. 53 de Marco

τὰ ἀπὸ τῶν ὀρῶν φησι τῶν προσαγορευομένων Ῥιπῶν. τινὲς δὲ
οὕτω καλοῦσι, Ῥίπαια ὄρη. λέγει δὲ αὐτὰ ἐννύχια διὰ τὸ πρὸς τῆι
δύσει κεῖσθαι. μέμνηται δὲ καὶ Ἀλκμὰν λέγων οὕτως·

> Ῥίπας, ὄρος ἀνθέον ὕλαι,
> νυκτὸς μελαίνας στέρνον

---

1 ῥιπὰς L: ῥίπου R, ρι^π M; -ᾶν coni. Brunck ἔνθεον codd., corr. Lobeck coll.
hy. Hom. i 8 2 στέρνων codd., corr. Triclinius

91 (39 B., 105 D.)

91 Athen. xv 682 A

Νικόλαος δ᾽ ὁ Δαμασκηνὸς ἐν τῆι ὀγδόηι τῶν ἱστοριῶν πρὸς ταῖς
ἑκατὸν περὶ τὰς Ἄλπεις λίμνην τινά φησιν εἶναι πολλῶν σταδίων

οὖσαν, ἧς περὶ τὸν κύκλον πεφυκέναι δι' ἔτους ἄνθη ἥδιστα καὶ
εὐχρούστατα, ὅμοια ταῖς καλουμέναις κάλχαις. τῶν δὲ καλχῶν
μέμνηται καὶ Ἀλκμὰν ἐν τούτοις·

<blockquote>χρύσιον ὅρμον ἔχων ῥαδινᾶν πετάλοισι καλχᾶν</blockquote>

χρυσειον Athen. sec. Peppink   ῥαδινὰν . . . κάλχαν Athen., corr. Dalecamp
πετάλοις ἴσα coni. Bergk   tantum ῥαδινὰν πετάλοισι κάλχαν E

92 (117 B., 53 D.)

2 Athen. i 31 C

Ἀλκμὰν δέ που

    (a)   ἄπυρον ϝοῖνον

καὶ

    (b)   ἄνθεος ὄσδοντα

φησὶ τὸν ἐκ

    (c)   Πέντε Λόφων,

ὅς ἐστι τόπος Σπάρτης ἀπέχων στάδια ἑπτά, καὶ τὸν ἐκ Δενθιάδων,
ἐρύματός τινος, καὶ τὸν ἐξ Οἰνοῦντος καὶ τὸν ἐξ Ὀνόγλων καὶ
Σταθμῶν. χωρία δὲ ταῦτα κεῖται (τὰ καὶ cod.) πλησίον Πιτάνης.
φησὶν οὖν·

    (d)   †οἶνον δ' Οἰνουντιάδα ἢ Δένθιν ἢ Καρύστιον
        ἢ Ὀνογλιν ἢ Σταθμίταν†

καὶ τὸν ἐκ Καρύστου, ὅς ἐστι πλησίον Ἀρκαδίας (haec post ἐρύματός
τινος transposuit Porson)· ἄπυρον δὲ εἶπε τὸν οὐχ ἡψημένον·
ἐχρῶντο γὰρ ἐφθοῖς οἴνοις.

Strabo x 1. 6, ii 336 Kramer Καρύστιον οἶνον Ἀλκμὰν εἴρηκε; fere eadem Steph.
Byz. s.v. Κάρυστος (Hdn. I 223. 27 L.). Eust. Il. 281. 10 ὁ δὲ παρὰ τῶι Ἀλκμᾶνι
Καρύστιος οἶνος . . . ἀπὸ Καρύστου Ἀρκαδικοῦ, κατὰ δὲ τὸν γεωγράφον ἀπὸ Λακωνικῆς
Καρύστου; Od. 1449. 12 τὸν δὲ τοιοῦτον (scil. οἶνον) ὑπονοητέον ἀνθοσμίαν εἶναι . . .
ὃν διαλύσας Ἰωνικῶι τρόπωι Ἀλκμὰν ὁ μελοποιὸς ἄνθεος ὄσδοντα ἔφη; Od. 1633. 51
ἐκ τῆς ἀνθηρᾶς δηλαδὴ ὀσμῆς τοῦ οἴνου, ὃν Ἀλκμὰν ἄνθεος ὄσδοντά φησιν. cf. Hesych.
in Οἰνούσιος, Ὄνιγλις, Δένθις

(a) οἶνον Athen.   (d) minima mutatione versus ita restituere possis:
    ϝοῖνον δὲ ϝοινοεντίδαν ἢ Δένθιν ἢ Καρύστιον
    ἢ Ὀνογλιν ἢ Σταθμίτιν (vel Σταθμαῖον)

93 (43 B., 54 D.)

93 Ammon. *de diff.* p. 74 Valckenaer

(s.v. ἴπες) ἴκες δὲ τὰ διεσθίοντα τοὺς ὀφθαλμοὺς τῶν ἀμπέλων·
Ἀλκμάν (ita Ursinus ut vid. et Valk., sequitur Welcker; Ἀλκμάν
om. Schneidewin, Bergk, Diehl)·

> καὶ ποικίλον ἶκα τὸν ὀφθαλμῶν
> †ἀμπέλων† ὀλετῆρα.

2 ἀμπελίνων coni. Bergk; ἀμπέλων del. Schneidewin

94 (20 B., 63 D.)

94 Athen. iii 114 F seq.

αἱ δὲ παρ᾽ Ἀλκμᾶνι θριδακίσκαι λεγόμεναι αἱ αὐταί εἰσι ταῖς
Ἀττικαῖς θριδακίναις. λέγει δὲ οὕτως ὁ Ἀλκμάν·

> θριδακίσκας τε καὶ κριβανωτώς.

Σωσίβιος δ᾽ ἐν γ᾽ περὶ Ἀλκμᾶνος κριβάνας (-βανά cod., corr. Bergk)
φησὶ λέγεσθαι πλακοῦντάς τινας τῶι σχήματι μαστοειδεῖς.

id. xiv 646 A κριβάνας πλακοῦντάς τινας ὀνομαστικῶς Ἀπολλόδωρος παρ᾽ Ἀλκμᾶνι.
ὁμοίως καὶ Σωσίβιος ἐν γ᾽ περὶ Ἀλκμᾶνος τῶι σχήματι μαστοειδεῖς εἶναι φάσκων
αὐτούς, χρῆσθαι δ᾽ αὐτοῖς Λάκωνας πρὸς τὰς τῶν γυναικῶν ἑστιάσεις, περιφέρειν τ᾽
αὐτοὺς ὅταν μέλλωσιν ἄιδειν τὸ παρεσκευασμένον ἐγκώμιον τῆς Παρθένου αἱ ἐν τῶι
χορῶι ἀκόλουθοι

-ωτός AE, corr. apogrr. recentissimi

95 (70–71 B., 52+51 D.)

95 Athen. (om. E) iv 140 C

ἔτι φησὶν ὁ Πολέμων καὶ τὸ δεῖπνον ὑπὸ τῶν Λακεδαιμονίων
ἄικλον προσαγορεύεσθαι, παραπλησίως ἁπάντων Δωριέων οὕτως
αὐτὸ καλούντων. Ἀλκμὰν μὲν γὰρ οὕτω φησί·

(a) κἠπὶ τᾶι μύλαι δρυφῆται κἠπὶ ταῖς συναικλίαις,

οὕτω τὰ συνδείπνια καλῶν. καὶ πάλιν·

(b) αἶκλον Ἀλκμάων ἁρμόξατο.

ἄικλον δ᾽ οὐ λέγουσιν οἱ Λάκωνες τὴν μετὰ τὸ δεῖπνον μοῖραν, ἀλλ᾽

ALCMAN 96, 97, 98

οὐδὲ τὰ διδόμενα τοῖς φιδίταις μετὰ τὸ δεῖπνον· ἄρτος γάρ ἐστι καὶ κρέας.

(a) συνακλειαις Athen., corr. Musurus
(b) ἄικλον Athen.
(a) non intellegitur; doctorum interpr. vel coniect. exscripsit L. Massa Positano
Parola del Passato i (1946) 367 seqq.

96 (75 B., 50 D.)

6 Athen. (om. E) xiv 648 B

πολτοῦ δὲ μνημονεύει Ἀλκμὰν οὕτως·

ἤδη παρεξεῖ πυάνιόν τε πολτὸν
χίδρον τε λευκὸν κηρίναν τ᾽ ὀπώραν.

ἐστὶ δὲ τὸ πυάνιον, ὥς φησι Σωσίβιος, πανσπερμία ἐν γλυκεῖ ἡψημένη. χίδρον δὲ οἱ ἐφθοὶ πυροί. κηρίναν δὲ ὀπώραν λέγει τὸ μέλι.

Eust. *Od.* 1563. 1 Ἀλκμὰν δέ, φασί, χίδρα οἶδε, τοὺς ἐφθοὺς πυρούς. 1735. 51 λέγεται δὲ καὶ ὅτι Ἀλκμὰν κηρίνην ὀπώραν λέγει τὸ μέλι

-έξει et τ᾽ ὀπώραν Athen.   vid. fr. 19 adnot.

97 (144 B.)

7 Schol. Hom. *Od.* 23. 76, ii 717 Di.

ὁ δὲ Ἀλκμὰν καὶ τὰς γνάθους
μάστακας
φησὶ παρὰ τὸ μασᾶσθαι.

98 (22 B., 71 D.)

8 Strabo x 4. 18, ii 410 Kramer

τὰ δὲ συσσίτια ἀνδρεῖα παρὰ μὲν τοῖς Κρησὶν καὶ νῦν ἔτι καλεῖσθαι (scil. φησὶν Ἔφορος), παρὰ δὲ τοῖς Σπαρτιάταις μὴ διαμεῖναι καλούμενα ὁμοίως πρότερον· παρ᾽ Ἀλκμᾶνι γοῦν οὕτω κεῖσθαι·

θοίναις δὲ καὶ ἐν θιάσοισιν
ἀνδρείων παρὰ δαιτυμόνεσσι πρέπει παιᾶνα κατάρχην.

1 θοίναις cod. o et marg. man. sec. cod. n: φοίνικες codd. CDhis, φοίνες in φθοίναις corr. B, φθοίναις k; voc. et seq. δὲ om. cod. n   2 ἀνδρίων codd. BCDhi παρ coni. Cobet; tum fort. ἀνδρεῖων πρέπε codd., corr. Ursinus -χειν codd.

6366   65   F

99 (143 B.)

99 Athen. iii 81 D

Κυδωνίων δὲ μήλων μνημονεύει . . . Ἀλκμάν.

100 (90 B., 114 D.)

100 Athen. (om. E) iii 81 F

῞Ερμων δ᾽ ἐν Κρητικαῖς Γλώσσαις κοδύμαλα (κοδύμαλλα A, κωδ-
in marg.; κωδύμαλα CE) καλεῖσθαί φησι τὰ κυδώνια μῆλα. Πο-
λέμων δ᾽ ἐν ε΄ τῶν πρὸς Τίμαιον ἄνθους γένος τὸ κοδύμαλον
(κωδύμαλλον A) εἶναί τινας ἱστορεῖν. Ἀλκμὰν δὲ τὸ στρουθίον μῆλον,
ὅταν λέγηι

μεῖον ἢ κοδύμαλον.

Ἀπολλόδωρος δὲ καὶ Σωσίβιος τὸ κυδώνιον μῆλον ἀκούουσιν. ὅτι
δὲ διαφέρει τὸ κυδώνιον μῆλον τοῦ στρουθίου σαφῶς εἴρηκε Θεό-
φραστος ἐν β΄ τῆς ἱστορίας (HP ii 2. 5)

μεῖον ἢ κωδύμαλλον Athen.   μῆον scr. Bergk, sed cf. 4 fr. 6. 11 supra

101 (91 B., 99 D.)

101 Athen. xiv 636 F seq.

Ἀπολλόδωρος δ᾽ ἐν τῆι πρὸς τὴν Ἀριστοκλέους ᾽Επιστολὴν Ἀντι-
γραφῆι ὃ νῦν, φησίν, ἡμεῖς λέγομεν ψαλτήριον, τοῦτ᾽ εἶναι μάγαδιν,
ὁ δὲ κλεψίαμβος κληθείς, ἔτι δ᾽ ὁ τρίγωνος καὶ ὁ ἔλυμος καὶ τὸ
ἐννεάχορδον ἀμαυρότερα τῆι χρείαι καθέστηκεν. καὶ Ἀλκμὰν δέ
φησιν·

μάγαδιν δ᾽ ἀποθέσθαι

102 (81 B., 110 D.)

102 An. Ox. Cramer i 60. 20

παρὰ τὴν Δωρίδος διάλεκτον τροπὴ γίνεται τοῦ η εἰς ᾱ μακρόν·
. . . ἐὰν δὲ ὦσιν ἐκ τοῦ ε, οὐκέτι· ἔλατος ἱππήλατος. Ἀλκμάν·

λεπτὰ δ᾽ ἀταρπὸς †ἀνηλὴς† δ᾽ ἀνάγκα,

ἐκ γὰρ τοῦ ἐλεεινή.

νηλεὴς coni. Bergk; potius fort. ἀνηλεὴς (Schneidewin), ut numeri fiant
] – | – ◡ – ◡ ◡ – ◡ – | ◡ – – ἀνάγκη cod.

103 (99 B., 115 D.)

103 Ap. Dysc. *pron*. 136 b, i 107 Schn.

Αἰολεῖς μετὰ τοῦ ϝ κατὰ πᾶσαν πτῶσιν καὶ γένος . . . καὶ Ἀλκμὰν
δὲ συνεχῶς αἰολίζων φησί·

τὰ ϝὰ κάδεα

———
τα εα cod., corr. Bergk (ϝεὰ iam Welcker)   fort. κή- scribendum (Crusius)

104 (42 B., 81 D.)

104 Ap. Dysc. *adv*. 566, i 156 Schn.

ἐξῆς ῥητέον ἐστὶ καὶ περὶ τοῦ ῥάι. Ἀλκμάν·

†τίς ἂν τίς ποκα ῥάι ἄλλα νόον ἀνδρὸς ἐπίσποι†

———
ρα αλλα cod.   fort. τίς κα, τίς ποκα ῥάι ἄλλω νόον ἀνδρὸς ἐνίσποι; (coni. Bergk,
Bekker)

105 (89 B., 78 D.)

105 Ap. Dysc. *synt*. γ 31, p. 298 Uhlig

(diversae verborum personae eadem forma utuntur; νικῶ
prima pers. in indic., secunda in imper. pass. :) μέτεισιν ὁ λόγος
καὶ μέχρι τοῦ τρίτου, ὃ δύναται περιγράφεσθαι τῆς συνεμπτώσεως
διὰ τὴν προσιοῦσαν τοῦ ῑ γραφήν. ὅμως γοῦν ἀκουόμενον συνεμ-
πίπτει τῆι πρὸς τὸ πρῶτον καὶ δεύτερον προφορᾶι, καὶ ἔστιν ἐν τῶι
δέοντι λόγωι, ἐὰν ἡ ἐπακολουθοῦσα αὐτῶι ἔγκλισις συνῆι, λέγω ἡ
εὐκτική, ὡς ἔχει τὸ παρ' Ἀλκμᾶνι·

νικῶι δ' ὁ κάρρων.

———
Ἀλκμᾶνι—κάρρων: Ἀλ cod. A¹, tum κμᾶνι νικῶι in rasura, sequentia in spat.
vac., A²

106 (47 B., 48 D.)

106 Aristeid. *or*. xxviii 54, ii 159 Keil

ἀλλαχῆι δὲ οὕτω σφόδρα ἔνθεος γίγνεται (scil. ὁ Ἀλκμάν) ὥστε
φαίης ἂν ὅτι οὐδ' οὑτωσὶ κατὰ τὸ ῥῆμα ἔνθεός ἐστιν, ἀλλ' αὐτὸ δὴ
τοῦτο ὥσπερ θεὸς τῶν ἀπὸ μηχανῆς λέγει·

ϝείπατέ μοι τάδε φῦλα βροτήσια.

———
εἴπ- Aristeid.

107 (27 B., 95 D.)

107 Aristeid. *or.* xlv 32, ii 40 seq. Di.

δεσπότης δ' οἰκέτου τῶι διαφέρει πρὸς θεῶν; οὐ δεσπότου μὲν προστάξαι, δούλου δ' ὑπακοῦσαι πᾶς τις ἂν φήσειεν εἶναι; οὐκοῦν ὁ μὲν οἶδεν ἐφ' ἑαυτοῦ τί χρὴ ποιεῖν, ὁ δὲ ἀκούσας μανθάνει. τί δὲ ὁ τῶν παρθένων ἐπαινέτης τε καὶ σύμβουλος λέγει ὁ Λακεδαιμόνιος ποιητής;

Πολλαλέγων ὄνυμ' ἀνδρί, γυναικὶ δὲ Πασιχάρηα.

πολλά, φησίν, ὁ ἀνὴρ λεγέτω, γυνὴ δὲ οἷς ἂν ἀκούσηι χαιρέτω.

ad haec schol. iii 397 Di. ὁ τῶν παρθένων κτλ.· ὁ Ἀλκμάν

πολλὰ λέγων codd., corr. Hermann   πᾶσι χάρηα Θ, πάσηι χάσῆι χαρῆα ('nisi quid Iebbii operae peccarunt', Di.) M, πάσῃ χαρῃὰ L, corr. Ursinus   interpr. Nissen *Philol.* 92 (1936) 470 seqq.

108 (116 B.)

108 Aristeid. *or.* xlvi 206, ii 272 Di.

ἐῶ ταῦτα Πλάτωνος χάριν. ἔστω τὸ γειτόνημα ἁλμυρόν, ὥς φησιν.

ad haec schol. iii 635 Di. Ἀλκμὰν ὁ λυρικὸς τοῦτο εἶπεν·

ἁλμυρὸν τὸ γειτόνημα.

Arsen. = Apostol. *cent.* ii 23, ii 271 L.–S. ἁλμυρὸν γειτόνημα· ἔμβλεπε πόρρω. δηλοῖ δὲ ὅτι κακόν ἐστι τὸ γειτόνημα τῆς θαλάσσης ἔχειν ... ἐχρήσατο δὲ ταύτηι (scil. τῆι λέξει) καὶ Ἀλκμὰν ὁ λυρικός

109 (112 B.)

109 Athen. xiv 624 B

ταύτην δὲ τὴν ἁρμονίαν Φρύγες πρῶτοι εὗρον καὶ μετεχειρίσαντο. διὸ καὶ τοὺς παρὰ τοῖς Ἕλλησιν αὐλητὰς Φρυγίους καὶ δουλοπρεπεῖς τὰς προσηγορίας ἔχειν. οἷός ἐστιν ὁ παρὰ Ἀλκμᾶνι

Σάμβας καὶ Ἄδων καὶ Τῆλος,

παρὰ δὲ Ἱππώνακτι (fr. 97 Bergk) Κίων καὶ Κώδαλος καὶ Βάβυς.

110 (80 B., 107 D.)

110 Choerob. *in Theodos. can.* ii 343. 33 Hilg. (= An. Bekker iii 1294)

οὐδέποτε γὰρ μέσος παρακείμενος δισύλλαβος εὑρίσκεται ἐν χρήσει χωρὶς τοῦ οἶδα καὶ τοῦ οἶκα, ὃ σημαίνει τὸ ὠμοίωμαι, ὡς παρὰ Ἀλκμᾶνι·

οἶκας μὲν ὡραίωι λίνωι,

ἀντὶ τοῦ ὠμοίωσαι.

---

id. ii 107. 13 Hilg. (= An. Bekker iii 1404) καὶ διὰ τὸ οἶκα, ὃ σημαίνει τὸ ὁμοιῶ, οἷον οἶκας παρ' Ἀλκμᾶνι ἀντὶ τοῦ ὅμοιος εἶ; eadem An. Ox. Cramer iv 415. 30, fere eadem i 287. 4, iv 368. 19; cf. Hdn. II 796. 38, 837. 36 L.

οἶκας Choerob. p. 107 cod. Cᵃᶜ, An. Ox. i 287 : εἶκας Choerob. p. 343 codd. CV (εἴκασμεν cod. O), p. 107 codd. VO, An. Ox. iv 415, εἶκα An. Ox. iv 368
οἶκας, forma Iadis recentioris propria, Alcmana usum esse vix credibile; equidem Ἀνακρέοντι pro Ἀλκμᾶνι scripserim (ἔοικας)

---

111 (112 D.)

111 Et. Gen. A *Ind. Lect. Rost.* 1890/1 p. 6 Reitz., B p. 60 Miller

ὁ δὲ ⟨αὐτὸς⟩ Ἀλκμὰν τὸ ἀβάλε, οἷον·

ἀβάλε καὶ νοέοντα·

τοῦτο δὲ γίνεται καὶ ἃ κατὰ συγκοπήν, οἷον· ἃ πάντως ἵνα γῆρας (Callim. fr. 1. 33 Pf.), ἀμφότερα γὰρ πάντως μίαν σημασίαν ἔχουσιν (hic desinit cod. B) τὸ ἃ καὶ τὸ ἀβάλε.

Schol. Marc. ad Dion. Thrac. p. 431. 20 Hilg. (cf. Pfeiffer l.c.) καὶ τὸ βάλε κενοεῦνται (ita cod. V : κυνοεῦντα cod. N)

112 (92 b., 83 d.)

112 Et. Gen. B p. 53 Miller+Et. Mag. 171. 7 (= Hdn. II 176. 13 L.)

αὔσιον· καὶ ὁ μὲν ῎Ιβυκος (fr. 12) αὔσιον λέγει, οἷον· οὐ γὰρ
αὔσιον παῖς Τυδέως. ὁ δὲ Ἀλκμάν·

†ταυσία πολλακίω.†

ὁ δὲ ποιητὴς κατὰ διάστασιν καὶ τροπὴν τοῦ ᾱ εἰς η̄, οἷον· τηυσίην
ὁδόν. οὐδεὶς γὰρ τὸν σχηματισμὸν αὐτοῦ κατώρθωσεν. ἐγὼ δὲ
ἡγοῦμαι ὅτι πρῶτον τὸ παρ᾽ ᾽Ιβύκωι, δεύτερον τὸ παρὰ Ἀλκμᾶνι,
τρίτον τὸ παρὰ ῾Ομήρωι κατὰ διάστασιν. οὕτως ῾Ηρωδιανὸς περὶ
Παθῶν.

ταυσία Et. Mag. codd. DP πολλ- Et. Gen.: παλλ- Et. Mag. varie tentata,
velut ταυσίαν πάλιν κίω Bergk, ταύσια πολλὰ κίω Sitzler (denuo Hiller)

113 (101ᴮ b.)

113 Et. Gen. B p. 291 Miller+Et. Mag. 776. 21

(s.v. ὑλακόμωροι)· καὶ Ἀλκμάν·

†μελισκόνα τὸν ἀμόρη†

vid. fr. 36 supra adnot.

114 (93 b., 87 d.)

114 Et. Mag. 506. 20 (= Hdn. II 212. 15 L.)

Κέρκυρ· . . . Ἀλκμάν φησι·

καὶ Κέρκυρος ἁγῆται,

ἀπὸ εὐθείας τῆς Κέρκυρ . . . οὕτως ῾Ηρωδιανός.

Et. Gud. 316. 42, fere eadem; 'in omnibus ita traditur Etymologicis', Reitzen-
stein *Ind. Lect. Rost.* 1891/2 p. 21

ἡγεῖται codd.

115 (94 B., 23 D.)

115 Et. Mag. 620. 35 (= Hdn. I 495. 14, II 302. 2, 559. 23 L.)

ὄκκα δὴ γυνὰ εἴην

παρὰ Ἀλκμᾶνι. τὸ ὅτε ὄκα λέγει ἡ διάλεκτος, εἶτα διπλασιάσασα ὄκκα. περὶ Παθῶν.

Ap. Dysc. adv. 606, i 193 Schn. τὸ μὲν Δωρικὸν τὸ τ̄ εἰς κ̄ μεταλαμβάνει, ὅτε τὸ ποτέ ποκά ἐστι, τὸ ἄλλοτε ἄλλοκα, ὅτε ὄκα, καὶ μετὰ περισσοῦ τοῦ κ̄, ὄκκα δὴ γυνή

δὴ Ap.: δὲ Et.   γυνή Ap.: τύνη Et.   εἴην Et. solum

116 (55 B., 103 D.)

116 Et. Mag. 622. 44, Et. Sym. cod. V Gaisf. (= Hdn. II 250. 14 L.)

ἐκ δὲ τοῦ ὀλοός γίνεται ἡ κλητικὴ ὀλοέ, καὶ κατὰ συγκοπὴν ὀλέ· ἐὰν δὲ ὀλός ⟨ἦι⟩ ἡ εὐθεῖα, γένοιτ᾽ ἂν ἡ κλητικὴ ὀλέ, καὶ οὐκ ἔστι συγκοπή, οἷον·

ἔχει μ᾽ ἄχος ὦ ὀλὲ δαῖμον.

τοῦτο περὶ Παθῶν Ἡρωδιανός.

An. Ox. Cramer ii 461 seq., cf. Schol. A Hom. Il. 10. 134 (de accentu τῶν εἰς λος‾ ληγόντων δισυλλάβων) τὸ Ἀλκμανικὸν (Ἀλμ- cod.)· ἔχει—δαῖμον. τοῦ γὰρ ὄλωλε συγκοπή ἐστιν. ibid. i 442. 10 τὸ δὲ ὦ ὀλὲ δαῖμον κλητικὸν ἐκ τοῦ ὀλοός συγκέκοπται, ὡς ἐκ τοῦ ἠλεέ ἠλέ. similia Hdn. π. καθ. προσ. ς̄, I 154. 14 L.

ἔχοι An. Ox. ii   μ᾽ ὄχος Et. Mag. cod. M, μάχης An. Ox. ii   ὦ λε An. Ox. ii; ὦλοὲ, ὦ 'λοὲ coni. edd.

117 (97 B., 14 D.)

117 Eust. Il. 1147. 1

ἐπεί, φησί (scil. Δίδυμος), λῆδος τὸ πρωτότυπον, ὃ Δωριεῖς λᾶδός φασιν, ὡς Ἀλκμάν·

λᾶδος ϝημένα καλόν,

ὅ ἐστι λήδιον ἐνδεδυμένη εὐειδές.

εἱμένα cod.

71

118 (64 B., III D.)

118 Eust. *Od.* 1787. 40

ὁ Ἀλεξανδρεὺς Ἡρακλείδης . . . γράφει οὕτω· λέγουσιν οἱ
Αἰολεῖς ἐκ τοῦ φιλῶ μετοχὴν φίλεις . . . καὶ εὐκτικὰ τούτων φιλείη
. . . μήποτε οὖν καὶ τὸ εἴη ῥῆμα Αἰολικόν ἐστιν ἀπὸ τῆς εἷς μετοχῆς,
ἧς κλίσιν παρὰ τοῖς ποιηταῖς εἰπὼν φυλάττεσθαι παράγει χρῆσιν
ἐξ Ἀλκμᾶνος τὸ

> ἔστι παρέντων μνᾶστιν †ἐπιθέσθαι†,

οὐ κατὰ ἔξαρσιν, φησί, τοῦ ō ἀπὸ τοῦ παρεόντων, ἀλλ' ἐκ τοῦ εἷς,
ἔντος Αἰολικοῦ.

119 (49 B., 116 D.)

119 Hephaest. *ench.* vii 3, p. 22 Consbr.

τῶι δὲ ἐφθημιμερεῖ Ἀλκμάν (scil. δακτυλικῶι χρῆται)·

> ταῦτα μὲν ὥς κεν ὁ δᾶμος ἅπας

Schol. B in Heph., p. 273 C. Ἀλκμὰν κέχρηται· ταῦτα—ἅπας

κεν scripsi: ἂν codd.   δῆμος codd.

120 (44 B., 28 D.)

120 Herodian. π.μ.λ. β̄ 44, II 949. 18 L.

πιέζω· τὰ εἰς ζω λήγοντα ῥήματα ὑπὲρ δύο συλλαβὰς βαρύτονα
οὐδέποτε τῶι ē παραλήγεσθαι θέλει . . . σημειῶδες ἄρα παρ' Ἀττικοῖς
καὶ τοῖς Ἴωσι λεγόμενον διὰ τοῦ ē τὸ πιέζω, ὥσπερ καὶ παρὰ τῶι
ποιητῆι. προσέθηκα δὲ καὶ τὰς διαλέκτους, ἐπεὶ παρ' Ἀλκαίωι
διχῶς λέγεται, παρὰ δὲ Ἀλκμᾶνι διὰ τοῦ ā·

> τῶι δὲ †σηομυνθια κατ' αν κάρραν μάβως† ἐπίαζε

σηομυνθια cod. sec. Egenolff, *Rh. Mus.* 35 (1880) 104: priores σκομυνθεα latet
veritas: σκόλλυν ingeniose Bergk, coll. Hesych. s.v. (κορυφὴ ἡ καταλελειμμένη τῶν
τριχῶν. τινὲς δὲ μαλλόν, πλόκαμον); tum θιὰ (σιὰ) veri sim. κατὰν (vel κὰτ τὰν)
κάρραν (vel κόρραν) possis   μάβως penitus obscurum (male λαβῶσ', ἀμβᾶσ'
coni. edd.)

121 (79 B., 57 D.)

121 Priscian. *inst.* i 21, *Gramm. Lat.* ii 16. 3 Keil

inveniuntur etiam pro vocali correpta hoc digamma illi usi, ut Ἀλκμάν·

καὶ χεῖμα πῦρ τε δάϝιον.

est enim dimetrum iambicum, et sic est proferendum ϝ ut faciat brevem syllabam.

---

id. i 22, ii 17. 10 K. hiatus quoque causa solebant illi interponere ϝ, quod ostendunt et poetae Aeolide usi; Ἀλκμάν· καὶ—δάϝιον

corruptissime ut solent Prisciani codd. (*ΚΛΙΧΕΙΜΑ ΠΙΡ ΤΕ ΔΛΦΙΟΝ*, *ΚΑΚΕΙΝΑ ΠΥΡΤΕΛΛΦϜΟΝ*, similia)
de voc. δάϝιον consulendus Kretschmer *Gr. Vaseninschr.* (1894) 47

122 (96 B., 90 D.)

122 Schol. A Hom. *Il.* 12. 66, i 418 Di. (Hdn. I 393. 28, II 81. 5 L.)

προπερισπαστέον δὲ καὶ τὸ στεῖνος. οὐδετέρως γὰρ ἐξενήνεκται, πᾶν δὲ οὐδέτερον εἰς ο̅ς̅ λῆγον ἐν ὀνόμασι βαρύνεσθαι θέλει. οὕτως οὖν καὶ μακρός ὀξύνομεν ἀρσενικὸν ὑπάρχον. εἰ δὲ οὐδέτερον γένοιτο, βαρύνεται. οὕτως καὶ τὸ κλειτός· οὐδέτερον γὰρ γενόμενον βαρύνεται παρ' Ἀλκμᾶνι·

†τῶ ἐν† Θεσσαλίωι κλήτει

τῶ ἐν: ἐν τῶι ε′ coni. Schneidewin, ἐν τῶι· Dindorf, τῶν ἐν Bergk   Θεσσαλίωι
suspectum: -άλω coni. Dindorf, -αλίαι ('nisi malis -αλίδων') Bergk   κλείτει
Schol.

123 (50 B., 108 D.)

123 Schol. BT Hom. *Il.* 22. 305, iv 295 Di., vi 392 Maass

ἀλλὰ μέγα ῥέξας· λείπει ἀγαθόν. Ἀλκμάν·

μέγα γείτονι γείτων.

ALCMAN 124, 125, 126

124 (46 B., 38 D.)

124 Schol. Hom. *Od.* 3. 171, i 134 seq. Di. (= An. Par. Cramer iii 433. 17)

νησίδιον μικρὸν πρὸ τῆς Χίου ἐστὶ τὰ Ψύρα, ἀπέχον Χίου σταδίους ὀγδοήκοντα, ἔχον λιμένα νεῶν εἴκοσι. Ἀλκμάν·

πάρ τ᾽ ἰαρὸν σκόπελον παρά τε Ψύρα
⟦τὸν Διόνυσον ἄγοντες,⟧

οἷον ἐν μηδενὶ αὐτὸν τιθέμενοι· διὰ τὸ λυπρὸν τῆς νήσου.

Eust. *Od.* 1462. 46 Ψυρία δὲ νησίδιον Χίου, φασίν, ἀπέχον σταδίους ὀγδοήκοντα λιμένα ἔχον νεῶν εἴκοσι. λέγεται δὲ καὶ οὐδετέρως τὰ Ψύρα, ὡς Ἀλκμάν· παρά τε ἱερὸν—ἄγοντες, ἤγουν ὡς οἷον ἐν οὐδενὶ τιθέμενοι τὸν Διόνυσον. καὶ ἔστι παροιμία τὸ Ψύρα τὸν Διόνυσον, διὰ τὴν τῆς νήσου λυπρότητα

1 παρά τε ἱερὸν Schol., Eust., corr. Buttmann   πάρ τε Ψύρα coni. Cobet 2 cf. Cratin. fr. 352 (I 114 K.), Steph. Byz. s.v. Ψύρα i 704 Mein. . . . Κρατῖνος· Ψύρα τὸν Διόνυσον ἄγοντες; quod proverbium cit. etiam Phot. *lex.*, App. Prov. v 39, Greg. Cypr. (Leid.) iii 40, alii. Alcmanis versum cum Cratini fragmento coaluisse coni. Schneidewin, quem dubitanter sequor

125 (63 B., 109 D.)

125 Schol. Pind. *Isthm.* i 56, iii 205 seq. Dr.

ὁ πονήσαις δὲ νόωι καὶ προμάθειαν φέρει· ὁ Χρύσιππος ἐμφαίνειν φησὶν ὡς καὶ πρότερον μὲν συνετῶς ἐγχωρήσαντα, ὡς μὴ κινδυνεύσηι, καὶ μετὰ τὴν κάθοδον δὲ ἠσφαλισμένον τὰ καθ᾽ ἑαυτόν. τοῦτο οὖν φησιν· ὁ παθὼν τῶι νῶι προμαθὴς γίνεται. Ἀλκμάν·

πῆρά τοι μαθήσιος ἀρχά.

πεῖρα codd.   μαθησι᾽ cod. D

126 (82 B., 97 D.)

126 Strabo xii 8. 21, ii 586 seq. Kramer

λέγεται δέ τινα φῦλα Φρύγια οὐδαμοῦ δεικνύμενα, ὥσπερ οἱ Βερέκυντες. καὶ Ἀλκμὰν λέγει·

Φρύγιον αὔλησε μέλος τὸ Κερβήσιον,

74

καὶ βόθυνός τις λέγεται Κερβήσιος ἔχων ὀλεθρίους ἀποφοράς· ἀλλ'
οὗτός γε δείκνυται, οἱ δ' ἄνθρωποι οὐκέθ' οὕτω λέγονται.

ηὖλ- codd. (ηὔλισι cod. F)   αὔλησεν, del. τό, coni. Bergk   κειρβήσιον CFg,
κειρβήσειον Dhi   Κιρβ- coni. Ursinus (denuoque Meineke) coll. Hesych. s.v.
Κιρβιαῖον (ἔθνος ἐχόμενον Λυδῶν)

127 (120 B.)

27 Hesych. s.v.

ἀάνθα·

εἶδος ἐνωτίου παρὰ Ἀλκμᾶνι †ἢ Ἀριστοφάνει† (ὡς Ἀριστοφάνης
coni. Bergk; καὶ Ἀριστοφάνει Pearson, = Ar. fr. 926, I 595 K.)

---

eadem Zonar. ap. An. Par. Cramer iv 84. 18

128 (123 B.)

28 Et. Mag. 22. 30, Et. Sym. cod. V ibid. Gaisf. (= Hdn. II 256.
11 L.)

ὁ δὲ Ἡρωδιανὸς ἐν τῶι περὶ Παθῶν λέγει ὅτι παράγωγόν ἐστιν
ἀπὸ τοῦ ἄγος ἀγίζω καὶ κατὰ συγκοπὴν ἄζω, ὡς σκέλος σκελίζω,
τεῖχος τειχίζω. πόθεν δὲ δῆλον; ἐκ τοῦ τὸν Ἀλκμᾶνα εἰπεῖν

ἀγίσδεο

ἀντὶ τοῦ ἄζεο.

ἀγίσδεο αὐτὸς Et. Sym., unde ἀγίσδεο δ' αὐτώς coni. Bergk

129 (121 B.)

29 An. Ox. Cramer i 55. 4

εἰ μὲν οὖν παρὰ τὸ ἄγαν καὶ θέειν ἐστίν (scil. τὸ ἀγαθόν), ἐφ'
ὧι ἄγαν θέομεν, σύνθετον· ἁπλοῦν δὲ εἰ παρὰ τὸ ἀγάζω ἐστί, τὸ
θαυμάζω, ὅπερ παρὰ ἀγῶ (ασῶ cod.)· ἐστὶν δὲ παρ' Ἀλκμᾶνι

αὐτὸν †ἀγᾶ,†

ἀφ' οὗ καὶ ἄγημι καὶ ἄγαμαι . . . καὶ ὡς σκεδάω σκεδάζω, οὕτως καὶ
ἀγῶ ἀγάζω.

ἀγῆι indicat., ἄγη imperat., exspectasses

130 (132 B.)

130   Et. Mag. 228. 38 (= Hdn. II 487. 26 L.)

γεργύρα· ζητεῖ εἰς τὸ γόργυρα. ὁ δὲ Ἀλκμὰν διὰ τοῦ ε̄

γέργυρα

φησί.

An. Bekker i 233. 27 ὁ δὲ Ἀλκμὰν διὰ τὸ ε̄ γέργυρα ἔφη

131 (133 B.)

131   Schol. Lucian. *Anachars.* xxxii, p. 170 Rabe

γέρρον·

τετράγωνον σκέπασμα ἐκ στερεᾶς βύρσης, ὧι ἀντὶ ἀσπίδος ἐχρῶντο
Σκύθαι ἐν τοῖς πολέμοις σκεπόμενοι. φέρεται δὲ καὶ ἐπὶ ἄλλων
σημαινομένων παρὰ τοῖς παλαιοῖς . . . Ἀλκμὰν δὲ ἐπὶ τῶν ὀιστῶν
τέθεικε τὴν λέξιν.

132 (135 B.)

132   Schol. Vat. in Dion. Thrac. *gramm.* p. 281. 18 Hilg. (= An.
Bekker ii 949)

τὰ δὲ εἰς αν βαρύνεται, λίαν ἄγαν πέραν . . . τὸ

δοάν

παρὰ Ἀλκμᾶνι Δωρικῶς ὀξύνεται, γεγονὸς οὕτως· δήν, δάν, δοάν.

δϝάν vel (quod malit Bechtel) δοϝάν exspectasses

133 (145 B.)

133   Et. Gud. 395. 51

μνήμη· μενήμη ἀπὸ τοῦ μένειν ἐν ἡμῖν αὐτήν· Ἀλκμὰν δέ, φασί,

δόρκον

αὐτὴν καλεῖ· βλέπομεν γὰρ τῆι διανοίαι τὰ ἀρχαῖα.

Δορκών coni. Headlam; pro φασὶ δόρκον, φρασίδορκον coni. O. Mueller

134 (136ᴮ B.)

4 Et. Gen. B p. 136 Miller

εὐτραφεός· ἀρσενικὸν ὄνομα παρὰ τὸ εὖ καὶ τὸ τρέφω· πέπονθε
δὲ λύσιν διὰ τὸ μέτρον. τὸ δὲ

ζάτραφα

παρὰ Ἀλκμᾶνι κανονιστέον κατὰ μεταπλασμὸν ἀπὸ τοῦ ζάτροφον.

135 (137 B.)

5 Et. Mag. 420. 48

ἥδυμος· τὸ συγκριτικὸν ἡδυμώτερος, καὶ Ἰωνικῶς ἡδυμέστερος,
ὡς ἀνιαρότερος ἀνιηρέστερος. τὸ δὲ ὑπερθετικὸν

ϝαδυμέστατον

Ἀλκμὰν ἔφη.

———
ἡδυ- codd.

136 (139 B.)

6 An. Ox. Cramer i 190. 19

ἠσί· . . .

ἠτί

δὲ λέγει Ἀλκμὰν (Ἀκμὰν cod.) ἀντὶ τοῦ ἠσίν.

137

7 Schol. Callim. fr. 384. 1 Pf. (P.Oxy. 2258 C fr. 2 (a) 25)

ποιητικὸ(ν) δὲ τὸ ἀπὸ συνδέσμου ἄρχεσθ(αι). Ἀλκμάν·

κ(αὶ) δ᾽ αὖ με.[

———
δ᾽ αὖ: = δὴ αὖ (Lobel)   fort. μετ[

138 (140 B.)

138 An. Ox. Cramer i 55. 16 (= Hdn. I 194. 35 L.)

Τρύφων δὲ οὕτως· τὰ εἰς ͞ο͞ς τριγενῆ παραλήγοντα τῶι ᾱ, καὶ ἔχοντα ἐν τῆι τρίτηι ἀπὸ τέλους συλλαβῆι ᾱ, ὀξύνεται· μαδαρός πλαδαρός ἀγανός . . . σεσημείωται τὸ κάρχαρος . . . καὶ τὸ θηλυκὸν παρ᾽ Ἀλκμᾶνι·

κapχάραισι φωναῖς

καρχάρεσσι cod., corr. Schneidewin

139 (141 B.)

139 Eust. Il. 756. 30

Δωριεῖς . . . φίλτατος φίντατος, ἦλθεν ἦνθεν . . . καὶ Δωρικῶς . . . κέλετο

κέντο

παρὰ Ἀλκμᾶνι.

140 (142 B.)

140 Et. Mag. 506. 18

κερκολύρα·

οὕτως ὁ Ἀλκμὰν ἐχρήσατο.

fere eadem Zonar. 1190, cf. Sud. iii 100 A. s.v. (ὄνομα τόπου, ubi τόνου coni. Bergk)

141 (85ᴮ B., 98 D.) ⌋

141 Et. Gen. B p. 206 Miller

λιγύκορτον

πάλιν παρ᾽ Ἀλκμᾶνι †ἔχει† ἀντὶ τοῦ λιγύκροτον μεταθέσει τοῦ ρ̄.

λιγύκρυτον (in marg. λιγύκυρτον) πάλιν . . . ἀντὶ τοῦ λιγύκρυτον cod., corr. Miller ἔχει ut vid. corruptum : λιγύκορτον πάλιν ἀχεῖ (vel ἄχει) παρ᾽ Ἀλκμᾶνι ἀντὶ κτλ. coni. Bergk

142

42 Anon. ap. Reitzenstein, *Ind. Lect. Rost.* 1890/1 p. 6 (Alcmanis fr. e Diogeniano in Cyrillum recepit scriba cod. Coisl. 394, saec. x)

ὁλκάς·

πλοῖον. καὶ παρὰ Ἀλκμᾶνι ἀηδών (ἀειδῶν cod.). καὶ εἰρήνη. καὶ εἶδος πλοίου.

cf. Hesych. in ὁλκάς (πλοῖα. ναῦς φορτηγός. ἀηδών. εἰρήνη (Σειρήν coni. Voss.). δυνατάς)

143 (146ᴮ B.)

43 Schol. A Hom. *Il.* 17. 40, ii 126 Di. (= Hdn. I 103. 3, II 104. 30 L.)

τὰ γὰρ εἰς τῑς λήγοντα θηλυκὰ δισύλλαβα, μὴ ὄντα ἐπιθετικά, παραληγόμενα δὲ τῶι ō ἤτοι μόνωι ἢ σὺν ἑτέρωι φωνήεντι ὀξύνεσθαι θέλει, κοιτίς Προιτίς φροντίς,

οὐτίς

τὸ ζῶιον παρ' Ἀλκμᾶνι.

"= ὠτίς", LSJ; quod si verum est, cur οὐτίς non ὠτίς apud Alcmana?

144 (147ᴬ B.)

44 Et. Gen. A *Ind. Lect. Rost.* 1891/2 p. 14 Reitz., B p. 243 Miller

πήρατα·

πέρατα. καὶ παρ' Ἀλκμᾶνι †πέρασα† περὶ (hoc om. B) παθῶν.

fort. πείρατα (coni. Miller, probat Reitz.)· πέρατα. καὶ παρ' Ἀλκμᾶνι πήρατα. περὶ Παθῶν. cf. 3 fr. 11. 2 supra

145 (114 B.)

45 Plut. *mus.* 5, p. 113. 26 Lasserre, vi 3. 5 Ziegler

τοῦ δὲ Πολυμνήστου καὶ Πίνδαρος (fr. 188 Sn.) καὶ Ἀλκμὰν οἱ τῶν μελῶν ποιηταὶ ἐμνημόνευσαν.

79

146 (151 B.)

146 Suda s.v. χθονία, iv 808 Adler

καὶ παρ' Ἀλκμᾶνι δέ, ὅτε φησὶ

χθόνιον τέρας

ἐπὶ τῆς ἔριδος, τινὲς ἀντὶ τοῦ στυγνὸν ἐδέξαντο, ἔνιοι δὲ ἀντὶ τοῦ
μέγα· ἐπεὶ πρὸς αὐτὴν λέγει.

147 (153 B.)

147 Schol. A Hom. *Il.* 12. 137, i 421 Di. (= Hdn. I 109. 13 L.)

αὖας· . . . ἴσως δε βεβαρυτόνηται, ἐπεὶ καὶ τὸ ναῦος ἐβαρύνετο
καὶ τὸ Τραῦος κύριον καὶ τὸ

ψαῦος

παρ' Ἀλκμᾶνι.

non intellegitur

148 (118 B.)

148 Aristeid. *or.* xxviii 54, ii 159 Keil

ἑτέρωθι τοίνυν καλλωπιζόμενος (scil. ὁ Λάκων) παρ' ὅσοις εὐδοκι-
μεῖ, τοσαῦτα καὶ τοιαῦτα ἔθνη καταλέγει ὥστ' ἔτι νῦν τοὺς ἀθλίους
γραμματιστὰς ζητεῖν οὗ γῆς ταῦτ' εἶναι, λυσιτελεῖν δ' αὐτοῖς καὶ
μακράν, ὡς ἔοικεν, ἀπελθεῖν ὁδὸν μᾶλλον ἢ περὶ τῶν Σκιαπόδων
ἀνήνυτα πραγματεύεσθαι. vid. Schneidewin *Coni. Crit.* 21 seqq.

Strabo i 2. 35, i 65 Kramer

Ἡσιόδου δ' οὐκ ἄν τις αἰτιάσαιτο ἄγνοιαν ἡμίκυνας λέγοντος
καὶ μακροκεφάλους καὶ πυγμαίους (fr. 62 Rzach). οὐδὲ γὰρ αὐτοῦ
Ὁμήρου ταῦτα μυθεύοντος, ὧν εἰσι καὶ οὗτοι οἱ πυγμαῖοι, οὐδ'
Ἀλκμᾶνος

στεγανόποδας

ἱστοροῦντος, οὐδ' Αἰσχύλου κυνοκεφάλους καὶ στερνοφθάλμους καὶ
μονομμάτους. cf. vii 3. 6, ii 20 Kr. Ἀλκμᾶνα δὲ στεγανόποδας.
cf. etiam An. Ox. Cramer iii 370. 8 (schol. in Tzetz. *chil.* vii 764).

149 (124 B.)

49 Steph. Byz. s.v., i 40 Meineke (= Hdn. I 90. 25 L.)

Αἰγιαλός· . . . τὸ θηλυκὸν Αἰγιάλεια, καὶ

Αἰγιαλίς

παρὰ Ἀλκμᾶνι.

150 (127 B.)

50 Steph. Byz. s.v., i 97 Meineke (= Hdn. I 49. 4, 388. 30 L.)

Ἀννίχωρον·

μέμνηται Ἀλκμάν. οἱ οἰκοῦντες . . . πλησίον Περσῶν κείμενοι.

151 (128ᴬ B.)

51 Steph. Byz. s.v., i 109 Meineke

Ἀράξαι ἢ Ἄραξοι·

ἔθνος Ἰλλυρίας, ὡς Ἀλέξανδρος Κορνήλιος ἐν τῶι περὶ τῶν παρ᾽ Ἀλκμᾶνι (-άνων codd. ΠRV) τοπικῶς εἰρημένων.

152 (128ᴮ B.)

52 Steph. Byz. s.v., i 129 Meineke (= Hdn. I 53. 14 L.)

Ἄρυββα· τὸ ἐθνικὸν

Ἀρύββας·

οὕτω γὰρ Ἀλκμάν.

---

inter αρ- et -αρρ, -υβ- et -υββ-, fluctuant codd.

153 (129 B.)

53 Steph. Byz. s.v., i 136 Meineke

Ἀσσός·

. . . Ἀλέξανδρος δ᾽ ὁ Κορνήλιος ἐν τῶι περὶ τῶν παρ᾽ Ἀλκμᾶνι τοπικῶς ἱστορημένων Μιτυληναίων ἄποικον ἐν τῆι Μυσίαι φησὶν Ἀσσόν, ὅπου ὁ σαρκοφάγος γίνεται λίθος.

Μιτυλ.: Μηθυμναίων coni. Meineke, coll. Strab. xiii 1. 58

154 (131 B.)

154 Steph. Byz. s.v., i 198 seq. Meineke (= Hdn. I 194. 33, 385. 23 L.)

Γάργαρα· πόλις τῆς Τρωιάδος ἐπὶ τῆι ἄκραι τῆς ῎Ιδης Παλαιγάργαρος καλουμένη, ἣν Αἰολικὴν ὀνομάζει Στράβων καὶ Ἑκαταῖος. Ἀλκμὰν δὲ θηλυκῶς

τὴν Γάργαρον

φησίν· ἐν ὧι κατώικουν Λέλεγες.

155 (134 B.)

155 Steph. Byz. s.v., i 212 Meineke (= Hdn. I 397. 9 L.)

Γραικός· ὁ ῞Ελλην, ὀξυτόνως . . .

Γραῖκες

δὲ παρὰ Ἀλκμᾶνι αἱ τῶν Ἑλλήνων μητέρες, καὶ παρὰ Σοφοκλεῖ ἐν Ποιμέσιν (fr. 518 P.)

156 (136ᴬ B.)

156 Steph. Byz. s.v., i 339 Meineke (= Hdn. I 26, cf. II 527. 4 L.)

᾽Ισσηδόνες· ἔθνος Σκυθικόν. Ἑκαταῖος Ἀσίαι. Ἀλκμὰν δὲ μόνος

᾽Εσσηδόνας

αὐτούς φησιν. εὑρίσκεται δὲ ἡ δευτέρα παρ' ἄλλοις διὰ τοῦ ε̄.

᾽Εσσηδ. cod. R, Ἀσσεδ. cod. A, Ἀσεδ. cod. V

157 (147ᴮ B.)

157 Steph. Byz. s.v., i 525 Meineke (= Hdn. I 270. 6 L.)

Πιτυοῦσσαι· νῆσοι διάφοροι, ἃς

Πιτυώδεις

καλεῖ Ἀλκμάν.

Eust. *Il.* 355. 45 Πιτυοῦσσαι . . . ἃς ὁ Ἀλκμὰν Πιτυώδεις καλεῖ

MISCELLANEA

158

Κολυμβῶσαι?

58 Suda s.v. *Ἀλκμάν*, i 117 Adler

ἔγραψε βιβλία ἓξ μέλη καὶ Κολυμβώσας.

Ptolem. Heph. *nov. hist.* ap. Phot. *bibl.* 151 a 7 seqq. Bekker τελευτήσαντος Δημητρίου τοῦ Σκηψίου τὸ βιβλίον Τέλλιδος πρὸς τῆι κεφαλῆι αὐτοῦ εὑρέθη· τὰς δὲ Κολυμβώσας †Ἀλκμάνους† (Ἀλκμᾶνος coni. Casaubon, Ἀλκιμένους Meineke) πρὸς τῆι κεφαλῆι †Τυρονίχου† (Τυννίχου coni. Valesius, Naeke) τοῦ Χαλκιδέως εὑρεθῆναί φησιν κτλ.

vid. Lobel ad P.Oxy. 2388 fr. 1. 10 (= 4 fr. 1. 10 supra); Kaibel *RE* i (1894) 1541. 31 seqq.; Crusius ibid. 1568. 56 seqq.; Schm.-St. *Gr. Lit.* I i 457 n. 2; Bergk ad Tynnichi fr. 1

159

59 Leonidas *Anth. Pal.* vii 19

τὸν χαρίεντ' Ἀλκμᾶνα, τὸν ὑμνητῆρ' ὑμεναίων

---

unicus testis, Alcmana huiusmodi carmina composuisse

160

60 Athen. xv 678 B seq.

(Sosibio auctore memorat Alcmanis carmina festis diebus esse recitata: cuiusmodi carmina respiciat incertum)

161

161 artis metricae scriptorum testimonia

(a) Hephaest. *sign.* 4, p. 74 Consbr. γράψας γὰρ ἐκεῖνος (scil. Ἀλκμάν) δεκατεσσάρων στροφῶν ἄισματα τὸ μὲν ἥμισυ τοῦ αὐτοῦ μέτρου ἐποίησεν ἑπτάστροφον, τὸ δὲ ἥμισυ ἑτέρου, καὶ διὰ τοῦτο ἐπὶ ταῖς ἑπτὰ στροφαῖς ταῖς ἑτέραις τίθεται ἡ διπλῆ σημαίνουσα τὸ μεταβολικῶς τὸ ἄισμα γεγράφθαι.

(b) id. *ench.* viii, p. 25 C. τὸ μέντοι τὸν σπονδεῖον ἔχον ἀλλὰ μὴ τὸν ἀνάπαιστον παραλήγοντα εἰσὶν οἳ Λακωνικὸν καλοῦσι, προφερόμενοι παράδειγμα τὸ ἄγετ' ὦ Σπάρτας ἔνοπλοι κοῦροι ποτὶ τὰν Ἄρεως κίνασιν : hic schol. A p. 134 C. ἐπεὶ Ἀλκμὰν τούτωι ἐχρήσατο· οὗτος δὲ Λάκων ; fere eadem Choerob. ibid. p. 234.

id. p. 28 C. (de archebuleo) τοὺς δὲ μετὰ τὸν πρῶτον πόδα τρεῖς οἱ μὲν ἐν συνεχείαι γράψαντες τὸ μέτρον πάντως ἀναπαίστους ἐφύλαξαν, Ἀλκμὰν δέ που καὶ σπονδείους παραλαμβάνει.

(c) *Gramm. Lat.* Keil : Serv. iv 460. 21 (Alcmanium – ∪∪ – ∪∪ – –); iv 461. 17 (Alcmanium – ∪∪ – ∪∪ – ∪∪ – ∪∪ – ∪∪ –) ; iv 462. 10 (alcmanium ∪∪ – ∪∪ – ∪∪ – –) ; iv 462. 18 (alcmanium ∪∪ – ∪∪ – ∪∪ – ∪∪ – –) ; iv 462. 24 (alcmanium ∪∪ – ∪∪ – ∪∪ – ∪∪ – –) ; Mar. Vict. vi 77. 14 (apud Alcmanem – – ∪∪ – – ∪∪ – ∪ – –) ; Serv. iv 458. 16 (alcmanium – – ∪∪ – ∪ – – – ∪ – ∪ –) ; fr. Bobiense vi 622. 26 (tetrametrum hypercatalectum †aicmanos alites cupidines calore cirio gerunt†) ; Atil. Fort. vi 298. 1 (Alcman – – – ∪∪ – ∪ – : cuius exemplar exstat unicum ἀ ξανθὰ Μεγαλοστράτα, fr. 59 (b) 3 supra).

praeterea laudantur alia metrorum genera quae in fragmentis inveniuntur, velut Mar. Vict. vi 73. 10, 115. 8, Serv. iv 459. 17, 460. 25, 30, 32 ; non intellegitur [Censor.] *de mus.* vi 607 seq. cf. etiam P.Oxy. 220 col. v init.

(d) Hesych. κλεψίαμβοι· Ἀριστόξενος· μέλη τινὰ παρ' Ἀλκμᾶνι

INCERTI AUCTORIS

162

162 P.Oxy. 2394

fr. 1 (a)

col. i

(a)

ὁ]μαλικᾰς
].εοσ.[
]σει[...]..ος
πλο]υσίαι
5   ].[   ].
].αν

· · ·

col. ii

αιμη[
εγωγ[
].[.].[

· · ·

(b)

].ᾰδ[
]ῳιτε[
]μοικαι[
εγω῾νδ[
5   παπτα[ιν-
].   αιψανεχω[
]..   παραπυθμ[εν-
]   σχεδον[
]φ[.].νετ’ουδεὶς   τ..[.]σε.[
10   ]   καλωσϋ[.].[
] | σιγαλ[
]   ) λαο.[
]   ἠῐ̊σα[ν
]   ...[

· · ·   · · ·

fere omnia suppl. e.p.

schol.: col. i (a) marg. sup.].κωενα[, marg. dext. 1 δυυμαλικ(ας) Νι( ) 3 σει-
ων⁰   4 αφνεάιτ’ (sup. ά scr. ·ο·), mox post spat. vac. πλουσία[5 ου-
διατηναντιστροφο[ν; col. i (b) 6 ϛτερ^ρ̣οντ´απ[, hic et 13 vestig. alia minima

col. i (a) 2]στεοσ possis   3 ονος possis   col. i (b) 9 vix]φ[α]ινετ’
col. ii (b) 4 εγων in εγω ut vid. corr.   6 fort. ἀνέχω[ρ-, e.p.   10 καλυ in
καλω corr.   11 σιγαλ[όεις, sim., e.p.

fr. 2   (*c*)

(*a*)

```
              . . .
   . . . .                         ].[
   ]..[                          ]   [
 ]αιτακο.[                     ]φοινικεᾰ [
 ]αστεκαλ[                    ἀ]ναδήμᾰτᾰ[
 ]απαρπυ.[                5 ].ειᾰσμυρου [
5 ].αντιν..[                 ]σθεϙανῒτέ.[
 ].ϙματακ[                      ].   [
 ]νων  [                    .    .    .
παρ]σενισϙ[αι
 ]ᾰ·    [
10 ]πόδασ[
 ]κατωκεφ[
 ]εσϋδωρ   [
τα]νυσιπτέρ[
      ]      [
      ]
      ]
```

fr. 2 (*b*)   fr. 3   fr. 4   fr. 5

```
].αθει[        ] ἐλαθ[      ].[         ].ᾱ.[
]  [           ].ασ[       ]ᾰs  [       ].μ[
```

fr. 6   fr. 9   fr. 10   fr. 11   fr. 12

```
                                         ]πολυ[
] [          ]σεγω[      ]γγω[                    ]δεν[
].ουστ.[                                          ]..[
]νο[
].[
```

2 ω in ου corr.

fr. 13   fr. 14

```
      ·   ·        ·   ·   ·
      ]α[            ].[
     ]μα[           ]με[
     ]πε[           ]ν[
    ]εᾱντ[
5    ]υμ[           ·       ·
     ]εκ[
      ·   ·   ·
```

omnia suppl. e.p.　de positione frr. 2 (*b*), (*c*), fr. 3, vid. e.p.: fort. (*a*) 2–4 cum (*c*) 4–6 ita coniungendi ut legas κόμ[ας ἀ]ναδήματα, καλ[ὰς π]λείας μύρου, πὰρ πυκ[ινὰ]ς θέσαν
2 (*a*) 5 ἐλε]φαντιν- possis, e.p.　6]υ veri sim.: fort. cum fr. 3 ita coniungendus ut legas ἐλ' ἀθ|ύρματα; vid. e.p.　8 suppl. e schol. marg. inf. π]αρσενισκαι |]αι　11 κεφ[αλ- veri sim., e.p.　2 (*c*) 5 ω in ου corr.　6 ἰτέᾱ[ς veri sim., e.p.　7 ut vid. ου supra lineam scr.
　Dorica esse arguunt inter alia accentus πλουσίαι, ἧἴσαν: Alcmana indicat σ pro θ in παρσενίσκαι scriptum. egomet dubito, nam cur ἐγών in ἐγώ, ω in ου toties mutatum? praeterea si θέσαν ἰτέας 2 (*c*) 6 legendum, omissum digamma Alcmanis usu abhorret

163

163 Athenagoras *legatio pro Christianis* 14, *Corp. Apolog. Christ. saec. ii*, vii 62 Otto = p. 15 Schwartz

　Ἀθηναῖοι μὲν Κελεὸν καὶ Μετάνειραν ἵδρυνται θεούς, Λακεδαιμόνιοι δὲ Μενέλεων, καὶ θύουσιν αὐτῶι καὶ ἑορτάζουσιν, Ἰλιεῖς δὲ οὐδὲ τὸ ὄνομα ἀκούοντες Ἕκτορα φέρουσιν, Κεῖοι Ἀρισταῖον, τὸν αὐτὸν καὶ Δία καὶ Ἀπόλλω νομίζοντες, Θάσιοι Θεαγένην, ὑφ' οὗ καὶ φόνος Ὀλυμπίασιν ἐγένετο, Σάμιοι Λύσανδρον ἐπὶ τοσαύταις σφαγαῖς καὶ τοσούτοις κακοῖς, †Ἀλκμὰν καὶ Ἡσίοδος Μήδειαν ἢ† Νιόβην Κίλικες, Σικελοὶ Φίλιππον κτλ.

　ita cod.: sed recte Petitum secutus monet Otto, 'non perstringit hic Athenagoras singulorum hominum circa numen deliria, sed varias gentium superstitiones'. an ex ἀμίλκαν καρχηδόνιοι, quod paulo infra sequitur, ἀλκμὰν καὶ ἡσίοδος ortum?

164 (115 B.)

164 Schol. Aristeid. *or.* xlvi 138, iii 490 Di.

ὁ Κρὴς δὴ τὸν πόντον· . . .

παροιμία ἐπὶ τῶν εἰδότων μὲν προσποιουμένων δ᾽ ἀγνοεῖν. . . .
λέγεται δὲ καὶ ἡ παροιμία καὶ οὕτως· ὁ Σικελὸς τὴν θάλατταν. . . .
Ἀλκμὰν δὲ ὁ λυρικὸς μέμνηται τῆς παροιμίας.

---

similia Arsen. = Apostol. *cent.* xiii 6, ii 571 L.–S. (ὁ Σικελὸς τὴν θάλασσαν); cf.
Zenob. v 30 et proverb. syllog. ap. Miller, *Mélanges* p. 360, sed sine nomine Alc-
manis (μέμνηται Ἀλκαῖος Zenob.)

165

165 Eust. *Od.* 1648. 6

λέγει (scil. Ἡρακλείδης . . . ὡς) ἐκ τοῦ κτείνω κταίνω Δωρικώ-
τερον παρὰ Ἀλκαίωι.

παρὰ Ἀλκμᾶνι coni. Lobel

166 (126 B.)

166 Hesych. s.v. (cf. Et. Mag. 63. 45)

ἁλιβάπτοις· πορφυροῖς (Et. Mag.: -αν Hesych.). ὄρνιν. Ἀχαιὸς
καὶ †Ἀλκμάς.†

Ἀλκμάν coni. Musurus; Ἀχαιὸς καὶ Ἀλκμ. hinc ad gloss. sup. ἁλιάποδα (τὸν
κέπφον, ἢ θαλάττιον ὄρνιν) transtulit Schmidt, probat Latte

167 (130 B.)

167 Hesych. s.v.

βλῆρ· δέλεαρ. τὸ δὲ αὐτὸ καὶ αἶθμα. παρὰ †Ἀλκμαιων† ἡ λέξις.

Ἀλκμᾶνι coni. Meineke, Ἀλκαίωι Schow (illud praeferendum; hoc in textu
temere Latte)

DORICA EX AP. DYSC., ETYMOLOGICIS, AL.
OMNIA SINE NOMINE AUCTORIS

168 (adesp. 43ᴬ B., Alcm. 5 D.)

168 Ap. Dysc. *synt.* β̄ 77, p. 183 Uhlig

καί τυ φίλιππον ἔθηκεν

---

id. paulo inferius (p. 184 Uhlig) et rursus *pron.* 68 b, p. 54 Schn. καί—ἔθηκε(ν)

καί τυ: και τοι *pron.*

169 (adesp. 42 B., Alcm. 26 D.)

169 Ap. Dysc. *pron.* 68 b, p. 54 Schn.

καὶ τὺ Διὸς θύγατερ μεγαλόσθενες

170 (adesp. 46ᴮ B., Alcm. 65 D.)

170 Et. Gen. B p. 263 Miller

ῥύτειρα· παρὰ τὸ ἐρύω ἐρυτήρ, καὶ ῥύτειρα ἀποβολῆι τοῦ ε̄·

Ἄρταμι ῥύτειρα τόξων

171 (57 B., 96 D.)

171 Et. Sym. cod. V ap. Et. Mag. 116. 22

τὸ δὲ ἀειδέμεναι ποιητικὴ παραγωγή, οὐ Δωρικὴ διάλεκτος. τὸ
γὰρ Λακωνικόν ἐστιν ἀείδην ἢ ἀείδεν·

μηδ' ἔμ' ἀείδην ἀπέρυκε.

An. Par. Cramer iii 297. 28 (= Hdn. II 354, fr. 568 adn. L.) τὸ ἀπαρέμφατον
Δωρικῶς ἀείδην καὶ ἀείδεν (ἀείδην καὶ ἄειδεν cod.)· τούτων γὰρ τὸ ῆν ἔθος εἰς ε̅ν
ποιεῖν

μηδέ μ' veri sim.   ἀείδειν pro ἀείδην utroque loco Et. Sym.

ALCMAN (?) 172, 173, 174, 175

172 (adesp. 43ᴮ B., Alcm. 91 D.)

172 Hesych. s.v.

ἐνετίδας πώλους †στεφαν. ἐνιφόρω.† ἀπὸ τῆς περὶ τὸν (τὴν cod.)
Ἀδρίαν Ἐνετίδος. διαφέρει γὰρ ἐκεῖ.

Ἐνετίδας πώλως στεφανηφόρως coni. Bergk (gen. sing. Schmidt) coll. Alcm. fr.
1. 50 seq.

173 (19 B., 61 D.)

173 Choerob. de paeon. ap. Hephaest. p. 247 Consbr.

Ἡλιόδωρος δέ φησι κοσμίαν εἶναι τῶν παιωνικῶν τὴν κατὰ πόδα
τομήν, . . . οἷον·

οὐδὲ τῶ Κνακάλω
οὐδὲ τῶ Νυρσύλα

1 κνᾶ κήλω, 2 μυρσίλα cod. U

174 (adesp. 45 B., Alcm. 104 D.)

174 Hephaest. ench. iv 3, p. 13 Consbr.

βραχυκατάληκτα δὲ καλεῖται ὅσα ἀπὸ διποδίας ἐπὶ τέλους ὅλωι
ποδὶ μεμείωται, οἷον ἐπὶ ἰαμβικοῦ·

ἄγ' αὖτ' ἐς οἶκον τὸν Κλεησίππω,

ἐνταῦθα γὰρ ὁ σιππω πούς ἀντὶ ὅλης ἰαμβικῆς κεῖται διποδίας.

eadem epitom. Heph. p. 361 C.

αὖτε ϝοῖκον coni. Wilam., ut versus Alcmani daretur   κλεησίππω cod. I:
κλεησ- cod. A, καλεησ- cod. D, καλησ- epitom.

175 (p. 78 B.)

175 Hesych. s.v.

σάνδυξ· δένδρον θαμνῶδες, οὗ τὸ ἄνθος χροιὰν κόκκωι ἐμφερῆ
ἔχει, ὡς Σωσίβιος.

90

176 (p. 78 b.)

76 Schol. Theocr. v 92, p. 174 W.

Σωσίβιος δὲ Λάκωσι τὰς ἀνεμώνας φαινίδας καλεῖσθαί φησι.

177

77 Hesych. s.vv.

ἰανοκρήδεμνος

ἰανόκροκα

Alcmani tribuit Wilam. *Herm.* 32 (1897) 256 n. : sed ἰανο- scribendum et dialecto Lacon. abiudicandum esse vidit Taillardat *Rev. de Phil.* 27 (1953) 131 seqq.; cf. Hombert *RÉG* 70 (1957) 147 seq.

STESICHORUS

metoparum sculptarum quae Heraeum ad Sirim adornavere Stesichori carmina esse fontem praecipuum si non unicum coniecere P. Zancani Montuoro & U. Zanotti-Bianco libri eruditissimi humanissimique pag. 106 seq., *Heraion alla foce del Sele* II (1954). de hac re quid censeam breviter expono:

Stesichori carmina eo tempore (570–560 a.c.) locoque notissima fuisse nemo negabit: sed metopas cum carminum reliquiis comparanti fabulae utrimque communes paucae recognoscuntur (videas quaeso catalogum op. cit. 109 seqq.)—

I A metopae 1–6 (pp. 111–40 Tab. LII–LX): Centauromachia in monte Pholoe; cf. Stes. fr. 4, unde liquet fabulam eandem in *Geryoneide* esse narratam.

II metopa 22 (pp. 260–5 Tab. LXXXIV): Andromacha Astyanactem amplexa ut videtur; adstat mulier, fortasse Helena (accedit etiam metopa 23, mulieris caput luctu adflictae, fort. Hecubae). Stesichori ad *Ilii Pers.* referre possis.

II metopae 24–26 (pp. 269–300 Tab. LXXXVI–LXXXIX): 24 Clytemnestra securim attollit; retinet a tergo mulier, fortasse nutrix (*Laodamiam* appellant editores coll. Stes. fr. 41); 25 vir virum occidit, Orestes Aegisthum ut videtur; 26 virum serpens spiris implicat, Orestem Erinys ut videtur. fontem esse Stesichori *Oresteiam* quivis coniiciat, argumentorum copia demonstrant doctissimi editores.

III C metopa 32 (pp. 350–4): Pelias in aeno moriturus (accedit metopa 33, ad *Peliadas fugientes* ab editoribus relata; mihi incertum videtur). Ἆθλα ἐπὶ Πελίαι scripsisse fertur Stesichorus.

contra fatendum est

(*a*) metoparum quae cum Stesichori reliquiis comparari possint, tantum in I A 1–6 (Pholos), II 24–26 (Oresteia) videri artius vinculum;

(*b*) etiam in istis, siquid novi appareat, incertum esse Stesichorine ingenio an sculptoris ortum sit;

(*c*) metoparum partem longe maiorem nihil cum Stesichori reliquiis habere commune: I B metopae 7–9, Silenomachia;

I C metopae 10–11, Hercules Deianeiram ab Eurytione defendit (?); I D met. 12–17, Herculis labores varii, quorum ne unum quidem a Stesichoro accepimus esse tractatum (Geryonis historiae, aliorum a Stesichoro commemoratorum vestigium in metopis nullum); II met. 18, Achilles Troilo insidiatur; 19–21, Zeus, Iris vel Eris, Patrocli mors (fontem esse Hom. *Il.* 16. 787 seqq. demonstrant pp. 254 seqq.); 27, vir testudine vectus; III A met. 28–29, Latonae raptus; B 30–31, Leucippidum raptus. equidem iudicarim non nullas eius esse generis quod arti Stesichoreae parum conveniat: Silenos dico Heram rapturos; Cercopas; viros testudinibus vectos.

qui Stesichorum interpretari conatur, metopas lepidissimas perpetuo ante oculos habeat; qui textum edit, caveat tanquam testimonia mythopoeiae Stesichoreae adhibere.

ΑΘΛΑ ΕΠΙ ΠΕΛΙΑΙ

1 (I B. et D.)

Et. Mag. 544. 54

Κύλλαρος· ἵππος Κάστορος. παρὰ τὸ κέλλειν, ὁ ταχύς. Στησί-
χορος ἐν τοῖς ἐπὶ Πελίαι Ἄθλοις (ἐν τῶ Πελίοις Ἄθλοις cod. Sorb.,
om. cett.) τὸν μὲν Ἑρμῆν δεδωκέναι φησί·

> Φλόγεον καὶ Ἅρπαγον, ὠκέα τέκνα Ποδάργας,
> Ἥρα δὲ Ξάνθον καὶ Κύλλαρον.

---

fere eadem Et. Gud. 353. 22 (adde cod. Paris. 2631 ap. An. Par. Cramer iv 49. 25)
s.v. Κυλλαρίς (ἐπιπελίοις ἄθλοις cod., corr. Sturz, et post δεδωκέναι φησί add. τοῖς
Διοσκούροις, quod habent etiam An. Ox. Cramer ii 456. 11, Suda iii 209 A., Et. Gen.
B p. 199 Miller); Tertull. de spect. 9, p. 10 seq. Reifferscheid & Wissowa, Castori et
Polluci . . . equos a Mercurio distributos Stesichorus docet; Serv. in Verg. Geo.
iii 89, iii 1. 283 T.–H. Xanthum autem (dicit) et Cyllarum equos quos Neptunus
Iunoni dono dedit, illa Castori et Polluci, ut poetae graeculi fabulantur; Prob. in
Verg. Geo. i 12 et iii 89, iii 2. 351 et 380 T.–H.; schol. Bern. ibid. iii 89 (vid. Alcm.
fr. 25); schol. in Stat. Theb. iv 215, vi 306 (328), pp. 205, 314 Jahnke; gloss. in Corp.
Gloss. Lat. v 178 Goetz

---

1 Ἑρμείας Φλόγεον (vel fort. Φλογίον, Bergk) μὲν ἔδωκε καὶ Ἅρπ. coni. Blomfield;
Ἑρμείας μὲν ἔδωκεν / Φλόγεόν τε καὶ Ἅρπ. Hiller–Crusius   τέκνον Sud. codd.
GM   Ποδαργᾶς Et. Gud. ap. An. Par., -γὰς An. Ox., -άργης Et. Mag., Et.
Gud., -άγρας Sud. cod. G   2 Ἥρα Hemsterhuys: -αν codd. omn. (Ἥρα(ν)
δὲ Ξάνθον om. Suda)   δὲ Ξάνθον Hemsterhuys: δ' ἐξάλιθον Et. Mag., δ' ἐξάλιθον
An. Ox., δὲ ἐξάλιθον Et. Gud. ap. An. Par., δὲ ξάλινθον Et. Gen., Ἥραν δ'
ἑλιόμενος παρὰ σιδήρωι τῶν ἐπισώτρων, ὅ ἐστι τῶν κανθῶν confuse Et. Gud. (locum
explicat Bergk ad Stes. fr. 1 pp. 205-6)

2 (2–3 B. et D.)

179 Athen. (om. E) iv 172 D seq.

πεμμάτων δὲ πρῶτόν φησιν μνημονεῦσαι Πανύασσιν Σέλευκος,
ἐν οἷς περὶ τῆς παρ' Αἰγυπτίοις ἀνθρωποθυσίας διηγεῖται, πολλὰ
μὲν ἐπιθεῖναι λέγων πέμματα, πολλὰς δὲ νοσσάδας ὄρνις (fr. 26
Kinkel), προτέρου Στησιχόρου ἢ 'Ιβύκου ἐν τοῖς Ἄθλοις ἐπιγραφο-
μένοις εἰρηκότος φέρεσθαι τῆι παρθένωι δῶρα

(a)   σασαμίδας χόνδρον τε καὶ ἐγκρίδας
      ἄλλα τε πέμματα καὶ μέλι χλωρόν.

ὅτι δὲ τὸ ποίημα τοῦτο Στησιχόρου ἐστὶν ἱκανώτατος μάρτυς
Σιμωνίδης ὁ ποιητής, ὃς περὶ τοῦ Μελεάγρου τὸν λόγον ποιούμενός
φησιν (Sim. fr. 59 infra). ὁ γὰρ Στησίχορος οὕτως εἴρηκεν ἐν τῶι
προκειμένωι ἄισματι τοῖς Ἄθλοις·

(b)   θρώισκων μὲν ἄρ' Ἀμφιάραος ἄκοντι δὲ
      νίκασεν Μελέαγρος.

---

id. xiv 645 E ἐγκρίδες· πεμμάτιον ἐψόμενον ἐν ἐλαίωι καὶ μετὰ τοῦτο μελιτούμενον.
μνημονεύει αὐτῶν Στησίχορος διὰ τούτων· χόνδρον—χλωρόν

(a) δωρας ἀσαμιδας Athen., corr. Ursinus (denuoque Casaubon)
(b) μὲν γὰρ Athen., corr. Kleine   νικας ἐμμελέαγρος Athen.
(a) ad Alcestidis Admetique nuptias refert Vürtheim *Stes.* 6 seq.

3 (4 B.)

180 Zenob. *cent.* vi 44, i 173 L.–S.

χειροβρῶτι δεσμῶι· τοῖς πυκτικοῖς ἱμᾶσι. διὰ τὸ τὰς σάρκας
διακόπτειν καὶ ἀναλίσκειν. βέλτιον δὲ τὸν δεσμὸν ἀκούειν τὸν ἀπο-
βιβρώσκοντα τὼ χεῖρε. ἐδέθη γὰρ ἔν τινι †πετραίωι· Στησίχορος ἐν
ἀρχῆι τῶν ἐπὶ Πελίαι Ἄθλων.

---

cf. Sud. iv 802 A. et Hesych. s.v. χειροβρῶτι

ἐδέθη Schott (vid. Schneidewin *Ibyc.* p. 168): ἐδεήθη codd.   ἐν ἀρχῆι: εὐναρχεῖν
codd., corr. Schneidewin   ἐπὶ Πελίαι: ἐπὶ Πελίαν codd., corr. Schneidewin

ΓΑΡΥΟΝΑΙΣ

181

4 (7 в., 5 D.)

Athen. xi 499 A

Στησίχορος δὲ τὸ παρὰ Φόλωι τῶι Κενταύρωι ποτήριον σκύφιον
δέπας καλεῖ ἐν ἴσωι τῶι σκυφοειδές. λέγει δ᾽ ἐπὶ τοῦ 'Ηρακλέους·

σκύφιον δὲ λαβὼν δέπας ἔμμετρον ὡς τριλάγυνον
πῖ᾽ ἐπισχόμενος, τό ῥά οἱ παρέθηκε Φόλος κεράσας.

---

id. 499 E τὸ δ᾽ ἐν Γηρυονηίδι Στησιχόρου ἔμμετρον ὡς τριλάγυνον τὴν τῶν τριῶν
γενῶν ἀμφιβολίαν ἔχει, ubi γηρυονίδηι cod. A, corr. Heringa ; ante στησιχόρου habet
λαγύνοις cod. A ; τὸ δὲ παρὰ Στησιχόρωι cod. E

---

1 σκύπφειον coni. Casaubon, probant Schweighaeuser, Schneidewin, Bergk   δὲ
om. E   2 πῖ᾽ E : πῖ᾽ Athen., πῖνεν coni. Friedemann (et Kleine)   λόφος E
vid. Zancani Montuoro & Zanotti–Bianco *Heraion &c.* pp. 111 seqq., Tab. LII–
LX   manet incertum, quomodo Pholi historiam cum Geryoneide poeta
coniunxerit ; vid. Raffaele *Indagini sul problema Stesicoreo* (1937) 24 seqq.

5 (9 в., 6ᴬ D.)

182 Pausan. viii 3. 2, ii 261 Sp.

Παλλαντίου μὲν δὴ καὶ Στησίχορος ὁ 'Ιμεραῖος ἐν Γηρυονηίδι
ἐποιήσατο μνήμην.

Pallantii Arcadii mentionem ad Pholi historiam (fr. 4 supra) referendam
esse credideris

6 (10 в., 6ᴮ D.)

183 Schol. Ap. Rhod. i 211, p. 26 W.

Στησίχορος δὲ ἐν τῆι Γηρυονίδι καὶ νῆσόν τινα ἐν τῶι Ἀτλαντικῶι
πελάγει Σαρπηδονίαν φησί.

7 (5 в., 4 d.)

184 Strabo iii 2. 11, i 228 Kramer

ἐοίκασι δ᾽ οἱ παλαιοὶ καλεῖν τὸν Βαῖτιν Ταρτησσόν, τὰ δὲ Γάδειρα
καὶ τὰς πρὸς αὐτὴν νήσους Ἐρύθειαν. διόπερ οὕτως εἰπεῖν ὑπολαμ-
βάνουσι Στησίχορον περὶ τοῦ Γηρυόνος βουκόλου (scil. τοῦ Εὐρυτίω-
νος, Hes. theog. 293), διότι γεννηθείη

σχεδὸν ἀντιπέρας κλεινᾶς Ἐρυθείας
Ταρτησσοῦ ποταμοῦ παρὰ παγὰς ἀπείρονας ἀργυρορίζους
ἐν κευθμῶνι πέτρας.

1 ἐρυθίας codd. ' 2 ἀπείρονας fort. novi versus initium (Wilam.)   3 κευ-
θμώνων codd., corr. Hermann (et Kleine)   πέτραις codd. BCl
πηγαί hic aquae non fontes; cf. Hom. Il. 23. 148. alioquin 'incredibile, Stesi-
chorum adeo situs locorum imperitum fuisse, ut fontem fluvii ibi collocaret, ubi
in mare effunditur' (Bergk)

8 (8 в., 6 d.)

185 Athen. (om. E) xi 469 E

ὅτι δὲ καὶ ὁ Ἥλιος ἐπὶ ποτηρίου διεκομίζετο ἐπὶ τὴν δύσιν
Στησίχορος μὲν οὕτως φησίν·

Ἀέλιος δ᾽ Ὑπεριονίδας δέπας ἐσκατέβαινε
χρύσεον, ὄφρα δι᾽ ὠκεανοῖο περάσας
ἀφίκοιθ᾽ ἱαρᾶς ποτὶ βένθεα νυκτὸς ἐρεμνᾶς,
ποτὶ ματέρα κουριδίαν τ᾽ ἄλοχον παῖδάς τε φίλους
5   ὁ δ᾽ ἐς ἄλσος ἔβα δάφναισι κατάσκιον
ποσὶ παῖς Διός.

id. 470 C Φερεκύδης δ᾽ ἐν τρίτηι τῶν Ἱστοριῶν (FGH I 18 Jac.) προειπὼν περὶ
τοῦ ὠκεανοῦ ἐπιφέρει· ὁ δ᾽ Ἡρακλῆς ἕλκεται ἐπ᾽ αὐτὸν τὸ τόξον ὡς βαλῶν, καὶ ὁ
Ἥλιος παύσασθαι κελεύει, ὁ δὲ δείσας παύεται. Ἥλιος δὲ ἀντὶ τούτου δίδωσιν αὐτῶι
τὸ δέπας τὸ χρύσεον ὃ αὐτὸν ἐφόρει σὺν ταῖς ἵπποις, ἐπὴν δύνηι, διὰ τοῦ ὠκεανοῦ τὴν
νύκτα πρὸς ἑώιην ἵν᾽ ἀνίσχει [[ὁ ἥλιος]]. ἔπειτα πορεύεται Ἡρακλῆς ἐν τῶι δέπαι
τούτωι ἐς τὴν Ἐρύθειαν. καὶ ὅτε δὲ ἦν ἐν τῶι πελάγει, Ὠκεανὸς πειρώμενος αὐτοῦ
κυμαίνει τὸ δέπας φανταζόμενος. ὁ δὲ τοξεύειν αὐτὸν μέλλει, καὶ αὐτὸν δείσας Ὠκεανὸς
παύσασθαι κελεύει. 781 D (iii 16 K.) τὸν δὲ Ἥλιον ὁ Στησίχορος ποτηρίωι διαπλεῖν
φησι τὸν ὠκεανόν, ὧι καὶ τὸν Ἡρακλέα περαιωθῆναι ἐπὶ τὰς Γηρυόνου βόας ὁρμῶντα.
Eust. Od. 1632. 23 ὁ δὲ μῦθος κατὰ τὴν τοῦ δειπνοσοφιστοῦ ἔκθεσιν ὁ παρὰ τῶι

Στησιχόρωι, ποτηρίωι τὸν "Ηλιον διαπλέειν λέγει τὸν ὠκεανόν, ὧι καὶ τὸν 'Ηρακλέα
διαπεραιωθῆναι ἐπὶ τὰς Γηρυόνου βοῦς ὁρμῶντα, διὸ καὶ δέπας 'Ηράκλειον λέγεσθαι,
τὸ καὶ 'Ηλίου

1 ἅλιος Athen., corr. Fiorillo, nisi ἅμος (coni. Kaibel) praeferendum   3 ἀφ-
ίκηθ' Athen., corr. Blomfield   ἱερ- Athen.   ποτὶ βένθεα : διὰ βένθεα coni.
Vürtheim ; sed cum sol occidit profundissima est in oriente caligo   6 ποσὶν
παῖς Athen. : ποσὶ παῖς Suchfort ; ποσσὶ πάις coni. Blomfield (qui etiam ποσσὶ Διὸς
παῖς coni., probavit Mehlhorn)

<h1 style="text-align:center">9 (6 в.)</h1>

186 Schol. Hes. *theog.* 287, p. 412 Gaisf.

ἐστὶ δὲ ὁ Γηρυονεὺς ἐκ Καλλιρρόης τῆς 'Ωκεανοῦ καὶ Χρυσάορος.
Στησίχορος δὲ καὶ ἓξ χεῖρας ἔχειν φησὶ καὶ ἓξ πόδας καὶ ὑπόπτερον
εἶναι.

<h1 style="text-align:center">ΕΛΕΝΑ</h1>

187   <h1 style="text-align:center">10 (29 в., 10 d.)</h1>

Athen. iii 81 D

Κυδωνίων δὲ μήλων μνημονεύει Στησίχορος ἐν 'Ελένηι οὕτως·

πολλὰ μὲν Κυδώνια μᾶλα ποτερρίπτουν ποτὶ δίφρον ἄνακτι,
πολλὰ δὲ μύρσινα φύλλα
καὶ ῥοδίνους στεφάνους ἴων τε κορωνίδας οὔλας.

1 μὲν fort. omittendum (Suchfort ; denuo Dobree)   μάλα Athen., sed ά in
rasura, fort. μῆλα   ποτέρριπτον coni. Bergk, fort. ποτερρίπτεον scribendum
2 μυρεινα Athen., μύρρινα CE, corr. Schneidewin   3 ῥαδίνου Athen., corr.
codd. CE   ad Helenae Menelaique nuptias referendum

11 (30 B., 10ᴰ D.)

188   Athen. x 451 D

καὶ Στησίχορος δ᾽ ἐν Ἑλένηι

λιθαργύρεον ποδανιπτῆρα

ἔφη.

λιθάργυρον coni. Nauck   ποδο- Athen., E

12 (31 B., 10ᴱ D.)

189   Argum. Theocr. xviii, p. 331 W.

τοῦτο τὸ εἰδύλλιον ἐπιγράφεται Ἑλένης ἐπιθαλάμιος καὶ ἐν αὐτῶι
τινα εἴληπται ἐκ τοῦ πρώτου Στησιχόρου Ἑλένης.

πρώτου ad primum Helenae librum rettulit Bergk

13 (28 B., 10ᶜ D.)

190   Schol. A Hom. *Il.* 2. 339, i 103 Di.

τῶν ἐκ τῆς Ἑλλάδος ἀρίστων ἐπὶ μνηστείαν τῆς Ἑλένης παρόντων
διὰ τὸ γένος καὶ τὸ κάλλος, Τυνδάρεως ὁ πατὴρ αὐτῆς, ὥς τινές
φασι, φυλασσόμενος μή ποτε ἕνα αὐτῶν προκρίνας τοὺς ἄλλους
ἐχθροὺς ποιήσηται, κοινὸν αὐτῶν ἔλαβεν ὅρκον ἦ μὴν τῶι ληψομένωι
τὴν παῖδα ἀδικουμένωι περὶ αὐτὴν σφόδρα πάντας ἐπαμυνεῖν. διόπερ
Μενελάωι αὐτὴν ἐκδίδωσιν. καὶ μετ᾽ οὐ πολὺ ἁρπασθείσης αὐτῆς
ὑπὸ Ἀλεξάνδρου ἐκοινώνησαν τῆι στρατείαι διὰ τοὺς γενομένους
ὅρκους. ἡ ἱστορία παρὰ Στησιχόρωι.

---

cf. Hes. fr. H 40 seqq. Merkelbach

14 (27 B., 10ᴮ D.)

191 Pausan. ii 22. 6, i 184 Sp.

πλησίον δὲ τῶν Ἀνάκτων Εἰληθυίας ἐστὶν ἱερὸν ἀνάθημα Ἑλένης,
ὅτε σὺν Πειρίθωι Θησέως ἀπελθόντος ἐς Θεσπρωτοὺς Ἄφιδνά τε
ὑπὸ Διοσκούρων ἑάλω καὶ ἤγετο ἐς Λακεδαίμονα Ἑλένη. ἔχειν μὲν
γὰρ αὐτὴν λέγουσιν ἐν γαστρί, τεκοῦσαν δὲ ἐν Ἄργει καὶ τῆς Εἰλη-
θυίας ἱδρυσαμένην τὸ ἱερὸν τὴν μὲν παῖδα ἣν ἔτεκε Κλυταιμνήστραι
δοῦναι, συνοικεῖν γὰρ ἤδη Κλυταιμνήστραν Ἀγαμέμνονι, αὐτὴν δὲ
ὕστερον τούτων Μενελάωι γήμασθαι. καὶ ἐπὶ τῶιδε Εὐφορίων
Χαλκιδεὺς (fr. 90 Powell) καὶ Πλευρώνιος Ἀλέξανδρος (fr. 2 Mein.)
ἔπη ποιήσαντες, πρότερον δὲ ἔτι Στησίχορος ὁ Ἱμεραῖος, κατὰ ταὐτά
φασιν Ἀργείοις Θησέως εἶναι θυγατέρα Ἰφιγένειαν.

ΕΛΕΝΑ: ΠΑΛΙΝΩΙΔΙΑ

192

15 (32 B., 11 D.)

Plato *Phaedr.* 243 A

ἐστὶν δὲ τοῖς ἁμαρτάνουσι περὶ μυθολογίαν καθαρμὸς ἀρχαῖος,
ὃν "Ομηρος μὲν οὐκ ἤισθετο, Στησίχορος δέ· τῶν γὰρ ὀμμάτων
στερηθεὶς διὰ τὴν Ἑλένης κακηγορίαν οὐκ ἠγνόησεν ὥσπερ "Ομηρος,
ἀλλ' ἅτε μουσικὸς ὢν ἔγνω τὴν αἰτίαν καὶ ποιεῖ εὐθύς·

> οὐκ ἔστ' ἔτυμος λόγος οὗτος,
> οὐδ' ἔβας ἐν νηυσὶν εὐσέλμοις
> οὐδ' ἵκεο πέργαμα Τροίας,

καὶ ποιήσας δὴ πᾶσαν τὴν καλουμένην Παλινωιδίαν παραχρῆμα
ἀνέβλεψεν.

---

id. *Resp.* 586 C τὸ τῆς Ἑλένης εἴδωλον ὑπὸ τῶν ἐν Τροίαι Στησίχορός φησι γενέσθαι
περιμάχητον ἀγνοίαι τοῦ ἀληθοῦς. Isocr. *Hel.* 64 ἐνεδείξατο δὲ καὶ Στησιχόρωι τῶι
ποιητῆι τὴν αὑτῆς δύναμιν· ὅτε μὲν γὰρ ἀρχόμενος τῆς ὠιδῆς ἐβλασφήμησέ τι περὶ
αὐτῆς, ἀνέστη τῶν ὀφθαλμῶν ἐστερημένος, ἐπειδὴ δὲ γνοὺς τὴν αἰτίαν τῆς συμφορᾶς τὴν
καλουμένην Παλινωιδίαν ἐποίησε, πάλιν αὐτὸν εἰς τὴν αὐτὴν φύσιν κατέστησε. Horat.
epod. xvii 42 infamis Helenae Castor offensus vice / fraterque magni Castoris,
victi prece, / adempta vati reddidere lumina (ubi schol. Cruq.: Stesichorus poeta
Graecus scripsit Helenae vituperationem; quare irati Castor et Pollux illi lumina
ademerunt. sed postea monitus Stesichorus illius laudem decantavit, quare
oculos iterum illi reddiderunt. Dio Chrys. *or.* xi 40, i 159 de Budé οὕτως δέ, ἔφη,
γελοίως ἀπὸ τούτων διακεῖσθε ὑμεῖς ὥστε ποιητήν ἕτερον 'Ομήρωι πεισθέντα καὶ
ταὐτὰ πάντα ποιήσαντα περὶ Ἑλένης, Στησίχορον ὡς οἶμαι, τυφλωθῆναί φατε ὑπὸ τῆς
Ἑλένης ὡς ψευσάμενον, αὖθις δὲ ἀναβλέψαι τἀναντία ποιήσαντα . . . καὶ τὸν μὲν
Στησίχορον ἐν τῆι ὕστερον ὠιδῆι λέγειν ὅτι τὸ παράπαν οὐδὲ πλεύσειεν ἡ Ἑλένη
οὐδαμόσε, ἄλλοι δέ τινες ὡς ἁρπασθείη μὲν Ἑλένη ὑπὸ τοῦ Ἀλεξάνδρου, δεῦρο δὲ παρ'
ἡμᾶς εἰς Αἴγυπτον ἀφίκοιτο. Pausan. iii 19. 11, i 293 seq. Sp. ὃν δὲ οἶδα λέγοντας
Κροτωνιάτας περὶ Ἑλένης λόγον, ὁμολογοῦντας δέ σφισι καὶ Ἱμεραίους, ἐπιμνησθήσομαι
καὶ τοῦδε. ἔστιν ἐν τῶι Εὐξείνωι νῆσος κατὰ τοῦ "Ιστρου τὰς ἐκβολὰς Ἀχιλλέως ἱερά
. . . ἐς ταύτην πρῶτος ἐσπλεῦσαι λέγεται Κροτωνιάτης Λεώνυμος, . . . χρόνωι δὲ ὡς
ὑγιάνας ἐπανῆλθεν, . . . ἰδεῖν μὲν ἔφασκεν Ἀχιλλέα, . . . Ἑλένην δὲ Ἀχιλλεῖ μὲν συνοι-
κεῖν, προστάξαι δέ οἱ πλεύσαντι ἐς Ἱμέραν πρὸς Στησίχορον ἀγγέλλειν ὡς ἡ διαφθορὰ
τῶν ὀφθαλμῶν ἐξ Ἑλένης γένοιτο αὐτῶι μηνίματος. Στησίχορος μὲν ἐπὶ τούτωι τὴν
Παλινωιδίαν ἐποίησεν. Philostr. *vit. Apoll.* vi 11, i 221 Kayser ἀλλ' εἰ μέν τις ὑγιῶς
καὶ ὑμᾶς ἔχει σοφία Ἱμεραίου ἀνδρός, ὃς ἄιδων ἐς τὴν Ἑλένην ἐναντίον τῶι προτέρωι
λόγωι Παλινωιδίαν αὐτὸν ἐκάλεσεν, οὐκ ἔστιν ἔτυμος ὁ λόγος οὗτος ἤδη καὶ αὐτοὺς
ὥρα λέγειν. Aristeid. *or.* xlv 54, ii 72 Di. ὥσπερ οἱ Στησιχόρου Τρῶες οἱ τὸ τῆς
Ἑλένης εἴδωλον ἔχοντες ὡς αὐτήν; *or.* xiii 131, i 212 Di. ὥσπερ τῶν ποιητῶν φασί τινες
τὸν Ἀλέξανδρον τῆς Ἑλένης τὸ εἴδωλον λαβεῖν, αὐτὴν δὲ οὐ δυνηθῆναι, ubi schol. iii
150 Di. Στησίχορος ἐν τῆι ποιήσει λέγει ὡς ἡρπακὼς τὴν Ἑλένην Ἀλέξανδρος καὶ διὰ
τῆς Φάρου ἐρχόμενος ἀφηιρέθη μὲν ταύτην παρὰ Πρωτέως, ἔλαβε δὲ παρ' αὐτοῦ ἐν
πίνακι τὸ εἴδωλον αὐτῆς γεγραμμένον ἵνα ὁρῶν παραμυθοῖτο τὸν αὐτοῦ ἔρωτα. Max.
Tyr. xxi 1, p. 255 Hob. οὐκ ἔστ' ἔτυμος λόγος, λέγει που τῶν αὑτοῦ ἀισμάτων ὁ

Ἱμεραῖος ποιητὴς ἐξομνύμενος τὴν ἔμπροσθεν ᾠδὴν ἐν ἧι περὶ τῆς Ἑλένης εἰπεῖν φησιν οὐκ ἀληθεῖς λόγους. ἀναμάχεται οὖν ἐπαίνωι τὸν ἔμπροσθεν ψόγον. δοκῶ δή μοι κατὰ τὸν ποιητὴν ἐκεῖνον δεήσεσθαι καὶ αὐτὸς παλινωιδίας, ubi in marg. ad ὁ Ἰμ. ποιητής adnot. τὸν Στησίχορόν φησιν (schol. vet. b) R, τὸν Σιμωνίδην φησίν M. Athen. xi 505 B οὐκ ἔστ᾽ ἔτυμος λόγος οὗτος. Tzetz. ad Lycophr. Alex. 113, ii 59 Sch. λέγουσιν ὅτι διερχομένωι Ἀλεξάνδρωι δι᾽ Αἰγύπτου ὁ Πρωτεὺς Ἑλένην ἀφελόμενος εἴδωλον Ἑλένης αὐτῶι δέδωκεν καὶ οὕτως ἔπλευσεν εἰς Τροίαν, ὥς φησι Στησίχορος. Suda s.v. Στησίχ. iv 433 Adler φασὶ δὲ αὐτὸν γράψαντα ψόγον Ἑλένης τυφλωθῆναι, πάλιν δὲ γράψαντα Ἑλένης ἐγκώμιον ἐξ ὀνείρου τὴν Παλινωιδίαν ἀναβλέψαι

nihil memoratu dignum in aliis (e.g. Macar. cent. vii 81; Mantissae prov. ii 89; Dion. Hal. ep. Amm. 3; Cic. Att. ix 13 init.; plerosque enumerant Kleine et Bergk ad loc.) qui vel Palinodiam respiciunt vel versu οὐκ ἔστ᾽ ἔτυμος λόγος οὗτος tamquam proverbio utuntur

2 ἐυσσέλμοις coni. Blomfield (εὔσέλμ. iam Ursinus)

16

193 P.Oxy. xxix comment. in melicos (vid. praef. p. x supra) fr. 26 col. i

[μέμ-
φεται τὸν Ὅμηρο[ν ὅτι Ἑ-
λέ]νην ἐποίησεν ἐν Τ[ροίαι
5   καὶ οὐ τὸ εἴδωλον αὐτῆ[ς, ἔν
τε τ[ῆι] ἑτέραι τὸν Ἡσίοδ[ον
μέμ[φετ]αι· διτταὶ γάρ εἰσι πα-
λινωιδ⟨ίαι δια⟩λλάττουσαι, καὶ ἔ-
στιν ἡ μὲν ἀρχή· **δεῦρ' αὖ-**
10   **τε θεὰ φιλόμολπε**, τῆς δέ·
χρυσόπτερε παρθένε, ὡς
ἀνέγραφε Χαμαιλέων· αὐ-
τὸ[ς δ]έ φησ[ιν ὁ] Στησίχορο[ς
τὸ μὲν ε[ἴδωλο]ν ἐλθεῖ[ν ἐς
15   Τροίαν τὴν δ' Ἑλένην π[αρὰ
τῶι Πρωτεῖ καταμεῖν[αι· οὕ-
τως δη ἐκ[α]ινοποίησε τ[ὰς
ἱστορ[ί]ας [ὥ]στε Δημοφῶντ[α
μὲν τ[ὸ]ν Θησέως ἐν τ[ῶ]ι νό-
20   στωι με[τὰ] τῶν θε.[...]δωγ[
ἀνενεχ[θῆναι λέγ]ειν [ἐ]ς [Αἴ-
γυπτον, [γενέσθα]ι δὲ Θη[σεῖ
Δημοφῶ[ντα μ]ὲν ἐξ Ἰό[πης
τῆς Ἰφικ[λέους, Ἀ]κάμαν[τα δὲ
25   ].. [ ] ἐκ δὲ τῆς αμ[
]..τη[.]..λη.[

(sequ. vv. 6 vestigia minora; notabilia tantum 28 τῆς ['Ἑ]λένης, 29 Ἀγαμέμ[ν-,
31 Ἀ]μφίλοχον)

omnia suppl. Lobel
5–7 cur Hesiodum increpuerit obscurum; etenim πρῶτος Ἡσίοδος περὶ τῆς
Ἑλένης τὸ εἴδωλον παρήγαγε, Hes. fr. 266 Rz. = paraphr. Lycophr. i 71 Scheer
7 seq. διτταγαρεστι, in διτταιγαρεισιπα corr. man. prima, tum λινωδ[.]λλαττουσαι Π,
corr. Lobel   duas esse palinodias ignorabamus   11 =Musa? cf. Himer. or.
xlviii 37 Col.   15 cf. Aristeid. or. iii. 150, Lycophr. 113   18 Demophonta
ad Aegyptum esse devectum unus auctor Stesichorus   20 post θε, circuli
arcus superior   23 vulgo Phaedrae filius, sed Antiopae Pind. fr. 176 Sn.,
Ariadnae schol. Hom. Od. 11. 321   Iopa: vid. Plut. Thes. 29, sed nusquam
Demophontis mater   25 ἐκ] Φα[ίδρας, sed etiam alia possis   25–26 Ἀμ[αζόνος
Ἱππο]λύτη[ς probabiliter Lobel   31 Amphilochus: cf. fr. 51 infra

ΕΡΙΦΥΛΑ

17 (16 B., 8 D.)

Sext. Emp. *adv. mathem.* ᾱ 261, iii 64 Mau

ὑπόθεσιν γὰρ ἑαυτοῖς ψευδῆ λαμβάνοντες οἱ ἱστορικοὶ τὸν ἀρχηγὸν ἡμῶν τῆς ἐπιστήμης Ἀσκληπιὸν κεκεραυνῶσθαι λέγουσιν, οὐκ ἀρκούμενοι τῶι ψεύσματι ἐν ὧι καὶ ποικίλως αὐτὸ μεταπλάττουσι, Στησίχορος μὲν ἐν Ἐριφύληι εἰπὼν ὅτι τινὰς τῶν ἐπὶ Θήβαις πεσόντων ἀνιστᾶι, Πολύανθος δὲ ὁ Κυρηναῖος κτλ.

Schol. Pind. *Pyth.* iii 96, ii 75 Dr. λέγεται δὲ ὁ Ἀσκληπιὸς χρυσῶι δελεασθεὶς ἀναστῆσαι Ἱππόλυτον τεθνηκότα. οἱ δὲ Τυνδάρεων, ἕτεροι Καπανέα, οἱ δὲ Γλαῦκον, οἱ δὲ Ὀρφικοὶ Ὑμέναιον, Στησίχορος δὲ ἐπὶ Καπανεῖ καὶ Λυκούργωι. οἱ δὲ διὰ τὸ τὰς Προιτίδας ἰάσασθαι, οἱ δὲ διὰ τὸ τὸν Ὠρίωνα. Φύλαρχος ὅτι τοὺς Φινείδας ἰάσατο, Φερεκύδης δὲ ὅτι τοὺς ἐν Δελφοῖς θνήισκοντας ἀναβιοῦν ἐποίησεν.

Schol. Eur. *Alc.* i, ii 216 Schw. Ἀπολλόδωρος δέ φησι κεραυνωθῆναι τὸν Ἀσκληπιὸν ἐπὶ τῶι τὸν Ἱππόλυτον ἀναστῆσαι, Ἀμελησαγόρας δὲ ὅτι Γλαῦκον, Πανύασσις ⟨δὲ⟩ ὅτι Τυνδάρεων, οἱ δὲ Ὀρφικοὶ ὅτι Ὑμέναιον, Στησίχορος δὲ ἐπὶ Καπανεῖ καὶ Λυκούργωι, Φερεκύδης δὲ κτλ.

Apollod. *bibl.* iii 121, p. 141 seq. Wagner εὗρον δέ τινας λεγομένους ἀναστῆναι ὑπ' αὐτοῦ, Καπανέα καὶ Λυκοῦργον, ὡς Στησίχορός φησιν ⟨ἐν⟩ Ἐριφύληι, Ἱππόλυτον ὡς ὁ τὰ Ναυπακτικὰ συγγράψας κτλ.

Philodem. *de piet.* p. 52 Gomperz Ἀσκληπι[ὸν δὲ Ζε]ὺς ἐκεραύνωσ[εν ὡς μ]ὲν ὁ τὰ Ναυπα[κτι]κὰ συγγράψας ..... [ὡς δ' ἐ]ν Ἐριφύληι Σ[τησίχορ]ος ὅτι Κα[πανέα καὶ Λυ]κούρ[γον ...

ΕΥΡΩΠΕΙΑ

195

18 (15 в.)

Schol. Eur. *Phoen.* 670, i 318 Schw.

ὁ μὲν Στησίχορος ἐν Εὐρωπείαι τὴν Ἀθηνᾶν ἐσπαρκέναι τοὺς ὀδόντας φησίν.

――――

ἐν εὐρῷ^π M, ἐν εὐρωπία TA

ΙΛΙΟΥ ΠΕΡΣΙΣ

196

19 (23 в.)

Harpocr. *lex.* i 165 seq. Di.

καθελών· Δημοσθένης ἐν τῶι κατ᾽ Ἀριστοκράτους φησίν· ἢ ἐν ὁδῶι καθελών, ἀντὶ τοῦ ἀνελὼν ἢ ἀποκτείνας. ἐχρήσαντο δὲ οὕτω τῶι ὀνόματι καὶ ἄλλοι, ὡς καὶ Στησίχορος ἐν Ἰλίου Πέρσιδι καὶ Σοφοκλῆς ἐν Εὐμήλωι (fr. 205 P.).

――――

fere eadem Suda iii 6 Adler, breviora multo Phot. *lex.* p. 122 Porson, Zonar. 1165

――――

ἠλίου περσίδι, sim., codd.

20 (21 в., 9^c d.)

197 Pausan. x 26. 1, iii 174 Sp.

Κλυμένην μὲν οὖν Στησίχορος ἐν Ἰλίου Πέρσιδι κατηρίθμηκεν ἐν ταῖς αἰχμαλώτοις.

21 (19 в., 9^A d.)

198 Pausan. x 27. 2, iii 177 seq. Sp.

ἐς δὲ Ἑκάβην Στησίχορος ἐν Ἰλίου Πέρσιδι ἐποίησεν, ἐς Λυκίαν ὑπὸ Ἀπόλλωνος αὐτὴν κομισθῆναι.

22 (24 B., 9ᴱ D.)

9 Athen. xiii 610 C

καὶ ἐὰν μέν τίς σου πύθηται τίνες ἦσαν οἱ εἰς τὸν δούρειον ἵππον
ἐγκατακλεισθέντες, ἑνὸς καὶ δευτέρου ἴσως ἐρεῖς ὄνομα· καὶ οὐδὲ
ταῦτ' ἐκ τῶν Στησιχόρου, σχολῆι γάρ, ἀλλ' ἐκ τῆς †σακατου
Ἀργείου Ἰλίου Πέρσιδος· οὗτος γὰρ παμπόλλους τινὰς κατέλεξεν.

Eust. *Od.* 1698. 2 φασὶ δὲ τοὺς εἰς αὐτὸν (scil. τὸν δούρειον ἵππον) καταβάντας τινὲς
μὲν ὦν καὶ Στησίχορος ἑκατὸν εἶναι, ἕτεροι δὲ δώδεκα

23 (18 B., 9 D.)

10 Athen. x 456 F seq.

ἀνακομίζοντος δ' αὐτοῖς τὸ ὕδωρ ὄνου ὃν ἐκάλουν Ἐπειὸν διὰ τὸ
μυθολογεῖσθαι τοῦτο δρᾶν ἐκεῖνον καὶ ἀναγεγράφθαι ἐν τῶι τοῦ
Ἀπόλλωνος ἱερῶι τὸν Τρωικὸν μῦθον, ἐν ὧι ὁ Ἐπειὸς ὑδροφορεῖ τοῖς
Ἀτρείδαις, ὡς καὶ Στησίχορός φησιν·

> ὤικτιρε γὰρ αὐτὸν ὕδωρ
> αἰεὶ φορέοντα Διὸς κούρα βασιλεῦσιν.

Eust. *Il.* 1323. 55 τὸν δὲ εἰρημένον Ἐπειὸν ὑδροφορεῖν τοῖς Ἀτρείδαις ἱστορεῖ
Στησίχορος ἐν τῶι· ὤικτειρε δ' αὐτὸν ὕδωρ ἀεὶ φορέοντα Διὸς κούροις βασιλεύσιν.
ἔνθα ὅρα τὸ Διὸς κούροις, καθ' ὃ καὶ Διὸς κούρη ἡ Ἀφροδίτη ἐν παραθέσει, ὥστε κατ'
ἐξοχήν τινα Διόσκουροι συνθέτως οἱ τῆς Λήδας καὶ τοῦ Διός

ὤικτειρε δ' αὐτὸν E ἀεὶ Athen., E Eust. omnia ut dedimus

24 (25 B., 9ᶠ D.)

11 Schol. Eur. *Or.* 1287, i 214 Schw.

ἆρα εἰς τὸ τῆς Ἑλένης κάλλος βλέψαντες οὐκ ἐχρήσαντο τοῖς
ξίφεσιν. οἷόν τι καὶ Στησίχορος ὑπογράφει περὶ τῶν καταλεύειν
αὐτὴν μελλόντων. φησὶ γὰρ ἅμα τῶι τὴν ὄψιν αὐτῆς ἰδεῖν αὐτοὺς
ἀφεῖναι τοὺς λίθους ἐπὶ τὴν γῆν.

25 (20 B., 9ᴮ D.)

202 Schol. Eur. *Andr.* 10, ii 249 Schw.

Στησίχορον μὲν γὰρ ἱστορεῖν ὅτι τεθνήκοι (scil. ὁ Ἀστυάναξ) καὶ τὸν τὴν Πέρσιδα συντεταχότα κυκλικὸν ποιητὴν (p. 138 Allen) ὅτι καὶ ἀπὸ τοῦ τείχους ῥιφθείη· ὧι ἠκολουθηκέναι Εὐριπίδην.

26 (18 adnot. B.)

203 Dio Chrys. *or.* ii 33, p. 29 de Budé

Στησιχόρου δὲ καὶ Πινδάρου ἐπεμνήσθη, τοῦ μὲν ὅτι μιμητὴς Ὁμήρου γενέσθαι δοκεῖ καὶ τὴν ἅλωσιν οὐκ ἀναξίως ἐποίησε τῆς Τροίας, κτλ.

27 (22 B., 9ᴰ D.)

204 Pausan. x 26. 9, iii 176 seq. Sp.

ἐφεξῆς δὲ τῆι Λαοδίκηι ὑποστάτης τε λίθου καὶ λουτήριόν ἐστιν ἐπὶ τῶι ὑποστάτηι χαλκοῦν, Μέδουσα δὲ κατέχουσα ταῖς χερσὶν ἀμφοτέραις τὸ ὑπόστατον ἐπὶ τοῦ ἐδάφους κάθηται· ἐν δὲ ταῖς Πριάμου θυγατράσιν ἀριθμῆσαί τις ἂν καὶ ταύτην κατὰ τοῦ Ἱμεραίου τὴν ὠιδήν.

205

28 (p. 212 B.)

accedit *Tabula* quae vocatur *Iliaca*, in via Appia prope Bovillas reperta, de cuius fide dissensio maxima est.

Troada videmus ab ora maritima usque ad ipsius oppidi arcem delineatam. adest titulus Ἰλίου Πέρσις κατὰ Στησίχορον: Τρωικός. quod ad res et personas attinet haec fere summa est: (i) Ajax Cassandrae templi in gradibus prolapsae instat. (ii) equi lignei e latere crura hominis caputque galeatum prominent, alveo scala est apposita. (iii) Neoptolemus Priamo prope aram instat; Hecuba Priamum amplexa nescio quem ex Achivis respicit. (iv) Menelaus Helenam ante templum Veneris in genua prolapsam stricto ense occisurus vultum avertit. (v) cistam, quae aediculae formam habet, Aeneae tradit nescio quis. (vi) porta excedens Anchisem umeris fert Aeneas; ducit Mercurius, comitatur Ascanius, adstat mulier luctu adflicta. (vii) Demophon, mulier Αἶσα (Αἴθρα intellegunt edd.), Acamas. (viii) Hectoris tumuli vel cippi muro quadrato circumdati in gradibus sedent a fronte Talthybius Andromacha Cassandra Helenus, a latere dextro Hecuba Polyxena Andromacha Helenus Odysseus. (ix) iuxta Achillis sepulcrum Polyxenam mactat Neoptolemus; adsidet Odysseus, adstat Calchas. (x) sinus duo maritimi, intervenit cippus titulo σειγαῖον adscripto. laeva naves Achivorum, ναύσταθμον Ἀχαιῶν, prope litus instructae, dextra navem Aeneas cum Anchise conscendit, Ascanium secum trahit; maestissimus adstat Misenus; cistam vel aediculam nescio cui in nave stanti tradit Anchises. (xi) praeterea figurae satis multae, quibus alii alia dant nomina.

meditatus quae de hac tabula scripserunt Jahn Robert Seeliger Paulcke Mancuso Vürtheim alii, tandem adducor ut Stesichori carmen etsi non adamussim repraesentari credam. si cui parum veri simile videtur, rettulisse Stesichorum de Aenea Anchisem umeris ferente, cum patre filio 'Miseno' penatibus 'Hesperiam' petente (ita tabula: Αἰνήας σὺν τοῖς ἰδίοις ἀπαίρων εἰς τὴν Ἑσπερίαν), iam consulendus Texier *Revue archéologique* 13 (1939) 12 seqq.; aequus mihi videtur iudex Mancuso *La Lirica &c.* (1912) 174 seqq.

ΚΕΡΒΕΡΟΣ

29 (11 B.)

Pollux x 152, ii 236 Bethe

ἀρύβαλλος δὲ ἐπὶ τοῦ συσπάστου βαλαντίου ἐν Ἀντιφάνους Αὐτοῦ ἐρῶντι (II 31 K.) καὶ ἐν Στησιχόρου Κερβέρωι.

Suda s.v. i 350 Adler οὐ μόνον παρὰ Στησιχόρωι καὶ ἄλλοις Δωριεῦσιν ἀλλὰ καὶ ἐν Ἱππεῦσιν (1094) Ἀριστοφάνης. eadem An. Bekker i 444. 23

ΚΥΚΝΟΣ

207

30 (12 B., 6^c D.)

Schol. Pind. *Ol.* x 19, i 315 Dr.

Κυκνέα μάχη· ὅτι τὸν Ἄρεος Κύκνον Ἡρακλῆς φυγὼν αὖτις ἀνεῖλε, Στησίχορος ἐν τῶι ἐπιγραφομένωι Κύκνωι φησίν. 21, p. 316 ἐτράπη μὲν ἐν τῆι μάχηι τοῦ Κύκνου ὁ Ἡρακλῆς. ὁ Κύκνος υἱὸς ὢν τοῦ Ἄρεος ἐν τῆι παρόδωι τῆς Θεσσαλίας οἰκῶν τοὺς παριόντας ξένους ἐκαρατόμει, ἐκ τῶν κεφαλῶν ναὸν τῶι Ἀπόλλωνι (Ἄρει coni. Heyne, Boeckh) ποιῆσαι βουλόμενος. παριόντι τοίνυν τῶι Ἡρακλεῖ ἐπεβούλευσε καὶ συστάσης μάχης ἐτράπη εἰς φυγὴν ὁ Ἡρακλῆς συλλαβομένου τοῦ Ἄρεος ὡς παιδὶ τῶι Κύκνωι. ἀλλὰ ὕστερον αὐτὸν μόνον γενόμενον ἐνίκησεν ὁ Ἡρακλῆς. ita cod. A : fere eadem codd. BCDEQ (ad 19), add. Στησίχορος ἐν ⟨τῶι⟩ ἐπιγραφομένωι Κύκνωι ἱστορεῖ.

ΝΟΣΤΟΙ

208

31 (33 B.)

Pausan. x 26. 1, iii 174 Sp.

Στησίχορος ... καὶ Ἀριστομάχην ἐποίησεν ἐν Νόστοις (ἔννος τοῖς codd. : corr. Heyne) θυγατέρα μὲν Πριάμου, Κριτολάου δὲ γυναῖκα εἶναι τοῦ Ἰκετάονος.

---

cf. Tzetz. *Posthom.* 750, p. 173 Jacobs Στησίχορος δ' ἐρέησιν ἑοῖς ἐπέεσσιν νόστον

32

209 P.Oxy. 2360 col. i–ii, ed. Lobel; saec. i p.C.

col. i

θε[ῖ]ον ἐ[ξ]αίφνας τέρας ἰδοῖσα νύμφα
ὧδε δε[..]. Ἑλένα φωνᾶι ποτ[ὶ] παῖδ' Ὀδύσειο[ν·
Τηλέμαχ[..]τις ὅδ' ἁμὶν ἄγγελ[ο]ς ὠρανόθεν
δι' αἰθέρο[ς ἀτ]ρυγέτας κατέπαλτο βαδ[

5   ].ε φοινᾶι κεκλαγγω[

]...ς ὑμετέρους δόμους προφα.[.......]υς
].....αν.υς ἀνὴρ
βο]υλαῖς Ἀθάνας
].ηις αυτα λακέρυζα κορώνα
10   ].μ' οὐδ' ἐγώ σ' ἐρύ[ξ]ω
Παν]ελόπα σ' ἰδοῖσα φίλου πατ[ρ]ὸς υἱὸν
]σο.[.]τ..ς ἐσθλ[
].[.]θειον μ[
]   [
15   ].[
].ν...[
].α..[].[
].[
]αμο[
20   ].οιω[
].ντ[

·   ·   ·

col. ii

ἀργυρέαν τεπ[
χρυσῶι ὕπερθε[
ἐκ Δαρδανιδ..[
Πλεισθενίδας.[
5 καὶ τὰ μὲν ευ.[
συνθ.[...].[..].[
χρυσ[

·   ·   ·

---

omnia suppl. e.p.   accentus, sim., nulli   conferendus *Od.* lib. xv
col. i 1 cf. *Od.* 15. 168   2 δ' ἔ[ει]φ' Ἑλένα veri sim., e.p.   3 Τηλέμαχ',
[ὅσ]τις—κατέπαλτο, βαδ[ίζειν veri sim., e.p., tum σ' οἴκαδ' ἄνωγ(ε), sim., possis
κατεπτᾱτο vel -πτλτο *Π*, corr. e.p. (nisi κατέπτατο, βᾶ δ[voluit)   5 -γω[ν vel
-γω[ς, sed -αγώ[ς exspectasses   6 προφαν[εὶς Ὀδυσε]ὺς veri sim., e.p.   9 αὐτὰ
vel αὗτα   cf. *Od.* 15. 68   12 fort. τέλος ἐσθλ[όν, e.p.   col. ii cf. *Od.* 15.
113 seqq.

ΟΡΕΣΤΕΙΑΣ Ā?

210　　　　　**33** (35 B., 12 D.)

Ar. *Pax* 775 seqq.

Μοῦσα σὺ μὲν πολέμους ἀπωσαμένη μετ' ἐμοῦ | τοῦ φίλου
χόρευσον | κλείουσα θεῶν τε γάμους ἀνδρῶν τε δαῖτας | καὶ θαλίας
μακάρων: ad haec schol. RV, IV iii 96 Di., ii 135 Herw. τὸ χ̄ πρὸς
τὴν ἀλλαγὴν τοῦ μέτρου. αὕτη δὲ πλοκή ἐστι †καὶ ἔλαθεν.† σφόδρα
δὲ γλαφυρὸν εἴρηται, καὶ ἔστι Στησιχόρειον (-ειος cod. V). ita fort.
Stesichorus:

> Μοῖσα σὺ μὲν πολέμους ἀπωσαμένα μετ' ἐμοῦ
> κλείοισα θεῶν τε γάμους ἀνδρῶν τε δαίτας
> καὶ θαλίας μακάρων

Orestiae exordium esse coni. Bergk: idem voc. πολέμους ἀπωσ. Stesichori esse
negat　　de *Oresteia* Stesichori vid. imprimis Ferrari *Athenaeum* n.s. 16 (1938)
1 seqq.

34 (36 B., 13 D.)

211　Ar. *Pax* 800

ὅταν ἠρινὰ μὲν φωνῆι χελιδὼν ἑζομένη κελαδῆι: ad haec schol.
RV, IV iii 100 Di., ii 140 Herw. καὶ αὕτη πλοκὴ Στησιχόρειος.
φησὶ γὰρ οὕτως·

> ὅτε ἦρος ὦραι κελαδῆι χελιδών

ὅταν ἦρος codd.: ὅτε (vel ὅκα) (ϝ)ῆρος Stesichorus

35 (37 B., 14 D.)

212　Ar. *Pax* 797 seqq.

τοιάδε χρὴ Χαρίτων δαμώματα καλλικόμων | τὸν σοφὸν ποιητὴν |
ὑμνεῖν ὅταν ἠρινὰ μὲν κτλ.: ad haec schol. RV IV iii 100 Di., ii 140
Herw. ἐστὶ δὲ παρὰ τὰ Στησιχόρου (παρὰ Στησιχόρωι cod. V) ἐκ
τῆς 'Ορεστείας·

τοιάδε χρὴ Χαρίτων δαμώματα καλλικόμων
ὑμνεῖν Φρύγιον μέλος ἐξευρόντας ἁβρῶς
ἦρος ἐπερχομένου.

δαμώματα δὲ τὰ δημόσια ἀιδόμενα.

ἐξευρόντα codd., corr. Kleine, nisi -όντα σ' ἁβρῶς, μ' ἁβρῶς praeferendum.
interpr. L. Delatte *L'Antiquité Class.* 7 (1938) 23 seqq.

ΟΡΕΣΤΕΙΑΣ Β̄

213   36 (34 B.)

An. Bekker ii 783. 16 (= Schol. Dion. Thrac. 183. 13 Hilg.)

Στησίχορος δὲ ἐν δευτέρωι 'Ορεστείας . . . τὸν Παλαμήδην φησὶν
εὑρηκέναι (scil. τὰ στοιχεῖα); 786. 11 Στησίχορος δὲ Παλαμήδην
εὑρετὴν αὐτῶν ποιεῖται. fere eadem An. Ox. Cramer iv 318. 19

Cf. Eur. *Or.* 432 seq.

37 (14ᴱ D.)

214   Habron ap. P.Oxy. 1087 ii 47, viii 105 G.–H.

τὸ λιθακός, ἔνθεν φη(σὶ) Στησίχορος ἐν 'Ορεστείας β'·

λιθακοῖς

ΟΡΕΣΤΕΙΑΣ Ᾱ vel Β̄

215   38 (38 B., 14ᴬ D.)

Philodem. *de piet.* p. 24 Gomperz

Στη[σίχορο]ς δ' ἐν 'Ορεστεί[αι κατ]ακολουθήσας ['Ησιό]δωι τὴν
Ἀγαμέ[μνονος 'Γ]φιγένειαν εἶ[ναι τὴ]ν Ἑκάτην νῦν [ὀνομαζ]ομένην
[. . . (quae sequuntur valde incerta praeter voc. τάφον; ceterum
vid. Sauppe *Philol.* 21 (1864) 139 seqq.).

cf. Pausan. i 43. 1, i 116 Sp. λέγουσι δὲ εἶναι καὶ 'Ιφιγενείας ἡρῷον· ἀποθανεῖν γὰρ
καὶ ταύτην ἐν Μεγάροις. ἐγὼ δὲ ἤκουσα μὲν καὶ ἄλλον ἐς 'Ιφιγένειαν λόγον ὑπὸ
Ἀρκάδων λεγόμενον, οἶδα δὲ 'Ησίοδον (fr. 100) ποιήσαντα ἐν καταλόγωι γυναικῶν
'Ιφιγένειαν οὐκ ἀποθανεῖν, γνώμῃ δὲ Ἀρτέμιδος Ἑκάτην εἶναι

39 (39 B., 14ᴮ D.)

216 Schol. Eur. *Or.* 46, i 102 Schw.

φανερὸν ὅτι ἐν Ἄργει ἡ σκηνὴ τοῦ δράματος ὑπόκειται. Ὅμηρος δὲ
ἐν Μυκήναις φησὶ τὰ βασίλεια Ἀγαμέμνονος, Στησίχορος δὲ καὶ
Σιμωνίδης (fr. 44) ἐν Λακεδαίμονι.

40

217 P.Oxy. xxix comment. in melicos (vid. praef. p. x) fr. 26 col. ii

       Στη]|σίχορος ἐχρήσατ[ο διη-
       γήμασιν, τῶν τε ἄλλ[ων ποι-
       ητῶν οἱ πλείονες τ[
       μαις ταῖς τούτου· με[
5   Ὅμηρον κα[ὶ] Ἡσίοδον [
       μᾶλλ[ον] Στησιχο[ρ]..[
       φων[..]· Αἰσχύλο[ς μὲν γὰρ
       Ὀρέστ⟨ε⟩[ια]ν ποιήσα[ς
       .ιαν [Ἀ]γαμέμνον[α
10   Χ]οηφ[όρ]ους Εὐμεν[ίδας
       ...]..[.] τὸν ἀναγ[νωρισ-
       μὸ]ν διὰ τοῦ βοστρύχο[υ
       Στ]ησιχόρωι γάρ ἐστιν [
       ..]., Ε[ὐ]ριπίδης δὲ τὸ τ[όξον
15   τὸ Ὀρέστου ὅτι ἐστὶν δε[δο-
       μέ]νον αὐτῶι δῶρον πα[ρὰ
       τ]οῦ Ἀπόλλωνος· παρω.[
       γ]ὰρ λέγεται· δὸς τόξα μ[οι
       κ]ερουλκά, δῶρα Λοξίου, [οἷς εἶ-
20   π'] Ἀπόλλων μ' ἐξαμύ[νασ]θαι
       θ]εάς· παρὰ δὲ Στησιχ[όρω]ι· τό-
       ξα] τάδε δώσω παλά-
       μα]ισιν ἐμαῖσι κεκασμένα
       ..].. [ἐ]**πικρατέως βάλλειν**·

25   Εὐριπίδ]ης δὲ καὶ τὴν Ἰφ[ιγέ-
νειαν ἐ]ποίησε γαμουμέ[νην
Ἀχιλλεῖ]...σατ[.]ρ.[
                ·   ·   ·

---

omnia suppl. Lobel
2 seqq. 'poetis plurimis fons erat Stesichorus; post Homerum Hesiodumque cum illo praecipue concinunt', e.g. οἱ πλείονες τ[αῖς ἀφορ]μαῖς ταῖς τούτου, tum quod proposuit Lobel με[τὰ γὰρ]Ὁμ. καὶ Ἡσ. [οὐδενὶ] μᾶλλον ἢ Στησιχόρωι [συμ]φων[οῦσ]ι 8 seq. τριλο]γίαν exspectasses, sed γ non adeo veri sim.   11 seqq. 'hunc anagnorismi modum a Stesichoro mutuatus est Aeschylus'   17 seq. παρ' ὧι [μὲν γ]ὰρ suppl. Lobel   21 seqq. cf. schol. Eur. Or. 268, i 126 Schw. Στησιχόρωι ἑπόμενος τόξα φησὶν αὐτὸν εἰληφέναι παρὰ Ἀπόλλωνος   22 seq. Hes. scut. 320 seq. confert Lobel   κεκασμένα: cf. A. Eum. 766   init. e.g. τό[ξα δὲ σοὶ] τάδε   25 Stesichorum secutus Iphigeneiam ad Aulida sub praetextu nuptiarum illectam esse memorat Euripides

---

41 (41 B., 14ᴰ D.)

218   Schol. Aesch. *Cho.* 733, i 388 Weckl.

Κίλισσαν δέ φησι τὴν Ὀρέστου τροφόν, Πίνδαρος δὲ Ἀρσινόην (*Pyth.* xi 26), Στησίχορος Λαοδάμειαν.

Laod. nutricem etiam Pherecydes *FGH* I 94. 134 Jac.

---

42 (42 B., 15 D.)

219   Plut. *ser. num. vind.* 10, iii 412 Pohl.–Siev.

ὥστε πρὸς τὰ γιγνόμενα καὶ πρὸς τὴν ἀλήθειαν ἀποπλάττεσθαι τὸ τῆς Κλυταιμνήστρας ἐνύπνιον τὸν Στησίχορον οὑτωσί πως λέγοντα·

τᾶι δὲ δράκων ἐδόκησε μολεῖν κάρα βεβροτωμένος ἄκρον,
ἐκ δ' ἄρα τοῦ βασιλεὺς Πλεισθενίδας ἐφάνη.

---

1 λέγοντα τάδε (τάδε om. cod. R)· δράκων fere codd., corr. Reiske (τᾶιδε; τᾶι δὲ Kleine)   δράκων / μολ. ἐδόκησε κάρα coni. Suchfort   interpr. Ferrari *Athenaeum* 16 (1938) 15 seqq.; vid. etiam Zancani Montuoro *Rendic. Accad. Arch. Napoli* 26 (1951) 270 seqq.; *Heraion &c.* (1954) 269–300, Tab. LXXXVI–LXXXIX

ΣΚΥΛΛΑ

220

43 (13 B.)

Schol. Ap. Rhod. iv 825–31ᵍ, p. 295 W.

Στησίχορος δὲ ἐν τῆι Σκύλληι †εἶδός τινος† Λαμίας τὴν Σκύλλαν
φησὶ θυγατέρα εἶναι.

Eust. *Od.* 1714. 34 Στησίχορος δὲ Λαμίαν αὐτῆς (scil. Σκύλλης) μητέρα ποιεῖ. fere
eadem schol. Hom. *Od.* 12. 124, ii 541 Di. (= An. Par. Cramer iii 479. 14)

εἶδός τινος L, om. P : εἴδους τινὸς Keil, Εἰδοῦς τινος Bergk ; 'fortasse latent verba
τῆς Ποσειδῶνος, ut haec Lamia ea sit, quam Sibyllae matrem dicunt Paus. x 12. 1,
Plut. *de Pyth. Orac.* 9 (398 C), alii', Wendel ; Εἰδοῦς τινες coni. et tanquam glos-
sema del. Vürtheim

ΣΥΟΘΗΡΑΙ

221

44 (14 B., 7 D.)

Athen. (om. E) iii 95 D

Στησίχορός τέ φησιν ἐν Συοθήραις·

κρύψαι δὲ ῥύγχος
ἄκρον γᾶς ὑπένερθεν

---

1 κρύψε coni. Dindorf, probant Kapp, Snell *Herm.* 85 (1957) 250 n. 3

45

222 P.Oxy. 2359 fr. 1, ed. Lobel; saec. ii p.C.

col. i

Θεσ]τιάδαι·
]αρ ὀψιγόνοι τε καὶ ἀσπασί-

οι   ]ν ἐν μεγάρ[ο]ισιν· ἀτὰρ πόδας
]τ‚‚αθο‚ Προκάων Κλυτί-

5   ος τ(ε)   ]σθαν·
]ας δὲ μόλ' [Ε]ὐρυτίων
]ς τανυπ[έ]πλου
]ας
].Εἰλατίδαο δαίφρονος

·   ·   ·

col. ii

ἔνθεν μὲν Λοκρ[οὶ
ἱζάνον αἰχματαὶ [
τέκνα φιλα[ἐρί-
ηρες Ἀχαιοὶ [
5   καὶ ὑπερθύμοι [
θ' ἱαρὰν Βοιωτίδ[α ν]αίον [
χθόνα πυροφόρ[ον.]
ἔνθεν δ' αὖ Δρύοπ[ές] τε κα[ὶ
λοι μενεχάρμα[ι

·   ·   ·

---

omnia suppl. e.p.   accentus, sim.: i 1 δαι·   2 γόν   ασπασί   3 σιν
4 κλυτί   5 αν·   6 δ' ἐμολ' (marg. corr. μόλ)   ii 2 ζάν   3 X ante
versum   6 θ' ιαρ
    i 4 seq. [ὠκέες αἰχματαί] τ' ἀγαθοὶ Προκάων Κλυτί|ός τ' ἐς ἀγῶνα νεέ]σθαν possis
Proc. et Clyt. Thestiadae a Meleagro occisi alibi nusquam memorantur nisi
Schol. T Hom. Il. 9. 567; Pind. fr. 343. 28 Sn. confert e.p.   9 fort. latet
Καινέος βία, sim., nam hic Elati filius in Συοθήραι erat
    ii incertum an eiusdem carminis   8 seq. fort. Αἰτω|λοί (e.p.), sed pro λ litt.
δ non minus veri sim.
    accedunt frr. 2, 3 vestigia minima, 2. 2].στορεσα[, 3. 1–2]ρ[,].εκλ[

INCERTI LOCI

46 (26 b., 17 d.)

223 Schol. Eur. *Or.* 249, i 123 Schw.

Στησίχορός φησιν ὡς θύων τοῖς θεοῖς Τυνδάρεως Ἀφροδίτης
ἐπελάθετο. διὸ ὀργισθεῖσαν τὴν θεὸν διγάμους τε καὶ τριγάμους καὶ
λειψάνδρους αὐτοῦ τὰς θυγατέρας ποιῆσαι (ἐποίησεν codd., corr.
Schw.). ἔχει δὲ ἡ χρῆσις οὕτως·

οὕνεκα Τυνδάρεος
ῥέζων ποτὲ πᾶσι θεοῖς μόνας λάθετ' ἠπιοδώρου
Κύπριδος· κεῖνα δὲ Τυνδαρέου κόραις
χολωσαμένα διγάμους τε καὶ τριγάμους τίθησι
5   καὶ λιπεσάνορας.

1 οὕνεκά ποτε codd.: ποτέ post ῥέζων primus Suchfort   Τυνδάρεως codd., corr.
Schneidewin   2 πᾶσι MT: ἅπασι AB   μόνης A: μιᾶς MTB; μούνας coni.
Bergk   λάθετο B: λήθετο A, ἐπελάθετο MT   3 Τυνδάρεω codd.   κόραις A:
κούραις B, κούρας T, κούρου M   4 -σαμένη codd.   τε om. A   5 λειπεσά-
νορας A, λιπεσήνορας TB; λιπεσιόρας M, unde λιπεσάορας coni. Schneidewin

Helenae adscripsit Bergk, *Orestiae* Geel (prob. Schneidewin *Beitr.* 121), *Troiae
excidio* Blomfield, Welcker

47 (69 b.)

224 Schol. Lycophr. *Alex.* 265, ii 115 Scheer

Στησίχορος δὲ καὶ Εὐφορίων (fr. 56 Powell) τὸν Ἕκτορά φασιν
εἶναι υἱὸν τοῦ Ἀπόλλωνος.

Schol. T Hom. *Il.* 24. 258, vi 462 Maass Στησίχορος Ἀπόλλωνος αὐτόν (scil.
Ἕκτορα) φησιν οὐ νοήσας τὴν ὑπερβολήν

48 (70 b.)

225 Plut. *sollert. anim.* 36, vi 1. 74 Hub.

ἡ δ' Ὀδυσσέως ἀσπὶς ὅτι μὲν ἐπίσημον εἶχε δελφῖνα καὶ Στησί-
χορος ἱστόρηκεν. ἐξ ἧς δ' αἰτίας, Ζακύνθιοι διαμνημονεύουσιν κτλ.

Schol. Lycophr. *Alex.* 658, ii 219 Scheer Στησίχορός φησιν Ὀδυσσέα ἐπὶ τῆς
ἀσπίδος φέρειν δελφῖνος τύπον· καὶ Εὐφορίων (fr. 67 Powell) δὲ τούτωι συμφθέγγεται

49 (84 B.)

26 Schol. T Hom. *Il.* 14. 336, vi 127 Maass

τὸν 'Οιλέα Ζηνόδοτος ἑπόμενος 'Ησιόδωι (fr. 116. 1 Rz.) καὶ
Στησιχόρωι χωρὶς τοῦ δ ὀνομάζει 'Ιλέα.

Eust. *Il.* 277. 2 Στησίχορος διχῶς αὐτὸ προάγει· οὐ γὰρ μόνον τρισυλλάβως 'Οϊλεύς
ἀλλὰ καὶ δισυλλάβως 'Ιλεύς. 1018. 58 ὅτι δὲ τὸ 'Οιλεύς δίχα τοῦ ἐν ἀρχῆι δ προφέρουσί
τινες, ἤδη δεδήλωται. φασὶ δὲ οἱ παλαιοὶ ὅτι Στησίχορος καὶ 'Ησίοδος τὴν τοιαύτην
οἴδασι προφοράν

50 (61 B.)

27 [Apollod.] *bibl.* iii 117, p. 140 Wagner

Κυνόρτου δὲ Περιήρης (υἱὸς ἦν), ὃς γαμεῖ Γοργοφόνην τὴν
Περσέως, καθάπερ Στησίχορός φησι, καὶ τίκτει Τυνδάρεων 'Ικάριον
Ἀφαρέα Λεύκιππον.

Tzetz. in Lycophr. *Alex.* 511, ii 184 Scheer Κυνόρτου δὲ παῖς Περιήρης, οὗ καὶ
Γοργοφόνης τῆς Περσέως κατὰ Στησίχορον Τυνδάρεως 'Ικάριος Ἀφαρεὺς καὶ Λεύκιππος

51 (17 B., 8ᴬ D.)

28 Eust. *Il.* 316. 16

Πίνδαρος δὲ (*Ol.* 6. 77) οὐκ ἀδελφοὺς ἀλλὰ γονέας μητρὸς μάτρως
ἔφη. Στησίχορος δὲ πάτρωα τὸν κατὰ πατέρα πρόγονον εἶπεν, ἔνθα
παρ' αὐτῶι Ἀμφίλοχος ἔφη τὸ

πάτρω' ἐμὸν ἀντίθεον Μελάμποδα·

Μελάμπους γὰρ οὗ Ἀντιφάτης οὗ Οἰκλῆς οὗ Ἀμφιάραος ὅθεν
Ἀμφίλοχος.

Aristoph. Byz. π. τῶν ὑποπτευομένων μὴ εἰρῆσθαι τοῖς παλαιοῖς ap. Miller
Mélanges 431 Πίνδαρος δὲ τοὺς γονέας τῆς μητρὸς μήτρωας ἔφη, Στησίχορος δὲ τοὺς
τοῦ πατρὸς πάτρωας

Eriphylae adscripsit Bergk, sed recte Kleine *Stes.* p. 125 'ad Thebanas igitur,
vides, ut ad Troianas res, ad Nostos adeo verba pertinere possunt'

52 (57 B., 26ᴬ D.)

229 Athen. xii 512 E–513 A

διόπερ καὶ Μεγακλείδης ἐπιτιμᾶι τοῖς μεθ᾿ "Ομηρον καὶ 'Ησίοδον
ποιηταῖς ὅσοι περὶ 'Ηρακλέους εἰρήκασιν ὡς στρατοπέδων ἡγεῖτο
καὶ πόλεις ᾕρει . . . τοῦτον οὖν, φησίν, οἱ νέοι ποιηταὶ κατασκευά-
ζουσιν ἐν λῃστοῦ σχήματι μόνον περιπορευόμενον ξύλον ἔχοντα καὶ
λεοντῆν καὶ τόξα· καὶ ταῦτα πλάσαι πρῶτον Στησίχορον τὸν 'Ιμεραῖον.
καὶ Ξάνθος δ᾿ ὁ μελοποιὸς πρεσβύτερος ὢν Στησιχόρου ὡς καὶ αὐτὸς
ὁ Στησίχορος μαρτυρεῖ, ὥς φησιν ὁ Μεγακλείδης, οὐ ταύτην αὐτῶι
περιτίθησι τὴν στολὴν ἀλλὰ τὴν 'Ομηρικήν. πολλὰ δὲ τῶν Ξάνθου
παραπεποίηκεν ὁ Στησίχορος ὥσπερ καὶ τὴν 'Ορέστειαν καλουμένην.

Eust. Il. 1279. 8 ἕτεροι δὲ τῶν μάλιστα νεωτέρων ὡς καὶ ὁ 'Ιμεραῖος Στησίχορος
ἀλλοῖον παραδεικνύουσι τὸν 'Ηρακλέα ἐν λῃστοῦ σχήματι περιπορευόμενον ξύλον
ἔχοντα καὶ λεοντῆν καὶ τόξον

53 (58 B., 26ᴮ D.)

230 Pausan. ix 11. 2, iii 23 seq. Sp.

ἐπιδεικνύουσι δὲ 'Ηρακλέους τῶν παίδων τῶν ἐκ Μεγάρας μνῆμα
οὐδέν τι ἀλλοίως τὰ ἐς τὸν θάνατον λέγοντες ἢ Στησίχορος ὁ 'Ιμεραῖος
καὶ Πανύασσις (fr. 22 Kinkel) ἐν τοῖς ἔπεσιν ἐποίησαν. Θηβαῖοι
δὲ καὶ τάδε ἐπιλέγουσιν, ὡς 'Ηρακλῆς ὑπὸ τῆς μανίας καὶ Ἀμφι-
τρύωνα ἔμελλεν ἀποκτιννύναι, πρότερον δὲ ἄρα ὕπνος ἐπέλαβεν
αὐτὸν ὑπὸ τοῦ λίθου τῆς πληγῆς· Ἀθηνᾶν δὲ εἶναι τὴν ἐπαφεῖσάν οἱ
τὸν λίθον τοῦτον, ὅντινα σωφρονιστῆρα ὀνομάζουσιν.

54 (59 B., 26ᶜ D.)

231 Plut. de malign. Herod. 14, v 216 Bernad.

καίτοι τῶν παλαιῶν καὶ λογίων ἀνδρῶν οὐχ "Ομηρος οὐχ 'Ησίοδος
. . . οὐ Στησίχορος . . . Αἰγυπτίου ἔσχον λόγον 'Ηρακλέους ἢ
Φοίνικος ἀλλ᾿ ἕνα τοῦτον ἴσασι πάντες 'Ηρακλέα τὸν Βοιώτιον ὁμοῦ
καὶ Ἀργεῖον.

55 (50 B., 22 D.)

32 Plut. *de* E *apud Delph.* 21, iii 24 Pohl.–Siev.

εἰκότως οὖν ὁ Εὐριπίδης εἶπε (*Suppl.* 974) . . . καὶ πρότερος ἔτι
τούτου 〚ὁ〛 Στησίχορος·

†μάλα† τοι μάλιστα
παιγμοσύνας ⟨τε⟩ φιλεῖ μολπάς τ᾽ Ἀπόλλων,
κήδεα δὲ στοναχάς τ᾽ Ἀΐδας ἔλαχε

1 ⟨χορεύ⟩ματά τοι coni. Wilam., ἀλλά τοι Crusius, μάλα τοι μελιστᾶν Bergk
2 παιδμ- vel παισμ- maluit Wilam. τε suppl. Blomfield φιλέει coni. Schnei-
dewin 3 κήδεα τε codd., corr. Blomfield ; κα- Schneidewin

56

33 P.Oxy. 2260 ii 18 seqq., ed. Lobel ; saec. ii p.C.

παρὰ δὲ Στησιχόρωι [κα]τὰ τὴν γένεσιν·
[. . . τε]ύχεσι λαμπομέν[. . . . .].όρουσεν ἐπ᾽
εὐρεῖαν χθ[ό]να.

suppl. e.p. est commentarius in poetam quempiam ; de Minerva Iovis
capite oriunda agitur. cf. Ibyc. fr. 17 λαμπομένα an -οις incertum]. (ante
ὀρουσεν) : litterae arculus sup. dext., fort. σ ; Παλλὰ]ς suppl. Merkelbach ορουσᾶν Π
cf. schol. Ap. Rhod. iv 1310, p. 313 W., = fr. 26 d Diehl, 62 Bergk : πρῶτος Στησί-
χορος ἔφη σὺν ὅπλοις ἐκ τῆς τοῦ Διὸς κεφαλῆς ἀναπηδῆσαι τὴν Ἀθηνᾶν vid. fr.
62 adn.

57 (72 B.)

34 Schol. AB Hom. *Il.* 23. 92, ii 251, iv 309 Di.

Διόνυσος Ἥφαιστον γενόμενον ἐν Νάξωι μιᾶι τῶν Κυκλάδων
ξενίσας ἔλαβε παρ᾽ αὐτοῦ δῶρον χρύσεον ἀμφορέα. διωχθεὶς δὲ
ὕστερον ὑπὸ Λυκούργου καὶ καταφυγὼν εἰς θάλασσαν, φιλοφρόνως
αὐτὸν ὑποδεξαμένης Θέτιδος ἔδωκεν αὐτῆι τὸν ἡφαιστότευκτον
ἀμφορέα. ἡ δὲ τῶι παιδὶ ἐχαρίσατο ὅπως μετὰ θάνατον ἐν αὐτῶι
ἀποτεθῆι τὰ ὀστᾶ αὐτοῦ. ἱστορεῖ Στησίχορος.

58 (49 B., 21 D.)

235 Schol. T Hom. *Il.* 6. 507, v 231 Maass

Στησίχορος

κοιλωνύχων ἵππων πρύτανιν

τὸν Ποσειδῶνά φησιν.

πρυτάνην cod.

59 (68 B.)

236 Pausan. ix 2. 3, iii. 4 Sp.

τοῖς δὲ ἐκ Μεγάρων ἰοῦσι πηγή τέ ἐστιν ἐν δεξιᾶι καὶ προελθοῦσιν
ὀλίγον πέτρα· καλοῦσι δὲ τὴν μὲν Ἀκταίωνος κοίτην, ἐπὶ ταύτηι
καθεύδειν φάμενοι τῆι πέτραι τὸν Ἀκταίωνα ὁπότε κάμοι θηρεύων,
ἐς δὲ τὴν πηγὴν ἐνιδεῖν λέγουσιν αὐτὸν λουομένης Ἀρτέμιδος ἐν τῆι
πηγῆι. Στησίχορος δὲ ὁ Ἱμεραῖος ἔγραψεν ἐλάφου περιβαλεῖν δέρμα
Ἀκταίωνι τὴν θεόν, παρασκευάζουσάν οἱ τὸν ἐκ τῶν κυνῶν θάνατον
ἵνα δὴ μὴ γυναῖκα Σεμέλην λάβοι.

cf. fr. adesp. 39 Bergk cum adnot.   interpr. Rose *Mnemos.* 59 (1931) 431–2;
similiter iam Hiller *Bursians Jb.* 54 (1888) 177)

60 (64 B.)

237 Strabo i 2. 34, i 64 Kramer

Ἡσίοδος δ᾽ ἐν καταλόγωι (fr. 23 Rz.) φησί· καὶ κούρην Ἀράβοιο
τὸν Ἑρμάων ἀκάκητα / γείνατο καὶ Θρονίη κούρη Βήλοιο ἄνακτος.
οὕτω δὲ καὶ Στησίχορος λέγει. εἰκάζειν οὖν ἔστιν ὅτι ἀπὸ τούτου
καὶ ἡ χώρα Ἀραβία ἤδη τότε ὠνομάζετο· κατὰ δὲ τοὺς ἥρωας τυχὸν
ἴσως οὔπω.

61 (54 B.)

238 Schol. Ap. Rhod. i 230–3, p. 28 W.

ὁ γὰρ Μινύας πολλὰς εἶχεν θυγατέρας. καὶ γὰρ ὁ Ἰάσων Ἀλκι-
μέδης ἐστὶ τῆς Κλυμένης τῆς Μινύου θυγατρός. Στησίχορος δὲ
Ἐτεοκλυμένης φησίν, Φερεκύδης δὲ (3 F 104 b Jac.) Ἀλκιμέδης τῆς
Φυλάκου.

62 (60 B.)

39 Et. Mag. 772. 49, Et. Sym. cod. V ibid. Gaisf.

Τυφωεύς· Ἡσίοδος (theog. 821) αὐτὸν Γῆς γενεαλογεῖ, Στησίχορος
δὲ Ἥρας μόνης κατὰ (μόνον διὰ Et. Sym.) μνησικακίαν Διὸς
τεκούσης αὐτόν.

---

fort. ex eodem carm. atque fr. 56; vid. Sigrid Kauer Die Geburt der Athena &c.
(Würzburg 1959) 54 seq.

63 (45 B., 18 D.)

40 Eust. Il. 9. 43

οὐ μόνον γὰρ Ἡσίοδος ἐκ τῆς τῶν Μουσῶν ἐπικλήσεως ἄρχεται
. . . ἀλλὰ καὶ Στησίχορος ἐν τῶι·

δεῦρ' ἄγε Καλλιόπεια λίγεια

---

id. 10. 7 Στησίχορος δὲ τὸ κύριον ἐκφωνεῖ ἐν τῶι· Καλλιόπεια λίγεια

'fortasse exordium Ἰλίου Πέρσιδος', Bergk

64 (46 B.)

41 Aristeid. or. xxxiii 2, ii 228 Keil

μέτειμι δὲ ἐπὶ ἕτερον προοίμιον κατὰ Στησίχορον.

ἐπὶ (vel ἐφ') ἕτερον codd.   quid dixerit Stesichorus incertum: μέτειμι δ' ἐφ'
ἕτερον προοίμιον poetae tribuit Bergk, cui etiam verba quae in Aristeid. loco
laudato sequuntur, (συμβαίνει ἅμα μὲν σχεδὸν ὥσπερ ἂν) εἰς μάτην γίγνεσθαι τοὺς
λόγους, ex eodem Stes. loco petita videntur esse; 'fortasse haec duo fragmenta
Palinodiae adscribenda'

65 (48 в., 20 d.)

242 Athen. (om. E) iv 154 E–F

ὁπότε γὰρ τὸ μάχη συντιθέμενον τὸ τέλος εἰς ōς τρέπει ὡς ἐν τῶι
σύμμαχος πρωτόμαχος ἐπίμαχος ἀντίμαχος, φιλόμαχον γένος ἐκ
Περσέος παρὰ Πινδάρου (fr. 164 Sn.), τηνικαῦτα προπαροξύνεται.
ὁπότε δὲ παροξύνεται, τὸ μάχεσθαι ῥῆμα περιέχει ὡς ἐν τῶι πυγ-
μάχος ναυμάχος,

αὐτόν σε πυλαμάχε πρῶτον

παρὰ Στησιχόρωι.

Schol. A Hom. *Il.* 5. 31, i 199 Di. τειχεσιπλῆτα· . . . ἐστὶν ἐπίθετον ἀνάλογον τῶι
παρὰ Στησιχόρωι πυλεμάχωι

πυλαιμάχε coni. Blomfield, et est veri sim.; cf. Callim. fr. 638 Pf. cum adnot.

66 (53 в., 19 d.)

243 Schol. Ap. Rhod. iii 106, p. 220 W.

τὸ ῥαδινόν· . . . Στησίχορος ἐπὶ τοῦ εὐτόνου·

ῥαδινοὺς δ᾽ ἐπέπεμπον ἄκοντας

ἔπεμπον PH

67 (51 в., 23 d.)

244 Stob. *ecl.* iv 56. 15, v 1126 Hense

Στησιχόρου·

ἀτελέστατα γὰρ καὶ ἀμάχανα τοὺς θανόντας
κλαίειν

Apostol. *cent.* iv 23 h, ii 316 L.–S., eadem

1 ἀτέλεστά (hoc cum cod. B ap. Gaisf.) τε coni. Ahrens   γὰρ om. Apostol.,
καὶ om. Trinc.   ἀμή- codd.   τοῦ θανόντος cod. M

68 (52 B., 24 D.)

45 Stob. *ecl.* iv 58. 5, v 1142 Hense

Στησιχόρου·

θανόντος ἀνδρὸς πᾶσα †πολιὰ† ποτ' ἀνθρώπων χάρις.

Arsen. = Apostol. *cent.* viii 83 d, ii 455 L. θανόντος ἀνδρὸς πᾶσ' ὅλυτ' ἀνθρώπων χάρις. Στησιχόρου

-όντος in -ῶντος corr. M¹ πᾶσα πολιὰ SA, πᾶσα πολιᾶ M; πᾶσ' ὅλυτ' ἀνθρώπων χάρις Trinc., Apostol. πᾶσ' ἀπόλλυταί ποτ' ἀνθρ. coni. Scaliger, Kleine; fort. πᾶσ' ἀπώλ⟨ετ'⟩ ἁ ποτ' (= ποτὶ) ἀνθρώπων χάρις

69 (74 B.)

46 Cyrilli lex. in Cod. Bodl. Auct. T. II (11) f. 90 a

†ἀ̈ιος· ὁ παράστησι χοροδῶς ὁ αἰών.†

Bergk Stes. fr. 74: 'Etymolog. Vindob. cod. CLVIII: Ἄιος· ὄνομα παρὰ Στησιχόρωι'; quod in loco dicto frustra quaeres. vid. *CR* n.s. 9 (1959) 193

ita cod.: παρὰ Στησιχόρωι restituit nescio quis ap. LSJ s.v. ἄιος finem -δῶς ὁ αἰών = αἰώς ὁ αἰών initii correctionem esse coni. Latte *Mnemos.* iii 10 (1941) 84, itaque legendum esse αἰώς· ὁ αἰών, παρὰ Στησιχόρωι. aliter Lloyd-Jones: Ἄιος· ὅ(νομα) παρὰ Στησιχόρωι. Αἰώς· ὁ αἰών. de voc. obscuro ἄιος disputasse grammaticos testis Choerob. ap. An. Ox. Cramer ii 171. 19 ἄιος· σημαίνει δὲ τὸν ἀκούοντα . . . ἀπὸ τοῦ ἄιων, ἄιος

70 (75 B.)

47 Ptolemaeus Chennus *nova hist.* iii 10, ed. A. Chatzis, *Stud. zur Gesch. und Kultur des Altertums* vii 2 (1914), *der Philosoph und Grammatiker Ptol. Chennus*, p. 24

περὶ τῶν παρὰ Στησιχόρωι ζητουμένων

ἀκεσταλίων

ὀρνίθων.

ἀκεσταλίων obelo notat Chatzis voc. (om. LSJ) non intellegitur

71 (56 B.)

248 Aristot. *hist. anim.* v 9. 542 b 24, p. 162 seq. Dittmeyer

πάντων δὲ σπανιώτατον ἰδεῖν ἀλκυόνα ἐστίν· σχεδὸν γὰρ περὶ
Πλειάδος δύσιν καὶ τροπὰς ὁρᾶται μόνον καὶ ἐν τοῖς ὑφόρμοις ὅσον
περιπταμένη περὶ τὸ πλοῖον ἀφανίζεται εὐθύς. διὸ καὶ Στησίχορος
τοῦτον τὸν τρόπον ἐμνήσθη περὶ αὐτῆς.

72 (76 B.)

249 An. Ox. Cramer i 369. 16 (= Hdn. II 239. 6 L.)

ὡς δὲ παρὰ τὸ ἴξω ἴξαλος . . . κονίσω κονίσαλος, οὕτως καὶ ἴψω
ἴψαλος, ἀφ᾽ οὗ παρὰ Στησιχόρωι·

ἀνίψαλον παῖδα,

τὸν ἀβλαβῆ.

---

ibid. i 205. 11 ἀνίψαλον δὲ παῖδα ἔφη ὁ Στησίχορος. cf. Et. Mag. 110. 45 ἀνίψαλον·
τὸν ἀβλαβῆ; fere eadem Et. Sym. ibid., cf. etiam Hesych. s.v. ἀνίψανον

ἀνίψανον Et. Mag. cod. D, Et. Sym., Hesych.; -ψαλλον Et. Mag. rell.

73 (77 B.)

250 Athen. v 180 E

καλεῖ δὲ Στησίχορος μὲν τὴν Μοῦσαν

ἀρχεσίμολπον

Eust. *Od.* 1480. 22 καὶ Στησίχορος δὲ καλεῖ τὴν Μοῦσαν ἀρχεσίμολπον

74 (78 B.)

251 Et. Gud. s.v., i 225 de Stefani

ἄτερπνος· οὕτως ὁ ἄγρυπνος παρὰ ῾Ρηγίνοις, ὡς καὶ παρ᾽ ᾽Ιβύκωι
καὶ Στησιχόρωι . . . ἐστὶ γὰρ κατ᾽ ἐντέλειαν ἀτέρυπνος, ὁ χωρὶς
ὢν ὕπνου.

---

cf. Et. Mag. 163. 8, An. Par. Cramer iv 61. 22, ad Ibyc. fr. 47 infra

75 (81 B.)

252 Schol. Dion. Thrac. 19, p. 278. 28 Hilg. (= An. Bekker ii 945. 25)

οἷον ἔνδοθεν ἔξοθεν παρὰ Στησιχόρωι, πρόσσοθεν παρ' Ὁμήρωι.

_____

cf. Ibyc. fr. 49

76 (82 B.)

253 Et. Mag. 100. 47, Et. Sym. cod. V ibid., Et. Gud. i 135 de Stefani

ἀνασφῆλαι· ἀναρρωσθῆναι, σφῆλον γὰρ τὸ ἰσχυρόν (τὸ ante ἀναρ-
ρωσθ. Et. Sym., mox ὃ σημαίνει τὸ ἰσχυρὸν παρὰ Στησιχόρωι)·
Στησίχορος

ἐρίσφηλον

ἔφη τὸν Ἡρακλέα (ἐρίσφ.—Ἡρακλέα om. Et. Sym.), ἴσον τῶι
ἐρισθενῆ.

77 (83 B.)

254 Et. Mag. 427. 48

Στησίχορος δὲ Τάρταρον

ἠλίβατον

τὸν βαθὺν λέγει.

_____

eadem vel fere eadem Phot. *lex.* s.v. ἠλίβατον, Hesych. s.v., schol. Lucian. *apol.*
p. 236. 23 Rabe

78 (85 B.)

255 Schol. T Hom. *Il.* 21. 575, vi 369 Maass (cf. ii 230, iv 278 Di.) =
Hdn. I 166. 8, II 119. 1 L.

Ἀρίσταρχός τινάς φησι γράφειν κυνυλαγμόν· καὶ Στησίχορος δὲ
ἔοικεν οὕτως ἀνεγνωκέναι. φησὶ γοῦν·

ἀπειρεσίοιο κυνυλαγμοῖο.

_____

Eust. *Il.* 1251. 61 τὸ δὲ ἐπεί κεν ὑλαγμὸν ἀκούσηι τινὲς γράφουσιν ἐπεὶ κυνυλαγμὸν
(κυνηλ- cod.) ἀκούσηι, διὰ τὸ γράψαι που τὸν Στησίχορον ἀπειρεσίου κυνυλαγμοῦ
(κυνηλ- cod.)

ἀπειρέσιοι κυνυλαγμοί iv 278 Di.   Eust. ut supra

79 (86 B.)

256 Eust. *Il.* 524. 28

λεύκιππος·

λέγεται παρὰ Στησιχόρωι ἐπιθετικῶς.

---

cf. Ibyc. 4. 1 λευκίππους κόρους

80 (47 B.)

257 Et. Gen. B p. 212 Miller

μάτην· ἐστὶ γὰρ ἡ μάτη θηλυκῶς. Στησίχορος·

μάτας

εἶπεν. εἶτα ἡ αἰτιατικὴ εἰς ἐπιρρηματικὴν σύνταξιν.

Zonar. 1338 s.v. μάτην· ἀντὶ τοῦ ματαίως. ἀπὸ τοῦ θηλυκοῦ εἰς ἐπίρρημα. Στησί-
χορος· μάτας εἰπών.

μάτας εἰπών Stesichoro vulgo dabatur: εἰπών, εἶπεν abiudic. Nauck

81 (79 B.)

258 Hesych. s.v.

βρυαλίκται· πολεμικοὶ ὀρχησταί. μενέδουποι. Ἴβυκος (fr. 54) καὶ
Στησίχορος.

ωρχηνται μεναιδοιπου cod., corr. Musurus, Hermann
incertum quid ad poetam referendum sit: ⟨βρυαλ.⟩ μενέδ. coni. Hermann

82 (87 B.)

259 An. Bekker iii 1397 (Choerob. *in Theodos.* = Hdn. I 45. 14, II
743. 24 L.)

μεσόνυξ, μεσόνυχος·

εἰς τῶν ἑπτὰ πλανήτων παρὰ τοῖς Πυθαγορείοις ὀνομάζεται. μέμνη-
ται Στησίχορος.

83 (88 B.)

260 Schol. Ap. Rhod. iv 973, p. 300 W.

ὀρείχαλκος·

εἶδος χαλκοῦ . . . μνημονεύει καὶ Στησίχορος καὶ Βακχυλίδης (fr. 51 Sn.).

---

cf. Ibyc. fr. 1 (a) 42–43 ὀρειχάλκωι

84 (89 B.)

261 Phot. *lex.* s.v., ii 76 Naber = p. 412 Porson

πέποσχα·

Δωριέων τινὲς τούτωι κέχρηνται ὧν καὶ Στησίχορός (-χωρός cod. Gal.) ἐστιν.

πέποσχε Epicharmo (fr. 11 Kaibel) tribuit Et. Mag. 662. 11

85 (91 B.)

262 Schol. Ar. *Av.* 1302, p. 239 White

ὁ πηνέλοψ νήττηι μέν ἐστιν ὅμοιον, περιστερᾶς δὲ μέγεθος· μέμνηται δὲ αὐτοῦ Στησίχορος καὶ ᾽Ίβυκος (fr. 36)

86 (90 B.)

263 Strabo viii 3. 31, ii 141 Kramer

Στησίχορον δὲ καλεῖν πόλιν τὴν χώραν Πίσαν λεγομένην, ὡς ὁ ποιητὴς τὴν Λέσβον Μάκαρος πόλιν, Εὐριπίδης δ᾽ ἐν ᾽Ίωνι (294)· Εὔβοι᾽ Ἀθήναις ἐστί τις γείτων πόλις.

87 (92 B.)

264 An. Ox. Cramer i 191. 32 seq. (= Hdn. II 316. 5 L.)

Δωριεῖς γὰρ τὸ ἐφοίτα ἐφοίτη λέγουσι καὶ τὸ ἐσύλα ἐσύλη καὶ τὸ
ηὔδα ηὔδη. ὁ γοῦν Στησίχορός φησι

ποταύδη,

ὃ λέγει ὁ ποιητὴς προσηύδα.

ποτ' αὔδη cod., corr. Cramer

88 (93 B.)

265 Eust. *Il.* 772. 3

ἡ δὲ παροιμία τοὺς φθονεροὺς καὶ ψογεροὺς Τελχῖνας ὡς ἐκ τῶν
εἰρημένων καλεῖ. Στησίχορος δέ, φασί, τὰς Κῆρας καὶ τὰς σκοτώσεις
Τελχῖνας προσηγόρευσε.

---

cf. Callim. fr. 1. 1 et 7 Pf. cum adnot.

89 (95 B.)

266 Eust. *Od.* 1441. 16

Στησίχορος δὲ (φησίν)·

ὑπερθυμέστατον ἀνδρῶν.

90 (94 B.)

267 Schol. Pind. *Ol.* ix 129, i 297 Dr.

ἔπειτα χάρμα· νῦν ἀντὶ τοῦ χαρά. Ὅμηρος δὲ ἐπὶ τῆς μάχης. οἱ
δὲ περὶ Ἴβυκον (fr. 59) καὶ Στησίχορον χάρμην τὴν ἐπιδορατίδα
φασίν. cf. P.Oxy. 1604 2. 13, xiii 36 G.–H.]s τε χάρμας, ubi in
marg. adn. τὰς ἐπιδορατίδας.

132

91 (55 B.)

268 Schol. Eur. *Rhes.* 5, ii 326 Schw.

οἱ ἀρχαῖοι εἰς τρεῖς φυλακὰς νέμουσι τὴν νύκτα. "Ομηρος [[δέ]]·
ἀλλ' ὅτε δὴ τρίχα νυκτὸς ἔην, μετὰ δ' ἄστρα βεβήκει (*Od.* 14. 483).
Στησίχορος δὲ καὶ Σιμωνίδης (fr. 139) πενταφύλακόν φασιν [[ὑποτί-
θεσθαι τὴν νύκτα]].

στησί δὲ ὁ σιμωνίδης, tum φησίν, cod. A, corr. Schwartz; Στησίχορον δὲ ὁ Σιμωνίδης
φησὶν coni. Vater (ad Eur. *Rhes.* p. 75)

92 (67 B.)

269 Argum. *a* in Hes. *scut.* p. 267 Rzach

τῆς Ἀσπίδος ἡ ἀρχὴ ἐν τῶι τετάρτωι Κατολόγωι φέρεται μέχρι
στίχων ν' καὶ ς'. διὸ καὶ ὑπώπτευκεν Ἀριστοφάνης ὡς οὐκ οὖσαν
αὐτὴν Ἡσιόδου ἀλλ' ἑτέρου τινὸς τὴν Ὁμηρικὴν ἀσπίδα μιμήσασθαι
προαιρουμένου. Μεγακλῆς (Μεγακλείδης coni. Schoemann) ὁ
Ἀθηναῖος γνήσιον μὲν οἶδε τὸ ποίημα, ἄλλως δὲ ἐπιτιμᾶι τῶι
Ἡσιόδωι. ἄλογον γάρ φησι ποιεῖν ὅπλα Ἥφαιστον τοῖς τῆς μητρὸς
ἐχθροῖς. Ἀπολλώνιος δὲ ὁ Ῥόδιος ἐν τῶι τρίτωι φησὶν αὐτοῦ εἶναι
ἔκ τε τοῦ χαρακτῆρος καὶ ἐκ τοῦ πάλιν τὸν Ἰόλαον ἐν τῶι Καταλόγωι
εὑρίσκειν ἡνιοχοῦντα Ἡρακλεῖ. καὶ Στησίχορος δέ φησιν Ἡσιόδου
εἶναι τὸ ποίημα.

Stesichori nomen a contextu alienum videtur: corruptum esse censuit Paley.
Scutum saec. vi a.C. init. scriptum esse arguunt R. M. Cook *CQ* 31 (1937) 204
seqq., J. L. Myres *JHS* 61 (1941) 17 seqq.: si recte, oritur quaestio de qua con-
sulendus J. A. Davison *Eranos* 53 (1955) 132 seqq.

93 (65 B.)

270 Vibius Sequester *de fluminibus fontibus etc.* p. 6. 6 Bursian

Himera oppido Thermitanorum dedit nomen Himerae. hoc
flumen in duas partes findi ait Stesichorus, unam in Tyrrhenum
mare, aliam in Libycum decurrere. Cf. Himer. *or.* xxvii 27,
p. 126 seq. Colonna κοσμεῖ μὲν γὰρ Ἀνακρέων τὴν Τηίων πόλιν τοῖς
μέλεσι . . . τὴν δὲ Ἱμέραν τὴν Σικελικὴν οὐκ ἐλευθέραν ποιεῖ μόνον
τῶν τυράννων ἀλλὰ καὶ λόγοις κοσμεῖ Στησίχορος. Sil. Ital. xiv
232 seq. litora Thermarum prisca dotata Camena / armavere
suos qua mergitur Himera ponto / Aeolico.

94 (73 B.)

271 Plin. *n.h.* ii 54, i 143 Mayhoff

viri ingentes supraque mortalia, tantorum numinum lege
deprehensa et misera hominum mente iam soluta, in defectibus
scelera aut mortem aliquam siderum pavente (quo in metu
fuisse Stesichori et Pindari vatum sublimia ora palam est
deliquio solis) aut in lunae veneficia arguente mortalitate etc.
cf. Plut. *de fac. in orbe lun.* 19, v 3. 57 Hub.–Pohl. Θέων ἡμῖν οὗτος
τὸν Μίμνερμον ἐπάξει καὶ τὸν Κυδίαν καὶ τὸν Ἀρχίλοχον, πρὸς δὲ
τούτοις τὸν Στησίχορον καὶ τὸν Πίνδαρον ἐν ταῖς ἐκλείψεσιν ὀλο-
φυρομένους· ἄστρον (ἄστρον Boeckh: τὸν codd.) φανερώτατον
κλεπτόμενον, καί· μέσωι ἄματι (ἄμα τὴν codd., corr. Leonicus)
νύκτα γινομένην, καὶ τὴν ἀκτῖνα τοῦ ἡλίου σκότους (-τος codd., corr.
Β¹ e) ⟨. . .⟩ ἀτραπὸν φάσκοντας.

post σκότους, lac. 16 litt. cod. E, 2 + 12 cod. B: ⟨ἐσσυμέναν⟩ e Pindaro suppl.
Adler   incertum quid cuique tribuendum sit: de Stes. auctore versus μέσωι
ἄματι νύκτα γινομέναν cogitavit Bergk; vid. Pind. fr. 107 Schroeder (*Pae.* ix 2–5
Sn.) cum adnot., ubi ἄστρον ὑπέρτατον κλεπτόμενον et ἐπίσκοτον ἀτραπόν

95 (80 B.)

272 Hesych. s.v.

ναυκληρώσιμοι στεγαί· τὰ πανδοκεῖα· †ἐπεὶ ἔνιοι ἐμπορεῖα λέγου-
σιν. ὡς καὶ Στησίχορος ἐμπορικὸν οἶκόν φησιν.†

'aedes conducendae = deversoria': hucusque plana, quae sequuntur obscura.
incertum quid dixerit Stesichorus, quem voc. ἐμπορικόν usum esse vix adducor ut
credam

96

273 Schol. Hom. *Il.* 21 ap. P.Oxy. 221 ii, ii 58 seq. G.–H.

ηὔξηκ[εν ὁ Λυκάων τὴν δέησ]ιν· εὐλόγως, [ὅπως συγγνώμης τύχηι·]
καὶ ἄλλως δὲ [ἅπαντες οἱ μέλλον]τες τελευτᾶν [μακρολόγοι, ὅπως
τοσοῦ]τόν γε χρόνο[ν κερδαίνωσι· καὶ παρὰ] Στησιχόρωι [

suppl. Wilam. *GGA* 1900. 42 e schol. BT   apud Stesichorum nescio quis mori-
turus μακρολογεῖ

97

274

$$\Pi a\lambda\lambda\acute{a}\delta a \ \pi\epsilon\rho\sigma\acute{\epsilon}\pi o\lambda\iota\nu$$

vid. Lamprocl. fr. 1 infra (P.Oxy. 1611; schol. E Ald. ad Ar. *Nub.* 967; schol. Aristeid. *or.*; Tzetz. *chil.*): erant qui *Π. περσ.* ad Stesichorum referrent, addito aut δεινὰν θεὸν ἐγρεκύδοιμον aut κλήϊζω πολεμαδόκον ἀγνὰν / παῖδα Διὸς μεγάλου δαμάσιππον

98

275 artis metricae scriptorum testimonia

(*a*) (i) Diomed. i 512. 23 K. angelicum metrum celeritate nuntiis aptum Stesichorus invenit. unam enim ultimam syllabam detraxit hexametro et fecit tale: optima Calliope miranda poematibus.

(ii) Fr. Bobiense vi 623. 9 K. octametrum catalecticum, quo usus est Stesichorus in Sicilia: audiat haec nostri mela carminis et tunc per tua rura volabit.

(iii) Serv. *cent. metr.* iv 461. 2 K. (dact.) stesichoreum constat pentametro catalectico, ut est hoc: Marsya cede deo, tua carmina flebis.

(iv) Serv. iv 461. 20 dact. hept. catal.; 462. 20 anap. trim. acatal.; Caes. Bass. vi 256. 9 archebul.; Plot. Sacerd. vi 543. 26 encomiol. (mollius in pueris aut in puellis): haec in fragmentis reperiuntur.

(*b*) Suda iv 586 A. s.v. τρία Στησιχόρου· . . . ἐπωιδικὴ γὰρ πᾶσα ἡ Στησιχόρου ποίησις; Diogenian. *cent.* vii 14 (et alii) οὐδὲ τὰ τρία Στησιχόρου γινώσκεις, sim. al., vid. L.–S. ad loc. i 288.

MISCELLANEA

99

276 (a) Athen. xiii 601 A καὶ Στησίχορος δ' οὐ μετρίως ἐρωτικὸς γενόμενος συνέστησε καὶ τοῦτον τὸν τρόπον τῶν ἀισμάτων ἃ δὴ καὶ τὸ παλαιὸν ἐκαλεῖτο παίδεια (παιδιὰ Athen., corr. Welcker) καὶ παιδικά.

credideris Athenaeum carmina qualia *Rhadinam* respicere.

(b) Eupolis fr. 139, I 294 K. τὰ Στησιχόρου τε καὶ Ἀλκμᾶνος Σιμωνίδου τε | ἀρχαῖον ἀείδειν· ὁ δὲ Γνήσιππος ἔστιν ἀκούειν κτλ.

apparet Stesichori carmina in conviviis cantitata esse; apud Lucianum *ver. hist.* ii 15 choros in convivio ducunt Εὔνομός τε ὁ Λοκρὸς καὶ Ἀρίων ὁ Λέσβιος καὶ Ἀνακρέων καὶ Στησίχορος. cf. Timaeum ap. Athen. vi 250 B μετὰ τὸ δεῖπνον ἐκεῖνοι μὲν τῶν Φρυνίχου καὶ Στησιχόρου, ἔτι δὲ Πινδάρου παιάνων τῶν ναυτῶν τινας ἀνειληφότες ἦιδον.

(c) Clem. Alex. *strom.* I xvi 78, ii 51 Staehlin μέλος τε αὖ πρῶτος περιέθηκε τοῖς ποιήμασι καὶ τοὺς Λακεδαιμονίων νόμους ἐμελοποίησε Τέρπανδρος ὁ Ἀντισσαῖος, διθύραμβον δὲ ἐπενόησεν Λᾶσος ὁ Ἑρμιονεύς, ὕμνον Στησίχορος Ἱμεραῖος, χορείαν Ἀλκμάν, κτλ.

SPURIA

100 (43 B., 15ᴬ D.)

277 ### ΚΑΛΥΚΗ

Athen. xiv 619 D

Ἀριστόξενος δὲ ἐν τετάρτωι περὶ Μουσικῆς· ἦιδον, φησίν, αἱ ἀρχαῖαι γυναῖκες Καλύκην τινὰ ὠιδήν. Στησιχόρου δ' ἦν ποίημα, ἐν ὧι Καλύκη τις ὄνομα ἐρῶσα Εὐάθλου νεανίσκου εὔχεται τῆι Ἀφροδίτηι γαμηθῆναι αὐτῶι. ἐπεὶ δὲ ὑπερεῖδεν ὁ νεανίσκος κατεκρήμνισεν ἑαυτήν. ἐγένετο δὲ τὸ πάθος περὶ Λευκάδα. σωφρονικὸν δὲ πάνυ κατεσκεύασεν ὁ ποιητὴς τὸ τῆς παρθένου ἦθος, οὐκ ἐκ παντὸς

τρόπου θελούσης συγγενέσθαι τῶι νεανίσκωι, ἀλλ’ εὐχομένης εἰ
δύναιτο γυνὴ τοῦ Εὐάθλου γενέσθαι κουριδία, ἢ εἰ τοῦτο μὴ δυνατὸν
ἀπαλλαγῆναι τοῦ βίου.

Eust. *Il.* 1236. 61 ἦν δέ τις καὶ Καλύκη ὠιδή, Στησιχόρου ποίημα ἐπί τινι Καλύκηι
κατακρημνισθείσηι δι’ ἔρωτα. καὶ Ἁρπαλύκη ἑτέρα ἐπὶ ὁμοίωι πάθει

Stesichoro recte abiudicavit Rose *CQ* 26 (1932) 92; cf. etiam E. Rizzo *Questioni
Stesicoree* I (Messina, 1895)

101 (44 B., 16 D.)

ΡΑΔΙΝΗ

Strabo viii 3. 20, ii 125 seq. Kramer

καὶ πεδίον δ’ αὐτόθι καλεῖται Σαμικόν· ἐξ οὗ πλέον ἄν τις τεκμαί-
ροιτο ὑπάρξαι ποτὲ πόλιν τὴν Σάμον. καὶ ἡ ‘Ραδίνη δὲ ἦν (εἰς ἣν
codd.) Στησίχορος ποιῆσαι δοκεῖ, ἧς ἀρχὴ

> ἄγε Μοῦσα λίγει’ ἄρξον ἀοιδᾶς †ἐρατῶν ὕμνους†
> Σαμίων περὶ παίδων ἐρατᾶι φθεγγομένα λύραι,

ἐντεῦθεν λέγει τοὺς παῖδας. ἐκδοθεῖσαν γὰρ τὴν ‘Ραδίνην εἰς
Κόρινθον τυράννωι φησὶν ἐκ τῆς Σάμου πλεῦσαι πνέοντος Ζεφύρου,
οὐ δήπουθεν τῆς Ἰωνικῆς Σάμου· τῶι δ’ αὐτῶι ἀνέμωι καὶ ἀρχιθέωρον
εἰς Δελφοὺς τὸν ἀδελφὸν αὐτῆς ἐλθεῖν, καὶ τὸν ἀνεψιὸν ἐρῶντα αὐτῆς
ἅρματι εἰς Κόρινθον ἐξορμῆσαι παρ’ αὐτήν· ὅ τε τύραννος κτείνας
ἀμφοτέρους ἅρματι ἀποπέμπει τὰ σώματα, μεταγνοὺς δ’ ἀνακαλεῖ
καὶ θάπτει.

Pausan. vii 5. 13 Σαμίοις δὲ κατὰ τὴν ὁδὸν τὴν ἐς τὸ ‘Ηραῖον τὸ ‘Ραδίνης καὶ
Λεοντίχου μνῆμά ἐστι, καὶ τοῖς ὑπὸ ἔρωτος ἀνιωμένοις εὔχεσθαι καθέστηκεν ἰοῦσιν
ἐπὶ τὸ μνῆμα

1 ἐρατωνύμου coni. Bergk, Ἐρατὼ νόμους Heyne, Ἐρατοῖ νόμους Bergk
Stesichoro recte abiudicavit Rose *CQ* 26 (1932) 88

102 (63 B.)

279   ΔΑΦΝΙΣ

Aelian. *v.h.* x 18, ii 112 Hercher

βουκολῶν δὲ κατὰ τὴν Σικελίαν ὁ Δάφνις, ἠράσθη αὐτοῦ νύμφη
μία καὶ ὡμίλησε καλῶι ὄντι . . . συνθήκας δὲ ἐποίησε μηδεμιᾶι
ἄλληι πλησιάσαι αὐτὸν καὶ ἐπηπείλησεν ὅτι πεπρωμένον ἐστὶν αὐτὸν
στερηθῆναι τῆς ὄψεως ἐὰν παραβῆι. καὶ εἶχον ὑπὲρ τούτων ῥήτραν
πρὸς ἀλλήλους. χρόνωι δὲ ὕστερον βασιλέως θυγατρὸς ἐρασθείσης
αὐτοῦ οἰνωθεὶς ἔλυσε τὴν ὁμολογίαν καὶ ἐπλησίασε τῆι κόρηι. ἐκ δὲ
τούτου τὰ βουκολικὰ μέλη πρῶτον ἤισθη καὶ εἶχεν ὑπόθεσιν τὸ
πάθος τὸ κατὰ τοὺς ὀφθαλμοὺς αὐτοῦ. καὶ Στησίχορόν γε τὸν
Ἱμεραῖον τῆς τοιαύτης μελοποιίας ὑπάρξασθαι.

103 (66 B.)

280   Aelian. *h.a.* xvii 37, i 428 seq. Hercher

ἀμῶντες ἄνθρωποι τὸν ἀριθμὸν ἑκκαίδεκα τοῦ ἡλίου καταφλέγοντος
δίψει πιεζόμενοι ἕνα ἑαυτῶν ἀπέστειλαν ἐκ πηγῆς γειτνιώσης κομίσαι
ὕδωρ. οὐκοῦν ὁ ἀπιὼν τὸ μὲν δρέπανον τὸ ἀμητικὸν διὰ χειρὸς εἶχε
τὸ δὲ ἀρυστικὸν ἀγγεῖον κατὰ τοῦ ὤμου ἔφερεν. ἐλθὼν δὲ καταλαμ-
βάνει ἀετὸν ὑπό τινος ὄφεως ἐγκρατῶς τε καὶ εὐλαβῶς περιπλακέντα.
ἔτυχε δὲ ἄρα καταπτὰς μὲν ἐπ᾽ αὐτὸν ὁ ἀετός, οὐ μὴν τῆς ἐπιβουλῆς
ἐγκρατὴς ἐγένετο, οὐδέ, τοῦτο δὴ τὸ Ὁμηρικόν, τοῖς ἑαυτοῦ τέκνοις
τὴν δαῖτα ἐκόμισεν, ἀλλὰ τοῖς ἐκείνου περιπεσὼν ἕρμασιν ἔμελλεν
οὐ μὰ Δί᾽ ἀπολεῖν ἀλλ᾽ ἀπολεῖσθαι. εἰδὼς οὖν ὁ γεωργὸς τὸν μὲν
εἶναι Διὸς ἄγγελον καὶ ὑπηρέτην, εἰδώς γε μὴν κακὸν θηρίον τὸν
ὄφιν, τῶι δρεπάνωι τῶι προειρημένωι διακόπτει τὸν θῆρα, καὶ μέντοι
καὶ τῶν ἀφύκτων ἐκείνων εἰργμῶν τε καὶ δεσμῶν τὸν ἀετὸν ἀπολύει.
ὁδοῦ μέντοι πάρεργον τῶι ἀνδρὶ ταῦτα καὶ δὴ διεπέπρακτο, ἀρυσά-
μενος δὲ τὸ ὕδωρ ἧκε καὶ πρὸς τὸν οἶνον κεράσας ὤρεξε πᾶσιν, οἱ
δὲ ἄρα ἔπιον καὶ ἀμυστὶ καὶ πολλὰς ἐπὶ τῶι ἀρίστωι. ἔμελλε δὲ καὶ
αὐτὸς ἐπ᾽ ἐκείνοις πίεσθαι· ἔτυχε γάρ πως ὑπηρέτης κατ᾽ ἐκεῖνο τοῦ
καιροῦ ἀλλ᾽ οὐ συμπότης ὤν. ἐπεὶ δὲ τοῖς χείλεσι τὴν κύλικα προσῆγεν,
ὁ σωθεὶς ἀετὸς ζωάγρια ἐκτίνων οἷ καὶ κατὰ τύχην ἀγαθὴν ἐκείνου

ἔτι διατρίβων περὶ τὸν χῶρον ἐμπίπτει τῆι κύλικι καὶ ἐκταράττει
αὐτὴν καὶ ἐκχεῖ τὸ ποτόν. ὁ δὲ ἠγανάκτησεν, καὶ γὰρ ἔτυχε διψῶν,
καὶ λέγει· εἶτα μέντοι σὺ ἐκεῖνος ὤν· καὶ γὰρ τὸν ὄρνιν ἐγνώρισε·
τοιαύτας ἀποδίδως τοῖς σωτῆρσι τὰς χάριτας; ἀλλὰ πῶς ἔτι ταῦτα
καλά; πῶς δ' ἂν καὶ ἄλλος σπουδὴν καταθέσθαι θελήσειεν ἔς τινα
αἰδοῖ Διὸς χαρίτων ἐφόρου τε καὶ ἐπόπτου; καὶ τῶι μὲν ταῦτα
εἴρητο, καὶ ἐφρύγετο· ὁρᾶι δὲ ἐπιστραφεὶς τοὺς πιόντας ἀσπαίροντάς
τε καὶ ἀποθνήσκοντας. ἦν δὲ ἄρα ὡς συμβαλεῖν ἐμημεκὼς ἐς τὴν
πηγὴν ὁ ὄφις καὶ κεράσας αὐτὴν τῶι ἰῶι. ὁ μὲν οὖν ἀετὸς τῶι
σώσαντι ἰσότιμον τῆς σωτηρίας ἀπέδωκε τὸν μισθόν. λέγει δὲ
Κράτης ὁ Περγαμηνὸς ὑπὲρ τούτων καὶ τὸν Στησίχορον ἄιδειν ἔν τινι
ποιήματι οὐκ ἐκφοιτήσαντί που ἐς πολλοὺς σεμνόν τε καὶ ἀρχαῖον
ὥς γε κρίνειν ἐμὲ τὸν μάρτυρα ἐσάγων.

---

sim. Tzetz. *chil*. iv 302 seqq., p. 131 Kiessling

104

281 APOPHTHEGMATA

(a) Aristot. *rhet.* ii 20. 1393 b 6, p. 136 Roemer λόγος δὲ οἷος ὁ Στησιχόρου περὶ Φαλάριδος . . . Στησίχορος μὲν γάρ, ἑλομένων στρατηγὸν αὐτοκράτορα τῶν Ἱμεραίων Φάλαριν καὶ μελλόντων φυλακὴν διδόναι τοῦ σώματος, τἄλλα διαλεχθεὶς εἶπεν αὐτοῖς λόγον, ὡς ἵππος εἶχε λειμῶνα μόνος, ἐλθόντος δ᾽ ἐλάφου καὶ διαφθείροντος τὴν νομήν, βουλόμενος τιμωρήσασθαι τὸν ἔλαφον ἠρώτα τινὰ ἄνθρωπον εἰ δύναιτ᾽ ἂν μετ᾽ αὐτοῦ τιμωρήσασθαι τὸν ἔλαφον, ὁ δ᾽ ἔφησεν, ἐὰν λάβηι χαλινὸν καὶ αὐτὸς ἀναβῆι ἐπ᾽ αὐτὸν ἔχων ἀκόντια. συνομολογήσαντος δὲ καὶ ἀναβάντος ἀντὶ τοῦ τιμωρήσασθαι αὐτὸς ἐδούλευσε τῶι ἀνθρώπωι. οὕτω δὲ καὶ ὑμεῖς, ἔφη, ὁρᾶτε μὴ βουλόμενοι τοὺς πολεμίους τιμωρήσασθαι ταὐτὸ πάθητε τῶι ἵππωι· τὸν μὲν γὰρ χαλινὸν ἔχετε ἤδη, ἑλόμενοι στρατηγὸν αὐτοκράτορα· ἐὰν δὲ φυλακὴν δῶτε καὶ ἀναβῆναι ἐάσητε, δουλεύσετε ἤδη Φαλάριδι. cf. Conon. *narr.* xlii.

(b) ibid. 1394 b–1395 a ἁρμόττει δ᾽ ἐν τοῖς τοιούτοις . . . τὰ αἰνιγματώδη, οἷον εἴ τις λέγει ὅπερ Στησίχορος ἐν Λοκροῖς εἶπεν, ὅτι οὐ δεῖ ὑβριστὰς εἶναι, ὅπως μὴ οἱ τέττιγες χαμόθεν ἄιδωσιν.

Dionysio adscribit Demetr. *eloc.* 99.

(c) Philodem. *mus.* 30. 31, p. 18 Kemke καὶ Τέρπανδ[ρος κατὰ μαν]τεῖον . . . . . [ἐν τοῖ]ς φιλιτείοις ἄι[δ]ω[ν τῆς ταρ]αχῆς ἔπαυσε τοὺς [Λακεδαιμονίο]υς καὶ περὶ Στησιχ[όρ]ου δ᾽ ἱστορεῖται διότι τῶν . . . .ν ἀν[τι]παρατεταγμένων [ἤδη] καταστὰς ἐν μέσοις [ἦισέ τι παρα]κλητικὸν καὶ δια[λλάξ]α[ς] διὰ τοῦ μέλου[ς εἰς ἡσυχ]ίαν αὐτοὺς μετέσ[τησεν.

(d) ibid. 20. 1, p. 87 K. (= fr. 71 B.)] ἀγώνων ἔτερπεν ὁ Τέρ-[παν]δρος, τοὺς δὲ Λάκωνας ⟨μὴ⟩ ἀπε[ι]θεῖν προα[ι]ρουμένους τῶι μαντείωι κα[ὶ] λόγωι δ᾽ ἴσω[ς] προαχθέν[τ]ας ἀποτεθεῖσθαι τὴν στάσιν. ἀλλὰ μὴν καὶ τὸ μὲν κα[τ]ὰ Στησίχορον οὐκ ἀκρι[β]ῶ[ς] ἱστο[ρεῖ]ται, τ[ὸ] δ[ὲ] Π[ι]νδάρειον εἰ τῆς διχ[ον]οίας ἔπαυσεν οὐκ οἴδαμεν κτλ.

(e) Plin. *n.h.* x 82, ii 243 Mayhoff (de lusciniae cantu) breviterque omnia tam parvulis in faucibus, quae tot exquisitis

tibiarum tormentis ars hominum excogitavit, non ut sit dubium
hanc suavitatem praemonstratam efficaci auspicio, cum in ore
Stesichori cecinit infantis. cf. Christod. *ecphr.*, *Anth. Pal.* ii 125
seqq. Στησίχορον δ᾽ ἐνόησα λιγύθροον, ὅν ποτε γαῖα | Σικελίη μὲν
ἔφερβε, λύρης δ᾽ ἐδίδαξεν Ἀπόλλων | ἁρμονίην ἔτι μητρὸς ἐνὶ
σπλάγχνοισιν ἐόντα. | τοῦ γὰρ τικτομένοιο καὶ ἐς φάος ἄρτι μολ-
όντος | ἔκποθεν ἠερόφοιτος ἐπὶ στομάτεσσιν ἀηδὼν | λάθρηι ἐφεζο-
μένη λιγυρὴν ἀνεβάλλετο μολπήν.

IBYCUS

1 (3 D.)

(a)

P.Oxy. 1790, cui accedunt eiusdem p. frr. P.Oxy. 2081(f) ; saec.
i a.C.

οἳ κ]αὶ Δαρδανίδα Πριάμοιο μέ-   ἀντ.
γ' ἄσ]τυ περικλεὲς ὄλβιον ἠνάρον
Ἄργ]οθεν ὀρνύμενοι

4   Ζη]νὸς μεγάλοιο βουλαῖς
ξα]νθᾶς Ἑλένας περὶ εἴδει   ἐπωιδ.
δῆ]ριν πολύυμνον ἔχ[ο]ντες
πό]λεμον κατὰ δακρ[υό]εντα,
Πέρ]γαμον δ' ἀνέ[β]α ταλαπείριο[ν ἄ]τα

9   χρυ]σοέθειραν δ[ι]ὰ Κύπριδα.
νῦ]ν δέ μοι οὔτε ξειναπάταν Π[άρι]ν   στρ.
..] ἐπιθύμιον οὔτε τανί[σφ]υρ[ον
ὑμ]νῆν Κασσάνδραν

13   Πρι]άμοιό τε παῖδας ἄλλου[ς
Τρο]ίας θ' ὑψιπύλοιο ἁλώσι[μο]ν   ἀντ.
ἆμ]αρ ἀνώνυμον· οὐδεπ[
ἦρ]ώων ἀρετὰν

17   ὑπ]εράφανον οὕς τε κοίλα[ι
ναες] πολυγόμφοι ἐλεύσα[ν   ἐπωιδ.
Τροί]αι κακόν, ἥρωας ἐσθ[λούς·
τῶν] μὲν κρείων Ἀγαμέ[μνων
ἆ]ρχε Πλεισθ[ενί]δας βασιλ[εὺ]ς ἀγὸς ἀνδρῶν

22   Ἀτρέος ἐσ[θλοῦ] πάις ἐκ π[ατρό]ς·
καὶ τὰ μὲ[ν ἂν] Μοίσαι σεσοφ[ισμ]έναι   στρ.
εὖ Ἑλικωνίδ[ες] ἐμβαίεν λογ[·
θνατὸς δ' οὔ κ[ε]ν ἀνὴρ

26   διερὸ[ς] τὰ ἔκαστα εἴποι
ναῶν ὡ[ς Μεν]έλαος ἀπ' Αὐλίδος   ἀντ.
Αἰγαῖον δ[ιὰ πό]ντον ἀπ' Ἄργεος
ἠλύθο[ν .....]ν

30   ἱπποτρόφο[ν ...]ε φώτες

χ]αλκάσπ[ιδες υἶ]ες Ἀχα[ι]ῶν   ἐπωιδ.
τ]ῶν μὲν πρ[οφ]ερέστατος α[ἴ]χμαι
...]. πόδ[ας ὠ]κὺς Ἀχιλλεὺς
καὶ μέ]γας Τ[ελαμ]ώνιος ἄλκι[μος Αἴας
35   ......]. ατ[......]γυρος.
     ....]ος ἀπ' Ἄργεος   στρ.
     ....]ς ἐς "Ιλιον
     ....]
39   ....].[.].
     ....]α χρυσεόστροφ[ος   ἀντ.
"Υλλις ἐγήνατο, τῶι δ' [ἄ]ρα Τρωίλον
ὡσεὶ χρυσὸν ὀρει-
43 χάλκωι τρὶς ἄπεφθο[ν] ἤδη
Τρῶες Δ[α]ναοί τ' ἐρό[ε]σσαν   ἐπωιδ.
μορφὰν μάλ' ἐίσκον ὅμοιον.
τοῖς μὲν πέδα κάλλεος αἰὲν
καὶ σύ, Πολύκρατες, κλέος ἄφθιτον ἐξεῖς
48 <u>ὡς κατ' ἀοιδὰν καὶ ἐμὸν κλέος.</u>

---

accedit schol.]ίμαχος ἐν τῶι περὶ Τεύκρου φησί· πα[......]ν | [....]ν τοῦ
κ(ατα)λαβ(εῖν) ἵππους οὓς μετὰ τὸν .[......]σχα|[....].του τὴν γένεσιν Τευκρ..
ἀναπεπλ[ηρω..]αι ὡς | [....]θαι τι ἀλ[...] τοῦ Λαομέ[δο]ντος με[.....] ἐστρά|-
[τευσε]ν ισε.[..].ε.[.].....
init. Καλλ]ίμαχος e.p., Λυσ]ίμαχος Croenert; vid. Pfeiffer, Callim. i fr. 698 et
p. 498

accentus, sim.: 2 ηνάρον   *5 νθᾶς ἐιδεῖ   10 ὄυτε   ἀπάταν   12 νῆν
17 ὄυστεκόι   18 γόμφοιελεύ   19]ᾶι   21 ῀]ρχε   22 πᾶις   23 μόισ
]έναι   24 εὐέλικωνίδ βάϊεν   28 γαῖ   29 λύθ   41 γήν   42 ὦσει
ὀρὲι   43 χάλ   ᾶπε   ἤδη   44 ναόιτ' ἐρό   45 μάλεῖσκ   46 πέδα
47 λύκ   εξεῖς
suppl. e.p. exceptis quae infra memorantur
1 suppl. Murray   1–2 Πριάμωι μέγα / ἄστυ coni. Maas   11 ἦν] suppl. e.p.,
ῆς] Wilam., ἐστ'] Maas   14 ἀλώσιμον suppl. Maas   15 ἆμαρ suppl.
Wilam.   fin. ἐπανέρχομαι suppl. e.p., ἐπελεύσομαι Wilam.   21 ἆ] suppl.
Wilam. (ἤ] e.p.)   24 λογ[, λοπ[, λοι[, possis   25 vel οὐκ [ἄ]ν   26 διερρ-
[......]ταεκαστα Π: quid in lacuna fuerit obscurum   29 ἠλύθον, non ἤλυθε
(e.p.), poscit accentus   [ἐς Τροἶα]ν suppl. e.p.   30 ὡς δ]ὲ suppl. e.p., οἴ τ]ε
Wilam.   36 Τυδέος υἱ]ός suppl. Lobel   40 χρυσο Π, sup. ο scr. ε man.
prima, mox α cursivum additum est   41 in marg. ante "Υλλις, .δρων scr.
man. prima   47 Πο(ν)λύ- e.p., sed cf. Pind. Isthm. 2. 36 (Maas)   48 marg.
sin. carminis finem notat coronis
   cum Ibyceis in edit. Alex. traditum esse credo; Ibycone ipsi iure sit adscrip-
tum, dubitationi locus   vid. J. P. Barrow CR N.S. (1961) 185 seqq.

(*b*)

P.Oxy. 1790 fragmenta minora

fr. 4 col. ii (= 4 D.) fr. 5 (= 5 D.) fr. 6

σο[	δασε[	]σι[
α[	.]ἐνθ[	]
ε.[	ι]χνια[	[ ]
νυσσον[	ἅιθόιạ[	]δ[
5 ασπιδα[	5 αιτελυ[	5]κέ[
τοιδαῦχạ[	πα[	]νη[
τυπτ[	φραδ[	]νοσạ[
εγ[	ναιο[	]φά[
	ἐξὰπ[	
(col. i tantum].οις·	10 .]ạτα[	
versu septimo)	.].[	

6 scil. τοὶ δ' αὖ χα[

3 suppl. e.p.   4 scil. αἴθ' οἴα[

fr. 7   fr. 8   fr. 9   fr. 10

].	]..[	]δ' αρε[	]λο[
]κτυ	]σινπ[		]στ[
]νητηριγα[	]ἠοσδ.[	fr. 11	]ππ[
]λịσπρε[	]ιλο[		]..[
	5]ευμ[	]ου[	
		]ρέα[	

3 κυβερ]ν- possis, e.p.   3 ῇ possis

fr. 12   fr. 13   fr. 14   fr. 15

]νοσ[	]ιφα[	]	]ὠσ[
].[	]	]	]
]μ[	]	]ὠτὸ[	]λέ[
[ ]			]ο·
5 [ ]			5]οσ[
].[			]ρχ[

sub 3 schol.
vestigia minima

(c)

eiusdem p. fragmenta postmodo reperta : P.Oxy. 2081(f)

fr. 1

```
      ].[
      ]
      ]ν·
      ]
  5   ]
      ]
```

fr. 2

```
         ].ο[
         ].νεπι[
         ]ωνια[
         ]σαν[
     5   ]πασ[
         ]ρητο[
         ]σιγυ[
```

fr. 3

```
      ]ασ[
      ]ν
      ]
      ]τάμνω[
  5   ]
      ]
      ]
```

fr. 4

```
         ]ε.[
         ]ινικη[
         ]σεμε[
         ].ολᾱι
     5   ]ἀγητοριχ[
         ]μουσνα[
         ]εροεντα[
         col. fin. ut vid.
```

Μελῶν ā

2 (21 B., 1 D.)

83 Herodian. π.μ.λ. β̄ 36, II 941. 24 L. (cf. II 392. 19)

ὁπότε δὲ ἐπὶ τῆς ἐκπλήξεως παραλαμβάνεται γένος ἐπιδέχεται
τὸ οὐδέτερον (scil. τάφος)· ἢ δ' ἄνεω δὴν ἧστο, τάφος δέ οἱ ἦτορ
ἵκανε (= Od. 23. 93)· ἀλλ' ἴσως τοῦτο ἀμφίβολον. ὁ μέντοι ῎Ιβυκος
διέστειλε τὸ γένος ἐν τῶι πρώτωι σχεδὸν τὸν ῾Ομηρικὸν μεταλαβών·
φησὶ γάρ·

δαρὸν †δάραοι† χρόνον ἧστο τάφει πεπαγώς,
οὕτω γὰρ ἔκλινεν ὡς βέλει.

δάραοι tamquam dittogr. seclusit Lehrs; παρά οἱ coni. Hermann, δ' ἄρα οἱ
Dindorf   τάφεις cod., corr. Bloch   πεπηγώς cod.

3 (44 B., 1 adnot. D.)

284 Schol. Ap. Rhod. iv 57, p. 264 W.

Ἴβυκος δὲ ἐν α′ Ἤλιδος αὐτὸν (scil. τὸν Ἐνδυμίωνα) βασιλεῦσαί φησι.

Μελῶν ε̄

4 (16 B., 2 D.)

285 Athen. ii 57 F–58 A

Ἴβυκος δὲ ἐν πέμπτωι μελῶν περὶ Μολιονιδῶν φησι·
    τούς τε λευκίππους κόρους
    τέκνα Μολιόνας κτάνον,
    ἅλικας ἰσοκεφάλους ἐνιγυίους
    ἀμφοτέρους γεγαῶτας ἐν ὠέωι
5   ἀργυρέωι.

Eust. Od. 1686. 45 ὁ δὲ μελοποιὸς Ἴβυκος καὶ τοὺς Μολιονίδας ὁμοίως παράγει ἐξ ὠιοῦ εἰπὼν αὐτοὺς ἅλικας ἰσοκεφάλους ἐνιγύους ἀμφοτέρους γεγαῶτας ἐν ὠέωι ἀργυρέωι. . . . . Ἐπίχαρμος . . . διὰ τοῦ ε̄ λέγει ὠεον ὁμοίως τῶι Ἰβύκωι

1 κούρους codd., corr. Dindorf   2 κτάνεν coni. Hartung
nihil non venit in controversiam: λευκίππους, γεγ. ἐν ὠέωι diceres Dioscuros, vix autem Neptuni vel Actoris filios; matris Molionae nomen fictum est ex Homerico illo Μολίονε (de quo consulendus Wackernagel *KZ* 23 (1877) 302 seqq.: = 'Molion et gemellus eius frater'); languet voc. ἅλικας de gemellis unicorporeis dictum; ἰσοκεφ. ἐνιγυίους necesse est interpreteris 'capita similia, eadem membra = bina capita, corpus unum habentes', quamvis neque ἰσο- nec -γυίους apte dicatur, et valde abnorme sit ἰσὄ- pro syllaba longa
    consulendi inter alios H. von Gaertringen *RE* 1 (1893) 1217 seqq.; Robert *Heldens.* 2 (1921) 538 seqq.; Schweitzer *Herakles* (1922) 17 seqq., 107 seqq.; Wilam. *Pind.* (1922) 513 seqq., *SBBA* (1925) 224 seq., 237 n. 2; Weinreich *Phil. Woch.* (1924) 810 seqq.; Blinkenberg *Fibules gr. et orientales* (1926) 164 seq.; M. van der Kolf *RE* 16 (1933) 3 seqq.; Hampe *Fruehe gr. Sagenbilder in Boeotien* (1936) 45 seqq., 88 (Actoridas in vasis esse depictos negant Cook *BSA* 35 (1934) 206, Kirk *BSA* 44 (1949) 149; contra Webster *BSA* 50 (1955) 39 seq.); Jacoby ad Pherecyd. 3 F 79 b

5 (1 B., 6 D.)

INCERTI LOCI

6 Athen. (om. E) xiii 601 B

(600 F ὡς φησι Χαμαιλέων . . .) καὶ ὁ ῾Ρηγῖνος δὲ Ἴβυκος βοᾶι
καὶ κέκραγεν·

> ἦρι μὲν αἵ τε Κυδώνιαι
> μηλίδες ἀρδόμεναι ῥοᾶν
> ἐκ ποταμῶν, ἵνα Παρθένων
> κῆπος ἀκήρατος, αἵ τ᾽ οἰνανθίδες
> 5   αὐξόμεναι σκιεροῖσιν ὑφ᾽ ἔρνεσιν
> οἰναρέοις θαλέθοισιν· ἐμοὶ δ᾽ ἔρος
> οὐδεμίαν κατάκοιτος ὥραν.
> †τε† ὑπὸ στεροπᾶς φλέγων
> Θρηίκιος Βορέας
> 10   ἀίσσων παρὰ Κύπριδος ἀζαλέ-
> αις μανίαισιν ἐρεμνὸς ἀθαμβὴς
> ἐγκρατέως πεδόθεν †φυλάσσει†
> ἡμετέρας φρένας

---

incertum quatenus dialectus sit pessum data (2 μαλ-, 4 κᾱπ-, 9 Θρα-, 13 ἀμ-;
Κυδωνίαι, ἀρδομέναι, αὐξομέναι, ὑπ᾽ ἔρν-)
2 ῥοὰν, 4 -ίδος, 7 -κητος Athen., corr. Musurus   8 ἄθ᾽ ὑπὸ coni. Hermann,
ἀλλ᾽ ἄθ᾽ ὑπὸ Mehlhorn, alii alia (ἠύθ᾽, οἷά θ᾽)   9 θρηίκοις Athen., corr. Ursinus
9 seqq. versuum divisio incerta   de stropharum responsione (1–7 = 8 seqq.)
frustra deliberavi   11 ἀθάμβησεν κραταιῶς Athen., corr. Schweighaeuser,
Hermann   12 παιδ᾽ ὅθεν Athen., corr. Naeke   φυλάσσει Athen., sententiae
contrarium: φλάσεν coni. Hermann (frustra σαλάσσει Mueller, τινάσσει Naeke)

6 (2 B., 7 D.)

287 Plato *Parmen*. 137 A

> καίτοι δοκῶ μοι τὸ τοῦ Ἰβυκείου ἵππου πεπονθέναι ὧι ἐκεῖνος
> ἀθλητῆι ὄντι καὶ πρεσβυτέρωι ὑφ᾽ ἅρματι μέλλοντι ἀγωνιεῖσθαι καὶ
> δι᾽ ἐμπειρίαν τρέμοντι τὸ μέλλον ἑαυτὸν ἀπεικάζων ἄκων ἔφη καὶ
> αὐτὸς οὕτω πρεσβευτὴς ὢν εἰς τὸν ἔρωτα ἀναγκάζεσθαι ἰέναι. ad
> haec schol. p. 49 Greene τὸ τοῦ μελοποιοῦ Ἰβύκου ῥητόν·

> Ἔρος αὖτέ με κυανέοισιν ὑπὸ
> βλεφάροις τακέρ᾽ ὄμμασι δερκόμενος
> κηλήμασι παντοδαποῖς ἐς ἄπει-
> ρα δίκτυα Κύπριδος ἐσβάλλει·
> 5 ἦ μὰν τρομέω νιν ἐπερχόμενον,
> ὥστε φερέζυγος ἵππος ἀεθλοφόρος ποτὶ γήραι
> ἀέκων σὺν ὄχεσφι θοοῖς ἐς ἅμιλλαν ἔβα.

Procl. comment. in Plat. *Parmen*. v 316 Cousin = p. 808 Stallbaum φησὶν . . .
ταὐτὸν τῶι Ἰβύκωι πεπονθέναι τῶι πρὸς τὰ ἐρωτικὰ διὰ γήρας ἑαυτὸν ἐπιδιδόναι
κατοκνοῦντι μὲν ἀναγκαζομένωι δὲ καὶ δὴ καὶ ἀπεικάζοντι τὴν παρουσίαν (παροῦσαν?)
αὐτῶι ταύτην ἀνάγκηι (-ην?) ἵππωι πρεσβυτῆι καὶ ἤδη πολλάκις ἠγωνισμένωι καὶ δι᾽
ἐμπειρίαν τρέμοντι τὸ μέλλον. λέγει δέ πως οὕτως ὁ μελοποιός· Ἔρως—ἔβα

1 ἔρως codd.   2 fort. βλεφάρων; cf. *Il*. 19. 17 ὄσσε . . . ὑπὸ βλεφάρων, al.
τακερὰ codd.   3 εἰς codd.   3–4 ἀπείρονα coni. Schneidewin, Hecker
4 ἐσβάλλει Clemm (*Misc. Crit*. (1879) p. 4 seq.; εἰσ-): βάλλει codd.; cf. S. *Ai* 60
εἰσέβαλλον εἰς ἔρκη, A. *PV* 1074 εἰς . . . πῆμ᾽ εἰσέβαλεν   Κύπριδος εἰσέβαλεν
coni. Schneidewin ('hortatu Dissenii'), Κύπριδι βάλλει Schoemann   5 τρομέων
ἵν᾽ schol., τρομέω om. νιν Procl.: corr. Koen   -όμενος Procl.   6 ὥς τις Procl.
γήρας possis, cf. E. *Med*. 600 πρὸς γήρας   7 ἀσκῶν codd., corr. Siebenkees
σὺν συνοχέσι schol.   θεοῖς Procl.   εἰς codd.   ἔβαν schol. cod. W et Procl.
cod. B

7 (5 B., 8 D.)

288 Athen. xiii 564 F

> τυφλὸς ὁ ἔπαινος (Philoxeni fr. 8 laudaverat) καὶ κατ᾽ οὐδὲν
> ὅμοιος τῶι Ἰβυκείωι ἐκείνωι·

> Εὐρύαλε γλαυκέων Χαρίτων θάλος ⟨   ⟩
> καλλικόμων μελέδημα, σὲ μὲν Κύπρις
> ἅ τ᾽ ἀγανοβλέφαρος Πει-
> θὼ ῥοδέοισιν ἐν ἄνθεσι θρέψαν.

Eust. *Od.* 1558. 17 τυφλὸς ὁ ἔπαινος καὶ κατ' οὐδὲν ὅμοιος 'Ιβυκείωι ἐκείνωι τῶι γλαυκέων Χαρίτων θάλαμος καλλικόμων—θρέψαν

1 sunt qui γλαυκέων de caeruleis oculis dictum putent (cf. Wilam. *Pind.* 510): scimus ita locutos esse Herodotum Hippocratem Aristotelem, exempla apud poetas frustra quaerimus. corruptum esse iudicavere plurimi: γλυκέων coni. Jacobs (et Fiorillo); potius fort. γλυκεῶν vel -εᾶν (Schneidewin), Homerice pro γλυκειῶν, cf. βαθέην, -έης *Il.* 15. 606, al., ὠκέα pro ὠκεῖα; Chantraine *Gr. Hom.* i 73, 253 lacunam post θάλος notant Hermann, Schneidewin, ne claudicent numeri: equidem Bergkium secutus θάλος, ⟨'Ωρᾶν⟩ καλλικόμων suppleverim collato loco simillimo Hes. *op.* 73 seqq. Χάριτές τε θεαὶ καὶ πότνια Πειθὼ / ... ἀμφὶ δὲ τήν γε / "Ωραι καλλίκομοι στέφον ἄνθεσι   4 ἐν om. E, Eust.

8 (30 B.)

289 Schol. Ap. Rhod. iii 114–17, p. 220 W.

διὰ τούτων τῶν στίχων παραγράφει τὰ εἰρημένα ὑπὸ 'Ιβύκου ἐν οἷς περὶ τῆς Γανυμήδους ἁρπαγῆς εἶπεν ἐν τῆι εἰς Γοργίαν ὠιδῆι· καὶ ἐπιφέρει περὶ τῆς 'Ηοῦς ὡς ἥρπασε Τιθωνόν.

9 (13–14 B., 27–28 D.)

290 Diomed. *art. gramm.* i, *Gramm. Lat.* i 323 Keil

patronymica sunt quae a patre sumuntur, ut Pelides Pria-mides. abusive saepe etiam a matre fiunt, ut Latous Apollo ... aut ab avo ... aut ab avia ... aut a fratribus ... aut a maioribus, ut Belides Palamedes, aut a maritis, ut Helena Menelais, aut a filiis, ut Althaea Meleagris, sicut Ibycus Graecus rettulit.

utrumque exemplum Ibyco tribuit Bergk; de priore 'Ελένα Μενελαῖς ambigas licet

10 (37 B.)

291 Schol. Ap. Rhod. iv 814–15, p. 293 W.

ὅτι δὲ Ἀχιλλεὺς εἰς τὸ 'Ηλύσιον πεδίον παραγενόμενος ἔγημε Μήδειαν πρῶτος "Ιβυκος εἴρηκε, μεθ' ὃν Σιμωνίδης (fr. 53).

11 (49 B.)

292 Philodem. *de piet.* p. 18 Gomperz

Αἰσχύλος δ[........] καὶ Εἴβ[υκος καὶ Τε]λέστης (fr. 8) [.....
....] τὰς Ἀρπ[υίας

ποιοῦσιν] τὰς Ἀρπ[υίας θνησκ]ούσας ὑπ[ὸ τῶν Βορέου παί]δων suppl. Gomperz

12 (12 B., 26 D.)

293 Et. Mag. 171. 7 (= Hdn. II 176. 11 L.)

αὔσιον· καὶ ὁ μὲν Ἴβυκος αὔσιον λέγει, οἷον·

οὐ γὰρ αὔσιον πάις Τυδέος

πάις an παῖς incertum   Τυδέως codd.

13 (38 B.)

294 Schol. Pind. *Nem.* x 12, iii 167–8 Dr.

Διομήδεα δ᾽ ἄμβροτον ξανθά ποτε γλαυκῶπις ἔθηκε θεόν· καὶ
οὗτος Ἀργεῖος, ὃς δι᾽ ἀρετὴν ἀπηθανατίσθη· καὶ ἔστι περὶ τὸν
Ἀδρίαν Διομήδεια νῆσος ἱερά, ἐν ἧι τιμᾶται ὡς θεός. καὶ Ἴβυκος
οὕτω. τὴν Ἑρμιόνην γήμας ὁ Διομήδης ἀπηθανατίσθη σὺν τοῖς
Διοσκούροις· καὶ γὰρ συνδιαιτᾶται αὐτοῖς. καὶ Πολέμων ἱστορεῖ.
ἐν μὲν γὰρ Ἀργυρίπποις ἅγιόν ἐστιν αὐτοῦ ἱερόν. καὶ ἐν Μεταποντίωι
δὲ διὰ πολλῆς αὐτὸν αἴρεσθαι τιμῆς ὡς θεόν, καὶ ἐν Θουρίοις εἰκόνας
αὐτοῦ καθιδρύσθαι ὡς θεοῦ.

---

post Ἴβυκος οὕτω (sequitur τὴν Ἑρμ. cod. B, καὶ τὴν Ἑρμ. cod. D) lacunam
indicavit Boeckh, probant Bergk, Drachmann

14 (34^A B.)

295 Schol. A Hom. *Il.* 3. 314, i 157 Di.

Πορφύριος ἐν τοῖς παραλελειμμένοις φησὶν ὅτι τὸν Ἕκτορα Ἀπόλ-
λωνος υἱὸν παραδίδωσιν Ἴβυκος Ἀλέξανδρος Εὐφορίων Λυκόφρων.

15 (35 B.)

96 Schol. Eur. *Andr.* 631, ii 293 Schw.

προδότιν αἰκάλλων κύνα· ἡττηθεὶς τοῖς ἀφροδισίοις. ἄμεινον
ὠικονόμηται τοῖς περὶ "Ιβυκον· εἰς γὰρ Ἀφροδίτης ναὸν καταφεύγει
ἡ Ἑλένη κἀκεῖθεν διαλέγεται τῶι Μενελάωι, ὁ δ᾽ ὑπ᾽ ἔρωτος ἀφίησι
τὸ ξίφος. τὰ παραπλήσια ⟨τούτοις καὶ "Ιβυκος ὁ suppl. Schwartz⟩
῾Ρηγῖνος ἐν διθυράμβωι φησίν.

Schol. Ar. *Vesp.* 714 ὥσπερ ὁ Μενέλαος· τοῦτον γάρ φασιν ὁρμήσαντα ἐπὶ τὴν
Ἑλένην ἀποβαλεῖν τὸ ξίφος. ἡ δὲ ἱστορία παρ᾽ Ἰβύκωι καὶ Εὐριπίδηι. Schol. Ar. *Lys.*
155 ὅ γ᾽ ὢν Μενέλαος· ἡ ἱστορία παρ᾽ Ἰβύκωι

16 (34ᴮ B.)

97 Schol. T Hom. *Il.* 13. 516, vi 38 Maass

ἀκόντισε Δηΐφοβος· ὡς ἀντεραστὴς Ἑλένης, ὡς μαρτυρεῖ "Ιβυκος
καὶ Σιμωνίδης (fr. 56). ἀλλ᾽ οὔτε ἦρα μεσαιπόλιος (13. 361) οὔτε τὸ
παρὰ Ἰβύκωι ἀληθές· ἀλλὰ διὰ τοὺς πεσόντας.

Eust. *Il.* 944. 43 ἕτεροι δὲ ἀκολουθοῦντες τῆι Σιμωνίδου καὶ Ἰβύκου ἱστορίαι φασὶν
ὡς ἀληθῶς ἀεὶ ἐνεκότει τῶι Ἰδομενεῖ Δηίφοβος ὡς ἀντεραστῆι. ἦρα γάρ, φασί, καὶ
αὐτὸς τῆς Ἑλένης

17

98 P.Oxy. 2260 ed. Lobel; saec. ii p.C.

col. ii 23 seqq. καὶ ὁμοίως κατὰ τὸν "Ιβυκον·

τὸν γὰρ ῾Ηρακλ[έ]α π[ρ]όμαχον γενέσθαι
φ[ασὶ τ]οῦ Δ[ιὸς σ]ὺν ἀριστ[οπάτραι
κρατ]ερόφρ[ονι Πα]λ[λ]άδι· [τὰ]ν γὰρ ἔτικτε⟨ν⟩ αὐτός,
κορυφᾶς δέ οἱ ἐξανέπαλτο [

e.p. secutus supplevi (*CR* n.s. 3 (1953) 1 seq.). est commentarius in poetam
quempiam; de Minerva armata Iovis capite oriunda agitur. antecedit Stes. fr.
56 supra

18 (45 в.)

299 Schol. Ap. Rhod. ii 777–9, p. 187 W.

ἀκολούθως τῶι μύθωι πεζὸν τὸν Ἡρακλέα φησὶν ἐπὶ τὸν ζωστῆρα
τῆς Ἱππολύτης ἀπελθεῖν . . . πολλοὶ δὲ λόγοι περὶ τοῦ ζωστῆρός
εἰσιν. τινὲς μὲν γὰρ Ἱππολύτης, ἄλλοι δὲ Δηϊλύκης. Ἴβυκος δὲ
ἰδίως ἱστορῶν Οἰολύκης τῆς Βριάρεω θυγατρός φησιν.

Et. Mag. 213. 23 Βριάρηο· οἷον Βριάρηο κόρα contulit Bergk, idem Ibycum
Οἰολύκα Βριάρηο κόρα dixisse coni.

19 (46 в.)

300 Schol. Ar. *Nub.* 1050

Ἡράκλεια λουτρά· Ἴβυκός φησι τὸν Ἥφαιστον κατὰ δωρεὰν
ἀναδοῦναι τῶι Ἡρακλεῖ λουτρὰ θερμῶν ὑδάτων. ἐξ ὧν τὰ θερμά
τινές φασιν Ἡράκλεια λέγεσθαι.

cf. Sud. ii 581 A.

20 (39 в.)

301 Schol. Ap. Rhod. i 287, p. 33 W.

ὧι ἔπι μούνωι· ἄρρενι μόνωι. εἶχεν γὰρ (scil. Iason) ἀδελφὴν
Ἱππολύτην, ὥς φησιν Ἴβυκος.

21 (15 в. et D.)

302 An. Ox. Cramer i 255. 7 (= Hdn. II 231. 10, cf. I 85. 28, L.)

ὥσπερ παρὰ τὸ Δάρδανος ἐκπίπτει πατρωνυμικὸν εἰς ῑς Δαρδανίς
. . . οὕτως ἔδει καὶ παρὰ τὸ Κάδμος Καδμίς· τὸ ἄρα Καδμηΐς
ἐπλεόνασε τὸ η̄. ὅτε οὖν φησιν ὁ Ἴβυκος

παρελέξατο Καδμίδι κούραι,

τὸ ὀφειλόμενον ἀπέδωκεν.

22 (9+7 B., 16+11 D.)

303   Ps.-Herodian. π. σχημ. viii 605 seq. Walz (iii 101 Spengel)

τὸ δὲ ᾽Ιβύκειον καὶ λέξεως καὶ συντάξεώς ἐστι, γίνεται δὲ ἐν τοῖς
ὑποτακτικοῖς τρίτοις προσώποις τῶν ῥημάτων κατὰ πρόσθεσιν τῆς
σι συλλαβῆς . . . καλεῖται δὲ ᾽Ιβύκειον, οὐχ ὅτι πρῶτος ῎Ιβυκος
αὐτῶι ἐχρήσατο, δέδεικται γὰρ καὶ παρ᾽ ῾Ομήρωι πρότερον, ἀλλ᾽
ἐπεὶ πολὺ καὶ κατακορὲς παρ᾽ αὐτῶι. καὶ γάρ·

(a)   γλαυκώπιδα Κασσάνδραν
      ἐρασιπλόκαμον Πριάμοιο κόραν
      φᾶμις ἔχησι βροτῶν.

καὶ δι᾽ ἑτέρων·

(b) ἆμος ἄυπνος κλυτὸς ὄρθρος ἐγείρησιν ἀηδόνας,
ἀντὶ τοῦ ἐγείρηι.

Et. Mag. 440. 53 κατὰ τοῦτο καὶ τὸν ῎Ιβυκον εἰρηκέναι· κλυτὸν ὄρθρον· τὸν τοῦ
κλύειν αἴτιον. Cf. Schol. A Hom. Il. 5. 6, i 197 Di., Lesbonact. ap. Ammon. 166
Valckenaer, Eust. Od. 1576. 56, Et. Mag. 650. 56

(a) 1–2 γλαυκώπιδι κασάνδρα ἐρασιπλόκαμον κόραν πριάμοιο codd. Parr., γλαυκώ-
πιδα κασσάνδρα πριάμου cod. Ven., λευκὰ πίθακας ἀνδρανέρασι πλόκαμον κόρην
πριάμου cod. Haun.: Πριάμοιο κόραν transposui, nisi κούραν Πριάμου (Schneidewin,
sed -οιο) praeferendum   3 φάτις cod. Par. 2, φαμῆς cod. Haun.
(b) τᾶμος codd., corr. Bergk   ἄυπνους coni. Schneidewin, fort. recte; ἄυπνος
accus. coni. Mucke, probat Mancuso   numerosius esset ἄυπνος / κλ. ὄ. ἔγρησιν
ἀηδ.

23 (41 B.)

304   Schol. Ap. Rhod. i 146–9, p. 19 W.

εἰκότως αὐτὴν (scil. Λήδαν) Αἰτωλίδα εἶπεν, ἐπεὶ Αἰτωλὸς ὁ
Θέστιος. καὶ εἴρηκεν ἀπὸ τῆς χώρας, ὡς ἐάν τις τὸν Συρακόσιον
Σικελὸν λέγηι ἢ τὸν ῾Ρωμαῖον ᾽Ιταλόν. ὁ δὲ ῎Ιβυκος αὐτὴν Πλευρω-
νίαν φησίν, ῾Ελλάνικος δὲ Καλυδωνίαν.

24 (11 B.)

305 Diomed. *art. gramm.* i, *Gramm. Lat.* i 321 Keil

his etiam unum accedit, agnomen ex aliqua virtute forinsecus quaesitum, quod ἐπιγέννητον Graeci dicunt, quo cognomina discriminantur, ut est Ulixi agnomen polytlas. nam praenomen est, ut ait Ibycus, Olixes, nomen Arsiciades, cognomen Odyseus, et ordinantur sic, Olixes Arsiciades Odyseus polytlas.

Ibycum ἐκαλεῖτο δ᾽ ᾽Ολυσσεὺς (vel ᾽Ολιξεὺς) / Ἀρκεισιάδας ᾽Οδυσεὺς ὁ πολύτλας dixisse coni. Bergk   cf. Kretschmer *Gr. Vaseninschr.* 146 seqq.

25 (10ᴬ B., 17 D.)

306 Priscian. *inst.* vi 92, *Gramm. Lat.* ii 276. 4 Keil (= Hdn. I 14. 19 L.)

pro Φυλεύς Φύλης, pro ᾽Ορφεύς ῎Ορφης et ῎Ορφην dicunt (scil. Dores), pro Τυδεύς Τύδης. sic Antimachus in I Thebaidos (fr. 6 Wyss) . . . similiter Ibycus

$$\text{ὀνομάκλυτον ᾽Ορφήν}$$

dixit.

-κλυτον codd. (corruptissime ut solent), -κλυτος coni. Schneidewin   cf. Kretschmer *Gr. Vaseninschr.* 191 seqq.

26 (36 B.)

307 Schol. Eur. *Hec.* 41, i 17 Schw.

ὑπὸ Νεοπτολέμου φασὶν αὐτὴν (scil. Πολυξένην) σφαγιασθῆναι Εὐριπίδης καὶ ῎Ιβυκος.

27 (48 B.)

308 Pausan. ii 6. 5, i 140 Sp.

Σικυῶνα δὲ οὐ Μαραθῶνος τοῦ Ἐπωπέως, Μητίονος δὲ εἶναι τοῦ Ἐρεχθέως φασίν. ὁμολογεῖ δέ σφισι καὶ Ἄσιος (fr. 11 Kinkel), ἐπεὶ Ἡσίοδός γε καὶ Ἴβυκος, ὁ μὲν ἐποίησεν (fr. 121 K.) ὡς Ἐρεχθέως εἴη Σικυών, Ἴβυκος δὲ εἶναι Πέλοπός φησιν αὐτόν.

28 (32 B.)

309 Athen. xiii 603 D

Ῥαδαμάνθυος δὲ τοῦ δικαίου Ἴβυκος ἐραστήν φησι γενέσθαι Τάλων.

29 (24 B., 22 D.)

310 Plut. *quaest. conv.* ix 15. 2, iv 335 Hub.

ἀλλ᾽ οὐδὲν οὕτως τὸ νῦν ἀπολέλαυκε τῆς κακομουσίας ὡς ἡ ὄρχησις. διὸ καὶ πέπονθεν ὁ φοβηθεὶς Ἴβυκος ἐποίησε·

δέδοικα μή τι πὰρ θεοῖς
ἀμβλακὼν τιμὰν πρὸς ἀνθρώπων ἀμείψω.

Plato *Phaedr.* 242 C, D ἐμὲ γὰρ ἔθραξε μέν τι καὶ πάλαι λέγοντα τὸν λόγον καί πως ἐδυσωπούμην κατ᾽ Ἴβυκον· μή τι—ἀμείψω. Synes. *ep.* cv PG 66. 1481 C οὐ γὰρ νεώτερόν ἐστι τὸ δέος ἀλλὰ καὶ λίαν ἀρχαῖον, τὸ μή τι περὶ θεὸν ἀμπλακὼν τιμὰν πρὸς ἀνθρώπων ἐφεύρω, ubi in marg. cod. Gud. 104 Ἰβύκου τινὸς παλαιοῦ· ἐστὶν πρὸς ἱερωσύνην συναῖδον τὸ Ἰβύκειον τουτὶ ῥησείδιον. Marin. *vita Procli* ā 2, p. 1 Boissonade δεδιὼς κατ᾽ Ἴβυκον μή τι οὐ παρὰ θεοῖς, ὥς που ἐκεῖνος ἔφη, παρὰ δὲ ἀνδρὶ σοφῶι ἀμπλακὼν—ἀμείψω. Suda (i) i 146-7 A. s.v. ἀμπλακών· ἀλλὰ τὸ Ἰβύκου ἔπος αὐτὸν ἐπήιει· μήτι κτλ. ἐστὶ δὲ πρὸς ἱερωσύνην—ῥησείδιον. (ii) ii 607 A. s.v. Ἰβύκειον, (iii) iii 390 A. s.v. μή τι, fere eadem

1 μή τε Sud. (iii) cod. A   παρὰ θεοῖς Plut. Plat. Sud. codd., πὰρ Mehlhorn: παρὰ θεὸν Marin. codd. duo, περὶ θεὸν Synes.; περὶ θεοὺς coni. Kuster   2 ἀμβλ- Plat. cod. B: ἀπλ- Plut. codd., ἀμπλ- rell.   τιμᾶν Plat. cod. B   πρός: fort. ποτ(ὶ)   ἄμειψιν Sud. (i) codd. AS, ἀμείψειν Suda (ii), ἀμείψηι (iii) codd., ἐφεύρω Synes.

30 (26 B., 19 D.)

311 Porphyrius *comment. in Ptolem. harmon.* iv, ed. I. Wallis, *Op. Mathem.* (1699) iii 255

ταχέως γὰρ ἄν τις τῶν ἀπείρων μὲν μουσικῆς καὶ τῶν τοιούτων θεωρημάτων ἃ νῦν ψηλαφῶμεν ἡμεῖς, ἐν δὲ τοῖς σοφιστικοῖς λόγοις καλινδουμένων

(a) Ἔριδός ποτε μάργον ἔχων στόμα,

φησί που Ἴβυκος,

(b) ἀντία δῆριν ἐμοὶ κορύσσοι.

(a) ποτὶ Ursinus et Stephanus ⟨τάχα κέν τις ἀνὴρ⟩ ante Ἔριδος suppl. Bergk
(b) δῆριν ἐνιοικορύσσοι cod. D, δῆρινενοοικορύσσοι codd. ME : ἐμοὶ Nauck

31 (17 B., 20 D.)

312 Galen. *comment. in Hippocr. epidem.*, xvii I 881 Kuehn

ἐπὶ δὲ τοῦ νέφους δοκεῖ τετάχθαι (scil. πέμφιξ) κατὰ τόδε τὸ ἔπος ἐν Σαλμωνεῖ σατύροις παρὰ Σοφοκλεῖ (fr. 539 P.)· καὶ παρ' Ἰβύκωι·

πυκινὰς πέμφιγας πιόμενοι.

λέλεκται δὲ οὗτος ὁ λόγος αὐτῶι κατά τινα παραβολὴν ἐπὶ χειμαζομένων εἰρημένην. διὸ καὶ τῶν προγνωστικῶν οἱ πλεῖστοι ἐπὶ τῶν κατὰ τοὺς ὄμβρους σταγόνων εἰρῆσθαί φασι τὰς πέμφιγας.

32 (27 B., 23 D.)

313 Chrysippus π. ἀποφατ. 14, ii 55 Arnim

εἰ οὐ ἀντίκειται ἀξίωμα καταφατικὸν τῶι·

οὐκ ἔστιν ἀποφθιμένοις ζωᾶς ἔτι φάρμακον εὑρεῖν,

οὐκ [[ὁ]] Ἴβυκος ὁ ποιητὴς οὕτως ἀπεφαίνετο, οὐκ ἔστιν κτλ. (v. quater repetitus, Ibyci nominis mentio bis facta)

33 (3 B., 12 D.)

14 Theon Smyrn. p. 146 Hiller

κοινῶς τε γάρ, φησὶν ὁ Ἄδραστος, πάντας τοὺς ἀστέρας οἱ
ποιηταὶ σειρίους καλοῦσιν, ὡς Ἴβυκος·

φλεγέθων ἅιπερ διὰ νύκτα μακρὰν
σείρια παμφανόωντα

Phot. *lex.* ii 156 N. = p. 513 Porson Σίριον· τὸν κύνα. ὅτε δὲ τὸν ἥλιον. Ἴβυκος δὲ
πάντα τὰ ἄστρα σίρια. Hesych. σείριος· ὁ ἥλιος ... Ἴβυκος δὲ πάντα τὰ ἄστρα. Sud.
iv 347 A. s.v. σείριον, fere eadem

ἅιπερ vel ἅπερ cod. (post correctionem)

34 (6 B., 13 D.)

15 Athen. (om. E) xv 681 A

Ἴβυκος·

μύρτα τε καὶ ἴα καὶ ἑλίχρυσος
μᾶλά τε καὶ ῥόδα καὶ τέρεινα δάφνα

2 τερινα δάφηα Athen., corr. eodem fere tempore Canter et Ursinus

35 (10ᴮ B., 14 D.)

16 Et. Gen. B p. 261 Miller + Et. Mag. 703. 28 + Et. Sym. cod. V
ibid. Gaisf. (= Hdn. II 577. 9 L.)

ῥῆγος· τὸ πορφυροῦν περιβόλαιον ... ὅτι δὲ ῥαγεῖς ἔλεγον τοὺς
βαφεῖς καὶ ῥέγος τὸ βάμμα σαφὲς Ἀνακρέων ποιεῖ (fr. 102)·
ἁλιπόρφυρον ῥέγος· ὡς παρ᾽ Ἰβύκωι (ὡς παρ᾽ Ἰ. Et. Gen., καὶ παρὰ
Ἰ. Et. Mag., Et. Sym. (παρὰ τῶι Ἰ.))·

ποικίλα ῥέγματα ⟨καὶ⟩ καλύπτρας
περόνας τ᾽ ἀναλυσαμένα

ποικίλα ῥέγματα Et. Mag., καλύπτρας—ἀναλυσαμένα add. Et. Gen.   1 καὶ
add. Bergk   2 -μέναι coni. Edmonds

36 (8+4 b., 9–10 d.)

317 Athen. (om. E) ix 388 E

(praecedit libri περὶ ὀρνίθων Callimachei mentio = Callim. fr. 414 Pf.) Ἴβυκος δέ τινας λαθιπορφυρίδας (λαθιπόρφυρας A, corr. Schweighaeuser) ὀνομάζει διὰ τούτων·

    (a) τοῦ μὲν πετάλοισιν ἐπ᾽ ἀκροτάτοις
        ἵζάνοισι ποικίλαι αἰολόδειροι
        πανέλοπες λαθιπορφυρίδες ⟨τε⟩ καὶ
        ἀλκυόνες τανυσίπτεροι.

ἐν ἄλλοις δέ φησιν·

    (b) αἰεί μ᾽ ὦ φίλε θυμὲ τανύπτερος ὡς ὄκα πορφυρίς

Schol. Ar. *Av.* 1302, p. 239 White ὁ πηνέλοψ νήττηι μέν ἐστιν ὅμοιον, περιστερᾶς δὲ μέγεθος· μέμνηται δὲ αὐτοῦ Στησίχορος (fr. 85) καὶ Ἴβυκος

(a) 1–2 ἀκροτάτοισι ξανθοῖσι A, corr. Wilam.   2–3 ποικ. πανέλ. αἰολόδ. A, numerorum causa transposuit Hermann (sunt qui αἰολοδ. et λαθιπ. coniungant: atqui αἰολόδειρος est penelops, non item porphyris)   3 αδοιπορφ- A, corr. Schweighaeuser   ⟨τε⟩ suppl. Bergk
(b) οὖμε A, corr. Valckenaer

---

37 (18–19 b., 24–25 d.)

318 Herodian. π.μ.λ. β̄ 32, II 938. 1 (cf. I 391. 10) L.

οὐδὲν εἰς ω̄ρ λῆγον οὐδέτερον ὑπὲρ μίαν συλλαβὴν ἔχει συμπλοκὴν δύο συμφώνων πρὸ τοῦ ω̄· Πριαμίδη μὴ δή με ἕλωρ Δαναοῖσιν ἐάσῃις (*Il.* 5. 684). νίκωρ παρὰ Σώφρονι τῶι μιμογράφωι (fr. 133 K.), ὕδωρ ἔλδωρ. οὐ γὰρ συμπλοκὴ ἐνθάδε ἀλλὰ διάστασις. ὁ δὲ Ἴβυκος ἔσθ᾽ ὅτε καὶ θηλυκῶς προφέρεται·

      (a)   οὔτι κατὰ σφετερὰν ἐελδώ
καὶ
      (b)   ἐσθλὸν †προδεδεγμένον† ἐέλδωρ

(a) ἐέλδωρ cod., corr. Schneidewin
(b) ἐσθλὰν ποτιδεγμένων ἐελδώ coni. Schneidewin   προδεδεγμένον ἔλδωρ coni. Bergk, πρ. ἐλδώ Edmonds
in (a) feminini generis, in (b) neutrius exemplum videtur offeri; Mucke, *de dial. Stes. &c.,* Diss. Lips. 1879 p. 56 seq.

38 (29 B. et D.)

319 Schol. Pind. *Isthm.* viii 92, iii 275 Dr.

νεικέων πέταλα δὶς ἐγγυαλιζέτω· ἀντὶ τοῦ τῶν φιλονεικιῶν τὰ φύλλα. τροπικώτερον δὲ τῶν φιλονεικιῶν τὰς στάσεις ἢ τὰ νείκη, ὡς "Ιβυκος·

κλάδον 'Ενναλίου,

καὶ "Ομηρος· ὄζον Ἄρηος.

39 (20 B., 18 D.)

320 Et. Gen. B p. 197 Miller + Et. Mag. 542. 51 (om. Et. Sym.)

Κυάρης· "Ιβυκος·

οὐδὲ Κυάρας ὁ Μηδείων στρατηγός.

τινὲς λέγουσιν, ἀπὸ τοῦ Κυαξάρης γέγονε κατὰ συγκοπήν· ἄλλοι δὲ ἀπὸ τοῦ Κυάραν· ἐὰν οὖν ἦι ἀπὸ τοῦ Κυαξάρας συγκριτικὸν οὐ πλεονάζει τὸ ᾱ, ἐὰν δὲ ἀπὸ τοῦ Κυάρα πλεονασμῶι τοῦ ᾱ οὐ συγ-
⟨   ⟩

καρύας ὁ Μηδεῖ Et. Mag. D, κυάρας ὁ μηδεῖ Et. Mag. M   -αγός Bergk; tum fort. Μαδ- debebis   vid. Weissbach *RE* Suppl. iv (1924) 1128 seq.; potius ad *Cyrum* (elam. *Kuraš*, babylon. *Kurrašu*, simm.) quam ad *Cyaxarem* referendum

40 (22 B., 21 D.)

321 Schol. Pind. *Nem.* i 1, iii 7–8 Dr.

ἡ δὲ Ὀρτυγία πρότερον μὲν οὖσα νῆσος εἶτα προσχωσθεῖσα
χερρόνησος γέγονεν, ὡς καὶ Ἴβυκος ἱστορεῖ·

> †παρὰ χέρσον λίθινον
> τῶν† παλάμαις βροτῶν·
> πρόσθεν νιν πεδ᾽ ἀναριτᾶν
> ἰχθύες ὠμοφάγοι νέμοντο.

Strabo i 3. 18, i 89 Kr. ἐνταῦθα μὲν δὴ διακοπαὶ χειρότμητοι γεγόνασιν, ἀλλαχόθι
δὲ προσχώσεις ἢ γεφυρώσεις καθάπερ ἐπὶ τῆς πρὸς Συρακούσαις νήσου νῦν μὲν γέφυρά
ἐστιν ἡ συνάπτουσα αὐτὴν πρὸς τὴν ἤπειρον, πρότερον δὲ χῶμα, ὥς φησιν Ἴβυκος,
λογαίου λίθου, ὃν καλεῖ ἐκλεκτόν
Athen. iii 86 B καὶ Ἀρχίλοχος δὲ τῆς χηράμβης μέμνηται (fr. 198 Bergk), τοῦ δ᾽
ἀναρίτου Ἴβυκος. καλεῖται δ᾽ ὁ ἀναρίτης καὶ ἀνάρτας. κοχλιῶδες δὲ ὂν τὸ ὄστρεον
προσέχεται ταῖς πέτραις ὥσπερ αἱ λεπάδες

1 περὶ D : πὰρ coni. Boeckh   1–2 voc. ἐκλεκτός hic usurpatum testatur
Strabo : fort. πὰρ χέρσον λίθινον πέτρων / ἐκλεκτῶν παλ.   2 τῶν DPU, τὸν
B ; Tl egi nequit   3 πρόσθεν PTU : πρόσθε DB   νιν B : μιν TU, μὴν P, μὴ D
παῖδα νήριτον codd., corr. Schneidewin ; nisi πεδὰ νηριτᾶν (Boeckh ; vel -ων)
praeferendum   4 -ται P

41 (47 B.)

322 Strabo vi 2. 4, i 432 Kramer

Ἀλφειὸν δὲ Ζωίλος ὁ ῥήτωρ ἐν τῶι Τενεδίων ἐγκωμίωι φησὶν ἐκ
Τενέδου ῥεῖν, ὁ τὸν Ὅμηρον ψέγων ὡς μυθογράφον. Ἴβυκος δὲ τὸν
ἐν Σικυῶνι Ἀσωπὸν ἐκ Φρυγίας ῥεῖν φησι.

42 (23 B.)

323 Schol. Theocr. i 117, p. 67 seq. W.

Ἀρέθοισα· κρήνη ἐν Συρακούσαις. φασὶ διὰ πελάγους Ἀλφειὸν
ἥκειν ⟨   ⟩, ὥς φησιν Ἴβυκος παριστορῶν περὶ τῆς Ὀλυμπιακῆς
φιάλης.

Serv. Verg. *Ecl.* x 4, iii 1. 119 T.–H. alii dicunt ad Arethusam nympham Siciliae
Alpheum de Elide venire per maria . . . alii dicunt ipsam Arethusam iam in
fontem mutatam Alpheum fugere et de Elide ad Siciliam venire . . . (schol. Dan.

add.:) sane dicitur quodam tempore patera aurea in Arethusa inventa, quam olympionices in Alpheum miserat. et cum Olympiae hostiae caeduntur cruor earum in Alpheum infusus in Arethusam exit. cf. Prob. ibid., iii 2. 348 T.–H.; Serv. *Aen.* iii 694, i 445 T.–H.; Schol. Hom. *Od.* 3. 489; Schol. Pind. *Nem.* i 1–3, *Pyth.* ii 12; Ov. *Metam.* v 572 seqq.; Strab. vi 2. 4; Pausan. v 7. 2

ἢ ἐν Σικελίαι post Συρακ. add. EAT, unde ἢ ἐν Σικελίαι φυγοῦσα διὰ πελάγους Ἀλφειὸν ἧξεν scr. Ahrens ἥκειν Heinsius: ἥξειν codd. lacunam indicavit Ziegler 'Ολυμπιακῆς Wendel: -πίας codd.; -πίασι coni. Bergk

43 (31 B.)

24 Schol. Ap. Rhod. iii 26, p. 216 W.

Ἀπολλώνιος μὲν Ἀφροδίτης τὸν Ἔρωτα γενεαλογεῖ, Σαπφὼ δὲ (fr. 198) Γῆς καὶ Οὐρανοῦ, Σιμωνίδης δὲ (fr. 70) Ἀφροδίτης καὶ Ἄρεως ... Ἴβυκος ⟨.......⟩, ὁ δὲ Ἡσίοδος (*theog.* 116 seqq.) ἐκ Χάους λέγει τὸν Ἔρωτα.

Ἴβυκος ὁ δὲ Ἡσίοδος cod. L, Ἴβυκος καὶ Ἡσίοδος cod. P: lac. post Ἴβυκος indicat Keil, Ἴβυκος ⟨δὲ Ἀφροδίτης καὶ Ἡφαίστου⟩, ὁ δὲ Ἡσίοδος suppl. Wilam.

44 (33 B.)

25 Athen. ii 39 B

ὁ δ᾽ Ὅμηρος θεῶν πόμα τὸ νέκταρ οἶδεν. Ἴβυκος δέ φησι τὴν ἀμβροσίαν τοῦ μέλιτος κατ᾽ ἐπίτασιν ἐννεαπλασίαν ἔχειν γλυκύτητα, τὸ μέλι λέγων ἔνατον εἶναι μέρος τῆς ἀμβροσίας κατὰ τὴν ἡδονήν.

Eust. *Od.* 1633. 11, fere eadem

45 (51 B.)

26 Cod. Sorb. ap. Et. Mag. 387. 42

ὁ δὲ Ἡρωδιανὸς συντίθεται πρώτωι Ἐτυμολογιῶν οὕτως λέγων· τὸ παρ᾽ Ὁμήρωι ἐτώσιον τινὲς οἴονται παρὰ τὸ ἐτῶν ἐτώσιον· ἀλλὰ μάχεται ὁ νοῦς· οἱ δὲ οὕτως· ἀήτων ἀητώσιος, συστολῆι ἀετώσιον, παρ᾽ Ἰβύκωι, τοῦτο ἀφαιρέσει ἐτήσιον. ἢ οὕτως· ἔτος ἀετός ἀέτων ἀετώσιος, ὁ μὴ ἀληθὴς ἀλλὰ μάταιος.

cf. Et. Gud. 216. 26, Schol. B Hom. *Il.* 1. 133

46 (50 B.)

327 Choerob. *in Theodos. can.* i 267. 15 Hilg.

εἶτα αὕτη ἡ αἰτιατική, φημὶ δὴ ἡ ἴκτινον, κατὰ μεταπλασμὸν
γέγονεν ἴκτινα, ὡς παρὰ Ἀριστοφάνει (I 548 K.) . . . ὥσπερ ἀλίτροχον
ἀλίτροχα παρ' Ἰβύκωι (παρίβυκον παρίβυκα cod. V, παρ' ἴβυκα
codd. NC, corr. Gaisford) καὶ διθύραμβον διθύραμβα παρὰ Πιν-
δάρωι (fr. 86 Sn.).

---

cf. An. Ox. Cramer i 270. 34 seq. = Hdn. II 626. 40 L. ἀλίτροχον ἀλίτροχα

47 (52 B.)

328 Et. Gud. s.v. i 225 de Stefani

ἄτερπνος·

οὕτως ὁ ἄγρυπνος παρὰ Ῥηγίνοις, ὡς καὶ παρ' Ἰβύκωι καὶ Στησι-
χόρωι (fr. 74) . . . ἐστὶ γὰρ κατ' ἐντέλειαν ἀτέρυπνος, ὁ χωρὶς ὢν
ὕπνου.

---

cod. Paris. 2636 ap. An. Par. Cramer iv 61. 22 ἄτερπνος· οὕτως ὁ ἄγρυπνος παρὰ
τῶι Ῥηγίνωι ὡς καὶ παρ' Ἰβύκωι καὶ Στησιχόρωι. Et. Mag. 163. 8 ἄτερπνος· ὁ ἄγρυ-
πνος παρὰ Ῥηγίνοις

48 (54 B.)

329 Et. Gen. B p. 88 Miller + Et. Mag. 273. 24 (= Hdn. II 385. 10 L.)

διέφρασαι·

παρὰ Ἰβύκωι (Ἴβυκι Et. Mag.) ἐστὶν ἔφθαρσαι· καὶ κατὰ πάθος
ἔφαρσαι· καὶ καθ' ὑπέρθεσιν ἔφρασαι καὶ διέφρασαι. οὕτως Ἡρω-
διανός.

49 (30 D.)

330 Schol. Hom. *Il.* 23. 533 cod. Ven. 458 ed. T. W. Allen *CR* 14
(1900) 244

πρόσσοθεν· συνέσταλται τὸ ω̄ καὶ ἔστιν ὅμοιον τῶι παρ᾽ Ἰβύκωι
(τῷ παριβυκῷ cod.)

κύματος ἔξοθεν ἄκρου
πᾶσα κάλως ἀσινής.

---

1 ἔξωθεν cod. 2 καλῶς cod. cf. Stes. fr. 75

50 (42–43 B.)

331 An. Ox. Cramer iii 413. 15 (schol. in Basil. Orat. περὶ γενέσεως)

ὁ δὲ αὐτὸς ἑωσφόρος καὶ ἕσπερος. καίτοι γε τὸ παλαιὸν ἄλλος
ἐδόκει εἶναι ὁ ἑωσφόρος καὶ ἄλλος ὁ ἕσπερος. πρῶτος δὲ ῎Ιβυκος ὁ
῾Ρηγῖνος συνήγαγε τὰς προσηγορίας.

Achill. Tat. *in Arat. isagog.* 17, *comment. in Arat. reliqu.* 43 Maass πέμπτος ὁ
τῆς Ἀφροδίτης παρὰ μὲν ῞Ελλησιν ἑωσφόρος ⟨. . .⟩· πρῶτος δὲ ῎Ιβυκος εἰς ἓν συνέστειλε
τὰς προσηγορίας

51 (55 B.)

332 Et. Mag. 428. 28 (= Hdn. II 242. 29 L.)

ἤλσατο βοῦς·

῎Ιβυκος, παρὰ τὸ ἠλάσατο.

---

cf. Semon. Amorg. fr. 17 (Bergk)

52 (56 B.)

333 An. Ox. Cramer i 65. 15 (= Hdn. II 205. 5 L.)

(de metaplasmo agitur) τῆι κλαγγῆι δοτικῆι εἶπεν ὁ ῎Ιβυκος
(῎Ιβικος cod.)

κλαγγί.

κλαγγίϊ cod.

53 (57 B.)

334 Herodian. π.μ.λ. β̄ 38, II 943. 26 L.

Λεβυαφιγενής· ἡ διὰ τοῦ φι ἐπέκτασις οὐδέποτε θέλει κατ᾽ ἀρχὴν συντίθεσθαι, μόνωι δὲ παρηκολούθησεν ἐν ἐπιρρήματι τῶι ἴφι τὸ τοιοῦτο· Ἰφιγένεια Ἰφικλῆς Ἰφιάνασσα καὶ ὅσα ἄλλα ἐστὶ τοιαῦτα. πεπλάνηται οὖν Ἴβυκος (Ἴβευκος cod.) εἰπών·

Λεβυαφιγενής.

Λιβ- coni. Bloch, sed vid. Vogliano *Riv. di Fil.* 6 (1928) 414 seq.   cf. etiam Kretschmer *Glotta* 26 (1938) 57 seq.

54 (53 B.)

335 Hesych. s.v.

βρυαλίκται· πολεμικοὶ ὀρχησταί. μενέδουποι. Ἴβυκος καὶ Στησί-χορος (fr. 81).

ωρχηνται μεναιδοιπου cod., corr. Musurus, Hermann
incertum quid ad poetam referendum sit: ⟨βρυαλ.⟩ μενέδ. coni. Hermann

55 (58 B.)

336 Schol. Ap. Rhod. iii 106, p. 220 W.

Ἀνακρέων δὲ ἐπὶ τάχους ἔταξε τὸ ῥαδινόν (fr. 111)· Ἴβυκος δὲ ἐπὶ τῶν τὸν οὐρανὸν βασταζόντων κιόνων, εὐμεγέθεις λέγων (λέγει L: corr. Wendel). Στησίχορος ἐπὶ τοῦ εὐτόνου (fr. 66).

56 (59 B.)

337 Schol. Ap. Rhod. iv 1348, p. 314 W.

στέρφεσι τοῖς δέρμασιν. ἔνθεν καὶ στερφῶσαι. Ἴβυκος δὲ

στερφωτῆρα στρατὸν

εἴρηκε τὸν ἔχοντα δέρματα.

57 (60 B.)

38 Et. Mag. 763. 41, Et. Sym. cod. V ibid. Gaisf.

s.v. τραπεζίτης· διὰ τοῦ ῑ. σημαίνει τὸν ἐν τῆι συνηθείαι λεγό-
μενον τραπεζίτην, ἀπὸ τοῦ τράπεζα. διὰ δὲ τῆς ῑ διφθόγγου τὸν ἐν
τῆι τραπέζηι παριστάμενον, ὡς παρ᾽ Ὁμήρωι· τραπεζῆες κύνες· ἀπὸ
τοῦ τραπεζεύς ἐστι. τὸ δὲ παρ᾽ Ἰβύκωι διὰ τοῦ ῆ λεγόμενον

τραπεζητᾶν κυνῶν

ἐστιν ὡς πλείων πλήων.

An. Ox. Cramer ii 45. 21 (= Hdn. I 77. 10, II 356. 28, 436. 24, 593. 8 L.) παρ᾽
Ἰβύκωι εὕρηται κατὰ τροπὴν τῆς ῑ διφθόγγου εἰς ῆ, ὥς φησιν Ἡρωδιανὸς ἐν τῆι
καθόλου; eadem An. Bekker iii 1424. cf. Et. Gud. 533. 42, 534. 14; Eust. Il. 1257.
25; Sud. iv 583 A. s.v. τράπεζα; Pollux iii 84

κυνᾶν codd. sec. Gaisf.

58 (61 B.)

39 Plut. comp. Lyc. et Num. 3, iii 2. 98 L.–Z.

ἔτι δὲ μᾶλλον ἡ περὶ τὰς παρθένους φυλακὴ κατέσταλται τῶι
Νομᾶι πρὸς τὸ θῆλυ καὶ κόσμιον. ἡ δὲ τοῦ Λυκούργου παντάπασιν
ἀναπεπταμένη καὶ ἄθηλυς οὖσα τοῖς ποιηταῖς λόγον παρέσχηκε.
φαινομηρίδας τε γὰρ αὐτὰς ἀποκαλοῦσιν ὡς Ἴβυκος καὶ ἀνδρομανεῖς
λοιδοροῦσιν ὡς Εὐριπίδης.

cf. Polluc. ii 187 Λάκαινα φανόμηρις, vii 55 παρέφαινον τοὺς μηροὺς μάλιστα αἱ
Σπαρτιάτιδες, ἃς διὰ τοῦτο φανομηρίδας ὠνόμαζον. schol. in Clem. Alex., iv 128
Klotz (τὰς Λακαίνας) φανομηρίδας ἔλεγον παρὰ τὸ φαίνειν τοὺς μηρούς, κτλ.

59 (62 B.)

40 Schol. Pind. Ol. ix 129, i 297 Dr.

ἔπειτα χάρμα· νῦν ἀντὶ τοῦ χαρά. Ὅμηρος δὲ ἐπὶ τῆς μάχης. οἱ
δὲ περὶ Ἴβυκον καὶ Στησίχορον (fr. 90) χάρμην τὴν ἐπιδορατίδα
φασίν. P.Oxy. 1604 2. 13, xiii 36 G.–H.]ς τε χάρμας, ubi in marg.
adn. τὰς ἐπιδορατίδας.

60

341   (*a*) An. Ox. Cramer iv 329. 22

ὁ μὲν διὰ τοῦ <u>ωσιος</u> ‘Ρηγίνων ἐστίν, ἐπεὶ συνεχὴς παρ’ αὐτοῖς ἀπὸ γενικῆς γίνεται· ἀνάκων ἀνακώσιος, χαρίτων χαριτώσιος. i 162. 14 ὁ διὰ τοῦ ωσιος τύπος ‘Ρηγίνων ἐστίν.

(*b*) ex Ibyco fortasse sumpta sunt alia quae Rheginis adscribunt grammatici; itaque glossam ap. An. Bekker iii 1347 (Hdn. I 508 L.) Ibyco dedit Schneidewin: αὖθιν· . . . οὕτω γάρ φησι λέγεται παρὰ ‘Ρηγίνοις.

61 (25 B.)

342   Aelian. *h.a.* vi 51, i 162 seq. Hercher

τὸν Προμηθέα κλέψαι τὸ πῦρ ἡ φήμη φησί, καὶ τὸν Δία ἀγανακτῆσαι ὁ μῦθος λέγει καὶ τοῖς καταμηνύσασι τὴν κλοπὴν δοῦναι φάρμακον γήρως ἀμυντήριον. τοῦτο οὖν ἐπὶ ὄνωι θεῖναι τοὺς λαβόντας πέπυσμαι. καὶ τὸν μὲν προιέναι τὸ ἄχθος φέροντα. εἶναι δὲ ὥραν θέρειον, καὶ διψῶντα τὸν ὄνον ἐπί τινα κρήνην κατὰ τὴν τοῦ ποτοῦ χρείαν ἐλθεῖν. τὸν οὖν ὄφιν τὸν φυλάττοντα ἀναστέλλειν αὐτὸν καὶ ἀπελαύνειν, καὶ ἐκεῖνον στρεβλούμενον μισθόν οἱ τῆς φιλοτησίας δοῦναι ὅπερ οὖν ἔτυχε φέρων φάρμακον. οὐκοῦν ἀντίδοσις γίνεται, καὶ ὁ μὲν πίνει, ὁ δὲ τὸ γῆρας ἀποδύεται, προσεπιλαβὼν ὡς λόγος τὸ τοῦ ὄνου δίψος. τί οὖν; ἐγὼ τοῦ μύθου ποιητής; ἀλλ’ οὐκ ἂν εἴποιμι, ἐπεὶ καὶ πρὸ ἐμοῦ Σοφοκλῆς ὁ τῆς τραγωιδίας ποιητὴς καὶ Δεινόλοχος ὁ ἀνταγωνιστὴς Ἐπιχάρμου καὶ Ἴβυκος ὁ ‘Ρηγῖνος καὶ Ἀριστίας καὶ Ἀπολλοφάνης ποιηταὶ κωμωιδίας ἄιδουσιν αὐτόν.

62

343   Himer. *or.* lxix 38, p. 244 Colonna

Ἴβυκον δὲ κατέχει λόγος ἀπολισθεῖν μὲν ἐξ ἅρματος ἐς ‘Ιμέραν (ἐξ ἡμέρας cod. : corr. edd. recc.) ἀπὸ Κατάνης ὀχούμενον· συντριβείσης δὲ αὐτῶι τῆς χειρὸς συχνόν τινα χρόνον ἀπωιδὸν γενέσθαι, τὴν λύραν δὲ ἀναθεῖναι Ἀπόλλωνι.

---

fontem esse carmen Ibyceum coni. Schmid, *Gr. Lit.* i 433 n. 12

63 (40 B.)

344 Zenob. *cent.* ii 45, i 44 L.–S.

ἀγὼν πρόφασιν οὐκ ἐπιδέχεται οὔτε φιλία. ὁ Μύλων ὁ παροιμιο-
γράφος Ἰβύκειον τὴν παροιμίαν ταύτην φησίν, ὡς πρώτου χρησα-
μένου τοῦ Ἰβύκου.

---

cf. Greg. Cypr. i 19 (prov. sine nomine auctoris), al.

64

345 artis metricae scriptorum testimonia

Serv. iv 61. 22 Keil (dact.) ibycium constat heptametro
acatalecto, ut est hoc : carmina docta Thalia canit, properantius
huc ades o puer. ibid. ibycium constat heptametro hypercata-
lecto, ut est hoc : versiculos tibi dactylicos cecini puer optime
quos facias. Mar. Vict. vi 126. 8 Keil (archebuleum Ibyco ad-
scribit; cf. fr. 1); Serv. iv 461. 15 (dact. hex. acatal. 'ibycium'
nominat; cf. fr. 36 (*b*)).

ANACREON

1

346 P.Oxy. 2321 ed. Lobel; saec. ii p.C.

fr. 1

<blockquote>

οὐδε...[.]σ.φ..α..[....]..[

φοβερὰς δ' ἔχεις πρὸς ἄλλωι

3   φρένας, ὦ καλλιπρό[σ]ωπε παῖδ[ων·

<u>καί σε δοκεῖ μενε</u>[...'].....[

πυκινῶς ἔχουσα[

6   <u>ἀτιτάλλειν· σ</u>[.].[....]...[

τὰς ὑακιν[θίνας ἀρ]ούρας

ἵ]να Κύπρις ἐκ λεπάδνων

9   ...]'[.]α[ς κ]ατέδησεν ἵππους·

......]δ' ἐν μέσωι κατῆξας

......]ωι δι' ἄσσα πολλοὶ

12   <u>πολ]ιητέων φρένας ἐπτοέαται·</u>

λεωφ]όρε λεωφόρ' Ἡρο[τ]ίμη,

</blockquote>

---

omnia suppl. e.p.   accentus, sim.: 2 ἀσδέ   ἀλλ   3 ἐνασῶ   πρό   παί
4 κέει   5 ὦσέχ   6 τάλλειν·   7 τὰσ   ὀυρ   8 ˙]να   πάδ   9 ἐδ-
ησενίπ   10 μέσ   ῆξ   11 ἄσσαπό   12 τέωνφρέ   ἔατ   13]όρ
φόρήροτίμη·
    1 inter σ et φ fort. interpunctio   4 δοκέει Π   ]νοισι[, similia possis
8 εκ: sup. ε ut vid. ι scr.   13 Suda s.v. μυσάχνη iii 429 Adler ἡ πόρνη παρὰ
Ἀρχιλόχωι . . . Ἀνακρέων δὲ πανδοσίαν καὶ λεωφόρον καὶ μανιόκηπον; vid. fr. 101
infra   novi carminis init. ut vid.
    colometriam Alexandrinorum refero quamvis libentius choriambos restituerim
(cf. Merkelbach Archiv f. Papyrusf. 16 (1956) 98), τας υακινθινας αρου-/ρας ινα
Κυπρις εκ λεπαδ-/ νων [◡◡ – –] κατεδησεν ιππους = 2 cho. ia. + cho. cho. ba.
    virorum doctorum supplementa exscripsit Gentili Anacr. pp. 44 seq., 179 seqq.:
fin. v. 5 [μήτηρ] veri sim., reliqua mihi incertissima videntur   vid. etiam Galiano
Lírica Griega (1958) 112 seqq.

fr. 2

]λη γάρ εἰς·
']ειν·
']κ̣ι
]ο̣ν

· · ·

---

obstant interpunctio v. 1 et accentus v. 2 quominus cum fr. 44 aequetur
3 vel]τι   4 vel]εν

fr. 4

χα]λεπῶι δεπυκτάλιζ.[
]αν ὁρέω τε κἀνακύπτω[
].ωι πολλὴν ὀφείλω
]ν χάριν ἐκφυγὼν ἔρωτα[
5   ]νυσε παντάπασι, δεσμ[ῶν
].χαλεπῶν δι' Ἀφροδίτη[
]φέροι μὲν οἶνον ἄγγ.[
]φέροι δ' ὕδω[ρ].λαφλ̣[
].ε καλέοι[..]ιν[
10   ]χαρις, ἄρτ[..]ς δ[
].[

· · ·

---

omnia suppl. e.p.   accentus, sim.: 1 τάλ   2 ὁρω κᾱνακύ   5 τάπασι·
7 φέρ   ἀγγ   8 δ' ὑδ   9 λέ   10 ρις·
1 vel fort. -πῶς   δ' ἐπυκτάλιζο[ν veri sim., etiam -ιζε[possis   2]ανὁρὼ᷎:
itaque divisio ἀνορέω minus veri sim.; vid. autem Gentili Anacr. 202 seq.
3].: potius π quam τ vel γ   ὀφιλω Π   4 aut ἔρωτα[ς aut strophae finis
6 -τη[ν vel -τη[ς veri sim., sed etiam δῑ' Ἀφροδίτη possis   7 .[: litt. rotund.
pars sin.   8 πλαφα[ζον possis, minus veri sim. πλαφλ̣[αζον   9]δε possis
v. 7 fort. novi carminis initium   quae coniecere vv. dd. invenies apud Gentili
Anacr. 49, 202 seqq.; omnia incertissima   ignoramus duo sint carmina necne,
quam longi fuerint versus, quales sint numeri

frr. 11+3+6

. . .

]．[

]α·λε[

]πεσ[

]ννυχ[

5] ειδεμ．[

ἡδύ τε καὶ π[

ἀλλ' ἐρόεντα[

δῶρα πάρεστ[

Πιερίδων, β[

10 κα[ὶ] Χάρισιν,[

δ' ἡ[....]'.[.].[

.[

⟨quot vv. perierint incertum⟩

]....[

].ος, χαλ.[

15].α χαροπο.[

] πάννυχος πετοίμην [

ἰ]χθυοέντων δελιπ [

] χρυσολόφου⟦ς⟧ Παλλάδ[ος

] τηλόθεν.[

20 ἄ]νθεσιν β[

]ικία δ' ὑψ[

].οναε[

. . .

---

omnia suppl. e.p.   accentus, sim.: 2 α·   7 αλλ'   8 πάρ   9 ρίδων·
10 σιν·   11 δ' ἡ   ]'.   14 ος·   18 λόφ   19 λόθ   21 κίαδ'
22 ἀε

6, 8, 9 marg. sin. schol., ad priorem columnam spectant., vestigia minima
9 πε in πι corr.

fr. 5

```
]υστ[
 ]νθ[
 ]ω[
].ιδ[.].[
5  ]ασλε[
].ᾱν [
]
```

fr. 7

```
].α.[
 ]ωνβιον[
 ]λοκοντα[
 ]αδυσποτ[
5  ]κερονγ[
```

———

5 γλυ]κ, τα]κ possis

fr. 8

```
].μαπ[
].αισ  [
].τον[
```

———

2 fin. versus ut vid.

fr. 9

```
]μεριμ[
]διτην  [
]υμον[
]ἀνυστ[
5  ].[
```

———

1 μεριμν-, 2 Ἀφροδιτην veri sim.

fr. 12

```
]κομ[
]νδρ.[
].[.].[
].νεγ[
5  ]λεπ[
]υκτο[
```

[fr. 13

```
].ραδα[
]αφρον[
]ἐνθα[
```

fr. 14

```
]ffi σμερδ
]
].
```

2

347 P.Oxy. 2322 ed. Lobel; saec. ii/iii p.C.

fr. 1

καὶ κ[όμη]ς, ἥ τοι κατ' ἁβρὸν

2 ἐσκία[ζ]εν αὐχένα·

<u>νῦν δὲ δὴ σὺ μὲν στολοκρός,</u>

ἡ δ' ἐς αὐχμηρὰς πεσοῦσα

χεῖρας ἀθρόη μέλαιναν

6 ἐς κόνιν κατερρύη

<u>τλημον[.]ς τομῆι σιδήρου</u>

περιπεσο[ῦ]σ'· ἐγὼ δ' ἄσηισι

τείρομαι· τί γάρ τις ἔρξηι

10 <u>μηδ' ὑπὲρ Θρήικης τυχών;</u>

<u>οἰκτρὰ δὴ φρονεῖν ἀκου[</u>

τὴν ἀρίγνωτον γυναῖ[κα

πολλάκις δὲ δὴ τόδ' εἰπ[εῖν

14 δαίμον' αἰτιωμέ[ν]ην·

<u>ὥ]ς ἂν εὖ πάθοιμι, μῆτερ,</u>

εἴ] μ' ἀμείλιχον φέρουσα

π]όντον ἐσβάλοις θυίοντα [

18 <u>π]ορφ[υρ]έοισι κύμασι[</u>

].[   ]..[].[

• • •

---

omnia suppl. e.p.	accentus, sim.: 2 χενα·	3 ὀκρός	5 sup. ναυ
signa obscura	7 μῆι 16 μ' 17 θυϊ		
4 ηδεσ[[τ]]αυχ	5 θρρα[[ι]], nisi [[ν]] fuit	7 potius ν[ω]ς quam ν[ο]ς
10 .ρη[[ι]]κης, ς ex ι corr.; fort. etiam ρ deletum		11 sunt qui opinentur
carmen novum incipere	ἀκού[ω veri sim.	15 μητηρ, sscr. ε et fort.
deleto altero η		

fr. 2

]...[

].ατα[

]κορον[

].τα..[

5]αμο..[

].νβ..[

].ην.[

• • • • •

Μελῶν ᾱ

3 (1 B. et D.)

48 Hephaest. *de poem.* iv 8, p. 68 seq. Consbr.

κοινὸν δέ ἐστι κατὰ σχέσιν τὸ δύο ⟦συστήμασιν⟧ ὑποπεπτωκός,
καθάπερ τὸ πρῶτον Ἀνακρέοντος ᾆσμα· Γουνοῦμαί—θηρῶν, καὶ τὰ
ἑξῆς. κατὰ μὲν γὰρ τὴν νῦν ἔκδοσιν ὀκτάκωλός ἐστιν ἡ στροφή,
καὶ τὸ ᾆσμά ἐστι μονοστροφικόν. δύναται δὲ καὶ ἑτέρως διαιρεῖσθαι
εἴς τε τριάδα καὶ πεντάδα ἡ στροφή, ὥστε Φερεκράτειον εἶναι τὸ
τελευταῖον τοῦ συστήματος τοῦ ἐκ τῶν τριῶν κώλων καὶ τῶν πέντε.
ad haec schol. A p. 172 C.:

> γουνοῦμαί σ᾽ ἐλαφηβόλε
> ξανθὴ παῖ Διὸς ἀγρίων
> δέσποιν᾽ Ἄρτεμι θηρῶν·
> ἦ κου νῦν ἐπὶ Ληθαίου
> 5 δίνῃσι θρασυκαρδίων
> ἀνδρῶν ἐσκατορᾷς πόλιν
> χαίρουσ᾽, οὐ γὰρ ἀνημέρους
> ποιμαίνεις πολιήτας.

1–5 Ioh. Sicel. ap. *Rhet. Gr.* vi 128. 25 Walz Ἀνακρέων· γουνοῦμαί—θρασυκαρδίων·
τοῦτο στροφή. 1–3 Apostol. *cent.* v 59a, ii 351 L.–S.; Anal. Gramm. Keil 10.
26. 1 Schol. B Heph. p. 262. 13 C. γουν. σ᾽ ἐλαφηβόλε; Choerob. ibid. p. 192. 7
C., eadem; Fortunat. *Gramm. Lat.* vi 298. 2 Keil, etiam 300. 1 et 10, eadem.
3 Schol. A Heph. p. 172. 9 C. τὸ τελευταῖον τοῦ συστήματος· ὅ ἐστιν ἀντισπαστικὸν
ἐφθημιμερὲς οἷον τὸ τρίτον, δέσποιν᾽—θηρῶν; Schol. B ibid. p. 262. 15 C., ea-
dem; Schol. B Hom. *Il.* 21. 470, iv 274 Di., eadem (Ἀνακρέων φησί); Eust. *Il.*
1247. 9 Ἀνακρέων οὖν φησι μεταλαβών· δέσπ.—θηρῶν; eadem Fortunat. l.c. 300. 1.
4 Heph. *ench.* i 4, p. 3 C. Ἀνακρέοντος· ἦ—Ληθαίου; eadem Choerob. ibid. p. 192. 3.
6 Ap. Dysc. *synt.* ᾱ 92, ii 77 Uhlig τὰ ψιλὰ εἰς δασέα μετατιθέασιν οἱ Ἴωνες καὶ τὰ
δασέα εἰς τὰ ψιλά, ὡς ἐπὶ τοῦ τάφος τεθηπότες, ἐνταῦθα ⟨ἐνθαῦτα⟩, καὶ ἐπὶ τῶν
συναλοιφῶν· ἐσκατορᾷς πόλιν. 7–8 Ioh. Sicel. l.c. pergit εἶτα ἡ ἀντιστροφὴ
πρὸς τὸ εἴδωλον· οὐ γὰρ—πολιήτας. 8 Schol. A Heph. p. 172. 12 ποιμαίνεις
πολιήτας, ὅπερ ἀπὸ τῆς ἀρχῆς ἐστιν ὄγδοον

1 γοῦν ἄνασσ᾽ ut vid. Anal. Gramm. 2 'ξανθὰ Schol. Heph.', Diehl;
nihil in Consbr. 3 θηρίων ut vid. Anal. Gramm. 4 ἴκου (unde ἴκευ
Wilam., alii) Heph. p. 3 codd. DI, schol. A Heph. p. 172, Ioh. Sicel., defendit
Schneidewin; οἴκου ex ο.κου correct. Choerob.; ἦκου Heph. codd. dett. recc.
5 -σι an -σιν incertum θρασυκαρδίων ἐστιν Schol. Heph. p. 172, θρασυκαρδίων
Ioh. Sicel. 6 ἐσκατόραις vel ἐσκατόρες Schol. A Heph. p. 172, ubi versus
sextus efficitur ἐστιν—ἐσκατ., septimus πόλιν—ἀνημ. 7 γὰρ ἐς ἀνημ. Ioh.
Sicel. 8 ποιμαίνεις ex ποιμανεῖς corr. in Schol. A Heph. p. 172 cod. M
multa egregie Kehrhahn *Herm.* 49 (1914) 481 seqq. habes carminis longioris
stropham primam

4 (13ᴮ B., 15 D.)

349 Et. Gen. B p. 266 Miller+Et. Mag. 713. 7, Et. Sym. cod. V
ibid. Gaisf.

σίλλοι· ἐπισκώμματα, κατὰ τροπὴν τοῦ ϝ εἰς σ̄ τίλλοι τινές.
τίλλειν δὲ τὸ σκώπτειν, ὡς λέγει Ἀνακρέων ἐν τῶι πρώτωι·

> οὗτος δηὗτ' Ἰηλυσίους
> τίλλει τοὺς κυανάσπιδας.

Et. Gen. B p. 162+Et. Mag. 463. 9 ἴαλλοι· τὰ σκώμματα, οἷον τίλλοι τινὲς ὄντες,
ὡς παρὰ Ἀνακρέοντι (Ἀνακρέων Et. Gen.)· Ἰηλ.—κ⟨υαν⟩άσπιδας. ἀντὶ τοῦ σκώπτει.
Orion 148. 11 τίλλειν δὲ τὸ σκώπτειν, ὡς λέγει Ἀνακρέων

1–2 οὗτος διί τ' ἀλυσίοις τίλλει τοὺς κυνάσπιδας Et. Gen. 266, tantum ἰηλυσίους
τίλλει κάσπιδας 162; οὗτος—Ἰηλ. om. Et. Mag., ubi 713 τίλλει τοὺς κυάμους ἀσπι-
διώτης in textu Gaisf., (τίλλει τοὺς) κύνασπίδας cod. M, κῦͧα ἀσπῆᵈ cod. D; κύνας.
σπίδας Et. Sym.   v. primi lectio incerta: δηὗτ' pro διίτ' coni. Bergk   sunt qui
ἰᾱλῡσίους malint, sed vid. Timocr. 1. 7 n.

5

350 Phot. *lex.* p. 123 Reitz.

ἀνασύρειν καὶ ἀνασεσυρμένην· εἰώθαμεν χρῆσθαι τῶι ὀνόματι ἐπὶ
τῶν φορτικῶν ἢ ἀναισχυντούντων. Ἀνακρέων ἐν †αἰ†.

ἐν α΄ coni. Reitzenstein

Μελῶν ᾱ vel β̄

6 (52 B., 36 D.)

351 Et. Gen. A ap. Gentili, B p. 266 Miller+Et. Mag. 713. 27, Et.
Sym. cod. V ibid.

σινάμωροι πολεμίζουσι θυρωρῶι

ἐν β̄ Ἀνακρέων (ἐν β̄ Et. Gen. A, Et. Mag., ἐν δευτέραι Et. Sym.: ἐν
ᾱ Et. Gen. B) μεμορημένοι φησὶ πρὸς τὸ σίνεσθαι, ἐξ οὗ ἠκούσμεθα

τοὺς ἐξ ἅπαντος κακουργεῖν προαιρουμένους. οἱ μὲν Ἀττικοὶ λέ-
γουσι σιναμωρεῖν τὸ λιχνεύειν. καὶ Φερεκράτης (I 206 K.) τὰ
τοιαῦτα κλέμματα σιναμωρεύματα καλεῖ. Ὧρος (οὕτως Ὧρος Et.
Sym.).

σινάμοροι (σινάμῳροι codd. DM, Et. Sym.) et mox σιναμορεῖν (ἀμοργεῖν cod. D,
Et. Sym.), σιναμορεύματα (σιμορεύματα cod. D) Et. Mag.   θυρωροὶ codd. (θυρρροι
Et. Sym.), corr. Bergk

Μελῶν β̄

7 (41 B., 21 D.)

352 Athen. (om. E) xv 671 E–F

  καὶ διὰ τί παρὰ τῶι αὐτῶι ποιητῆι λύγωι τινὲς στεφανοῦνται;
φησὶν γὰρ ἐν τῶι δευτέρωι τῶν μελῶν·

    ⟨ὁ⟩ Μεγιστῆς δ᾽ ὁ φιλόφρων δέκα δὴ μῆνες ἐπεί τε
    στεφανοῦταί τε λύγωι καὶ τρύγα πίνει μελιηδέα.

ὁ γὰρ τῆς λύγου στέφανος ἄτοπος· πρὸς δεσμοὺς γὰρ καὶ πλέγματα
ἡ λύγος ἐπιτήδειος. εἰπὲ οὖν ἡμῖν τι περὶ τούτων ζητήσεως ἀξίων
ὄντων . . . ὁ Δημόκριτος ἔφη· Ἀρίσταρχος ὁ γραμματικώτατος,
ἑταῖρε, ἐξηγούμενος τὸ χωρίον ἔφη ὅτι καὶ λύγοις ἐστεφανοῦντο οἱ
ἀρχαῖοι.
  ibid. 673 D συνέβη δὲ τὴν τῆς λύγου στεφάνωσιν καὶ μέχρι τῶν
κατὰ Πολυκράτην χρόνων, ὡς ἄν τις εἰκάσειε, τῆι νήσωι συνηθεστέραν
ὑπάρχειν. ὁ γοῦν Ἀνακρέων φησίν· Μεγιστῆς—μελιηδέα. ibid. 674
A δύναται δέ τις λέγειν περὶ τῆς λύγου ἁπλούστερον, ὅτι ὁ Μεγιστῆς
τῆι λύγωι ἐστεφανοῦτο, ὡς παρακειμένης ἐκ τοῦ δαψιλοῦς ἐν ὧι
εὐωχεῖτο τόπωι, συνδέσεως ἕνεκα τῶν κροτάφων. Pollux vi 107,
ii 31 Bethe Ἀνακρέων δὲ καὶ μύρτοις στεφανοῦσθαί φησι καὶ κοριάν-
νοις καὶ λύγωι καὶ Ναυκρατίτηι στεφάνωι . . . καὶ ἀνήτωι.

---

1 ὁ ante Μεγ. add. Gaisford (Μεγίστης sic Athen.)   δ᾽ om. Athen. 673   ἐπειδὴ
Athen. 673   2 πίνουσιν Athen. 671   interpr. Harvey CQ N.S. 7 (1957) 222 n. 1
nominatur Megisteas etiam frr. 8. 2, 71. 3; Anth. Pal. vii 25. 7 (Ps.-Simonides),
Anth. Plan. 306. 7, 307. 6 (Leonidas)

8 (16 B., 25 D.)

353 Schol. Hom. *Od.* 21. 71, ii 698 Di.

μύθου· νῦν τῆς στάσεως. ὅθεν καὶ Ἀνακρέων τοὺς ἐν τῆι Σάμωι
ἁλιεῖς ὄντας στασιαστάς φησι·
       μυθιῆται
    δ' ἀνὰ νῆσον ὦ Μεγιστῆ
    διέπουσιν ἱρὸν ἄστυ,
ἀντὶ τοῦ στασιασταί.

Apollon. Soph. *lex.* p. 558 de Villoison μῦθος· λόγος. ὁ δὲ Ἀνακρέων μυθιήτας τοὺς
στασιώτας εἶπεν. Eust. *Od.* 1901. 45 Ἀνακρέων τοὺς ἐν Σάμωι θέλων εἰπεῖν στασιαστάς,
μυθηταὶ δ' ἐν νήσωι, φησί, διέπουσιν ἱερὸν ἄστυ. Et. Gen. A *Ind. Lect. Rost.* 1891/2
p. 15 Reitz. μῦθος· ἡ στάσις. . . . καὶ Ἀνακρέων ἐν τῶι β' τῶν μελῶν μυθητὰς τοὺς
στασιαστὰς ἐπὶ τῶν ἁλιέων λέγει : fere eadem Et. Mag. 593. 48, Et. Sym. cod. V
voc. μυθιήτης sine Anacreontis nomine proferunt Ap. Dysc. *coni.* p. 255. 30
Schn. (= An. Bekker ii 524. 5), Et. Gud. 212. 21 de Stef., Steph. Byz. s.v. Αἴγινα,
i 43 Meineke, Choerob. in An. Ox. Cramer ii 169. 12, Cyrill. in Cod. Bodl. Auct. T.
II 11 μυθίτης· ὁ στασιώτης ὥς φησιν ὁ Διογενιανός; cf. Hesych. μυθητῆρες (μυθυτ-
cod., corr. Musurus)· στασιασταί, et μύθαρχοι· οἱ προεστῶτες τῶν στάσεων; Phoen.
Coloph. fr. 1. 7, *Coll. Alex.* p. 231 Powell, μυθιήτης (μυθηήτης, μυήθη codd.) = 'ora-
tor'. Antig. Caryst. *mir.* cxx (132) p. 30 K. contulit Lobel (*CQ* 21 (1927) 51) ὁ τοὺς
Σαμιακοὺς ὥρους συγγεγραφὼς ἐπὶ τῶν πρώτων κληθέντων μυθιητῶν τῶν περὶ
Ἡρόστρατον κτλ., ubi μαθητῶν cod., corr. Lobel (μυθητῶν iam Schneidewin)

1 μυθιῆτ- Ap. Soph., Ap. Dysc., Steph. Byz.: μυθῆτ- Schol. Hom., Eust., Et.
Gen. (-ητὰς); μυθιτ- Et. Mag. (μυθίας non nulli), Et. Sym., Choerob., Cyrill.;
μυθηίτ- Et. Gud.   2 ἀννήσω μεγίστη Schol. Hom., ἐν νήσωι (om. μεγίστη)
Eust.: ἀνὰ νῆσον Buttmann   Μεγιστῆ Hecker, L. Dindorf   ὦ add. Schmidt
3 ἱρὸν Schol. Hom. sec. Dindorf: ἱερὸν Eust.

hinc etiam voc. ἁλιεῖς ad Anacreontis carmen referunt nonnulli

9 (60 B., 23 D.)

354 Ammon. *de diff.* p. 43 Valckenaer

διαβόητος καὶ ἐπιβόητος διαφέρει. διαβόητος μὲν γάρ ἐστιν ὁ ἐπ'
ἀρετῆι ἐγνωσμένος, ἐπιβόητος δ' ὁ μοχθηρὰν ἔχων φήμην. Ἀνακρέων
ἐν δευτέρωι·
      καί μ' ἐπίβωτον
    κατὰ γείτονας ποήσεις.

Et. Gud. 355. 30 de Stef. Ἀνακρέων· καὶ—ποιήσεις. Eust. *Od.* 1856. 12 ἐπιβόητος
. . . ὃν ἐπίβωτον Ἀνακρέων φησίν. Et. Vat. gr. 1708 ap. Gentili

1 ἐπίβωτον Eust.: -βόητον rell.   2 γείτονα Et. Gud. sec. Sturz   ποιήσεις
codd.

Μελῶν γ̄

10 (127 B.)

355 Suda s.v. iv 507 Adler

τὰ Ταντάλου τάλαντα τανταλίζεται: διεβεβόητο ὁ Τάνταλος ἐπὶ
πλούτωι, ὡς καὶ εἰς παροιμίαν διαδοθῆναι. οὗτος γὰρ πλούσιος
Φρὺξ ἐπὶ ταλάντοις διεβεβόητο, Πλουτοῦς καὶ Διὸς λεγόμενος.
κέχρηται δὲ τῆι παροιμίαι καὶ Ἀνακρέων ἐν τρίτωι.

Phot. *lex.* ii 201 N. = p. 570 Porson s.v. Ταντάλου τάλαντα, fere eadem; cf.
Arsen. = Apostol. *cent.* xvi 16, ii 660 L.–S.

11 (63 B., 43 D.)

356 Athen. (om. E) x 427 A–B

παρὰ δὲ Ἀνακρέοντι εἰς οἴνου πρὸς δύο ὕδατος·

(a) ἄγε δὴ φέρ' ἡμῖν ὦ παῖ
κελέβην, ὅκως ἄμυστιν
προπίω, τὰ μὲν δέκ' ἐγχέας
ὕδατος, τὰ πέντε δ' οἴνου
5 κυάθους ὡς ἂν †ὑβριστιῶς†
ἀνὰ δηῦτε βασσαρήσω.

καὶ προελθὼν τὴν ἀκρατοποσίαν Σκυθικὴν καλεῖ πόσιν·

(b) ἄγε δηῦτε μηκέτ' οὕτω
πατάγωι τε κἀλαλητῶι
Σκυθικὴν πόσιν παρ' οἴνωι
μελετῶμεν, ἀλλὰ καλοῖς
5 ὑποπίνοντες ἐν ὕμνοις.

id. xi 475 C κελέβη· τούτου τοῦ ἐκπώματος Ἀνακρέων μνημονεύει· ἄγε δὴ φέρ'—
κυάθους. Eust. *Od.* 1476. 31 Ἀθηναῖος δὲ παράγει καὶ Ἀνακρέοντος τό· ἄγε δὴ φέρ'—
κυάθους. cf. Horat. *carm.* i 27, ubi Porphyr. (p. 35 Holder) ad v. 1: protreptice ode
est haec ad hilaritatem, cuius sensus sumptus est ab Anacreonte ex libro tertio

(a) 1 ἡμῖν Athen.   2 ὅπως Athen. 475, Eust.   3 μὲν δ' ἐκχέας Athen.
427   5–6 ὡς ἂν ὑβριστιῶσαν Athen.: ἀνυβρίστως coni. Pauw, ἀνυβριστὶ
Baxter; ὑβρ- dubium, et alia possis, velut ὡς ἂν ἀνύβριστ' (cf. Democr. fr. 73
D.–K. ubi ἀνύβριστα cod. A in -ως Stob. vel -ος codd. LBC corruptum est)
6 δευτε Athen., corr. Mehlhorn
(b) 1 μηκέθ' Athen.
(a) et (b) e diversis carminibus esse sumpta credideris: vid. Von der Mühll
Herm. 75 (1940) 422 seqq.; obloquitur Gentili p. 26

INCERTI LIBRI

12 (2 B. et D.)

357 Dio Chrys. *or.* ii 62, i 29 Arnim, i 37 seq. de Budé

τούτοις γε μὴν ξυνέπεται μηδὲ εὐχὰς εὔχεσθαι τὸν βασιλέα τοῖς
ἄλλοις ὁμοίας μηδὲ αὖ τοὺς θεοὺς καλεῖν οὕτως εὐχόμενον ὥσπερ
ὁ 'Ιώνων ποιητὴς Ἀνακρέων·

> ὦναξ, ὧι δαμάλης Ἔρως
> καὶ Νύμφαι κυανώπιδες
> πορφυρῆ τ' Ἀφροδίτη
> συμπαίζουσιν, ἐπιστρέφεαι
> 5 δ' ὑψηλὰς ὀρέων κορυφάς·
> γουνοῦμαί σε, σὺ δ' εὐμενὴς
> ἔλθ' ἡμίν, κεχαρισμένης
> δ' εὐχωλῆς ἐπακούειν·
> Κλεοβούλωι δ' ἀγαθὸς γένεο
> 10 σύμβουλος, τὸν ἐμόν γ' ἔρω-
> τ', ὦ Δεόνυσε, δέχεσθαι.

Hdn. I 79. 13 L. δάμαλος δαμάλης, δαμάλης Ἔρως, eadem I 159. 12 ex Steph. Byz.
s.v. Ἀσκάλων, i 131 Meineke. cf. Hesych. s.v. δαμάλην· τὸν Ἔρωτα. ἤτοι τὸν
δαμάζοντα, ἢ ἀγέρωχον. Aelian. *h.a.* iv 2, i 81 Hercher τὴν Ἀφροδίτην ὁ Τήιος ἡμῖν
Ἀνακρέων ἄιδει πορφυρῆν που λέγων. cf. Himer. *or.* ix 19, p. 84 Colonna

1 ὦ ἄναξ U   ὦ pro ὧι codd. omn.   δάμαλις P^{ac}W   3 -ρέη codd.   4 -ουσι
U -φεται UPW   5 δὲ codd.   -λῶν U, -λᾶς et -φᾶς PW   κορυφὰς ὀρέων
coni. Barnes, sed vid. Wilam. *GV* 235 n. 3   7 ἔλθοις μοι PW -μένος coni.
Hecker   8 ἐπακούων PW   9 Κλευ- codd.   γ' PW   γενεῦ (γένευ
PB) codd.   10 γ' ἔρωτ' Kan (*Mnemos.* 9 (1881) 350): δ' ἔρωτα B, δὲ ἔρωτα
UV, δέ τ' ἔρωτα PW   11 ὦ δ' εννυσε V, ὧδ' εὖ νϋ σε P, ὧδ' εὖ νῦν σε UB
(ὠιδ' U), corr. Emperius, L. Dindorf (Δεύ-)   fort. (δ' ἔρωτ') . . . δεχέσθω

13 (14 B., 5 D.)

358 Athen. (om. E) xiii 599 C

Χαμαιλέων δ' ἐν τῶι περὶ Σαπφοῦς καὶ λέγειν τινάς φησιν εἰς
αὐτὴν πεποιῆσθαι ὑπὸ Ἀνακρέοντος τάδε·

> σφαίρηι δηῦτέ με πορφυρῆι
> βάλλων χρυσοκόμης "Ερως
> νήνι ποικιλοσαμβάλωι
> συμπαίζειν προκαλεῖται·
> 5 ἡ δ', ἐστὶν γὰρ ἀπ' εὐκτίτου
> Λέσβου, τὴν μὲν ἐμὴν κόμην,
> λευκὴ γάρ, καταμέμφεται,
> πρὸς δ' ἄλλην τινὰ χάσκει.

καὶ τὴν Σαπφὼ δὲ πρὸς αὐτὸν ταῦτά φησιν εἰπεῖν· κεῖνον ὦ χρυσό-
θρονε Μοῦσ' ἔνισπες / ὕμνον ἐκ τᾶς καλλιγύναικος ἐσθλᾶς / Τήιος
χώρας ὃν ἄειδε τερπνῶς / πρέσβυς ἀγανός.

Et. Sorb. in adnot. Et. Mag. 448. 29 Gaisf. *νήνιος νήνι, καὶ κράσει τῶν δύο ū εἰς
ἐν μακρὸν νήνι, οἶ⟨ον⟩· νήνι ποικιλοῦς ἀμβάλω*

---

1 δεῦτέ Athen., corr. Seidler   πορφυρενι Athen., corr. Barnes (-έηι)   3 ποι-
κίλος λαμβάνω Athen. (Et. Sorb. ut supra), corr. Seidler   5 ἀπευκτικοῦ
Athen. (cf. Hesych. s.v. εὐκτικόν (sic)· καλῶς κατεσκευασμένον, εὖ κεκτισμένον),
corr. Barnes
interpretatus sum *Sappho & Alcaeus* (1955) 143; cf. Harvey *CQ* N.S. 7 (1957) 213

14 (3 B. et D.)

359 Ps.-Herodian. π. σχημ., *Rhet. Gr.* viii 599 seq. Walz

(de polyptoto) παρὰ μὲν οὖν Ἀρχιλόχωι· (fr. 70 Diehl). παρὰ
δὲ Ἀνακρέοντι ἐπὶ τριῶν·

> Κλεοβούλου μὲν ἔγωγ' ἐρέω,
> Κλεοβούλωι δ' ἐπιμαίνομαι,
> Κλεόβουλον δὲ διοσκέω.

1–3 Κλευ- codd.   1 ἐρῶ codd.   3 δὲ διοσκνέω codd. Parr., διὸς κνέων cod.
Haun., δὲ διῖδεῖν ἐπιποθῶ cod. Ven.: corr. Bergk coll. Hesych. διοσκεῖν· διαβλέπειν
συνεχῶς τὴν ὅρασιν μεταβάλλοντα (μὴ μετα- coni. Edmonds). τίθεται δὲ καὶ ἐπὶ τοῦ
διαφορεῖσθαι τῶι σώματι καὶ τῆι ψυχῆι
Cleobuli mentionem facit etiam Max. Tyr. xviii p. 233. 3, xxi p. 256, xxxvii
p. 432. 19 Hobein

15 (4 B. et D.)

360 Athen. xiii 564 D

καὶ ἡ Σαπφὼ δὲ πρὸς τὸν ὑπερβαλλόντως θαυμαζόμενον τὴν
μορφὴν καὶ καλὸν εἶναι νομιζόμενόν φησιν· (fr. 138). ὁ δ᾽ Ἀνακρέων
τί φησίν;

> ὦ παῖ παρθένιον βλέπων
> δίζημαί σε, σὺ δ᾽ οὐ κλύεις,
> οὐκ εἰδὼς ὅτι τῆς ἐμῆς
> ψυχῆς ἡνιοχεύεις.

---

1 βλέπουσαν E (qui ὦ om.)   2 οὐ κλύεις Erfurdt: ου καιεις Athen., οὐκ
ἀίεις E; fort. οὐ κοεῖς (Bergk) praeferendum   3 οὐ γὰρ οἶδας E

16 (8 B. et D.)

361 Strabo iii 2. 14, i 232 Kramer

ὑπολάβοι δ᾽ ἄν τις ἐκ τῆς πολλῆς εὐδαιμονίας καὶ μακραίωνας
ὀνομασθῆναι τοὺς ἐνθάδε ἀνθρώπους, καὶ μάλιστα τοὺς ἡγεμόνας,
καὶ διὰ τοῦτο Ἀνακρέοντα μὲν οὕτως εἰπεῖν·

> ἐγὼ δ᾽ οὔτ᾽ ἂν Ἀμαλθίης
> βουλοίμην κέρας οὔτ᾽ ἔτεα
> πεντήκοντά τε κἀκατὸν
> Ταρτησσοῦ βασιλεῦσαι,

Ἡρόδοτον δὲ (1. 163, 165) καὶ τὸ ὄνομα τοῦ βασιλέως καταγράψαι
καλέσαντα Ἀργανθώνιον.

Plin. *n.h.* vii 154, ii 53 Mayhoff, Anacreon poeta Arganthonio Tartesiorum regi
CL tribuit annos, Cinyrae Cypriorum decem annis amplius, Aegimio CC (cf. 156
Arganthonium Gaditanum LXXX annis regnasse prope certum est; putant
quadragensimo coepisse); cf. etiam Cic. *Cato* xix 69. Lucian. *macrob.* x 1, i p. 118
Nilén Ἀργανθώνιος μὲν οὖν Ταρτησσίων βασιλεὺς πεντήκοντα καὶ ἑκατὸν ἔτη βιῶναι
λέγεται, ὡς Ἡρόδοτος . . . καὶ . . . Ἀνακρέων. Dionys. Perieg. 332 schol., *Geogr.
Gr. Min.* p. 345 Bernhardy Ταρτησσός, ἣν καὶ ὁ Ἀνακρέων φησὶ πανευδαίμονα.
Phlegon Trall. *macrob.* 4, p. 90 Keller Ἀργανθώνιος ὁ τῶν Ταρτησίων βασιλεύς, ὡς
ἱστορεῖ Ἡρόδοτος καὶ Ἀνακρέων ὁ ποιητής, ἔτη ρν̄

---

1 δ᾽ οὔτ᾽ ἂν Casaubon: τ᾽ ἂν οὔτ᾽ codd.; vel ἔγωγ᾽ (Mehlhorn)   ἀμαλθίης codd.,
defendunt Meister, Bechtel   2 οὔτε τὰ codd., corr. Tyrwhitt   3 τε καὶ
ἑκατὸν (τ᾽ ἔτη καὶ ἑκατὸν cod. B) codd.

17 (6 B. et D.)

62 Schol. T Hom. *Il.* 15. 192, vi 117 Maass

Ἀττικοὶ τὸν περὶ χειμερίους τροπὰς μῆνα Ποσειδεῶνα καλοῦσιν.
Ἀνακρέων·

μεὶς μὲν δὴ Ποσιδηίων
ἔστηκεν †νεφέλη δ᾽ ὕδωρ
⟨   ⟩ βαρὺ δ᾽ ἄγριοι
χειμῶνες κατάγουσι.†

Eust. *Il.* 1012. 1 Ἀττικοὶ—καλοῦσιν, ὡς Ἀνακρέων· μεὶς—παταγοῦσι

1 ποσει- codd.   2–4 schol. Hom. ut in textu, Eust. μεὶς . . . ἔστηκε, νεφέ-
λαι δ᾽ ὕδατι βαρύνονται, ἄγριοι δὲ χειμῶνες παταγοῦσι. Eustathium paraphrasin
offerre coniecturis abundantem suspicatus est Bergk: idem coll. Horat. *epod.* xiii
init. *imbres nivesque deducunt Iovem*, Δία τ᾽ ἄγριοι χειμῶνες κατάγουσι coni.;
priora minus ingeniose νεφέλας δ᾽ ὕδωρ / βαρύνει.   νεφέλαι δ᾽ ὕδει coni. Barnes, tum
alii alia supplent, velut πληθοῦσιν Schneidewin, βρίθονται Hartung, deinde βαρὺ δ᾽
ἄγριοι χειμῶνες παταγεῦσι

---

18 (9 B., 11 D.)

63 Athen. xv 687 E

καὶ ὁ σοφὸς δὲ Ἀνακρέων λέγει που·

τί μὲν πέτεαι
συρίγγων κοιλώτερα
στήθεα χρισάμενος μύρωι;

τὰ στήθη παρακελευόμενος μυροῦν, ἐν οἷς ἐστιν ἡ καρδία, ὡς καὶ
ταύτης δηλονότι παρηγορουμένης τοῖς εὐώδεσι.

---

1 τί—πέτεαι om. E   μὴν Athen.: formam Atticam correxi (τί λίην coni.
Bergk), sed ne nunc quidem omnia sana; dicit enim Athenaeus, poetam his
verbis *pectus illinere hortari*, hinc τί μὴ coni. Casaubon satis audacter; potius τί
μὲν ⟨οὐ⟩, quamvis rara sit collocatio   2 κοιλότερα Athen., corr. Bergk

19 (40 B., 14 D.)

364 Ap. Dysc. *synt.* γ̄ 74, ii 338 seq. Uhlig

καὶ δὴ παρείπετο τῶι χρῶ παραγωγὴ ἡ τοῦ χρῆμι, ὡς φημί, ἀφ'
οὗ τρίτον πρόσωπον χρῆσι ὡς φησί, ἐξ οὗ τὸ χρή ἐν ἀποκοπῆι
ἀπετελεῖτο ὁμοίως τῶι παρὰ Ἀνακρέοντι·

> σὲ γάρ
> φη Ταργήλιος ἐμμελέως
> δισκεῖν

id. *adv.* 543, p. 133 Schn. (= An. Bekker ii 543) παρὰ Ἀνακρέοντι τὸ φησίν
ἀποκοπὲν φή ἐγένετο· σὲ γάρ φη Ταργήλιος. lectiones in utroque Apollonii loco cod.
Vindob. 240 confirmatas esse testatur Egenolff *Philol.* 59 (1900) 241. Schol. T
Hom. *Il.* 5. 256, v 172 Maass ὡς τό· σὲ γάρ φησιν Ταργήλιος, παρὰ Ἀνακρέοντι.
Choerob. *in Theodos.* ii 25. 18 Hilg. (= An. Ox. Cramer iv 411. 22) ἀπὸ δὲ τοῦ φημί
γίνεται φής φησί καὶ κατ' ἀποκοπὴν φῆ (ita CV : φῆς O) *** γὰρ φῆ Ταργήλιος, ἀντὶ
τοῦ φησί, τὸ δὲ Ταργήλιος ὄνομα δαίμονός ἐστι. Ioh. Alex. xxi 4 ap. Hdn. II 210 L.
φησί, ὅπερ πάλιν ἀποκοπὲν οὐ φῆ ἀντὶ τοῦ φησί. lexicogr. anon. ed.
Rabe *Rh. Mus.* 47 (1892) 410, f. 282ᵛ 9 καὶ ἔστιν ἐνεστῶτος [σὲ] γὰρ φήτ
ἀργήλιος· ἀπὸ τοῦ φησ[ί

1 σε γαρ in ras. Ap. Dysc. *synt.* cod. A, om. Choerob. codd. CV (ὡς τὸ φῆ) O (γὰρ
φῆς)   2 φη, φῆ, φή codd. (φησιν schol. Hom.; om. Ap. Dysc. *synt.* CB)   ἐμ-
μελ*ως Ap. Dysc. *synt.* cod. A, ἐμμελῶς CB   3 δισκεῖν bis (alt. eras.) Ap.
Dysc. *synt.* cod. A

20 (11 B., 2 adnot. D.)

365 Et. Mag. 259. 28 (= Hdn. II 330. 21, 492. 25 L.)

Δεύνυσος· ὁ Διόνυσος. Ἀνακρέων·

> πολλὰ δ' ἐρίβρομον
> Δεόνυσον,

τοῦ ῑ τραπέντος εἰς ε̄ γίγνεται Δεόνυσος· οὕτω γὰρ Σάμιοι προφέρουσι.
καὶ συναιρέσει Δεύνυσος, ὡς Θεόδοτος Θεύδοτος. ἔνιοι δέ φασιν
ὅτι ἐπειδὴ ἐβασίλευσε Νύσης· κατὰ δὲ τὴν Ἰνδῶν φωνὴν δεῦνος ὁ
βασιλεὺς λέγεται.

aliter Et. Sym. cod. V ibid. Gaisf. Δεύνυσος ὁ Διόνυσος τοῦ ῑ εἰς ε̄ τραπέντος.
φασὶ δὲ αὐτὸν ἐκ δύο νυσσῶν ἤτοι ὁδῶν προελθεῖν, ἔκ τε τῆς Σεμέλης καὶ τοῦ μηροῦ τοῦ
Διός. δυόνυσος οὖν καὶ διόνυσος. εἶτα τραπέντος τοῦ ῑ εἰς ε̄ γέγονε δεόνυσος· Σάμιοι
γὰρ οὕτω λέγουσι. cf. etiam Et. Vat. gr. 1708 ap. Gentili

2 Δεύ- in textu codd.

21 (5 B., 9 D.)

6 Eust. *Od.* 1542. 47

> ἀλλ' ὦ τρὶς κεκορημένε
> Σμερδίη

παρὰ Ἀνακρέοντι· ἤγουν πολλάκις ἐκσεσαρωμένε.

id. *Il.* 725. 35 Ἀνακρέων δὲ τρισκεκορημένον τὸν πολλάκις ἐκσεσαρωμένον. cf. Suet. *de blasph.* ap. Miller *Mélanges* p. 426, sine nom. auct. τρισκοκορημένος (sic) οἰονεὶ πολλάκις ἐκσεσαρωμένος

1 τρισκεκορημένε (quod flagitat contextus) Eust.   2 Σμερδίηι Eust. 'κορέω = ἐξυβρίζω, Hsch.: unde κεκορημένος sens. obsc. Anacr.', LSJ

22 (7 B., 10 D.)

7 Schol. A Hom. *Il.* 3. 219, i 151 Di.

πρὸς τὸ ἀστεμφές, ὅτι τὸ ἀμετακίνητον. ὁ γὰρ Ἀνακρέων·

> σὺ γὰρ ἦς ἐμοι-
> γ' ἀστεμφής

impf. ἦς an ἔας incertum   εἰς (praes., cf. fr. 1. 2. 1 supra) coni. Bergk (εἰς)

23 (12ᴮ B., 13 D.)

8 Et. Gen. A *Ind. Lect. Rost.* 1891/2 p. 14 Reitz., B p. 218 Miller

μύθεαι· δεύτερον πρόσωπον παθητικοῦ ἐνεστῶτος. τοιοῦτόν ἐστι τὸ παρὰ τῶι Ἀνακρέοντι·

> Λευκίππην ἔπι δίνεαι

λευκίππη A (sec. Gentili, -ῃ Reitz.), -ων B, corr. Hoffmann (et Sitzler)   ἐπιδίνεαι codd.

24 (10 B., 23 adnot. D.)

9 Et. Mag. 601. 20, Et. Sym. cod. V ibid. (= Hdn. II 253. 7 L.)

νένωται· ἢ κατὰ συγκοπὴν τοῦ ῆ ἀπὸ τοῦ νενόηται, ὅπερ καὶ νενοέαται Ἰακῶς γίνεται· ἢ ἀπὸ τοῦ νένωται κατὰ συστολήν ... καὶ παρὰ Ἀνακρέοντι ἡ μετοχή·

> ὁ δ' ὑψηλὰ νενωμένος

25 (12ᴬ B., 12 D.)

370 Schol. Eur. *Hec.* 361, i 39 Schw.

τὴν κάσιν· Ἀνακρέων·

οὔτ᾽ ἐμὴν ἁπαλὴν κάσιν·

σεσημείωται δὲ ὅτι τὴν θήλειαν κάσιν εἶπεν.

οὔτ᾽ ἐμὴν Bergk: οὔτε μὲν M, τότε μ᾽ A

26 (15 B., 19 D.)

371 Chrysippus π. ἀποφατ. 22, ii 57 Arnim

εἰ οὕτως ἀποφαίνοιτ᾽ ἄν τις· ⟦οὐ⟧ δηῦτ᾽ ἔμπεδός εἰμι οὐδ᾽ ἀστοῖσι
προσηνής, οὐ Ἀνακρέων οὕτως ἀπεφήνατο·

οὐ δηῦτ᾽ †ἔμπεδός† εἰμι
οὐδ᾽ ἀστοῖσι προσηνής·

ναὶ οὐ οὕτως ἀποφαίνοιτ᾽ ἄν τις· δηῦτ᾽—προσηνής, ναὶ οὐ Ἀνακρέων
οὕτως ἀπεφήνατο· οὐ δηῦτ᾽—προσηνής.

1 οὐδευτεμπεδος *Π*: ἔμπεδος non intelligitur; οὐδ᾽ εὐπέμπελός coni. Bergk
1–2 displicent et syllaba brevis in fine versus et hiatus post brevem syllabam: an
εἰμ᾽ ⟨ἔγωγ᾽⟩ οὐδ᾽, sim., scribendum?

27 (21 B., 16 D.)

372 Athen. xii 533 E

Χαμαιλέων δ᾽ ὁ Ποντικὸς ἐν τῶι περὶ Ἀνακρέοντος προθεὶς τὸ

ξανθῆι δ᾽ Εὐρυπύληι μέλει
ὁ περιφόρητος Ἀρτέμων,

τὴν προσηγορίαν ταύτην λαβεῖν τὸν Ἀρτέμωνα διὰ τὸ τρυφερῶς
βιοῦντα περιφέρεσθαι ἐπὶ κλίνης (sequitur fr. 43).

Plut. *vit. Pericl.* 27, i 2. 35 L.–Z. τοῦτο μὲν οὖν Ἡρακλείδης ὁ Ποντικὸς ἐλέγχει
τοῖς Ἀνακρέοντος ποιήμασιν ἐν οἷς ὁ περιφόρητος Ἀρτέμων ὀνομάζεται, κτλ. Schol.
Ar. *Ach.* 850 ὁ περιφόρητος Ἀρτέμων ἀπὸ τῆς παροιμίας ἧς μέμνηται καὶ Ἀνακρέων.
paroemiam laudant, om. Anacreontis nomine, Diphilus *emp.* 36, II 551 K.; Plin.
n.h. xxxiv 56, v 182 Mayhoff; Zenob. ap. Miller *Mélanges* p. 356 ὁ περιφόρητος
Ἀρτέμων· μέμνηται ταύτης Δίφιλος ἐν Ἐμπόρωι καὶ Ἀνακρέων; App. Prov. i 441. 1
L.–S.; cf. Hesych. s.v. περιπόνηρος Ἀρτέμων· παρὰ τὴν παροιμίαν τὴν περιφόρητος
Ἀρτέμων. εἰσὶ δὲ Ἀρτέμωνες δύο

Eurypylae fit mentio *Anth. Pal.* vii 27. 5 (Antip. Sid.), vii 31. 10 (Dioscor.)

28 (17 B., 69 D.)

3 Hephaest. *ench.* x 4, p. 33 seq. Consbr.

τὸ δὲ τὴν δευτέραν ἰαμβικὴν ἔχον καλεῖται Πριάπειον, οἷον·

ἠρίστησα μὲν ἰτρίου λεπτοῦ μικρὸν ἀποκλάς,
οἴνου δ' ἐξέπιον κάδον· νῦν δ' ἀβρῶς ἐρόεσσαν
ψάλλω πηκτίδα τῆι φίληι κωμάζων †παιδὶ ἀβρῆι†.

Athen. xi 472 E κάδος· Σιμμίας ποτήριον, παρατιθέμενος Ἀνακρέοντος· ἠρίστησα—
κάδον. xiv 646 D ἴτριον· πεμμάτιον λεπτὸν διὰ σησάμου καὶ μέλιτος γινόμενον.
μνημονεύει αὐτοῦ Ἀνακρέων οὕτως· ἠρίστησα—κάδον. Pollux x 70, ii 209 Bethe
Ἀνακρέων γοῦν ἔφη· οἴνου—κάδον. Apollon. Soph. *lex.* p. 846 de Villoison s.v.
χάσασθαι: οἴνου—κάδον, ὥς φησι Ἀνακρέων. cum forma ἀποκλάς cf. Eust. *Od.* 1654.
17 (= Anacr. fr. 153 Bergk) ὥσπερ καὶ κλάς φησι (scil. Ἡρακλείδης) παρὰ Ἀνακρέοντι.
Apostol. *cent.* viii 68 c, ii 450 L.–S. ἠρίστησα—ψάλλω

1 ἠριστήσαμεν Heph. codd. AI   ἰτρίου λεπτὸν ἀποκλὰς Athen. 472 et 646
2 ἐπέπιον Athen. 646   κάδδον Heph. I, Apostol.   3 κωμάζον Heph. A   παιδὶ
ἀβρῆι Heph. AI, ποδί ἀβρῆ Heph. H   nomen proprium latere censent Hartung,
Sitzler, Wilam., alii, velut Πολιάρχηι, παρ' Ἰάμβηι. alia possis, velut ⟨παρὰ⟩ παιδί,
secl. ἀβρῆι

29 (18 B., 70 D.)

4 Athen. xiv 634 C

πολλάκις καὶ αὐτὸς ἐν ἐννοίαι γίνομαι, μουσικῆς ὢν ἐραστής,
περὶ τῆς μαγάδιδος καλουμένης, πότερον αὐλῶν εἶδος ἢ κιθάρας
ἐστίν. ὁ μὲν γὰρ ἥδιστος Ἀνακρέων λέγει που·

ψάλλω δ' εἴκοσι
†χορδαῖσι μάγαδιν† ἔχων,
Ὦ Λεύκασπι, σὺ δ' ἡβᾶις.

id. 634 F ἡ γὰρ μάγαδις ὄργανόν ἐστι ψαλτικόν, ὡς Ἀνακρέων φησί, Λυδῶν τε
εὕρημα. 635 C διαποροῦσι δ' ἔνιοι ὅπως τῆς μαγάδιδος οὔσης κατὰ Ἀνακρέοντα (ὀψὲ
γάρ ποτε τὰ πολύχορδα ὀφθῆναι) μνημονεύων αὐτῆς ὁ Ἀνακρέων λέγει· ψάλλω—
Λεύκασπι. καὶ ὁ μὲν Ποσειδώνιός φησιν τριῶν μελωιδῶν αὐτὸν μνημονεύειν, Φρυγίου
τε ⟨καὶ Δωρίου add. Musurus⟩ καὶ Λυδίου· ταύταις γὰρ μόναις τὸν Ἀνακρέοντα
κεχρῆσθαι· ὧν ζ' χορδαῖς ἑκάστης περαινομένης εἰκότως φάναι ψάλλειν αὐτὸν κ'
χορδαῖς, τῶι ἀρτίωι χρησάμενον ἀριθμῶι τὴν μίαν ἀφελόντα. ἀγνοεῖ δ' ὁ Ποσειδώνιος
ὅτι ἀρχαῖόν ἐστιν ὄργανον ἡ μάγαδις, σαφῶς Πινδάρου λέγοντος τὸν Τέρπανδρον κτλ.
Pollux iv 61, i 219 Bethe μάγαδιν δ' ὀνομάζει μὲν Ἀνακρέων

1 εἴκοσι ⟨Λυδὸν⟩ / χορδῆισιν μαγάδην ἔχων coni. Bergk (μαγάδην iam Barnes),
εἰκοσίχορδον / ⟨Λυδίην⟩ μαγάδην ἔχων Hartung, εἰκοσίχορδον / ⟨χείρεσσιν⟩ μαγάδην
ἔχων Wilam. ; etiam εἴκοσι⟨φώνοις⟩ / χορδῆισιν, sim., possis   3 om. E   interpr.
Abert *RE* xiii. 2 (1927) 2486

30 (20 B., 18 D.)

375 Athen. (om. E) iv 177 A–182 C (i 397 Kaibel)

οἴδαμεν δὲ καὶ τοὺς ἡμιόπους καλουμένους, περὶ ὧν φησιν
Ἀνακρέων·

τίς ἐρασμίην
τρέψας θυμὸν ἐς ἥβην τερένων ἡμιόπων ὑπ᾽ αὐλῶν
ὀρχεῖται;

εἰσὶ δ᾽ οἱ αὐλοὶ οὗτοι ἐλάσσονες τῶν τελείων. Αἰσχύλος γοῦν κατὰ
μεταφορὰν ἐν Ἰξίονί φησι· (fr. 91 N.). εἰσὶν δ᾽ οἱ αὐτοὶ τοῖς
παιδικοῖς καλουμένοις, οἷς οὐκ οὖσιν ἐναγωνίοις πρὸς τὰς εὐωχίας
χρῶνται. διὸ καὶ τέρενας αὐτοὺς κέκληκεν ὁ Ἀνακρέων.

---

2 θρέψας Athen., corr. recc.   ἐσέβην Athen., corr. Mehlhorn   τέρεν ὡς
ἡμίοπον Athen., corr. Casaubon

31 (19 B., 17 D.)

376 Hephaest. *de poem.* vii 2, p. 71 Consbr.

εἰσὶ δὲ ἐν τοῖς ποιήμασι καὶ οἱ ἀρρενικῶς οὕτω καλούμενοι
ἐπωιδοί, ὅταν μεγάλωι στίχωι περιττόν τι ἐπιφέρηται, οἷον· (Archil.
fr. 88 Diehl) . . . ὅταν δὲ ἔμπαλιν ἡ τάξις ἦι, προωιδὸς καλεῖται, ὡς
παρὰ Ἀνακρέοντι·

ἀρθεὶς δηῦτ᾽ ἀπὸ Λευκάδος
πέτρης ἐς πολιὸν κῦμα κολυμβῶ μεθύων ἔρωτι.

Philostrat. *imag.* i 15, p. 33 Schenkl μεθύων ἔρωτι, φησὶ περὶ τῶν ἀκρατῶς
ἐρώντων ὁ Τήιος. Apostol. *cent.* iii 90 c, ii 308 L.–S. ἀρθεὶς—ἔρωτι. Ἀνακρέοντος

---

2 ἐς cod. I: εἰς AH, Apostol.   -βέω coni. Schneidewin

32 (35 B., 20 D.)

77 Schol. T Hom. *Il.* 24. 278, vi 463 Maass

Μυσοὶ πλησίον ὄντες Ἐνετῶν· ὅθεν ἡμιόνων γένος· ἢ ὡς καὶ
παρὰ Μυσοῖς διαφόρων ὄντων. Ἀνακρέων·

ἱπποθόρων δὲ Μυσοὶ
εὗρον μεῖξιν ὄνων
πρὸς ἵππους, ἐξ ὧν ἡμίονοι.

---

1 -θόρον cod., corr. Bergk; cf. Hesych. s.v.   δὲ Bekker: καὶ cod.   2 εὑρεῖν
cod., corr. Bergk   μῖξ- cod., fort. recte   πρὸς ἵππους del. Hartung

33 (24 B., 52 D.)

78 Schol. Ar. *Av.* 1372 (VGΓE: om. R), p. 249 White

ἀναπέτομαι δή· παρὰ τὰ Ἀνακρέοντος·

ἀναπέτομαι δὴ πρὸς Ὄλυμπον πτερύγεσσι κούφῃς
διὰ τὸν Ἔρωτ'· οὐ γὰρ ἐμοὶ ⟨– ∪⟩ θέλει συνηβᾶν.

διὸ καὶ τὸ χ ἔχουσι οἱ δύο στίχοι.

Hephaest. *ench.* ix 3, p. 30 C. Ἀνακρέων δὲ ἐπετήδευσε τὴν πρώτην συζυγίαν δι'
ὅλου ἄισματος ἐκ τριβραχέος καὶ ἰάμβου ποιῆσαι, ὡς εἶναι κοινὴν λύσιν τῆς τε χοριαμ-
βικῆς καὶ τῆς ἰαμβικῆς· ἀναπέτομαι—κούφαις. eadem epitom. v p. 360 C. Iulian. *ep.*
xviii 386 B, i 498 Hertlein (= p. 263 Bidez–Cumont) εἰ δέ μοι θέμις ἦν κατὰ τὸν
Τήιον ἐκεῖνον μελοποιὸν εὐχῆι τὴν τῶν ὀρνίθων ἀλλάξασθαι φύσιν, οὐκ ἂν δήπου πρὸς
Ὄλυμπον οὐδὲ ὑπὲρ μέμψεως ἐρωτικῆς, ἀλλὰ κτλ. huc refert Bergk Himer. *or.* xlviii
4, p. 197 Colonna

---

1 δὴ om. schol. Ar.   -γεσι schol. Ar. VG   -φαις codd. omn.   2 θελει (sic)
schol. Ar. exc. Γ (θέλουσι; θελει Γ²)   ⟨παῖς ἐ⟩θέλει coni. Porson   συνηκᾶν
schol. Ar. VG

34 (25 B., 53 D.)

379 Lucian. *Heracl.* viii, i. 1 34 Nilén

ὥστε ἰσχὺς μὲν καὶ τάχος καὶ κάλλος καὶ ὅσα σώματος ἀγαθὰ
χαιρέτω, καὶ ὁ Ἔρως ὁ σός, ὦ Τήιε ποιητά, ἐσιδών με,

    (a)   ὑποπόλιον γένειον χρυσοφαέννων,
εἰ βούλεται,

    (b)   πτερύγων †ἢ ἀετοῖς† παραπετέσθω,
καὶ ὁ Ἱπποκλείδης οὐ φροντιεῖ.

(a) ⟨τὸ⟩ ante γένειον add. Schwartz   -φαεννῶν vel -φαέννων codd. exc. paucis
(-αίννων, -αέων; χρυσὸς φαεννῶν cod. B) : -φαείνων reponendum credideris

(b) ἀετοῖς : ἀήταις coni. Bergk, qui Anacreontis locum ita refinxit : Ἔρως, ὣς
(potius ὅς, idem *Anacr. carm. reliqu.* p. 124) μ᾽ ἐσιδὼν γένειον / ὑποπόλιον χρυσο-
φαέννων (potius -είνων, Fick) πτερύγων ἀήταις / παραπέτεται

35 (124 B., 51ᴬ D.)

380 Himer. *or.* xlvii, p. 189 seq. Colonna

χαῖρε φίλον φῶς χαρίεντι μειδιῶν προσώπωι·

μέλος γάρ τι λαβὼν ἐκ τῆς λύρας εἰς τὴν σὴν ἐπιδημίαν προσοίσομαι
(-άισομαι coni. Wolf), ἡδέως μὲν ἂν πείσας καὶ αὐτοὺς τοὺς λόγους
λύραν μοι γενέσθαι καὶ ποίησιν, ἵνα τι κατὰ σοῦ νεανιεύσωμαι,
ὁποῖον Σιμωνίδης ἢ Πίνδαρος κατὰ Διονύσου καὶ Ἀπόλλωνος. ἐπεὶ
καὶ (ἐπεὶ δὲ coni. Wernsdorf) ἀγέρωχοί τε ὄντες καὶ ὑψαύχενες
ἄφετοί τε καὶ ἔξω μέτρων ἀθύρουσιν, ὀλίγα παρακαλέσας τὴν ποίησιν,
δοῦναί μοί τι μέλος Τήιον (ταύτην γὰρ φιλῶ τὴν Μοῦσαν) ἐκ τῶν
ἀποθέτων τῶν Ἀνακρέοντος τοῦτόν σοι φέρων τὸν ὕμνον ἔρχομαι
καί τι καὶ αὐτὸς προσθεὶς τῶι ἄισματι· ὦ φάος Ἑλλήνων καὶ τῶν
ὅσοι Παλλάδος ἱερὸν δάπεδον Μουσάων τ᾽ ἄλση νεμόμεθα.

φάος codd., corr. Wilam.   μειδιῶν cod. R : μειδίοον cod. A

36 (34+28 B., 51 D.)

81 Atil. Fortunat. *de metr. Horat.* viii, *Gramm. Lat.* vi 301. 4 Keil

apud Anacreontem

(*a*)   εἶμι λαβὼν †εἰσάρας,†

Sappho πάρθενον ἀδύφωνον (fr. 153); secundum colon Anacreon sic:

(*b*)   ἀσπίδα ῥίψας ποταμοῦ καλλιρόου παρ' ὄχθας,

Sappho sic: δεῦτέ νυν ἄβραι Χάριτες καλλίκομοί τε Μοῖσαι (fr. 128).

(*a*) ἐς Ἥρης coni. Bergk   κα
(*b*) ἀσπίδα ῥιψ' ἐς ποταμὸν ιλλιροου τροχοὰς A, ασπιδα ριψες ποταμον ιλλιροου τροχοας B: corr. Bergk

37 (31 B., 57 D.)

82 Hephaest. *ench.* ix 2, p. 30 Consbr.

τρίμετρα δὲ οἷον τὸ Ἀνακρέοντος·

δακρυόεσσάν τ' ἐφίλησεν αἰχμήν

---

eadem epitom. Heph. v, p. 360 C.   Schol. anon. in Hermog. ap. *Rhet. Gr.* vii 988 Walz sine nomine auctoris δακρ.—αἰχμ.

δακρυόεσσά schol. Hermog.   τεφίλησεν Heph. codd. DI, τε φίλησεν schol. Hermog.   αἰχμήν schol. Hermog.: -άν Heph. et epitom.

38 (32 B., 58 D.)

83 Athen. (om. E) xi 475 F

Ἀνακρέων·

οἰνοχόει δ' ἀμφίπολος μελιχρὸν
οἶνον τρικύαθον κελέβην ἔχουσα.

---

1 ὠινο- Athen.   2 claudicant numeri

39 (33 b., 59 d.)

384 Schol. Pind. *Isthm.* ii 13, iii 215 Dr.

(de poetarum philargyria loquitur) τοιοῦτον δέ τι καὶ Ἀνακρέων
εἴρηκε, καὶ μή ποτε ἡ ἀπότασίς ἐστιν εἰς τὰ ὑπ᾽ ἐκείνου εἰρημένα·
φησὶ γάρ·

> οὐδ᾽ ἀργυρῆ κω τότ᾽ ἔλαμπε Πειθώ.

---

cf. Tzetz. *chil.* viii 828, p. 315 Kiessling οὕτω λέγων ὑπάργυρα πᾶσαν γραφὴν
ἐποίει / ὡς Ἀνακρέων τε αὐτὸς Καλλίμαχός τε λέγει

ἀργυρέα (nisi -έη) B, -έους D   κ̄ κότε B, πώποτε D, corr. Bergk; κώκοτ᾽ coni.
Schneidewin   Πειθώ primus quod sciam Barnes *Anacr.* (1705): πυθώ BD, Pind.
schol. edd. vett., Ursinus (fr. om. Stephanus)

40 (23 b., 73 d.)

385 Hephaest. *ench.* ix 3, p. 30 Consbr.

πολὺ δ᾽ ἐστὶ καὶ τὸ πρὸς τῆι κατάκλειδι τὴν δευτέραν συζυγίαν
ἰαμβικὴν ἔχον, οἷόν ἐστι παρὰ μὲν Ἀνακρέοντι·

> ἐκ ποταμοῦ ᾽πανέρχομαι πάντα φέρουσα λαμπρά.

Apostol. *cent.* vi 88 c, ii 389 L.–S. ἐκ ποταμοῦ—φέρουσα καλά

καλά pro λαμπρά Apostol.   initio carminis ipso ut videtur introducitur
mulier loquens; cf. Alcaeum fr. 10ᴮ

41 (22 b., 72 d.)

386 Hephaest. *ench.* xv 22, p. 55 Consbr.

ὥσθ᾽ ὅλον αὐτὸ (scil. τὸ *Κρατίνειον*) χοριαμβικὸν ἐπίμικτον
γενέσθαι, ὅμοιον Ἀνακρεοντείωι τῶιδε·

> Σίμαλον εἶδον ἐν χορῶι πηκτίδ᾽ ἔχοντα καλήν.

πικτίδ᾽ A

42 (30 B., 71 D.)

387 Hephaest. *ench.* xv 20, p. 54 Consbr.

Ἀνακρέων δὲ οὐκ ἰαμβικῶι ἀλλὰ χοριαμβικῶι ἐπιμίκτωι πρὸς τὰς
ἰαμβικὰς ἐπήγαγε τὸ ἰθυφαλλικόν·

τὸν μυροποιὸν ἠρόμην Στράττιν εἰ κομήσει.

Pollux vii 177, ii 100 Bethe μυροποιός· οὕτω δὲ Ἀνακρέων

μυρο- Pollux: λυρο- Heph.   στράτιν Heph. cod. I

43 (21 B., 54 D.)

388 Athen. xii 533 F

(antecedit fr. 27) καὶ γὰρ Ἀνακρέων αὐτὸν ἐκ πενίας εἰς τρυφὴν
ὁρμῆσαί φησιν ἐν τούτοις·

πρὶν μὲν ἔχων βερβέριον, καλύμματ' ἐσφηκωμένα,
καὶ ξυλίνους ἀστραγάλους ἐν ὠσὶ καὶ ψιλὸν περὶ
3 πλευρῆισι ⟨– ∪ –⟩ βοός,
νήπλυτον εἴλυμα κακῆς ἀσπίδος, ἀρτοπώλισιν
κἀθελοπόρνοισιν ὁμιλέων ὁ πονηρὸς Ἀρτέμων,
6 κίβδηλον εὑρίσκων βίον,
πολλὰ μὲν ἐν δουρὶ τιθεὶς αὐχένα, πολλὰ δ' ἐν τροχῶι,
πολλὰ δὲ νῶτον σκυτίνηι μάστιγι θωμιχθείς, κόμην
9 πώγωνά τ' ἐκτετιλμένος·
νῦν δ' ἐπιβαίνει σατινέων χρύσεα φορέων καθέρματα
†παῖς Κύκης† καὶ σκιαδίσκην ἐλεφαντίνην φορεῖ
12 γυναιξὶν αὕτως ⟨– ∪ –⟩.

2 ἀστραγάλας exspectasses; cf. 53   ψιλὸν μὲν ἔχων περὶ E, prioribus omissis
3 procul dubio δέρμ' et verbum, ἤιει vel sim., supplendum (Bergk)   4 νεό-
πλουτον Athen. A, νεόπλυτον E, corr. Schoemann   5 καὶ ἐθ- Athen.   ὁ
πονηρὸς ὁ Ἀρτ. A (om. E), corr. Musurus   7 δεθεὶς coni. Hemsterhuys et
Cobet   8 δ' ἐν ὠτω σκυτίνω Athen.: δὲ νῶτα σκυτίνηι Elmsley, mox νῶτον
Bergk   tantum πολλάκις δὲ κόμην hoc versu E   10 φαρέων Athen., corr.
nescio quis primus (φορ- iam Ursinus et Stephanus)   fort. κατέρμ- scribendum
11 init. non intellegitur; παῖς ὁ Κ. coni. Hermann   12 fin. ἐμφερής suppl.
Schoemann   10–12 om. E

44 (57 B., 55 D.)

389 Athen. (om. E) x 433 E–F

τὸ δίψος γὰρ πᾶσιν ἰσχυρὰν ἐπιθυμίαν ἐμποιεῖ τῆς περιττῆς
ἀπολαύσεως· . . . Ἀνακρέων·

φίλη γάρ εἰς ξείνοισιν· ἔασον δέ με διψέοντα πιεῖν.

εισξεινεις Athen.: Schneidewinium (εἰς ξείνοις) secutus correxi; ἔα-, non ἔᾱ,
Anacr.   διψῶντα Athen.   cf. fr. 1 (2) 1–2 cum adnot.

45 (69 B., 63 D.)

390 Athen. i 21 A

ἔταττον γὰρ τὸ ὀρχεῖσθαι ἐπὶ τοῦ κινεῖσθαι καὶ ἐρεθίζεσθαι.
Ἀνακρέων·

καλλίκομοι κοῦραι Διὸς ὠρχήσαντ' ἐλαφρῶς.

Eust. Od. 1942. 4 Ἀνακρέοντος δὲ τό· καλλίκομοι—ἐλαφρῶς

ὀρχησαίατ' coni. Bergk

46 (72 B., 67 D.)

391 Schol. Pind. Ol. viii 42, i 248 Dr.

ἐπὶ στέφανον τεῦξαι· μεταφορικῶς τὸ τεῖχος. στέφανος γὰρ ὥσπερ
τῶν πόλεων τὰ τείχη. καὶ Ἀνακρέων·

νῦν δ' ἀπὸ μὲν στέφανος πόλεως ὄλωλεν.

νῦν δ' om. cod. C   πόλεως στέφανος codd.: transp. Bergk (πόλεος)

47 (71 B., 66 D.)

392 Et. Mag. 429. 50 (= Hdn. II 517. 17 L.)

ἡμετέρειος· κτητικόν ἐστι· σημαίνει δὲ τὸν τοῦ ἡμετέρου. ἐχρᾶτο
δὲ τῆι λέξει Ἀνακρέων·

οὔτε γὰρ ἡμετέρειον οὔτε καλόν

fere eadem Zonar. 990; etiam Et. Gen. A ap. Gentili

48 (70 B., 74 D.)

393 Hephaest. *ench.* xv 10, p. 51 Consbr.

κέχρηται δὲ καὶ Ἀνακρέων (scil. τῶι ἐγκωμιολογικῶι) ἐν πλείοσιν
ἄισμασιν·

ὀρσόλοπος μὲν Ἄρης φιλεῖ μεναίχμην

-λεπος codd. IH   φιλέει codd.   μὲν αἰχμάν codd., corr. Dorvillius (-μήν
Pauw)   ad voc. ὀρσ. cf. Forbes *Glotta* 36 (1958) 265

49 (67–68 B., 61–62 D.)

394 Hephaest. *ench.* vii 2, p. 21 Consbr.

Ἀνακρέων τούτωι τῶι μέτρωι καὶ ὅλα ἄισματα συνέθηκεν·

    (a)   ἡδυμελὲς χαρίεσσα χελιδοῖ

καὶ

    (b)   μνᾶται δηῦτε φαλακρὸς Ἄλεξις

(a) : eadem Anacr. verba, Sacerd. *Gramm. Lat.* vi 514. 23 Keil

(a) ἁδυμελὲς codd. DI, ἀδύμελες Heph. cod. A (ἀδυ- omnes), ΝΔΙΜΕΛΗ similia
Sacerd.
(b) -κρὸς e -κρὶς corr. Heph. cod. D

50 (43 B., 44 D.)

395 Stob. *ecl.* iv 51. 12, v p. 1068 Hense (SA Trinc.)

Ἀνακρέοντος·

πολιοὶ μὲν ἡμὶν ἤδη
κρόταφοι κάρη τε λευκόν,
χαρίεσσα δ' οὐκέτ' ἤβη
πάρα, γηραλέοι δ' ὀδόντες,
5 γλυκεροῦ δ' οὐκέτι πολλὸς
βιότου χρόνος λέλειπται·
διὰ ταῦτ' ἀνασταλύζω
θαμὰ Τάρταρον δεδοικώς·
Ἀίδεω γάρ ἐστι δεινὸς
10 μυχός, ἀργαλῆ δ' ἐς αὐτὸν
κάτοδος· καὶ γὰρ ἑτοῖμον
καταβάντι μὴ ἀναβῆναι.

1 ἡμῖν SA   2 κάρα Trinc.   τε Bergk: δὲ SA, δὲν Trinc.,   3 οὐκ
ἔθ' codd.   7 Hesych. ἀσταλύζειν (-χειν cod.)· ἀναβλύζειν, κλαίειν et ἀστυλάζει·
λυπεῖ(ται) μετὰ κλαυθμοῦ; cf. P.Strassb. inv. gr. 1313 col. i 16 ed. Snell *Herm.* Ein-
zelschr. v (1937) 106 ἀνηστάλυζον s.v.l.   ἄλαστα λύζω coni. Scaliger   10 -λῆ
A, -λέη S Trinc.   11 κάτοδος S¹: κάθ- S² A Trinc., fort. recte, cf. Schwyzer *Dial.*
Gr. exempla 744⁴⁰ Halicarnass. v med. κάθοδον   ἕτοιμον codd.

51 (62 B., 27 D.)

396 Athen. xi 782 A (codd. CE, iii 18 Kaibel)

ἔθος δ' ἦν πρότερον ἐν τῶι ποτηρίωι ὕδωρ ἐμβάλλεσθαι, μεθ' ὃ
τὸν οἶνον. . . . Ἀνακρέων·

φέρ' ὕδωρ φέρ' οἶνον ὦ παῖ φέρε ⟨δ'⟩ ἀνθεμόεντας ἡμὶν
στεφάνους ἔνεικον, ὡς δὴ πρὸς Ἔρωτα πυκταλίζω.

Demetr. *eloc.* v, p. 4 Raderm. οὐκ ἂν τὴν Ὁμήρου Ἰλιάδα πρεπόντως τις γράψειεν
ἐν τοῖς Ἀρχιλόχου βραχέσιν . . . οὐδὲ τοῖς Ἀνακρέοντος, ⟨οἷον⟩ τό· φέρ' ὕδωρ φέρ'
οἶνον ὦ παῖ· μεθύοντος γὰρ ὁ ῥυθμὸς ἀτεχνῶς γέροντος. P.Oxy. 220 col. vii 3–6, ii 45
G.–H. (p. 404 Consbr.) ἀνα]κρεόντειόν ἐστ[ι μέ]τρον τὸ τοιοῦτο· [φέρ'] ὕδωρ φέρ'
οἶνον ὦ [παῖ. Orion 62. 30 Ἀνακρέων· ὡς δὴ πρὸς Ἔρωτα πυκταλίζω; Et. Gen. B
p. 115 Miller ὡς ἤδη πρὸς Ἔρωτα πυκταλίζω; Et. Mag. 345. 39 πυκταλίζω· Ἀνακρέων.
Eust. *Il.* 1322. 53 τὸ πυκταλίζειν, οὗ χρῆσις παρὰ Ἀνακρέοντι, οἷον· ὡς μὴ πρὸς τὸν
Ἔρωτα πυκταλίζω

1 δ' om. codd., add. Casaubon   -εύντας ἡμῖν codd.   2 ὡς δὴ πρὸς Ἔρωτα
Orion: ὡς μὴ πρὸς τὸν Ἔρ. Athen., Eust., ὡς ἤδη πρὸς Ἔρ. Et. Gen.   ὡς ἂν πρὸς
Ἔρ. coni. Dobree

52 (39 B., 33 D.)

397 Athen. xv 674 C

ἐκάλουν δὲ καὶ οἷς περιεδέοντο τὸν τράχηλον στεφάνους ὑποθυμί-
δας· . . . Ἀνακρέων·

πλεκτὰς

δ' ὑποθυμίδας περὶ στήθεσι λωτίνας ἔθεντο.

id. 678 D ὑποθυμίδες στέφανοι παρ' Αἰολεῦσιν καὶ "Ιωσιν, οὓς περὶ τοὺς τραχήλους
περιετίθεντο, ὡς σαφῶς ἔστιν μαθεῖν ἐκ τῆς Ἀλκαίου καὶ Ἀνακρέοντος ποιήσεως

2 -θυμιάδας Athen., E, corr. Dindorf   στήθεσιν E : στήθεσσιν A

53 (46 B., 34 D.)

398 Schol. A Hom. *Il.* 23. 88, ii 251 Di.

αἱ πλείους τῶν κατὰ ἄνδρα ἀμφ' ἀστραγάλῃσιν ἐρύσας (ἐρίσσας
Bekker), καὶ ἔστιν Ἰωνικώτερον·

ἀστραγάλαι δ' Ἔρωτός εἰσιν
μανίαι τε καὶ κυδοιμοί,

Ἀνακρέων.

εἰσι et κυδοίμοιο cod.   metr. = fr. 1. 7–8 vid. Headlam–Knox *Herodas* p. 121

54 (59 B., 35 D.)

399 Schol. Eur. *Hec.* 934, i 74 Schw.

καὶ δωριάζειν τὸ γυμνουμένας φαίνεσθαι τὰς γυναῖκας. Ἀνακρέων·

ἐκδῦσα κιθῶνα δωριάζειν

cf. Eust. *Il.* 975. 38 Αἴλιος γοῦν Διονύσιος δωριάζειν φησὶ τὸ παραφαίνειν καὶ
παραγυμνοῦν πολύ τι τοῦ σώματος

χιτῶνα codd.

199

55 (61 B., 26 D.)

400 Hephaest. *ench.* xii 5, p. 39 Consbr.

τὸ δὲ ⟨δίμετρον τὸ⟩ ἀκατάληκτον κατὰ τὸν ἀνακλώμενον χαρα-
κτῆρα πολὺ παρὰ τῶι Ἀνακρέοντί ἐστι·

> παρὰ δηὖτε Πυθόμανδρον
> κατέδυν Ἔρωτα φεύγων.

---

1 πυθόμαν δὲ Ι

56 (91 B., 81 D.)

401 Strabo xiv 2. 27, iii 140 Kramer

τοῦ δὲ περὶ τὰ στρατιωτικὰ ζήλου τά τε ὄχανα ποιοῦνται τεκμήρια
καὶ τὰ ἐπίσημα καὶ τοὺς λόφους· ἅπαντα γὰρ λέγεται Καρικά.
Ἀνακρέων μέν γέ φησιν·

> διὰ δηὖτε Καρικουργέος
> ὀχάνου χεῖρα †τιθέμενοι†

Schol. A Hom. *Il.* 8. 193, i 278 Di. Ἀνακρέων φησί· καριοεργέος ὀχάνοιο. Et. Gen.
B p. 176 Miller ὡς Ἀνακρέων φησί· καριοεργέος ὀχάνοιο; eadem Et. Gud. 297. 43,
Et. Mag. 489. 39 cod. Par. 2636 in adn. Gaisf.; Eust. *Il.* 367. 25 φησὶ γοῦν Ἀνακρέων·
καρικοεργέος ὀχάνου; 707. 61 Ἀνακρέων· καριοεργέος ὀχάνοιο

1 δεῦτε codd.   Καρικοεργέος Str. cod. E, Eust. 367, καριοεργέος schol. Hom.,
Etymologica, Eust. 707, καρικὰ εὐέργεος, καρικὰ ὀεργέος, καρικὰ ὁ ἔργεος, similia,
Str. codd. rell.   2 ὀχάνου Str., Eust. 367: -οιο schol. Hom., Etymologica
(-ώνοιο Gud.), Eust. 707   τιθέμενοι Str. codd. DEi, τιθέμεναι (τιθέναι F) rell.
τέθειμαι coni. Edmonds

57

((*a*), (*c*) = 44–45 B., 29+32 D. ; (*b*) = 120 B.)

402 Max. Tyr. xviii 9, pp. 232–3 Hobein

ἡ δὲ τοῦ Τηίου σοφιστοῦ τέχνη τοῦ αὐτοῦ ἤθους καὶ τρόπου. καὶ
γὰρ πάντων ἐρᾶι τῶν καλῶν καὶ ἐπαινεῖ πάντας. μεστὰ δὲ αὐτοῦ
τὰ ἄισματα τῆς Σμέρδιος κόμης καὶ τῶν Κλεοβούλου ὀφθαλμῶν καὶ
τῆς Βαθύλλου ὥρας. ἀλλὰ καὶ τούτοις τὴν σωφροσύνην ὁρᾶις·

(a)   ἔραμαι ⟨δέ⟩ τοι συνηβᾶν,

φησίν,

      χαρίεν γὰρ †ἔχεις ἦθος.†

καὶ αὖθις

(b)   καλὸν εἶναι τῶι Ἔρωτι τὰ δίκαιά φησιν.

ἤδη δέ που καὶ τὴν τέχνην ἀπεκαλύψατο·

(c)   ἐμὲ γὰρ †λόγων εἵνεκα παῖδες ἂν φιλέοιεν·

     χαρίεντα μὲν γὰρ ἄιδω, χαρίεντα δ' οἶδα λέξαι.

(a) 1 ⟨δέ⟩ suppl. Bergk, ⟨γε⟩ priores   2 ἔσχες ἦθος coni. Barnes, ἦθος ἴσχεις Hiller, χαριτεῦν (e fr. 142, χαριτόεν) ἔχεις γὰρ ἦθος Bergk

(c) 1 lacuna ante aut post λόγων: λόγων ⟨ἐμῶν⟩, ⟨νέοι⟩ λόγων coni. Bergk, λόγων ⟨μελέων τ'⟩ Blass, λόγων ⟨σοφῶν⟩ Hartung   φιλοῖεν codd.   2 διδῶ codd., corr. Valckenaer; μέν γ' ἀείδω coni. Schneidewin

58 (38 B., 31 D.)

403 Hesych. s.v.

ἕρμα· ἔρεισμα ⟦ἢ ἔργμα⟧ ἢ τὸν πετρώδη καὶ ἐπικυματιζόμενον ὥστε μὴ βλέπειν τόπον τῆς θαλάσσης. καὶ Ἀνακρέων·

        ἀσήμων

    ὑπὲρ ἑρμάτων φορέομαι.

Alcaeus fr. 306 (14) i 10 seqq. (est commentarius) ὑ]πὲρ ἑρμάτω[ν]| [Ἀ]νακρέων|[ἀλ]ληγορῶν χαί|[ρει. Harpocrat. lex. i 134 Di. ἕρμα· ἡ ὕφαλος πέτρα·... ἔστι δὲ τοὔνομα καὶ παρ' Ἀνακρέοντι; sim. Zonar. 860, ubi ἑρμᾶν in lemmate, vers. Anacr. om.   Phot. et Suda (ii 412 A.) s.v. ἑρμᾶν· ὕφαλος πέτρα. Ἀντιφῶν καὶ Ἀνακρέων καὶ Ἀριστοφάνης, ubi ἑρμᾶν (ut ordo poscit) Sud. codd. FV cum Zonar. et Harpocrat., Ἑρμᾶ A, Ἑρμαῖος GIM; ἑρμάν Phot.

-εῦμαι codd.

59 (29^A D.)

404 Phot. lex. p. 111 Reitz.

μεταβάλλουσι δ' οἱ Ἴωνες τὸ τελευταῖον ᾱ ... Ἀνακρέων·

       νεότης τε κὐγιείη

καὶ ὑγείη cod.

60 (64 B., 30 D.)

405 Schol. Hes. *theog.* 767, p. 436 Gaisford

ἔνθα θεοῦ· ἐν τοῖς οἰκήμασι νυκτός. τὸ δὲ χθονίου ἤτοι (ἢ τοῦ codd.) στυγεροῦ, ὡς Ἀνακρέων·

χθόνιον δ' ἐμαυτὸν † ἦρεν.

ἦρεν: ἦγον cod. S δέ μ' αὖτ' ὄνειρον coni. Thewrewk, χθονίων δείματ' ὀνείρων
Bergk

61 (58 B., 24 D.)

406 Apollon. Soph. *lex.* s.v. θέσθαι, p. 418 de Villoison

ὁ θησαυρὸς θεσμὸς λέγεται καθάπερ καὶ Ἀνακρέων λέγει·

ἀπὸ δ' ἐξείλετο θεσμὸν μέγαν,

εἰς τὸ ῥητορικὸν λεξικόν.

Et. Mag. 448. 16, Et. Sym. cod. V ibid., καὶ τὸν θησαυρὸν Ἀνακρέων θεσμὸν καλεῖ
(καὶ τὸν θεσμὸν Ἀνακρέων θησαυρὸν ἐκάλει M)

θυμ- pro θεσμ- utroque loco Apoll. (cf. Hom. *Od.* 11. 201 ἐξείλετο θυμόν) ἀπὸ
. . . ἐξεῖλεν iterum invenies Eur. *IT* 1278

62 (66 B., 40 D.)

407 Schol. Pind. *Ol.* vii 5, i 200 Dr.

προπίνειν ἐστὶ κυρίως τὸ ἅμα τῶι κράματι τὸ ἀγγεῖον χαρίζεσθαι. Ἀνακρέων·

ἀλλὰ πρόπινε
ῥαδινοὺς ὦ φίλε μηρούς,

ἀντὶ τοῦ χαρίζου. καὶ Δημοσθένης τοὺς προδιδόντας τὰς πατρίδας τοῖς ἐχθροῖς προπίνειν ἔφη τοῖς ἐχθροῖς. cf. schol. ibid. 4.

---

1 πρότεινε B, τρόπινε CO   2 μακρούς C, μοιρούς O

63 (51 B., 39 D.)

408 Aelian. *h.a.* vii 39, i 173 seq. Jacobs, i 192 seq. Hercher

ὅσοι λέγουσι θῆλυν ἔλαφον κέρατα οὐ φύειν, οὐκ αἰδοῦνται τοὺς
τοῦ ἐναντίου μάρτυρας· . . . Ἀνακρέων ἐπὶ θηλείας φησίν·

ἀγανῶς οἷά τε νεβρὸν νεοθηλέα
γαλαθηνὸν ὅς τ' ἐν ὕληι κεροέσσης
ἀπολειφθεὶς ἀπὸ μητρὸς ἐπτοήθη.

πρὸς δὲ τοὺς μοιχῶντας τὸ λεχθὲν καὶ μέντοι καὶ φάσκοντας δεῖν
ἐροέσσης γράφειν ἀντιλέγει κατὰ κράτος Ἀριστοφάνης ὁ Βυζάντιος.

Athen. ix 396 D Ἀνακρέων δέ φησιν· οἷά τε—ἐπτοήθη. Schol. Pind. *Ol.* iii 52, i
120 Dr. παρὰ Ἀνακρέοντι· ἀγανῶς—ἐπτοήθη. Ζηνόδοτος δὲ μετεποίησεν ἐροέσσης
διὰ τὸ ἱστορεῖσθαι τὰς θηλείας κέρατα μὴ ἔχειν. Eust. *Il.* 711. 34 φέρεται δὲ καὶ
Ἀνακρέοντος χρῆσις αὕτη· οἷά τε—γαλαθηνόν. Pollux v 76, i 282 Bethe Ἀνακρέων
μὲν σφάλλεται κεροέσσαν ἔλαφον προσειπών

1 ἀγανῶς (ἄγαν ὡς BCQ) schol. Pind.: non habent Ael. Athen. Eust. οἵαν τε
Ael. cod. c   νεκρὸν schol. Pind. C, Ael. ab   νεοθῆλυν Ael. b, νεογηλέα schol.
Pind. C, θεοθηλέα Qᵃᶜ   2 ὅστ' ἐν ὕλαις (ὥστ' ἐν ὅλαις Q) schol. Pind., οἵτε ὕληι
Ael. b   κερωέσσης Ael. a, κροκοέσσης Ael. b, κεροέσσῃ schol. Pind. C, κεροέσσαις
Qⁱ, κοροέσσης Qˢ, Ael. rell., καιρόσσης Athen.   3 ὑποληφθεὶς schol. Pind.
CE, Ael. a, ὑπολειφθεὶς schol. Pind., Ael. rell.   ὑπὸ μητρὸς (ὑπόμηρος BE) schol.
Pind., Ael.

64 (42 B., 22 D.)

409 Athen. x 430 D

ὁ δ' Ἀνακρέων ἔτι ζωρότερον (scil. κιρνάναι κελεύει) ἐν οἷς φησι·

καθαρῆι δ' ἐν κελέβηι πέντε ⟨τε⟩ καὶ τρεῖς ἀναχείσθω.

τε om. Athen., E, add. Dind.   τρις Athen., E, corr. cod. C   ἀναχείσθων
coni. Bergk, probat Hoffmann

65 (54 B., 37 D.)

410 Athen. xv 674 C

ἐστεφανοῦντο δὲ καὶ τὸ μέτωπον, ὡς ὁ καλὸς Ἀνακρέων ἔφη·

> ἐπὶ δ᾽ ὀφρύσιν σελίνων στεφανίσκους
> θέμενοι θάλειαν ἑορτὴν ἀγάγωμεν
> Διονύσωι

Schol. Ambr. Pind. *Ol.* iii 19, i 110 Dr. οὕτως γὰρ ἐστέφοντο ἐπὶ τοῦ μετώπου· Ἀνακρέων· ἐπὶ—θέμενοι. Eust. *Od.* 1908. 55 δῆλον ἐκ τοῦ· ἐπὶ—ἀγάγωμεν.

1 ἐπεὶ δ᾽ Athen., corr. E   ὀφρύσι E, schol. Pind., Eust.   σιλ- E   στεφά-(νους) schol. Pind.   2 θαλιαν et αγαγωμε Athen., corr. E   ἑορτὴν Athen., E, Eust., recte (ὀρτ- coni. Hermann)   2–3 inter ἀγάγωμεν et Διονύσωι aliquid intercidisse coni. Kehrhahn; fort. transponenda, Διονύσωι / ἀγάγ.

66 (50 + 55 B., 42 + 48 D.)

411 Hephaest. *ench.* xii 4, p. 39 Consbr.

τῶν δὲ τριμέτρων τὸ μὲν ἀκατάληκτον παρὰ τῆι Σαπφοῖ (fr. 134), παρὰ δὲ Ἀνακρέοντι·

> (a)   ἀπό μοι θανεῖν γένοιτ᾽· οὐ γὰρ ἂν ἄλλη
> λύσις ἐκ πόνων γένοιτ᾽ οὐδάμα τῶνδε,

τὸ δὲ καταληκτικὸν ⟨ἑτέρως ἐσχημάτισται: huc transtulit Wilam.; post Ἀνακρέοντι habent codd.⟩·

> (b)   Διονύσου σαῦλαι Βασσαρίδες

(a) Arsen. = Apostol. *cent.* iii 60 b, ii 301 L.–S. ἀπὸ—τῶνδε. Ἀνακρέοντος

(a) 1 ἄλληι coni. Maas (et ita scriptum est ab anonymo *Anacr. carm.* Argentorat. ap. I. G. Treuttel 1786)   2 οὐδάμα A: ουδαμᾶ I, οὐδ᾽ ἄμα MH, Apostol.

67 (56 B., 49 D.)

412 Schol. M Aesch. *PV* 128

ὁ ῥυθμὸς Ἀνακρεόντειός ἐστι κεκλασμένος πρὸς τὸ θρηνητικόν. ἐπεδήμησε γὰρ τῆι Ἀττικῆι Κριτίου ἐρῶν καὶ ἠρέσθη λίαν τοῖς μέλεσι τοῦ τραγικοῦ (μέλεσιν αὐτοῦ ὁ τραγικός coni. Weil).

ἐχρῶντο δὲ αὐτοῖς οὐκ ἐν παντὶ τόπωι ἀλλ᾽ ἐν τοῖς θρηνητικοῖς . . .
ἐστὶ δὲ ταῦτα ὅμοια τῶι·

οὐ δηῦτέ μ᾽ ἐάσεις μεθύοντ᾽ οἴκαδ᾽ ἀπελθεῖν

οὐδ᾽ αὖ μ᾽ ἐάσεις cod., correxi; ε̄α non ε̄ᾱ Iones   interrogat. signum add.
Bergk, fort. recte   Anacreonti adscripsit Hermann

68 (47 B., 45 D.)

13 Hephaest. *ench.* xii 4, p. 39 Consbr.

καὶ τῶι βραχυκαταλήκτωι δὲ Ἀνακρέων ὅλα ἄισματα συνέθηκεν·

μεγάλωι δηῦτέ μ᾽ Ἔρως ἔκοψεν ὥστε χαλκεὺς
πελέκει, χειμερίηι δ᾽ ἔλουσεν ἐν χαράδρηι.

interpr. Schwyzer *Rh. Mus.* 79 (1930) 314 seqq.

69 (48 B., 46 D.)

14 Stob. *ecl.* iv 21. 24, iv 491 Hense

Φαβωρίνου· ἡ φύσις ἢ ἑστῶσα σώιζεται ἢ φερομένη· ἑστῶσα
μὲν ἐξ ἀθανασίας, φερομένη δὲ ἐξ ἐπιγονῆς. πρὸς ταῦτα γελοῖος
ἂν φανείη ὁ Ἀνακρέων καὶ μικρολόγος τῶι παιδὶ μεμφόμενος ὅτι
τῆς κόμης ἀπεκείρατο, λέγων ταῦτα·

ἀπέκειρας δ᾽ ἁπαλῆς κόμης ἄμωμον ἄνθος·

ἀλλ᾽ ὦ Ἀνάκρεον μικρὸν ἐπίμεινον καὶ ὄψει πάντα ἀποκεκαρμένα.

Athen. xii 540 D ἄξιον θαυμάζειν τὸν τύραννον (scil. Πολυκράτη) ὅτι οὐδαμόθεν
ἀναγέγραπται γυναῖκας ἢ παῖδας μεταπεμψάμενος, καίτοι περὶ τὰς τῶν ἀρρένων
ὁμιλίας ἐπτοημένος, ὡς καὶ ἀντερᾶν Ἀνακρέοντι τῶι ποιητῆι, ὅτε καὶ δι᾽ ὀργὴν ἀπέκειρε
τὸν ἐρώμενον. Aelian. *v.h.* ix 4 Ἀνακρέων ἐπήινεσε Σμερδίην θερμότερον τὰ παιδικὰ
Πολυκράτους, εἶτα ἥσθη τὸ μειράκιον τῶι ἐπαίνωι . . . ἐζηλοτύπησε δὲ Πολυκράτης
ὅτι τὸν Σμερδίην ἐτίμησε, καὶ ἑώρα τὸν ποιητὴν ὑπὸ τοῦ παιδὸς ἀντιφιλούμενον, καὶ
ἀπέκειρε τὸν παῖδα ὁ Πολυκράτης, ἐκεῖνον μὲν αἰσχύνων, οἰόμενος δὲ λυπεῖν τὸν
Ἀνακρέοντα. ὁ δὲ οὐ προσεποιήσατο αἰτιᾶσθαι τὸν Πολυκράτη σωφρόνως καὶ ἐγκρατῶς,
μετήγαγε δὲ τὸ ἔγκλημα ἐπὶ τὸ μειράκιον, ἐν οἷς ἐπεκάλει τόλμαν αὐτῶι καὶ ἀμαθίαν
ὁπλισαμένωι κατὰ τῶν ἑαυτοῦ τριχῶν. τὸ δὲ ἆισμα τὸ ἐπὶ τῶι πάθει τῆς κόμης Ἀνακρέων
ἀισάτω· ἐμοῦ γὰρ αὐτὸς ἄμεινον ἄισεται

ἀπεκείρω (vel -αο) exspectasses   ἁπαλὴν κόμην M   nominatur Smerdies etiam
Anth. Pal. vii 25. 8 (Ps.–Simon.), 27. 6, 29. 3 (Antip. Sid.), 31. 1 (Dioscor.), Max.
Tyr. xviii p. 233. 2 Hob., xxxvii p. 432. 18 Hob.   vid. fr. 2 supra

70 (53 B., 41 D.)

415 Athen. (om. E) x 427 D

ἦν ἀπ᾽ ἀρχῆς τὸ μὲν σπένδειν ἀποδεδόμενον τοῖς θεοῖς, ὁ δὲ
κότταβος τοῖς ἐρωμένοις. ἐχρῶντο γὰρ ἐπιμελῶς τῶι κατταβίζειν
ὄντος τοῦ παιγνίου Σικελικοῦ, καθάπερ καὶ Ἀνακρέων ὁ Τήιος
πεποίηκε·

       Σικελὸν κότταβον ἀγκύληι †δαΐζων†

Σικελικὸν Athen., corr. censor Ienensis   δαΐζων: λατάζων coni. Wilam.;
-ηι⟨σι⟩ παίζων (hoc Ursinus denuoque Fiorillo) possis   vid. imprimis Minto
Studi Etruschi 18 (1944) 83 seqq.; Hesych. s.v. ἀγκύλη

71 (74 B., 65 D.)

416 Et. Mag. 2. 48, Et. Sym. cod. V ibid. Gaisf.

γίνεται δὲ καὶ ἀβακίζω. φησὶν Ἀνακρέων·

       ἐγὼ δὲ μισέω
πάντας ὅσοι χθονίους ἔχουσι ῥυσμοὺς
καὶ χαλεπούς· μεμάθηκά σ᾽, ὦ Μεγιστῆ,
τῶν ἀβακιζομένων,

ἀντὶ τοῦ τῶν ἡσυχίων καὶ μὴ θορυβωδῶν.

Zonar. s.v. ἀβάκησαν = An. Par. Cramer iv 84. 28 ἀβακίζω· Ἀνακρέων· ἐγὼ—
ἀβακιζομένων, ἀντὶ τοῦ κτλ.

---

1 δὲ om. Et. Sym.   2 πάντας οἰ (vel οἱ) codd., corr. Bergk   χθονίους: cf.
Suet. *de blasph.* ap. Miller *Mélanges* p. 418 χθόνιος· στυγνὸς καὶ κατηφὴς καὶ δόλιος
(cf. fr. 60 supra)   ῥυθμοὺς Etymologica, ῥυμοὺς An. Par., corr. Bergk   3 μεμα-
θήκασιν ὡς μεγίστη (μεμάθη͋ Et. Mag. cod. D) codd., corr. Hemsterhuys, Bergk

72 (75 B., 88 D.)

417 Heracleitus *quaest. Hom.* 5, p. 7 ed. Bonn. (codd. M = ABGa; O)

καὶ μὴν ὁ Τήιος Ἀνακρέων ἑταιρικὸν φρόνημα καὶ σοβαρᾶς
γυναικὸς ὑπερηφανίαν ὀνειδίζων τὸν ἐν αὐτῆι σκιρτῶντα νοῦν ὡς
ἵππον ἠλλογόρησεν οὕτω λέγων·

πῶλε Θρηικίη, τί δή με
λοξὸν ὄμμασι βλέπουσα
2 νηλέως φεύγεις, δοκεῖς δέ
μ' οὐδὲν εἰδέναι σοφόν;
ἴσθι τοι, καλῶς μὲν ἄν τοι
τὸν χαλινὸν ἐμβάλοιμι,
4 ἡνίας δ' ἔχων στρέφοιμί
σ' ἀμφὶ τέρματα δρόμου·
νῦν δὲ λειμῶνάς τε βόσκεαι
κοῦφά τε σκιρτῶσα παίζεις,
6 δεξιὸν γὰρ ἱπποπείρην
οὐκ ἔχεις ἐπεμβάτην.

1 θρηικία O ὄμμασι codd. omn.   2 νηλεῶς codd., accentum corr. Bech-
tel δοκέεις codd.   est μ(ε), non μ(οι)   3 ἐμβάλλοιμι G   fort. -οιμ' ἄν, ut
vitetur hiatus post syll. brevem   4 στρέφοιμ' ἀμφὶ codd.: corr. Bergk,
nisi -οιμ' ἄν ἀμφὶ (Bergk) vel -οιμ' ἄν σ' ἀμφὶ (Mehler) praeferendum   5 σκιρ-
τοῖσα A   cf. Himer. or. ix 19, p. 84 C. κοῦφα σκιρτῶσα, Plut. educ. puer. 18 fin.
οὕτω σκιρτῶσα νεότης πωλοδαμνεῖται   6 οὐχ ἔξεις codd. et Aldina (1505):
ἔχεις (quod Bergkio tribuunt edd.) habet H. Stephanus in ed. prima, mox
Ursinus sine adnot.   vid. Harvey CQ N.S. 7 (1957) 211 seqq.

73 (76 B., 91 D.)

418 Hephaest. ench. vi 4, p. 19 Consbr.

καὶ τῶν ἀκαταλήκτων δὲ τὸ τετράμετρόν ἐστιν ἔνδοξον, οἷον τουτὶ
τὸ Ἀνακρέοντος·

κλῦθί μεο γέροντος εὐέθειρα χρυσόπεπλε κούρα

Schol. B in Heph. p. 271 C. κλῦθί—κούρα, bis (altero loco χρυσόπεπλε νῦν κούρα)

μευ codd.   -έθειρε Bergk cum schol. cod. det. sec. Gaisford   χρυσίπεπλε
Heph. cod. D   κούρα codd.: accentum corr. Bergk coll. schol. T Hom. Il. 3.
130, v 105 Maass, τὸ δὲ νύμφα 'Ιωνικόν, ὡς τὸ τόλμα τῆθα κούρα

74 (114 B., 90 D.)

419 Anth. Pal. xiii 4

Ἀνακρέοντος·

ἀλκίμων σ' ὦ 'ριστοκλείδη πρῶτον οἰκτίρω φίλων·
ὤλεσας δ' ἥβην ἀμύνων πατρίδος δουληΐην.

1 -είρω cod.   2 δουλείην cod., corr. Salmasius

75 (77 B., 89 D.)

420 Iulian. *misopogon* 366 B, i 473 Hertlein

ἤδη γάρ, ὡς καὶ ὑμεῖς αὐτοὶ συνορᾶτε, πλησίον ἐσμὲν ἐθελόντων
θεῶν

εὖτέ μοι λευκαὶ μελαίνηισ᾽ ἀναμεμείξονται τρίχες,

ὁ Τήιος ἔφη ποιητής.

μοι: σοι coni. Bergk   μελαίναις codd.   -μίξ- codd.

76 (81 B., 94 D.)

421 An. Ox. Cramer i 288. 3 (= Hdn. II 225. 13 L.)

καὶ Ἀνακρέων·

αἱ δέ μεο φρένες

ἐκκεκωφέαται·

καὶ τὸ περιβεβλέαται.

Et. Mag. 322. 22 αἱ δ᾽ ἐμαὶ φρένες ἐκκεκωφέαται, καὶ παραβέβλαπται (παρα-
βεβλαμμέναι εἰσίν cod. M); Et. Sym. cod. V ibid. οἷον, αἱ δέμε—π̅ε̅ρ̅ι̅βέβλαπται. ὁ
ὑπερσυντελικὸς ἐκκεκωφήμην ἐκκεκώφητο· καὶ Ἰακῶς κεκωφέατο καὶ ἐκκεκωφέατο

1 δέ μευ An. Ox., δ᾽ ἐμαὶ Et. Mag., δέμε Et. Sym.   2 κεκωφ- An. Ox.
(teste Ludwich)

77 (49 B., 47 D.)

422 Et. Mag. 714. 38, Et. Sym. cod. V ibid. Gaisf.

λέγει δὲ ὁ Ὧρος ὅτι κρεῖττόν ἐστιν ἀπὸ τοῦ σίω τοῦ διὰ τοῦ ῑ
γραφομένου γεγονέναι (γενέσθαι Et. Sym.). ἐστὶ γὰρ καὶ σίω (scil.
ἀντὶ τοῦ σείω) διὰ τοῦ ῑ, ὧι χρῆται (ἐχρήσατο Et. Sym.) Ἀνακρέων,
οἷον·

Θρηικίην σίοντα χαίτην

Ioh. Charax ap. Egenolff *Philol.* 59 (1900) 619 τὸ σείω διὰ τοῦ ῑ καὶ διὰ τῆς ε̅ι̅
διφθόγγου, ὅθεν παρ᾽ Ἀνακρέοντι· ὁρικὴν σίοντα χαίτην

de ὡρικὴν cogitabat Egenolff   σείοντα Et. Sym.   σιόντα aor. coni. Ahrens
vid. Bechtel *Lexil.* s.v. σείω   contulit Egenolff *Anth. Pal.* vii 10. 4 Θρηίκιον
πλόκαμον, 25. 8 Σμερδίεω Θρῆικα . . . πλόκον (πόθον cod., corr. Benndorf), 27. 6
Κίκονα Θρηικὸς Σμερδίεω πλόκαμον, unde carmini in Smerd. laudem composito
fragmentum tribuit; ad Bathyllum, Gentili *Maia* 10 (1958) 157 seqq.

78 (79 B., 93 D.)

23 Herodian. *de barb. et soloec.* ap. Ammon. ed. Valckenaer p. 193
(= p. 178 ed. 1822)+An. Gr. de Villoison ii 177

ὁ γὰρ Ἀνακρέων φησί·

κοίμισον δέ, Ζεῦ, σόλοικον φθόγγον

Eust. *Il.* 368. 2 Ἀνακρέοντος δὲ τὸ σόλοικος φθόγγος, ὅ πέρ ἐστι βαρβαρικός

κοίμισον δὲ cod. B Valck.: κοίμησον δὲ cod. A Valck., κόμισον (om. δέ) apogr.
Voss., cod. Marc. alt. Villoison, μισῶ Ζεῦ cod. 489 Villoison   δ' ὦ Ζεῦ coni.
Bergk, sed ὦ nusquam in codd. (⟨καὶ⟩ μισῶ Ζεῦ manifesto ex κοίμισον Ζεῦ ortum)
σόλοικον codd. omn.   φθόγγον codd. ABC Valck.: λόγον codd. citt. Villoison

79 (86 B., 87 D.)

24 Ammon. *de diff.* p. 37 (= p. 38 ed. 1822) Valckenaer

Ἀνακρέων διασύρων τινὰ ἐπὶ θηλύτητι·

καὶ θάλαμος ἐν †ὦι κεῖνος οὐκ ἔγημεν ἀλλ' ἐγήματο.

Et. Gud. 310. 19 de Stef. καὶ Ἀνακρέων δὲ διασύρων ἐπὶ θηλύτητί τινα λέγει· καὶ
θάλειμονος οὐκ ἔγημεν ἀλλ' ἐγήματο. An. Gr. Boissonade iii 263 καὶ διασύρων τινὰ
Ἀνακρέων ἐπὶ θηλύτητι· καὶ θάλαμος ἐν ὧι κεῖνος οὐκ ἔγημεν ἀλλ' ἐγήματο. An.
Gr. Bachmann ii 375 Ἀνακρέοντος· . . . θάλαμος ἐν ὧι ἐκεῖνος οὐκ ἔγημεν ἀλλ'
ἐγήματο. Eust. *Od.* 1678. 59 δηλοῖ καὶ τό· θάλαμον ἐν ὧι οὐκ ἔγημεν ἀλλ' ἐγήματο.
etiam cod. Vindob. CCV sec. Bergk

καὶ habent Amm., Et. Gud., An. Boiss.: om. An. Bachm., Eust.   θάλαμος
An. Boiss. et Bachm.: θαλάμοις Amm., θάλαμον Eust., θάλειμονος Et. Gud.   ὧι
codd. omn. (om. Et. Gud.): τῶι coni. Elmsley contra dialectum; fort. ἔνθα pro
ἐν ὧι (Hoffmann)   ἐκεῖνος An. Bachm.   ἐγήμετο Et. Gud.

80 (84 B., 85 D.)

25 Plut. *de commun. notit.* 20, vi 2. 72 Pohl.

διψῶντες οὖν ὕδατος οὐκ ἔχουσι χρείαν οὐδ' ἄρτου πεινῶντες·

ξείνοισίν ἐστε μειλίχοισιν ἐοικότες
στέγης τε μοῦνον καὶ πυρὸς κεχρημένοις.

Hephaest. *ench.* v 2, p. 16 C. ἀκατάληκτα μὲν δίμετρα, οἷον τὰ Ἀνακρεόντεια ὅλα
ᾄσματα γέγραπται .. τρίμετρα δέ· ἐστὲ ξένοισι—ἐοικότες

1 ἔσται (ε sup. αι scr. Heph. I) ξένοισι codd., transposuit Barnes (ξείν- Gentili)
-οις ἐοικότες codd.; fort. -οισιν οἰκότες vel -οισ' ἐοικότες 2 τε om. Plut. cod. B

ANACREON 426, 427, 428

81 (85 B., 86 et Timoth. 7 D.)

426 Ar. *Plut.* 1002

πάλαι ποτ' ἦσαν ἄλκιμοι Μιλήσιοι.

ad haec schol. ἰσχυροί ποτ' ἦσαν οἱ Μιλήσιοι, ὡς καὶ Ἀνακρέων
φησί.

Zenob. *cent.* v 80, i 152 L.–S. πάλαι—Μιλήσιοι· οὗτος δὲ ὁ στίχος εἴρηται τὸ
πρότερον παρὰ Ἀνακρέοντι, ὃς ἤκμασε μάλιστα κατὰ Κῦρον τὸν Πέρσην. pergit
schol. RV Ar. l.c. ὅτι ἐν τοῖς παλαιοῖς χρόνοις ἰσχυρότατοι ἦσαν οἱ Μιλήσιοι καὶ ὅπου
προσετίθεντο πάντας ἐνίκων. Πολυκράτης οὖν ὁ Σάμιος συγκροτῶν πόλεμον πρός τινας
ἠθέλησεν αὐτοὺς λαβεῖν εἰς συμμαχίαν καὶ εἰς τὸ μαντεῖον ἀπῆλθεν ἐρωτήσων περὶ
τούτου. ὁ δὲ θεὸς ἔχρησεν· ἦσάν ποτ' ἦσαν—Μιλήσιοι. . . . εἴρηται δὲ ἡ παροιμία ἐπὶ
τῶν πρότερον μὲν εὐδαιμονούντων νῦν δὲ ἀτυχούντων. Athen. xii 523 F ὡς δὲ ὑπήχθη-
σαν (οἱ Μιλήσιοι) ἡδονῆι καὶ τρυφῆι, κατερρύη τὸ τῆς πόλεως ἀνδρεῖον, φησὶν ὁ
Ἀριστοτέλης (fr. 557 Rose), καὶ παροιμία τις ἐγεννήθη ἐπ' αὐτῶν· πάλαι—Μιλ. cf.
etiam Hesych. et Phot. s.v. ἦσάν ποτ' ἦσαν ἄλκ. Μιλ.: Diodor. x 25. 2, ii 213 Vogel;
Synes. *ep.* lxxx, *PG* 66. 1453 A; *Florileg. prov.* ap. Miller *Mélanges* p. 354. 1; al.:
omnia sine auctoris nomine
   versum Timocreonti Rhodio adscribi a schol. Ar. *Vesp.* 1060 seqq. (Δίδυμός
φησιν ὅτι παρώιδησε ταῦτα ἐκ τῶν τοῦ Τιμοκρέοντος τοῦ ʿΡοδίου) vidit Wilam. *SBBA*
1911. 520, cf. *SS* 146 n. 2

κοτ' coni. Fick

82 (90 B., 80 D.)

427 Athen. (om. E) x 446 F–447 A

καὶ σὺ οὖν (scil. πῖνε) ὦ ἑταῖρε . . . καὶ γένηται ἡ παρ' Ἀνακρέοντι
καλουμένη ἐπίστιος. φησὶ γὰρ ὁ μελοποιός·

μηδ' ὥστε κῦμα πόντιον
λάλαζε, τῆι πολυκρότηι
σὺν Γαστροδώρωι καταχύδην
πίνουσα τὴν ἐπίστιον.

τοῦτο δ' ἡμεῖς ἀνίσωμά φαμεν.

83 (89 B., 79 D.)

428 Hephaest. *ench.* v 2, p. 16 Consbr.

ἐστὶ δὲ ἐπίσημα ἐν αὐτῶι ἀκατάληκτα μὲν δίμετρα οἷον τὰ
Ἀνακρεόντεια ὅλα ἄισματα γέγραπται·

210

ἐρέω τε δηὖτε κοὐκ ἐρέω
καὶ μαίνομαι κοὐ μαίνομαι.

Schol. B in Heph. p. 267 C. ἐρῶ τε—κοὐ μαίνομαι. Schol. Ar. *Plut.* 253 (om. RV)
τὸ δὲ δίμετρον Ἀνακρεόντειον οἷόν ἐστι τό· καὶ μαίνομαι κοὐ μαίνομαι. Apostol. *cent.*
vii 88 b, ii 419 L.–S. ἐρῶ δὲ δῆτα κοὐκ ἐρῶ καὶ μ. κοὐ μ. Ἀνακρέοντος

1 ἐρῶ utroque loco codd. τε δηὖτε : δὲ δῆτα Apostol. δηὖτε I, δηὖτε A :
δοῦτε D

84 (92 B., 82 D.)

129 Hephaest. *ench.* v 3, p. 16 Consbr.

καταληκτικὸν δὲ δίμετρον τὸ καλούμενον Ἀνακρεόντειον οἷον·

ὁ μὲν θέλων μάχεσθαι,
πάρεστι γάρ, μαχέσθω.

Schol. Ar. *Plut.* 302 (om. RV) ἐκεῖνα τοῦ Ἀνακρέοντος· ὁ μὲν—μαχέσθω. Schol.
B in Heph. p. 267 C. ὁ μὲν θέλων μάχεσθαι. Anon. in P.Oxy. 220 col. x, ii 46 G.–H.
(= p. 406 C.), bis eadem. Sacerd. *Gramm. Lat.* vi 520. 8 K. ὁ μὲν—μαχέσθω
(corruptissime). Anacreontea xlvii 8, p. 37 seq. Preisendanz ὁ μὲν θέλων μάχεσθαι /
παρέστω καὶ μαχέσθω

85 (83 D.)

130 Ptolemaeus *de voc. diff.* ed. Heylbut *Herm.* 22 (1887) 409. 19

λεία· . . . διὰ δὲ τοῦ ῑ γραφόμενον ἐπίρρημά ἐστιν ἐπιτάσεως
δηλωτικόν, ⟨ἐάν τε ἐκτείνηται om. codd., suppl. Heylbut⟩ ἐάν τε
συστέλληται ὡς παρὰ Ἀνακρέοντι·

λίην δὲ δὴ λιάζεις

δηλιάζεις codd. (Ottob. et Vat.), interpr. Wilam. λιάζειν· λίαν ἐσπουδακέναι
Phot.; cf. Ap. Dysc. *pron.* p. 34. 27 Schn.; Archil. P.Oxy. 2314 ii 11 λίαν λιάζεις
(et Lobel ibid.)

86 (88 B., 78 D.)

431 Zonar. *lex.* s.v. 1512

πανδοκεῖον· . . . τὸν δὲ μοχλὸν ἐν τῶι χ̅ καὶ Ἀττικοὶ καὶ Δωριεῖς
καὶ Ἴωνες πλὴν Ἀνακρέοντος. οὗτος δὲ μόνος σχεδὸν τὸ κ̅, Ζηνόδοτος
δὲ ⟨. . .⟩·

> κοὐ μοκλὸν ἐν θύρηισι διξῆισιν βαλὼν
> ἥσυχος κατεύδει.

---

1 καὶ οὐ, οὔρηισι, δίζηισι Zon., corr. Bergk (θύρ- iam vir doctus ap. Fischer³
p. 462)   2 καθ- Zon.
cf. Phryn. 308 Lob. μοκλὸν μὴ λέγε διὰ τοῦ κ̅· ἀδόκιμον γάρ (Weber *Anacr.*
p. 8)

87 (87 B., 77 D.)

432 Et. Gen. B p. 190 Miller+Et. Mag. 523. 4 (= Hdn. I 251. 11, 446.
2, II 901. 22 L.)

τὸ δὲ κνύζα, ὡς λέγει Ἡρωδιανός, εἰ μὲν ἐπὶ τοῦ φυτοῦ, συγκοπή
ἐστιν, οἷον· χαμαιζήλοιο κινύζης. εἰ δὲ ἐπὶ τοῦ παρεφθαρμένου καὶ
ἐρρυσωμένου, οὐ συγκοπή ἐστιν ἀλλ' ἀπὸ τοῦ κνύω, ἀφ' οὗ κνύος
ἡ φθορά, οἷον· κατὰ κνύος ἔχευεν ψίλωτο δὲ κάρηνα. γίνεται κνύζα,
ὡς παρὰ Ἀνακρέοντι ἐν ἰάμβωι·

> κνυζή τις ἤδη καὶ πέπειρα γίνομαι
> σὴν διὰ μαργοσύνην.

Eust. *Od.* 1746. 13 Ἀνακρέων· κνίζη—μαργοσύνην. cf. Et. Gud. 330. 59 seq.

1 κνυζή quid significet incertum; κνύζη Et. Mag., κνύζει Et. Gen. (ἐπὶ τοῦ
παρεφθαρμένου καὶ ἐρρυσωμένου), κνίζη Eust. (-ή Lobeck, 'vieta, obsoleta', vix
recte)   πέπειρα = γραῖα ut vid. (ita Hesych., schol. Ar. *Eccl.* 896)   γίνομαι
Et. Gen., Eust.: γενομένη Et. Mag. (γεγνομ^η cod. D)

88 (82 B., 75 D.)

433 Athen. (om. E) xi 498 A–C

Ἡσίοδος δ' ἐν τῶι δευτέρωι Μελαμποδίας (fr. 165 Rzach) σὺν
τῶι π̅ σκύπφον λέγει· . . . ὁμοίως εἴρηκε καὶ Ἀνακρέων·

ἐγὼ δ' ἔχων σκύπφον Ἐρξίωνι
τῶι λευκολόφωι μεστὸν ἐξέπινον,

ἀντὶ τοῦ προέπινον.

Eust. *Il.* 900. 16 σκύπφον, ὃ κεῖται παρὰ Ἀνακρέοντι, ὥς φησιν Ἀθηναῖος

2 τῶι Λευκολόφου coni. Bergk

89 (83 B., 76 D.)

434 Athen. (om. E) xv 671 D

ἐπεὶ περὶ στεφάνων ζητήσεις ἤδη γεγόνασιν, εἰπὲ ἡμῖν τίς ἐστιν
ὁ παρὰ τῶι χαρίεντι Ἀνακρέοντι Ναυκρατίτης στέφανος, ὦ Οὐλπιανέ·
φησὶν γὰρ οὕτως ὁ μελιχρὸς ποιητής·

στεφάνους δ' ἀνὴρ τρεῖς ἕκαστος εἶχεν,
τοὺς μὲν ῥοδίνους, τὸν δὲ Ναυκρατίτην·

καὶ διὰ τί παρὰ τῶι αὐτῶι ποιητῆι λύγωι τινὲς στεφανοῦνται;

Pollux vi 107, ii 31 Bethe Ἀνακρέων δὲ καὶ μύρτοις στεφανοῦσθαί φησι καὶ κοριάν-
νοις καὶ λύγωι καὶ Ναυκρατίτηι στεφάνωι (σάμψυχος οὗτος ἦν) καὶ ἀνήτωι . . . ὁ δ'
Ἀνακρέων καὶ ῥόδινον στέφανον ὠνόμασεν. cf. Hesych. s.v. Ναυκρ. στέφ.

1 στεφάνου ὁ δ' ἀνὴρ Athen., corr. Musurus   numeros non intellego: fort.
ἀνὴρ στεφάνους   2 Ῥοδίους coni. Kalinka   cf. fr. 7 supra

90 (121 B.)

435 Athen. i 12 A

παρ' ὅλην δὲ τὴν συνουσίαν παρέκειντο αἱ τράπεζαι πλήρεις, ὡς
παρὰ πολλοῖς τῶν βαρβάρων ἔτι καὶ νῦν ἔθος ἐστί,

κατηρεφέες παντοίων ἀγαθῶν

κατὰ Ἀνακρέοντα.

metr. incert.; -εῖς non -έες Iones   ⟨– – – ∪⟩ κατηρεφεῖς / παντοίων ἀγαθῶν
⟨∪ –⟩ Hoffmann

91 (26 b., 50 d.)

436 Athen. vi 229 A–B

Ἡγήσανδρος δ' ὁ Δελφὸς Συρακοσίους φησὶ τὴν μὲν λοπάδα
τήγανον καλεῖν, τὸ δὲ τήγανον ξηροτήγανον· . . . χωρὶς δὲ τοῦ τ̄
στοιχείου Ἴωνες ἤγανον λέγουσιν, ὡς Ἀνακρέων·

χεῖρά τ' ἐν ἠγάνωι βαλεῖν

fere eadem Eust. *Od.* 1862. 12; cf. *Il.* 244. 46, 701. 18

χεῖρα : χῖδρα coni. Meineke

92 (29 b., 60 d.)

437 Et. Gen. A ap. Gentili, B p. 191 Miller, Et. Gud. 333. 22, Et.
Mag. 524. 50 (cod. Haun.), Et. Sym. cod. V ibid. Gaisf.; Et.
Vat. gr. 1708 ap. Gentili

κόκκυξ· ὄρνεον ἐαρινὸν παραπλήσιον ἱέρακι· ἢ ὄρνεον δειλότατον,
ὡς Ἀνακρέων φησίν (ὥς φησιν Ἀνακρέων codd. nonnulli)·

ἐγὼ δ' ἀπ' αὐτῆς †φεύγω† ὥστε κόκκυξ.

ἀπ' om. Et. Gud.   φεύγω codd. exc. Et. Sym. (φάγω): fort. ἔφυγον (φύγον
Schneidewin)   κόκυξ Et. Mag. (et Et. Gen. sec. Miller)

93 (73 b., 68 d.)

438 Et. Mag. 433. 44 s.v.

ἠπεροπευτής· . . . ἢ μετὰ τοῦ ᾱ τοῦ σημαίνοντος τὸ κακὸν καὶ τοῦ
π̄ε̄ρ̄ περιττοῦ συνδέσμου, ἀπεροπεύς, ὁ τῶι λόγωι κακῶς χρώμενος
καὶ ἀπατῶν, οἷον· ἄτε μὲν καὶ ἐπίκλοπον ἀπεροπῆα (cf. Hom. *Od.* 11.
364)· καὶ παρὰ Ἀνακρέοντι·

βούλεται †ἀπεροπὸς† ἡμῖν εἶναι·

καὶ θηλυκὸν ἀπεροπή.

ἀπεροπὸς ἡμῖν codd.: Hartungium Bergkiumque secutus ἀπεροπεύς (nisi ἠπερ-)
τις ἡμὶν possis, sed lectio incertissima

94 (164 B.)

39 Hesych. s.v.

γυναῖκες εἰλίποδες· διὰ τὴν δέσιν τῶν σκελῶν καὶ πλοκὴν τὴν κατὰ
τὴν συνουσίαν. καὶ Ἀνακρέων·

πλέξαντες μηροῖσι† πέρι μηρούς

cf. Sud. iii 429 Adler s.v. μυσάχνη· . . . Εὔπολις (I 303 K.) εἰλίποδας (τὰς πόρνας
ἀποκαλεῖ) ἀπὸ τῆς εἰλήσεως τῶν ποδῶν τῆς κατὰ μῖξιν; Eust. Od. 1394. 40, 1921 fin.

πλέξαντες ⟨∪ ∪ – ∪ –⟩ | μηροῖσιν πέρι μηρούς coni. Hoffmann

95 (93 B., 84 D.)

40 Priscian. de metr. Terent. 22, Gramm. Lat. iii 427. 20 Keil
Anacreon teste Heliodoro

†ὁρᾶν ἀεὶ† λίην πολλοῖσι γὰρ μέλεις.

hic iambus quartum spondeum habet.

λίην: ΛΙΕΝ cod. A, ΑΙ.ΗΝ cod. R

96 (80 B., 95 D.)

41 Schol. T Hom. Il. 17. 542, vi 232 seq. Maass (= An. Par. Cramer
iii 287. 28)

κατὰ ταῦρον ἐδηδώς· ἡ διακοπὴ τῆς λέξεως τὸν εἰς πολλὰ διεσπα-
σμένον παρέστησε ταῦρον, οὐ τοῦ μέτρου ἀπαιτοῦντος. παρῆν γὰρ
φάναι ταῦρον κατεδηδώς. καὶ Ἀνακρέων·

(a)   διὰ δὲ δειρὴν ἔκοψε μέσην

(b)   κὰδ δὲ λῶπος ἐσχίσθη

Eust. Il. 1001. 39 Ἀνακρέοντος τό· κὰδ δὲ λοπὸς ἐσχίσθη ἀντὶ τοῦ κατεσχίσθη τὸ
ἱμάτιον. ὁμοίως καὶ τό· διὰ δὲ δειρὴν ἔκοψε μέσην

(a) ita Eust.: διὰ δέρην κόψε μέσην schol. Hom.; διὰ δέρην ἔκοψε μέσσην edd., sed
δειρ- non δερ- et μεσ- non μεσσ- Anacr.; διὰ μέσην ἔκοψε δειρήν coni. Hoffmann
(b) καδδελωπὸς schol. Hom., κὰδ δὲ λοπὸς Eust.

97 (131 B.)

442 Schol. T Hom. *Il.* 19. 21–22, vi 285 Maass

οἷ᾽ ἐπιεικὲς ἔργα· ἐν ἑαυτῶι τὸ πρᾶγμα τὴν ὑπερβολὴν ἔχον
ὑπεροχὴν οὐκ ἐπιδέχεται μείζονα. καὶ Ἀνακρέων·

κωμάζει †δὲ ὡς ἂν δεῖ† Διόνυσος,

αὐτὸν αὐτῶι συγκρίνας.

δεῖ: δὴ coni. Schneidewin   κωμάζει δ᾽ ὅσα δ⟨ὴ φιλ⟩εῖ | Δεόνυσος ⟨∪ ∪ – (∪) –⟩
coni. Hoffmann

98 (78 B., 92 D.)

443 Schol. Soph. *Ant.* 134, p. 224 Papag.

ὅτι δὲ τανταλωθεὶς σημαίνει τὸ διασεισθεὶς μαρτυρεῖ καὶ Ἀνακρέων·

†μελαμφύλλωι δάφναι χλωρᾶι τ᾽ ἐλαίαι τανταλίζει†

-φύλω L, corr. Bergk, qui ⟨ἐν⟩ μελ. suppl.   δαφνᾶι L, δάφναι recc.   χλωρᾶι
e χλωρῆι corr. L   -ίζει L: -ίζοι A; -ιζον coni. Wilam.   metrum ignotum,
obscura sententia   nihil ad rem Hesych. Μελάμφυλλος· ἡ Σάμος, neque ex hoc
loco Hesych. ἐταντάλιζεν ἔτρεμεν.

99 (13ᴬ B.)

444 Plut. *amator.* 4, iv 341 Hub.

οὕτως εἷς Ἔρως [[ὁ]] γνήσιος ὁ παιδικός ἐστιν, οὐ πόθωι στίλβων,
ὡς ἔφη τὸν παρθένιον Ἀνακρέων, οὐδὲ μύρων ἀνάπλεως καὶ γεγανω-
μένος. ἀλλὰ λιτὸν αὐτὸν ὄψει κτλ.

Ἔρως παρθένιος πόθωι / στίλβων καὶ γεγανωμένος coni. Bergk   sub μύρων
ἀνάπλεως latere voc. μεμυρισμένος coni. Gentili coll. Anacreont. 36. 22 μεμυρισμένος
δὲ παίζειν

100 (129 B.)

445 Himer. *or.* xlviii 4, p. 197 seq. Colonna

νῦν ἔδει μοι Τηίων μελῶν, νῦν ἔδει μοι τῆς Ἀνακρέοντος λύρας,
ἥν, ὅταν ὑπὸ παιδικῶν ἐκεῖνος ὑπεροφθῆι ποτε, καὶ κατ᾽ αὐτῶν
Ἐρώτων οἶδεν ἐργάσασθαι· εἶπον ἂν πρὸς αὐτοὺς τὰ ἐκείνου ῥήματα·

ὑβρισταὶ καὶ ἀτάσθαλοι καὶ οὐκ εἰδότες
ἐφ' οὓς τὰ βέλη κυκλώσεσθε.

τάχα δ' ἂν καὶ ἠπείλησα τὴν ἀπειλὴν ἣν Ἀνακρέων ἀπειλεῖ τοῖς
Ἔρωσιν· ἐκεῖνος γάρ ποτε ἐρασθεὶς ἐφήβου καλοῦ, ἐπειδήπερ ἑώρα
τὸν ἔφηβον ὀλίγον αὐτοῦ φροντίζοντα, λύραν ἁρμόσας ἠπείλει τοῖς
Ἔρωσιν, εἰ μὴ αὐτῶι τιτρώσκοιεν αὐτίκα τὸν ἔφηβον, μηκέτι μέλος
εὔφημον εἰς αὐτοὺς ἀνακρούσασθαι.

101 (156–9 B.)

446 Suda iii 429 Adler s.v.

μυσάχνη· ἡ πόρνη παρὰ Ἀρχιλόχωι . . . Ἀνακρέων δὲ πανδοσίαν
καὶ λεωφόρον (fr. 1 (1) 13) καὶ μανιόκηπον. Eust. Il. 1329. 34 ὁ
Ἀνακρέων τὴν τοιαύτην . . . πανδοσίαν ὠνείδισε καὶ λεωφόρον καὶ
πολύυμνον. quatuor haec convicia 1921. 61 sine nom. auct.;
1088. 38 πανδοσίαν παρὰ Ἀνακρέοντι et λεωφόρον ὡς Ἀνακρέων;
1082. 40 πανδ. et λεωφ. sine nom. auct.; 536. 21 et 1516. 22
μανιόκηπος γυνή, ἤγουν ἡ περὶ μίξεις μεμηνυῖα, sine nom. auct.;
1572. 13 videtur μανιόκ. poetae comico attrib.: ὃς δὴ κῆπος
μεταληφθεὶς ὑπὸ κωμικοῦ σκῶμμα ἐποίησε· γυναῖκα γάρ τις μανιό-
κηπον εἶπε τὴν μεμηνυῖαν περὶ μίξεις.

102 (138 B.)

447 Et. Mag. 703. 28, Et. Sym. cod. V ibid. Gaisf. (= Hdn. II 577.
9 L.)

ὅτι δὲ ῥαγεῖς (ῥεγ- cod. pars) ἔλεγον τοὺς βαφεῖς καὶ ῥέγος τὸ
βάμμα σαφὲς Ἀνακρέων ποιεῖ·

ἁλιπόρφυρον ῥέγος·

καὶ παρὰ Ἰβύκωι (fr. 35).

---

fere eadem Et. Gud. 492. 18, sed ἁλιπ. ῥῆγος; Zonar. 1608 sine nom. auct.;
etiam Et. Gen. A, Et. Vat. gr. 1708 ap. Gentili (ἀλλι-)   vid. Bechtel Gr. Dial.
iii 108, 118

103 (16 v.3 b.)

448 Hesych. s.v.

ἄστυ Νυμφέων

τὴν Σάμον Ἀνακρέων, ἐπεὶ ὕστερον εὔυδρος ἐγένετο.

cf. Athen. xv 672 B

104 (118 b.)

449 Plato *Theages* 125 D

Σω.—ταῦτ᾽ ἐστὶν ἅπερ ἔφη Ἀνακρέων τὴν Καλλικρίτην (ita Aug.
C i. 4: καλλικρήτην BTW) ἐπίστασθαι· ἢ οὐκ οἶσθα τὸ ᾆσμα;
Θε.—ἔγωγε. Σω.—τί οὖν; τοιαύτης τινὸς καὶ σὺ συνουσίας ἐπι-
θυμεῖς ἀνδρὸς ὅστις τυγχάνει ὁμότεχνος ὢν Καλλικρίτηι (-κρήτηι
BT) τῆι Κυάνης (κυανῆς T), καὶ

ἐπίσταται τυραννικά,

ὥσπερ ἐκείνην ἔφη ὁ ποιητής, ἵνα καὶ σὺ ἡμῖν τύραννος γένηι καὶ
τῆι πόλει;

105 (163 b.)

450 Serv. in Verg. *Aen.* i 749, i 209 Thilo–Hagen

bibebat amorem adlusit ad convivium. sic Anacreon:

ἔρωτα πίνων

106 (27 b., 50ᴬ d.)

451 Priscian. *inst.* vii 6. 7, *Gramm. Lat.* ii 289. 5 Keil

cum graecorum quoque poetae similiter inveniantur protu-
lisse vocativos in supra dicta terminatione. Ἀνακρέων·

ἥλιε καλλιλαμπέτη

posuit pro καλλιλαμπέτα.

---

cf. (omnia sine nom. auct.) Et. Mag. 670. 19, Et. Sym. ibid., ὦ καλλιλαμπέτη
(ubi voc. ὦ significatur tantum κλητικὴ πτῶσις); An. Ox. Cramer iii 389. 21, 390.
14; Choerob. *in Theodos.* i 164. 24 Hilg., καλλιλαμπέτης καλλιλαμπέτου ὦ καλλι-
λαμπέτη

corruptissime ut solent Prisc. codd.

107 (151 B.)

52 Et. Gud. 339. 22

κορώνη· . . . παρὰ τὸ καῦρον, ὃ σημαίνει τὸ κακόν. Ἀνακρέων

κόρωνα βαίνων

φησί.

---

fere eadem Et. Gen. B p. 193 Miller, Et. Mag. cod. Haun. 530. 17 adnot. Gaisf.

---

accent. κορωνά Hesych. et Et. Gen. A *Ind. Lect. Rost.* 1891/2 p. 14 Reitz. s.v.,
etiam Et. Gen. B, Et. Mag. ll.cc.   βαίνων Et. Gud., Et. Mag.: φαίνων Et. Gen.

108 (154 B.)

53 Procl. in Hes. *op.* 371, iii 197 Gaisford, p. 125 Pertusi

κωτίλλουσα δὲ σημαίνει ἡδέα λέγουσα. καὶ γὰρ τὴν χελιδόνα
κωτίλλειν λέγουσιν, ὡς ἔστι παρὰ Ἀνακρέοντι·

κωτίλη χελιδών

---

cf. Tzetz. ibid., cum testimonio cod. Laur. xxxii 16 (ad Simon. fr. 61)

109 (161 B.)

54 Pollux vi 23, ii 6 Bethe

οἰνηρὸς θεράπων

παρὰ Ἀνακρέοντι.

110 (162 B.)

55 Pollux vi 22, ii 6 Bethe

καὶ οἰνοπότης, καὶ

οἰνοπότις γυνή,

ὡς Ἀνακρέων εἶπεν.

111 (165 B.)

456 Schol. Ap. Rhod. iii 106, p. 220 W.

Ἀνακρέων δὲ ἐπὶ τάχους ἔταξε τὸ ῥαδινόν·

ῥαδινοὺς πώλους

cf. Ibyc. fr. 55

112 (166 B.)

457 Choerob. *in Theodos.* ii 80. 23 Hilg. (= Hdn. II 789. 44 L.)

σημειούμεθα παρὰ τῶι ποιητῆι τό· τά μοι ῥερυπωμένα κεῖται (*Od.*
6. 59), καὶ τό· ῥερῖφθαι ἔπος, παρὰ τῶι Πινδάρωι (fr. 318 Sn.),
καὶ τό·

ῥεραπισμένωι νώτωι

παρὰ τῶι Ἀνακρέοντι, ὅτι ταῦτα διὰ τοῦ ρ̄ ἀνεδιπλασιάσθησαν.

eadem An. Bekker iii 1287, ubi ῥεραπισμένα νῶ; cod. Coisl. 387 ap. An. Par.
Cramer iv 226. 17, ubi -μένωι νώτωι: An. Ox. Cramer iv 185. 17, ubi ῥεραπισμένω,
om. νώτωι; ibid. 415. 5, ubi -μένω νῶτον. Schol. Hom. *Od.* 6. 59, i 299 Di. ἐστὶ δὲ
καὶ παρ' Ἀνακρέοντι τό (ὁ codd.)· ῥεραπισμένωι νώτωι (ubi ῥερυπασ- cod. Q)

-μένω νώτω Choer. codd. VO, -μένος νῶ cod. C   fort. -μένωι / νώτωι

113 (168 B.)

458 Clem. Alex. *paidag.* iii 11. 69, i 274 Staehlin

αἱ δὲ γυναικεῖοι κινήσεις καὶ θρύψεις καὶ χλιδαὶ κολουστέαι
παντελῶς· τὸ γὰρ ἀβροδίαιτον τῆς περὶ τὸν περίπατον κινήσεως
καὶ τὸ

σαῦλα βαίνειν,

ὥς φησιν Ἀνακρέων, κομιδῆι ἑταιρικά.

ad Semon. Amorg. (fr. 18 Bergk σαῦλα βαίνων) referendum esse censuit Schnei-
dewin, vix recte

114 (169 B.)

59 Schol. Ap. Rhod. iii 120, p. 221 W.

μάργος *Ἔρως·* κατὰ μετωνυμίαν, ὁ μαργαίνειν ποιῶν, ὡς καὶ
μαινομένου Διονύσοιο (Hom. *Il.* 6. 132), καὶ Ἀνακρέων·

τακερὸς δ᾽ *Ἔρως*

115 (170 B.)

60 Serv. in Verg. *Aen.* xi 550, ii 544 Thilo–Hagen

caroque oneri timet: Anacreon

φόρτον *Ἔρωτος,*
id est onus amoris.

116 (134 B.)

61 Orion *lex.* 3. 11

ἁβρός·

ὁ κούφως βαίνων, κατὰ στέρησιν τοῦ βάρους. οὕτως ἐν ὑπομνήματι
Ἀνακρέοντος εὗρον.

117 (37 B., 38 D.)

62 Pollux vii 172, ii 99 Bethe

χήλινον δὲ ἄγγος ἔχον πυθμένας †ἀγγεοσελίνων† ὅταν εἴπηι
Ἀνακρέων, τὸ ἐκ σχοινίων πλέγμα δηλοῖ.

Hesych. s.v. κεχήλωμαι . . . καὶ χήλινον τὸ πλεκτόν, ὡς (ὁ cod.) Ἀνακρέων

ἀγγεοσελίνων cod. F, ἀγγελοσελίνων cod. A, ἀγγοσειληνῶν cod. S, ἐλείων codd. BC;
ἀγρίων σελίνων coni. Bergk

118 (117 B.)

63 Strabo xiv 1. 3, iii 93 Kramer

Τέω δὲ Ἀθάμας μὲν πρότερον, διόπερ

Ἀθαμαντίδα
καλεῖ αὐτὴν Ἀνακρέων.

fere eadem Steph. Byz. s.v. Τέως i 619 Meineke (= Hdn. I 104. 33 L.)

119 (135 B.)

464 Hesych. s.v.

Αἰθοπίης παῖδα· τὸν Διόνυσον. Ἀνακρέων. ἄλλοι τὸν οἶνον, ἄλλοι τὴν Ἄρτεμιν.

<hr>

Αιθιοπεις παιδα cod., corr. Bergk   vid. Callim. fr. 702 Pf. cum adnot.

120 (136 B.)

465 Et. Mag. 514. 28 (etiam Et. Gen. A ap. Gentili)

κινάκη· ὁ ἀκινάκης ⟨κινάκης add. MD⟩ παρὰ Σοφοκλεῖ (fr. 1061 P.). τὸ μὲν γὰρ Ἀνακρεόντειον χωρὶς τοῦ ῑ γράφεται· γέγονεν ἔκθλιψις τοῦ ῑ, καὶ κράσει τοῦ ῶα

τὠκινάκηι,

ὥσπερ ὦ Ἄπολλον ὦπολλον· ἐὰν δὲ ἔχηι τὸ ῑ, δηλονότι ἀφαιρέσει τοῦ ᾱ, οἷον ἀστεροπή στεροπή, ἀστραπή στραπή, οἷον· σὺν τῆιδε τῆστραπῆι. ἐν δὲ τοῖς ἀντιγράφοις (τῶι ἀντιγράφωι M) ἔχει τὸ ῑ, καὶ δῆλον ὅτι στραπῆι.

<hr>

vid. Pearson *Soph.* l.c.; conf. Hesych. κάνακις (κινάκης coni. Schmidt)· ξίφος. σὺν τῆιδε τῆστραπῆι Anacreonti dabat Bergk

121 (137 B.)

466 Phot. *lex.* p. 69 Reitz. (= An. Bekker i 373. 18)

ἀκταινῶσαι·

ἀντὶ τοῦ ὑψῶσαι καὶ ἐξᾶραι καὶ μετεωρίσαι. πεποίηται δὲ οὕτως· ἐστὶ δένδρον ὃ καλεῖται ἀκτή, ἀφ᾽ οὗ τὰ ἀκόντια τέμνεται. οὕτως Ἀνακρέων.

122 (139 B.)

467 Hesych. s.v.

ἀμιθά⟨ς⟩·

ἔδεσμα ποιόν, καὶ ἄρτυμα, ὡς Ἀνακρέων.

<hr>

αμιθα cod. (cf. P.Hamburg. 90. 18): vid. *Phot. lex.* p. 86 Reitz. ἀμαμιθάδες· ἥδυσμά τι σκευαστὸν διὰ κρεῶν εἰς μικρὰ κεκομμένων, unde Hesych. ἀμμαμηθάδης· ἥδυσμά τι κτλ. corrigendum esse monet Reitz.

123 (140 B.)

468 Eust. *Od.* 1538. 50

ἀνήλατος,

φησί, παρὰ Ἀνακρέοντι ὁ ἀπειθής· ἀπὸ ὑποζυγίων.

124 (141 B.)

469 Et. Sorb. ap. Et. Mag. 159. 50 adn. Gaisf.

ἀστράβη· ἐπὶ σκεύους εἴρηται ξυλίνου, ἐπιτιθεμένου τοῖς τοῦτο φέρουσι ζώιοις, ἐφ' οὗ κάθηνται ἀσφαλῶς, κατὰ μετάθεσιν τοῦ ϕ εἰς β, ἀστροφή τις οὖσα, παρὰ τὸ μὴ στρέφεσθαι καὶ πίπτειν τοὺς καθημένους. εἰς Ἀνακρέοντα εἴρηται καὶ ἀστραφὴ καὶ ἐπὶ ὀχήματος ἐφ' οὗ ἀσφαλῶς κάθηνται.

125 (142 B.)

470 Hesych. s.v.

αὐτάγητοι·

ἀγάμεναι ἑαυτὰς καὶ θαυμαστικῶς ἔχουσαι ἑαυτῶν. ῎Ιων Ἀλκμήνηι (fr. 8). ἔνιοι δὲ αὐθάδεις. καὶ Ἀνακρέων οὕτω κέχρηται.

126
Βάθυλλος

Bathylli nomen apud Anacreonta testantur

Max. Tyr. xxxvii 5, p. 432 Hob. οὕτω καὶ Ἀνακρέων Σαμίοις Πολυκράτην ἡμέρωσεν κεράσας τῆι τυραννίδι ἔρωτα, Σμερδίου καὶ Κλεοβούλου κόμην καὶ αὐλοὺς Βαθύλλου καὶ ὠιδὴν Ἰωνικήν. Horat. *epod.* xiv 9 seq. non aliter Samio dicunt arsisse Bathyllo / Anacreonta Teium. Cf. etiam Max. Tyr. xviii, p. 233 Hob.; *Anth. Plan.* 306, 307 (Leonidas); *Anth. Pal.* vii 30. 3 (Antip. Sid.), 31. 3 (Dioscor.); Hdn. II 205. 12 L. (= Et. Mag. 142. 56); Et. Gen. A *Ind. Lect. Rost.* 1891/2 p. 19 Reitz. Βάθυλλος ὁ ἐρώμενος Ἀνακρέοντος.

127 (143 B.)

472 Athen. iv 182 F

(loquitur Euphorion :) τὸν γὰρ βάρωμον καὶ βάρβιτον, ὧν
Σαπφὼ (fr. 176) καὶ Ἀνακρέων μνημονεύουσι, καὶ τὴν μάγαδιν καὶ τὰ
τρίγωνα καὶ τὰς σαμβύκας ἀρχαῖα εἶναι.

id. 175 D . . . σαμβύκην· τοῦτο δὲ τὸ ὄργανον Νεάνθης ὁ Κυζικηνὸς ἐν α΄ Ὥρων
εὕρημα λέγει Ἰβύκου τοῦ Ῥηγίνου ποιητοῦ ὡς καὶ Ἀνακρέοντος τὸ βάρβιτον

128 (144 B.)

473 Eust. *Il.* 932. 1 (e Sueton. π. βλασφ.; *Atti Accad. Linc.* (1954) 18)
καὶ ὅτι τοὺς οὕτω ἴζοντας ἐπ᾽ ἀμφοτέρους πόδας καὶ

γονυκρότους

τηνικαῦτα δριμέως ἐστὶ προσειπεῖν, καθὰ καὶ οἱ παλαιοὶ δηλοῦσιν,
ἐν οἷς φασιν ὅτι γονύκροτοι οἱ βλαισοί. Ἀνακρέων δὲ κέχρηται καὶ
ἐπὶ δειλῶν.

129 (145 B.)

474 Pollux iii 50, i 170 Bethe

Ἀνακρέων δὲ

δίτοκον

τὴν δὶς τεκοῦσαν.

130 (146 B.)

475 Et. Mag. 385. 9 (= Hdn. II 169. 11 L.; etiam Et. Gen. A ap.
Gentili)

ἐσυνῆκεν· Ἀλκαῖος (fr. 408)· καὶ Ἀνακρέων·

ἐξυνῆκεν,

πλεονασμῶι· οὐκ ἔστι δὲ πλεονασμὸς ἀλλ᾽ Ἀττικὴ κλίσις.

131 (148 B.)

76 Pollux iii 98, i 186 Bethe

μετοχαὶ δὲ τέρπων, ἀλλὰ καὶ ἔτερψεν· τὸ γὰρ ᾖδων Ἰωνικόν, καὶ τὸ

ᾖσε

σπάνιον μὲν παρ' ἡμῖν, Ἀνακρέων δ' αὐτὸ εἴρηκεν, Ἴων καὶ ποιητὴς ἀνήρ.

———

ᾖσε codd. AC, ἴσον FS

132 (147 B.)

77 Schol. Ar. *Ach.* 1132, iv 2. 420 Di.

διὰ τὸ θερμαίνειν οὖν τὸ στῆθος θωρήσσειν λέγουσι τὸ μεθύειν καὶ ⟨ἀκρο⟩θώρακας τοὺς ἀκρομεθύσους ἐκάλουν. κέχρηται δὲ τῆι λέξει καὶ Ἀνακρέων. ἐστὶ δὲ Ἀττική.

cf. Sud. ii 724 A. s.v. θωρήξασθαι: ita post voc. Ἀνακρέων pergit, ἐξαίρειν φησί μοι τὸν χοᾶ, ὃν καλεῖ θώρακα· ὥστε θωρακισθῆναι, οἷον τὸν θώρακα πληρῶσαι. similia Zonar. 1068–9 (κέχρηται—ὁ Ἀνακρέων· ὥστε θωρακισθῆναι—πληρῶσαι)

133 (149 B.)

78 Schol. AT Hom. *Il.* 18. 26, ii 149 Di., vi 244 Maass

μεγαλωστί· Ἀνακρέων·

ἱρωστί,

Φερεκράτης (fr. 239) ταχεωστί.

———

Ap. Dysc. *adv.* 572, i 162 Schn. = An. Bekker ii 572. 14 Τρύφων ἐζήτει περὶ τοῦ μεγαλωστί, ἱερωστί παρὰ Ἀνακρέοντι

ἡρωιστὶ schol. A et T, ἱερωστὶ Ap. Dysc.

134 (150 B.)

79 Pollux v 96, i 288 Bethe

κάλυκας

παρ' Ὁμήρου (*Il.* 18. 401) τε καὶ Ἀνακρέοντος.

135 (152 B.)

480 Pollux ii 103, i 116 Bethe

Ἀνακρέων δὲ καὶ

καταπτύστην

εἴρηκεν.

136 (155 B.)

481 Schol. M Aesch. *Pers.* 42, p. 22 Daehnhardt

ἀβροδιαίτων· . . . παρ' Ἀνακρέοντι

λυδοπαθεῖς,

τινὲς ἀντὶ τοῦ ἡδυπαθεῖς.

Athen. xv 690 B, C διαβόητοι ἐπὶ ἡδυπαθείαι οἱ Λυδοί· καὶ τὸ παρὰ Ἀνακρέοντι
λυδοπαθὴς ἀκούουσιν ἀντὶ τοῦ ἡδυπαθής. Eust. *Il.* 1144. 16 Ἀνακρέων τὸν ἡδυπαθῆ
λυδοπαθῆ ἔφη

137 (160 B.)

482 Schol. Ap. Rhod. ii 123–129ᵉ, p. 135 W.

πόλλ' ἐπιπαμφαλό⟨ωντες⟩· . . . παμφαλᾶν γὰρ τὸ μετὰ πτοιήσεως
ἐπιβλέπειν. κέχρηται δὲ τῆι λέξει καὶ Ἱππῶναξ (fr. 130. 131 Bergk)
καὶ Ἀνακρέων.

138

483

Πολυκράτης

Polycratis nomen apud Anacreonta testatur Himer. *or.* xxviii 2, p. 128 Colonna,
ἥιδε δὲ Ἀνακρέων τὴν Πολυκράτους τύχην Σαμίων τῆι θεῶι πεμπόντων (Elter:
πέμπουσαν cod.) ἱερά
cf. etiam Strab. xiv i. 16 τούτωι συνεβίωσεν Ἀνακρέων ὁ μελοποιός· καὶ δὴ καὶ
πᾶσα ἡ ποίησις πλήρης ἐστὶ τῆς περὶ αὐτοῦ μνήμης; Hdt. iii 121; Aelian. *v.h.* xii 25;
Max. Tyr. xxix, p. 341 Hob.; fr. 146 infra

139 (167 B.)

484 Et. Mag. 707. 50, Et. Sym. cod. V ibid. Gaisf., s.v.

Σαλάμβας· . . .

σαλαΐζειν

Ἀνακρέων ἐπὶ τοῦ θρηνεῖν.

Orion 148. 5 σηλάζειν Ἀνακρέων ἐπὶ τοῦ θρηνεῖν

σαλαΐζειν Et. Sym.   cf. Hesych. σαλαΐζειν· κόπτεσθαι

140 (171 B.)

485 Schol. T Hom. *Il.* 13. 227, vi 18 Maass

νωνύμνους· τινὲς ἀθρηνήτους.

ὕμνον

γὰρ καὶ Ἀνακρέων τὸν θρῆνόν φησιν.

Eust. *Il.* 928. 63 λέγουσι γὰρ παρ' Ἀνακρέοντι ἐπὶ θρήνου κεῖσθαι τὸν ὕμνον

141 (172 B.)

486 Herodian. π.μ.λ. ᾱ 11, II 918. 9 L.

Φίλλος·

παρ' Ἀνακρέοντι τὸ ὄνομα.

142 (44 adnot. B.)

487 Herodian. π.μ.λ. ᾱ 14, II 921. 3 L., cf. I 239. 23, II 257. 20

ὁ μέντοι Ἀνακρέων καὶ

χαριτόεις

εἶπεν.

143 (122 B.)

488 Greg. Cor. *in Hermog.* ap. *Rhet. Gr.* vii 1236 Walz

αἰσχρῶς μὲν κολακεύει τὴν ἀκοὴν ἐκεῖνα ὅσα εἰσὶν ἐρωτικά, οἷον τὰ Ἀνακρέοντος, τὰ Σαπφοῦς (fr. 156), οἷον γάλακτος λευκοτέρα, ὕδατος ἁπαλωτέρα, πηκτίδων ἐμμελεστέρα, ἵππου γαυροτέρα, ῥόδων ἁβροτέρα, ἱματίου ἑανοῦ μαλακωτέρα, χρυσοῦ τιμιωτέρα.

'quae exempla ex Anacreonte sint desumpta, incertum', Bergk; 'nescio an cuncta sint Sapphus', Lobel

144

489 Himer. *or.* xvii 4, p. 105 Colonna

Σαπφὼ καὶ Ἀνακρέων ὁ Τήιος ὥσπερ τι προοίμιον τῶν μελῶν τὴν Κύπριν ἀναβοῶντες οὐ παύονται.

145

490 Himer. *or.* xxvii 27, p. 126 Colonna

κοσμεῖ μὲν γὰρ Ἀνακρέων τὴν Τηίων πόλιν τοῖς μέλεσι, κἀκεῖθεν ἄγει τοὺς Ἔρωτας.

146

491 Himer. *or.* xxix 22, p. 132 Colonna

ἦν Πολυκράτης ἔφηβος, ὁ δὲ Πολυκράτης οὗτος οὐ βασιλεὺς Σάμου μόνον, ἀλλὰ καὶ τῆς Ἑλληνικῆς ἁπάσης θαλάσσης, ἀφ' ἧς γαῖα ὁρίζεται. ὁ δὴ γοῦν τῆς Ῥόδου Πολυκράτης ἦρα μουσικῆς καὶ μελῶν, καὶ τὸν πατέρα ἔπειθε συμπρᾶξαι αὐτῶι πρὸς τὸν τῆς μουσικῆς ἔρωτα. ὁ δὲ Ἀνακρέοντα τὸν μελοποιὸν μεταπεμψάμενος δίδωσι τῶι παιδὶ τοῦτον τῆς ἐπιθυμίας διδάσκαλον, ὑφ' ὧι τὴν βασιλικὴν ἀρετὴν ὁ παῖς διὰ τῆς λύρας πονῶν τὴν Ὁμηρικὴν ἔμελλε πληρώσειν εὐχὴν τῶι πατρὶ Πολυκράτης (cod. Neap.: -κράτει cod. Rom.) πάντων (cod. Neap.: πάντα cod. Rom.) κρείσσων ἐσόμενος.

Anacreontis mentionem ex ipsius carmine fort. sumpsit Himerius

147 (125 B.)

492 Himer. *or.* xxxviii 13, p. 155 Colonna

ἐπειδὴ καὶ ἡμᾶς, ὦ παῖδες, ὥσπερ τις θεὸς ὅδε ὁ ἀνὴρ φαίνει οἵους ποιηταὶ πολλάκις εἰς ἀνθρώπων εἴδη μορφάς τε ποικίλας ἀμείβοντες πόλεις τε εἰς μέσας καὶ δήμους ἄγουσιν, ἀνθρώπων ὕβριν τε καὶ εὐνομίην ἐφέποντας (Hom. *Od.* 17. 487), οἵαν ῞Ομηρος μὲν Ἀθηνᾶν, Διόνυσον δὲ Ἀνακρέων Εὐριπίδης τ᾽ ἔδειξαν.

148 (126 B.)

493 Himer. *or.* xxxix 11, p. 159 seq. Colonna

ἔσπευδε μὲν Ἀνακρέων εἰς Πολυκράτους στελλόμενος τὸν μέγαν Ξάνθιππον προσφθέγξασθαι, ἡδὺ δ᾽ ἦν καὶ Πινδάρωι προσειπεῖν πρὸ τοῦ Διὸς τὸν ῾Ιέρωνα.

τὸν ξανθὸν Μεγιστῆν coni. Wilam.; contra Weber *Anacr.* p. 3; vid. Sitzler *Bursians Jb.* 104 (1900) 124

149

494 Himer. *or.* lxix 35, p. 244 Colonna

ἥρμοσε μὲν καὶ Ἀνακρέων μετὰ τὴν νόσον τὴν λύραν καὶ τοὺς φίλους ῎Ερωτας αὖθις διὰ μέλους ἠσπάζετο, ἥρμοσε δὲ καὶ Στησίχορος μετὰ τὸ πάθος τὴν φόρμιγγα.

hanc morbi mentionem dubio procul in carmine Anacr. invenit Himerius

150

495 Plato *Charm.* 157 E

ἥ τε γὰρ πατρώια ὑμῖν οἰκία, ἡ Κριτίου τοῦ Δρωπίδου, καὶ ὑπὸ Ἀνακρέοντος καὶ ὑπὸ Σόλωνος καὶ ὑπ᾽ ἄλλων πολλῶν ποιητῶν ἐγκεκωμιασμένη παραδέδοται ἡμῖν ὡς διαφέρουσα κάλλει τε καὶ ἀρετῆι κτλ.

151 (123 b.)

496 Pollux vi 107, ii 31 Bethe

Ἀνακρέων δὲ καὶ μύρτοις στεφανοῦσθαί φησι καὶ κοριάννοις καὶ
λύγωι καὶ Ναυκρατίτηι στεφάνωι . . . καὶ ἀνήτωι.

152 (128 b.)

497 Zenob. *cent.* v 20, i 123–4 L.–S.

μέγα φρονεῖ μᾶλλον ἢ Πηλεὺς ἐπὶ τῆι μαχαίραι· μέμνηται ταύτης
Ἀνακρέων καὶ Πίνδαρος ἐν Νεμεονίκαις (iv 58). φασὶ δὲ αὐτὴν ὑπὸ
Ἡφαίστου γενομένην δῶρον Πηλεῖ σωφροσύνης ἕνεκα παρὰ θεῶν
δοθῆναι, ἧι χρώμενος πάντα κατώρθου καὶ ἐν ταῖς μάχαις καὶ ἐν
ταῖς θήραις.

---

eadem (μέγα—Νεμεονίκαις) paroem. florileg. ap. Miller *Mélanges* p. 366. cf. Ar.
Nub. 1063 ὁ γοῦν Πηλεὺς ἔλαβεν διὰ τοῦτο μάχαιραν, cum schol. ad loc.; Arsen. p. 351
Walz; App. Prov. iv 57

153 (119 b.)

498 Schol. Ap. Rhod. i 789, p. 69 W.

καλῆς διὰ παστάδος· . . . καλῆς δὲ ἤτοι ὅτι βασίλεια τὰ οἰκήματα
ἢ ὅτι ἐρωτικά. τοιαῦτα γὰρ τὰ τῶν ἐρώντων, ὡς καὶ Ἀνακρέων ἐπὶ
ἐρωμένης φησίν· ⟨   ⟩.

'Anacreontis locus excidisse videtur' recte Bergk

MISCELLANEA

154

499 artis metricae scriptorum testimonia

(*a*) Caes. Bass. vi 261. 4 Keil quae omnia genera (scil. et
incipientia) hendecasyllabi Catullus et Sappho et Anacreonta et
alios auctores secutus non tamquam vitiosa vitavit sed tam-
quam legitima inseruit.

(b) Mar. Vict. vi 109. 2 K. asclepiadeum . . . prima adempta
syllaba anacreontion dabit, sic: saevis trepidant carbasa flati-
bus; seu metrum ionicum claudente dactylo.

(c) id. vi 88. 28 K. trimetrum catalecticum anacreontium,
ita: amor te meus o pulchra puella.

(d) Serv. *cent. metr.* iv 458 seqq. K. haec anacreontia appellat:
iamb. trim. hypercatal.; iamb. tetr. acatal.; 'antisp.' – – – ∪ ∪
– – ∪ ∪ – – et – – – ∪ ∪ – – ∪ ∪ – – ∪ ∪ – –; ion. min. trim.
catal.

commemorantur alia nonnulla quorum exempla in fragmentis
supersunt, velut ia. dim. catal. (Mar. Vict. vi 81. 24, Atil. Fort.
vi 293. 10); ia. dim. acatal. (Serv. l.c.); tro. tetr. acatal. (ibid.);
3 cho.+ba. (Caes. Bass. vi 264. 5); 2 cho.+ba. (Serv.); cho. ba.
(Diomed. i 520. 22); ion. min. tetr. (Mar. Vict. vi 129. 24); ion.
dim. anacl., al.

155

Παρθένεια

500 Athen. xiii 600 D

("Ερωτα) ὃν ὁ σοφὸς ὑμνῶν αἰεί ποτε Ἀνακρέων πᾶσίν ἐστιν διὰ
στόματος. λέγει οὖν περὶ αὐτοῦ καὶ ὁ κράτιστος Κριτίας τάδε· τὸν
δὲ γυναικείων μελέων πλέξαντά ποτ' ὠιδὰς / ἡδὺν Ἀνακρείοντα Τέως
εἰς Ἑλλάδ' ἀνῆγεν, / συμποσίων ἐρέθισμα, γυναικῶν ἠπερόπευμα, /
αὐλῶν ἀντίπαλον, φιλοβάρβιτον, ἡδύν, ἄλυπον· / οὔ ποτέ σου φιλότης
γηράσεται οὐδὲ θανεῖται, / ἔστ' ἂν ὕδωρ οἴνωι συμμιγνύμενον
κυλίκεσσι / παῖς διαπομπεύηι, προπόσεις ἐπιδέξια νωμῶν, / παν-
νυχίδας θ' ἱερὰς θηλεῖς χοροὶ ἀμφιέπωσιν, / πλάστιγξ θ' ἡ χαλκοῦ
θυγάτηρ ἐπ' ἄκραισι καθίζηι / κοττάβου ὑψηλαῖς κορυφαῖς Βρομίου
ψακάδεσσιν.

cf. Lucian. *ver. hist.* ii 15 χοροὶ ἐκ παίδων εἰσὶν καὶ παρθένων,
ἐξάρχουσι δὲ καὶ συνάιδουσιν Εὔνομός τε ὁ Λοκρὸς καὶ Ἀρίων ὁ
Λέσβιος καὶ Ἀνακρέων καὶ Στησίχορος; *Anth. Pal.* vii 24. 6
(Ἀνακρέων) παννύχιος κρούων τὸν φιλόπαιδα χέλυν; 29. 2 (Ἀνακρέον-
τος) νυκτιλάλος κιθάρη; 31. 2 (Ἀνάκρεον) πάσης κοίρανε παννυχίδος.

non supersunt carmina Anacr. choreis femineis composita;
parthenii fortasse fragmentum latet in P.Oxy. 221 ut seq.

156

501 Schol. Hom. *Il.* 21 P.Oxy. 221 col. vii 1–12, ii 62 seq. G.–H.

. . . . .

$$]a\sigma[$$
$$]\epsilon\lambda\iota.[\ldots].a\gamma[$$
$$\dot{a}\mu\phi o]\tau\epsilon\rho a[\ldots]\sigma\chi\epsilon\rho[$$
$$].\sigma\tau o\pi[\ldots]o\nu a[$$

5   το δόρυ ουσ[.]κ<u>α</u>ι. <u>α</u>[.]α<u>ν</u>ακ[
       ἐν Παρθενείοις· πα[ῖς δ'] Ἀστερ[οπαίου γε-
                 θ   ν
       γένημαι, ὅς πρ[.].ια.[..]ας ἀμ[φοτέραι-
       σι χερσὶ ρῖπτεν καὶ [..]αμ[
       ọ δὲ χαλκέοις θρασυ[
            ν
10   πεη⟦ν⟧ χώμοπτọλι[
       μάχαι θαυμαινετ..[
       λεων ἰέντα ρόμ[βον
       κτλ.

3–4 ἀμφο]τέρα[ς τὰ]ς χέρ[ας veri sim.   5 ουτω.αι.αρ.νακ[legit Siegmann ap. Snell (vid. infra)   καὶ [π]α[ρ'] Ἀνακ[ρέοντι suppl. Platt *CR* 14 (1900) 19, Ludwich *BPhW* 1900. 389; Pindaro dederant priores. versus ingeniose suppl. Schroeder *Pind.* ed. mai. p. 424
     de Anacreonte auctore dubitamus, cum dialecto lyrica communi alibi nusquam utatur Anacreon, res heroicas nusquam tractet, nulla sit in fragmentis Partheniorum mentio (v. 6 ἐν Παροινίοις pro ἐν Παρθ. coni. Snell *Herm.* 73 (1938) 438)

157

502 (*a*) Σκόλια

Athen. xv 594 A (= Ar. *Daetal.* fr. 223, I 449 K.) ᾆσον δή μοι σκόλιόν τι λαβὼν Ἀλκαίου κἈνακρέοντος.

titulo scolii digna supersunt multa

(*b*) Κλητικοὶ ὕμνοι

Menand. Rhet. π. ἐπιδεικτ., ix 132 Walz (iii 333 Spengel)

κλητικοὶ μὲν οὖν ὁποῖοί εἰσιν οἱ πολλοὶ τῶν τε παρὰ τῆι Σαπφοῖ ἢ Ἀνακρέοντι ἢ τοῖς ἄλλοις μετρικοῖς κλῆσιν ἔχοντες πολλῶν θεῶν. cleticorum apud Anacr. perpauca vestigia

158

503 Pap. saec. i/ii p.C. ed. Schubart *Ber. Sächs. Akad. d. Wiss. Leipzig* (1950) n. 38 pp. 72 seqq.

F col. ii 59 seqq.

. . . ἐν]θυμούμενο[ν μὲν] Σωκράτους ὅσ[ους ἐ]ραστὰς ἔλαβ[εν ἐν] γήραι, ἐνθυμ[ούμε]νον δὲ αὐτοῦ κ[αὶ] Ἀνακρέοντος ὡ[ς χα]ρίεις ἡμεῖν κα[ὶ νῦν] δοκεῖ αὐτοῖς ὁ [βίος] καὶ †πολιαῖς† · γῆρ[ας] ἄμουσον μὲν [ὁμο]λογουμένως [αἰσ]χρόν, μουσικὸ[ν δ]ὲ Ἀπόλλον ὡς χαρίεν. ἀλλὰ τὴν Σμερ[δί]ου καὶ Βαθύλλου κλ[. . .]ν (fin. col.)

πολιαῖς: πολιοῖς exspectasses; hic et infra Ἄπολλον ὡς χαρίεν Anacreontis verba subiacere censet e.p., vix recte

159

fort. ex elegiacis:

504 Schol. Hom. *Od.* 8. 294, i 382 seq. Di. (= An. Par. Cramer iii 455. 29)

Σίντιες· . . . καὶ Ἀνακρέων δὲ ὡς πολεμικῶν μέμνηται (ita H: πολεμικῶν ὅπλων τεχνίτας μέμνηται Q)· τί μοι, φησί, †τῶν ἀγκύλων τόξων φιλοκιμέρων (H: φιλοκιμέως Q) καὶ Σκυθῶν† μέλει (Q: μέλλει H);

---

fort. ex elegiaco carmine sumpta: ita Schneidewin, τί μοι τῶν ἀγκυλοτόξων / ὦ φίλε Κιμμερίων Σιντιέων τε μέλει;

160

incerti auctoris

505 (*a*) Strabo xiv i. 30, iii 110 Kramer

καὶ ἡ Τέως δὲ ἐπὶ χερρονήσωι ἵδρυται λιμένα ἔχουσα. ἐνθένδ᾽
ἐστὶν Ἀνακρέων ὁ μελοποιός, ἐφ᾽ οὗ Τήιοι τὴν πόλιν ἐκλιπόντες εἰς
Ἄβδηρα ἀπώικησαν Θραικίαν πόλιν οὐ φέροντες τὴν τῶν Περσῶν
ὕβριν, ἀφ᾽ οὗ καὶ τοῦτ᾽ εἴρηται·

>   Ἄβδηρα καλὴ Τηίων ἀποικίη.

ἀποικία codd.

(*b*) id. xiv i. 17, iii 101 Kr.

Συλοσῶν δ᾽ ἀπελείφθη μὲν ἰδιώτης ὑπὸ τοῦ ἀδελφοῦ, Δαρείωι δὲ
. . . χαρισάμενος ἐσθῆτα, ἧς ἐπεθύμησεν ἐκεῖνος φοροῦντα ἰδών,
οὔπω δ᾽ ἐβασίλευε τότε, βασιλεύσαντος ἀντέλαβε δῶρον τὴν τυραν-
νίδα. πικρῶς δ᾽ ἦρξεν, ὥστε καὶ ἐλειπάνδρησεν ἡ πόλις· κἀκεῖθεν
ἐκπεσεῖν συνέβη τὴν παροιμίαν·

>   ἕκητι Συλοσῶντος εὐρυχωρίη.

---

ambo Anacreonti Crusius (*RE* i 2063. 3, 2038. 22): illud fort. recte, hoc mani-
festo perperam

(*c*) Schol. Hom. *Od.* 12. 313, ii 550 Di. (= An. Par. Cramer iii 480.
31 = Hdn. I 60. 1, cf. II 154. 24 L.)   36 B., 56 D.

ἔδει χωρὶς τοῦ ν̄ ζαῇ, ὡς ἀκραῇ Ζέφυρον. ἐστὶν οὖν Αἰολικὸν τὸ
μετὰ τοῦ ν̄, καὶ ἔδει αὐτὸ Αἰολικῶς βαρύνεσθαι, ὡς τό·

>   αἰνοπαθῆ πατρίδ᾽ ἐπόψομαι

παρὰ Ἀνακρέοντι.

αἰνοπάθην, quod flagitat contextus si versus recto stat loco, coni. Ahrens   ver-
sum Alcaeo adscripsit Wilam.   ὡς τό—παρὰ Ἀνακρ. post Ζέφυρον transp.
Weber, quod parum veri simile videtur

(*d*) Clem. Alex. *strom.* vi 2. 14. 7, ii 434 Staehlin Ἀνακρέοντος γὰρ
ποιήσαντος· Ἔρωτα γὰρ τὸν ἁβρὸν / μέλομαι βρύοντα μίτραις /
πολυανθέμοις ἀείδειν· / ὅδε καὶ θεῶν δυναστής, / ὅδε καὶ βροτοὺς

234

δαμάζει : 'anacreonteis' olim recte dederat Bergk. (= Anacr. 65 B., 28 D.)

Fulgentius *mitolog.* i 20 de Ganimede, p. 31 Helm (fere eadem myth. Vat. ii 198, iii 3, 5) : Anacreontis iunioris Phaenomenis (cf. *Isagoga* 2. 4, *comment. in Arat.* p. 324 Maass ; Meineke *Analecta Alex.* p. 150) adscripsit Bergk, Anacreonti mythographo K. Fr. Hermann (*Philol.* 10 (1855) 322 seq.) (= Anacr. 132 B.).

Schol. Horat. *carm.* iv 9. 9, i 398 Pauly ('sciolae alicuius non scholiastae sunt'). (= Anacr. 133 B.)

(*e*) Schol. Arat. *Phaen.* 640 ed. Martin *RÉG* 73 (1960) 273 seqq. ; vid. Gentili *Helikon* 1 (1961) 493 seqq. (fort. Anacreontis iunioris *Phaenomenis* adscribendum)

SIMONIDES

ΕΠΙΝΙΚΟΙ ΔΡΟΜΕΣΙ

1 (10 b., 21 d.)

Ἀστύλωι Κροτωνιάτηι ἢ Συρακοσίωι

506 Phot. *lex.* s.v. περιαγειρόμενοι, ii 77 Naber = p. 413 seq. Porson

σύνηθες ἐγένετο κύκλωι περιπορευομένους τοὺς ἀθλητὰς ἐπαγείρειν καὶ λαμβάνειν τὰ διδόμενα. ὅθεν Σιμωνίδης περὶ Ἀστύλου φησὶν οὕτως·

τίς δὴ τῶν νῦν τοσάδ᾽ ἢ πετάλοισι μύρτων
ἢ στεφάνοισι ῥόδων ἀνεδήσατο,
νικ⟨άσ⟩αις ἐν ἀγῶνι περικτιόνων;

Δρομέσι : cf. An. Ox. Cramer iii 254. 21 ὁ Σιμωνίδης ἐπέγραψεν Ἐπίνικοι Δρομέσιν; Choerob. *in Theodos.* i 139. 6 (cf. 220. 25, ii 383. 12) Hilg. *Δρομέσι παρὰ Καλλιμάχωι* (fr. 441 Pf.). ἐκεῖνος γὰρ οὕτως ἐπέγραψεν, ὀφείλων ἐπιγράψαι Δρομεῦσι. 1–3 fere eadem Suda s.v. iv 90 Adler; Didymus ap. Miller *Mélanges* p. 403 σύνηθες ἐγένετο τὸ ἀγείρειν περιόντας. οἱ δὲ κατὰ φιλίαν ἢ συγγένειαν προσήκοντες στεφάνοις τε ἀνέδουν αὐτοὺς καὶ φύλλοις τε καὶ ἄνθεσιν ἔβαλλον καὶ καρποῦ (-οῖς coni. Miller). ὅθεν καὶ Σιμωνίδης περὶ Ἀστύλου λέγων τοῦ δρομέως (-έος cod.)· τίς δὴ τῶν νῦν, φησί, τόσας δὴ πετάλοις μύρτων ἢ στεφάνοις περικτιώνων; Apostol. *cent.* xiv 18, ii 610 L.–S. (fere eadem ac Phot., Suda)

περὶ Ἀστύλου: ita Didymus; περὶ Ἀετύλου Phot., Sud. codd. **VM,** περὶ Ἀετύλλου Sud. G, περὶ Ἀετίω Sud. A 1 τοσάδ᾽ ἢ πετ. scripsi: τοσάδε πετ. Suda, Phot., τόσας δὴ πετ. Didymus; τοσάσδ᾽ ἢ πετ. coni. Porson 3 νίκας codd., supplevi

⟨ΕΠΙΝΙΚΟΙ ΠΑΛΗΙ⟩

2 (13 B., 22 D.)

07 Ar. *Nub.* 1355 seq.

πρῶτον μὲν αὐτὸν τὴν λύραν λαβόντ᾽ ἐγὼ 'κέλευσα | ᾆσαι
Σιμωνίδου μέλος τὸν Κριὸν ὡς ἐπέχθη. ad haec schol. R ἀρχὴ
ᾠδῆς εἰς Κριὸν τὸν Αἰγινήτην· ἐπέξαθ᾽ ὁ Κριὸς οὐκ ἀεικέως.
φαίνεται δ᾽ εὐδοκιμεῖν καὶ διαφανὴς εἶναι. ὡς ἐπέχθη· ὡς ἐκάρη.
fere eadem schol. V. Schol. LBHarl. 5 τοῦτο τὸ μέλος Σιμωνίδου
ἐξ ἐπινίκου· ἐπέξαθ᾽ ὁ Κριὸς οὐκ ἀεικέως. ἦν δὲ παλαιστὴς Αἰγινήτης.
ἄλλως· τῆι πρὸς τὸ ζῶιον κοινωνίαι τῆς λέξεως συνέπλεξε τὰς
κοινωνίας ὁ ποιητὴς λέγων·

> ἐπέξαθ᾽ ὁ Κριὸς οὐκ ἀεικέως
> ἐλθὼν ἐς εὔδενδρον ἀγλαὸν Διὸς
> τέμενος.

---

1 vel -ατ᾽   2 εἰς δένδρον codd., corr. Dobree
interpr. *JHS* 71 (1951) 140 seq.

ΕΠΙΝΙΚΟΙ ΠΕΝΤΑΘΛΟΙΣ

3 (12 B., 20 D.)

508 Aristot. *hist. anim.* v 8. 542 b 4, pp. 161–2 Dittmeyer

ἡ δ᾽ ἀλκυὼν τίκτει περὶ τροπὰς τὰς χειμερινάς. διὸ καὶ καλοῦνται,
ὅταν εὐδιειναὶ γένωνται αἱ τροπαί, ἀλκυονίδες ἡμέραι ἑπτὰ μὲν πρὸ
τροπῶν, ἑπτὰ δὲ μετὰ τροπάς, καθάπερ καὶ Σιμωνίδης ἐποίησεν·

ὡς ὁπόταν
χειμέριον κατὰ μῆνα πινύσκηι
Ζεὺς ἤματα τέσσερα καὶ δέκα,
λαθάνεμον δέ μιν ὥραν
5 καλέουσιν ἐπιχθόνιοι
ἱερὰν παιδοτρόφον ποικίλας
ἀλκυόνος.

Phot. *lex.* p. 77 Reitz. (An. Bekker i 377. 27) s.v. ἀλκυονίδες ἡμέραι· περὶ τοῦ
ἀριθμοῦ διαφέρονται. Σιμωνίδης γὰρ ἐν Πεντάθλοις ιδ΄ (ια΄ cod., corr. Reitz.) φησὶν
αὐτὰς καὶ Ἀριστοτέλης ἐν τοῖς περὶ ζώιων. Eust. *Il.* 776. 34 Σιμωνίδης μὲν γὰρ πέντε
φησὶν αὐτὰς καὶ Ἀριστοτέλης. cf. Sud. (i 118 A.) et Hesych. s.v. ἀλκ. ἡμ.; Arsen. =
Apostol. *cent.* ii 20, ii 269 L.–S. Σιμωνίδης γὰρ ἐν πεντάθλοις ἕνδεκά φησιν αὐτάς

versuum divisio incerta   1 seq. fort. ὡς ὅτε χειμ.—πινύσκει (hoc cod. Aᵃ)
2 κατὰ μῆνα χειμ. codd. Aᵃ Cᵃ   πινύσκειν alias *efficere ut quis sapit*, hic *tem-
perare, placare*, vocis abusione paene incredibili interpretantur   3 ἄματα
edd.   τεσσερεσκαίδεκα codd. P Dᵃ   4 λανθ- P Dᵃ Cᵃ   τέ μιν (μυν Aᵃ
m. pr.) codd., corr. Schneidewin   6–7 numeris incommoda vox ποικίλας;
fort. ἀλκυόνος / ποικίλας   6 ἱρὰν coni. Schneidewin   7 ἀλκυόνας Aᵃ Cᵃ

⟨ΕΠΙΝΙΚΟΙ ΠΥΚΤΑΙΣ⟩

4 (8 B., 23 D.)

Γλαύκωι Καρυστίωι

509 Lucian. *pro imag.* 19, ii 357–8 Jacobitz

ἀλλὰ πῶς ἐπήινεσε ποιητὴς εὐδόκιμος τὸν Γλαῦκον, οὐδὲ Πολυ-
δεύκεος βίαν φήσας ἀνατείνασθαι ἂν αὐτῶι ἐναντίας τὰς χεῖρας
οὐδὲ σιδάρεον Ἀλκμάνας τέκος; ὁρᾶις, ὁποίοις αὐτὸν θεοῖς εἴκασε;
μᾶλλον δὲ καὶ αὐτῶν ἐκείνων ἀμείνω ἀπέφηνε. καὶ οὔτε αὐτὸς ὁ
Γλαῦκος ἠγανάκτησε τοῖς ἐφόροις τῶν ἀθλητῶν θεοῖς ἀντεπαινού-
μενος οὔτε ἐκεῖνοι ἠμύναντο ἢ τὸν Γλαῦκον ἢ τὸν ποιητὴν ὡς
ἀσεβοῦντα περὶ τὸν ἔπαινον, ἀλλὰ εὐδοκίμουν ἄμφω καὶ ἐτιμῶντο
ὑπὸ τῶν Ἑλλήνων, ὁ μὲν ἐπὶ τῆι ἀλκῆι ὁ Γλαῦκος, ὁ δὲ ποιητὴς
ἐπί τε τοῖς ἄλλοις καὶ ἐπ᾽ αὐτῶι τούτωι μάλιστα τῶι ἄισματι.
poetae verba ita fere restituunt edd.:

> οὐδὲ Πολυδεύκεος βία
> χεῖρας ἀντείναιτό κ᾽ ἐναντίον αὐτῶι,
> οὐδὲ σιδάρεον Ἀλκμάνας τέκος.

---

2 vulgo -αιτ᾽ ἂν: -αιτό κ᾽ praetuli
vid. Rose *CR* 47 (1933) 165 seqq.

5 (p. 389 adnot. B.)

510   Cic. *de orat.* ii 86, ii 157 Friedrich

gratiamque habeo Simonidi illi Ceo, quem primum ferunt artem memoriae protulisse. dicunt enim, cum cenaret Crannone in Thessalia Simonides apud Scopam fortunatum hominem et nobilem cecinissetque id carmen quod in eum scripsisset, in quo multa ornandi causa poetarum more in Castorem scripta et Pollucem fuissent, nimis illum sordide Simonidi dixisse se dimidium eius ei, quod pactus esset, pro illo carmine daturum; reliquum a suis Tyndaridis quos aeque laudasset peteret si ei videretur. paulo post esse ferunt nuntiatum Simonidi ut prodiret; iuvenes stare ad ianuam duo quosdam, qui eum magno opere evocarent; surrexisse illum, prodisse, vidisse neminem. hoc interim spatio conclave illud ubi epularetur Scopas concidisse; ea ruina ipsum cum cognatis oppressum suis interisse: quos cum humare vellent sui neque possent obtritos internoscere ullo modo, Simonides dicitur ex eo, quod meminisset quo eorum loco quisque cubuisset, demonstrator unius cuiusque sepeliendi fuisse; hac tum re admonitus invenisse fertur ordinem esse maxime qui memoriae lumen adferret.

idem carmen ἐπίνικον πύκτηι fuisse testantur Quintil. *inst.* l.c. infra, *cum pugili coronato carmen . . . scripsisset*, Phaedr. *fab.* iv 25. 5 *victori laudem cuidam pyctae.* respiciunt Callim. *Aet.* fr. 64. 11 seqq. Pf. οὐδ' ὑμέας, Πολύδευκες, ὑπέτρεσεν, οἵ με μελάθρου / μέλλοντος πίπτειν ἐκτὸς ἔθεσθέ κοτε / δαιτυμόνων ἄπο μοῦνον, ὅτε Κραννώνιος αἰαῖ / ὤλισθεν μεγάλους οἶκος ἐπὶ Σκοπάδας; Ovid. *Ib.* 511 seqq. lapsuramque domum subeas ut sanguis Aleuae / stella Leoprepidae cum fuit aequa viro; Aelian. fr. 63 H. = Sud. s.v. Σιμωνίδης 441, iv 362 Adler ὅπως ἐτίμησάν τε καὶ ἐφίλησαν οἱ Διόσκουροι τὸν μελοποιὸν Σιμωνίδην καὶ πῶς ἐρρύσαντο καλέσαντες ἔξω τοῦ ἀνδρῶνος ἔνθα κατώλισθεν ἐρῶ ἀλλαχόθι. nihil novi adferunt Phaedr. l.c., qui historiam fusius narrat, Val. Max. i 8 ext. 7 p. 52 Kempf, Liban. *or. Artem.* 53, i 320 F., Alciphron iii 32. 2, p. 98 Schepers; cf. etiam Aelian. fr. 78 H.

fere eadem narrat et de nomine victoris agit Quintil. *inst.* xi 2. 11, ii 316 seq. Raderm.: artem autem memoriae primus

ostendisse dicitur Simonides. cuius vulgata fabula est: cum
pugili coronato carmen quale componi victoribus solet mercede
pacta scripsisset, abnegatam ei pecuniae partem, quod more
poetis frequentissimo degressus in laudes Castoris ac Pollucis
exierat. quapropter partem ab his petere quorum facta cele-
brasset iubebatur. et persolverunt, ut traditum est. nam cum
esset grande convivium in honorem eiusdem victoriae atque
adhibitus ei cenae Simonides, nuntio est excitus, quod eum duo
iuvenes equis advecti desiderare maiorem in modum dicebantur.
et illos quidem non invenit, fuisse tamen gratos erga se deos
exitu comperit. nam vix eo ultra limen egresso, triclinium
illud supra convivas corruit atque ita confudit ut non ora modo
oppressorum sed membra etiam omnia requirentes ad sepul-
turam propinqui nulla nota possent discernere. tum Simonides
dicitur memor ordinis quo quisque discubuerat corpora suis
reddidisse. est autem magna inter auctores dissensio, Glaucone
Carystio an Leocrati an Agatharcho an Scopae scriptum sit id
carmen, et Pharsali fuerit haec domus, ut ipse quodam loco
significare Simonides videtur atque Apollodorus (244 *FGH* 67) et
Eratosthenes (241 *FGH* 34) et Euphorion (fr. 55 Scheidw.) et
Larissaeus Eurypylus tradiderunt, an Crannone ut Apollas (266
FGH 6) et Callimachus, quem secutus Cicero hanc famam
latius fudit. Scopam nobilem Thessalum perisse in eo convivio
constat; adicitur sororis eius filius; putant et ortos plerosque
ab alio Scopa, qui maior aetate fuerit. quamquam mihi totum
de Tyndaridis fabulosum videtur, neque omnino huius rei
meminit usquam poeta ipse, profecto non taciturus de tanta sua
gloria.

---

fictis vera ita forte secernenda:

(i) carmen Simonideum legerunt Tullius et Quintilianus in quo de ruina domus
relatum est; testatur Quintil., '*Pharsali fuerit haec domus, ut ipse quodam loco
significare Simonides videtur*'. fort. idem carmen ac fr. 16.

(ii) re vera exstitit carmen illud Simonideum pugili coronato compositum, in
laudes Castoris et Pollucis exiens: alioquin neque *pugilem* victorem fuisse dixisset
Quintil. (scilicet inter ἐπινίκους πύκταις carmen est traditum), neque viri docti de
nomine victoris disputassent.

(iii) de se ipso a Tyndaridis servato nusquam rettulit poeta, in eis saltem
carminibus quae Quintiliani temporibus nota sunt: '*neque omnino huius rei
meminit usquam poeta ipse.*'

hucusque satis certa, reliqua incerta:

(iv) nescimus utrum poeta narraverit necne, se ipsum convivio interfuisse, mortem effugisse cum domus corruerit. veri simile est, sed nequaquam certum, ipsum de his rebus rettulisse.

(v) plane ficta videtur esse fabula de pecunia abnegata (*dicunt*, ait Tullius, non *dicit Sim.*), nec minus ficta fabula de mirabili memoriae exercitatione (*dicitur*, Tullius).

erant duo carmina, duae fabulae: (i) carmen epinicium pugili compositum, in quo multae Tyndaridarum laudes, ipsius victoris ne nomen quidem commemoratum est. oritur fabula, quae notissimae illi Simonidis philargyriae bene congruere videbatur, de pecunia a patrono abnegata. (ii) carmen, dubio procul threnus, de Scopadum morte. oritur fabula, Simonidem memorem ordinis quo quisque discubuerit corpora suis reddidisse. ex harum fabularum coniunctione oritur historia qualem apud Tullium Quintilianumque legimus.

⟨ΕΠΙΝΙΚΟΙ ΙΠΠΟΙΣ:⟩ ΚΕΛΗΤΙ

6

511 P.Oxy. 2431 prim. ed. Lobel, saec. ii p.C.

fr. 1

Κέλητι

τοῖς Αἰατίου παισίν.

(a)   ]α Κρόνοιο παῖς ἐρικυδ[ής
　　　] Αἰατίου γενεάν
5　　　]ται καὶ χρυσοφ[όρ]μι[γξ
Ἀπόλλων ἑκαταβόλο[ς
σαμαίνει λιπαρά τε Πυθ[ώ
.θ’ ἱπποδρ[..]..
.].σε.[.]νν[......]..[

　　·　　·　　·

(b)　　　　].[
　　　　　]
　　　　　].κολπο[
　　　　]σπασ[.]αν
5　βασιλῆα [τ]ελεσφόρον
ἀμφικ[..]νων ἔχρησαν
.υριδαν.μαδεγεν..ο σὺν ὄλβω[ι
Θεσσαλῶν καὶ παντὶ δάμωι

244

(*a*), (*b*) eiusdem col. partes sup. et inf. ut vid.   accentus, sim. : (*b*) 8 λῶν δαμωι.

omnia suppl. e.p.   (*a*) 3 οὐρανίδ]α vel εὐρυόπ]α? (e.p.)   8 αἴ θ' ἱππ-οδρ[ο]μι- possis, e.p.   9 σευ[et ad fin.].ν[veri sim.   (*b*) 3 pro κολπο[, etiam κεληθ[possis   6 ἀμφικ[τιό]νων suppleverim   7 init. fort. γ (h.v. pes, h.h. pars dext.); etiam κ possis, π dub.   supra lineam inter υ et ρ, h.v. (man. prima ut vid.); fort. υρ⟨ρ⟩ voluit   inter ν et ο, circulus (ο vel θ, non ε vel σ), tum ut vid. α vel δ angulus sin. inf.; ἅμα δὲ γένοιτο exspectas, legere vix possis

fr. 2   fr. 3 (col. ii)

```
    ·        ·                          ·        ·
      ]ν.[                                ]π.[
   ].ον..[                               ]αν[
   ]τιωιναι.[                            μάι[
   ]ματαπ[                               μεμ[
    ·    ·    ·                    5     ραῖτα[
                                         χμα[
2 ].: fort. ξ pars sup. dext.            ηλθ.[
fort. eiusdem col. ac fr. 1              α[
                                          ·        ·
```

fr. 4

col. i nihil superest nisi]σ opp. ii 4–5
1. [: circuli arcus sin. inf.   7 .]: circuli arcus sin.

```
 ·     ·     ·
 ] [      ] [
πο]λύφορβον [
 ]          [                      fr. 5
]νκρογον    [
5 ]καλλιέρει  [                     ·     ·     ·
]ντατερ    [                         ] [
]ν         [                        ]ενο[
 ]          [
]ενοο.[
 ]     [                           fr. 6
 ]     [
 ]     [                            ·     ·     ·
 ]     [                           ].υφελ[
 ·     ·     ·                      ·        ·
                                   ]τ veri sim.
```

2 suppl. e.p.   4, 5: lect. dub.
7]ν: supra lineam arculi pars sup., velut litt. ο inter lineas scr.   9 .[: h.v. pes

ΤΕΘΡΙΠΠΟΙΣ

7 (14 B. et D.)

512 Ar. *Equ.* 405 seq.

ἄισαιμι γὰρ τότ' ἂν μόνον·

πῖνε πῖν' ἐπὶ συμφοραῖς.

ad haec schol. τότε γάρ, φησίν, ἐπάισαιμί σοι τὸ Σιμωνίδου μέλος·
πῖνε πῖνε ἐν ταῖς συμφοραῖς. ἐκ τῶν Σιμωνίδου δὲ τοῦτο Τεθρίππων.
τὸ δὲ συμφοραῖς, ἐπ' ἐσθλοῖς· τῶν μέσων γὰρ ἡ συμφορά.

Suda iv 462 A. s.v. συμφορά· . . . λέγει Σιμωνίδης· πῖνε πῖν' ἐπὶ συμφορᾶι. Eust.
opusc. xxv 40, p. 279 b Tafel καὶ νῦν δὲ ἔτι γελῶμεν παρωιδοῦντες ἕκαστος ἑαυτῶι
κωμικώτερον τό· παῖζε παῖζ' ἐπὶ συμφοραῖς

ἐν ταῖς συμφοραῖς schol. Ar., ἐπὶ συμφορᾶι Suda

8 (6 B.)

Ξενοκράτει Ἀκραγαντίνωι

513 Schol. Pind. *Isthm.* ii argum., iii 212 Dr.

οὗτος δὲ ὁ Ξενοκράτης οὐ μόνον Ἴσθμια νενίκηκεν ἵπποις ἀλλὰ
καὶ Πύθια κδ' Πυθιάδα (490 a.C.) ὡς Ἀριστοτέλης ἀναγράφει
(fr. 574). καὶ Σιμωνίδης δὲ ἐπαινῶν αὐτὸν ἀμφοτέρας αὐτοῦ τὰς
νίκας κατατάσσει.

⟨ΤΕΘΡΙΠΠΟΙΣ Η ΑΠΗΝΗΙ⟩

9 (11 B., 15 D.)

Ὀρίλλαι ἡνιόχωι

514 Athen. vii 318 F

Δωριεῖς δ' αὐτὸν διὰ τοῦ ω̄ καλοῦσι πώλυπον, . . . καὶ Σιμωνίδης δ'
ἔφη·

πώλυπον διζήμενος.

Ἀττικοὶ δὲ πουλύπουν.

Cod. Paris. suppl. gr. 676 ed. L. Cohn, *Zu den Paroemiographen*, Breslau 1887
(*Bresl. philol. Mitteil.* ii 2. 1887) p. 79. 72 ὁ Κάριος αἶνος· μέμνηται ταύτης Σιμωνίδης

ἐπαινῶν τινα ἡνίοχον νικήσαντα ἐν Πελλήνηι καὶ λαβόντα ἐπινίκιον χλαμύδα, ὧι
χρησάμενος ἀπηλλάγη τοῦ ῥίγους χειμῶνος ⟨1–2 vocc. illeg.⟩ ἐν Πελλήνηι ἐπετελεῖτο.
φασὶ δὲ ὅτι ἁλιεὺς ἰδὼν ἐν χειμῶνι (πολύποδα εἶπεν)· εἰ μὴ κολυμβήσω, πεινήσω.
τοῦτον οὖν εἶναι τὸν Κάριον αἶνον. Diogenian. praef. paroem. i 179 L.–S. (Rhet. Gr. ii
11 Walz) κέχρηται δὲ τῶι λόγωι τούτωι καὶ Τιμοκρέων ἐν μέλεσι, καὶ Σιμωνίδης δ'
αὐτοῦ μνημονεύει ἐν τῶι εἰς ῞Οριλλαν ἐπινικίωι

⟨ΑΠΗΝΗΙ⟩

10 (7 B., 19 D.)

Ἀναξίλαι Ῥηγίνωι

515 Aristot. rhet. iii 2. 1405 b 23, p. 181 Roemer

καὶ ὁ Σιμωνίδης ὅτε μὲν ἐδίδου μισθὸν ὀλίγον αὐτῶι ὁ νικήσας
τοῖς ὀρεῦσιν οὐκ ἤθελε ποιεῖν ὡς δυσχεραίνων εἰς ἡμιόνους ποιεῖν,
ἐπεὶ δ' ἱκανὸν ἔδωκεν ἐποίησε·

χαίρετ' ἀελλοπόδων θύγατρες ἵππων.

καίτοι καὶ τῶν ὄνων θυγατέρες ἦσαν.

---

eadem sed fusius schol. anon. ad loc., Comment. in Ar. graec. xxi 2 p. 174. 4
Rabe. Heracl. Pont. pol. 25, FHG ii 219 ἐτυράννευσε δὲ αὐτῶν Ἀναξίλας Μεσσήνιος
καὶ νικήσας Ὀλύμπια ἡμιόνοις εἰστίασε τοὺς Ἕλληνας. καί τις αὐτὸν ἐπέσκωψεν εἰπών·
οὗτος τί ἂν ἐποίει νικήσας ἵπποις; ἐποίησε δὲ καὶ ἐπινίκιον Σιμωνίδης· χαίρετ'—ἵππων.
idem videtur respicere carmen Athen. i 3 E Ἀλκιβιάδης δὲ Ὀλύμπια νικήσας . . . τὴν
πανήγυριν πᾶσαν εἱστίασε. τὸ αὐτὸ ἐποίησε καὶ Λεώφρων (schol. Pind. Pyth. ii 38, ii
38 Dr., Anaxilai filius Κλεόφρων (Θεόφρων cod. Q) appellatur) Ὀλυμπίασιν,
ἐπινίκιον γράψαντος τοῦ Κείου Σιμωνίδου

θυγατέρες Ar codd. ΘΕ, Heracl. (-τέρων cod. e)

11 (16 B. et D.)

516 Schol. V Ar. Pac. 117, iv 3 p. 24 Di.

τὸ δὲ μεταμώνιος οἱ μὲν ἐξεδέξαντο ματαίως καὶ πρὸς οὐδὲν
χρήσιμον, οἱ δέ φασιν ἰδίως μεταμώνιον τὸν ἑτέρωθεν μετέωρον
σημαίνειν, πιστούμενοι τοῦτο παρὰ Σιμωνίδου οὕτως εἰπόντος·

κονία δὲ παρὰ τροχὸν μεταμώνιος ἤρθη.

ἀέρθη vel ἄρθη Schneidewin   fort. ἤρθη μεταμώνιος, numerorum causa

12 (17 B. et D.)

517 Plut. *virt. moral.* 6, iii 139 Pohl.–Siev.

οἷον ὁ Πλάτων (*Phaedr.* 254) ἐξεικονίζει περὶ τὰ τῆς ψυχῆς ὑποζύγια τοῦ χείρονος πρὸς τὸ βέλτιον ζυγομαχοῦντος ἅμα καὶ τὸν ἡνίοχον διαταράττοντος ἀντέχειν ὀπίσω καὶ κατατείνειν ὑπὸ σπουδῆς ἀναγκαζόμενον ἀεί,

μὴ βάληι φοίνικας ἐκ χειρῶν ἱμάντας,

κατὰ Σιμωνίδην.

φοινικοὺς G²   cf. Hom. *Il.* 23. 384

13 (9 B.)

518 Hdt. v 102. 3

καὶ πολλοὺς αὐτῶν οἱ Πέρσαι φονεύουσι, ἄλλους τε ὀνομαστούς, ἐν δὲ δὴ καὶ Εὐαλκίδην (-ίδην codd. ABC: -ίδεα S et fort. V) στρατηγέοντα Ἐρετριέων, στεφανηφόρους τε ἀγῶνας ἀναραιρηκότα καὶ ὑπὸ Σιμωνίδεω τοῦ Κηίου πολλὰ αἰνεθέντα.

14

ΕΠΙΝΙΚΙΩΝ ΚΑΙ ΠΑΙΑΝΩΝ ΑΠΟΣΠΑΣΜΑΤΑ

519 P.Oxy. 2430 prim. ed. Lobel, saec. i p.C. ex. vel ii inc.

fr. 1

col. i   col. ii

```
 ]..αιτ[              ]εμνων π[
 ]ακᾶι               εὔφρονα κωμ[
 ]                   τοδε σὸν θάητο[ν
 ]                   ανθεων·          [
5 ]                   καί τοι μιξοβόα[        πτυ-
 ]                   χαί τε Πίσ[α]ς ι.[
                     ].[.].[.]κατα[
```

col. i 5 marg. dext. schol. ¹]εναρωγαλ.χερων / ²]εναραντεπεφευγο(τ-) / ³ ου(τως) ην, ubi ¹ λ inter λ et χ ut vid.
col. ii accentus, sim.: 3 θᾱ   4 ανθεων·   5 κάι   6 χᾱιτεπῑσ
2 κῶμ[ον veri sim., e.p.   4 seq. marg. sin. schol. ¹ ουκ η(ν) (scil. coronis) /
² εν τ(ηι) αντιγ(ραφωι)   5 seq. suppl. e.p.

fr. 2 fr. 3

```
      ] . . [                    ]συφ[
     ]φηκ[
     ] . ητο[
```

2 a sup. η scr.

fr. 4 col. ii

```
        μακαρ[
        ερικτυπ[
        νικασε [
        ευδειελο[
   5    σιντεα[
        ποίᾱιε̣[
        συνευδ . [
        ἄεισαν·ι̣[
        χαλ̣[
  10    παι . [
        παρ[
         7
        δο . [
         ] . [
```

col. i tantum opp. ii 2–3 schol.]αρ col. ii post μακαρ v. 1 et νικασε v. 3 spatiolum
vac., laesa ut vid. superficie   4 δῐελ   5 -σιν τεα[ν vel [ις? (e.p.)   7 . [:
fort. α[

fr. 5

```
 (a)    ]μαι ̣α̣[
        ]οδον . [
        ]ων·κ[ . . ]α . [
        ]μοιοκοραι          (b)    ]μεμ[
   5    ]ναιονμεν               ]εχα[
        ]δονφαινα               ]λᾱ̆ο . [
         ] . νῠ̆ν[]       𝄆       ανθ[
                         𝄇
```

(a) 6 ι : tantum h.v. apex

249

SIMONIDES 519

fr. 6   fr. 7

(b)

(a)]ταντε.[.   .   ].[
     ]τεσεσθ[   ] [   ]δῖα.[
     ]‾οσοιτ.[   ]υγοι.[μεσ.[
     ]. θωσιν[ ]σδίδ[παν.[
5   ] ολβου[   ]'.δασ.[5 γλάυ[
     ]..[ ]τοῖ.[.   .   οιδη[
     ]‾ταῦ[χρυσο[
     ]ρῆο[
     ]ε̣[2 .[: h.v.   3 .[: ο, ω, σ, pars
                            sin.   4 fort. τ[

(a) 1 .[: fort. μ   6 τοῖσ[possis

fr. 8   fr. 9 col. ii

  ]..φ[   ]...ε.[
  ιερᾱ̆..[ζευστο.[
  μαντ[πέ.δεᾰ.[
  θυωδε.[νος·δε.φ.[
5 φυγοντ[5 φοιβος·ινε.[
                                    ἀγιωντεβωμ[
  2 ..[: γ vel τ, tum [[ε]], veri sim.   κ.[
  4 .[: υ[possis   με̣[
                                     γοναχα[
                                  10 τασα.[

                            col. i superest tantum schol. opp.
                            7–8 1]λετιν / 2]νε[] / 3.αισωι   col. ii
                            3 post έ, h.v. pes paulo infra lin.
                            desc. .[: δ vel fort. φ angulus sin.
                            4 δελφω[possis   10 .[: ν possis

250

fr. 10   fr. 11   fr. 12

]φιλα[(a)   ]μαρ[   ]σᾰι...[
]ταδεκ[   ]φιδε⸍[   ].αἴδαλα.[
χθαιε[   ]..τ.[
ξα[(b)   ]νπαρ.[
5 τα[⸍]ạ[2]δ veri sim.   3]ορτυ[,
φι[sed etiam alia, possis

                    fr. 13   fr. 14

(a)]...[(b)   oλ[
κ̆ῐ́έ.[
μο.[   ]μι   [
τ[   ]⦵⦵   [
                       ]μιᴄ

(a) 3 fort. ψ[

fr. 15   fr. 16   fr. 17

]   []τε..[   ] [   ]ε.ω[
]   λονạ[   ]λμ[
].εα.[

fr. 18   fr. 19   fr. 20

].[   ]με.[   ]με.[
]⸍.τ[τρο[.].[   ]δ[
]ω·στεφαν[ωσμελε̣[
]ọs·   [επ..[.].[
5]ạδευξαọ[

fr. 21   fr. 22

```
    ]μουφ[                              ] [
    ]δεπαιν[                            ]αισιμο[
    ].....[                             ]ρμοτιμον[
                                        ].ι[[ν]]μοισᾶν[
                                        Π]ηνειοῦ[
                              5            ]ι[
```

2]ρμ, sscr.]σο[(v.l. ἰσότιμον, e.p.)
3]. : potius σ quam τ   4 suppl.
e.p.

fr. 23   fr. 24   fr. 25 col. ii

```
]εμ.[              ]μα.[.]σ               ̅⊱⸤    .[
]ξαπολλο[          ]ιαφιεις               ⸔      μ[
].μαιτόυ[          ].οτῑ                          θ[
'.]ν,τεπη.[        ]λε
```

col. i opp. ii 1 schol. ¹].ρψι/
²].θαι, opp. 2 asteriscus, opp.
3 schol. ¹]λλωνι / ²]καλλι[/ ³].
πληγην[

fr. 26   fr. 27   fr. 28

```
]φ.[              ].[][.][              ].οι.[
]μαισι[          ]ρνανδρω[              ]ιξοδ.[
]ν αγγ[          ].ε.μο[                ]..σ.ρ.[
]και [
```

fr. 29   fr. 30   fr. 31

```
    ].[              ]πεδ[            ]...ε.[
    ].ναπτ[          ]ᵘἐν.[          ]αρτεμ[
    ]..κο[           ]..[
    ]..κε[
5   ]λ.νε[
```

1–2 inter lineas schol.]ειν

fr. 32

```
    ]ντο Καρῶν ἀλκίμων.[
    ἀμ]φὶ ῥέεθρα καλὸν ἔστασαν [
    ] λειμῶνας· ἤδη γὰρ αἰδοῖ[αι
    ]βάρυνον ὠ[δ]ῖνες ἄυσε
5   ].υος ἀθαν[άτ]ας· ἦκε
    ]ῦθί μοι ασ.[..]ωσ..
```

accentus, sim.: 1 κᾱρῶν   2 ἐστᾱ   3 ὦνας·ἤδηγαραϊδόῖ   4 ἄρῡ
ᾱϋ   5 ·ʼἦκε   6 ῦθ
schol. marg. sup. ¹]στρατος και αγαθ[/ ²]αρεθηκαν ουνο.[/ ³].τα ωτα ενοπη[/
⁴].καθοπλιζομενων [
schol. marg. dext. inf. ¹]ωισεσ.[/ ²]σειοιο[/ ³].χρα[omnia suppl. e.p.
2 post φι, βο sscr. ρέ   3 αἰδοῖαι, v.l. αἰδοίαι   4 fort. ἐ]βαρ-   fort. pun-
ctum ante ἄυσε   5]λ ut vid., sed fort. νη]δύος voluit (e.p.)   6 potius
κλῦθι quam αὖθι? (e.p.)   .[: π vel γ angulus sin.

fr. 33   fr. 34

```
    ]ι·                    ].ν   [
    ]
```

fr. 35

(d)

(a)   (b)

```
                                              ].ερ.[
]  τροφ[          Π]άρνηθος [.]πὸ ζα[θεοῦ        ]α.[
]  πε.[           ]'.δοις Ἄπολλον               ]φόνω[
        .        ]οι' Ἀθάνας              (c)
                 ἐν]θάδ' εὐμενεῖ φρενὶ [
    5            ]αίτιον οὐ πάρειτι ἔαρ· .[    ]ῳν χάριν [
                 π]όνον ὑπομίμνομε[ν
                 ]αν ὀρείδρομον Ἄρτεμιν [
                 παρ]θενικάν· καὶ σέ, ἄναξ ἑκαβ[
                 ].ετα ἱέμενοι ἐνοπὰν ἀγανοῖσιν [
   10            ] εὔφαμον ἀπὸ φρενὸς ὁμορρόθο[υ
                           ]                    [
                 ] Ἀνδρίοις εἰς Πυθώ          [
                 ]μοι α[.]σιον κελαδεῖ[[σ]] ἀμφι.[
```

(f)

```
              ].......ν
              ]αν                 [
              ]εκᾱ                [
              ] των αθηναιων παρ[
    5              ' ]
```

fr. (f) locatio incerta; de reliquis vid. e.p.

accentus, sim. (b) 1]άρ   2]'.   3 οι' [[ο]]αθ   4]θά   νεῖ   5]άι
πάρεῖτιέαρ·   6 μίμ   7 ρέι   8 καν·   9 τἀιέμ   οῖσ   13 ά[
δεῖ

schol. (= fr. (e)) inter (b) et (d), opp. (d) 1–3 ¹].α[/ ²]τοι δια το.[/ ³]ονη η
του[/ ⁴]η εις δηλον[/ ⁵]εστουτῳ.[
omnia suppl. e.p.   1 ἀπὸ vel ὑπὸ   4 ι[valde dub.   5 πάρειτι v.l.
παρειτι   8–9 fort. ἑκαβ[ε/λέτα, sed pro λετα etiam μέγα possis   13 α[ι]σιον
veri sim. (e.p.)

fr. 36   fr. 37

δ[   ].....[
_ν_.[   ].οισινᾱλι[
                                     ]νπροσδα[
2 ν : fort. ῑ, tum ζ vel ξ   ].χαισορίδρομο[
                                 5   ]δεν[   ]   [

fr. 38
                                 4]. : ν, vel fort. ρ
]ν· [

fr. 39   fr. 40

].[   ].[
]οναμ[   ]αδεῖδενᾱπέιρ.[
]όντα[   ]μαπεφρικενμ[
                                     ]ᾱιλυκ[
                                 5   ]κει·εν[

fr. 41

(a)

Ἀρ]τέμιδός τε βαθυ[
    ]όν τε τόξον   [(b)
ἄν]αξ ἀπὸ πασσαλο[
   ]εν οἴκωι Διὸς.[   ].θαν[
5]αματακο.[   ]ς· ἀιδ[
   .].[

(a) et (b) ut vid. ita coniungenda ut Διὸς |ἀθαν[ατ- legas   accentus,
sim. (a) 6 .] (b) ·ἀιδ[
omnia suppl. e.p.   (a) 1 etiam βαθρ[possis   3 πασσάλου vel πασ-
σαλόφιν   5 fort. σ]άματα κου[ρα(ι)]ς· αιδ[(e.p.)

255

fr. 42

```
  ·      ·        ·
 ]α   [
 ].ά   [
]οντεσ[
```

fr. 43

```
     ·        ·    ·
][[α]]....[
]τότε[
   ]'[
```

fr. 44

```
           ·      ·
        ]α.μα[
        ]οσγε.[
       ].τενα.[
       ]δ' υμε.[
 5     ].νικάν[
       ]θαλεα.[
       ].τονάν[
       ].νᾰδεῖ[
```

fr. 45

```
       ·        ·
   ]δωνιε.[
   ]...υχα[
   ]ραννα[
   ]φ[..].ιπ.[
 5 ]απεράνο[
   ]πε.[.]..[
     ·    ·    ·
```

1 post]α, ι veri sim., etiam ρ vel
υ possis   3]. : α vel λ   .[:
fort. μ

fr. 46

```
    ·      ·
  ]..[
]ανεμοιο[
]σ.ἀμφἵ..[
 ·    ·    ·
```

3 fort. σδὰ

fr. 47

```
      ·         ·
 ]μακα.[
 ]ὄ.' εσδαλ[
   ·      ·
```

2 ὄτ' ἐς Δᾶλ[ον?

fr. 48

```
    ·         ·
 ].[...]α[
 ]ρηνκε[
 ].οιαρ[
   ·    ·    ·
```

3 pro ι fort. γ, pro ρ fort. ε

fr. 49

```
    ·      ·
 ]μο.[
 ]η.[
   ·      ·
```

fr. 50

tantum schol.
].τοιτωι.[/]ηικεωι.[

256

SIMONIDES 519

fr. 51

```
].όβρομ[
]ᾰι·θραισ.[
[      ፧   ]
```

fr. 53

vv. quattuor spat. vac.

```
5        ]να[
         ]ξαμ[
]ιμιγρα.[
]ϵτᾱστ.μ..α.[
].ωρίω[].τϵ.ικαπ[
10   ].ων·[.]φιϛ.τϵνιν[
```

8 τολυμπιας, sed etiam alia, possis
9]δωρ possis   fort.]δωρίωϝτϵρικα
10 ν(ιν) sscr. ·μ·

fr. 52

```
]ιτρ[  ].[
]κϵ.[.]δϵ[
]ϵοσᾱκα.[
]ι̣αϝτιχρϵ[
5    ]δροσοϵν[
].ᾱγϵτανγ[
]ϵξατογϵιτ[
]ρ̣νγαλ'.[
```

2 κϵλ[α]δϵ[possis, e.p.   3 fort.
ἀκαμ[ατ-, e.p.   6]ν possis, non
]χ,]λ,]τ   7 (ἐ)δ]ϵξατο γϵίτ[ων vel
-ονα? (e.p.)

fr. 54

```
]ιϵρ[
]δα[
].ν.[
```

versuum initia ut vid.

fr. 55

(a)

```
]τυχαι Λύκιον.[
]σα κάλλιστον υἱόν· ἰη[
]ξατϵ Δαλίων θύγατ[ρϵς
] σὺν ϵὐσϵβϵῖ·        [
5    ]ντ' ἐν τᾱιδϵ γὰρ δικα[        (b)
]μϵ πλαξιάλοι' απα[                  .
'̣]αρ μόληι· ποτνια.[        ]ῶπιδ[
]αϵίδοντϵς ὀλβρ[.].[
].οις ὕπρ μϵνρ[
10   ]ϵφϵρον[
```

accentus, sim.   2 ·ιη[4 βϵῖ·   5 ντ' ϵντᾱι   6 πλᾱξιάλοι[[ο]]
7 ·̓]αρμόληι·   ῶπ   9 ὕπο
1 π]τυχαί veri sim. (e.p.)   2 suppl. e.p.   7 ἔ]αρ (e.p.) veri sim.   πότνια
γ[λαυκ]ῶπι (vel χρυσ]ῶπι, etiam alia possis; vid. e.p.)   8 (αϵιδοντ)ϵς sscr.
·α[ϛ·]   ].[: h.v. procerioris apex, velut φ   9 οιϛ sscr.]αιϛ

fr. 56

```
  ·   ·    ·
]πολλ.[
]οισικα̣[
]ρ̣α̣⟨δονα⟩κων[
  ·        ·
```

fr. 57

```
 ·    ·
]ροτωνκ[
]νβια·ἐι[
]ο̣ν̣[
 ·    ·
```

2 sscr. ποισ   3]ρ̣[[α]]κων sscr.
].δονα

fr. 58

```
 ·   ·    ·
]ιαμφι
]μεβ[.].. ο
]να[.].. τι
]              [
5 ]              [
]        [
  ·    ·    ·
```

inter lineas 1–2 et marg. dext. opp.
1–3 schol. vestigia

fr. 59

```
 ·     ·
]θον[
  ·      ·
```

fr. 60

(b)

```
  ·      ·
].[
]ναυ
]ωνμυχ[
]παρόσκηπ̣[
5 ].μελλοντ[
].όθεν[
  ·    ·    ·
```

fr. (a), marg. sin. opp. (b) 3 schol.
θ]αλασσια γ(αρ) η.[
   (b) 4 η sscr. ·α·[λι]παρόσκηπ[τρο-,
-σκαπ[το-, e.p.   6]. : potius].ι
quam]ρ̣   opp. 1–2, schol. vestigia

fr. 61

(a)

```
   ·    ·    ·
]·ουτανευθεναιχμ[ας
]παιαν.
]δῶ[. . .]πόλλωνα·τ[
5 ].[    ]ενέοσ.[
].αξπο[
]ωπο.[
  ·    ·    ·
```

(b)

```
 ·     ·
].ασ[
]ουραν[
]        [
```

fr. 61ᵃ

```
 ·     ·
]ετοχ[
΄]δου[
 ·      ·
```

(a)–(b) intervallum incertum
2 suppl. e.p.   4]δῶ[ν Ἀ]π- possis
(e.p.)   6 ἄ]ναξ possis

fr. 62

(a)   (b)

]πειφιλοι[   ].[
] ρωωνστρ[   ].άτενα[
]σᾱμάντορ[   ]τεμιν[
]αθαναναρ[   ]   [
5   ]ων[
             ].·[

(a)–(b) ordo et intervallum incerta
(a) 1–2 ή|ρώων στρ[ατ-, e.p.

fr. 63   fr. 64   fr. 65   fr. 66

]μοιρ[   ]ν.[   ] [   ]μ[
                                     ]ασα.[   ]καιπ[

fr. 67   fr. 68   fr. 69   fr. 70

] [   ] [   ]νμελ[   ]ανεσδᾶλον[
]π[   ] ο[   ]ωνακ[']ροντ αι [

fr. 71   fr. 72

].ον [schol. ¹].ιγον°με...[, ubi o]ψιγον(ο-)
]τηται[μεμνα[possis, / ²]ᵑμέμνασθ·προ.[/
]ειαις [³]επιφερεται α.[/ ⁴ βελ]τειον δ(ε) το
]ώι[][προτε[ρον

259

fr. 73

fr. 74

(a)   ]ξ̣[.]..[
      ]ωγεπιγ.[

]δροιοτε[

(b) ꜂[..].ιναπειρω[
     πορον..[.]·β̆ᾱι̣.[
     νιπε̣ιθομενᾰ[ι
     ]φρι[

fr. 75

]   ..[
]   θασκ[
]   .[

(c)   .[ ].[
      θυ.ιάων λ[
      ολβιωτάτο[
      ν[.]ισιπατρ.[
5   ꜂ .[.]υ.[.].ν.[

fr. 76

]οσϊε[
]ιμερω[
]..[

eundem esse versum (b) 4 et (c) 1
credibile est
   (a) 2 vel]ωμ γρ[possis   (b) 2 vel
βᾱν[3 suppl. e.p.   4 marg.
sin. schol. vestigia   (c) 2 θυσιάων?
4 ο[veri sim.   5 marg. inf. schol.
vestigia   (b) 1 et (c) sub v. 5, antisigma

fr. 77

(a)

      ]αικᾱ[(b)
      ]εαριτίδας ο[
      ]στεφανων[   ]λευκω[
      ]περϊπαντ[   ]ρατον[   ]ατεσ[
5   ]τεβρυωνπο[ ]οισι·φερωντεπ[..].ριαπ[
      ].λαφυλλαβ[ ]ποτ[ι̣δ]ᾱνοσεπλᾱθηδ[α
      ]μασιχθονο[ς

(a)–(b) ordo et intervallum incerta
   6 pro λ fort. ν   6–7 suppl. e.p. (idem 5 πο[λλ]οισι, 6 β[ιαι]; 5 επ[ιχ]ωρια
possis)

fr. 77ᵃ   fr. 77ᵇ

```
      .        .                .         .
    ].κ.[                    ].αε.[
   ]τιφθἴϋ[                 ].μεω[
   ᾿]νᾱντρι[               ]ν·ωκε[
   ]πρινφᾱ.[               ]στεφ[
5  ].σεφρι[                  ] [
   ]νευχο.[                .        .        .
  .     .     .
```

fr. 78 col. i

```
        .     .     .          ]

      ]  [                  ]
     ]θων [                 ]
     ]παιήων.
5    ]ϱδεσσιν
    ]ᾳτι
    ]ματων
    ]ό.εν
    ]καλαισεν
10   ]υμνοις· ιηιη
        .     .     .
```

1 marg. dext. schol.].. απολ[6 marg. dext. schol. αν(τι) δια φιλιαν
βρο[τ-]   8 ὁκεν possis
col. ii tantum vv. quinque init. vestigia minima, marg. sin. ad quartum (opp.
col. i 5) ancora ↗

fr. 79

(a)   .   .   .

]α̣ρ

]

].σ̣δε βροτῶν

]νιτε ἔμμορ' ἐν

5   ].[π]επρωμένον

].ανατον κα.[.]

(b)   .   .   .   εὐθ]υμείτω χαμαι[

]πάμπα[ν   ].βαλών· πολέ[

]ωπων εὐχορ[ ]…[.]ν ἀποστάξαι [

10   ]ων· ἀρέσθ[   ]κῦδος εὐωνύμου   [

(c)   ]μα[   ]   αⁿ βαντες[ ]

]εἴκει θ[   ]ον ἐς μέγαν θορέν

]διμοισ[   ]ῶ.[

]..νν̣ε̣.[

.   .   .

15 (d)   ].[

]αρ ὕστατον [

]φάμαν· ζ[

][ν]ον̣σ̣.[

.   .   .

(b), (c), (d) ita stetisse veri sim., sed intervallum inter haec et (a) incertum (fort. (b) 2 fin. cum (a) 9 init. coalescit)   (d) fortasse supra (b) ponendum, ut legas:

(d)   (a) 5 seqq.

.   .   .   .   .   .

].[   ].[.]επρωμενον

]αρυστατον[   ].ανατονκα.[.]

]φαμαν· ζ[   ].μειτωχαμὰι[

(b)

][ν]ον̣σ̣.|παμπα[   ].βαλων· πολέ[

]ωπωνευχορ[]…[.]ν αποσταξαι κτλ.,

tum 6 seq. ἀ]θάνατον / … φάμαν possis (e.p.)

cum (c) 2 conferendus cod. Lips. ed. Reitzenstein *Gesch. Etym.* p. 309+Cyrilli lex. in cod. Bodl. auct. T. II 11 (An. Par. Cramer iv 186. 33), ubi de etymol. voc. νίκη quaeritur: Ἀπολλώνιος δὲ ὁ τοῦ Ἀρχιβίου φησὶν ὃ ἑνὶ εἴκει, τουτέστιν ἑνὶ ὑποχωρεῖ

(ὁ ἐνεικει τουτέστιν ἐν ἧι ὑποχωρεῖ cod. Bodl.). γέγονε δὲ κατ' ἀφαίρεσιν τοῦ ε̄ κα
συγκοπῆι τοῦ εῑ διφθόγγου. ὁ γοῦν Σιμωνίδης παρετυμολογεῖ αὐτό, φησὶ γάρ·

ἐνὶ δ' οἴωι εἴκει θεὰ μέγαν ἐς δίφρον

(ubi οἴῳ[ut vid. cod. Lips.; ἐν δὲ οἰονείκει θεαὶ μέγαν εἰς δίφρον cod. Bodl.). cf.
etiam An. Ox. Cramer i 440. 1 χειρός· κατὰ ἀφαίρεσιν τοῦ ε̄ γέγονε παρὰ τὸ ἔχειν, ὡς
παρὰ τὸ ἐνὶ εἴκειν κατὰ Σιμωνίδην νίκη

  hinc versum nostrum supplet e.p. :

  (c) 2+(a) 12 ἐνὶ δ' οἴωι] εἴκει θ[εὰ δίφρ]ον ἐς μέγαν θορέν, quod valde probabile
videtur, praesertim cum sententia ipsa infinitivum desiderare videatur, 'uni
tantummodo dea cedit in currum ⟨ut ascendat⟩' equidem οἷον εἴκει praetu-
lerim
  accentus, sim.: 4 ἐμμορέν (i.e. ἔμμορ' ἔν vel ἔμμορ' ἔν-)   7 χαμὰι[(i.e.
χαμαι-)   8 ων· πολέ   10 ων· αρέ   11 μα,   12 εἰκ   θὸρέν   13 ῶ
17 μαν·
  schol. marg. dext. 1 ζη α[3 αν .[4 ζη .[6 ζη α[
  omnia suppl. e.p.   3]τισδε possis, itaque fort. ὅσ]τις δὲ   6]θαν-
possis .[: fort. λ   8]. : o vel ω pars dext. ut vid.   8 seq. πολέ[ων /
... ἀνθρ]ώπων? (e.p.)   9 si 12 θ[εαδιφρ]ον suppleveris, nihil hic inter (b) et
(a) omnino omissum   εὔχοντ' ἄγαν (= invidiam) ἀποστάξαι e.p. (idem εὔχοιτ-
improbat)   10 ἀρέσθ[αι τε] e.p.   10 seq. e.g. εὐωνύμου / Νίκας ἐς (vel
ἐφ') ἄρ]μα (βά)ντες e.p. coll. Anth. Pal. vi 213

fr. 80

. . .

].[

].υρα·.[

]καμενω.[.].[

]πάσας· καὶ γὰρ νῦν [

5]ν στεφάνων .υραν.[

]ος ἀνὴρ γενέσθαι· καί[

].. ιᾱιδ[

].άιχ[

. . .

accentus, sim., 3–6: πάσας· νῦν 6 κάι[
2]. : fort. potius o quam θ   5 ut vid. τυρ-   .[: h.v. (pede ut vid.
dextrorsum flexo) vestigia   8]. : γ, vel τ pars dext.

fr. 81   fr. 82

. . .

].π..κ[

]μάκη.[

].[

].χάιου[

]τος·.[

. . .   . . .

263

fr. 83

]ωνα.[
]λλεκτορ.̂[
]..δοιου[
]ατασαιτ[
5].οισι·β[
].[

2]λ: tantum cauda, etiam α possis
3]αι possis   5].: ρ possis

fr. 85

]λα[
].εκ[
]ενικ[
]ιοδρο [
5]   [
]ποικι[
]...[

4 seq. fort. σταδ]ιοδρο|[μ-, sed alia
possis (e.p.)

fr. 84

]ομιω.[
ἀμ]βρόταν [
]μην πετ[
]μιν ἀνὴρ.[
5]ἀείδηι ὄντινα σ[
]s εὐέθειρα κ.[
]μετεραν.[
]άνα..π[
χρυ]σοκόμα θ[
10]μεν· πίνων [
]ρ[.]. ὕδωρ· τὸ δ[
]σε δ' ἐγὼ [
]ναπτ[
]ναφ..[
15] [ ] [
].ιοσ[

accentus, sim.:   5 ἄείδηιὄντινα,σ
8 άν   10 ·πί   11 ὕδωρ·τό
12 δ'   omnia suppl. e.p.
1 de Χρ]ομίωι cogitat e.p.   6 .[:
α vel λ pars extrema sin.   8]άναξ
απ[ολλον possis

fr. 86

]...[
]ῦμνεον[
]ρον· [
]τιν·α[
5].δωριλι[
].·ονμε.[
]..[

5 fort.]ύ: de ὕδωρ Ἰλι[σ(σ)- cogitat
e.p.   6 punct. fortuitum?   7]ωρ[
possis

fr. 87

].γετασ.[
]ονγεν[
]εροεν[
].εκα[

1 .[: fort. ω
3]ϝ: fort. potius v

fr. 88

]αν.[
]ῶσ σ̇επ[
]   [
].[

264

fr. 89   fr. 90   fr. 91

```
      ]γετ[              ]μο.[            ]δ' ανι[
      ]κατ[              ]ῶσπ[           ]ὄχμ.[
      ]   [              ]ειδο[          ]αρεγι[
      ]ν[                                ]κεν[
                                      5  ]αεσᾰ[
```

3 pro γι, fort. π

fr. 92

col. i   col. ii

```
                         ].[
      ]ε̣σ̣σι περιστ[[ε]]ίχοι δέ [
      ] ποταίνιον στάδιον τελέσσαις   [
      ]ώνιος εὔφρων [......]μ̣ε̣λ̣[.]ι̣σαν   [
   5  ]μέλλοντος ὄλβου· τονδ' ε[]                    .[
      ]μα.[]χαίρων δ' ἀμφὶ πᾶχυν, ὥσθ' υἱῶι μάτηρ ὀψι-    α[
      ]..γμένως ἔχω·                                    .[
      ]ο̣ναε[...]ν.[.]δεμινβ[......]ν̣ο̣ς·εδε          [
```

accentus, sim.   3 τά̣ιν   4 μέλ   5 βου· τονδ'   6 δ' αμφιπᾱχυν,
ὥσθ' υιωι μά̄   7 εχω·

schol. 5 marg. dext. ¹ [ ]ουτος π(ερι)στιχοι ωιτινι..[.]..[.].[ ] / ² τωι ορριχιδαι
7 in spat. vac. post ἔχω : εχωπολεων εχω· πολεω

4 μέλ[ο]ισαν veri sim., sed etiam μέλησαν possis   6]μαι̣[.]χαι- aut μανχαι-
ut vid.   5–6 de ἐ/γώ cogitat e.p.   6–7 ὀψι/γόνωι? (e.p.)   7]λα̣
possis ; πεφυ]λαγμένως?   8 init. πολέων e schol. supplendum   dubitat e.p.
an ἀέ[θλω]ν spatium excedat   ]ϋ[, vel potius ν·[[[ι]]   .[εῖ]δέ μιν veri simill.
(e.p.)

fr. 93   fr. 94   fr. 95

```
      .].. .δε[            ]νεστινα[          ].. .[
   ]  προθενουδε[          Κ]ρονιδα̣ι[        ]ποπτύ.[
      ]μ̣ελαμφυλ[λ-         ]ντεκεμ[          ]μησα[
                                             ]τωλω[
```

1 ἐ]πεὶ δὲ possis (e.p.)   2 suppl. e.p.
1–2 ἀπό]|προθεν (e.p.)
3 suppl. e.p.   2 .[: χ credideris, fort.
                                          etiam ξ possis   4 vel]γ

fr. 96

```
         ]...[
    ]ọ.ε.[.]λοσ[
    ]διόντενικα[
    ].ατιταλλειν·π[
5   ]ευσενακτ[·]σαιθερ[
    ].θιμηπαλασεις· .[
    ]αν· ουτοινιζομε[
    ].εσμελύ[
```

3 στά]διόν suppl. e.p.   5 sup.]ευσ
scr.]σεν   6 sup. ει scr. fort. ·η· πελά-
coni. e.p.   .[: fort. μ   8].: h.h.
(velut γ) pars extrema dext.   ύ[: tan-
tum rami sin. pars extrema

fr. 97

```
    ]χαλ[
    ]ννωνα̈ͨ[
```

fr. 98

```
    ]αλικια[

    ]αλ: etiam ]μ possis
```

fr. 99

```
    ].αυ[
    ]διονγνα.[
    ]εσσιβ......[
    ].[.].σεν.[
5   ]οστεκ[
    ][
```

2 στά]διον? (e.p.)   γναμ[possis

fr. 100

```
    ]αδολ[
    ]λαδεῖ[
```

fr. 101

```
    ].[
    ].νων[
    ].[
```

fr. 102

```
    >[
    ε[
    στ.[
```

fr. 103

```
    ].ν.[
```

3 marg. sin. schol.].α

fr. 104

```
    ]φ.[
    ].ασγαλα[
```

fr. 105

```
    ]οπ[
```

fr. 106

```
    ]ωσ[
    ]ικ.[
```

fr. 107

```
    ]..[
    ].οπω[
```

fr. 108

```
    ]ατεου[
⟨desunt vv. duo⟩
    ].[
5   ]εοι.[
```

fr. 109

```
    ]εμ...[
```
fort. εμελ' vel εμολ'

fr. 110

```
    ]κατεν[
```

fr. 111

```
    ]τεσ.[
```

fr. 112

```
    ].α.[
```

266

fr. 113 col. ii   fr. 114   fr. 115

```
    ·   ·  ·                    ·   ·                ·   ·
      .[                    ]ενκά .[              ·       ·
     λα[                    ]ευρυφῦλ[         ]         [
      υ .[                  ] . ρα . . γελια[     ]σικυωνι[
      φ .[                  ] . [ . . ] . [ . ]ν[      ] . . [
5     θ .[                                       ·       ·   ·
      τρ‾.[                 3 fort. in αγγελια corr.
                                                      fr. 116
```

5 ν[veri sim.   col. i supersunt tantum   ·   ·
schol. vestigia ¹] . ιτοξιφος ²] . κ [   ] . ων·
                                    ι   ].

                                                    ·   ·   ·

```
        fr. 117        col. ii              fr. 118
     col. i
          ·    ·   ·                   ·       ·
                            [        ]..
        ]υγων           [        ]νυ
        ]δον               [        ].
        ]               α[        ].
5       ]               εν[    5 ]
                         ’έυ[       ]..
```

·   ·   ·   ·   ·

inter columnas (vv. 4–5) schol.   3–4 marg. dext. schol. ¹ ητοι του
¹κλεο[ ] . . νικηι / ² γενεϲθα[ι μ]ενδαιωι /   βωμου της εϲτ[ιας / ² περιρ[αι]νομενου η
³ προϲτ .[Σ]ικυωνι, omnia suppl. e.p.   του [ταυ/³της αγαλματος
                                        6 ¹ ποδαψεμον λεγομ .[/ ²] . [ ] . αν(τι)
                                        καταλεγο[/ ³]αν

                           fr. 119

```
                            ]    [     ·
                          ] . φαλμέ .[
                          ]αυγᾶι         [
                           ]νέπόμε[
5                         ]ελεῖτύ[
```

·   ·   ·

2 ε]ϲφαλμέν[- possis (e.p.)

267

fr. 120

(a)   .   .   .   .
]. ασασα[
]σινιππ̣ . [
] . α̣πάλλ[
] . [

(b)   .   .   .
]νγειτ[
]   [
]τι Ἀθηναίωι λ[
]κ̣αὶ σέπο[.]ννα[
5   ]πάρεδρε ἀθανα[
]α̣ρων ἀγλαΐζ[
]κ . [

.   .   .

inter (a) et (b) intervallum incertum
(fort. nullum)
accentus, sim. (b) 4 καὶσέπὸ[.]νŭ
5 πάρ   6 ἴζ
(b) 3 κέλη]τι (e.p.) veri simill.; car-
minis titulus vel μ[4 [.]: littera
exilis καὶ σ(ὲ) ἐπορνύναι? sed obstant
accentus; de καὶ σ' ἔπ' ὀρν. cogitat e.p.

fr. 121

].[
]ο̣νωιχρ[
]ο̣ντέοιέ[
]σαμφ[
5]. ερωτ . [
]. δρα[

.   .   .

5 .[fort. α

fr. 122

]ωσκο̣[
]πολλ̣ . [
]ξαν[
]νησω[
5]. ·φευ[
]μα̣[

.   .

fr. 123

]τεχε̣[
]   [
]. · .[

.   .   .

fr. 124

.   .   .
]. σα . [
]. [.]κι̣   .[
]κρατον ἐν χερσι̣[
]γεραίρειν γα[
5]αιον· [ ]
]. δεπτ[
]. [

.   .   .

3–4 accentus addidimus   marg.
dext. schol. 2 vestig., 5].ραθ.[

268

fr. 125	fr. 126	fr. 127	fr. 128

```
]αρθε.[              ]νοσ[           ]θῦε[              ]  [
]ιμας· α[                            ].κισ[            ]ο.[
                      .   .   .      ].ερο[            ]ν [
```
frr. 125–6 fort. ita coniungenda ut
π]αρθε|νος[legas

```
                                   ]λαυθ[
                              5    ]. [
                                   ]  [

                                     .   .   .
```

fr. 129	fr. 130	fr. 131

```
  ].[            ].[                     .   .
  ]αι.[          ]..[                  ]ν...[
    .  .  .      ]εν[                  ]ει ποδα[
                   .   .              ]κυκλον μ[
                                   ] ἐπ' Ἀλφείωι· λέγοι.[
                              5    ]ας τέτρατον[.]ηκ[
                                   'Ολυ]μπίαι μήδ[
```

fr. 132

```
    .   .
]νοιδεν[
]φοτερωνκ[
col. fin.
```

schol. inter vv. 1–2, fort.]εκλιτο

accentus, sim.   2 δᾱ   4 ωι·
6 ᾱιμή
2 ποδά[νεμ- veri sim. (e.p.)   6
suppl. e.p.

fr. 133	fr. 134	fr. 135	fr. 136

```
  ].α.[          ].σαιγειὅ.[        ]κᾱδεα[        ]..[
].αδελ[          ]νεξα[            ]ασιν[        ]δελφῖ.[
]   [              .   .            .   .         ]νδ[
```

1 Αἰγειδᾶν, v.l. -ειδαν,
ut vid.

269

fr. 137

```
   .        .        .
      ].....[
      ]ωνερ[
      ].ιν·ει·.[
      ]εεστε.[
5     ]ω.[
```

fr. 138

```
   .        .        .
      ]συμν[
      ]ρως·πρ.[
      ]ϝοραικα[
        .        .        .
```

fr. 139

```
   .        .        .
      ]ρου.[
      ].ημ[
      ]ακεδ[
      ΄][
   .        .        .
```

2–3 inter lineas ωρ   3].: a vel
λ cauda

fr. 140

```
   .        .        .
   ]όιαιτα[
   ]ορμ.[
   .        .        .
```

fr. 141

```
   .        .        .
   ].ον[
   ]ραμ.[
     ].ιν[
   .        .        .
```

fr. 142

```
   .        .        .
   ].α.[
   ]λέ[
   .        .        .
```

fr. 143

```
   .        .        .
   ]οs·  [
   ]νίδος αλικια[
   ]ιτεκοιν[
     ].νονε[
   .        .        .
```

fr. 144

```
   .    .    .
   ].οι  [
   ]ν    [
   ].ελοσ[
   .    .    .
```

fr. 145

```
   .        .        .
   ]σερμ[
   .        .        .
```

fr. 146

```
   .        .        .
   ]κτο.[
   ]σθα.[
   .        .        .
```

fr. 147

```
   .        .        .
   ]τερό[
   ]οσ[
   .        .        .
```

3].: fort. potius τ quam γ

fr. 148

```
   .        .        .
   ]πετραιω[
   ]μένᾰιδ[
   ΄].[.]νσ[
   .        .        .
```

fr. 149

```
   .        .        .
   ]τνονυδ[
   .        .        .
```

fr. 150

```
   .        .        .
   ]ν,η[
   ].αι.[
   .        .        .
```

fr. 151

```
   .        .        .
   ]οιρ[
   ]νδ[
   .        .        .
```

fr. 152   fr. 153   fr. 154   fr. 155

```
·   ·          ·   ·   ·          ·   ·          ·   ·   ·
].ν[.]][       ]α.α..[          ].μ  [          ]     [
].ί.[                           ]σ  [           ]σεξηλασε[
·   ·          ·   ·   ·        ].αισ[          ]ωντε[
                                ]               ]   [
                                               ·   ·   ·   ·
```

4 marg. dext. schol. εσχ.[

fr. 156   fr. 157   fr. 159

```
·   ·   ·            ·   ·   ·          ·   ·   ·
] [                 ].[..]ιστ.[        ]ν
]αριγνωτ..[         ]οθνώδεοι[          ]ν
            ˘ζ
].αρετᾶσαπολ.[      ]ανποσινῶρα[        ]
]..[                ]σολβιοτελε[
·   ·   ·                              ].ι
                    ·   ·   ·          ·   ·   ·
2 fort. οι[ vel ον[    2 ι[ : fort. σ[ voluit    marg. dext. schol. 1–2 ¹vesti-
                                                 gia tantum / ²φογωιοντ[ / ³το ..
                                                 λουτω[, ubi fort. πλουτω[ possis
```


          fr. 160   fr. 161   fr. 162   fr. 163
(a) .   ·   ·
     ]ρόυτε[   ]κα[   ]αυ.[   ].ε[
(b) .   ·   ·   ]ον[   ]ιδ[   ].ταυ[
     ]ποπ[   ]σ.[
   '.]πο[·   ·   ·
     ].[

   ·   ·   ·
(a)–(b) intervallum in-
certum   (b) 2 sup. πο[fr. 164   fr. 165   fr. 166
scr. απ[
                               ].ε[   ]πιπ[   ]   [
                               ]ποστα[   ].ον[   ]νπο[
                               ·   ·   ·   ·   ·   ·   ·   ·

271

⟨ΘΡΗΝΟΙ?⟩

15 (39 B., 9 D.)

520   Plut. *consol. Apoll.* 11, i 220 Pat.–Weg.–Pohl.

κρεῖττόν ἐστι τὸ τεθνάναι τοῦ ζῆν. ὁ γοῦν Σιμωνίδης ... φησίν·

ἀνθρώπων ὀλίγον μὲν
κάρτος, ἄπρακτοι δὲ μεληδόνες,
αἰῶνι δ' ἐν παύρωι πόνος ἀμφὶ πόνωι·
ὁ δ' ἄφυκτος ὁμῶς ἐπικρέμαται θάνατος·
5   κείνου γὰρ ἴσον λάχον μέρος οἵ τ' ἀγαθοὶ
ὅστις τε κακός.

vv. 1–3 divisio incerta: fort. μεληδόνες, αἰ-/ῶνι   init. ἀνθρώπων, φησίν, ὀλίγον
Plut.   3 δ' ἐν Pflugk (et Schneidewin): δὲ codd.   ἀμφὶ πόνον Φ
4 ἄφυκτ' ὡμῶς Φ, ἄφυκτ' ὡμὸς Π   5 μέρος del. Pflugk (et Schneidewin);
λάχομεν μέρος coni. Bergk; sed metrum idem atque in priore versu (vid. etiam
Pontani *Maia* 5 (1952) 253 seq.)   6 ὃς D, ὅτις a A   τε om. Φ a¹

16 (32 B., 6 D.)

521   Stob. *ecl.* iv 41. 9, v 930 Hense

Σιμωνίδου Θρήνων·

ἄνθρωπος ἐὼν μή ποτε φάσηις ὅ τι γίνεται [[αὔριον]],
μηδ' ἄνδρα ἰδὼν ὄλβιον ὅσσον χρόνον ἔσσεται·
ὠκεῖα γὰρ οὐδὲ τανυπτερύγου μυίας
οὕτως ἁ μετάστασις.

ibid. 62, v 946 H. Φαβωρίνου· ἄνθρωπος—ἔσσεται. ἀλλὰ μηδὲ οἶκον. ὥσπερ
ἀμέλει ὁ ποιητὴς διεξέρχεται τὴν τῶν Σκοπαδῶν ἀθρόαν ἀπώλειαν. Schol. Hom. *Il.*
7. 76 ap. P.Oxy. 1087 col. i 30, viii 102–3 G.–H. τὸ τανυπτέρυ[γος, ἔνθ]εν Σιμωνίδης·
ὠκεῖα γὰρ οὐδὲ τα[νυπτερύ]γου μυίας. v. primum imitatur Horat. *carm.* i 9. 13 *quid
sit futurum cras fuge quaerere*

1 ὢν ecl. 62   μηδέποτε ecl. 62   φήσηις ecl. 9 cod. S, φήση (η extr. in ras. M¹)
MA, φὴς ecl. 62 S, φῆς M, εἴπηις A fort. recte; φάσ- Bergk   γίγν- ecl. 9 A   αὔριον
om. ecl. 9   2 ὄλβιον om. ecl. 9   ὅσον ecl. 9 MA   χρόνου ecl. 62 MA   ἔσεται
ecl. 62 M   3 μυῖας ecl. 9 M   4 parum numerosus: fort. ὦδ' ἁ (vel οὕτω)
μετανάστασις

272

17 (38 B., 8 D.)

22 Stob. *ecl.* iv 51. 5, v p. 1067 Hense (codd. SA)

Σιμωνίδου·

πάντα γὰρ μίαν ἱκνεῖται δασπλῆτα Χάρυβδιν,
αἱ μεγάλαι τ' ἀρεταὶ καὶ ὁ πλοῦτος.

1 fort. γὰρ ⟨ἐς⟩   λασπηδα S, λάσπηδα A¹, ἴσως δασπλῆτα A²   2 τ' om. S
Horat. *carm.* i 28. 15 *sed omnes una manet nox* etc., confert Oates; idem fere
metrum, eadem sententia

18 (36 B., 7 D.)

23 Stob. *ecl.* iv 34. 14, v p. 829 Hense (cod. S: om. codd. MA)

Σιμωνίδου Θρήνων·

†οὐδὲ γὰρ οἳ πρότερόν ποτ' ἐπέλοντο,
θεῶν δ' ἐξ ἀνάκτων ἐγένονθ' υἷες ἡμίθεοι,
ἄπονον οὐδ' ἄφθιτον οὐδ' ἀκίνδυνον βίον
ἐς γῆρας ἐξίκοντο τελέσαντες.†

cod. ut supra excepto v. 2 ἐγένοντο   fort. hunc fere in modum restituendi:
οὐδὲ γὰρ οἳ πρότερον / πέλοντο, θεῶν δ' ἐγένοντ' / ἐξ ἀνάκτων υἷες (hoc Wilam.)
ἡμίθεοι /, mox v. 4 ἐς γῆρας τελέσαντες ἐξίκοντο

19 (65 B., 12 D.)

24 Stob. *ecl.* iv 51. 7, v p. 1067 Hense (codd. SA)

Σιμωνίδου·

ὁ δ' αὖ θάνατος κίχε καὶ τὸν φυγόμαχον.

κίχε καὶ Bergk: ἔκιχε καὶ S, ἔκιχε τε A, ἔφυκε καὶ Tr   -όμαχον Tr: -ομάχου
SA, -ομάχαν coni. Bergk; καὶ φυγαίχμαν coni. Garrod, probat Lobel (cf. 14 fr.
80. 8 supra)
    cf. Horat. *carm.* iii 2. 14 *mors et fugacem persequitur virum.* in eodem carmine
imitatur idem aliud Simonidis fr., 77 ἔστι καὶ σιγᾶς ἀκίνδυνον γέρας = 25 seq. *est
et fideli tuta silentio merces.* vid. W. J. Oates *The Influence of Simonides of Ceos
upon Horace* (1932) cap. i: coniecit carmen Simonideum περὶ πολιτικῆς ἀρετῆς ante
oculos vel in memoria habuisse Horatium cum *carm.* iii 2 scriberet: etiam alia
Simonidis frr., quae videretur imitari Horatius, eidem carmini esse tribuenda,
velut fr. 89 ἔσχατον δύεται κατὰ γᾶς = 21 seq. *virtus recludens immeritis mori caelum,*
al.; praeterea cum diceret *vetabo...sub isdem sit trabibus fragilemque mecum solvat
phaselon,* historias respicere Horatium notissimas de conlapso Scopae conclavi
(vid. fr. 5) et de naufragio (vid. fr. 148. I): est argumentatio subtilior, non sine
quadam probabilitatis specie

20 (42 B., Semon. 27 D.)

525 Stob. *ecl.* ii 1. 10, ii p. 5 Wachsmuth

Σιμωνίδου·

ῥεῖα θεοὶ κλέπτουσιν ἀνθρώπων νόον.

Amorgino adscripsit Wilam. *SS* 153 n. 2, perperam opinor

21 (61 B., 10 D.)

526 Theophilus Antiochenus *ad Autolycum* ii 8, *Corp. Apol. Christ. saec. ii*, viii 70 seq. Otto

Σιμωνίδης·

οὔτις ἄνευ θεῶν
ἀρετὰν λάβεν, οὐ πόλις, οὐ βροτός.
θεὸς ὁ πάμμητις· ἀπή-
μαντον †δ᾽ οὐδέν ἐστιν ἐν αὐτοῖς.†

Stob. *ecl.* i 1. 10, i p. 24 W. (cod. F) Σιμωνίδου· οὔτις ἄνευ θεῶν ἀρετὴν λάβεν οὐ πόλις, οὐ (deficit spat. vac. relicto : huius paginae imaginem exhibet Zuntz *Harv. Stud. Class. Phil.* 63 (1958) 290)

1 ἄνευθε coni. Bergk   4 parum numerosus; displicet etiam sententiarum obscura conexio   δ᾽ delendum esse censeo, οὐδέν ἐστι θνατοῖς coni. Bergk (θνατοῖς iam Schneidewin), qui duo Simonidis fragmenta coaluisse credebat

22 (62 B., 11 D.)

527 Theophilus Antiochenus *ad Autolycum* ii 37, *Corp. Apol. Christ. saec. ii*, viii 180 Otto

ὅτι μέλλει ἡ τοῦ θεοῦ κρίσις γενέσθαι καὶ τὰ κακὰ τοὺς πονηροὺς αἰφνιδίως καταλαμβάνειν, . . . ἐσήμανε . . . Σιμωνίδης·

οὐκ ἔστιν κακὸν
ἀνεπιδόκητον ἀνθρώποις· ὀλίγωι δὲ χρόνωι
πάντα μεταρρίπτει θεός.

ἄδικον δὲ χρόνωι πάντα μάρπτει θεός coni. Bergk satis subtiliter ratiocinatus (Theophilum enim de divini numinis vindicta, hos versus de instabili hominum fortuna agere)

23 (34 B.)

28 Aristeid. *or*. xxxi 2, p. 212 Keil

ποῖος ταῦτα Σιμωνίδης θρηνήσει, τίς Πίνδαρος ποῖον μέλος ἢ
λόγον τοιοῦτον ἐξευρών; τίς χορὸς (Στησίχορος coni. Taylor) ἄξιον
φθέγξεται τοιούτου πάθους; ποία δὲ Δύσηρις Θετταλὴ τοσοῦτο
πένθος ἐπένθησεν ἐπ' Ἀντιόχωι τελευτήσαντι;
Schol. Theocr. xvi 34–35, p. 327 W. πολλοὶ ἐν Ἀντιόχοιο δόμοις·
ἀντὶ τοῦ ἄγαν πλούσιοι, ὥστε πολλοῖς παρέχειν τὴν τροφήν. ἀλλ'
οὐδὲν ἤνυσεν ὁ πλοῦτος αὐτῶν πρὸς τὴν νῦν δόξαν, εἰ μὴ ὑπὸ Σιμωνί-
δου ὑμνήθησαν. . . . ὁ δὲ Ἀντίοχος Ἐχεκρατίδου καὶ Δυσήριδος υἱὸς
ἦν, ὥς φησι Σιμωνίδης.

vid. Gow *Theocr*. ii 312 seq.

24 (33 B.)

29 Schol. Theocr. xvi 36–37, p. 327 seq. W.

οἱ δὲ Σκοπάδαι Κραννώνιοι τὸ γένος. Κραννὼν δὲ πόλις Θεσ-
σαλίας, ὅθεν Σκόπας ὁ Κραννώνιος Κρέοντος καὶ Ἐχεκρατείας υἱός.
καὶ Σιμωνίδης ἐν Θρήνοις. Σκοπάδαι οὖν οἱ Θεσσαλοὶ κτλ. ibid. 44
ὁ Κῆιος· τὸν Σιμωνίδην φησί, παρόσον αὐτὸς τοῖς προειρημένοις
ἐνδόξοις ἀνδράσι τῶν Θεσσαλῶν ἐπινικίους ἔγραψε καὶ θρήνους.

25 (35 B.)

30 Harpocrat. s.v., i 286–7 Di.

Ταμύναι· Αἰσχίνης κατὰ Κτησιφῶντος (§ 88). πόλις ἐστὶν ἐν
Εὐβοίαι ἐν τῆι χώραι τῆι Ἐρετριέων αἱ Ταμύναι, ἔνθα καὶ ἱερὸν
Ἀπόλλωνος, ὡς οἵ τε τὰ Εὐβοϊκὰ γράψαντες μαρτυροῦσι καὶ Σιμω-
νίδης ἐν τῶι εἰς Λυσίμαχον τὸν Ἐρετριέα θρήνωι.

26 (4 B., 5 D.)

531 Diodor. xi 11. 6, ii 240 seq. Vogel

διόπερ οὐχ οἱ τῶν ἱστοριῶν συγγραφεῖς μόνοι ἀλλὰ πολλοὶ καὶ
τῶν ποιητῶν καθύμνησαν αὐτῶν τὰς ἀνδραγαθίας· ὧν γέγονε καὶ
Σιμωνίδης ὁ μελοποιὸς ἄξιον τῆς ἀρετῆς αὐτῶν ποιήσας ἐγκώμιον,
ἐν ὧι λέγει·

> τῶν ἐν Θερμοπύλαις θανόντων
> εὐκλεὴς μὲν ἁ τύχα, καλὸς δ' ὁ πότμος,
> βωμὸς δ' ὁ τάφος, πρὸ γόων δὲ μνᾶστις, ὁ δ' οἶκτος ἔπαινος·
> ἐντάφιον δὲ τοιοῦτον οὔτ' εὐρὼς
> 5   οὔθ' ὁ πανδαμάτωρ ἀμαυρώσει χρόνος.
> ἀνδρῶν ἀγαθῶν ὅδε σηκὸς οἰκέταν εὐδοξίαν
> Ἑλλάδος εἵλετο· μαρτυρεῖ δὲ καὶ Λεωνίδας,
> Σπάρτας βασιλεύς, ἀρετᾶς μέγαν λελοιπὼς
> κόσμον ἀέναόν τε κλέος.

Arsen. p. 342 Walz Σιμωνίδης ὁ μελοποιός· τῶν ἐν—κλέος

---

ut numeri sibi constent, scribendum esse credideris v. 1 τῶν Θερμοπύλαισι
θανόντων, 4–5 οὔτ' ἂν εὐρὼς . . . ἀμαυρῶσαι, et quod coni. Wilam. πανδμάτωρ pro
πανδαμ-
  1 -αισι codd. dett.   3 προγόνων codd., corr. simul Eichstädt (1797) et
Ilgen (1798)   οἶτος codd., corr. Jacobs   6 fort. σακὸς   7 εἵλατο codd.,
corr. Hermann   καὶ add. Arsenius, non habent Diod. codd.   8 ὁ Σπάρτας
codd., ὁ del. Bergk   μέγαν λιπὼν Arsen.

Η ΕΠ' ΑΡΤΕΜΙΣΙΩΙ ΝΑΥΜΑΧΙΑ

27

532 Suda s.v. Σιμωνίδης 439, iv 361 Adler

γέγραπται αὐτῶι Δωρίδι διαλέκτωι ἡ Καμβύσου καὶ Δαρείου
βασιλεία καὶ Ξέρξου ναυμαχία καὶ ἡ ἐπ' Ἀρτεμισίωι ναυμαχία δι'
ἐλεγείας, ἡ δ' ἐν Σαλαμῖνι μελικῶς.

---

melicum non elegiacum carmen fuisse fragmenta demonstrant. etiam quaeren-
dum est, quidnam fuerit *Xerxis naumachia*, siquidem Artem. et Salam. separatim
nominantur
  vid. Hdt. vii 188 seqq.: quibus similia rettulisse Simonidem coniecit Naeke
Choer. Sam. quae supersunt, Lips. 1817 p. 152; cf. Wilam. *SS* 207 seqq.

28 (1–2 B. et D.)

33 Priscian. *de metr. Terent.* 24, *Gramm. Lat.* iii 428. 4 Keil

Simonides et Alcman (fr. 14) in iambico teste Heliodoro non solum in fine ponunt spondeum sed etiam in aliis locis. Simonides in ἐπ' Ἀρτεμισίωι ναυμαχίαι in dimetro catalectico:

(a)   ἐβόμβησεν θαλάσσας,

in secundo loco spondeum posuit. ἀντιστρέφει δὲ αὐτῶι·

(b)   ἀποτρέπουσι κῆρας

—————

(b) -ουσει RV, -οισει A: -ουσα Ursinus, -οισα Schneidewin, -οισι Bergk   fort. κᾶρας

29 (3 B.)

34 Schol. Ap. Rhod. i 211–15, p. 26 W.

τὴν δὲ Ὠρείθυιαν Σιμωνίδης ἀπὸ Βριλησσοῦ (Naeke: βριλισσοῦ cod. L, Ἰλισσοῦ (e sch. d) H, om. P) ἁρπαγεῖσαν ἐπὶ τὴν Σαρπη-δονίαν πέτραν τῆς Θράικης ἐνεχθῆναι. ἐστὶ γὰρ καὶ τῆς Κιλικίας ὁμώνυμος, ὡς Καλλισθένης (124 F 39 Jac.). Στησίχορος δὲ ἐν τῆι Γηρυονίδι (fr. 6) καὶ νῆσόν τινα ἐν τῶι Ἀτλαντικῶι πελάγει Σαρπη-δονίαν φησί. περὶ δὲ τῆς Θραικίας Σαρπηδονίας πέτρας, ὅτι πρὸς τῶι Αἵμωι ὄρει ἐστί, Φερεκύδης φησί (3 F 145 J., cf. Akusil. i p. 55 fr. 31 J.), περὶ τῆς ἁρπαγῆς ἱστορῶν τῆς Ὠρειθυίας. Χοιρίλος (fr. 5 Kinkel) δὲ ἁρπασθῆναί φησιν αὐτὴν ἄνθη ἀμέργουσαν (Pierson: ἀμέλγουσαν cod. L, ἐκλέγουσαν P, συλλέγουσαν H) ὑπὸ τὰς τοῦ Κηφισοῦ πηγάς. Ἡραγόρας (FHG iv 427 fr. 4 M.) δὲ ἐν τοῖς Μεγαρικοῖς τὸν τὴν Ὠρείθυιαν ἁρπάσαντα Βορέαν υἱὸν Στρυμόνος φησίν, οὐχὶ δὲ τὸν ἄνεμον. ἡ δὲ Ὠρείθυια Ἐρεχθέως θυγάτηρ, ἣν ἐξ Ἀττικῆς ἁρπάσας ὁ Βορέας ἤγαγεν εἰς Θράικην κἀκεῖσε συνελθὼν ἔτεκε Ζήτην καὶ Κάλαιν, ὡς Σιμωνίδης ἐν τῆι ναυμαχίαι.

30 (25 B.)

535 Himer. *or.* xlvii 117, p. 194 seq. Colonna

λύσει δὲ τῆς νεὼς ὠιδὴ τὰ πείσματα, ἣν ἱερὸς προσάιδουσιν
Ἀθηναῖοι χορός, καλοῦντες ἐπὶ τὸ σκάφος τὸν ἄνεμον (Wernsdorf:
λαλοῦντες et τῶν ἀνέμων vel τῶι ἀνέμωι codd.) παρεῖναί τε αὐτὸν
καὶ τῆι θεωρίδι συμπέτεσθαι. ὁ δὲ ἐπιγνοὺς οἶμαι τὴν Κείαν (ita cod.
A: οἰκείαν R) ὠιδὴν ἣν Σιμωνίδης αὐτῶι προσῆισε μετὰ τὴν
θάλατταν, ἀκολουθεῖ μὲν εὐθὺς τοῖς μέλεσι, πολὺς δὲ πνεύσας κατὰ
πρύμνης οὔριος ἐλαύνει τὴν ὁλκάδα τῶι πνεύματι. id. xii 141, p. 98
C. νῦν γὰρ ποιητικῶς ἐθέλων καλέσαι τὸν ἄνεμον, εἶτα οὐκ ἔχων
ποιητικὴν ἀφεῖναι φωνήν, ἐκ τῆς Κείας (Wernsdorf: οἰκείας codd.)
μούσης προσειπεῖν ἐθέλω τὸν ἄνεμον.

μετὰ τὴν θάλατταν obscurum (frustra 'nach dem Seesturm' Schmid *Gr. Lit.* I i
509 n. 5; 'nach dem Meere, also nachdem er (Boreas) auf dem Meere seine Gnade
bewiesen hatte', Wilam.) μετὰ τὴν κατὰ θάλατταν μάχην coni. Edmonds

Η ΕΝ ΣΑΛΑΜΙΝΙ ΝΑΥΜΑΧΙΑ

31

536 Suda s.v. Σιμωνίδης 439, iv 361 Adler

ἡ δ' ἐν Σαλαμῖνι μελικῶς.

cum in priore (fr. 27 supra) erraverit Suda, ambigitur utrum hoc melicum an
elegiacum carmen fuerit. narrationem Simonideam respicit Plut. *vit. Them.* 15,
i 1. 191 L.–Z. οἱ δ' ἄλλοι τοῖς βαρβάροις ἐξισούμενοι τὸ πλῆθος ἐν στενῶι κατὰ μέρος
προσφερομένους καὶ περιπίπτοντας ἀλλήλοις ἐτρέψαντο μέχρι δείλης ἀντισχόντας,
ὥσπερ εἴρηκε Σιμωνίδης, τὴν καλὴν ἐκείνην καὶ περιβόητον ἀράμενοι νίκην, ἧς οὔθ'
Ἕλλησιν οὔτε βαρβάροις ἐνάλιον ἔργον εἴργασται λαμπρότερον. alias tantum Vita
Pindari ambros. i 2–3 Dr. Σιμωνίδης τὴν ἐν Σαλαμῖνι ναυμαχίαν γέγραφε. vid. etiam
P.Oxy. 2327 fr. 31, Lobel ibid. p. 67
versus elegiacos a Plut. *malign. Herod.* 869 C laudatos huic carmini adscripsit
Wilam. *SS* 144 n. 2 (carmini εἰς τὴν ἐν Πλαταιαῖς μάχην perperam dedit Diehl fr.
65): atqui est manifesto epigramma

ΚΑΤΕΥΧΑΙ

32 (24 B.)

537 quidnam significet titulus incertum. nomen κατευχή *preces*, *votum*, verbum κατεύχεσθαι aut simpliciter *precari* aut *mala imprecari* : unde alii *diras ac devotiones* intellegunt, alii de *propempticis* cogitant (Schmid *Gr. Lit.* I i 518 n. 7).
mihi potius unius carminis quam libri titulus videtur esse.

Schol. Hom. *Od.* 6. 164, i 308 Di.

λέγοι δ' ἂν πολὺν λαὸν οὐ τὸν ἴδιον στόλον ἀλλὰ τὸν Ἑλληνικόν,
ὅτ' ἀφηγούμενος εἰς Δῆλον ἦλθε Μενέλαος σὺν Ὀδυσσεῖ ἐπὶ τὰς
Ἀνίου θυγατέρας αἳ καὶ Οἰνότροποι ἐκαλοῦντο. ἡ δὲ ἱστορία καὶ
παρὰ Σιμωνίδηι ἐν ταῖς Κατευχαῖς.

Anius Phoebi Rhoeusque filius insulae Deli rex erat. huius filias, cum quidquid tetigissent in segetem vinum olivam transformaretur, commeatus expediendi causa classi adiungere Troiam profectus conatur Agamemnon. virgines autem Bacchi quem invocarant consilio *in niveas*, ut ait Ovidius (*Metam.* xiii 674) *abiere columbas.* haec e Simonide Ovidium sumpsisse credidere plerique

33 (68 B., 3 D.)

538 Schol. ex Etymol. Luperci in cod. ambros. C 126 inf. fol. 27ᵛ adscr., ed. Paton *CR* 26 (1912) 9

ἐκ τοῦ ζʹ τῶν Λουπέρκου· . . . Σιμωνίδης ἐν Κατευχαῖς·

χρὴ κορυδαλλίσι
πάσηισιν ἐμφῦναι λόφον

Plut. *de cap. ex inimicis util.* 10, i 183 Pat.–Weg.–Pohl. ἐπεὶ δὲ πάσαισι κορυδαλ-λίσι χρὴ λόφον ἐγγενέσθαι, κατὰ τὸν Σιμωνίδην ; id. *praec. ger. reip.* 14, v 1. 86 Hub.–Pohl. ἐπεὶ δὲ πάσαις κορυδαλλίσι κατὰ Σιμωνίδην χρὴ λόφον ἐγγενέσθαι ; id. *vit. Timol.* 37. 1, ii 1. 367 L.–Z. ἐπεὶ δὲ χρῆν ὡς ἔοικεν οὐ μόνον πᾶσι κορυδαλλοῖς λόφον ἐγγίνεσθαι κατὰ Σιμωνίδην κτλ. Apostol. *cent.* xiii 94, ii 602 L.–S. πάσηισι κορυδαλῆισι χρὴ λόφον ἐγγενέσθαι. τοῦ Σιμωνίδου ἐστίν

1 -ίσι Plut. *praec.* codd. exc. cod. Θ, *util.* codd. GᴵJMᴾᶜΘ (-ῆσι *util.* rell., *praec.* Θ): -αῖς Schol., -οῖς Plut. *Tim.* codd.   2 -ηισιν vel -ησι *util.* codd. GᴵᴾᶜXW CᴵN; -αισι *util.* rell., -αις *praec.* codd., Schol. ; πᾶσι *Tim.* codd.   ἐμφῦναι λόφον Schol. : λόφον ἐγγενέσθαι (ἐγγίν- *Tim.*) ubique Plut., idem ubique πάσ. ante κορυδ., χρὴ ante λόφον bis

ΔΙΘΥΡΑΜΒΟΙ

34 (27 B.)

Μέμνων

539 Strabo xv 3. 2, iii 248 Kramer

λέγεται γὰρ δὴ (scil. τὰ Σοῦσα) καὶ κτίσμα Τιθωνοῦ τοῦ Μέμνονος πατρός. . . . ἡ δ' ἀκρόπολις ἐκαλεῖτο Μεμνόνιον. . . . ταφῆναι δὲ λέγεται Μέμνων περὶ Πάλτον (Βανδᾶν codd. morz) τῆς Συρίας παρὰ Βαδᾶν ποταμόν, ὡς εἴρηκε Σιμωνίδης ἐν Μέμνονι διθυράμβωι τῶν Δηλιακῶν.

'The best reading of Strabo's text is Δαλιακῶν', Pickard-Cambridge *Dith. Trag. Com.* p. 27: adnotat Kramer tantum 'δαλιδιακῶν Aldus, unde δαλιακῶν scripsit Xylander'; cf. etiam Schneidewin *Simon. Cei carm. reliquiae* p. 53

ΣΥΜΜΙΚΤΑ

35

540 Schol. Ap. Rhod. i 763–4, p. 66 W. (= Simon. genealog. 3 *FGH* i 159 Jac.)

τὴν γὰρ Ἰωλκὸν Μινύαι ὤικουν, ὥς φησι Σιμωνίδης ἐν Συμμίκτοις.

INCERTI LOCI

36

P.Oxy. 2432 prim. ed. Lobel; saec. ii p.C. (p. post.)

τό τ]ε καλὸν κρίνει τό τ' αἰσχρόν· εἰ δέ
...(.)]..αγορεῖ τις ἄθυρον [σ]τόμα
....]φέρ[ω]ν, ὁ μὲν καπνὸς ἀτελής, ὁ δέ [
χρυ]σὸς οὐ μιαίνετ[α]ι

5 ..] ἀλάθε[ι]α παγκρατής
...] ὀλίγοις ἀρεταν ἔδωκενε[
...]ελος, οὐ γὰρ ἐλαφρὸν ἐσθλ[ὸν ἔμμεναι·
ἢ γ]ὰρ ἀέκοντά νιν βιᾶται
κέρ]δος ἀμάχητον ἢ δολοπλ[όκου

10 με]γασθενὴς οἶστρος Ἀφροδίτ[ας
..].(.)θαλοί τε φιλονικίαι.
..δ]ὲ μὴ δι' αἰῶνος ὁσίαν
]θεῖν κέλευθον,
]ος ἐς τὸ δυνατὸν.[

15]αγκυλαν[
]δίκαιος.[
ε]ὐθὺς ἀπο[
]θέοντι· τρ[
].υτρο[

20]α.[
].ο[

· · ·

accentus, sim.: 1 τότ'   2]..αγ   εἶτισά   3 ω]ν,   ής·ο   5 τής
6 ἀρετὰν   7 ος· ου   8 αεκ ⌣⌣ 9 μάχ   10 ενησοῖ   11 λόι   κιαι·
12 ὠνόσίαν, sscr. οσ   13 θεῖν   θον·   14 ἐς   18 θέοντι·
omnia suppl. e.p.   2]..: circuli pars inf., tum lin. curv. a sin. desc. pars
inf.   3 περι]φ e.p.   5 ἁ δ'] e.p.   6 ἀλλ'] e.p.   -τὰν vel τᾶν incertum
ἔ[χειν possis   7 ἐς τ]έλος e.p.   ἔμμεναι vel ἔμμεν   11]..: h.h. pars dext.
summis litt. adaequata, tum sub eadem h.v. pes dextrorsum hamatus;]τι possis,
itaque fort. ἀρ]ιτθαλοί   12–13 e.g. ὧι δ]ὲ μὴ ... πάρεστι]θεῖν; vix ἐλθεῖν,
nam ἐλθὲν exspectaveris   21].: γ vel τ
de sententia vv. 12–16 consulendus e.p.; cf. fr. 37 infra

37 (5 B., 4 D.)

542 Plato *Protag.* 339 A–346 D

λέγει γάρ που Σιμωνίδης πρὸς Σκόπαν τοῦ Κρέοντος υἱὸν τοῦ
Θετταλοῦ ὅτι

ἄνδρ᾿ ἀγαθὸν μὲν ἀλαθέως γενέσθαι
χαλεπὸν χερσίν τε καὶ ποσὶ καὶ νόωι
τετράγωνον ἄνευ ψόγου τετυγμένον·

5 [
  [
  [
  [
  [
  [
10 [

οὐδέ μοι ἐμμελέως τὸ Πιττάκειον
νέμεται, καίτοι σοφοῦ παρὰ φωτὸς εἰ-
ρημένον· χαλεπὸν φάτ᾿ ἐσθλὸν ἔμμεναι.
θεὸς ἂν μόνος τοῦτ᾿ ἔχοι γέρας, ἄνδρα δ᾿ οὐκ
15 ἔστι μὴ οὐ κακὸν ἔμμεναι,
ὃν ἀμήχανος συμφορὰ καθέληι·
πράξας γὰρ εὖ πᾶς ἀνὴρ ἀγαθός,
κακὸς δ᾿ εἰ κακῶς [
  [ἐπὶ πλεῖστον δὲ καὶ ἄριστοί εἰσιν
20   [οὓς ἂν οἱ θεοὶ φιλῶσιν.]
τοὔνεκεν οὔ ποτ᾿ ἐγὼ τὸ μὴ γενέσθαι
δυνατὸν διζήμενος κενεὰν ἐς ἄ-
πρακτον ἐλπίδα μοῖραν αἰῶνος βαλέω,
πανάμωμον ἄνθρωπον, εὐρυεδέος ὅσοι
25 καρπὸν αἰνύμεθα χθονός·
ἐπὶ δ᾿ ὑμὶν εὑρὼν ἀπαγγελέω.
πάντας δ᾿ ἐπαίνημι καὶ φιλέω,
ἑκὼν ὅστις ἔρδηι
μηδὲν αἰσχρόν· ἀνάγκαι
30 δ᾿ οὐδὲ θεοὶ μάχονται.

[
  [
  [οὐκ εἰμὶ φιλόψογος, ἐπεὶ ἔμοιγε ἐξαρκεῖ
  ὃς ἂν μὴ κακὸς ἦι] μηδ᾿ ἄγαν ἀπάλαμνος εἰ-
35 δώς γ᾿ ὀνησίπολιν δίκαν,
ὑγιὴς ἀνήρ· οὐ †μὴν† ἐγὼ

μωμήσομαι· τῶν γὰρ ἠλιθίων
ἀπείρων γενέθλα.
πάντα τοι καλά, τοῖσίν
40 τ' αἰσχρὰ μὴ μέμεικται.

1 seqq., 29 seqq. Diog. Laert. i 76 εἶπέ τε (ὁ Πιττακός) χαλεπὸν ἐσθλὸν ἔμμεναι, οὗ καὶ Σιμωνίδης μέμνηται λέγων· ἄνδρ' ἀγαθὸν ἀλαθέως γενέσθαι χαλεπόν, τὸ Πιττάκειον. μέμνηται δ' αὐτοῦ καὶ Πλάτων ἐν Πρωταγόραι· ἀνάγκαι δ' οὐδὲ θεοὶ μάχονται. Suda s.v. Πιττάκειον
1 seqq. Aristot. Eth. Nic. i 11. 1100 b 20 τὰς τύχας οἴσει κάλλιστα καὶ πάντηι πάντως ἐμμελῶς ὅ γ' ὡς ἀληθῶς ἀγαθὸς καὶ τετράγωνος ἄνευ ψόγου; cf. Aspas. comment. in Ar. graec. xix 29. 29 Heylb. 'addit Al. Turyn chartula ad me data ex Basil. Achrid. laudat. Irenae Augustae (ap. W. Regel, Fontes rerum Byzantinarum, fasc. 2, Petropol. 1917 p. 317. 26), ἄνευ ψόγου τετράγωνον', Diehl ad loc. Aristot. Rhet. iii 11. 1411 b 26 οἷον τὸν ἀγαθὸν ἄνδρα φάναι τετράγωνον μεταφορά. Sopat. ap. Stob. iv 5. 51, iv p. 212 Hense τίς οὖν οὕτω κατὰ τὸν Σιμωνίδου λόγον τετράγωνος; Iulian. Conviv. 333 B, i 427 seq. Hertlein δοκεῖ γὰρ εἶναί μοί πως ἀνὴρ κατὰ τὸν Σιμωνίδην τετράγωνος ἄνευ ψόγου τετυγμένος. Damasc. ap. Sud. s.v. τετράγωνος [Eust. Il. 475. 31 perperam addunt Bergk, Diehl]
13 Polyb. xxix 26 init., iv 267 Büttner-Wobst τὸ ῥηθὲν ὑπὸ Σιμωνίδου· χαλεπὸν ἐσθλὸν ἔμμεναι: cf. Diog. cit. supra
14 Aristot. Metaph. A 2. 982 b 29 πολλαχῆι γὰρ ἡ φύσις δούλη τῶν ἀνθρώπων ἐστίν, ὥστε κατὰ Σιμωνίδην θεὸς ἂν μόνος τοῦτο ἔχοι γέρας, ἄνδρα δ' οὐκ ἄξιον κτλ.; cf. Asclep. ad loc. p. 21 Hayd. An. Par. Cramer i 387. 33 λέγει γὰρ ὁ Σιμωνίδης ὅτι θεὸς μόνος ἔχει τὴν ἄκραν ἐπιστήμην. cf. An. Nov. Boissonade 210 χαλεπὸν φασιν ἐσθλὸν ἔμμεναι
24 seq. Plut. tranqu. anim. 10, iii 202 P.–P.–S., frat. am. 14, iii 329 ibid., quaest. conv. ix 14. 2, iv 323 Hub.: εὐρυοδοῦς (sic fere codd.)—χθονός
29 seq. Plato Legg. vii 818 B ὡς οὐδὲ θεὸς ἀνάγκηι μή ποτε φανῆι μαχόμενος. Stob. i 4. 2 c, i p. 71 W. ἀνάγκαι—μάχονται. Synes. ep. ciii, PG 66. 1476 D ἀνάγκαι δὲ οὐδὲ θεοί, φασί, μάχονται. Procl. in Crat. 157, p. 88 Pasquali πρὸς ἣν (ἀνάγκην) οὐδὲ θεὸς μάχεται. Suda iv 361 A. s.v. Σιμωνίδης (440)· Σιμωνίδης . . . εἶπεν· ἀνάγκηι οὐδὲ θεοὶ μάχονται. Zenob. cent. i 85, Greg. Cypr. (Mosq.) cent. i 50 (i 28, ii 98 L.–S.) ἀνάγκηι οὐδὲ θεοὶ μάχονται

est carminis initium (343 C) 1 ἀλα- codd. hic et 344 A (bis), cf. 339 D ἀλαθείαι Bt, ἀλη- Τ, 343 Ε ἀλαθέως Β, ἀλη- Τ 4–10 haec tantum omissa (339 D ὀλίγον . . . προελθών, cf. 344 Β) 11 -κειον W: -κιον ΒΤ; cf. 344 Β -κειον W rec. t, -κιον ΒΤ 15 ἔστιν Β 16 ὅν ἂν codd.: ἂν del. Bergk; fort. τὸν ἀμήχ. (vel ἀμάχ.) 17 πράξας μὲν γὰρ codd.: μὲν del. Hermann; fort. πράξαις 18 post κακῶς syllaba longa (e.g. πᾶς) supplenda 19– 20 e.g. κἀπὶ πλεῖστον ἄριστοι / τούς κε θεοὶ φιλέωσι (ita Hermann, sed καὶ / τοὐπιπλεῖστον) 22 κενέαν W, κενεαν Τ: κεν ἐὰν Β 24 εὐρυοδοῦς Plat. codd.: contractionem resolvit Wilam.; -οδοῦς fere Plutarchi tranqu. et frat. am. codd. 26 lectio incerta: ἔπειθ' ὑμῖν ΒΤ (idem 346 Β); ἐπὶ δ' ὔμμιν Bergk, ἐπί τ' ὔμμιν Schneidewin 27 πάντα Τ ἐπαίνηι b: ἐπαίνημμιν Β, ἐπαινημμιν Τ 29 ἀνάγκαι Diog., Stob.: -ηι Plat. 33–34 e.g. οὐκ εἴμ' ἐγὼ φιλόμωμος, ἐξαρκεῖ δ' ἔμοιγ' / ὃς ἂν ἦι κακὸς μηδ' ἄγαν κτλ.; (ἐξαρκεῖ γ' ἐμοί / ὃς multi, hiatu inter versus illicito) 35 γε ὀνήσει πόλιν codd., corr. Hermann (nisi ὀνασ-) 36 οὔ μιν coni. Schleiermacher, lacunam deinde alii aliter supplent, e.g. οὐδὲ μήι μιν ἐγὼ Bergk, οὔ μιν ὦ φίλ' ἐγὼ Maas 37 fort. ἀλιθ- 39–40 τοῖσί τ' codd.: syll. longam restitui est carminis finis (343 C, cf. 334 Β, 345 D)

38 (37 B., 13 D.)

543 Dion. Hal. *comp.* 26, ii 140 Raderm.

ἐκ δὲ τῆς μελικῆς τὰ Σιμωνίδεια ταῦτα· γέγραπται δὲ κατὰ
διαστολὰς οὐχ ὧν Ἀριστοφάνης ἢ ἄλλος τις κατεσκεύασε κώλων
ἀλλ' ὧν ὁ πεζὸς λόγος ἀπαιτεῖ. πρόσεχε δὴ τῶι μέλει καὶ ἀνα-
γίνωσκε κατὰ διαστολάς, καὶ εὖ ἴσθ' ὅτι λήσεταί σε ὁ ῥυθμὸς τῆς
ᾠδῆς καὶ οὐχ ἕξεις συμβαλεῖν οὔτε στροφὴν οὔτε ἀντίστροφον οὔτ'
ἐπωιδόν, ἀλλὰ φανήσεταί σοι λόγος εἷς εἰρόμενος. ἐστὶ δὲ ἡ διὰ
πελάγους φερομένη Δανάη τὰς ἑαυτῆς ἀποδυρομένη τύχας·

               ὅτε λάρνακι
    ἐν δαιδαλέαι
    ἄνεμός τε †μην† πνέων
    κινηθεῖσά τε λίμνα δείματι
5   ἔρειπεν, οὐκ ἀδιάντοισι παρειαῖς
    ἀμφί τε Περσέι βάλλε φίλαν χέρα
    εἶπέν τ'· ὦ τέκος οἷον ἔχω πόνον·
    σὺ δ' ἀωτεῖς, γαλαθηνῶι
    δ' ἤθεϊ κνοώσσεις
10 ἐν ἀτερπέι δούρατι χαλκεογόμφωι
    ⟨τῶι⟩δε νυκτιλαμπεῖ,
    κυανέωι δνόφωι ταθείς·
    ἄχναν δ' ὕπερθε τεᾶν κομᾶν
    βαθεῖαν παριόντος
15 κύματος οὐκ ἀλέγεις, οὐδ' ἀνέμου
    φθόγγον, πορφυρέαι
    κείμενος ἐν χλανίδι, πρόσωπον καλόν.
    εἰ δέ τοι δεινὸν τό γε δεινὸν ἦν,
    καί κεν ἐμῶν ῥημάτων
20 λεπτὸν ὑπεῖχες οὖας.
    κέλομαι δ', εὖδε βρέφος,
    εὑδέτω δὲ πόντος, εὑδέτω δ' ἄμετρον κακόν·
    μεταβουλία δέ τις φανείη,
    Ζεῦ πάτερ, ἐκ σέο·
25 ὅττι δὲ θαρσαλέον ἔπος εὔχομαι
    ἢ νόσφι δίκας,
    σύγγνωθί μοι

Athen. ix 396 E Σιμωνίδης δ' ἐπὶ τοῦ Περσέως τὴν Δανάην ποιεῖ λέγουσαν· ὦ τέκος—
κνώσσεις. (om. Epitom.)

---

divisio tam stropharum quam versuum incertissima: vid. *JHS* 71 (1951) 133
seqq.; fort. 1–7 antistr. pars posterior, 8–19 epodus, 20–26 str. pars prior, re-
spondentibus vv. 1–3 = 24–26
   1 ὅτι M   2 -λαίαι PM   3 τε μὴν PM, τ' ἐμῆι V: τέ μιν coni. Schneidewin;
fort. τε μέμηνε, tum 4 seq. δὲ λίμνα / δεῖμά τ' ἔρειπέ μιν, οὐκ κτλ.   4 τε Brunck:
δὲ codd.   δείματι V: δεῖ ματι P, δεῖμα M   5 ἔρειπεν MV: ἔριπεν P   οὐκ
Thiersch: οὔτ' P, οὔτ' MV   ἀδίαν τοῖσι P: ἀδίαν ταῖσι V, ἀδειαντῆσι (ex -οῖσι
ut vid. factum) M   6 βάλε M   φίλα V   7 τέκος Athen.: τέκνον Dion.
(τεκν̄ P)   8 σὺ δ' Athen.: οὐδ' Dion.   8–9 αυταις ἐγαλαθηνωδει θει PV,
αὐταῖς ἀγαλαθηνώδει+c. iv litt. spat. vac. M (λ ex ν factum) δ' ἤτορι αι
δ' ἤτορι Athen.: corr. Casaubon (ἀωτεῖς), Bergk (ἤθει, nisi ἤτορι praeferendum)
9 κνοώσσεις Dion. PV: κνώσσεις Athen., Dion. M   10 ἀτερπεῖ codd.   δούρατι
Guelf.: δούνατι PM, δούναντι V   10–11 -γόμφω δε (sic) codd., supplevi
νυκτὶ λαμπεῖ codd.: νυκτιλαμπεῖ iam Ursinus   12 κυαναίωι V   ταθείς
Schneidewin: ταδ' εις codd.; τ' ἀδεής coni. Headlam   13 ἄχναν scripsi:
αὐλέαν PV, αὐλαίαν M   ὕπερθεν codd.   16 πυρφ- P   17 ἐχλανι⁸ P,
χλανίσι Guelf.   πρόσωπον καλὸν πρόσωπον P   18 δέ τι M   ἦν coni. Sylburg:
ἦι P, ἦ M, ἦ V   19 καὶ M: κάι V, κέ P   20 λεπτὸν iam Stephanus et Ursinus:
-ῶν codd.   23 ματ βουλία P, ματ βουλίου M, ματαιοβουλία V   25 ὅτι
δὲ Mehlhorn: ὅτι δὴ codd.   26 ἦ νόσφι δίκας Victorius: ηνοφι δίκας P, ἦν
οφειδίας MV, κνόφι δίκας Guelf.   27 σύγγνωθί om. V

39 (21 adnot. B.)

544 Et. Mag. 597. 14

   νάκη· τὸ αἴγειον δέρμα. κωδία καὶ κώδιον· τὸ προβάτειον. οὐκ
ἄρα τὸ ἐν Κόλχοις νάκος ῥητέον. κακῶς οὖν Σιμωνίδης

νάκος

φησί.

---

lemma νάκος Et. Mag. cod. D

40 (48 b., 31 d.)

545 Schol. Eur. *Med.* 19, ii 144 Schw. (cod. B)

ὅτι δὲ καὶ ἐβασίλευσε Κορίνθου ἱστοροῦσιν Εὔμηλος (fr. 3 Kinkel)
καὶ Σιμωνίδης λέγων οὕτως·

†οὐδὲ κάτ᾽ εἰς Κόρινθον οὐ Μαγνησίαν
ναῖεν ἀλόχου δὲ Κολχίδι συνάστεος
θράνου† Λεχαίου τ᾽ ἄνασσε

ibid. 9, ii 142 Schw. ὅτι δὲ βεβασίλευκε τῆς Κορίνθου ἡ Μήδεια, Εὔμηλος ἱστορεῖ
καὶ Σιμωνίδης

1 οὐ ex οὐδὲ corr. man. prima   veri similia tantum 1 ὁ δ᾽ ἵκετ᾽ ἐς (Hermann,
Elmsley), 2 ναῖ᾽ ἀλόχωι (Schwartz) δὲ Κολχίδι ξυνέστιος (Elmsley): reliqua
desperata

41 (22 b.)

546 Schol. Eur. *Med.* 2, ii 141 Schw.

τὰς Συμπληγάδας ὁ Σιμωνίδης

                  συνορμάδας

φησίν.

cf. Tzetz. ad Lycophr. *Alex.* 1285, ii 363 Sch., ubi Ἐρατοσθένης συνορμ. καλεῖ

ita cod. B : ταύτας ὁ Σιμωνίδης συναρβώδας φησίν cod. A

42 (205 b.)

547 Schol. Pind. *Pyth.* iv 451, ii 160 Dr.

καὶ γὰρ καὶ παρὰ Σιμωνίδηι ἐστὶν ἡ ἱστορία, ὅτι περὶ ἐσθῆτος
ἠγωνίσαντο (scil. οἱ Ἀργοναῦται).

43 (204 b.)

548 Argum. Eur. *Med.* ii 137 Schw.

Φερεκύδης (*FGH* fr. 113ᵃᵇ J.) δὲ καὶ Σιμωνίδης φασὶν ὡς ἡ
Μήδεια ἀνεψήσασα τὸν Ἰάσονα νέον ποιήσειε.

fere eadem schol. Ar. *Equ.* 1321 Φερεκύδης δὲ καὶ Σιμωνίδης τὸν Ἰάσονα

44 (207 B.)

49 Schol. Eur. *Or.* 46, i 102 Schw. (codd. TAB: om. M)

῞Ομηρος δὲ ἐν Μυκήναις φησὶ τὰ βασίλεια Ἀγαμέμνονος, Στησίχορος δὲ (fr. 39) καὶ Σιμωνίδης ἐν Λακεδαίμονι.

45 ((a) = 54 B., 33 D.; (b) = 56 B.)

50 Plut. *vit. Thes.* 17. 4, i 1. 15 L.–Z.

τότε δὲ τοῦ Θησέως τὸν πατέρα θαρσύνοντος καὶ μεγαληγοροῦντος ὡς χειρώσεται τὸν Μινώταυρον ἔδωκεν ἕτερον ἱστίον λευκὸν τῶι κυβερνήτηι κελεύσας ὑποστρέφοντα σωιζομένου τοῦ Θησέως ἐπάρασθαι τὸ λευκόν, εἰ δὲ μή, τῶι μέλανι πλεῖν καὶ ἀποσημαίνειν τὸ πάθος. ὁ δὲ Σιμωνίδης οὐ λευκόν φησιν εἶναι τὸ δοθὲν ὑπὸ τοῦ Αἰγέως ἀλλὰ

(a)   φοινίκεον ἱστίον ὑγρῶι
       πεφυρμένον ἄνθεϊ πρίνου
       ἐριθαλέος,

καὶ τοῦτο τῆς σωτηρίας αὐτῶν ποιήσασθαι σημεῖον. ἐκυβέρνα δὲ τὴν ναῦν

(b)   Ἀμαρσυάδας Φέρεκλος

ὥς φησι Σιμωνίδης.

(a) 2 πρινὸς ἄνθει (τρυγὸς ἄνθει cod. det. x) codd.: πρίνου Meziriac; transposuit Schneidewin, nisi πρίνοιο πεφ. ἄνθει praeferendum
3 ἐριθάλλου codd., corr. Bergk (ἐριθαλοῦς iam Schaefer) cf. Theophr. *h.p.* iii 7. 3 ἡ πρῖνος τὸν φοινικοῦν κόκκον (φέρει)

46 (55 B., 34 D.)

51 Schol. Soph. *Ai.* 740, p. 64 Papag.

τί δ᾽ ἐστὶ χρείας· οἷον τί σοι λείπει ὅπερ σπάνιόν ἐστι πρὸς τὴν χρείαν τὴν νῦν; ἐσπάνιζε δὲ τὸ ἄμεινον εἶναι πρὸ ὀλίγου αὐτὸν παραγεγονέναι. καὶ ἐν Σιμωνίδηι ἐπὶ τοῦ πρὸς Αἰγέα ἀγγέλου πεμφθέντος·

†βιότωι κέ σε μᾶλλον ὄνασα πρότερος ἐλθών.†

βιότω καί σε codd.: βιότου (etiam hoc fort. recte) κέ σε Hermann   sunt qui opinentur ὄνασα in ὦν- esse correctum in cod. L   de πρώιτερος (vel -ον) cogitavi; etiam ὄνασ᾽ ἐλθ. πρότ. possis

47 (200ᴮ B.)

552 Schol. Theocr. i 65–66, p. 56 W.

ἡ δὲ Αἴτνη Σικελίας ὄρος ἀπὸ Αἴτνης τῆς Οὐρανοῦ καὶ Γῆς, ὥς φησιν Ἄλκιμος ἐν τῶι περὶ Σικελίας. Σιμωνίδης δὲ Αἴτνην φησὶ κρῖναι Ἥφαιστον καὶ Δήμητραν περὶ τῆς χώρας ἐρίσαντας.

ἐν τῶι περὶ Σικελίας post Σιμωνίδης δὲ in cod. K legitur : traiecit Bergk

48 (52 B., 29 D.)

553 Athen. (om. E) ix 396 E

Σιμωνίδης δ᾿ ἐπὶ τοῦ Περσέως τὴν Δανάην ποιεῖ λέγουσαν· ὦ τέκος—κνώσσεις (fr. 38. 7–9). καὶ ἐν ἄλλοις ἐπ᾿ Ἀρχεμόρου εἴρηκεν·

ἰοστεφάνου γλυκεῖαν ἐδάκρυσαν
ψυχὰν ἀποπνέοντα γαλαθηνὸν τέκος.

⟨Εὐρυδίκας⟩ ἰοστ. suppl. Bergk

49 (219ᴮ B.)

554 Schol. Pind. Ol. vii 42, i 210 seq. Dr. (cod. A)

Ἀστυδαμείας· . . . ἦν δὲ Φύλαντος θυγάτηρ. τινὲς δὲ ἐξ Ἀντιγόνης αὐτῶι Τληπόλεμόν φασιν· ἐνταῦθα δὲ Ἀμύντορος αὐτήν φησιν ὁ Πίνδαρος, Ἡσίοδος δὲ (fr. 109 Rz.) καὶ Σιμωνίδης Ὁρμένου. εἰκὸς δὲ ὅτι ὁ Πίνδαρος παρὰ τῶν κατὰ τὴν πόλιν λογίων ἤκουσεν Ἀμυντορί-δας εἶναι Ῥοδίους μητρόθεν.

Ὁρμενοῦ cod. Ἀριστόνικος pro εἰκὸς coni. Bergk

50 (18 b., 30 d.)

55 Athen. (om. E) xi 490 E–F

καὶ Σιμωνίδης δὲ τὰς Πλειάδας Πελειάδας εἴρηκεν ἐν τούτοις·

δίδωτι δ᾽ εὖ παῖς Ἑρμᾶς ἐναγώνιος
Μαιάδος οὐρείας ἑλικοβλεφάρου·
ἔτικτε δ᾽ Ἄτλας ἑπτὰ ἰοπλοκάμων φιλᾶν θυγατρῶν
τάνδ᾽ ἔξοχον εἶδος, ⟨ὅσ⟩αι καλέονται
5 Πελειάδες οὐράνιαι.

Schol. Pind. *Nem.* ii 17ᶜ, iii 34–35 Dr. ζητεῖται δὲ διὰ τί ὀρείας εἶπε τὰς Πλειάδας. καί τινες μὲν ἔφασαν ὅτι νύμφαι ἦσαν, ὧν οἱ ἀστέρες οὗτοι· (Hes. fr. 275 Rz.). Σιμωνίδης δὲ μίαν τῶν Πλειάδων Μαῖαν ὀρείαν προσηγόρευσεν εἰπών· Μαιάδος οὐρείας ἑλικοβλεφάρου, κατὰ λόγον· αὕτη γὰρ Κυλλήνης ἐν ὄρεσσι θεῶν κήρυκα τέχ᾽ Ἑρμῆν (Hes. fr. 276 Rz.). Schol. Lycophr. *Alex.* 219, ii 102 Sch. καὶ Σιμωνίδης· Μαιάδος ὀρείης ἑλικοβλεφάρου, κατὰ λόγον κτλ. Eust. *Od.* 1713. 3 Σιμωνίδης δὲ πελειάδας οὐρανίας τὰς πλειάδας φησί

---

1 παῖς scripsi: τες (= ταις) Athen.　　2 Μαι. οὐρ. ἑλικ. schol. Pind., Lyc.: Μαίας εὐπλοκάμοιο παῖς Athen.　　οὐρ- schol. Pind. codd. TU : ὀρ- codd. BDP et schol. Lyc.　　3 τίκτε coni. Wilam.　　ἐπιτα Athen., corr. Musurus φίλαν θυγατερων Athen., corr. Schneidewin　　4 τάν γ᾽ ἔξοχον εἶδος ἀγικαλέονται Athen., correxi (αἲ καλ- codd. dett.)

51 (202ᴮ b.)

56 Philodem. *de piet.*, p. 37 Gomperz

Εὐριπίδης [(*Ion* v. 1), . . . Σ]ιμωνίδης [δὲ τὸν] οὐρανὸν ἐ[πὶ τῶν] ὤμων [. . . . . Ἡσίο]δ[ος δὲ (*theog.* 517).

52 (209 b.)

57 Auctor *de sublim.* xv 7, p. 37 Vahlen

ἄκρως δὲ καὶ ὁ Σοφοκλῆς ἐπὶ τοῦ θνήσκοντος Οἰδίπου καὶ ἑαυτὸν μετὰ διοσημείας τινὸς θάπτοντος πεφάντασται, καὶ κατὰ τὸν ἀπό-πλουν τῶν Ἑλλήνων ἐπὶ τἈχιλλέως προφαινομένου τοῖς ἀναγομένοις ὑπὲρ τοῦ τάφου, ἣν οὐκ οἶδ᾽ εἴ τις ὄψιν ἐναργέστερον εἰδωλοποίησε Σιμωνίδου· πάντα δ᾽ ἀμήχανον παρατίθεσθαι.

53 (213 B.)

558 Schol. Ap. Rhod. iv 814–15, p. 293 W.

ὅτι δὲ Ἀχιλλεὺς εἰς τὸ Ἠλύσιον πεδίον παραγενόμενος ἔγημε
Μήδειαν πρῶτος Ἴβυκος (fr. 10) εἴρηκε, μεθ᾽ ὃν Σιμωνίδης.

54 (49 B., 35 D.)

559 Schol. B Hom. *Il.* 10. 252, iii 436 Di.

Ὁμήρου εἰπόντος· ἐννεακαίδεκα μέν μοι ἰῆς ἐκ νηδύος ἦσαν (*Il.*
24. 496), Σιμωνίδης φησί·

> καὶ σὺ μὲν εἴκοσι παίδων
> μᾶτερ ἔλλαθι.

eadem Porphyr. *quaest. hom.* i 148 Schrader
Schol. Theocr. xv 139, p. 316 W. εἴκατι· εἴκοσι παίδων. τῶι ἀρτίωι ἀριθμῶι ἀποκέ-
χρηται ὡς καὶ Σιμωνίδης. Ὅμηρος ἐννεακαίδεκα λέγει

ἔλλαθι cod. sec. de Villoison, Dindorf; ἴλαθι sec. Bekker   vid. Callim. fr. 7. 13
seqq. Pf. cum adnot.

55 (234 B.)

560 Et. Gen. B p. 22 Miller+Et. Mag. 60. 37, Et. Sym. cod. V ibid.
(= Hdn. II 387. 15, 505. 14 L.)

Ἀλέρα καὶ Ἐλάρα·

> Ἐλάρας γενεά,

οὕτως παρὰ Σιμωνίδηι. Ἀλέρα δὲ παρὰ Πινδάρωι, οἷον· Ἀλέρας
υἱόν (fr. 294 Sn.).

cf. Schol. Ap. Rhod. i 760–2, p. 65 seq. W.

ambigua de Et. Gen. refert Miller: ut vid., καὶ—οὕτως om. Et. Gen., post
Σιμωνίδηι add. ἡ Ἐλάρα   init. Ἀλέρα ἡ Ἐλάρα Et. Sym. Va, Ἀλέρα tantum Et.
Mag. cod. D   παρὰ Σιμωνίδηι μὲν οὕτως Et. Sym. Va

56 (208 b.)

561 Schol. T Hom. *Il.* 13. 516, vi 38 Maass

ἀκόντισε Δηίφοβος· ὡς ἀντεραστὴς Ἑλένης, ὡς μαρτυρεῖ Ἴβυκος
(fr. 16) καὶ Σιμωνίδης.

Eust. *Il.* 944. 43 ἕτεροι δὲ ἀκολουθοῦντες τῆι Σιμωνίδου καὶ Ἰβύκου ἱστορίαι φασὶν ὡς ἀληθῶς ἀεὶ ἐνεκότει τῶι Ἰδομενεῖ Δηίφοβος ὡς ἀντεραστῆι. ἦρα γάρ, φασί, καὶ αὐτὸς τῆς Ἑλένης

57 (28 b.)

ΕΥΡΩΠΑ

562 Aristoph. Byzant. ap. Miller *Mélanges* p. 430

Σιμωνίδης δ᾽ ἐν τῆι Εὐρώπηι τὸν ταῦρον ὁτὲ μὲν ταῦρον ὁτὲ δὲ
μῆλον ὁτὲ δὲ πρόβατον ὀνομάζει.

Eust. *Il.* 877. 58 (fere eadem *Od.* 1649. 2) προφέρει δὲ (Ἀριστοφάνης) καὶ Σιμωνίδου χρήσεις, ἐν αἷς βοῦν ἄρρενα ὁτὲ μὲν ταῦρον ὁτὲ δὲ μᾶλον ἤγουν μῆλον ὅτε δὲ πρόβατον ἐκεῖνος ὀνομάζει

'hoc Simonidis carmen mihi videtur Horatius *carm*. iii 27 secutus esse', Bergk

58 (216 b.)

563 Schol. BT Hom. *Il.* 9. 557, iii 411 Di., v 333 Maass

Ἴδας ὁ Ἀφαρέως μὲν παῖς κατ᾽ ἐπίκλησιν, γόνος δὲ Ποσειδῶνος,
Λακεδαιμόνιος δὲ τὸ γένος, ἐπιθυμήσας γάμου παραγίνεται εἰς
Ὀρτυγίαν τὴν ἐν Χαλκίδι καὶ ἐντεῦθεν ἁρπάζει τὴν Εὐηνοῦ θυγατέρα
Μάρπησσαν. ἔχων δὲ ἵππους Ποσειδῶνος ἠπείγετο. ὁ δὲ Εὐηνὸς
εἰς ἐπιζήτησιν ἐξῆλθε τῆς θυγατρός, ἐλθὼν δὲ κατὰ τὸν Λυκόρμαν
ποταμὸν τῆς Αἰτωλίας, μὴ καταλαβών, ἑαυτὸν ἐκεῖ (B: εἰς τὸν
ποταμὸν T) καθῆκεν. ὅθεν ὁ Λυκόρμας Εὐηνὸς μετωνομάσθη. κατὰ
δὲ τὴν Ἀρήνην ἀπαντήσας ὁ Ἀπόλλων τῶι Ἴδαι λαμβάνεται τῆς
Μαρπήσσης· ὁ δὲ ἔτεινε τὸ τόξον καὶ διεφέρετο περὶ τοῦ γάμου· οἷς
(B: ἕως T) κριτὴς ὁ Ζεὺς γενόμενος αἵρεσιν τοῦ γάμου ἐπὶ τῆι
Μαρπήσσηι τίθεται. ἡ δὲ δείσασα μὴ αὐτὴν ἐπὶ γήραι καταλίπηι
ὁ Ἀπόλλων αἱρεῖται τὸν Ἴδαν. οὕτως δὴ Σιμωνίδης τὴν ἱστορίαν
περιείργασται (ὡς διάσημον οὖν τὴν ἱστορίαν περιείργασται cor-
rupte T).

291

59 (53 b., 32 d.)

564 Athen. (om. E) iv 172 E

(auctor est Seleucus) ὅτι δὲ τὸ ποίημα τοῦτο (scil. Ἆθλα ἐπὶ Πελίαι) Στησιχόρου ἐστὶν ἱκανώτατος μάρτυς Σιμωνίδης ὁ ποιητής, ὃς περὶ τοῦ Μελεάγρου τὸν λόγον ποιούμενός φησιν·

> ὃς δουρὶ πάντας
> νίκασε νέους, δινάεντα βαλὼν
> Ἄναυρον ὕπερ πολυβότρυος ἐξ Ἰωλκοῦ·
> οὕτω γὰρ Ὅμηρος ἠδὲ Στασίχορος ἄεισε λαοῖς.

1 ὃς dett.: ὡς A   2 νικᾶις ενεους A, corr. Ursinus (denuoque Stephanus 1612)   δινᾱεντα   2–3 ὑπὲρ δι-/νάεντα βαλὼν Ἄναυρον / πολ. coni. Dobree adv. ii 366, probavit Wilam. Isyll. 143 seq.   4 rectius fort. Στησι- (codd. dett.)

60 (214 b.)

565 Schol. A Hom. Il. 2. 872, i 135 Di.

ὅτι ἐπὶ τοῦ Ἀμφιμάχου ἐστὶ τὸ ὃς καὶ χρυσὸν ἔχων, ὁ δὲ Σιμωνίδης ἐπὶ τοῦ Νάστου λέγει. καὶ ὅτι οὐ λέγει ὅπλα αὐτὸν ἔχειν χρυσᾶ, ὡς καὶ πάλιν ὁ Σιμωνίδης ἐξέλαβεν, ἀλλὰ κόσμον χρυσοῦν.

61 (245 b.)

566 Hesych. s.v.

Οἰκιάδης· Σιμωνίδης. καὶ Ἱππόνου πατήρ.

Σιμωνίδης. ⟨Δεξαμενοῦ⟩ καὶ Ἱππόνου πατὴρ ⟨Οἰκεύς⟩ coni. Ruhnken   ad gloss. 244 Οἰκεύς· ὑπόχρεως οἰκέτης refert Schmidt, ita ut legas Οἰκεύς· ὑπόχρεως οἰκέτης. καὶ Ἱππόνου πατήρ. ὅθεν Οἰκιάδης, Σιμωνίδης

62 (40 B., 27 D.)

57 Tzetz. *hist. var. chil.* i 309 seq., p. 14 Kiessling

ὡς γράφει που περὶ αὐτοῦ (scil. 'Ορφέως) καὶ Σιμωνίδης οὕτω·

τοῦ καὶ ἀπειρέσιοι
πωτῶντ' ὄρνιθες ὑπὲρ κεφαλᾶς,
ἀνὰ δ' ἰχθύες ὀρθοὶ
κυανέου 'ξ ὕδατος ἄλ-
λοντο καλᾶι σὺν ἀοιδᾶι.

4 -έου ἐξ cod.   ὕδατος ut vid., sed lectio dubia; κυανέας ἁλὸς ἐξάλλοντο (κυανέας ἐξ ἁλὸς ἄλλ. iam Schneidewin) coni. Wilam.   καλᾶς ὑπ' ἀοιδᾶς coni. Jacobs et Herwerden

63 (202ᴬ B.)

68 Schol. (TW) Plat. *Resp.* 337 A, p. 192 Greene

Σιμωνίδης δὲ ἀπὸ Τάλω τοῦ χαλκοῦ ὃν "Ηφαιστος ἐδημιούργησε Μίνωι φύλακα τῆς νήσου ποιήσασθαι. ἔμψυχον ὂν τοὺς πελάζοντας, φησί, κατακαῖον ἀνήιρει. ὅθεν ἀπὸ τοῦ σεσηρέναι διὰ τὴν φλόγα τὸν σαρδάνιόν φησι λεχθῆναι γέλωτα. ὁμοίως καὶ Σοφοκλῆς ἐν Δαιδάλωι (fr. 160 P.).

custos igitur insulae Cretae fuit Talos apud Simonidem. igne calfactus, aeneus cum esset, advenas amplexu incensos interficiebat: quorum a rictu dictus est σαρδόνιος γέλως, ἀπὸ τοῦ σεσηρέναι. similia sed confuse Suda s.v. iv 327 Adler Σιμωνίδης δὲ Τάλων τὸν 'Ηφαιστότευκτον Σαρδωνίους †οὐ βουλομένους περαιῶσαι πρὸς Μίνωα, εἰς πῦρ καθαλλόμενον, ὡς ἂν χαλκοῦν, προσστερνιζόμενον (προστερν- codd., corr. Pearson) ἀναιρεῖν ἐπιχάσκοντας. cf. Phot. s.v. Σαρδωνίους secludere voluit Pearson, 'as the blundering addition of someone who wanted to bring in Sardinia at all hazards'; idem τοὺς βουλομένους pro οὐ βουλομένους legi maluit. ceterum manifestum est alios a nomine Sardonio, alios a verbo σεσηρέναι Sardonium risum derivasse. non minus confuse quam Suda refert Zenob. *cent.* v 85, i 155 L.–S. Σιμωνίδης δέ φησι τὸν Τάλω πρὸ τῆς εἰς Κρήτην ἀφίξεως οἰκῆσαι τὴν Σαρδὼ καὶ πολλοὺς τῶν ἐν ταύτηι διαφθεῖραι, οὓς τελευτῶντας σεσηρέναι, καὶ ἐκ τούτου ὁ Σαρδόνιος γέλως. vid. Pearson *Soph. fr.* 160

64 (203 B.)

569 Schol. Hes. *Theog.* 313, iii 414 Gaisford

τὴν ὕδραν δὲ Ἀλκαῖος μὲν (fr. 443) ἐννεακέφαλόν φησι, Σιμωνίδης δὲ πεντηκοντακέφαλον.

Serv. in Verg. *Aen.* vi 575, ii 80 T.–H. belua Lernae, quam alii tria volunt habuisse capita, alii novem, Simonides quinquaginta dicit; id. vii 658, ii 177 T.–H. centum angues secundum Simonidem, ut diximus supra; nam alii dicunt novem fuisse

65 (197 B.)

570 Strabo xv 1. 57, iii 222 Kramer

περὶ δὲ τῶν χιλιετῶν Ὑπερβορέων τὰ αὐτὰ λέγει Σιμωνίδηι καὶ Πινδάρωι (fr. 257 Schroeder) καὶ ἄλλοις μυθολόγοις.

66 (51 B., 13 Aa D.)

571 Plut. *de exil.* 8, iii 519 Pohl.–Siev.

οὐκ ἀθυμῶν οὐδ' ὀδυρόμενος οὐδὲ λέγων ἐκεῖνα τὰ τῶν παρὰ Σιμωνίδηι γυναικῶν·

  ἴσχει δέ με πορφυρέας ἁλὸς ἀμφιταρασσομένας ὀρυμαγδός

ὀρυγδός Α, ὀρυγμαδός Ο

67 (50 B., 36 D.)

572 Aristot. *rhet.* i 6. 1363 a 14, p. 33 Roemer

διὸ λελοιδορῆσθαι ὑπέλαβον Κορίνθιοι ὑπὸ Σιμωνίδου ποιήσαντος· Κορινθίοις δ' οὐ μέμφεται τὸ Ἴλιον. ad haec schol. anon. *Comment. in Ar. graec.* xxi 2 p. 294. 34 seqq. Rabe (An. Par. Cramer i 285) οἶδας μὲν ὃ δηλοῦται. μάταιος δὲ ἦν ὁ οὕτως αὐτὸ ἐξηγησάμενος, ὅτι οὐ μέμφεται τὸ Ἴλιον τοῖς Κορινθίοις, οὐδὲ γὰρ συνεμάχησαν τοῖς Ἕλλησιν οἱ Κορίνθιοι κατὰ τῶν Τρώων. καὶ γὰρ τοῖς Ἀχαιοῖς Εὐχήνωρ Κορίνθιος υἱὸς Πολυΐδου τοῦ μάντεως ἐπεκούρησε· καὶ φησιν Ὅμηρος· ἦν δέ τις Εὐχήνωρ Πολυΐδου μάντιος υἱὸς / ἀφνειός τ' ἀγαθός τε Κορινθόθι οἰκία ναίων. ὃ γοῦν ὁ Σιμωνίδης λέγει τοῦτό ἐστιν, ὅτι Κορινθίοις οὐ μέμφεται τὸ Ἴλιον ὡς τάχα πολεμήσασιν

αὐτοῖς διὰ τοῦ Εὐχήνορος, ὡς εἰρήκαμεν, ἀλλὰ ἑτέρωθεν καὶ εὐχαρι-
στεῖ αὐτοῖς μᾶλλον ὡς συμμαχήσασι τῶι Ἰλίωι διὰ Γλαύκου τοῦ εἰς
Βελλεροφόντην τὸν Κορίνθιον τὸ γένος ἀναφέροντος τοῦ Γλαύκου τοῦ
Σισύφου, ὃς ἀνεγνώρισε Διομήδην. κάλλιστα δὲ τὴν θεωρίαν ταύτην
ἐξαπλοῖ ὁ λυρικὸς Πίνδαρος ἐν τῶι εἰς Ξενοφῶντα Κορίνθιον σταδιο-
δρόμον ἐπινίκωι, ὅτε λέγει (Ol. xiii 55)· τὰ δὲ καί ποτ'—καὶ μέγαρον.
οὕτω δὲ καὶ Σιμωνίδης ἐποίησε·

> Κορινθίοις δ' οὐ μανίει
> †οὐδὲ Δαναοῖς†

τὸ Ἴλιον δηλαδή.

cf. etiam p. 24. 28, 25. 6, 274. 16 adn.
Schol. Pind. Ol. xiii 78, i 374 Dr. οἱ Κορίνθιοι ἐπ' ἀμφότερα ἠρίστευσαν ἐν Ἰλίωι·
καὶ γὰρ τοῖς Τρωσὶ συνεμάχησαν καὶ τοῖς Ἕλλησι, Τρωσὶ μὲν Γλαῦκος τὸ γένος εἰς
Βελλεροφόντην ἀναφέρων τὸν Γλαύκου τοῦ Σισύφου, τοῖς δὲ Ἀχαιοῖς Εὐχήνωρ Πολυΐδου
τοῦ μάντεως. διὰ τοῦτο δὲ καὶ Σιμωνίδης εἶπε· Κορινθίοισιν οὐ μανίει οὐδὲ Δαναοῖς·
ἀμφοτέροις γὰρ σύμμαχοι ἐγένοντο
Plut. vit. Dionys. 1, ii 1. 135 L.–Z. ἀρά γ' ὥσπερ ὁ Σιμωνίδης φησίν . . . τοῖς
Κορινθίοις οὐ μηνίειν τὸ Ἴλιον ἐπιστρατεύσασι μετὰ τῶν Ἀχαιῶν, ὅτι κἀκείνοις οἱ περὶ
Γλαῦκον ἐξ ἀρχῆς Κορίνθιοι γεγονότες συνεμάχουν προθύμως, οὕτως εἰκὸς τῆι Ἀκαδη-
μείαι μήτε Ῥωμαίους μήθ' Ἕλληνας ἐγκαλεῖν, ἴσον φερομένους ἐκ τῆς γραφῆς ταύτης
ἢ τόν τε Βρούτου περιέχει βίον καὶ τὸν Δίωνος;

1 -οις δ' οὐ Ar., schol. Ar. : -οισιν οὐ schol. Pind., fort. recte nisi -οισι δ' οὐ   μανιεῖ
schol. Pind. codd. CQ   μέμφεται pro μανίει Ar., tum idem addit τὸ Ἴλιον, quod
marg. adiecit schol. Pind. cod. C³   2 post μανίει habent οὐδὲ Δαναοῖς schol.
Pind. et Ar.   Δαναοί coni. Boeckh   fort. οὐδ' αὖ Δαναοί

68 (26ᴬ B.)

573 Iulian. ep. 24, 395 D, i 511 Hertlein (= p. 236 Bidez–Cumont)

Σιμωνίδηι δὲ ἄρα τῶι μελικῶι πρὸς τὴν Ἀπόλλωνος εὐφημίαν
ἀρκεῖ τὸν θεὸν Ἕκατον προσειπόντι καὶ καθάπερ ἀντ' ἄλλου τινὸς
ἱεροῦ γνωρίσματος αὐτοῦ τὴν ἐπωνυμίαν κοσμῆσαι διότι τὸν Πυθῶνα,
τὸν δράκοντα, βέλεσιν ἑκατὸν ὥς φησιν ἐχειρώσατο, καὶ μᾶλλον
αὐτὸν Ἕκατον ἢ Πύθιον χαίρειν προσαγορευόμενον, οἷον ὁλοκλήρου
τινὸς ἐπωνυμίας συμβόλωι προσφωνούμενον.

Tzetz. in Hom. Il. p. 117. 17 Hermann κατὰ δὲ Σιμωνίδην μυθικῶς ἕκατος καὶ
ἑκατηβόλος ὁ Ἀπόλλων ὅτι δι' ἑκατὸν βελῶν ἀνεῖλε τὸν . . . δράκοντα τὴν Λητὼ
βιαζόμενον
Eust. Il. 52. 11 ὅτι οὐχ ὁμοίως τῶι ποιητῆι σεμνοί εἰσιν ἐν τοῖς μύθοις οἱ μετ'
αὐτὸν ποιηταί· ποῦ γὰρ σεμνόν, Ὁμήρου ἑκατηβελέτην εἰπόντος τὸν Ἀπόλλωνα,
μυθεύεσθαι τὸν Σιμωνίδην ὡς ἕκατον βέλεσιν ἀνεῖλεν ὁ Ἀπόλλων τὸν ἐν Πυθοῖ δράκοντα,
δέον ὂν μιᾶι βολῆι νεκρῶσαι τὸ θηρίον; οὐ γὰρ ἀρετὴ τοξότου τὸ πολλὰ βαλόντα βλάψαι

69 (210^A B.)

574 Himer. *or.* xlvii 5, p. 189 seq. Colonna

ἡδέως μὲν ἂν πείσας καὶ αὐτοὺς τοὺς λόγους λύραν μοι γενέσθαι
καὶ ποίησιν, ἵνα τι κατὰ σοῦ νεανιεύσωμαι ὁποῖον Σιμωνίδης ἢ
Πίνδαρος κατὰ Διονύσου καὶ Ἀπόλλωνος.

70 (43 B., 24 D.)

575 Schol. Ap. Rhod. iii 26, p. 216 W.

Ἀπολλώνιος μὲν Ἀφροδίτης τὸν Ἔρωτα γενεαλογεῖ, . . . Σιμωνίδης
δὲ Ἀφροδίτης καὶ Ἄρεως·

> σχέτλιε παῖ δολομῆδεος Ἀφροδίτας,
> τὸν Ἄρηι †δολομηχάνωι τέκεν

Schol. Theocr. xiii 1–2, p. 258 W. τὸν Ἔρωτα . . . Σιμωνίδης Ἄρεος καὶ Ἀφροδίτης.
Serv. in Verg. *Aen.* i 664, i 190 seq. T.–H. secundum Simoniden qui dicit Cupidinem
ex Venere tantum esse progenitum; quamquam alii dicant ex ipsa et Marte, alii
ex ipsa et Vulcano etc.

1 -μήδεος Rickmann (Diss. Rostoch. 1884 p. 36): -μῆδες cod. L., -μῆτες P; -μῆτις
coni. Bergk   Ἀφροδίτα coni. Ursinus   2 ἄρηι codd. LF: ἄρει PAH   κακο-
μαχ- coni. Bergk, θρασυμαχ- Wilam.

71 (21 + 200^A B.)

576 Schol. Eur. *Med.* 5, ii p. 142 Schw. (cod. B)

δέρας· τὸ δέρμα. τοῦτο οἱ μὲν ὁλόχρυσον εἶναί φασιν, οἱ δὲ
πορφυροῦν. καὶ Σιμωνίδης ἐν τῶι εἰς Ποσειδῶνα ὕμνωι ἀπὸ τῶν ἐν
τῆι θαλάττηι πορφυρῶν κεχρῶσθαι αὐτὸ λέγει.

Schol. Ap. Rhod. iv 176–7, p. 271 W. πολλοὶ δὲ χρυσοῦν τὸ δέρας εἰρήκασιν, οἷς
Ἀπολλώνιος ἠκολούθησεν, ὁ δὲ Σιμωνίδης ποτὲ μὲν λευκόν, ποτὲ δὲ πορφυροῦν. Tzetz.
chil. i 430 seq., p. 19 Kiessling Ἀτρέως δ' ἐν τοῖς θρέμμασιν ἦν τι χρυσοῦν ἀρνίον, / ὁ
Σιμωνίδης πορφυροῦν εἶναι δὲ τοῦτο λέγει

72 (44–45 B., 26–25 D.)

577 Plut. *Pyth. orac.* 17, iii 43 Pohl.–Siev.

Μουσῶν γὰρ ἦν ἱερὸν ἐνταῦθα περὶ τὴν ἀναπνοὴν τοῦ νάματος ὅθεν ἐχρῶντο πρός τε τὰς λοιβὰς ⟨καὶ τὰς χέρνιβας⟩ τῶι ὕδατι τούτωι, ὥς φησι Σιμωνίδης·

   (a)   ἔνθα χερνίβεσσιν ἀρύεται τὸ Μοισᾶν
          καλλικόμων ὑπένερθεν ἁγνὸν ὕδωρ.

μικρῶι δὲ περιεργότερον αὖθις ὁ Σιμωνίδης τὴν Κλειὼ προσειπὼν·

   (b)   ἁγνᾶν ἐπίσκοπε χερνίβων,

φησί,

πολύλιστον ἀρυόντεσσιν †ἀχρυσόπεπλον . . . .
. . . . .(. . . .) εὐῶδες ἀμβροσίων ἐκ μυχῶν ἐραννὸν ὕδωρ λαβόν.†
οὐκ ὀρθῶς οὖν Εὔδοξος ἐπίστευσε τοῖς Στυγὸς ὕδωρ τοῦτο καλεῖσθαι πεφήνασι.

(a) 1 εἰρύεται codd., corr. Turnebus   τε Μουσᾶν codd., corr. Bergk (vulgo τε cum Reiskio del.)   (b) 1 ἐπίσκοπε Schneidewin: -σκοπον codd.   2 ἀρυόντεσσιν Emperius (et Schneidewin): ἀραιόν τέ ἐστιν codd.   post ἀχρυσόπεπλον lacuna litt. 16 in cod. E, 20 in cod. B, quibus solis haec tradita sunt   3 ἐραννὸν codd., corr. Turnebus   e.g. πολύλλιστον ⟨ἅ τ᾽ add. Bergk⟩ ἀρυόν-/τεσσι χρυσόπεπλε (Hiller) ⟨Κλειοῖ / παρέχεις⟩ εὐῶδες ἀμβροσίων / ἐκ μυχῶν ἐραννὸν ὕδωρ /, mox sub λαβόν latet fortasse λοιβᾶν, sim.

73 (201 B.)

578 Himer. *or.* lxii 54, p. 226 Colonna

διὸ δὴ καὶ Σιμωνίδηι πείθομαι ὅπερ ἐκεῖνος ἐν μέλεσι περὶ Μουσῶν ἀνύμνησε. φησὶ γὰρ δήπου τοῦτο ἐκεῖνος· ἀεὶ μὲν αἱ Μοῦσαι χορεύουσι καὶ φίλον ἐστὶ ταῖς θεαῖς ἐν ὠιδαῖς τε εἶναι καὶ κρούμασιν. ἐπειδὰν δὲ ἴδωσι τὸν Ἀπόλλωνα τῆς χορείας ἡγεῖσθαι ἀρχόμενον, τότε πλέον ἢ πρότερον τὸ μέλος ἐκτείνασαι ἦχόν τινα παναρμόνιον καθ᾽ Ἑλικῶνος ἐκπέμπουσιν.

74 (58 B., 37 D.)

579 Clem. Alex. *strom.* iv 7. 48, ii 270 Staehlin

εἰκότως οὖν Σιμωνίδης γράφει·

ἐστί τις λόγος
τὰν Ἀρετὰν ναίειν δυσαμβάτοισ᾽ ἐπὶ πέτραις,
†νῦν δέ μιν θοαν† χῶρον ἁγνὸν ἀμφέπειν·
οὐδὲ πάντων βλεφάροισι θνατῶν
5   ἔσοπτος, ὦι μὴ δακέθυμος ἰδρὼς
ἔνδοθεν μόληι,
ἵκηι τ᾽ ἐς ἄκρον ἀνδρείας.

Theodoret. *gr. aff. cur.* xii 46, p. 311 R. οὐ τοίνυν μάλα προσήκει θαυμάζειν . . .
Σιμωνίδην τὰν Ἀρετὰν εἰρηκότα ναίειν δυσβάτοις ἐπὶ πέτραις

2 ναίειν Theod. (ναίειν δὲ cod. M): νέειν Clem.   δυσβάτοις Theod. (-τους codd.
MSC, ibidem ἐπὶ πέτρας)   3 nondum sanatus: omnino improbandum quod
coni. Wilam. νυμφᾶν δέ μιν θοᾶν χορόν, vid. H. Fraenkel *Dicht. und Philos.* (1951)
405 n. 21, Perrotta *Maia* 5 (1952) 242 seqq.; sententiae aptum foret ἐγγὺς δέ μιν θεῶν
(hoc iam Wakefield) χῶρον κτλ.; cf. adesp. 100 (a) 1   ἀγχοτάτω θεῶν   4 βλε-
φάροισι Ilgen sine adnot. *carm. conv.* p. 224: -οις Clem.   5 ἐσοπτὸς Clem.
δ᾽ ἀκέ- Clem.   7 ἀνδρείαι coni. Wilam., improbat Perrotta l.c. 248

75

580 Himer. *or.* xxxi 5, p. 135 Colonna

ἐπεὶ καὶ Σιμωνίδης ὁ Κεῖος ῾Ιέρων⟨α⟩ πέμπων ἐκ Σικελίας ἐπ᾽
ἄλλης γῆς ἥπτετο μὲν λύρας, ἥπτετο δὲ δάκρυα μίξας τοῖς κρούμασιν.

῾Ιέρων cod., corr. Wilam. *SS* 153 n. 2 (idem perperam dicit carmen Simonideum
ab Himerio esse fictum)

76 (57 B., 48 D.)

581 Diog. Laert. i 89, p. 22 seq. Cobet

οὗτος (scil. Κλεόβουλος) ἐποίησεν ἄισματα καὶ γρίφους εἰς ἔπη
τρισχίλια. καὶ τὸ ἐπίγραμμά τινες τὸ ἐπὶ Μίδαι τοῦτόν φασι ποιῆσαι·
χαλκέη παρθένος εἰμί, Μίδεω δ᾽ ἐπὶ σήματι κεῖμαι· / ἔστ᾽ ἂν ὕδωρ
τε νάηι καὶ δένδρεα μακρὰ τεθήληι, / ἠέλιος δ᾽ ἀνιὼν λάμπηι λαμπρά
τε σελήνη, / καὶ ποταμοί γε ῥέωσιν, ἀνακλύζηι δὲ θάλασσα, / αὐτοῦ

τῇδε μένουσα πολυκλαύτωι ἐπὶ τύμβωι / ἀγγελέω παριοῦσι Μίδας
ὅτι τῇδε τέθαπται. φέρουσι δὲ μαρτύριον Σιμωνίδου ᾆσμα ὅπου
φησί·

> τίς κεν αἰνήσειε νόωι πίσυνος Λίνδου ναέταν Κλεόβουλον,
> ἀεναοῖς ποταμοῖσ᾽ ἄνθεσι τ᾽ εἰαρινοῖς
> ἀελίου τε φλογὶ χρυσέας τε σελάνας
> καὶ θαλασσαίαισι δίναισ᾽ ἀντία θέντα μένος στάλας;
> 5 ἅπαντα γάρ ἐστι θεῶν ἥσσω· λίθον δὲ
> καὶ βρότεοι παλάμαι θραύοντι· μωροῦ
> φωτὸς ἅδε βούλα.

---

cf. Plat. *Phaedr.* 264 C–D

---

1 νῶι cod. Mon.   3 χρυσᾶς codd., corr. Hermann   4 ἀντιθέντα codd.,
corr. Bergk; ἀντιτιθέντα coni. Schneidewin et Mehlhorn   στή- codd.   6 βρό-
τειοι codd., corr. Hermann

77 (66 b., 38 d.)

582 Aristeid. *or.* xlvi 143, ii 192 Di.

ὅρα μὴ λέοντα ξυρεῖν ἐπιχειρῶμεν, οὐ Θρασύμαχον συκοφαντεῖν
ἐπιχειροῦντες ἀλλὰ κωμωιδεῖν Περικλέα, καὶ ταῦτα εἰς δειλίαν,
ἔπειτ᾽ αὐτοὶ δόξωμεν ἀνδρειότεροι τοῦ δέοντος εἶναι τοῖς βουλομένοις
ἀντικατηγορεῖν, καὶ φανῆι τι καὶ δειλίας, εἰ δὲ βούλει, σιωπῆς
ἀκίνδυνον γέρας, ὥς τις τῶν Κείων ἔφη ποιητής. ad haec schol. iii 501
Di. τὸ δὲ σιωπῆς ἀκίνδυνον γέρας ἐκ Σιμωνίδους ἐστὶ τοῦ Κ⟨ε⟩ίου.
accedunt sine nom. auct. Stob. *ecl.* iii 33. 5, iii p. 679 H. Ἀθηνοδώ-
ρου· ἔστι καὶ τὸ σιγᾶν ἀκίνδυνον γέρας, ubi σιγᾶν M, σιγῆς S;
Athenodori nomen e loco Plut. *reg. et imp. apophth.* 207 C, ii 107
N.–S.–T., fluxit, ubi Athenodorum Augustus apud se retinuisse
dicitur εἰπὼν ὅτι· ἔστι καὶ σιγῆς ἀκίνδυνον γέρας. etiam *I.G.* xiv
2136 ἐστι δε και σιγαν ακινδυνον γερας. cf. Horat. *carm.* iii 2. 25,
alios multos, in quorum numero Sopatrus *Rhet. Gr.* viii 119. 11
Walz; Clem. Alex. *paedag.* ii 7. 58, i 192 St., *strom.* ii 15. 68, ii 149
St.; Iulian. *or.* i 3 B, i 3 Hertl.; Liban. *declam.* 15. 4, vi 117
Foerster; Philo *vit. Mos.* i 52, iv 188 Cohn–W.; Apostol. *cent.* vii
97, ii 422 L.–S., Arsen. p. 242 Walz.

incertum quid Simonides dixerit: fortasse

> ἔστι καὶ σιγᾶς ἀκίνδυνον γέρας.

78 (80ᴮ в., 47 d.)

583 Athen. (om. E) ix 374 D

Σιμωνίδης

ἱμερόφων᾽ ἀλέκτωρ

ἔφη.

ἡμερο- Ursinus, denuoque Casaubon qui *diei nuntius* interpr.; ἀμερο- Schneidewin aut -φωνος ἀλέκτωρ (Casaubon) aut -φων᾽ ἄλεκτορ (Edmonds) scribendum credideris

79 (71 в., 57 d.)

584 Athen. xii 512 C

καὶ οἱ φρονιμώτατοι δέ, φησίν (scil. ῾Ηρακλείδης ὁ Ποντικός), καὶ μεγίστην δόξαν ἐπὶ σοφίαι ἔχοντες μέγιστον ἀγαθὸν τὴν ἡδονὴν εἶναι νομίζουσιν, Σιμωνίδης μὲν οὑτωσὶ λέγων·

τίς γὰρ ἁδονᾶς ἄτερ θνα-
τῶν βίος ποθεινὸς ἢ ποί-
α τυραννίς;
τᾶσδ᾽ ἄτερ οὐδὲ θεῶν ζηλωτὸς αἰών.

---

1 γὰρ om. E   θνη- AE   4 τᾶς δ᾽ AE : δ᾽ secl. Kaibel, fort. recte, cf.
Wilam. *GV* 426 n. 1   ζαλ- edd. vett. (Ursinus, Stephanus, Neander in *Gnomolog.*)

80 (72 в., 44 d.)

585 Athen. (om. E) xiii 604 A–B

(auctor est Io Chius) καὶ πρὸς τόδε ἠμείφθη ὁ ᾽Ερετριεύς· . . .
οὐκ εὖ εἴρηκε Φρύνιχος (*TGF* fr. 13 N.) πορφυρέας εἰπὼν τὰς
γνάθους τοῦ καλοῦ· . . . γελάσας ἐπὶ τῶι ᾽Ερετριεῖ Σοφοκλῆς· οὐδὲ
τόδε σοι ἀρέσκει ἄρα, ὦ ξένε, τὸ Σιμωνίδειον, κάρτα δοκέον τοῖς
῞Ελλησιν εὖ εἰρῆσθαι·

πορφυρέου ἀπὸ στόματος
ἱεῖσα φωνὰν παρθένος

---

non ita Simonides : δ᾽ ἀπὸ coni. Schneidewin; ἀπὸ del. Naeke

81 (73 B., 45 D.)

86 Et. Mag. 813. 5, Et. Sym. cod. V ibid. Gaisf.

χλωρηῒς ἀηδών· ἀπὸ τοῦ χρώματος. ἢ διότι ἐν ἔαρι φαίνεται ὅτε
πάντα χλωρά. οἱ δὲ τὴν χλωροῖς ἡδομένην. ἀληθὲς δὲ τὸ πρῶτον·
τοιαύτην γὰρ τὴν πτέρωσιν ἔχει. καὶ Σιμωνίδης·

> εὖτ᾿ ἀηδόνες πολυκώτιλοι
> χλωραύχενες εἰαριναί

Schol. Hom. *Od.* 19. 518, ii 684 Di. (fere eadem Eust. *Od.* 1875. 41) καὶ παρὰ
Σιμωνίδηι δὲ χλωραύχενες λέγονται αἱ ἀηδόνες

1 δεῦτ᾿ coni. Schneidewin

82 (59 B., 58 D.)

87 Herodian. π.μ.λ. ā 12, II 919. 12 (cf. I 399. 1, II 312. 20) L.

οὐδὲν εἰς ῡρ λῆγον οὐδέτερον μονοσύλλαβον ἀλλὰ μόνον τὸ πῦρ.
ὅπερ Σιμωνίδης καὶ ἕνεκα μέτρου δισυλλάβως ἀπεφήνατο·

> τοῦτο γὰρ μάλιστα φῆρες ἐστύγεον πύυρ.

ἐστύγεον πύυρ cod. Vindob. 294 teste Ludwich *Rh. Mus.* 38 (1883) 378: ἐς τὺ γὲ
πύϋρ cod. Haun. 1965 teste Egenolff *Rh. Mus.* 35 (1880) 101

83 (244 B.)

88 Hesych. s.v.

νεαιρήϊσιν ἵπποις· τοῖς (τὸν cod.) ἀπὸ Νεαίρας. καὶ Σιμωνίδης·
νέαιραν γνάθον. [Νέαι(ρα) δὲ χωρίον ἐν Λήμνωι]

ναιαιρας et ναιαιραν cod.   omnia incerta

84 (20 B.)

89 Himer. *or.* xxxix i, p. 159 Colonna

Ἠλεῖοί ποτε τῆς Σιμωνίδου λύρας λαβόμενοι, ὅτε ἐπὶ τὴν Πίσαν
ἔσπευδεν ὕμνωι κοσμῆσαι τὸν Δία, δημοσίαι φωνῆι τὴν Διὸς πόλιν
πρὸ (πρὸς codd., corr. Wernsdorf) Διὸς ἄιδειν ἐκέλευον.

fort. ποτε Σιμωνίδου τῆς λύρας λαβομένου scribendum   cf. fr. 128 infra

85 (226 B.)

590 Plut. *vit. Arat.* 45. 7, iii 1. 355 L.–Z.

καὶ γὰρ εἰ δεινὸν ἄνδρας ὁμοφύλους καὶ συγγενεῖς οὕτω μεταχειρίσασθαι δι᾿ ὀργήν, ἀλλ᾿

ἐν ἀνάγκαις γλυκὺ γίνεται καὶ τὸ σκληρόν,

κατὰ Σιμωνίδην, ὥσπερ ἀλγοῦντι τῶι θυμῶι καὶ φλεγμαίνοντι θεραπείαν καὶ ἀναπλήρωσιν προσφερόντων.

τὸ σκλ. Madvig: οὐ σκληρὸν codd.; σκληρόν sine τὸ Simonidi reddidit Bergk. poetae verba leviter detorta: ἐν δ᾿ ἀνάγκαισι γλυκὺ γίνεται / καὶ σκληρόν, sim., possis

86 (15 B., 18 D.)

591 Plut. *quomodo adul. ab amico* 2, i 98 Pat.–Weg.–Pohl.

ἔτι δ᾿ ὥσπερ ὁ Σιμωνίδης τὴν ἱπποτροφίαν φησὶν οὐ Ζακύνθωι (λακύθωι codd., corr. Vulcobius) ὀπαδεῖν ἀλλ᾿ ἀρούραισι πυροφόροις, οὕτως τὴν κολακείαν ὁρῶμεν οὐ πένησιν οὐδ᾿ ἀδόξοις οὐδ᾿ ἀδυνάτοις ἀκολουθοῦσαν ἀλλ᾿ οἴκων τε καὶ πραγμάτων μεγάλων ὀλίσθημα καὶ νόσημα γινομένην κτλ.

ἱπποτροφία γὰρ οὐ Ζακύνθωι / ἀλλ᾿ ἀρούραισι πυροφόροις ὀπαδεῖ restit. Schneidewin

87 (64 B., 50 D.)

592 Plut. *quomodo adul. ab amico* 24, i 130 Pat.–Weg.–Pohl.

τὸν δὲ κρείττονα τρέμει καὶ δέδοικεν, οὐ μὰ Δία παρὰ Λύδιον ἄρμα πεζὸς οἰχνεύων (Pind. fr. 206 Sn.), ἀλλὰ

παρὰ χρυσὸν ἐφθόν,

ὥς φησι Σιμωνίδης,

ἀκήρατον οὐδὲ μόλυβδον ἔχων.

χρυσὸν ἄπεφθον coni. Herwerden   οὐλομόλυβδος ἐὼν coni. Bergk

88 (47 B., 43 D.)

593 Plut. *quomodo prof. virt.* 8, i 158 Pat.–Weg.–Pohl.

> ὥσπερ γὰρ ἄνθεσιν ὁμιλεῖν ὁ Σιμωνίδης φησὶ τὴν μέλιτταν
> ξανθὸν μέλι μηδομέναν.

id. *de audiendo* 8, i 84 P.–W.–P. sine nom. auct. ξανθὸν μέλι μηδόμεναι; *de amore prolis* 2, iii 257 P.–S. ξανθὸν μέλι μηδομέναν; An. Ox. Cramer iii 173. 13 μέλιτταν Μούσης οὐκ ἀπό τινων θύμων καὶ δριμυτάτων ἀνθέων ξανθὸν μέλι μηδομένην, ὥς φησιν ὁ Σιμωνίδης, ἀλλ᾽ ἀπὸ τῶν ἄνω λειμώνων ἐργαζομένην τὸ μέλι τὸ σόν. Plato *Ion* 534 A–B sine nom. auct. λέγουσι . . . οἱ ποιηταὶ ὅτι ἀπὸ κρηνῶν μελιρρύτων ἐκ Μουσῶν κήπων τινῶν καὶ ναπῶν δρεπόμενοι τὰ μέλη ἡμῖν φέρουσιν ὥσπερ αἱ μέλιτται, καὶ αὐτοὶ οὕτω πετόμενοι. alia multa congessit Oates, *Influence of Sim. upon Horace* 99 n. 204, velut Ar. *Av.* 748 seq., Horat. *carm.* iv 2. 27 seq., Iulian. *or.* viii 241 A, i 312 Hertl.

ὁμιλεῖ δ᾽ ἄνθεσι / ξανθὸν μέλι μηδομένα, similia, e Plutarcho edd. (ἄνθεσιν ⟨ὥτε⟩ μέλισσα / ξανθὸν κτλ. Bergk)

89 (63 B., 59 D.)

594 Plut. *an seni resp. ger.* 1, v 1. 21 seq. Hub.–Pohl.

> πολιτεία δὲ δημοκρατικὴ καὶ νόμιμος ἀνδρὸς εἰθισμένου παρέχειν
> αὑτὸν οὐχ ἧττον ἀρχόμενον ὠφελίμως ἢ ἄρχοντα καλὸν ἐντάφιον
> ὡς ἀληθῶς τὴν ἀπὸ τοῦ βίου δόξαν τῶι θανάτωι προστίθησι. τοῦτο
> γὰρ
>   ἔσχατον δύεται κατὰ γᾶς,
> ὥς φησι Σιμωνίδης.

Horat. *carm.* iii 2. 21 seq. imitatum esse coni. Oates

90 (41 B., 40 D.)

595 Plut. *quaest. conv.* viii 3. 4, iv 270 Hub.

> νηνεμία γὰρ ἠχῶδες καὶ γαλήνη καὶ τοὐναντίον, ὡς Σιμωνίδης
> φησίν·
>
>> οὐδὲ γὰρ ἐννοσίφυλλος ἀήτα
>> τότ᾽ ὦρτ᾽ ἀνέμων, ἅτις κ᾽ ἀπεκώλυε
>> κιδναμένα μελιαδέα γᾶρυν
>> ἀραρεῖν ἀκοαῖσι βροτῶν.

2 fort. τότ᾽ ἐ⟨π⟩ῶρτ᾽; cf. Hom. *Od.* 3. 176 ὦρτο δ᾽ ἐπὶ . . . οὖρος ἀήμεναι   κατεκώλυε codd., correxi *JHS* 71 (1951) 142   3 σκιδ- codd., corr. Wyttenbach (et Schneidewin: -μέναν coni. idem)

91 (206 B.)

596 Schol. Ap. Rhod. iv 1212–14, p. 310 W.

Ἐφύρα ἡ Κόρινθος ἀπὸ Ἐφύρας τῆς Ἐπιμηθέως θυγατρός.
Σιμωνίδης (P: Εὔμηλος L; Εὔμηλος δὲ καὶ Σιμωνίδης coni.
Schneidewin) δὲ ἀπὸ Ἐφύρας τῆς Ὠκεανοῦ καὶ Τηθύος, γυναικὸς
δὲ γενομένης Ἐπιμηθέως.

92 (74 B., 46 D.)

597 Schol. Ar. *Av.* 1410, p. 257 White

καὶ παρὰ τὸ Σιμωνίδου·

ἄγγελε κλυτὰ
ἔαρος ἀδυόδμου
κυανέα χελιδοῖ

---

ibid. 1301, p. 239 White εἰς τὰ Σιμωνίδου μέλη αἰνίττεται· κυανέα χελιδών

---

metr. incert.: fort. αγγελε̄ κλυτᾰ ε̄αρος ἀδ. = – ∪ – ∪ ∪ – ∪ – ∪ – – (ita iam
Schneidewin et Bergk)   1 κλητὰ codd. ΓΕ   2 ἔαρος καὶ Γ² et var. lect.
Ε   -οδμᾶς Γ, corr. Γ²

93 (76 B., 55 D.)

598 Schol. Eur. *Or.* 235, i 122 Schw.

Σιμωνίδης·

τὸ δοκεῖν καὶ τὰν ἀλάθειαν βιᾶται.

---

eadem ibid. 782. Plato *Resp.* ii 365 C sine nom. auct. τὸ δοκεῖν, ὡς δηλοῦσί μοι
οἱ σοφοί, καὶ τὰν ἀλάθειαν βιᾶται

τὰν ἀλάθειαν Plat. codd. (ἀλή- cod. D), Eur. schol. 235 cod. A (τὴν ἀλή-): τὰ
μάλα θεῖα Eur. schol. 235 codd. MTB

94 (79 B., 60 D.)

99 Schol. A Hom. *Il.* 2. 2, i 70 Di.

νήδυμος· . . . οἱ δὲ μεθ' Ὅμηρον καὶ χωρὶς τοῦ ν λέγουσι. καὶ
Ἀντίμαχος (fr. 94 Wyss)· ἐπεί ῥά οἱ ἤδυμος ἐλθών. καὶ Σιμωνίδης·

 οὗτος δέ τοι ἤδυμον ὕπνον ἔχων

Eust. *Il.* 163. 28 οἱ δὲ παλαιοί φασι καὶ δίχα τοῦ ῡ εὑρίσκεσθαι ἤδυμον παρὰ τοῖς μεθ'
Ὅμηρον ὡς παρὰ Ἀντιμάχωι καὶ Σιμωνίδηι

ἤδυμον cod. sec. Dindorf: si recte, errant Bergk, Diehl

95 (78 B., 41 D.)

00 Schol. B Hom. *Il.* 21. 126, iv 258 Di.

καὶ ἔστιν ἡ φρὶξ κινουμένου τοῦ πνεύματος ἀρχή. Σιμωνίδης δὲ
αὐτὴν καὶ δεῖξαι πειρώμενος οὕτως ἔφη·

ἐς ἅλα στίζουσα πνοιά

---

eadem Porphyr. *quaest. hom.* i 289 seq. Schrader

εἰσ' coni. Bergk, 'nisi ὡς malis'   -οισα Schneidewin   πνοά Ursinus

96 (232 B.)

01 Schol. T Hom. *Il.* 24. 5, vi 445 Maass

πανδαμάτωρ· Σιμωνίδης

δαμασίφωτα

τὸν ὕπνον καλεῖ.

Schol. B ibid. iv 334 Di., fere eadem sed ὕπνον in αὐτὸν corruptum (nisi ἄωρον
Simonidi reddendum). Eust. *Il.* 1336. 6 ἰστέον δὲ ὅτι Ὅμηρος μὲν πανδαμάτορα τὸν
ὕπνον ἔφη, Σιμωνίδης δὲ σμικροπρεπῶς, φασί, δαμασίφωτα

97 (75 B., 49 D.)

602 Schol. Pind. *Ol.* ix 74, i 285 Dr. (cod. A)

δοκεῖ δὲ τοῦτο πρὸς τὸ Σιμωνίδειον εἰρῆσθαι· ἐπεὶ ἐκεῖνος ἐλασσωθεὶς ὑπὸ Πινδάρου λοιδορίας ἔγραψε κατὰ τοῦ κρίναντος Ἀγαθωνίδου (ἀγαθῶν εἰδέου cod., corr. Drachmann; idem nomen restituit Wilam. in Pind. fr. 128. 2 Sn.), ἐπειδὴ ἐκεῖνος εἶπεν·

> ἐξελέγχει νέος οἶνος οὔπω
> ⟨τὸ⟩ πέρυσι δῶρον ἀμπέλου·
> †ὁ δὲ μῦθος· ὁ δὲ κενεόφρων· κούρων δέ,†

διὰ τοῦτο ὁ Πίνδαρος ἐπαινεῖ παλαιὸν οἶνον.

---

lectio et metr. incert.   1 ὁ νέος cod., ὁ del. Gerhard (δ' ὁ νέος coni. Boeckh)   2 τὸ suppl. Gerhard et Boeckh (sed deleto -πω)   3 κούρων δ' ὅδε μῦθος κενεόφρων (vel κενεοφρόνων), alia possis; ὁ δὲ μῦθος κενεόφρων coni. Bergk

98 (69 B., 54 D.)

603 Schol. Soph. *Ai.* 377, p. 36 Papag.

ἐπ' ἐξειργασμένοις· ἐπὶ τετελεσμένοις καὶ ἴασιν οὐκ ἔχουσιν, κατὰ τὸ Σιμωνίδου·

> τὸ γὰρ γεγενημένον οὐκέτ' ἄρεκτον ἔσται.

Suda iv 547 A. s.v. τί δῆτ' ἂν ἀλγοίης· . . . κατὰ τὸ Σιμωνίδου· τὸ γὰρ—ἔσται. cf. Plut. *consol. Apoll.* 26, i 237 Pat.–Weg.–Pohl. τὸ μὲν γὰρ γεγενημένον οὐδὲ θεῶι δυνατόν ἐστι ποιῆσαι ἀγένητον

99 (70 B., 56 D.)

604 Sext. Emp. *adv. mathem.* xi 49, p. 386 Mutschmann

Σιμωνίδης μὲν γὰρ ὁ μελοποιός φησι μηδὲ καλᾶς σοφίας εἶναι χάριν εἰ μή τις ἔχοι σεμνὴν ὑγείαν.

οὐδὲ καλᾶς σοφίας ἐστὶν χάρις / εἰ μή τις ἔχει σεμνὰν ὑγίειαν restit. Schneidewin, Bergk

100 (77 B., 52 D.)

605 Theodorus Metochita *misc. philos. et hist.*, p. 90 Mueller–Kiessling

μόνος ἅλιος ἐν οὐρανῶι,

φησὶ Σιμωνίδης.

ἅγιος codd. Aug. et Mon.   οὐρανοῖς codd., -ῶι Schneidewin   de ἐν delendo
cogitavit Bergk, de ⟨ἐστιν⟩ post ἅλιός inserendo Koster

101 (243 B.)

606 Tzetz. in Hes. *op.* 372, iii 198 Gaisf.

κωτίλη γὰρ ἡ χελιδὼν διὰ τὸ λάλος εἶναι παρά τε Ἀνακρέοντι (fr.
108) καὶ Σιμωνίδηι καλεῖται.

---

etiam cod. Laur. xxxii 16 (saec. xiii ex.) sec. Reitzenstein *Ind. Lect. Rost.*
1892/3 p. 15 κωτίλλουσα· πολυλογοῦσα. κωτίλη γὰρ ἡ χελιδὼν παρὰ Ἀνακρέοντι καὶ
Σιμωνίδηι.

102

607 P.Berol. 13875 ed. Zuntz *CR* 49 (1935) 4; saec. ii p.C.

]πος· ἐξήρκει ἡ ἑτέρα ἀντωνυμία ἢ ἡ νιν ἢ ἡ ἐκεῖνον. οὐδὲ
πελέκεις οὐδὲ σηρήν· ταῦτα πρὸς Σιμωνίδην, ἐπεὶ ἐκεῖνος ἐν ἑνὶ
[ᾄ]ισματι ἐπόησεν σειρῆνα (σειρῆνας pap., corr. e.p.) τὸν Πεισί-
στρατον. ἐν ἄλλοις δὲ ᾄισμασι καὶ τὸν πελεκυφ[ό]ραν ἵππον ὀνομάζε[ι,
τ]ὸν χελιδόνα ἐπίσημον ἔχοντα· χελιδόνας γὰρ ἵππους [ἔστιζον.]

---

e comment. in Pind. ut vid.; de Didymo auctore cogitat Zuntz   πελεκυφόρας:
manifesto Simonidis est (Pind. fr. 339 a Sn.), nam ἐν ἄλλοις ᾄισμασι oppositum est
ἐν ἑνὶ ᾄισματι
cf. Turyn *Pind.* fr. 291 adn.

608 P.Oxy. 2434 commentarium prim. ed. Lobel, saec. ii p.C. (p. post.)

fr. 1 (a)+2

φησι κωκυτὸν [
‾‾‾‾τούτωι ὁ Σιμω[νίδης
νοιτο περὶ του[.]ου[
÷ .ν εὐλόγως η παρ..[
5 τον ἐθρήνουν ἐπιο.[
ἔοικεν δαιμονι.[
[ ]. ἑτοῖμοι στενά[ζ]ε[ιν   γ]ὰρ τὸ
ὅλον συνημμ[έν-   ἂν] γένοι-
το ῥῆσις περὶ το[   ].. .
10 την σφαζομεν[   ].ν
τὸν λαὸν αὔει.[   ]ν
.ιτ' ἐπὶ τὸ ἐναυ[τίο]υ [......]. ἐξ-
αλλαγῆι. μητρὶ δὲ ὑπ' οὐδενὸς
ἂν ἡττηθείη ἡ λύπη, ἀναιρου-
15 μένων δὲ τῶν παί[δων ἑ]τοῖ-
μον στενάζειν. φέρεται [δὲ καὶ] ἄλ-
λη γραφή· ἐμοὶ δὲ τίς ἀμφα... ·
πάνυ σαφὴς ἀπὸ τῆς προκειμ[έ-
νης] ἐξηγήσεως. παρατηρεῖν δε[
20   ]ς πέπλασται ὁ λόγος αυ
] γὰρ ἐν Μυκάναισι δ' αυ
]τασενε κωκυτὸν ηκο
]πειν· οἱ δέ γε κωκύοντες
   1 (b) ἐ]πρασσον ὅτι οὐχὶ ἀναιρε-
25 .   .   .   ]υλη ἀλλὰ ἐπὶ τιμῆι του
δαιμ[   ]υτουτοδε αὐτὸ ἠθικῶς
ἀπηγ[   ]εν τῆ[ι] ἀναφωνήσει χρη
σα[   ].α[]το τίς ἄμφατις ἔσται
‾]Κ..[.].[   ].ε.οι βαρειαλαι
30].α.[   ]vestigia[
επει.[.   .   .
σθα.[
]ονι.[
   .   .   .

omnia suppl. e.p.   4 init. fort. ων vel σον   7]. : fort. υ vel ν
12 pro .ι, fort. η   ]ι ἐξ- veri sim.   17 αμφατι, sequentia obscura; post τι,
hastae tres inclinatae, una brevior a linea dextrorsum asc. inter duas longiores
quarum prior in spatium inter lineas surgit, posterior fort. (ἐστι) significat
19 seq. δε[ῖ ὅτι / ἠθικῶ]ς, e.p.   22]τασευε non intellegitur   24 seqq. si
fr. 1 (b) recto stat loco (vid. e.p.), fort. ὅτι οὐχὶ ἀναίρεσις φαύλη ἀλλὰ ἐπὶ τιμῆι
τοῦ δαιμονίου· τοῦτο δὲ αὐτὸ ἠθικῶς ἀπήγγειλεν τῆι ἀναφωνήσει χρησάμενος, e.p.
28 ἄμφατις non intellegitur   29 seq. βαρεῖα λαῖλαψ possis, e.p.
     lemmata vel lemmatum paraphrasis notanda ut vid. 1 κωκυτόν (cf. 22 seq.);
7 ἑτοῖμοι στενάζειν (cf. 15 seq.); 11 τὸν λαὸν αὔει; 17 ἐμοὶ δέ τίς κτλ.; 21 seq. γὰρ ἐν
Μυκ. κτλ.; 28 seqq.

fr. 3

```
        .   .
    ]εκ.[
   ]αυταιμ[
    ]ηγεγον[
      .   .   .
```

fr. 4

```
           .   .
      ]υκαι.[
      ].γραφ[
     ]αφορια.[
     ]ηρεθηκ[
5     ].εν[
      ]ωιηε.[
      ]φανω[
      ].οντι.[
     ]ολογοσε.[
       .   .   .
```

6 .[: π veri sim., etiam ν possis

fr. 5

```
        .
       ]εστα[
     ]..[ ]ενκ[
     ]ταιδεκαι[
      ]κλεχεω[
5     ].νιγυνα.[
      ].ουκατε.[
      ].αιεκτο.[
      ].ναι..ι.[
      ]ωτουκατ[
10    ]ιθοσφω.[
       .   .
```

fr. 6

```
         .   .
       ].[
      ].ουτω[
      ]αγεν[
      ].ουτε[
5    ]υρυχορ[
      ]αναρ[
       ].[
        .
```

5 ε]ὐρυχορ- veri sim.

fr. 7

```
        .   .   .
      ]δρονκ[
      ].υπαρχ[
      ]ωνον[
     ]παραλλασσ[
5    ]παραμα^σ.[
      ].οιπροφθ[
     ]νεκεινου.[
       .   .   .
```

INCERTUM UTRUM EX EPIGRAMMATIS AN EX ELEGIIS

ex eleg. vel epigr. dubio procul Apollon. Soph. s.v., p. 582 de Villoison (= 84 v. 7 B., 51 D.) ξεινοδόκων γὰρ (Bergk: δ' codd.) ἄριστος ὁ χρυσὸς ἐν αἰθέρι λάμπων; cf. Et. Mag. 610. 46, Et. Sym. cod. V ibid., Et. Gud. 414. 35, Zonar. 1415.   Plut. *an seni etc.* i 784 B, πόλις ἄνδρα διδάσκει, κατὰ Σιμωνίδην (= 67 B., 53 D.).

104 (215 B.)

609   Schol. Pind. *Ol.* xiii 31, i 364 Dr.

παρόσον καὶ ποιηταὶ διασημότατοι ἐν Κορίνθωι ἐγένοντο, ὧν ἦν καὶ Αἴσων, οὖ μέμνηται Σιμωνίδης.

iure suspectus hic 'Aeson' (Αἴγων cod. C): Ἀρίων coni. Wilam., Κιναίθων Bergk

105 (220 B.)

610   Steph. Byz. s.v., i 57 Meineke (= Hdn. I 119. 11 L.)

Ἄκανθος· . . . τὸ ἐθνικὸν τῆς Ἀκάνθου Ἀκάνθιος, ἐξ οὖ καὶ παροιμία· Ἀκάνθιος τέττιξ, ἐπὶ τῶν ἀφώνων· τοιοῦτοι γὰρ οἱ τῆς χώρας τέττιγες, ὡς Σιμωνίδης.

cf. Diogenian. *cent.* i 22, ii 5 L.–S. Ἀκάνθιος τέττιξ· ἐπὶ τῶν ἀμούσων· παρόσον οὖτοι οὐκ ἀίδουσιν; Apostol. *cent.* i 100ᵃ, xvi 32, al., omnes sine nom. auct.; cf. etiam Pausan. vi 6. 4

106 (229 B.)

611   Phot. *lex.* p. 96 Reitz.

ἀμύνεσθαι· Θουκυδίδης (i 42) ἀντὶ τοῦ ἀμείβεσθαι, Σιμωνίδης δὲ ἀντὶ τοῦ χάριτας ἀποδιδόναι, Σοφοκλῆς δὲ ἀντὶ τοῦ ἐπαλεξῆσαι (fr. 1004 P.).

fere eadem Suda s.v. i 148 Adler, Zonar. s.v.; cf. Aristoph. Byz. ap. schol. Lips. Hom. *Il.* 5. 266, i 243 Bachm., Alcman fr. 1. 65

107 (230 B.)

12 Schol. T Hom. *Il.* 15. 625, vi 145 Maass

καὶ Σιμωνίδης

ἀνεμοτρεφέων πυλάων

εἴρηκεν.

Eust. *Il.* 1034. 2 Σιμωνίδης γοῦν, φασί, κατὰ τοῦτο τὸ σημαινόμενον πύλας ἀνεμοτρεφέας λέγει, τὰς εὐτόνους δηλαδή

fort. ἀνεμοτρεφέων ⟨δὲ⟩ πυλάων, e dact. hexam.   'postes ex validis arboribus' interpr. Schneidewin *coni. crit.* 173; cf. ἀνεμοτρεφὲς ἔγχος

108 (211 B.)

13 An. Par. Cramer i 166. 11 (Anon. περὶ Ἱππομάχου)

εἴ γε βούλεσθε μὴ ληρεῖν ἀλλὰ τοὺς Ἕλληνας ἐλευθερῶσαι καὶ κτήσασθαι πάλιν αὖ τὴν πατρῴαν ἡγεμονίαν, ἀπροφασίστως δουλεύοντα, κατὰ τὸν Σιμωνίδην κτλ.

109 (231 B.)

14 Athen. iii 99 B

οἶδα δ' ὅτι καὶ Σιμωνίδης που ὁ ποιητὴς

ἀρίσταρχον

εἶπε τὸν Δία.

---

cf. Bacchyl. xiii 58

110 (210ᴮ B.)

15 Menand. π. ἐπιδεικτ. i 2, *Rhet. Gr.* ix 133 Walz (333 Spengel)

πεπλασμένοι δὲ (εἰσὶν ὕμνοι) ὅταν αὐτοὶ σωματοποιῶμεν καὶ θεὸν καὶ γονὰς θεῶν ἢ δαιμόνων, ὥσπερ Σιμωνίδης ⟨τὴν⟩

Αὔριον

δαίμονα κέκληκε, καὶ ἕτεροι Ὄκνον καὶ ἕτεροι ἕτερόν τινα.

311

111 (218 B.)

616 Plut. *vit. Ages.* 1, iii 2. 215 L.–Z.

διὸ καί φασιν ὑπὸ τοῦ Σιμωνίδου τὴν Σπάρτην προσηγορεῦσθαι

δαμασίμβροτον,

ὡς μάλιστα διὰ τῶν ἐθῶν τοὺς πολίτας τοῖς νόμοις πειθηνίους καὶ χειροήθεις ποιοῦσαν ὥσπερ ἵππους εὐθὺς ἐξ ἀρχῆς δαμαζομένους.

112 (233 B.)

617 Schol. BT Hom. *Il.* 15. 713, iv 104 Di., vi 151 Maass

μελάνδετα· σιδηρόδετα, ἐπεί φησιν Ἡσίοδος (om. T) μέλας δ᾽ οὐκ ἔσκε σίδηρος (op. 151). οἷον ἐκ σιδήρου τὰς λαβὰς ἔχοντα δεδεμένας (B : οἳ δὲ μελα⟨ί⟩νας λαβὰς ἔχοντα T). τὴν δὲ λαβὴν δεσμὸν καλεῖ ὁ Σιμωνίδης, οἱ δὲ ἐπιμελῶς ἐνδεδεμένα ὡς (om. T) πρὸς τὴν λαβήν.

113 (235 B.)

618 Et. Mag. 38. 46, Et. Sym. cod. V ibid. Gaisf. (= Hdn. II 251. 10 L.)

εἰριπόνοι δμωαί·

Σιμωνίδης ἐκ τοῦ εἰριοπόνοι, συγκοπῆι τοῦ ō. οὕτως Ἡρωδιανὸς περὶ Παθῶν.

αἰριπόλιοι δμωαί (δμωαί om. Et. Sym. Vb) et τοῦ αἰριπόλιοι (D, Et. Sym. Va, αἰριοπόλιον Et. Sym. Vb, αἰροπόλιοι P) codd.: corr. Edmonds cf. Sud. s.v. εἰροπόνος, ii 534 Adler

114 (236 B.)

619 Schol. Aesch. *Cho.* 324, p. 362 Vitelli–Wecklein

ἡ γνάθος συνήθης, ὡς ὁ κρημνὸς λέγει Πίνδαρος καὶ ἡ ἠχὼ Σιμωνίδης.

---

obscurum quid de Simonide voluerit dicere scholiasta

115 (237 B.)

20 Schol. ABT Hom. *Il.* 4. 79, i 172, iii 199 Di., v 129 Maass

θάμβος

δὲ οὐδετέρως παρ᾿ Ὁμήρωι, Σιμωνίδης δὲ (AT : παρὰ δὲ Σιμωνίδηι
B) ἀρσενικῶς.

116 (223 B.)

21 Himer. *or.* xxvii 30, p. 126 Colonna

καὶ Σιμωνίδηι καὶ Βακχυλίδηι ἡ Ἰουλὶς (ἡ πόλις cod. Rom.,
πόλεις cod. Nap., corr. Wernsdorf) ἐσπούδασται.

117 (238 B.)

22 Schol. A Hom. *Il.* 9. 586, i 333 Di.

κεδνότατοι· ὅτι σωφρονέστατοι. ὁ δὲ Σιμωνίδης

κεδνοὺς

τοὺς φίλους.

118 (239 B.)

23 Schol. T Hom. *Il.* 24. 228, vi 459 Maass

Ἀρίσταρχος δέ φησι τὴν

κιβωτὸν

λέξιν νεωτέραν εἶναι· ἀγνοεῖ δὲ ὅτι καὶ Σιμωνίδης καὶ Ἑκαταῖος
μέμνηται αὐτῆς.

119 (240 B.)

24 An. Ox. Cramer i 424. 13 (= Hdn. I 216. 14 L.)

τὰ εἰς τος δισύλλαβα ἀπαρασχημάτιστα ἔχοντα ἐν τῆι πρὸ τέλους
τὸ ρ βαρύνεται· κύρτος, Μύρτος ἡ πόλις,

κίρτος·

παρὰ Σιμωνίδηι ἡ χρῆσις.

κίρτος ignotum : σκίρτος coni. Hecker

120 (241 B.)

625 Et. Mag. 692. 25, Et. Sym. cod. V ibid. Gaisf. (= Hdn. II 410 L.)

πρώιρα· σὺν τῶι ῑ. . . . εὕρηται κατὰ διάστασιν, ὡς παρὰ τῶι ποιητῆι· κυανοπρώιρους, καὶ παρὰ Σιμωνίδηι·

κυανοπρώιϊραν.

τὸ δὲ πρώιϊρα οἱ μὲν διὰ τοῦ ῑ λέγουσιν ὡς ἀπὸ τοῦ πρῶιρα κατὰ διάστασιν τοῦ ῑ πρώιϊρα· ὁ δὲ Ἡρωδιανὸς διὰ τῆς ε̄ι διφθόγγου γράφει πρὸς τὸν χαρακτῆρα τῶν διὰ τοῦ ε̄ιρα.

---

cf. Et. Gen. B p. 256 Miller πρώειρα· διὰ τοῦ ε̄ιρα ὡς παρὰ Ἀπολλωνίωι, οἱ δὲ κατὰ πρώειραν ἔσω ἁλός (Ap. Rhod. i 372)

καὶ παρὰ Σιμωνίδηι κυανοπρώιραν Et. Sym., π̄ σιμωνι κυανοπρώηρ in margine Et. Mag. cod. M, tum in textu τὸ δὲ πρώιρα

121 (228 B.)

626 Et. Gen. A (Reitzenstein *Gesch. Etym.* p. 25) et B (Miller *Mélanges* p. 28); cf. Et. Mag. 83. 42 (Reitz. ibid. p. 239 seq.), Et. Sym. cod. V ibid. Gaisf. (= Hdn. II 387. 2 L.)

ἀμιθρῆσαι· Σιμωνίδης τὸν ἀριθμὸν ἄμιθρον εἶπεν καθ' ὑπερβιβασμόν (ὑπέρθεσιν Et. Mag.), οἷον·

†κύματ'† ἄμιθρον

. . . οὕτως Ἡρωδιανὸς περὶ Παθῶν καὶ Μεθόδιος.

κύματα Et. Gen. A, κύματ' B: om. Et. Sym.   κυμάτων ἄμιθρον coni. Bergk vid. Callim. fr. 314 Pf.

122 (222 B.)

627 Plut. *vit. Them.* 1, i 171 seq. L.–Z.

ὅτι μέντοι τοῦ Λυκομιδῶν γένους μετεῖχε δῆλόν ἐστι. τὸ γὰρ Φλυῆσι τελεστήριον, ὅπερ ἦν Λυκομιδῶν κοινόν, ἐμπρησθὲν ὑπὸ τῶν βαρβάρων αὐτὸς ἐπεσκεύασε καὶ γραφαῖς ἐκόσμησεν, ὡς Σιμωνίδης ἱστόρηκεν.

123 (217 B.)

28 Plut. *vit. Lycurg.* 1, iii 2. 2 L.–Z.

οὐ μὴν ἀλλὰ καίπερ οὕτως πεπλανημένης τῆς ἱστορίας πειρασόμεθα τοῖς βραχυτάτας ἔχουσιν ἀναλογίας ἢ γνωριμωτάτους μάρτυρας ἑπόμενοι τῶν γεγραμμένων περὶ τοῦ ἀνδρὸς ἀποδοῦναι τὴν διήγησιν. ⟨. . .⟩ ἐπεὶ καὶ Σιμωνίδης ὁ ποιητὴς οὐκ Εὐνόμου λέγει τὸν Λυκοῦργον πατρὸς ἀλλὰ Πρυτάνιδος καὶ τὸν Λυκοῦργον καὶ τὸν Εὔνομον. οἱ πλεῖστοι σχεδὸν οὐχ οὕτω γενεαλογοῦσιν, ἀλλὰ κτλ.

Schol. Plat. *Resp.* 599 D, p. 271 Greene ἦν δὲ κατὰ Σιμωνίδην Πρυτάνιδος μὲν υἱὸς Εὐνόμου δὲ ἀδελφός, καὶ θεῖος τοῦ Εὐνόμου υἱοῦ Χαριλάου τοῦ βασιλεύσαντος τῆς Σπάρτης. cf. Dion. Hal. *ant.* ii 49

124 (199 B.)

29 Schol. Theocr. xii 27, p. 255–6 W.

Νισαῖοι Μεγαρῆες ἀριστεύοντες ἐρετμοῖς· (1) schol. Κ ναυτικοὶ γάρ εἰσι. μαρτυρεῖ δὲ αὐτοῖς ⟨καὶ⟩ Σιμωνίδης ⟨τὴν⟩ ναυτικήν. (2) schol. UEAGPT καὶ Σιμωνίδης ἐπαινεῖ τοὺς Μεγαρεῖς.

125

30 Schol. Marc. Dion. Thrac. 7, p. 346. 25 Hilg.

ἐὰν εἰς σύμφωνον λήγηι συλλαβή, τὸ ζ τῆς ἑξῆς ἀρκτικὸν οὐκ ἔσται, εἰ μὴ βάρβαρος εἴη λέξις, οἶον Ἀριοβαρζάνης, ἢ σύνθεσις, ὡς τὸ

μελάνζοφος

παρὰ Σιμωνίδηι.

μελάνζοφος etiam Et. Mag. 370. 20 sine nom. auct.

126 (246 B.)

631 Athen. xi 498 E

Σιμωνίδης δὲ

 οὐατόεντα σκύφον

ἔφη.

---

eadem Eust. *Il.* 870. 6, *Od.* 1775. 19

fort. e dact. hexam., σκύφον οὐατόεντα

127 (198 B.)

632 Strabo ix 5. 20, ii 322 seq. Kramer

διὰ δὲ τὸ ἀναμὶξ οἰκεῖν Σιμωνίδης Περραιβοὺς καὶ Λαπίθας καλεῖ τοὺς Πελασγιώτας ἅπαντας, τοὺς τὰ ἑῶια κατέχοντας τὰ περὶ Γυρτῶνα καὶ τὰς ἐκβολὰς τοῦ Πηνειοῦ καὶ ῎Οσσαν καὶ Πήλιον καὶ τὰ περὶ Δημητριάδα καὶ τὰ ἐν τῶι πεδίωι, Λάρισαν Κραννῶνα Σκοτοῦσσαν Μόψιον Ἄτρακα καὶ τὰ περὶ τὴν Νεσσωνίδα λίμνην καὶ ⟨τὴν⟩ Βοιβηίδα. ὧν ὁ ποιητὴς ὀλίγων μέμνηται διὰ τὸ μὴ οἰκισθῆναί πω τἆλλα ἢ φαύλως οἰκισθῆναι διὰ τοὺς κατακλυσμοὺς ἄλλοτ᾽ ἄλλους γινομένους. ἐπεὶ οὐδὲ τῆς Νεσσωνίδος μέμνηται λίμνης, ἀλλὰ τῆς Βοιβηίδος μόνον.

128 (247 B.)

633 Schol. Pind. *Ol.* i 28, i 27 Dr.

τὸ

Πίσας

δὲ συσταλτέον διὰ τὸ ἀντίστροφον. οὕτω δὲ οἱ περὶ Πίνδαρον καὶ Σιμωνίδην.

---

cf. fr. 84 supra

129 (194 B.)

634 Athen. v 210 A–B

Πολέμων ὁ περιηγητὴς εἶπεν ἐν γ΄ τῶν πρὸς Ἀδαῖον καὶ Ἀντίγονον
ἐξηγούμενος διάθεσιν ἐν Φλιοῦντι κατὰ τὴν πολεμάρχειον στοὰν
γεγραμμένην ὑπὸ Σίλλακος τοῦ Ῥηγίνου, οὗ μνημονεύουσιν Ἐπίχαρ-
μος (fr. 163 K.) καὶ Σιμωνίδης.

130 (212 B.)

635 Schol. Ap. Rhod. i 583–4, p. 50 W.

νῆσος γὰρ ἡ Σκίαθος τῆς Θεσσαλίας ἐγγὺς Εὐβοίας, ἧς καὶ
Σιμωνίδης μέμνηται.

carmini ἐπ᾽ Ἀρτεμισίωι ναυμαχίαι adscripsit Schneidewin; cf. Hdt. vii 176. 1, 183.
2, viii 7. 1

131 (248 B.)

636 Choerob. *in Theodos. can.* i 267. 25 Hilg. (= An. Bekker iii 1424
= Hdn. I 18. 12, II 627. 8 L.)

πλατυτέρα δέ ἐστιν ἡ εἰς ṡ λήγουσα κατάληξις, σπανιωτέρα δὲ ἡ
εἰς v̄. σπανίως γὰρ εὕρηται ἐν χρήσει ἡ εἰς v̄ κατάληξις, ὡς παρὰ
Σιμωνίδηι·

τριγλώχιν ὀιστός,

καὶ παρὰ Καλλιμάχωι (fr. 1. 36 Pf.).

132 (249 B.)

637 Et. Gen. B p. 291 Miller

υἱός· ἐστὶν ὕις υἷος ὡς ὄφις ὄφιος. εἴρηται ἡ εὐθεῖα παρὰ Σιμωνίδηι,
συναιρέσει τοῦ ῑ καὶ ῡ εἰς τὴν ῡι δίφθογγον, ὕιος προπαροξυτόνως·
ἐξ Ἰλίου υἷος ἄποινα (Il. 2. 230). ἡ δοτικὴ ὕϊ· Νηληίωι υἷϊ (Il. 2. 20).
ὁ δὲ Ἡρωδιανός, ὅ ἐστιν ὕις διὰ τῆς ῡι διφθόγγου, τοῦτο ἡγεῖται
ὕιος καὶ κατὰ συναίρεσιν υἱός. κατὰ δὲ τὴν εὐθεῖαν οὐ πάσχει
συναίρεσιν, ἐπειδὴ οὐδέποτε μετὰ τῆς ῡ διφθόγγου εὑρίσκεται ἐπι-
φερομένου συμφώνου, οἷον ἅρπυια, μυῖα.

ita cod.; manifeste corrupta refert, et manet incertum qua forma noster sit
usus. παρὰ Σιμωνίδηι συναιρέσει τοῦ ῑ καὶ ῡ εἰς τὴν ῡι δίφθογγον, ⟨ὕις· ἡ γενικὴ⟩ ὕιος
προπαροξυτόνως κτλ. coni. Edmonds, sed vid. Bergk ad loc.

133 (250 B.)

638 Et. Gud. 645. 43

φύξιμος ὀδμή·

ἡ φυγὴν ἐμποιοῦσα. Σιμωνίδης ὁ Κήιος ἀπὸ τῆς Κέου.

Σιμονίδης ὁ Τήιος ἀπὸ τῆς Τέω cod.   cf. Nicand. *Ther.* 54, ubi πύξιον ὀδμήν cod.
Paris. suppl. 247, φύξιμον dett., φύξιον coni. O. Schneider

134 (224 B.)

639 Herodian. *de soloec.* ap. An. Gr. Boissonade iii 250

γίνεται τοίνυν περὶ τὰ πρόσωπα σφάλματα . . . οἷον

ὡς δὴ ἐγὼ γελᾶι

παρὰ τῶι λυρικῶι Σιμωνίδηι. τὸ γὰρ ἐγὼ πρώτου ἐστὶ προσώπου,
τὸ δὲ γελᾶι τρίτου.

γελᾶ(ι) codd. AC : -ῶ BD   delirat grammaticus : dixit Simonides '(ille), ut
ego, ridet'; simile Archil. P.Oxy. 2310 fr. 1 col. i 45]ος μάντις ἀλλ' ἐγὼπέσοι = ἐγὼ
εἶπέ σοι   similiter Schneidewin ad loc.

135 (225 B.)

640 Ammian. Marcell. xiv 6. 7, p. 13 Clark = i 18 Gardthausen

ut enim Simonides lyricus docet, beate perfecta ratione
victuro ante alia patriam esse convenit gloriosam.

136 (195 B.)

641 Mythogr. Vat. iii, *tractat.* vi, *Class. Auct. e Vat. codd. edit.* iii
206 Mai

neque verum est, inquiunt, animam deserere corpus, cum
potius corpus animam deserat. hinc et Simonides poeta et
Statius itidem in viii, odi artus fragilemque hunc corporis
usum / desertorem animi.

137 (191 B.)

42 (a) Plato *Resp.* i 331 D–E

οὐκ ἄρα οὗτος ὅρος ἐστὶν δικαιοσύνης, ἀληθῆ τε λέγειν καὶ ἃ
ἂν λάβηι τις ἀποδιδόναι; —πάνυ μὲν οὖν, ἔφη, ὦ Σώκρατες, ὑπολαβὼν
ὁ Πολέμαρχος, εἴπερ γέ τι χρὴ Σιμωνίδηι πείθεσθαι. . . . —λέγε δή,
εἶπον ἐγώ, σὺ ὁ τοῦ λόγου κληρονόμος, τί φὴις τὸν Σιμωνίδην λέγοντα
ὀρθῶς λέγειν περὶ δικαιοσύνης; —ὅτι, ἦ δ' ὅς, τὸ τὰ ὀφειλόμενα
ἑκάστωι ἀποδιδόναι δίκαιόν ἐστι. τοῦτο λέγων δοκεῖ ἔμοιγε καλῶς
λέγειν. —ἀλλὰ μέντοι, ἦν δ' ἐγώ, Σιμωνίδηι γε οὐ ῥάιδιον ἀπιστεῖν·
σοφὸς γὰρ καὶ θεῖος ἀνήρ.

etiam in sequentibus multa Simonidis mentio

(b) Procl. in Hes. *op.* 707, iii 317 Gaisf., p. 217 Pertusi (= Plut.
comment. in Hes. vii 85 Bernad.)

Σιμωνίδης γοῦν ταύτην εἶναι δικαιοσύνην ὡρίσατο, τοὺς φίλους
εὖ ποιεῖν· ἄμεινον δ' ὁ Πυθαγόρειος λόγος, εἰπὼν χρῆναι φέρειν τὰ
ἁμαρτήματα τῶν φίλων εἰς δύναμιν.

138 (193 B.)

43 Plut. *vit. Thes.* 10, i 1. 9 L.–Z.

οἱ δὲ Μεγαρόθεν συγγραφεῖς ὁμόσε τῆι φήμηι βαδίζοντες καὶ τῶι
πολλῶι χρόνωι, κατὰ Σιμωνίδην, πολεμοῦντες, οὔθ' ὑβριστὴν οὔτε
ληιστὴν γεγονέναι τὸν Σκείρωνά φασιν.

id. *de Is. et Osir.* 23, ii 3. 22 N.–S.–T. ὀκνῶ δὲ μὴ τοῦτ' ἦι τὰ ἀκίνητα κινεῖν καὶ
πολεμεῖν οὐ τῶι πολλῶι χρόνωι, κατὰ Σιμωνίδην, μόνον, πολλοῖς δ' ἀνθρώπων ἔθνεσι
κτλ. cf. Aristot. *pol.* ii 2. 10, 1264 a 2, p. 38 Immisch χρὴ προσέχειν τῶι πολλῶι χρόνωι
καὶ τοῖς πολλοῖς ἔτεσιν, ἐν οἷς οὐκ ἂν ἔλαθεν, εἰ ταῦτα καλῶς εἶχεν

139 (219ᴬ B.)

44 Schol. Eur. *Rhes.* 5, ii 326 Schw.

οἱ ἀρχαῖοι εἰς τρεῖς φύλακας νέμουσι τὴν νύκτα. Ὅμηρος ⟦δέ⟧·
ἀλλ' ὅτε δὴ τρίχα νυκτὸς ἔην, μετὰ δ' ἄστρα βεβήκει (*Od.* 14. 483).
Στησίχορος (fr. 91) δὲ καὶ Σιμωνίδης πενταφύλακόν φασιν ⟦ὑποτί-
θεσθαι τὴν νύκτα⟧.

χρ
στῆσί δὲ ὁ σιμωνίδης, tum φησὶν, cod. A, corr. Schwartz; Στησίχορον δὲ ὁ Σιμω-
νίδης φησὶν coni. Vater

INCERTUM AN EX APOPHTHEGMATIS

140 (19 B.)

645 Aristot. *phys. Δ* 13. 222 b 16 ed. Ross

ἐν δὲ τῶι χρόνωι πάντα γίγνεται καὶ φθείρεται. διὸ καὶ οἱ μὲν σοφώτατον ἔλεγον, ὁ δὲ Πυθαγόρειος Πάρων ἀμαθέστατον, ὅτι καὶ ἐπιλανθάνονται ἐν τούτωι. ad haec Simplicius *comment. in Ar. graec.* ix 754. 7 Diels Σιμωνίδης μὲν γὰρ σοφώτατον, ὅτι γίνονται ἐπιστήμονες ὑπὸ χρόνου. Πάρων δὲ ὁ Πυθαγόρειος ἀμαθέστατον, ὅτι ἐπιλανθάνονται ὑπὸ χρόνου. οὗτος δὲ ἔοικεν εἶναι οὗ καὶ Εὔδημος ἀνωνύμως ἐμνήσθη, λέγων ἐν Ὀλυμπίαι Σιμωνίδου τὸν χρόνον ἐπαινοῦντος ὡς σοφώτατον, εἴπερ ἐν αὐτῶι αἱ μαθήσεις γίνονται καὶ αἱ ἀναμνήσεις, παρόντα τινὰ τῶν σοφῶν εἰπεῖν· τί δέ, ὦ Σιμωνίδη, οὐκ ἐπιλανθανόμεθα μέντοι ἐν τῶι χρόνωι; καὶ μήποτε καὶ παρὰ Ἀριστοτέλει ἐν τῶι· ὁ δὲ Πυθαγόρειος Παρων, τὸ Παρων οὐκ εἶναι ὄνομα κύριον ἀλλὰ μετοχήν.

similia Themistius ibid. v 158. 26 Schenkl; Philoponus ibid. xvii 767. 7 (hic sine nom. auct.) Vitelli

sunt qui ad carmen epinicium vel hymnum in Iovem Olympium referre existiment: de apophthegmate quoque cogitare possis

141 (192 B.)

646 Theon *progymn.* xxxiii, *Rhet. Gr.* i 215 Walz

βλαβερῶς παραινεῖ Σιμωνίδης παίζειν ἐν τῶι βίωι καὶ περὶ μηδὲν ἁπλῶς σπουδάζειν.

142 (221 B.)

647 Athen. ii 40 A

Σιμωνίδης τὴν αὐτὴν ἀρχὴν τίθησιν οἴνου καὶ μουσικῆς.

143 (196 B.)

648 Plut. *consol. Apoll.* 17, i 229 Pat.–Weg.–Pohl.

τὰ γὰρ χίλια καὶ τὰ μύρια κατὰ Σιμωνίδην ἔτη στιγμή τίς ἐστιν ἀόριστος, μᾶλλον δὲ μόριόν τι βραχύτατον στιγμῆς.

cf. ibid. 31 (i 243 P.–W.–P.), *de educ. puer.* 17 (ibid. i 25)

144

49 artis metricae scriptorum testimonia

(*a*) Mar. Vict. *Gramm. Lat.* vi 73. 8 Keil; trimetrus (scil. dactylicus) autem acatalectus, qui e tribus, ut: cui non dictus Hylas puer; hoc hemiepes dicitur, quo Simonides frequenter usus est . . . pentametrus acatalectus, qui e quinque, ut: Phoebus me docuit iuga Pieridum sequi; et hoc simonidium dicitur. (cf. Serv. *cent. metr.* iv 461. 5 K.)

(*b*) ibid. vi 126. 6 K.: hic versus ab Archebulo archebulius dictus est, non ipso auctore editus, sed ab eo frequenter usurpatus; nam et Ibycus et Pindarus et Simonides hoc versu longe ante usi ostenduntur. similia Caes. Bass. vi 256. 8 seqq. K.

(*c*) Censorini *fragm. de musica* vi 607 K.: mox Archilochus et Simonides trimetrum iambicum ⟨et⟩ choriacum catalecticum tetrametron composuerunt.

(*d*) Serv. *cent. metr.* iv 462. 22 K. (de anapaesticis): de simonidio. simonidium constat trimetro hypercatalecto, ut est hoc: tuba terribili procul aere sonat, clipeum quate miles. cf. etiam iv 460. 23.

(*e*) Priscian. *de metr. Terent. Gramm. Lat.* iii 428 K.(continuatur Simon. fr. 28 supra): Alcman autem in primo catalecticum trimetrum fecit habentem in quarto loco modo iambum modo spondeum, sic (fr. 14 (*b*)). hic quarto loco spondeum habet. similiter (fr. 14 (*c*)), quarto loco spondeum posuit . . . teste Heliodoro, qui ait Simoniden hoc frequenter facere.

(*f*) Hephaest. *ench.* p. 67. 10 Consbr. ἐπῳδικὰ μὲν οὖν ἐστιν, ἐν οἷς ὁμοίοις ἀνόμοιόν τι ἐπιφέρεται, ὡς τά γε πλεῖστα Πινδάρου καὶ Σιμωνίδου πεποίηται.

DUBIA ET SPURIA

145

50 Et. Gud. ap. Reitzenstein *Gesch. Etym.* p. 161. 4

Σελεύκου· Ἰλεύς. . . . ταῦτα παρατίθεται ἐν δ′ Σιμωνίδου.

vid. Jacoby *FGH* i p. 479. Simonides noster non est

146 (190^A B.)

651 Ambigebatur de Carm. Conv. 7:

Clem. Alex. *strom.* iv 5. 23, ii 258 Staehlin ὁ μὲν οὖν Σιμωνίδης καθάπερ καὶ Ἀριστοτέλης ὑγιαίνειν μὲν ἄριστον ἀνδρὶ γράφει, δεύτερον δ' εὐφυᾶ καὶ καλὸν γενέσθαι, τρίτον δὲ πλουτεῖν ἀδόλως. Schol. in Aristot. *Rhet.* 1394 b 13, *comment. in Ar. graec.* xxi 2 p. 301. 1 Rabe (= An. Par. Cramer i 291) τὸ ἀνδρὶ δ' ὑγιαίνειν ἄριστον Σιμωνίδου ἐστὶν ἀπὸ τῶν σκολίων αὐτοῦ ἐπῶν· οἱ δ' Ἐπιχάρμου. Schol. in Plat. *Gorg.* 451 E, p. 133 Greene τὸ σκόλιον τοῦτο οἱ μὲν Σιμωνίδου φασίν, οἱ δὲ Ἐπιχάρμου. ἐστὶ δὲ τοιοῦτον· ὑγιαίνειν—φίλων. Cf. etiam schol. Lucian. *de lapsu inter salut.* 6; Theodoret. *gr. aff. cur.* xi 14, p. 276 R.; Platoni, Anaxandridae ignotum fuisse carminis auctorem e *Gorg.* l.c. (ὁ τὸ σκόλιον ποιήσας), Athen. xv 694 E (Ἀναξανδρίδην . . . λέγοντα οὕτως· ὁ τὸ σκόλιον εὑρὼν ἐκεῖνος, ὅστις ἦν) recte monuit Bergk *PLG* p. 645. Cf. etiam Stob. iv 39. 9, p. 904 Hense Σκληρίου· ὑγιαίνειν—φίλων, Apostol. *cent.* xvii 48 d, ii 698 L.–S. Respiciunt Plato *Legg.* i 631 C, ii 661 A, recentiores quos commemorat Bergk in adnot.

147

652 Ambigitur etiam de sequentibus:

(i) Papyr. Paris. quam ed. Blass *Rh. Mus.* 32 (1877) 450 seqq. (cf. Buecheler ibid. 461 seq.; Wilam. *TG* 48, *Pindaros* 153) = Bergk *fr. adesp.* 85, Schroeder *Pind.* p. 558, Turyn *Pind.* fr. 237, Snell *Pind.* fr. 333. Pindaro dederat Blass, negavit Bergk; primo Simonidi, mox Pindaro Wilam.; nil nisi gen. in -ω exeuntes obstare censuit Schroeder (contulerat Blass Pind. *Nem.* iii 10 οὐρανῶ: schol. Vat. αἰολικῶς ἀντὶ τοῦ οὐρανοῦ; iii 24 ὑπερόχως: schol. δωρικῶς ἀντὶ τοῦ ὑπερόχους).

rursus exscribendum esse non censui: alioquin adespotis addidissem.

(ii) P.S.I. n. 1181 quam ed. Vogliano *Pap. Gr. e Lat.* x (1932) 169: causam video nullam cur Simonidi tribuatur (= Bacchyl. fr. 60 Snell).

(iii) Pap. anon. = Pind. fr. 54 Turyn, 52 n Snell.

(iv) praeterea Simonidis nomen invenies in contextu incerto vel ignoto P.Oxy. 220 col. v init.; P. Univ. Giss. 40 col. ii init., al.; accedit etiam P.Varsov. (1935) 7 = *Eos* 34 (1932–3) 200.

(v) Plut. *vit. et poes. Hom.* 2 Ὅμηρον τοίνυν Πίνδαρος μὲν ἔφη Χῖόν τε καὶ Σμυρναῖον γενέσθαι, Σιμωνίδης δὲ Χῖον.—ad Sem. Amorg. fr. 29 (Diehl) referendum. Claudian *epist.* ii 9, ii 135 Jeep (= Sim. 227 B.), *fors iuvat audentes, prisci sententia vatis.* / *hac duce non dubitem te reticente loqui.*— hic pro *prisci* legitur *socii* cod. G, *chii* codd. LVI, et *Cei* Scaliger cum cod. det. Heinsii.   Apul. *apolog.* 9 (de amatoriis), *fecere tamen et alii talia, etsi vos ignoratis: apud graecos Teius quidam et Lacedaemonius et †ciuis† cum aliis innumeris, etiam mulier Lesbia, lascive illa quidem*, etc.) hic *Cius, Ceus, Ceius,* etiam *Cous* coni. docti; vid. Koerte *Herm.* 53 (1918) 139, Schmid *Gr. Lit.* I i 515 n. 19. amatorii carminis nullum exstat in Simonidis reliquiis fragmentum.   Hesych. s.v. πτωκὰς κύπειρος· παρὰ Σιμμίαι ἡ πόα διὰ τὸ χθαμαλὴ εἶναι: hic pro Σιμμίαι, Σιμωνίδηι coni. Bergk (= Sim. 242); Simmiae (= fr. 12 *Coll. Alex.* Powell) non sine causa abiudicavit.   de P.Strasb. inv. gr. 1406–9 (Snell *Herm. Einzelschr.* v 98 seqq.: = adesp. 3 infra) vid. Lobel, P.Oxy. xxv (1959) p. 45 n. 2.

148 (189 B.)

Ἄτακτοι Λόγοι

3 Aristot. *Metaph.* N 3. 1091 a 5

πάντα δὴ ταῦτα ἄλογα, καὶ μάχεται αὐτὰ ἑαυτοῖς καὶ τοῖς εὐλόγοις, καὶ ἔοικεν ἐν αὐτοῖς εἶναι ὁ Σιμωνίδου μακρὸς λόγος. γίγνεται γὰρ ὁ μακρὸς λόγος ὥσπερ ὁ τῶν δούλων ὅταν μηθὲν ὑγιὲς λέγωσιν. ad haec Alex. Aphrodis. *comment. in Ar. graec.* i 818. 3 Hayduck σαφὲς ἔσται προειποῦσι τίς ἐστιν ὁ Σιμωνίδου λόγος. ὁ Σιμωνίδης ἐν τοῖς λόγοις οὓς ἀτάκτους ἐπιγράφει μιμεῖται καὶ λέγει οὓς εἰκός ἐστι λόγους λέγειν δούλους ἐπταικότας πρὸς δεσπότας ἐξετάζοντας αὐτοὺς τίνος ἕνεκα ταῦτα ἐπταίκασι· καὶ ποιεῖ αὐτοὺς ἀπολογουμένους λέγειν πάνυ μακρὰ καὶ πολλά, οὐδὲν δὲ ὑγιὲς ἢ πιθανόν, ἀλλὰ πᾶν τὸ ἐπιφερόμενον ἐναντίον τῶι προφρασθέντι· τοιοῦτον γὰρ ὡς εἰκὸς τὸ βάρβαρον καὶ παιδείας ἄμοιρον.

Simonidi adscribebatur libellus cuius index erat Ἄτακτοι Λόγοι, 'historiae miscellaneae': de quo nihil scimus nisi quod scholiasta memorat. mihi non persuadent qui ad Simonidem genealogum vel Amorginum referunt (vid. Schmid *Gr. Lit.* I i 149 n. 4). de apophthegmatum anthologia cogitat Wilam. *SS* 149 n. 4; hoc probabile.

Apophthegmata Simonidea non exscribo, quamquam perscrutatus sum si forte lateret aliquid quod ad carmen Simonideum videretur esse referendum: in sequentibus nihil huiusmodi invenio—

I. Fabulae de naufragiis:

(i) Schol. a correctore in marg. sup. cod. Palatini p. 219 ad *Anth. Pal.* vii 77 (= 81 Diehl, 129 Bergk) adscriptum: Σιμωνίδης εὑρὼν νεκρὸν ἐν νήσωι τινὶ θάψας ἐπέγραψεν (sequitur [80] Diehl, 128 Bergk). ὁ ταφεὶς νεκρὸς ἐπιφανεὶς τῶι Σιμωνίδηι ἐκώλυσε πλεῖν· διὸ τῶν συμπλεόντων μὴ πεισθέντων αὐτὸς μείνας σώιζεται καὶ ἐπιγράφει τόδε τὸ ἐλεγεῖον τῶι τάφωι (sequitur [81] Diehl, 129 Bergk). cf. Cic. *de div.* i 56, ii 136; Val. Max. i 7 ext. 3; Aristeid. *or.* schol. iii 533 Di.; Liban. viii 42 F.; Tzetz. *chil.* i 619 seqq.; quae omnia exscripsit examinavit Boas *de ep. Sim.* pp. 98 seqq., 196 seqq., 223 seq., al. vid. etiam Bergk, Diehl ad loc.; Wilam. *de tribus carm. lat.* p. 7 seq.; Oates *Influence of Sim. upon Horace* cap. i.

fabulam a Stoicis propagatam e melico Simonidis carmine originem duxisse nemo potest credere.

(ii) Phaedrus *fab.* iv 22: *homo doctus in se semper divitias habet.* / *Simonides, qui scripsit egregium melos,* / *quo paupertatem sustineret facilius,* / *circum ire coepit urbes Asiae nobiles,* e.q.s. usque ad v. 27: sunt qui opinentur historiam e carmine Simonideo esse sumptum; vid. Schmid *Gr. Lit.* I i 507. ego non credo.

II. Fabulae miscellaneae:

Hibeh Papyri i (1906) n. 17 pp. 64–65 ed. Grenfell & Hunt, saec. iii med. a.C. (Sim. et Themistocles) Plut. *vit. Them.* 5, i 1. 177 L.–Z. (Sim. et Pausanias) id. *consol. Apoll.* 6, i 215 P.–W.–P., cf. Aelian. *v.h.* ix 41 (Sim. et Hiero) Plat. *ep.* 2, 311 A; Xenophon *Hiero* capp. i–ix; cf. Aelian. *v.h.* xii 25, ix i, iv 15; Cic. *de nat. deor.* i 22, p. 23 Plasb.; Aristot. *Rhet.* ii 16. 1391 a 2; cf. Stob. *ecl.* iv 31. 32, v 744 H., iv 29. 25, v 711 H. (= Plut. *de nobil.* 18; Aristot. fr. 92 R.); Plat. *Resp.* vi 489 B; etiam Athen. xiv 656 C, D (Sim. et Hipparchus) Aelian. *v.h.* viii 2 (de philargyria) Stob. *ecl.* iii 10. 61, iii 423 H.; Plut. *an seni etc.* 5, v 1. 28 Hub.–Pohl. (alia miscellanea) Plut. *quaest. conv.* ix 15. 2, iv 333 Hub. (et vid. Schmid *Gr. Lit.* I i 516 n. 6); Argum. Theocr. xvi, p. 325 W. (cf. Plut. *de curios.* 10, *de sera num. vind.* 11; Stob. iii 10. 38, iii 417 H.; schol. Ar. *Pac.* 697; Tzetz. *chil.* viii 814 seqq.); Plut. *quaest. conv.* iii init., iv 79 Hub.; *de garrul.* 23, iii 311 P.–S. (cf. *tuend. san.* 7 = Stob. iii 33. 12, iii 680 H.; *de educ. puer.* 14); Plut. *de aud. poet.* 1, i 29 P.–W.–P.; Stob. iii 2. 41, iii 188 H.; iv 34. 59, v 843 H.

CORINNA

Pindarine aequalis an saec. iii a.C. p. post. vixerit
Corinna nescimus: vid. Lobel *Herm.* 65 (1930) 356
seqq., Page *Corinna* (1953) 65 seqq.; manet res in
ambiguo.

1 (4+5 D.)

654 P.Berol. 284 *BKT* v 2 (1907) p. 19 seqq. (saec. ii p.C.) prim. ed.
Schubart & von Wilamowitz-Moellendorff

(*a*) col. i–iv

col. i

```
                    ]υστεφανον
                    ]γῶγ' ἐπιδῆ
                    ]ἐπ' ἄκρῡ
                    ]χορδᾱς
  5                 ].ρῶντ' οριων
                    ].νφουλονορνι
                    ]
                    ]
                    ]ηί
 10                 γ]ενεθλᾱ·
                    ]δᾰ
                    ]ευ.[.....]Κώρει-
         τες ἔκρου]ψαν δάθιο[ν θι]ᾶς
         βρέφο]ς ἄντροι, λαθρά[δα]ν ἀγ-
 15      κο]υλομείταο Κρόνω, τα-
         νίκά νιν κλέψε μάκηρα 'Ρεία
         μεγ]άλαν τ' [ἀ]θανάτων ἔσ-
         s] ἔλε τιμάν· τάδ' ἔμελψεμ·
         μάκαρας δ' αὐτίκα Μώση
 20      φ]ερέμεν ψᾶφον ἔ[τ]αττον
         κρ]ουφίαν κάλπιδας ἐν χρου-
         οσφαῖς· τὺ δ' ἅμα πάντε[ς] ὦρθεν·
         πλίονας δ' εἶλε Κιθηρών·
         τάχα δ' Ἑρμᾶς ἀνέφαν[ἐν
 25      νι]ν ἀούσας ἐρατὰν ὡς
         ἔ]λε νίκαν στεφ[ά]νυσιν
         ...].(.)ατώ.ανεκόσμιον
         μάκα]ρες· τῶ δὲ νόος γεγάθι·
         ὁ δὲ λο]ύπησι κά[θ]εκτος
 30      χαλεπ]ῆσιν Ϝελι[κ]ὼν ἐ-
         .....] λιττάδα [π]έτραν
```

.....]κεν δ' ὄ[ρο]ς· ὐκτρῶς

.....]ων ούψ[ό]θεν εἴρι-

σέ νιν ἐ]μ μου[ρι]άδεσσι λάυς·

35   ......]εγ[...]νεγ..[..].[.]

             ].ροσίασ[.]

             ]τριχα.[.]ς

             ]οϛμελ[.]ων

             ]...[..]

40   ]σόρουσεν

                  ].

          ]ν.ως

          ]σων

          ]ιωφεγ

45   ]καρωντῦ

          ]νϊοντασάσα[

          ]δρεοσινεῖσ

          ]αδιοσμνα[

          ]κωρη.

50   ]νὴ.

          ]ῡσκαλε[

           ]προ[

col. ii

.[   ]υῖ

.[   ]

ϝε[   ]σῡ

ωδ..ρα[

5 δετ' ορο[

ρωνκυ[

κροῡ[

.[

τ'[

10 ερα[

θ'α[

γ[

μω[   ]ων

δω[   ]νεπω

15   δη[   ]μέλι

      νῐ.[   ].διον

      μ̲ε̲[   ]α

      ω̑‛τ[   ]αελιος

      μω[   ]ουσιας

20   τ[   ]ο·φιλα

      εσδ[   ]...αν

      σ̲ο̲υ̲ν[   ]ν

      ῐ̑ων[   ]φο̣ρ̣

      γα[   ]ρα

25   πατ̣[   ]κ̣ι̣σι̣ς̣

      ασωπ[   ]εννομον

      λ̲ω̲ν[   ].

      ᾰν.[   ]πων

      λά[   ]ρας·

30   τειν[   ]αθρων

      μετ᾽ ᾰ[   ]ν

      ε̲μ̲π̲ε̲[   ]ʹ.ς̣

      ‛ων.ῆ.[γε]νέθλαν

      δευσ[ἀ]γαθῶν

35   πατρο̣[   ]ς

      κορκόυ[ρ   ]

      ν̲.᾽ ἐιδ[   ]

      ποτι[   ]τείρ

      σιν[   ]ς

40   θεσ[   ]σ̣τ̣ινεχων·

      τε[   ]ε̣ς̣

      λο̣̲[   ]

      τ[   ]ον

      β[   ]

45   τ[   ]σαφες·

      θ[   ]

      σ̣[

      τ̲[

      .[

50   π[

      ά[

col. iii

<pre>
    εγ[
    τ[   ].α
    [   ]μαν
    [   ]ν
5   [   ]αραθίων
    [   ]
    [   ]ας
    [   ]ετίως
  ..]πόκ' αυτο[.....]θων
10 ...]αγαρθιάσ[......]
   ε]ὐδήμων [.... εἴ]δει
   τὰν δὲ πήδω[ν τρῖς μ]ὲν ἔχι
   Δεὺς πατεὶ[ρ πάντω]ν βασιλεύς,
   τρῖς δὲ πόντ[ω γᾶμε] μέδων
15 Π[οτιδάων, τ]ᾶν δὲ δουῖν
   Φῦβος λέκτ[ρα] κρατούνι,
   τὰν δ' ἴαν Μή[ας] ἀγαθὸς
   πῆς Ἑρμᾶς· οὔ[τ]ω γὰρ Ἔρως
   κὴ Κούπρις πιθέταν, τιὼς
20 ἐν δόμως βάντας κρουφάδαν
   κώρας ἐννί' ἐλέσθη·
   τή ποκ' εἰρώων γενέθλαν
   ἐσγεννάσονθ' εἰμ[ιθί]ων
   κἄσσονθη π[ο]λου[σπ]ερίες
25 τ' ἀγείρω τ' ἐς [μ]α[ντοσ]ούνω
   τρίποδος ὤιτ[......]
   τόδε γέρας κ[.........]ν
   ἐς πεντείκο[ντα] κρατερῶν
   ὁμήμων πέρ[οχο]ς προφά-
30 τας σεμνῶν [ἀδο]ύτων λαχὼν
   ἀψεύδιαν Ἄκ[ρη]φείν·
   πράτοι [μὲν] γὰ[ρ Λατ]οΐδας
   δῶκ' Εὐωνούμοι τριπόδων
   ἐς ἱῶν [χρε]ισμὼς ἐνέπειν,
35 τὸν δ' ἐς γᾶς βαλὼν Οὑριεὺς
   τιμὰ[ν] δεύτερος ἴσχεν,
</pre>

πῆς [Ποτ]ιδάωνος· ἔπι-
τ' Ὠα[ρί]ων ἁμὸς γενέτωρ
γῆα[ν ϝ]ὰν ἀππασάμενος·
40 χὠ μὲν ὠραν[ὸ]ν ἀμφέπι
   τιμὰν δ[......]ν οὔταν.
   τώνεκ[......]ν ἐνέπω
   τ' ἀτ[ρ]έκ[ιαν χρει]σμολόγον·
   τοὺ δέ [νου ϝίκέ τ' ἀ]θανάτυς
45 κὴ λού[.........] φρένας
   δημόν[... (ϝ)έκου]ρεύων·
   ὣς ἔφα [μάντις] π[ε]ράγεις·
   τὸν δ' Ἀ[σωπὸς ἀσ]πασίως
   δεξιᾶς ἐ[φαιψάμ]ενος
50 δάκρού τ' [ὀκτάλ]λων προβαλ[ὼν
   ὧδ' ἀμίψ[ατο φ]ωνῆ·

col. iv

   [
   φωρ[
   ταδε[
   βεβέιλ[
5   ἄπιθα[
   τεοῦσδ[
   ϝᾶδο[
   πάνομ[
   ενστρ[
10 τέκν[
   τεωγ[
   πανθ[
   ενθια[
   διὰ, νῐ[
15 ταω[
   εδν[
   δώσω[
   σθη·φ[
   σουνὶ[
20 τεινλαυσ.[

330

τοσονεφασ . [
πάρνεισαντ[
ϝἄδονήτεθ[
. αδέιᾱντρ[
25 κεινοτεους . [
τοῦχ . . ε[
. . . . [
εσερ . υσ·τ[
στεργωτ᾽α[
30 καμέιφ . . [
κιθηρ . [.] . [
ητίωσ . [.] . [
πλειά[
μειδε[
35 ₂σουντ[
ημενθ[
θουμο[
ενπολ[
κηγαρ[
40 δ᾽έῖσκ[
κηκιθ[
πλάτη[
δ᾽αγετ᾽ω[
κλαροσ·ι[
45 τῦσπλ[
πάρνε[
τωνδια[
θανοντ[
πάρνε[
50 φιλόυρ[
οσποκε[
μαντ[

scholia marg. dext. : i 5 θηραν, 11 χιονα, 21 εσ, 37 εκ, 40 εισ, 45 εσ εαι[, 50 απο του[;
ii 2 επικληθησε|σθαι, 26 εϲ, 32 σημοναν, 35 εκ, 43 τωιδ᾽ ουτϲ (sic), 46 μεχρι; iii
7 σϲαι, 8 εντιεσδε, 9 ουποτ᾽, 11 ηδη, 19 τεουϲ, 20 εσ, 22 ται, 23 εκγεννασονται, 25 ηρωεκ,
34 εκ, 39 ανακτησαμ᾽σ, 44 εικε, 45 seqq. γ]αμηθεισϲ (sic) |[ ]ηρη του γη|[μαν]τοσ
gloss. inter lineas et corr. ibid. vel in textu:
(1) ε atticum sup. ι scr., (a) ut ε pro ι intellegas (velut θεός pro θιός), i 5 οριων,

CORINNA 654

23 πλι-, iii 10 θιας, (b) ut ει pro ι intellegas (velut ἔχει pro ἔχι), i 22 φαι-, 28 -γαθι,
33 ειρι-, ii 1]υῖ, 15 μελι, iii 12 εχι, 15 δουιν, 16 -ουνι, 31 αψευδι, 40 -επι, 51 αμι-
(2) correctiones, sim.: i 6 ορνι litt. ρ expuncta; 12 κώρη sed ut vid. η ex ει;
14 αντροι: ρ postmodo insertum; 15 versuum divisio pessum data, tum correcta;
16 ρεα in ρεια correctum; 22 -φαινας litt. να expunctis; 23 οθλε litt. οθ expunctis
sscr. ει; 34–35 versuum divisio falsa; ii 8 φ[deletum; 12 ϝ[deletum, sscr. γ; 20
φαλα: prior litt. α deleta, sscr. ι; iii 15 init. vestigium, tum spat. ix fere litt. vac.;
34 ενιπιν: prior litt. ι deleta, sscr. έ, sup. alt. ι scr. ε; iv 18 σθη: σ postmodo
insertum; 46 πανν: prior litt. ν deleta, sscr. ρ

accentus, sim., quales in Π extant reddidi in col. i 1–11, col. ii, col. iii 1–10,
col. iv.

col. i 12 seqq.: 12 κώ   13 δά   14 οι· ρά ἀγ   15 ρόν   16 νίκα
17 ἀλαντ’   18 αν·ταδ’ έ   19 δ’ αυ   μώ   20 έ[τ]   21 χροῦ   22 ·τῡδ’
ἅ   ὤρθεν·   23 δ’   θὴ   24 δ’ ερμᾱσανέ   25 ἀούσᾱ   ὤσ
26 ʹ]λενῖ   νῡ   27 τώ   κό   28 ρεσ·   γάθ   29 ʹ]   κά   30]ῆ
ν.ε   31 λῑττά   ραν.   32 δ’ ο   σ·ῡκτρῶσ   33 ούψ   εν. εί   34 μο·
λᾱῦσ·   col. ii 11–12 marg. sin. coronis

col. iii 11 seqq.: 11 δήμ   12 πή   13 -λευσ·   14 τρῖσ   16 φῡ
τόυ   17 δ’ ιανμή   18 πῆσ   μασ·   όυ[19 κόυ   αν.τῖ   20 ασ.
κρουφάδᾱν   21 κώρᾱσὲννι’ελέ   22 τήποκ’ ειρώ   νέθ   23 νάσ   ων·
24 κᾱσ   ρί   25 τ’ ἄγειρωτ’   όυν   27 τόδ   28 τεί   29 μή
πέ   φά   31 φέιν·   32 πρά   ἴδ   33 δωκ’ νούμοι.   35 δ’   ευσ.
36 ἴσχεν·   37 πῆσ   δάωνοσ·επί   38 τ’   ἀμ   νέτ   39 ἀναππᾱσά-
μενοσ·   40 φέ   41 τῖ   όυ   42 τώ   43 τ’ α   έκ   γον·   44 τόυ
ἀτῦσ·   45 κηλόυ   46 δημόν·   47 ὠσέ   ἀγέισ·   48 δ’   49 νοσ·
50 δάκρόυ   51 δ’   νη·

ex aliis quae in app. crit. priore (Corinna, 1953) dedi pauca tantum maioris
momenti revoco:

i 1–10, vid. Harvey, CQ n.s. v (1955) 176 seqq., D.L.P. ibid. (1957)   27 nondum
expeditum: post ώ, hasta infra lineam desc., velut φ ψ ρ, non ι   δ’ ἐλατάων νιν
coni. Bolling

ii 30 μελ]άθρων veri sim.   32 ἐμ πε[ιμονὰν legendum esse testatur schol.
33 Ἥγ[ιναν, 36 Κορκού[ρας, 38 Ποτι[δάων κλέψε πα]τείρ, 39 Σιν[ώπαν, 40 Θέσ[πιαν,
veri similia   etiam Tanagrae mentionem inter Asopi filias fieri testatur Pausan.
ix 20. 2, Κορίννηι δέ ἐστιν ἐς αὐτὴν (scil. Τάναγραν) πεποιημένα, Ἀσωποῦ παῖδα εἶναι

iii 31 ἀκρηφ⟨ν⟩είν adiect. coni. Lobel, probat Guillon BCH 82 (1958) 51   41 [ἐλ-
λαχο]ν veri sim.   46 δημόν[εσσ’ ἐκου]ρεύων, neglecto ϝ, ut vid.

iv 7 ϝάδο[μη,   8 παυομ[η   montes Κιθηρών 31, 41, Πάρνεις 22, 46, 49, oppidum
Πλάτη[α 42   43–44 hic fr. 24 τευς γὰρ ὁ | κλᾱρος locavit Maas

(b)

eiusdem pap. fragmenta incerti loci

1.

κρει[
δημον[
δευτ[
βειλον[

2.

ν[
παρο[
ὠδεδ[
νε.[

5   ε[

3.   ].ουν·
            ]

marg. dext. schol. 1]ελαια πα[ρ᾽ ᾽Ο]μηρω[,
2 αυψα

4.

]ιωι[
]δεποτ[
]τωνε[
]πορενφ[
5   ]δὲιπα[
]ἄειτι[
]...ρ[

5.

]ον
]αιδα
]
]άδοιμε[
5   ]αμφιπο[
]ει.
]τον

ϜΕΡΟΙΩΝ?

2 (incl. 2 B. et D., 27 B. = 19 D.)

655 P.Oxy. 2370 (c. 200 p.C.) prim. ed. Lobel

fr. 1

(a)].[..]λλωνιος[
(b)   ει Ἄρεις[

    ἐπί με Τερψιχόρα [
    καλὰ ϝεροῖ' ἀισομ[έναν
    Ταναγρίδεσσι λε[υκοπέπλυς
    μέγα δ' ἐμῆς γέγ[αθε πόλις
5   λιγουροκω[τί]λυ[ς ἐνοπῆς.
    ὅττι γὰρ μεγαλ.[
    ψευδ[.]σ.[.]αδομε[
    .[.]..ω γῆαν εὐρού[χορον
    λόγια δ' ἐπ πατέρω[ν
10 κοσμείσασα ϝιδιο[
    παρθ[έ]νυσι κατα[
    πο]λλὰ μὲν Καφ[ισὸν ἰών-
    γ' ἀρχ]αγὸν κόσμ[εισα λόγυ]ς,
    πολλὰ δ' Ὠρί[ωνα] μέγαν
15 κὴ πεντεί[κοντ'] οὐψιβίας
    πῆδα[ς οὓς νού]μφησι μιγ[ί]ς
      ] Λιβούαν κ[
    .].[..]θησ[
    ϝιρίω κόραν.[
20 καλὰ ϝιδεῖν αρ[
    ]ηαν ̔ν τίκτ[
    .].τέκετο τυ[
     ].[..]..[

fr. 2

π]αρθενῦτ[
]ηερουσιμ[
]ασδαφν[

fr. 3

].[.].‌.[
].αμ.[

fr. 4

].[
τ[.].[.]δαραθ[
τ’ εϝίδον.[
βαρβαρονκ[
5   σαντυσδεν[
βασδεουριε[υς   εσ-
σειλκουσε,ν[
.]η.[.]ὀυλα.[
].εϵ[

---

accentus, sim., in Π: 1 (b) init. ει, ἀρεις   2 κᾰλα, ϝερο͡ι’ αϊ   3 γρί
4 δ’ εμῆσ   5 ουροκω   λῡ   8 ω,γηαν,ευ   9 δ’   10 μέι   11 νῡ
13–14]s· π   15 κη,π   ὀυψιβί   17 ουαν· κ   19 ρ͡ιω   20 εἰν   21 ⁻ντί
22 τεκετο·

(a), (b) ut vid. argumenti oratione pedestri scripti finis: (a) Ἀπολλώνιος, alia possis; (b)? = ἢ Ἄρης

fr. 1 1 ἐπί . . . [ϝίδοι, sim.   2–5 = Hephaest. ench. xvi 3 p. 56 C., cf. schol. A p. 164 C. (= fr. 2 B. et D.) καλὰ—ἐνοπ., ubi καλὰ γέροια A, καλαγέρεια I; εἰσομένα, -πέπλοις, ἐμῆ codd.; γέγασε A; -λαις ἐνοπαῖς codd.   ϝερο͡ι’: non intelligitur 8 το]ϝτω e.p.: mihi videtur potius fortasse τ[ε]ρπω legendum   fin. suppl. e.p. 9 εν sscr. π   10 ϝ·ιδιο[ut vid.: non intelligitur   11 κατά[ρχομη (e.p.) veri sim.   12 seq. post e.p. supplevi   14 suppl. e.p.   14 seqq. vv. divisio in Π pessum data   15 = Hephaest. l.c. p. 57 C., cf. schol. A l.c. (= fr. 27 B., 19 D.), ubi καὶ πεντήκοντ’ οὐψιβίας   16 suppl. e.p.   19 ϝιρίω, ex -ων corr., non intelligitur: an εἰρέω = dicam?   20 ·ι·δεῖν sscr. ϝ   21 γ]ῆαν veri sim.   ᾱν desideramus, vix legere possumus

fr. 2 1 suppl. e.p.

fr. 4 ut vid. argumenti orat. ped. scripti fragmentum   6 seq. suppl. e.p.

ϜΕΡΟΙΩΝ ᾱ

3 (7 B.)

56 Anton. Lib. 25, Myth. Gr. ii 103 Martini

Μητιόχη καὶ Μενίππη. ἱστορεῖ Νίκανδρος Ἑτεροιουμένων δ καὶ Κόριννα Ϝεροίων ᾱ (ἑⁿτεροιων α′ cod.)

(*FEPOIΩN?*) ε̄

4 (9 B., I D.)

657 Hephaest. *ench.* ii 3, p. 9 Consbr.

(περὶ συνεκφωνήσεως) ἢ δύο βραχεῖαι εἰς μίαν βραχεῖαν (scil. παραλαμβάνονται) . . . ἐστὶ μέντοι καὶ ἐν ἔπει ὡς παρὰ Κορίννηι ἐν τῶι πέμπτωι·

ἢ †διανεκῶς εὕδεις; οὐ μὰν πάρος ἦσθα, Κόριννα

Choerob. ad loc. p. 211 C. παραφέρει δὲ ὅτι εὕρηται καὶ ἐν στίχωι παρὰ Κορίννηι ἐν πέμπτηι· τινὲς δέ φασιν ἐν δευτέραι, κρεῖττον δέ ἐστιν ἐν πέμπτηι

δῑανεκως vix credibile; δῑανεκέως, del. ἤ, coni. Bergk   fort. εὕδις, εἶσθα reponenda

ΒΟΙΩΤΟΣ

5 (I B., 6 D.)

658 Herodian. π.μ.λ. ā 11, II 917. 14 L.

παρὰ δὲ τῶι ποιητῆι (Ποσειδάων), . . . παρὰ μέντοι Βοιωτοῖς Ποτειδάων τραπέντος τοῦ σ̄ εἰς τ̄. Κόριννα Βοιωτοῖ·

τοῦ δὲ μάκαρ Κρονίδη, τοῦ Ποτειδάωνι ϝάναξ Βοιωτέ

τοῦδε μάκαρ Κρονίδη· τοῦ Ποτειδάωνος ἄναξ Βοίωτε codd., corr. Wilam.

ΕΠΤΑ ΕΠΙ ΘΗΒΗΣ

6 (6 B., 7 D.)

659 Ap. Dysc. *pron.* 119 b, p. 93 Schn.

Δωριεῖς ὑμές . . . Αἰολεῖς ὕμμες . . . Βοιωτοὶ μετὰ διφθόγγου τοῦ ō̄υ·

οὔμὲς δὲ κομισθέντες,

Κόριννα Ἔπτ᾽ ἐπὶ Θήβαις.

ΕΥΩΝΟΥΜΙΗ

7 (19 B., 8 D.)

60 Ap. Dysc. *pron.* 136 b, p. 107 Schn.

Αἰολεῖς μετὰ τοῦ Ϝ κατὰ πᾶσαν πτῶσιν καὶ γένος (τὸ ἑός λέγουσιν)
. . . ὁμοίως καὶ Βοιωτοί. Εὐωνυμίης (= -ίαις; Εὐωνουμ- debuit)
Κόριννα·

> πῆδα ϝὸν θέλωσα φίλης
> ἀγκάλησ' ἔλεσθη

---

1 πηδεγον cod., corr. Boeckh   2 fort. ἀγκάλησιν scribendum   ελησθε cod.

ϜΙΟΛΑΟΣ

8 (5 B., 9 D.)

61 Ap. Dysc. *pron.* 113 b, p. 88 Schn.

διὰ τοῦ ē ἡ νῶε παρὰ Ἀντιμάχωι (fr. 50 Wyss), καὶ

> τού τε νῶε

ἐν Ἰολάωι Κόριννα.

ΚΑΤΑΠΛΟΥΣ

9 (2 B., 11 D.)

62 Ap. Dysc. *pron.* 98 b, p. 77 Schn.

ἑοῦς· αὕτη ἀκόλουθος Δωρικῆι τῆι τεοῦς, ἧι συνεχῶς καὶ Κόριννα
ἐχρήσατο. ἐν Κατάπλωι·

> †νίκασ' ὁ μεγαλοσθενὴς†
> Ὠαρίων χώραν τ' ἀπ' ἑοῦς
> πᾶσαν ὠνούμηνεν.

---

1 νίκασεν μεγαλοσθενείς, ἐνίκασ' ὁ μεγασθενείς, νίκασ' ὃν μεγαλοσθ. (hoc Her-
mann), alia possis   2 ωαρειων cod.

10 (4 B., 12 D.)

663 Ap. Dysc. *pron.* 105 b, p. 82 Schn.

λέγεται δὲ καὶ τίν, καὶ ἔτι μετ᾽ ἐπενθέσεως τοῦ ē τείν. ἰδίως γὰρ ἡ μετάθεσις ἡ εἰς τὸ τ̄ τοῦ ē δεικτική ἐστι, σοῦ τοῦ τεοῦ, σός τεός. τίθεται παρὰ Κορίννηι καὶ ἐπ᾽ αἰτιατικῆς ἐν Κατάπλωι·

> οὐ γὰρ τὶν ὁ φθονερὸς
> †δαιμωτ†

ἀντὶ τοῦ σέ, καὶ σαφὲς ὡς κατ᾽ ἐναλλαγὴν πτώσεως.

---

2 δαμίωτ᾽ (= ζημιοῦται) coni. Edmonds, δήμων Ahrens

INCERTI LOCI

11 (21+10 B., 15–16 D.)

664 Ap. Dysc. *pron.* 64 b, p. 51 Schn.

Βοιωτοὶ ἰών (hoc om. cod., add. Bekker), ὡς μὲν Τρύφων . . . ὡς δὲ ἔνιοι, ὦν ἐστιν ὁ Ἄβρων, θέμα ἐστίν, ὃ συζύγως οἱ αὐτοί φασι, τῆι μὲν ἐγών τὴν ἰών, ⟨τῆι δὲ ἐγώνη τὴν ἰώνει add. Ahrens⟩, εἴγε τὸ παρὰ Δωριεῦσιν ῆ εἰς εῑ μεταβάλλεται, τῆι δ᾽ ἐγώνγα τὴν ἰώνγα. Κόριννα·

(a)   μέμφομη δὲ κὴ λιγουρὰν
      Μουρτίδ᾽ ἰώνγ᾽ ὅτι βανὰ φοῦ-
      σ᾽ ἔβα Πινδάροι ποτ᾽ ἔριν.

καὶ ἔτι

(b)   ἰώνει δ᾽ εἰρώων ἀρετὰς
      χειρωάδων

Herodian. π.μ.λ. ā 18, II 924. 25 (cf. I 328. 7) L., τὸ γὰρ παρὰ Κορίννηι βανά οὐ κοινὸν οὐδὲ εἰς νη̄ λῆγον ἀλλὰ ἴδιον θέμα Βοιωτῶν τασσόμενον ἀντὶ τοῦ γυνή cf. Hesych. s.vv. βανά et βανῆκας

(a) μεμφομαι, και, Μυρτιδα, Πινδαριοιο, (b) ηρωων (ἴωνει ηδ᾽ ηρωων, corr. Bergk) cod. ἰών- monosyll. βᾱνα (vix βᾱνᾰ)

12 (32 B.)

665 Anton. Lib. 10, *Myth. Gr.* ii 80 Martini

Μινυάδες· ἱστορεῖ Νίκανδρος Ἑτεροιουμένων δ καὶ Κόριννα.

13 (11 B., 14 D.)

66 Ap. Dysc. *pron.* 95 c, p. 74 Schn.

ἀλλὰ μὴν καὶ τῆι ἐμοῦς (σύζυγός ἐστιν ἡ τεοῦς) . . . καὶ ἔτι
Κόριννα·

πϵρὶ τεοῦς Ἑρμᾶς πὸτ Ἄρεα
πουκτεύι

ποτ αρ'ενα cod., corr. Wilam.; fort. Ἄρια (disyll.) scribendum

14

67 Antip. Thessal. *Anth. Pal.* ix 26. 5 seq.

καὶ σέ, Κόριννα,
θοῦριν Ἀθηναίης ἀσπίδα μελψαμέναν.

15 (29 B.)

68 Plut. *mus.* 14, p. 117. 29 Lasserre, vi 3. 12 Ziegler

ἡ δὲ Κόριννα καὶ διδαχθῆναί φησι τὸν Ἀπόλλω ὑπ' Ἀθηνᾶς
αὐλεῖν.

16 (8 B., 18 D.)

69 Priscian. *inst.* i 36, *Gramm. Lat.* ii 27 seq. Keil

(Aeoli) θουγάτηρ dicunt pro θυγάτηρ, ου corripientes, vel magis
υ sono 'u' soliti sunt pronuntiare; ideoque ascribunt ο, non ut
diphthongum faciant, sed ut sonum υ Aeolicum ostendant, ut

καλλιχόρω χθονὸς Οὐρίας θουγάτηρ

---

corruptissime ut solent codd.   θουγάτειρ debuit (vel fort. voc. θούγατερ
metrum obscurum

17 (30 B.)

670 Schol. Ap. Rhod. i 551, p. 47 W.

Ἀρμενίδας δὲ ἐν τοῖς Θηβαϊκοῖς Ἀμφικτύονος υἱὸν "Ιτωνον ἐν
Θεσσαλίαι γεννηθῆναι, ἀφ' οὗ "Ιτων πόλις καὶ 'Ιτωνὶς Ἀθηνᾶ.
μέμνηται καὶ Ἀλέξανδρος ἐν τῶι α' τῶν Κορίννης ὑπομνημάτων.

ἀφ' οὗ—μέμνηται P, om. L   τῶν Κορίννης L, Καρικῶν P   ἐν τῶι α' τῶν Καρι-
κῶν ὑπομνημάτων Κορίννης ὑπομνησθείς coni. Croenert

18 (31 B.)

671 Schol. Ap. Rhod. iii 1177–87, p. 250 seq. W.

'Ωγυγίας δὲ τὰς Θήβας ἀπὸ 'Ωγύγου τοῦ ⟨πρῶτον⟩ βασιλεύσαντος
αὐτῶν. Κόριννα δὲ τὸν "Ωγυγον Βοιωτοῦ υἱόν. ἀπὸ τούτου δὲ καὶ
τῶν Θηβῶν πύλαι.

19 (33 B.)

672 Schol. Eur. Phoen. 26, i 251 Schw.

τινὲς δὲ καὶ τὴν μητέρα αὐτῶι (scil. τῶι Οἰδίποδι) φασιν ἀνηιρῆ-
σθαι. ἀνελεῖν δὲ αὐτὸν οὐ μόνον τὴν Σφίγγα ἀλλὰ καὶ τὴν Τευμησίαν
ἀλώπεκα, ὡς Κόριννα (κόρρινα codd.).

20 (3 B.)

673 Schol. Nic. Ther. 15, p. 5 Keil

οἱ δὲ πλείους Ταναγραῖον εἶναί φασι τὸν 'Ωρίωνα. Κόριννα δὲ
εὐσεβέστατον λέγει αὐτὸν καὶ ἐπελθόντα πολλοὺς τόπους ἡμερῶσαι
καὶ καθαρίσαι ἀπὸ θηρίων.

cf. Parthen. ἐρωτ. παθ. 20, Myth. Gr. ii 35 seq. Sakolowski

21 (23 B., 3 D.)

674 Gramm. anon. ed. Egenolff, Philol. 59 (1900) 249

τὸ δὲ Θέσπεια ὁ "Ωρος διὰ τῆς εῖ διφθόγγου γράφει τῶι τῶν προ-
παροξυτόνων κανόνι. ὁ δὲ Ἡρωδιανὸς ἐν τῆι Ὁμηρικῆι προσωιδίαι

διὰ τοῦ ῑ γράφει, ἐπειδὴ γὰρ εὕρηται ἡ πι συλλαβὴ συνεσταλμένη ὡς παρὰ Κορίννηι (Κορίνθωι cod.)·

Θέσπια καλλιγένεθλε φιλόξενε μωσοφίλειτε

Steph. Byz. (= Hdn. I 280. 21, cf. II 520. 20 L.) s.v. Θέσπεια, i 310 Meineke ... γράφεται καὶ διὰ τοῦ ῑ καὶ ἐκτείνεται (cf. schol. A Hom. *Il.* 2. 498). καὶ συστέλλεται παρὰ Κορίννηι. cf. etiam Eust. *Il.* 266. 6, An. Par. Cramer iii 351. 8, 137. 10

μουσοφίλητε cod.

22 (14–18 B., 20–24 D.)

675 Hephaest. *ench.* xvi 3, p. 57 Consbr.

(praecedit fr. 2. 1. 2–5) ὧδε καὶ τάδε (fr. 2. 1. 15)· ἔτι δὲ καὶ πλείοσιν αὕτη (scil. Κόριννα) κέχρηται σχήμασιν·

(a)   δώρατος ὥστ᾽ ἐπ᾽ ἵππω
(b)   †κατὰ μὲν βριμούμενοι†
(c)   πόλιν δ᾽ ἔπραθ᾽ ὁ μὲν προφανείς
(d)   γλουκοῦ δέ †τις ἄδων†
(e)   πελέκεσσι δονῖτη

Schol. A in Heph., p. 164 C. πόλιν δ᾽ ἐπράθομεν bis, mox προφανής et πελέκεσσι δονεῖται

(a) δούρ- et ἐφ᾽ codd.   ὥτ᾽ fort. melius
(b) κατὰ μὲν cod. A, καταμεν I; κάρτα coni. Hermann   βριμώμ- edd.
(c) ἐπράθομεν codd., corr. Bergk   προφανής cod. I
(d) γλύκου cod. I   δὲ τῦς (= τοῖς) ἄϊδων coni. Ahrens, Croenert   Hesych. γαδουα· ιδιον contulit Schmidt, quasi ϝαδοὺ ἄϊδων
(e) πελέκεσι cod. I (πελέκεσιν schol. cod. I)   δονεῖται codd.

23 ((b) = 26 B., 10 D.)

676 An. Ox. Cramer i 172. 14 (sim. ibid. i 160. 18)

συνεμπίπτει δὲ ἡ ἐς (πρόθεσις) καὶ ἄλληι Βοιωτικῆι προθέσει τῆι ἐξ·

(a)   ἐς Μωσάων

ἀντὶ τοῦ ἐκ Μουσῶν· ἂν δὲ φωνῆεν ἐπιφέρηται, διὰ δύο σσ·

(b)   ἐσσάρχι πτολέμω

(a) Μουσῶν cod., sed i 278. 18 τὸ Βοιωτικὸν Μουσάων
(b) ἐσσ᾽ Ἀρχιπτολέμου cod., corr. Ahrens (πολέμω coni. idem)   nusquam nomen auctoris

24 (24 B., 13 (= 5 V. 133) D.)

677 Ap. Dysc. *pron.* 96 a, p. 75 Schn.

τεῦς· . . . ἐστὶ δὲ καὶ Βοιωτιακὸν δῆλον ὡς·

τεῦς γὰρ ὁ κλᾶρος

vid. fr. 1 iv 43–44 n.
nusquam nomen auctoris

25 (22 B., 25 D.)

678 Ap. Dysc. *pron.* 122 b, p. 96 Schn.

Αἰολεῖς ὑμμέων . . . οὐμίων Βοιωτοί·

τὸ δέ τις οὐμίων ἀκουσάτω,

Κόριννα.

ουμμιων cod., corr. Bergk (οὐμ-: spir. asp. recte Bechtel)
in marg. Κόριννα ὄνο(μα) κύρι(ον) συγγραφέως

26 (25 B., 26 D.)

679 Ap. Dysc. *pron.* 121 c, p. 95 Schn.

ἁμῶν· . . . ὁμοίως Βοιωτοὶ ἁμίων, ἐπὶ δὲ τῆς κτητικῆς ἁμῶν·

ἁμῶν δόμων

Corinnae dedit Ahrens

27 (35 B.)

680 Schol. T Hom. *Il.* 17. 197, vi 219 Maass

γηράς· ἀποκοπὴ τοῦ γηράσας, ὡς ὑποφθάς, ἐπιπλώς. καὶ Κόριννα
(κ᾽ ὤρινα cod.)

βροντάς

ἀντὶ τοῦ βροντήσας.

βροντᾶς cod.

342

28 (36 B.)

81 Ap. Dysc. *pron.* 106 a, p. 82 Schn.

ἐστὶ καὶ ἡ

εἵν

ἀπὸ τῆς τεῖν παρὰ Ἀντιμάχωι (fr. 92 Wyss) καὶ Κορίννηι, ἐπὶ δοτικῆς (αἰτιατικῆς pro δοτικῆς coni. Bekker) ἔσθ' ὅτε παραλαμβανομένη.

29 (37 B.)

82 Ap. Dysc. *pron.* 95 a, p. 74 Schn.

ἡ ἐμοῦς κοινὴ οὖσα Συρακουσίων καὶ Βοιωτῶν, καθὸ καὶ Κόριννα καὶ Ἐπίχαρμος (fr. 144 Kaibel) ἐχρήσαντο, πρὸς ἐνίων ἐδόκει ⟨μᾶλλον⟩ κατωρθῶσθαι τῆς δίχα τοῦ σ προφερομένης.

30 (38 B.)

83 Choerob. *in Theodos. can.* i 80 Gaisf. = An. Bekker iii 1381 (Hdn. I 44. 12, II 742. 2, 33 L.)

θρᾶνυξ θράνυκος, ἐπὶ τοῦ θρόνου παρὰ Κορίννηι.

31 (12 B., 17 D.)

84 Theodos. π. κλίσ. τῶν εἰς ῶν βαρυτόνων: *excerpta ex libris Herodiani technici* p. 18 Hilg. (= *Beilage zum Jahresbericht des Heidelb. Gymnas. für das Schuljahr* 1886/7, Lips. 1887 Progr. Nr. 565)

τὸ Λάδων ὑπὸ Ἀντιμάχου (fr. 34 Wyss) διὰ τοῦ ω κλίνεται . . . ἡ μέντοι Κόριννα (κόρρινα cod.) διὰ τοῦ ντ τὴν κλίσιν ἐποιήσατο (-σαντο cod.) τῶι λόγωι τῶν μετοχικῶν (-οχῶν cod.), οἷον

Λάδοντος δονακοτρόφω

Choerob. i 75 = An. Bekker iii 1393 (Hdn. II 729. 22 L.) τὸ μέντοι Νέδων τῶι λόγωι τῶν μετοχικῶν διὰ τοῦ ντ κλίνει Κόριννα, οἷον Νέδοντος κτλ., ubi pro Νέδ-, Λάδ- legendum esse vidit Hiller   -οστρόφου cod., corr. Gaisford   vid. Pfeiffer ad Callim. fr. 720

32 (40 B.)

685 Hesych. s.v.

τόνθων·

παρὰ Κορίννηι. ἐπὶ νωτιαίου (νοτιβίου cod.) κρέως τὸ ὄνομα.

33 (27 B.)

686 Athen. iv 174 F

τούτοις δὲ (scil. τοῖς γιγγραΐνοις αὐλοῖς τῶν Φοινίκων) καὶ οἱ Κᾶρες χρῶνται ἐν τοῖς θρήνοις, εἰ μὴ ἄρα καὶ ἡ Καρία Φοινίκη ἐκαλεῖτο, ὡς παρὰ Κορίννηι καὶ Βακχυλίδηι (fr. 40 Sn.) ἔστιν εὑρεῖν.

34 (41 B.)

687 Heraclid. Miles. fr. 26, Cohn *de Heraclide Miles. gramm.* p. 59 (Eust. *Od.* 1654. 24, cf. *Il.* 824. 28, An. Ox. Cramer i 62. 20)

οὕτω δὲ καὶ φράζω φράσσω τὸ λέγω. ἐκεῖθεν Κόριννα ἡ μελοποιὸς

φράττω

ἔφη ἐν δυσὶ τ̄ Βοιωτικῶς.

35 (34 B.)

688 Schol. Ar. *Ach.* 720 (vid. de Borries *Phrynich.* prooem. xxv)

ἀγοράζειν· ἐν ἀγορᾶι διατρίβειν ἐν ἐξουσίαι καὶ παρρησίαι· †ἔστιν Ἀττικῶς, ὅθεν καὶ ἡ Κόριννα ἔστι τοῦ Πινδάρου ἀττικιστί,† ἐπεὶ καὶ ἐν τῶι πρώτωι τῶν Παρθενείων ἐχρήσατο τῆι λέξει (fr. 94 d Sn.).

ὅθεν καὶ ἡ Κόριννα ἐλέγχει τὸν τοῦ Πινδάρου ἀττικισμόν coni. Croenert (ἐπιτιμᾶι Πινδάρωι ἀττικίζοντι Geel); Pind. fr. 103 Schroeder

36 (42 B.)

689 Phrynichus *eclog.* 363, p. 119. 19 de Borries

ψίεθος μιερὸς ὕελος· ἁμαρτάνουσιν οἱ διὰ τοῦ ε̄ λέγοντες, ἀδόκιμον γάρ. καὶ Κόριννα·

†τὸν ὑάλινον παῖδα θήσεις.†

τὸν: τοὺ δ' coni. Bergk, qui etiam Hesych. contulit s.v. θήσω· αἰτήσω. Βοιωτοί. πεδαθήσεις coni. Scaliger   τὸν δ' ὑάλιον πεδαθήσεις (de speculo) Hartung   ad Pherecratis *Korianno* temere refert Wilam. *BKT* v 2. 54 n. 1

BOEOTICA INCERTI AUCTORIS

37 (5^AB D.)

690 *P.S.I.* 1174 (saec. i p.C.) prim. ed. Coppola

```
              .      .
        ]..δο...[
        ].υτοφονε.[
        ].καρδίη σφαδδ.[
        ].τονιν· κρούψε δ.[
  5     ].δέδωκε δῶρ' ε[
        ]ν πυρὶ ἔκηον ηδα[.]τ[
        ].αντες ἐπ' ὠκουπόρω.[
           ΟΡΕΣΤΑΣ
        ]ας μὲν ὠκιανῶ λιπῶσα.[
        ] ἱαρὸν φάος σελάνας πασα[
  10    ].· ὤρη δ' ἐς Διὸς ἀμβρότυ[ο
        ].γέαρος ἐν ἄνθεσι· γεγα[
        ].υν χορὸς ἀν ἐπτάπουλον[
```

accentus, sim., in Π: 3 η'σ   4 νιν·   9]ι   10 ·ω   τυ[11 σι·γ
2].: α, λ, possis   ε.[: ει possis   4].: κ possis   7].: σ, π possis   .[:
σ possis   8 .[: τ, π possis   10 suppl. Lobel   11 γεγα[θ- veri sim.
12].: σ ut vid., non ο, ν   post 12 vacat

38

691   P.Oxy. 2371 (*c.* 200 p.C.) prim. ed. Lobel

·   ·   ·

]...ψα̣[]

]δεὶ

]ναυ

]δ'ο

5   ]ωπ.[ ]

]τερυπαρ

′]πεδον·ο

].εμουθον·ϊ

].οτερυταχι

10   ]μα, ενω

]νάρειοσαντι[

]υνον, ε

]εις

]ευ̣

15   ].

].ο̣[

·   ·   ·

5 fort.]ῶ̂πα[8 fort. ῑ   9]ρ vel fort. φ

39

692 P.Oxy. 2372 (saec. ii med. p.C.) prim. ed. Lobel

fr. 1

```
          . . . .
        ].....[
        ]ν κὴν γαλά[νη
     κο]ύνες· ἠὶν ὅτε[
        ]δε θαλάττας [
  5     ]ταν κουπ...[
        ]ϝο.γ' ἄνευ ἠ[
        ]ένηεν ἁδ' ἐπ[
        ].ξ ἐπ' ἄνθι[α
        ]λιπὼν επτ[
  10    ]..η τόδε ϝ[
        ].ι[
          .  .  .
```

scholia inter lineas: 1–2].ενος νωθρ.[, 2–3 κυ]νες θαλασσιοι ουκ[, 5–6 ρ.[.]ανεν,
6–7 εναιεν, 7–8].. ανθη
accentus in Π: 2 κὴ   3 ']υνὲς·ηἰνὄ   4 ἅττᾶς   5 ἄνκὀῦπ.ˑˑ
6 ὁ.γάνευ,ἠ   7 ένηενἁδ'   8 π'ά   9 έπ   10 ἠτό
2–3 κύων θαλάσσιος = carcharias; e schol. suppl. e.p.   3 ἠὶν = αἰεί

fr. 2

(a)   ].ια
            . . .

```
  1       ]υ παρθένυ κόρη[
          ]σον εὔδενδρον [
        ω]ν οὔπ' ὀμφᾶς κοῦφος [
        λι]γοὺ δὲ μέλψον[θ.]   [
  5       ]ν φιλόμολπον
          ]..[.]ν[..]τεμῳ[
          .    .    .
```

scholia inter lineas: 1–2]ν ποταμον Βοιωτιας[, 2–3]οργανων ειδη μουσικῳ[ν;
5 marg. dext. τ.[
accentus in Π: 1]ῦ   ένῦκό   2 έυ   3 οῦπὀμφᾶσκοῦ   4 ῦδ   5 λό
6 μῦ
(a) carminis titulus   2 Καφι]σὸν (e.p.) veri sim.   3 λωτῶ]ν propos. e.p.
4 suppl. e.p.   ]γϋ̈, sscr. o, et μελπ, sscr. ψ, Π

frr. 3, 4

.   .

]σονευρον[
]ουμᾶςὄ .π[
]ευρῦυγάνουτ᾽ά .[
φ]ρένας·άγ᾽αντιτόυ .[
5   ] .οθιωνκᾱτα[.]ερῦκι[
]παρθενονέι .ἐν[
]αι᾽έχωσα .[
]ῶνᾱἴστῶ[
]᾽ενθϊενιδ[
10   ] .᾽. . .[

scholia inter lineas: 4–5]ψεα ζητων εληλυθα, 5–6]τιζη η αδελφη, 6–7 βου.[.].[,
8–9 εισι ερωτ.[, 9–10]εγει
coniunctio frr. 4, 5 veri simillima, vid. e.p.
1]σον dubium, tam bene]ωπ possis   Καφι]σὸν εὐροὺ [ῥέοντα, sim., possis (e.p.)
3 τ .[vel π[5]ροθ dubium   ερούκι debuit   7]αι᾽ obscurum   ν[
possis   9 ἐνθι = εἰσί

fr. 5 (a), (b)

.   .

] . . .[
]νγεκατα
] . .ἐσκούλιξε
Μελά]νιππος λίον[
5   ]φιλειπόλε- [
μο-   ] καλὸν ἔγχος [
]άων διά τ᾽ ὀγ- [
] .ωσαπα   .[

scholia inter lineas ad marg. dext. continuata: 1]λ .[|] .πε[|] β .[| Αμ]φιαραου[,
2–3 εσκυλευσε[.]τιτ[ ] .α[, 4–5 Μ]ελανιππος μ[   ] .αναιρει Τγδ[, 7–8 βληθε[|]φαφ[,
post 8 sub spat. 2 vv. vac.] .οσ[| ο[
accedunt 5 (c), (d), schol. frr. incertum an ad hos versus pertinentia: 5 (c)] .ως
Τυ[| Μη]κιστεα[, 5 (d)] . .Ετεοκλε[| πα .[|]αι εισιν αυ .[|]υτο λεγε | .νε[.]μ . |]ν,
ubi sub Ετ- versus terminus] . τι
accentus in Π: 3 κόῡ   4 λῒ   5 εἰπό   7] ᾱ́   τ᾽
2 divis. incerta, etiam]ηγε pro]νηε possis; fort. γ᾽ Ἑκατα- (vel ἑκατα-)   3]ωσ
possis   4 suppl. e.p.   7 latet fort. portarum Oncaearum mentio
8 fort.]ϛωσ

fr. 6

ἄ]μιβεγ· χῆρ᾽ ὦ Πολ[ούνικες
]υμα κατ᾽ ἐσχατια.[
νέμ]ονθη φίλτατέ [
] περίφρων μ᾽[.].[
5   ] ἀμείβετο λ[
].ον ὤ[.]ε.[
]να[..]s·[
].ε[

.   .   .

scholia inter lineas: 1 ογϵρω[ν, 2–3 νϵμονται, 4–5 οπο[λυνικης?, 5–6 τα.[, 6–7]γοϛ[

accentus in Π: 1 ῆρ᾽   2 μᾰ τῐᾰ   3 φίλτατέ   4 ίφ μ᾽.   5 μέ
6 ὤ   7 s·

1 suppl. e.p. ϵιβη in ιβϵγ corr. Π   2 .[: ν parum veri sim.   3 suppl.
e.p.   5 αμιβ- debuit vel χ[

fr. 7

.   .

]ό.[
].μ.[
ὁ]μύων π[
]αν ἔσσοχον ἐ.[
5   ].α[ ]ας αὐτῖ λιπὼν πρα[
].ν βου[ ]μ.δελαυτ[..]έν[
]νανδρ[ ]ν· τε[ύ]χια δ᾽ ἐσϛ[
]δένινη[ ].μ.[ ].αγαθ[
μ]έγαν ἐν[ ]. νόον [
10   ]ἑ[.]α·[᾽]γ᾽ ἐμπλ.[
]υς γίν[

.   .   .

scholia inter lineas: 1–2]ν[, 2–3 ο]μοιω μο[, 5–6]Μηκιστ[ϵ]υς ν[

accentus in Π: 1 ό   3 μῦ   4 νέσ νέ   5 ῑλὶ ρᾱ   6 βοῦ ἐν
7 τέ[.]χῐ   8 δέ   10]ἑ α· ᾽]γ᾽   11 γίν

3 suppl. e.p. ν fort. deletum   4 κ[possis   6]ον vel]ων   7 ἀν-
δρ[άσι]ν? suppl. e.p.   9 suppl. e.p.

fr. 8

```
    .    .    .
] [ ] [
Ἀ]πόλλωνο[
]α νυμφᾶν· ὤ.[
]ξον τοι κου[
]α σόφων [
5  ]...ά[.]ηξ[
          .    .    .
```

scholia inter lineas: 1–2 οτι εκει.[,
2–3 νεοκαταϛ[, 3–4 υπο των
accentus in Π: 1 πό, 2 ᾶν·ὤ, 3 οἰκοῦ,
4 σό, 5 ά, ἡ
1 suppl. e.p.

fr. 9

```
    .    .    .
] [
].ᾰδετ’ε[
μίγ]νουτη·δ[
ε]ὐδήμων [
].[    ]ἰσ.[
          .    .    .
```

scholia inter lineas: 1–2]μιγνυται
2–3 ευδαιμω[ν

fr. 10

```
].υπν[
]...η.[
    .    .
```

fort. cum fr. 11 ita
coniungendum, ut legas
]μητα|υπν[

fr. 11

```
]θητρ[
]ενκρέι.[
]μητα[
]υν[
    .    .    .
```

2 ει ex η factum
3 sup. η scr. α

fr. 12

```
].αε[
]ρκ[
]ἰαν[
    .    .    .
```

fr. 13

```
]τὴόν[
    .    .    .
```

fr. 14

```
    .    .    .
].αϛ·[
]νᾱμ[
]ᾱμ.[
].·.[
    .    .    .
```

schol. inter lineas:
sup. 1 vestigia minima,
2–3].ωτω.[

fr. 15

```
    .    .    .
]μα[
]ϝῐδιϙ[
]ταδ[
].μ’α[
5  ]ιολ[
    .    .    .
```

schol. 3–4]βο.[

fr. 16

```
    .    .    .
]ντε.[
].σΐδα[
]δΐν.[
].ίυπ[
    .    .    .
```

schol. 3–4]υποζ[
4 inter ί et ι scr. ε

fr. 17

]ελοῦον[
]δεποτ.[

fr. 18

]ρον.[
]βονδε.[
]μέγα[
]καυ[
5   ].[

fr. 19

].[
]αγῶν[
].ἄϊσμ[
‛]απ.[
5   ͜].[

fr. 20

col. i

].μ.[
]τεῖ[]
].[ ]
]λιόπας

col. ii

[
πολυν[
..[

fr. 21

]οπλ[
].ον[

sub. 2 schol. vestig. minim.

3 Πολ⟨ο⟩υν[ικ-, 4 Καλ]λιόπας (e.p.)
possis

fr. 22

]α.[
]..κὴφ[
Π]ολυνίκ[
‛͜]κοντ[
5   .].[.].[

3 -λου- debuit; suppl. e.p.   inter
4–5 schol.].ιστοτ[

fr. 23

]λοσ[

fr. 24

].
]
]νκᾶλον.[
]
]
]
]
]

fr. 25

]φθ[
‛]ησᾱ[

fr. 26

]ουν[
͡..]δδ[

fr. 27

].ῠντ‛[

fr. 28

]..ανν.[
‛]υλᾱνον.

fr. 29 fr. 30 fr. 31

```
  .        .                .       .            .       .
].[.]πιδα[            ]. [                   ]ν.[
⌋.οσμέλ.[            ]o.[                   ]ŏυ[
']σοῠνορκ[           ] [                    .    .    .
  .        .                .       .
```

3 σου: o postmodo in-   inter lineas, schol.
sertum   vestigia minima

fr. 32 fr. 33

scholia in marg. dext. ad versus xiv
spectantia, quorum duo postremi in
```
  .        .        ]ϛ et ]ϝί exeunt: 1 ]αν, 4 ].υϛ ελευσεται[ |
].. [               ]αι αυτος εγω [, 7 ]αιϛ κοσμηϛ ωτο.[ |
]ᾱμε̄[              ].υσων ταυτα απ[, 11 ]ευπορησον.[,
]όт.[              12 ]ν αἴσμα [ | ]ατα τον ελικω[ν- | ζουσιψ
  .        .        [, 13–14 υπ...αλα[
```

fr. 34

```
  .        .
]..[                          fr. 36
]ῑτε.[
]χδι·                           .            .
  .        .                     ].[
                          ]  λιγουφ[ων-
3 marg. schol. vestig. minima   ]Θιομαχια [
                          ]  μωσα.[
fr. 35                    5  ]Δευξιπ[πα
                                .       .
  .        .
]..[                     carminum tituli cum primis versibus
]ϛ  [
]   [
]   [                          fr. 37
5  ]   [
  .        .                    .            .
                          ].ξοῠ[
4 schol. ]χον.[              ].ιάνθ[.'
                                .       .
```

40

93 P.Oxy. 2373 (saec. ii vel iii p.C.) prim. ed. Lobel

fr. 1

```
              ·    ·       ·
            ]  [ ]   [
          ]ενενανεμ[
          ]άρουϊφων[
          ]προφωστε[
    5     ]                [
          ]                [
          ]πωσποκαῦδ[
          ]ιδασ           [
          ].ριτων         [
   10     ]                [
          ]                [
            ]αυ            [
            ].ρουπορφο[
          ]δεπευριπῦο    [
   15     ][ ]            [
          ]                [
          ].ωνολουμπ[
          ].ε            [
          ]ετεδ.υρομει[
   20           ]    [
              ·    ·       ·
```

2]εν εὐανεμ[3 μελιγ]άρουι φων[ῆ (e.p.)   9]κ vel]χ   13 fort.
]υ   πορφο[υρ- (e.p.)   14 = ἐπ' Εὐρίποιο   17 fort.]π   19 δευρο
veri sim.

fr. 2

```
]  ·  [ ]  ·  [  ·
]γνειτος·οςμετα [
]οτων·           [
]αθιχορῦς        [
5      ]ιτηπρινγα       [
]πικινοδο.παρα̣ [
].νονε̣[.
]ετη[
].αλ.[
10      ].εν.[
]..ει[
]εμ[
·   ·   ·
```

2 κατί]γνειτος (e.p.)   4 (ἐ)γεγ]άθι (e.p.)   6 δον possis

fr. 3   fr. 4

```
]ο[...]οικεκυ[              ]τιχ[
]α.[.]μα̣·ζ̣·ος·[            ].ωϲϝ.[
]πολοισαμ.[                ]διξον[
]θαλαμα.[                  ]ονδαπ.[
5    ].ο̣·το.[
].οχ[
·   ·   ·
```

2 μαζος in μαστος, sscr. στ, correctum
3 θαλαμα]πόλοι vel αμφι] vel προ] possis
(e.p.)

354

fr. 5

(a)   (b)   (c)

```
  ·   ·   ·          ·   ·   ·          ·   ·   ·
 φω[                ]εκ.[               ].[
 δολερ[             ]δεα[              ]γαδα̣[
 καλωσ.[            ].ου·.[            ]    [
 πασιμ.[            ]πεμ[             ][ ]  [
5 ωνεν[          5 ].ασα[          5 ].μειτ[
 δαν·εσ[.]τ[        ]ιμε[             ].αϊσμ[
 τενοπ[.]ω[         ].ιοσ[            ]    [
 αϝυδιμοσκ[         ].ειρα[          ]ελι[
 κημεγαθο[          ].κη[            ]ορωσ[
10 ].ον·ευδημ[   10 ]..[          10 ].επτ[
 ].δᾱυ[.]σω[        ·   ·   ·         ]ενω[
 ]παντηπα[                            ].[
 ].ε[                                ·   ·
  ·   ·   ·                           ·
```

(a), (b), (c) ex eadem papyri regione oriunda
(a) 3 .[: π vel τ   4 .[: fort. υ   11 ιδ, οδ possis

41

694 P.Oxy. 2374 (saec. ii p. post. p.C.) prim. ed. Lobel

fr. 1

(b)   ·   ·

```
                    ]..[
(a)    ·  ·  ·      ]ενόν.[
      ]κη.[         ]οιον.ροσκ[
      ]κη̣.[         ].'αθᾱνήασ[
5      κη̣.[        ]πρῶτέρικα̣[
       κη̣.[        ]γαρασκιό[
      ἴξον[         ]γι̇δ̱α̱οθο[
      .[.]ξ[        ]ἀ̇λινκρ[
       ·  ·  ·      ].ῖν[
10                  ['...̣]
                    ·   ·   ·
                     ·
```

3 Πτ]οῖον ὄρος (e.p.) veri sim.   sup. σκ[scr. ·εναρ.[4 Ἀθανήας   5]πρω-
τερικα[obscurum   5 seq. marg. sin. schol. vestigia minima   6 Γάρ]γαρα
σκιό[εντα, -[εσσα, (e.p.) veri sim.   7 ἴξον[θη et 'Η]γίδαο, e.p.

355

fr. 2

```
    ·   ·   ·
   ]ερρ.[
   ]κιονο�winv[
  ]υπᾱ̈ντελἰᾶ[
  ].δήιονϝῡκτ[
5  ].[..]νειχει͡[
  ]αναπέκοψ[
  ]μίστὸῠ̈λλᾰντ̣[
   ]..[.]..[⁝]..[
    ·   ·   ·
```

3 fort. o]ὺπ' ἀντελιᾶ[ν (= -τολιᾶν)   4 δήιον (= δαίον) insolitum   υ manu
magis cursiva insertum   fort. ϝυ (= ϝοι) κτ[dividendum   6 ἀπέκοψ[αν
(e.p.) veri sim.   ]μίστουλλον impf. in]μίστουλλαν (-ουλαν debuit) aor. correctum

fr. 3	fr. 4	fr. 5

```
  ·   ·          ·   ·          ·   ·
 ]..[           ].[           ].ῡπ[
 ]γάδ[          ]ρο[          ]νο[
 ]ρα[           ]σο͝υ[         ]νοροσ[
  ·   ·          ·   ·          ·   ·
```

fr. 6 (a)

```
  ]θ[...].ϝεα[
  ]ορε.νπ[
  ]ύ̣γ'ο̣ϋ.ρευο̣[
  ]κη,στ[.]νᾰχα[
5 ]εκᾰ.μοσιδ[
  ]δδόμ..ο.κᾰ[
  ].λ..[..
    ·   ·
```

accedit 6 (b), vestigia minima
2 fort. ορεγον vel -επον
ουδρευο[ν (e.p.) veri sim.
ναχα possis   5 κάρμος ut vid.
6 -ομενος veri sim.

fr. 7

```
    ·   ·
  ].σδε.[
  ]κᾰρμ[
  ].στρᾰφωνα[
  ]ασπολιτασ  [
5 ]μαδ'υμωγᾶσ[
  ].ικώρασ  [
  ]νολὄυμπ[
  ]τροσ·[
  ].νο͝υ[
10 ].ειδ.[
```

3 τ]ύγ'   10
3]α possis

356

fr. 8

(a)

.   .   .

]δδο[

]αταεσσ[(b)

]δεϝεσ[   ].[.]ερ[

]ανκὴ[   ]ἀγϝ̈ε̄ᾱ[

5   ]τον[   ]ἄγά[

]νδ᾽.[   ]‾[

]α[

]ν[

.   .   .

fr. 9

.   .   .

].κεκ..τ[

᾽].ρίδαχο̆.[

]λαϝεργα[

.   .   .

schol. sup. v. 1].....[|]οτρ[..]υτ
ησν.[|]τινυκτοσαυτω[
inter 1 et 2].αποου.ρουσηρ.[(text.
Εὐ]ειρίδα χο.[, schol. ἀπὸ Εὐήρους
Ἡρα[κλέους υἱοῦ, sim., coni. e.p., nisi
obstet απο ου- in schol., necnon duo
accentus in textu)
1 κεκαστ[possis, sed etiam κεκλετ[

fr. 10

.   .   .

].[

]ηπρὸ.[

].έδδο.[

]νατ.[

.   .   .

3 sup. ἐδδ schol.].αι

fr. 11

.   .   .

]χρόν[

] κᾱμφ[

] κᾱμφ[

] ὤσποκ᾽.[

5   .]ηνθι.[

]δευρ᾽ίθ[

᾽]..[

.   .   .

inter 3–4 init. scr.]..πο
5 τ]ῆν θιῆ[ν coni. e.p.

fr. 12

.   .   .

].γ[

]νομω[

fr. 13

.   .   .

].[

] ἐρόν[

]ὰ..[᾽]..᾽α[

]λᾱλ[

.   .   .

2 est titulus ut vid.

42

MISCELLANEA

695 (*a*) Boeotica ap. Ap. Dysc. *pron.*

64 b Βοιωτοὶ ⟨ἰών⟩; 69 c Βοιωτοὶ τού καὶ τούν καὶ τούγα; 106 a (οἴ) Βοιωτοὶ . . . εἰς τὸ ϝῦ; 111 c (νῶι) τεκμηριοῦνταί τε ἐκ τοῦ Βοιωτιακοῦ, ἐπεὶ οὐδέποτε παρὰ αὐτοῖς νοί διὰ τοῦ οῖ; 135 a (τεός) ἐπὶ ταύτης τῆς λέξεως Βοιωτοὶ μεταβάλλουσι τὸ ε̄ εἰς ῑ, καθότι καὶ τὸ θεός θιός.

(*b*) Pap. Bibl. Univ. Giss. 40, ed. Eberhart *Mitteil. aus der Pap.-Samml. der Giess. Univ.-Bibliothek* iv, *Liter. Stücke,* 1935 pp. 19 seqq.

est commentarius, saec. i/ii p.C. scriptus: col. ii 2 legere possis ὐκ[τ]ρ(ας) μημαλατ[, tamquam e carmine Boeotico sumptum.

(*c*) Hesych. s.vv.

γακα· ἡδέως; γακού· ἡδύ, γλυκύ; γακούδια ἡδύσματα; †γακουτανης· ἡδυπότης: 'haec omnia redire videntur ad textum Corinnae' Latte *Hesych.* i 502, quem vid.

695ᴬ

CORINNAE FRAGMENTIS ADDENDUM

P.Oxy. 2438 col. ii init.

υἱὸς δὲ (scil. ὁ Πίνδαρος) κατὰ μὲν Κόρ[ινναν] καὶ ἑτέρας ποιητρίας Σκοπελίνο[υ

POETAE MELICI MINORES

POETAE MELICI MINORES

Eumelus	saec. VIII|VII	Corinthius
Terpander	flor. saec. VII med.?	Lesbius
Xanthus	flor. saec. VII med.?	Siciliensis?
Apollodorus	flor. saec. VI p. post.?	Atheniensis?
Lasus	flor. saec. VI p. post.?	Hermioneus
Tynnichus	flor. saec. VI|V	Chalcidensis
Pratinas	flor. c. 500	Phliasius
Cydias	flor. c. 500	Hermioneus
Myrtis	Pindari aequalis	Anthedonia
Telesilla	flor. saec. V p. pr.	Argiva
Timocreon	flor. c. 480	Rhodius
Lamprocles	flor. saec. V p. pr.?	Atheniensis
Sophocles	c. 496–406	Atheniensis
Diagoras	Sophoclis aequalis?	Melius
Ion	flor. c. 450	Chius
Praxilla	flor. c. 450?	Sicyonia
Euripides	c. 485–406	Atheniensis
Melanippides	flor. c. 440	Melius
Pronomus	flor. c. 430	Thebanus
Licymnius	flor. c. 420?	Chius
Cinesias	flor. c. 420	Atheniensis
Timotheus	flor. c. 410	Milesius
Telestes	flor. c. 400	Selinuntius
Ariphron	flor. c. 400	Sicyonius
Philoxenus	flor. c. 400	Cytherius
Philoxenus	flor. c. 400?	Leucadius?
Polyidus	flor. c. 400	Selymbrianus
Cleomenes	saec. V med. vel p. post.?	Rheginus
Lamynthius	saec. V med. vel p. post.?	Milesius
Oeniades	flor. c. 385	Thebanus
Stesichorus II	flor. c. 370	Himeraeus
Aristoteles	c. 384–322	Stagirites
Lycophronides	saec. IV	?
Castorion	saec. IV p. post.	Soleus
Hermolochus	saec. IV p. post.?	?

Pythermum Callistratum Hybriam si quaeris, videas scolia frr. 27,
10, 26 (pp. 474, 478 seq. infra)

. . . . . .

EUMELUS

1 (I B. et D.)

Προσόδιον ἐς Δῆλον

Pausan. iv 33. 2, i 408 Sp.

ἄγουσι δὲ καὶ ἑορτὴν ἐπέτειον Ἰθωμαῖα, τὸ δὲ ἀρχαῖον καὶ ἀγῶνα ἐτίθεσαν μουσικῆς. τεκμαίρεσθαι δ᾽ ἔστιν ἄλλοις τε καὶ Εὐμήλου τοῖς ἔπεσιν· ἐποίησε γοῦν καὶ τάδε ἐν τῶι προσοδίωι τῶι ἐς Δῆλον·

ττῶι γὰρ Ἰθωμάται καταθύμιος ἔπλετο Μοῖσα
ἁ καθαρὰ† καὶ ἐλεύθερα σάμβαλ᾽ ἔχοισα.

οὐκοῦν ποιῆσαί μοι δοκεῖ τὰ ἔπη καὶ μουσικῆς ἀγῶνα ἐπιστάμενος τιθέντας.

---

ibid. iv 4 init., i 325 Sp. ἐπὶ δὲ Φίντα τοῦ Συβότα πρῶτον Μεσσήνιοι τότε τῶι Ἀπόλλωνι ἐς Δῆλον θυσίαν καὶ ἀνδρῶν χορὸν ἀποστέλλουσι· τὸ δέ σφισιν ἆισμα προσόδιον ἐς τὸν θεὸν ἐδίδαξεν Εὔμηλος, εἶναί τε ὡς ἀληθῶς Εὐμήλου νομίζεται μόνα τὰ ἔπη ταῦτα

ibid. v 19. 10 τὸν μὲν δὴ τὴν λάρνακα εἰργασμένον ὅστις ἦν, οὐδαμῶς ἡμῖν δυνατὰ ἦν συμβαλέσθαι· τὰ ἐπιγράμματα δὲ τὰ ἐπ᾽ αὐτῆς τάχα μέν που καὶ ἄλλος τις ἂν εἴη πεποιηκώς, τῆς δὲ ὑπονοίας τὸ πολὺ ἐς Εὔμηλον τὸν Κορίνθιον εἶχεν ἡμῖν, ἄλλων τε εἵνεκα καὶ τοῦ προσοδίου μάλιστα ὃ ἐποίησεν ἐς Δῆλον

---

2 excidit ⟨‿ –⟩ ut vid. : καθαρὰ⟨ν κίθαριν⟩ suppl. Bergk   σάματ᾽ L¹   ἔχουσα codd.

TERPANDER

Terpandri fragmenta melica exstant me iudice nulla: tantum in sequentibus (1), (2) haesitare possis.

1 (2 B. et D.)

697 Suda s.v. ἀμφιανακτίζειν 1701, i 151 Adler

ἄιδειν τὸν Τερπάνδρου νόμον τὸν καλούμενον "Ορθιον ὃ αὐτῶι (οὗ τὸ coni. Kuster) προοίμιον ταύτην τὴν ἀρχὴν εἶχεν·

†ἀμφί μοι αὖτις ἄναχθ' ἑκατηβόλον ἀειδέτω φρήν.†

ἐστὶ δὲ καὶ ἐν Εὐναίαι (Cratin. fr. 67 K.) καὶ ἐν Ἀναγύρωι (Ar. fr. 59 K.).

---

ibid. 1700 τὸ προοιμιάζειν. διὰ τὸ οὕτω προοιμιάζεσθαι. Τέρπανδρος (Περίανδρος codd., corr. Bergk)· ἀμφί μοι αὖτις ἄνακτα; eadem Zonar. p. 163. Schol. RV Ar. *Nub.* 595 (ἀμφί μοι αὖτε Φοῖβ' ἄναξ): τὸ δὲ ἀμφί μοι αὖτε ἐκ τῶν Τερπάνδρου προοιμίων· καὶ γὰρ ἐκεῖνος οὕτως ἤρξατο· ἀμφί μοι αὖτις ἄνακτα. καὶ τὸ προοιμιάζεσθαι δὲ ἀμφιανακτίζειν ἔλεγον. Schol. min. ibid. (om. RV) μιμεῖται δὲ τῶν διθυράμβων τὰ προοίμια· συνεχῶς γὰρ χρῶνται ταύτηι τῆι λέξει· διὸ καὶ ἀμφιάνακτας αὐτοὺς ἐκάλουν. ἐστὶ δὲ Τερπάνδρου· ἀμφ' ἐμοὶ ἄνακτα ἑκατηβόλον. Cf. Phot. s.v. p. 99 Reitz. ἀρχή τίς ἐστι νόμου κιθαρωιδικοῦ Βοιωτίου ἢ Αἰολίου ἢ τοῦ 'Ορθίου (cf. Plut. *mus.* 4, p. 112 seq. Lasserre, vi 3. 4 Z.); Hesych. s.v. ἀμφὶ ἄνακτα; Zenob. *cent.* v 99; Eust. *Il.* 239. 13

αὖτις schol. Ar., Suda 1700: αὐτὸν, αὖ τὸν Suda 1701; αὖτε ex Ar. *Nub.* edd. ἐκαταβ- Bergk   ἀιδέτω, ἀοιδέτω Suda: ἀιδέτω ἁ φρήν coni. Hermann; multo minus veri sim. ἀειδέτω φρήν, alterius versus init., Bergk
erat hexam. dact., opinor: ἀμφί μοι αὖτε ἄναχθ' ἑκατηβόλον ἀιδέτω ἁ φρή legendum, et versus a Terpandro abiudicandus

2 (1 B. et D.)

698 Clem. Alex. *strom.* vi 11. 88, ii 475 seq. Staehlin

προσήκει δὲ εὖ μάλα τὸ ἐναρμόνιον γένος τῆι Δωριστὶ ἁρμονία καὶ τῆι Φρυγιστὶ τὸ διάτονον, ὥς φησιν Ἀριστόξενος. ἡ τοίνυν ἁρμονία τοῦ βαρβάρου ψαλτηρίου, τὸ σεμνὸν ἐμφαίνουσα τοῦ μέλους, ἀρχαιοτάτη τυγχάνουσα, ὑπόδειγμα Τερπάνδρωι μάλιστα γίνεται πρὸς ἁρμονίαν τὴν Δώριον ὑμνοῦντι τὸν Δία ὧδέ πως·

Ζεῦ πάντων ἀρχά, πάντων ἀγήτωρ,
Ζεῦ σοὶ πέμπω ταύταν ὕμνων ἀρχάν.

Arsen. = Apostol. viii 29 c, ii 434 L.–S., eadem

1 fort. ἀγῆτορ scribendum
parum veri simile videtur, saec. vii a.C. poetam de Iove omnium rerum prin-
cipio cogitasse, huiusmodi ioculis indulsisse (πάντων ἀρχά—ὕμνων ἀρχάν). vid.
Wilam. *Timoth.* 93

versus hexam. dact. eidem adscriptos (falso ut opinor), utique operi nostro
alienos, invenies (i) Plut. *vit. Lycurg.* xxi 5, iii 2. 37 L.–Z.+Arrian. *art. tact.* 44. 3
fin., ἔνθ' αἰχμά τε νέων θάλλει καὶ Μῶσα λίγεια | καὶ Δίκα εὐρυάγυια, καλῶν ἐπιτάρ-
ροθος ἔργων. (ii) Strabo xiii 2. 4, iii 67 Kramer+An. Par. Cramer i 56. 10+Clem.
Alex. *strom.* vi 16. 144. 1, ii 505 Staehlin+Cleonid. *introd. harm.* 19, p. 202 Jan,
σοὶ δ' ἡμεῖς τετράγηρυν ἀποστέρξαντες ἀοιδὰν | ἑπτατόνωι φόρμιγγι νέους κελαδήσομεν
ὕμνους. vid. Wilam. *Timoth.* 64 n. 1
de prooemiis Terpandri loquitur Plut. *mus.* 6; de Nyssa apud Terpandrum
Dionysi nutrice Ioh. Lydus *de mens.* iv 38, p. 198 Roether (vid. Keil *Philol.* 23
(1866) 608): nolite eis credere
frr. adespota 941, 1027 (*c*) Terpandro adscripsit Bergk

XANTHUS

1 (2 в.)

Athen. xii 512 F–513 A

τοῦτον οὖν (τὸν ῾Ηρακλέα), φησίν (ὁ Μεγακλείδης), οἱ νέοι
ποιηταὶ κατασκευάζουσιν ἐν ληιστοῦ σχήματι μόνον περιπορευόμενον,
ξύλον ἔχοντα καὶ λεοντῆν καὶ τόξα. καὶ ταῦτα πλάσαι πρῶτον
Στησίχορον τὸν ῾Ιμεραῖον. καὶ Ξάνθος δ' ὁ μελοποιός, πρεσβύτερος
ὢν Στησιχόρου, ὡς καὶ αὐτὸς ὁ Στησίχορος μαρτυρεῖ ὥς φησιν ὁ
Μεγακλείδης, οὐ ταύτην αὐτῶι περιτίθησι τὴν στολὴν ἀλλὰ τὴν
῾Ομηρικήν. πολλὰ δὲ τῶν Ξάνθου παραπεποίηκεν ὁ Στησίχορος,
ὥσπερ καὶ τὴν ᾽Ορέστειαν καλουμένην.

de Megaclide (Homeri interprete; saec. iv a.C. ut vid.) disserit Bux *RE* xv 1
1931) 124 seq.

363

2 (I B.)

700 Aelian. *v.h.* iv 26, ii 71 Hercher

Ξάνθος ὁ ποιητὴς τῶν μελῶν, ἐγένετο δὲ οὗτος πρεσβύτερος
Στησιχόρου τοῦ Ἱμεραίου, λέγει τὴν Ἠλέκτραν τοῦ Ἀγαμέμνονος
οὐ τοῦτο ἔχειν τοὔνομα πρῶτον ἀλλὰ Λαοδίκην. ἐπεὶ δὲ Ἀγαμέμνων
ἀνῃρέθη, τὴν δὲ Κλυταιμνήστραν ὁ Αἴγισθος ἔγημε καὶ ἐβασίλευσεν,
ἄλεκτρον οὖσαν καὶ καταγηρῶσαν παρθένον Ἀργεῖοι Ἠλέκτραν
ἐκάλεσαν διὰ τὸ ἀμοιρεῖν ἀνδρὸς καὶ μὴ πεπειρᾶσθαι λέκτρου.

ex eodem fonte (scil. Megaclide) ac fr. 1 esse sumptum coni. Robert *Bild und
Lied* (1881) 174

APOLLODORUS

1 (I B.)

701 Erotian. p. 126 Klein

τέρθρον τοῦ πάθους ἀντὶ τοῦ τὸ τέλος . . . καὶ Ἀπολλόδωρος ὁ τοὺς
ὕμνους γράψας φησί·

> τίς τοιῆιδ' ἐν ὥρηι
> ἦλθεν ἐπὶ τέρθρον θυράων;

1 τοι ἤδε, τοι ἤδε, τι ἤδε codd., corr. Meineke
vid. Eust. *prooem. Pind.* 27, iii 299 seq. Dr. εἰς ποιητικὴν ἐτράπη (scil. Pindarus)
καθηγησαμένων αὐτῶι τοῦ μαθεῖν ἢ τοῦ Λάσου, ὡς εἴρηται, ἢ τοῦ Ἀθηναίου Ἀγαθο-
κλέους ἢ Ἀπολλοδώρου, ὅν φασι καὶ προϊστάμενον κυκλίων χορῶν καὶ ἀποδημοῦντα
πιστεῦσαι τὴν διδασκαλίαν Πινδάρωι παιδὶ ὄντι κτλ.

LASUS

1 (I B. et D.)

Ὕμνος εἰς Δήμητρα τὴν ἐν Ἑρμιόνηι

702 Athen. (om. E) xiv 624 E–F

οἰκεῖόν ἐστ' αὐτοῖς (τοῖς Αἰολεῦσι) ἡ φιλοποσία καὶ τὰ ἐρωτικὰ
καὶ πᾶσα ἡ περὶ τὴν δίαιταν ἄνεσις. διόπερ ἔχουσι τὸ τῆς ὑποδωρίου
καλουμένης ἁρμονίας ἦθος. αὕτη γάρ ἐστι, φησὶν ὁ Ἡρακλείδης,

ἦν ἐκάλουν Αἰολίδα, ὡς καὶ Λᾶσος ὁ Ἑρμιονεὺς ἐν τῶι εἰς τὴν ἐν
Ἑρμιόνι Δήμητρα ὕμνωι λέγων οὕτως·

> Δάματρα μέλπω Κόραν τε Κλυμένοι' ἄλοχον
> μελιβόαν ὕμνον ἀναγνέων
> Αἰολίδ' ἂμ βαρύβρομον ἁρμονίαν.

ταῦτα δ' ἀίδουσιν πάντες ὑποδώρια τὰ μέλη. ἐπεὶ οὖν τὸ μέλος
ἐστὶν ὑποδώριον ⟦τὰ μέλη secl. Casaubon⟧, εἰκότως Αἰολίδα φησὶν
εἶναι τὴν ἁρμονίαν ὁ Λᾶσος.

---

id. x 455 C καὶ ὁ εἰς τὴν Δήμητρα δὲ τὴν ἐν Ἑρμιόνηι ποιηθεὶς τῶι Λάσωι ὕμνος
ἄσιγμός ἐστιν, ὥς φησιν Ἡρακλείδης ὁ Ποντικὸς ἐν τρίτωι περὶ Μουσικῆς, οὗ ἐστιν
ἀρχή· Δάματρα—ἄλοχον. Eust. Il. 1335. 52 τῶι Ἑρμιονεῖ δὲ Λάσωι ἄσιγμος ὕμνος εἰς
Δήμητραν. huc spectare P.Berol. 9879+P.Rain. I 5 coni. Della Corte Riv. di Fil.
64 (1936) 392 seqq.

---

1 μεαπω Athen. 624   fort. τε ⟨τὰν⟩ scribendum   2 μελίβοιαν Athen.,
corr. Hartung   ἀναγνέων Bergk : -ῶν Athen.; cf. Hesych. s.v. ἀγνεῖν· ἄγειν, et
IG v i 26. 9 διεξαγνηκέναι; S. Tr. 210 παιᾶνα ἀνάγειν, E. Ph. 1350 ἀνάγειν κωκυτόν,
Pratin. 1. 5, Hesych. s.v. ἄγω· μέλπω, ἀίδω   3 ἅμα Athen. ,corr. Edmonds
de Clymeno vid. Callim. frr. 285, 278 Pf.

2 (3 B.)

Διθύραμβοι

703 Aelian. h.a. vii 47, i 197 Hercher

ἔοικε δὲ καὶ τὰ τῶν λυγκῶν ἔκγονα ὁμοίως ὀνομάζεσθαι· ἐν γοῦν
τοῖς Λάσου λεγομένοις Διθυράμβοις οὕτως εὑρίσκεται ⟦σκύμνος del.
Hercher⟧ εἰρημένον τὸ βρέφος τὸ τῆς λυγκός.

---

de Lasi dithyrambis vid. etiam Ar. Vesp. 1410 seq. Λᾶσός ποτ' ἀντεδίδασκε καὶ
Σιμωνίδης; schol. Pind. Ol. xiii 26, i 362 Dr. ἔστησε δὲ αὐτὸν (τὸν χορὸν) πρῶτος
Ἀρίων..., εἶτα Λᾶσος ὁ Ἑρμιονεύς; Sud. s.v. Λᾶσος, iii 236 Adler... διθύραμβον εἰς
ἀγῶνα εἰσήγαγε; schol. Ar. Av. 1403; Plut. mus. 29, p. 124. 19 Lasserre, vi 3. 23
Ziegler

3 (1 adnot. B.)

Κένταυροι

704 Athen. x 455 C

ταῦτα (scil. Pind. fr. 70 b i seqq. Sn.) σημειώσαιτ' ἄν τις πρὸς
τοὺς νοθεύοντας Λάσου τοῦ Ἑρμιονέως τὴν ἄσιγμον ὠιδὴν ἥτις
ἐπιγράφεται Κένταυροι.

INCERTI LOCI

4

705 P.Oxy. 1367 1 col. ii 53 seqq., xi 117 G.–H. (Hermippi περὶ νομοθετῶν epitoma ab Heraclide Lembo facta)

]Βουζύγης νομο[θετῆ]σαι· μέμνηται δ᾽ α[ὐτοῦ] καὶ Λᾶσος ὁ ποιη[τής

---

de Buzyge vid. schol. Aeschin. 2. 78; Hesych. s.v.; Et. Mag. 206. 47; App. Prov. i 61; Diphil. fr. 62, II 561 K.; schol. S. *Ant.* 255

5 (2 B.)

706 Aelian. *v.h.* xii 36, ii 132 Hercher

ἐοίκασιν οἱ ἀρχαῖοι ὑπὲρ τοῦ ἀριθμοῦ τῶν τῆς Νιόβης παίδων μὴ συνάιδειν ἀλλήλοις . . . Λᾶσος δὲ δὶς ἑπτὰ λέγει.

---

testimoniis addendus Philodem. ed. Sbordone *Rendic. Accad. Napoli* 30 (1955) 45 col. xxxvii 8 seqq. (οὐδὲ ⟨τὰ⟩ Λάσου μάλιστα τοια⟨ῦτα⟩ πεποικιλμένα)

TYNNICHUS

1 (I B. et D.)

707 Plato *Ion* 534 D

μέγιστον δὲ τεκμήριον τῶι λόγωι Τύννιχος ὁ Χαλκιδεύς, ὃς ἄλλο μὲν οὐδὲν πώποτε ἐποίησε ποίημα ὅτου τις ἂν ἀξιώσειεν μνησθῆναι, τὸν δὲ παιῶνα ὃν πάντες ᾄδουσι, σχεδόν τι πάντων μελῶν κάλλιστον, ἀτεχνῶς, ὅπερ αὐτὸς λέγει,

εὕρημά τι Μοισᾶν.

---

cf. Porphyr. *de abst.* 2. 18, p. 148 Nauck τὸν γοῦν Αἰσχύλον φασὶ τῶν Δελφῶν ἀξιούντων εἰς τὸν θεὸν γράψαι παιᾶνα εἰπεῖν ὅτι βέλτιστα Τυννίχωι πεποίηται· παραβαλλόμενον δὲ τὸν αὐτοῦ πρὸς τὸν ἐκείνου ταὐτὸ πείσεσθαι τοῖς ἀγάλμασιν τοῖς καινοῖς πρὸς τὰ ἀρχαῖα

εὑρήματι codd., corr. Stephanus
vid. *RE* xviii 2 (1942) 2355 seq.; Ptolem. Heph. *nov. hist.* ap. Phot. *bibl.* 151 a 9 Bekker

366

PRATINAS

1 (1 B. et D.)

Athen. xiv 617 B–F

Πρατίνας δὲ ὁ Φλειάσιος αὐλητῶν καὶ χορευτῶν μισθοφόρων
κατεχόντων τὰς ὀρχήστρας ἀγανακτεῖν† τινας ἐπὶ τῶι τοὺς αὐλητὰς
μὴ συναυλεῖν τοῖς χοροῖς καθάπερ ἦν πάτριον ἀλλὰ τοὺς χοροὺς
συνάιδειν τοῖς αὐληταῖς· ὃν οὖν εἶχεν κατὰ τῶν ταῦτα ποιούντων
θυμὸν ὁ Πρατίνας ἐμφανίζει διὰ τοῦδε τοῦ ὑπορχήματος·

τίς ὁ θόρυβος ὅδε; τί τάδε τὰ χορεύματα;
τίς ὕβρις ἔμολεν ἐπὶ Διονυσιάδα πολυπάταγα θυμέλαν;
ἐμὸς ἐμὸς ὁ Βρόμιος, ἐμὲ δεῖ κελαδεῖν, ἐμὲ δεῖ παταγεῖν
ἀν' ὄρεα σύμενον μετὰ Ναϊάδων
5 οἷά τε κύκνον ἄγοντα ποικιλόπτερον μέλος.
τὰν ἀοιδὰν κατέστασε Πιερὶς βασίλειαν· ὁ δ' αὐλὸς
ὕστερον χορευέτω· καὶ γάρ ἐσθ' ὑπηρέτας.
κώμωι μόνον θυραμάχοις τε πυγμαχίαισι νέων θέλοι παροίνων
ἔμμεναι στρατηλάτας.
10 παῖε τὸν φρυνεοῦ ποικίλαν πνοὰν ἔχοντα,
φλέγε τὸν ὀλεσισιαλοκάλαμον
λαλοβαρύοπα παραμελορυθμοβάταν
ὑπαὶ τρυπάνωι δέμας πεπλασμένον.
ἦν ἰδού· ἄδε σοι δεξιᾶς καὶ ποδὸς διαρριφά·
15 θρίαμβε διθύραμβε κισσόχαιτ' ἄναξ,
⟨ἄκου'⟩ ἄκουε τὰν ἐμὰν Δώριον χορείαν.

---

1 τίς—ὅδε om. E   3 ἐμὲ—κελ. om. E   6 κατεστα ἐπιερεις βασιλεια
οὐδ' A, ὁ δ' pro οὐδ' (om. τὰν—βασίλ.) E, corr. Heringa (Πιερὶς βασίλεια), Bergk;
vel κατέστασεν ἁ Πιερίς, Edmonds   7 ὑπηρέτης E   8 κωμῶν μόνον A,
κώμων μόνων E, corr. Bergk   θηρομάχοις, a sup. pr. o scr., E, θ' ἦροα μάχοις
C   θέλοι Wilam.: θεαεῖ A, θέα E; θέλει iam Dobree   πάροινον A (παροιν.—
ἔχοντα om. E), corr. Bergk   10 φρυναιου A, corr. Girard Mélanges Weil
(1898) 136 (-έου)   ἔχοντα: χέοντα coni. Jacobs   11 ὀλοσιαλοκάλαμον A,
ὀλεσια κάλαμον E sec. Peppink, corr. Bergk   12 λαλοβαρυοπαραμελο- A
(-βαρυπαραμ. E), corr. Bergk, sed etiam παρμελο- possis (‿‿‿‿‿‿‿—‿‿—‿‿‿)
13 θυπα A (om. E): θ delevi; ὑπαὶ Emperius (temere θῆτα coni. Hartung, probant
edd. recc.)   14–16 om. E   14 δεξιὰ A, corr. Bamberger   πόλος A, corr.
anon.   16 supplevi
dissertationum catalogum praebet Stoessl RE xxii 2 (1954) 1722: ambigitur
utrum e carmine melico an fab. satyr. fuerit sumptum; ibid. 1726 seq.

2 (2 B. et D.)

709 Athen. xiv 632 F–633 A

διετήρησαν δὲ μάλιστα τῶν Ἑλλήνων Λακεδαιμόνιοι τὴν μουσικήν,
πλείστηι αὐτῆι χρώμενοι, καὶ συχνοὶ παρ' αὐτοῖς ἐγένοντο μελῶν
ποιηταί. τηροῦσιν δὲ καὶ νῦν τὰς ἀρχαίας ὠιδὰς ἐπιμελῶς πολυμαθεῖς
τε εἰς ταύτας εἰσὶ καὶ ἀκριβεῖς. ὅθεν καὶ Πρατίνας φησί·

Λάκων ὁ τέττιξ εὔτυκος ἐς χορόν

Λακωνοτέττιξ coni. Dobree   εἰς Athen., E

3 (3 B. et D.)

710 Athen. xi 461 E

κατὰ τὸν Φλιάσιον ποιητὴν Πρατίναν·

οὐ γᾶν αὐλακισμέναν
ἀρῶν ἀλλ' ἄσκαφον ματεύων,

κυλικηγορήσων ἔρχομαι.

2 ἀρῶν Scaliger: δρῶν Athen. (om. E)   ἀλλὰ σκάφον Athen. (σκύφον E), corr.
Bergk   ματεύων Fiorillo: μαντεύων Athen., μαστεύων E, sec. Peppink   v. 1
fort. γαῖαν (Fiorillo), sed ne tum quidem omnia fide digna; e.g. οὐ⟨δὲ⟩ (vel sim.)
γᾶν / αὐλ. ἀρῶν / ἀλλ' κτλ.

4 (4 B.)

ΔΥΣΜΑΙΝΑΙ Η ΚΑΡΥΑΤΙΔΕΣ

711 Athen. ix 392 F

Πρατίνας δ' ἐν Δυσμαίναις (Δυμαναις Athen., corr. Meineke) ἢ
Καρυάτισιν (Καριατισιν Athen., corr. Dalecamp)

ἀδύφωνον

ἰδίως καλεῖ τὸν ὄρτυγα, πλὴν εἰ μή τι παρὰ τοῖς Φλιασίοις ἢ τοῖς
Λάκωσι φωνήεντες ὡς καὶ οἱ πέρδικες.

titulum ad drama tragicum vel satyricum referunt (vid. *RE* l.c. 1724)

5 (5 B., 4 D.)

12 Heraclides ap. Athen. xiv 624 F–625 A

καὶ Πρατίνας δέ πού φησι·

(a)   μήτε σύντονον δίωκε
μήτε τὰν ἀνειμέναν [Ἰαστί]
μοῦσαν, ἀλλὰ τὰν μέσαν
νεῶν ἄρουραν αἰόλιζε τῶι μέλει·

ἐν δὲ τοῖς ἑξῆς σαφέστερόν φησιν·

(b)   πρέπει τοι
πᾶσιν ἀοιδολαβράκταις
Αἰολὶς ἁρμονία.

(a) 2–3 ἰαστὶν οὖσαν (ἰαστὶ οὖσαν E) Athen. : μοῦσαν Toup, Valckenaer; glossema delevi (cf. 625 B, idem Heraclides dixit τὸ τῆς ἰαστὶ γένος ἁρμονίας) μέσσαν Athen. A, corr. E

(b) 2 ἀοιδὰ λαβρ. Athen., corr. Bergk   (b) om. E

6

13 miscellanea

(i) Plut. mus. 7, p. 114 Lasserre, vi 3. 6 Ziegler ἄλλοι δὲ Κράτητος εἶναί φασι τὸν πολυκέφαλον νόμον, γενομένου μαθητοῦ Ὀλύμπου· ὁ δὲ Πρατίνας Ὀλύμπου φησὶν εἶναι τοῦ νεωτέρου τὸν νόμον τοῦτον.

(ii) ibid. 9, p. 114 L., vi 3. 8 Z. ἄλλοι δὲ Ξενόδαμον ὑπορχημάτων ποιητὴν γεγονέναι φασὶ καὶ οὐ παιάνων, καθάπερ Πρατίνας, καὶ αὐτοῦ δὲ τοῦ Ξενοδάμου ἀπομνημονεύεται ᾆσμα ὅ ἐστι φανερῶς ὑπόρχημα.

(iii) ibid. 42, p. 131 L., vi 3. 34 Z. Τέρπανδρον δ᾽ ἄν τις παραλάβοι τὸν τὴν γενομένην ποτὲ παρὰ Λακεδαιμονίοις στάσιν καταλύσαντα, καὶ Θαλήταν τὸν Κρῆτα, ὅν φασι κατά τι πυθόχρηστον Λακεδαιμονίους παραγενόμενον διὰ μουσικῆς ἰάσασθαι ἀπαλλάξαι τε τοῦ κατασχόντος λιμοῦ τὴν Σπάρτην, καθάπερ φησὶ Πρατίνας.

CYDIAS*

1 (I B. et D.)

714 Plato *Charm.* 155 D

ἐφλεγόμην καὶ οὐκέτ' ἐν ἐμαυτοῦ ἦν καὶ ἐνόμισα σοφώτατον
εἶναι τὸν Κυδίαν τὰ ἐρωτικά, ὃς εἶπεν ἐπὶ καλοῦ λέγων παιδός,
ἄλλωι ὑποτιθέμενος, εὐλαβεῖσθαι

μὴ κατέναντα λέοντος
νεβρὸς ἐλθὼν μοῖραν αἱρεῖσθαι κρεῶν·

αὐτὸς γάρ μοι ἐδόκουν ὑπὸ τοῦ τοιούτου θρέμματος ἑαλωκέναι.

Athen. v 187 E τὰ δ' ἐν τῶι Χαρμίδηι ἐναντιώματα ἐξ αὐτοῦ τοῦ διαλόγου ὁ βουλό-
μενος εἴσεται· ποιεῖ γὰρ αὐτὸν ἀσυμφώνως ποτὲ μὲν σκοτοδινιῶντα καὶ μεθυσκόμενον
τῶι τοῦ παιδὸς ἔρωτι καὶ γινόμενον ἔξεδρον καὶ καθάπερ νεβρὸν ὑποπεπτωκότα λέοντος
ἀλκῆι, ἅμα δὲ καταφρονεῖν φησι τῆς ὥρας αὐτοῦ

1 εὐλαβεῦ δὲ μὴ κ. λ. coni. Bergk   κατ' ἐναντία codd. BW   λέοντος ἀλκῆι ex
Athen. coni. Edmonds, fort. recte   2 νεβρὸν ἐλθόντα codd.   μοῖραν T,
μοῖραν W: ἀθανατώσηι θεία μοίρα B, quod non intellegitur ('verba ex antiqua
parepigraphe orta' Bergk; e.g. ⟨   ⟩ ἀθανάτως ἡ θεία μοῖρα ⟨   ⟩) αἰτεῖσθαι
coni. Cobet

* de aetate Cydiae vid. K. Friis Johansen *Arkaeol. Kunsthist. Medd. Dan.*
Vid. Selsk. 4 n. 2 (1959) 12

2 (2 B.)

715 Plut. *fac. in orbe lun.* 19, v 3. 57 Hub.–Pohl.

Θέων ἡμῖν οὗτος τὸν Μίμνερμον ἐπάξει καὶ τὸν Κυδίαν καὶ τὸν
Ἀρχίλοχον, πρὸς δὲ τούτοις τὸν Στησίχορον καὶ τὸν Πίνδαρον ἐν
ταῖς ἐκλείψεσιν ὀλοφυρομένους· ἄστρον φανερώτατον κλεπτόμενον
(P. *Pae.* ix 2–3 Sn.) καί· μέσωι ἄματι νύκτα γινομένην (cf. Stesich.
fr. 94), καὶ τὴν ἀκτῖνα τοῦ ἡλίου σκότους ἀτραπὸν ⟨ἐσσυμέναν⟩
(P. *Pae.* ix 5 Sn.) φάσκοντας.

---

e Cydia ut vid. nihil sumptum

---

vid. etiam fr. adesp. 30

MYRTIS

1 (I B.)

716 Plut. *quaest. graec.* 40, ii 357 Nachst.–Siev.–Titch.

τίς Εὔνοστος ἥρως ἐν Ταναγραι καὶ διὰ τίνα αἰτίαν τὸ ἄλσος αὐτοῦ
γυναιξὶν ἀνέμβατόν ἐστιν; Ἐλιέως τοῦ Κηφισοῦ καὶ Σκιάδος Εὔνοστος
ἦν υἱός, ὧι φασιν ὑπὸ νύμφης Εὐνόστας ἐκτραφέντι τοῦτο γενέσθαι
τοὔνομα. καλὸς δ᾽ ὢν καὶ δίκαιος οὐχ ἧττον ἦν σώφρων καὶ αὐστηρός.
ἐρασθῆναι δ᾽ αὐτοῦ λέγουσιν Ὄχναν, μίαν τῶν Κολωνοῦ θυγατέρων
ἀνεψιὰν οὖσαν. ἐπεὶ δὲ πειρῶσαν ὁ Εὔνοστος ἀπετρέψατο καὶ
λοιδορήσας ἀπῆλθεν εἰς τοὺς ἀδελφοὺς κατηγορήσων, ἔφθασεν ἡ
παρθένος τοῦτο πράξασα κατ᾽ ἐκείνου καὶ παρώξυνε τοὺς ἀδελφοὺς
Ἔχεμον καὶ Λέοντα καὶ Βουκόλον ἀποκτεῖναι τὸν Εὔνοστον ὡς πρὸς
βίαν αὐτῆι συγγεγενημένον. ἐκεῖνοι μὲν οὖν ἐνεδρεύσαντες ἀπέ-
κτειναν τὸν νεανίσκον, ὁ δ᾽ Ἐλιεὺς ἐκείνους ἔδησεν. ἡ δ᾽ Ὄχνη
μεταμελομένη καὶ γέμουσα ταραχῆς, ἅμα μὲν αὑτὴν ἀπαλλάξαι
θέλουσα τῆς διὰ τὸν ἔρωτα λύπης, ἅμα δ᾽ οἰκτείρουσα τοὺς ἀδελφούς,
ἐξήγγειλε πρὸς τὸν Ἐλιέα πᾶσαν τὴν ἀλήθειαν, ἐκεῖνος δὲ Κολωνῶι.
Κολωνοῦ δὲ δικάσαντος οἱ μὲν ἀδελφοὶ τῆς Ὄχνης ἔφυγον, αὐτὴ δὲ
κατεκρήμνισεν ἑαυτήν, ὡς Μυρτὶς ἡ Ἀνθηδονία ποιήτρια μελῶν
ἱστόρηκε. τοῦ δ᾽ Εὐνόστου τὸ ἡρῶιον καὶ τὸ ἄλσος οὕτως ἀνέμβατον
ἐτηρεῖτο καὶ ἀπροσπέλαστον γυναιξίν, ὥστε πολλάκις σεισμῶν ἢ
αὐχμῶν ἢ διοσημιῶν ἄλλων γενομένων ἀναζητεῖν καὶ πολυπραγμο-
νεῖν ἐπιμελῶς τοὺς Ταναγραίους μὴ λέληθε γυνὴ τῶι τόπωι
πλησιάσασα.

TELESILLA

1 (1 B. et D.)

717 Hephaest. *ench.* xi 2, p. 35 Consbr.

ἐστὶ τοίνυν ἐπίσημα ἐν τῶι ἰωνικῶι ἐφθημιμερῆ μὲν τὰ τοιαῦτα,
οἷς ἡ Τελέσιλλα ἐχρήσατο·

ἁ δ᾽ Ἄρτεμις, ὦ κόραι,
φεύγοισα τὸν Ἀλφεόν

id. iv 4, p. 14 C. ἁ—κόραι; epitom. p. 361 C. οὐδ᾽ Ἄρτ.—κόραι.   cf. Pausan.
vi 22. 9

ἁ δ᾽ bis cod. I (ἁ δὲ): ἅδ᾽ vel ἅδε rell., nisi οὐδ᾽ epitom.   κόρα *ench.* iv
cod. D   de amore Alphei in Dianam vid. Wentzel *RE* i 2 (1894) 1632; Stoll
Myth. Lex. i 257

2 (2 B.)

718 Athen. (om. E) xiv 619 B

ἡ δὲ εἰς Ἀπόλλωνα ὠιδὴ

φιληλιάς,

ὡς Τελέσιλλα παρίστησιν.

φηλικίας Athen., corr. Musurus ('pulcra sed non certa coniectura', Kaibel)

3 (3 B.)

719 Pausan. ii 35. 2, i 222 Sp.

Ἀπόλλωνος δέ εἰσι ναοὶ τρεῖς καὶ ἀγάλματα τρία· καὶ τῶι μὲν
οὐκ ἔστιν ἐπίκλησις, τὸν δὲ Πυθαέα [[οὕτως]] ὀνομάζουσι, καὶ Ὅριον
τὸν τρίτον. τὸ μὲν δὴ τοῦ Πυθαέως ὄνομα μεμαθήκασι παρὰ
Ἀργείων· τούτοις γὰρ Ἑλλήνων πρώτοις ἀφίκεσθαι Τελέσιλλά φησι
τὸν Πυθαέα ἐς τὴν χώραν Ἀπόλλωνος παῖδα ὄντα.

cf. ii 24. 1, i 188 Sp. ναὸς Ἀπόλλωνος, ὃν Πυθαεὺς πρῶτος παραγενόμενος ἐκ Δελφῶν
λέγεται ποιῆσαι

4 (4 в.)

20 Pausan. ii 28. 2, i 200 Sp.

ἐπὶ δὲ τῆι ἄκραι τοῦ ὄρους Κορυφαίας ἐστὶν ἱερὸν Ἀρτέμιδος, οὗ
καὶ Τελέσιλλα ἐποιήσατο ἐν ἄισματι μνήμην.

5 (5 в.)

21 [Apollod.] bibl. iii 46 seq., p. 120 Wagner

ἐσώθη δὲ τῶν μὲν ἀρρένων (scil. Νιόβης παίδων) Ἀμφίων, τῶν δὲ
θηλειῶν Χλωρὶς ἡ πρεσβυτέρα (-τάτη Bergk), ἧι Νηλεὺς συνώικησε.
κατὰ δὲ Τελέσιλλαν ἐσώθησαν Ἀμύκλας καὶ Μελίβοια, ἐτοξεύθη δὲ
ὑπ᾽ αὐτῶν καὶ Ἀμφίων (ubi κατὰ δὲ τελεσίαν codd. Rᵃᵇᶜ P).

---

cf. Pausan. ii 21. 9, i 182 Sp. τὴν δὲ εἰκόνα παρὰ τῆι θεῶι τῆς παρθένου Χλῶριν
ὀνομάζουσι, Νιόβης μὲν θυγατέρα εἶναι λέγοντες, Μελίβοιαν δὲ καλεῖσθαι τὸ ἐξ ἀρχῆς.
ἀπολλυμένων δὲ ὑπὸ Ἀρτέμιδος καὶ Ἀπόλλωνος τῶν Ἀμφίονος παίδων περιγενέσθαι
μόνην τῶν ἀδελφῶν ταύτην καὶ Ἀμύκλαν, περιγενέσθαι δὲ εὐξαμένους τῆι Λητοῖ,
Μελίβοιαν δὲ οὕτω δή τι παραυτίκα τε χλωρὰν τὸ δεῖμα ἐποίησε καὶ ἐς τὸ λοιπὸν τοῦ
βίου παρέμεινεν ὡς καὶ τὸ ὄνομα ἐπὶ τῶι συμβάντι ἀντὶ Μελιβοίας αὐτῆι γενέσθαι
Χλῶριν

6 (6 в.)

22 Hesych. s.v.

†βελτιώτας

τὰς βελτίους. Τελέσιλλα.

βελτιωτέρας coni. Lobeck et L. Dindorf coll. schol. BT Hom. Il. 2. 248 χερειότερον
ὡς μειζονώτερον, βελτιώτερον

7 (7 в.)

23 Athen. xi 467 F

Τελέσιλλα δὲ ἡ Ἀργεία καὶ τὴν ἅλω καλεῖ

δῖνον.

---

fere eadem Eust. Il. 1207. 9

δῖνον (ει sup. ῑ scr.) E : δεῖνον Athen.

8 (8 B.)

724 Pollux ii 23, i 88 Bethe

οὐλοκίκιννε

δὲ Τελέσιλλα εἴρηκεν.

-κικινε F, -κίκινα A

9 (9 B.)

725 Schol. A Hom. *Od.* 13. 289, ii 572 Di.

καλῆι τε μεγάληι τε· ἐκ τῆς κατὰ τὴν ὄψιν κοσμιότητος καὶ αἰδοῦς καὶ τοῦτο ὑπονοεῖν δίδωσι, καθὰ καὶ Ξενοφῶν καὶ Τελέσιλλα ἡ Ἀργεία διαγράφουσιν Ἀρετῆς καὶ Καλοκαγαθίας εἰκόνα.

10

726 miscellanea

(i) Phot. *bibl.* p. 115 a 19 Bekker: Telesillae nomen in catalogo poetarum quibus usus est Stobaeus. (= p. 381 adnot. B.)

(ii) [Censorin.] ap. *Gramm. Lat.* vi 608. 2 Keil, Telesilla etiam Argiva minutiores edidit numeros.

(iii) Schol. Theocr. in Pap. Antin. B fol. vi recto v. 60 in marg. sin. scriptum deletumque (ed. Hunt & Johnson *Two Theocritus Papyri* p. 46; saec. v/vi p.C.)

⟦ποιητριαν⟧
⟦Τελεσιλλαν⟧

marg. sin. ad 61 seqq. μία αὐτῶν θαυμάζει τὴν γραῦν   ἀνήρ τις θαυμάζει τὴν ποιήτριαν; marg. dext. 64 μία αὐτῶν θαυμάζ̣[ει; sub col. μία αὐτῶν θαυμάζει τὴν γραῦν εἰπ(οῦσα)ν ὅτι κτλ.

haec omnia ad vv. 61 seqq. referenda, πάντα γυναῖκες ἴσαντι καὶ ὡς Ζεὺς ἀγάγεθ᾽ Ἥραν: hinc coni. e.p. carmen de Iovis Iunonisque nuptiis composuisse Telesillam; probant Maas *Epid. Hymn.* 141 n. 2, Pfeiffer ad Callim. fr. 48.

---

de aetate Telesillae nuperrime disseruit M. E. Colonna *Ann. Fac. Lett. Napoli* 5 (1955) 67 seqq.

TIMOCREON

1 (1 B. et D.)

727 Plut. *Them.* 21, i 1. 197 seqq. L.–Z.

ἦν δὲ καὶ τοῖς συμμάχοις ἐπαχθὴς (ὁ Θεμιστοκλῆς) περιπλέων
τε τὰς νήσους καὶ χρηματιζόμενος ἀπ' αὐτῶν· οἷα καὶ πρὸς Ἀνδρίους
ἀργύριον αἰτοῦντά φησιν αὐτὸν Ἡρόδοτος (8. 111) εἰπεῖν τε καὶ
ἀκοῦσαι. δύο γὰρ ἥκειν ἔφη θεοὺς κομίζων, Πειθὼ καὶ Βίαν· οἱ δ'
ἔφασαν εἶναι καὶ παρ' αὐτοῖς θεοὺς μεγάλους δύο, Πενίαν καὶ
Ἀπορίαν, ὑφ' ὧν κωλύεσθαι δοῦναι χρήματα ἐκείνωι. Τιμοκρέων
δ' ὁ Ῥόδιος μελοποιὸς ἐν ᾄσματι καθάπτεται πικρότερον τοῦ Θεμι-
στοκλέους, ὡς ἄλλους μὲν ἐπὶ χρήμασι φυγάδας διαπραξαμένου
κατελθεῖν, αὐτὸν δὲ ξένον ὄντα καὶ φίλον προεμένου δι' ἀργύριον.
λέγει δ' οὕτως·

ἀλλ' εἰ τύ γε Παυσανίαν ἢ καὶ τύ γε Ξάνθιππον αἰνεῖς,
ἢ τύ γε Λευτυχίδαν, ἐγὼ δ' Ἀριστείδαν ἐπαινέω
ἄνδρ' ἱερᾶν ἀπ' Ἀθανᾶν
4 ἐλθεῖν ἕνα λῶιστον, ἐπεὶ Θεμιστοκλῆν ἤχθαρε Λατώ,

ψεύσταν ἄδικον προδόταν, ὃς Τιμοκρέοντα ξεῖνον ἐόντα
ἀργυρίοισι κοβαλικοῖσι πεισθεὶς οὐ κατᾶγεν
πατρίδ' Ἰαλυσὸν εἶσ⟨ω⟩,
8 λαβὼν δὲ τρί' ἀργυρίου τάλαντ' ἔβα πλέων εἰς ὄλεθρον,

τοὺς μὲν κατάγων ἀδίκως, τοὺς δ' ἐκδιώκων, τοὺς δὲ
καίνων·

---

cf. schol. in Aristeid. xlvi 294, iii 720 Di.; Sud. s.v. Τιμοκρέων

dialectus lyrica communis non sine colore Rhodio   1 εἰ: αἰ Ahrens, sed
vid. Bechtel *Gr. Dial.* ii 647   τύ γε bis codd.: τύ γα Ahrens, sed vid. *IG* xii
i 4129. 3   Παυσ. ἢ καὶ τύ γε om. cod. S   αἰνέσεις S   2 τύ γε codd. UMA:
τύ γα S   fort. Λατ- et ἐγών   Ἀριστείδην M   3 fort. ἱαρᾶν   4 ἐλθεῖν
ἕνα λῶιστον UMA: ὃς ἦλθε λεκτὸς S   ἐπεὶ S²: ἐπεὶ δὲ UMA, ἐπὶ S¹   -κλῆν
Wilam.: -κλῆα UMA, -κλέα δὲ S   ἤχθαιρε S   6 κοβαλ- Bergk: σκυβαλ-
UMA et S marg. (man. prima), κυμβαλ- S   κατήγαγεν S   7 εἰς πατρ.
Ἰαλ. codd.: εἰς transposui et supplevi; cf. Hom. *Il.* 1. 71 ἡγήσατο . . . Ἴλιον εἴσω,
sim.   monendum est ἰη- vel ἰᾱ- scandi (Hom., Pind.; ἰη- etiam Herodotus
lapidesque inscripti, ἰᾱ- vid. Pind., Ovidius, λῡ Hom. metri gratia
opinor. itaque Anacr. fr. 4. 1 ἰηλῡ- non ιᾱλῡ- recipere praestat. nil moramur
si Dionysius Rhodius ἰᾱ- pro ἰᾱ- scripsit, ut voc. termino hexam. dact. accom-
modaret   hoc loco qui ἰᾱλῡ- vel etiam ἰᾱλῡ- scribunt, duplici errore falluntur
8 εἰς UA: ἐς M, ἐπ' S   9 τοὺς δὲ διώκων S

ἀργυρίων δ᾽ ὑπόπλεως Ἰσθμοῖ γελοίως πανδόκευε
ψυχρὰ ⟨τὰ⟩ κρεῖα παρίσχων·
12 οἱ δ᾽ ἤσθιον κηΰχοντο μὴ ὥραν Θεμιστοκλέος γενέσθαι.

---

10 ἀργυρίων ὑπόπλ. Ἰσθμοῖ (-οῖς M) δὲ πανδόκευε γελοίως UMA, ἀργυρίου δὲ ὑπόπλ.
κτλ. S: δὲ post Ἰσθμοῖ non potest stare; manifestum est novam sententiam
init. v. 10 incohari, ne λαβὼν τρί᾽ ἀργυρίου τάλαντα et ἀργ. ὑπόπλ. in eadem
stent πανδ. γελ. transposuit Enger; etiam ἐπανδόκευ᾽ Ἰσθμοῖ γελ. possis
11 ψυχρὰ κρέα παρέχων codd., correxi monendum est semper scandi κρεᾱ 'frigidas
lances praebens', nisi κρεῖα = κρέα, cf. Euphor. fr. 155 Powell   12 τοὶ Ahrens
κηΰχοντο: εὐχόμενοι coni. Bowra ut congrueret responsio   ὥραν codd., corr.
Ahrens   -κλέους codd., corr. Ahrens

2 (2 B. et D.)

728 ibid. (priori continuum)

πολὺ δ᾽ ἀσελγεστέραι καὶ ἀναπεπταμένηι μᾶλλον εἰς τὸν Θεμι-
στοκλέα βλασφημίαι χρῆται μετὰ τὴν φυγὴν αὐτοῦ καὶ τὴν κατα-
δίκην ὁ Τιμοκρέων, ἆισμα ποιήσας οὗ ἐστιν ἀρχή·

> Μοῦσα τοῦδε τοῦ μέλεος
> κλέος ἀν᾽ Ἕλλανας τίθει,
> ὡς ἐοικὸς καὶ δίκαιον.

---

1 τοῦ om. S   2 κλέος om. U   fort. Μῶσα τῶδε τῶ . . . τίθη (hoc S¹,
mero errore opinor) scribendum

3 (3 B. et D.)

729 ibid. (priori continuum)

λέγεται δ᾽ ὁ Τιμοκρέων ἐπὶ μηδισμῶι φυγεῖν συγκαταψηφισαμένου
τοῦ Θεμιστοκλέους. ὡς οὖν ὁ Θεμιστοκλῆς αἰτίαν ἔσχε μηδίζειν,
ταῦτ᾽ ἐποίησεν ἐς αὐτόν·

> οὐκ ἄρα Τιμοκρέων μόνος
> Μήδοισιν ὁρκιατομεῖ·
> ἀλλ᾽ ἐντὶ κἄλλοι δὴ πονη-
> ροὶ κοὐκ ἐγὼ μόνα κόλου-
> 5   ρις· ἐντὶ κἄλλαι ᾽λώπεκες.

3–5 Arsen. = Apostol. cent. vii 28, ii 402 L.–S.

1 ἄρα codd.   μοῦνος codd.   2 μήλ- S   ὅρκια τέμοι UM, ὅρκια τομῆ S,
ὅρκια τέμνει A, corr. Hermann (nisi ὁρκιατόμει, Bergk)   3 δὴ om. Apostol.
4 οὐκ codd., corr. Hermann   5 ἐντὶ καὶ ἄλλαι UMA: ἐντὶ καὶ ἄλλαι S, ἐντὶ
καὶ ἄλλοι Apostol.   ἀλω- codd.

4 (3^A D.)

730 *PSI* xi (1935) 1221 p. 152 seqq. : anon. περὶ αἴνου ed. Bartoletti

ὁ δὲ Κύπρι[ο]ς λεγό[μενος] αἶνος ὄνομα τοιο[ῦτον] ἤνεγκεν ὡς ἐφη.
[διὰ τὸ] παρὰ Κυπρίοις ἐπ̣[ιχώριο]ς λέγεσθαι. κέχρη[ται δὲ τούτωι]
Τιμοκρέων ἐν [ἄισματι κατὰ Θε]μιστοκλ[έο]υς ἐκ[πεσόντος] ἐκ τῆς
['Ελ]λάδος ἐ[φηδό]μενος αὐτοῦ τῆι φ[υγῆι· οὕτω δὲ λέ]γει·

<blockquote>
λό[γ]ον δέ σοι λε[|...].ον ταυτα

σοι π..[|..τ]ῶν τριῶν ταλ[άντων |......]ων

ξένος [(fin. col.)
</blockquote>

suppl. e.p.   ταῦτα an ταὐτὰ incertum   cf. [Diogenian.] praef. i 180 L.–S.
(= Tim. fr. 5 Bergk) ὁ δὲ Κύπριος (αἶνος) προσηγόρευται διὰ τὸ παρὰ Κυπρίοις
λέγεσθαι ὡς ἐπιχώριος. κέχρηται δὲ καὶ τούτωι Τιμοκρέων, ἐμφαίνων ὡς οἱ ἄδικα
πράσσοντες καὶ ἐς ὕστερον τῶν προσηκόντων τυγχάνουσιν. καὶ γὰρ τῶι Ἀδώνιδι ἐν
Κύπρωι τιμηθέντι ὑπὸ τῆς Ἀφροδίτης μετὰ τὴν τελευτὴν οἱ Κύπριοι ζώσας ἐνίεσαν
περιστεράς, αἱ δ' ἀποπτᾶσαι καὶ διαφυγοῦσαι αὖθις ἀδοκήτως εἰς ἄλλην ἐμπεσοῦσαι
πυρὰν διεφθάρησαν. cf. schol. anon. in Aphthon. ap. *Rhet. Gr.* ii 12 Walz

5 (8 B., 5 D.)

731 Schol. Ar. *Ach.* 532

Τιμοκρέων δὲ ὁ Ῥόδιος μελοποιὸς τοιοῦτον ἔγραψε σκόλιον κατὰ
τοῦ πλούτου, οὗ ἡ ἀρχή·

<blockquote>
1   ὤφελέν σ' ὦ τυφλὲ Πλοῦτε
     μήτε γῆι μήτ' ἐν θαλάσσηι

2   μήτ' ἐν ἠπείρωι φανῆμεν,
     ἀλλὰ Τάρταρόν τε ναίειν

3   κἈχέροντα· διὰ σὲ γὰρ πάντ'
     αἰὲν ἀνθρώποις κακά.
</blockquote>

fere eadem schol. Ald. Ar. *Ran.* 1302, Suda s.v. σκόλιον iv 383 Adler. cf. Sancti
Isidori Pelusiotae *ep.* 2. 146, *PG.* 78. 592 C ἔθος γὰρ ἦν παλαιὸν μετὰ τὴν συνεστίασιν
ἅπτεσθαι λύρας καὶ ἄιδειν· ἀπόλ[[λ]]οιο ὦ πλοῦτε καὶ μήτε ἐν γῆι φανείης μήτε ἐν
θαλάσσηι

1 ὤφελες ὦ codd. (ὄφ- Sud. AGM^ac, ὄφειλ- V), corr. Ilgen *carm. conv.* 231   μήτ'
ἐν γῆι codd. (τῆι γῆι Sud. V), corr. Brunck; μὴ 'πὶ γῆι coni. G. S. Farnell   θαλάσσ-
Isidor. (ut solet), θαλάττ- rell.   2 ἠπείρωι: defendit Wade-Gery *JHS* 53
(1933) 85; οὐρανῶι coni. Schneidewin *Beitr.* 127 seq.   φανήμεναι codd., corr.
Bergk (nisi φανήμειν scribendum; Bechtel *Gr. Dial.* ii 646 seq.) γε ναίειν schol.
Ald.   3 πάντ' ἐν codd.: πάντ' α⟨ἰ⟩ἐν scripsi; alia possis, e.g. γὰρ ⟨δὴ⟩ πάντ'
ἐν Edmonds, πάντ' ⟨ἐστ'⟩ ἐν Meineke, πάντ' ἐ⟨στί⟩ν Bowra

6 (6 B., 4 D.)

732 Hephaest. *ench.* xii 5, p. 39 Consbr.

τῶι δὲ καθαρῶι (διμέτρωι ἰωνικῶι) ἐφθημιμερεῖ ὅλον ἆισμα
Τιμοκρέων συνέθηκε·

        Σικελὸς κομψὸς ἀνὴρ
        ποτὶ τὰν ματέρ' ἔφα

cf. Plat. *Gorg.* 493 A–B ἤδη γάρ του ἔγωγε καὶ ἤκουσα τῶν σοφῶν ὡς νῦν ἡμεῖς τέθναμεν καὶ τὸ μὲν σῶμά ἐστιν ἡμῖν σῆμα, τῆς δὲ ψυχῆς τοῦτο ἐν ὧι ἐπιθυμίαι εἰσὶ τυγχάνει ὂν οἷον ἀναπείθεσθαι καὶ μεταπίπτειν ἄνω κάτω. καὶ τοῦτο ἄρα τις μυθολογῶν κομψὸς ἀνήρ, ἴσως Σικελός τις ἢ Ἰταλικός, παράγων τῶι ὀνόματι διὰ τὸ πιθανόν τε καὶ πειστικὸν ὠνόμασε πίθον, τοὺς δὲ ἀνοήτους ἀμυήτους, τῶν δ' ἀνοήτων τοῦτο τῆς ψυχῆς οὗ αἱ ἐπιθυμίαι εἰσί, τὸ ἀκόλαστον αὐτοῦ καὶ οὐ στεγανόν, ὡς τετρημένος εἴη πίθος, διὰ τὴν ἀπληστίαν ἀπεικάσας. ad haec schol. p. 155 Greene οἷον Ἐμπεδοκλῆς

7 (7 B. et D.)

733 Ar. *Vesp.* 1060 seqq.

ὦ πάλαι ποτ' ὄντες ὑμεῖς ἄλκιμοι μὲν ἐν χοροῖς, / ἄλκιμοι δ' ἐν
μάχαις, / καὶ κατ' αὐτὸ δὴ μόνον τοῦτ' ἄνδρες ἀλκιμώτατοι κτλ. ad
haec schol. Ven. 1063 Δίδυμός φησιν ὡς παρώιδησε ταῦτα ἐκ τῶν
τοῦ Τιμοκρέοντος τοῦ Ῥοδίου. cf. Anacr. fr. 80, πάλαι ποτ' ἦσαν
ἄλκιμοι Μιλήσιοι, quem versum hoc Didymi loco nisus Timo-
creonti adscripsit Wilam.

8 (4 B.)

734 [Diogenian.] *praef.* i 179 L.–S.

Καρικὸς δὲ αἶνος λέγεται, ὃν ἀναφέρουσιν εἰς γένει Κᾶρα ἄνδρα·
τοῦτον γὰρ ἁλιέα τυγχάνοντα χειμῶνος θεασάμενον πολύποδα εἰπεῖν·
εἰ μὲν ἀποδὺς κολυμβήσαιμι ἐπ' αὐτόν, ῥιγώσω, ἐὰν δὲ μὴ λάβω τὸν
πολύποδα τῶι λιμῶι τὰ παιδί' ἀπολῶ. κέχρηται δὲ τῶι λόγωι τούτωι
καὶ Τιμοκρέων ἐν μέλεσι.

cf. *Rhet. Gr.* ii 10 adnot. Walz

versum ex epigrammate refert Hephaest. *ench.* i 3, p. 2 C.; dact. hex.+tro.
tetr. *Anth. Pal.* xiii 31 (praecedit Simon. epigr. 162 Diehl); 9–10 B., 6 et 8 D.

LAMPROCLES

1 (I B. et D.)

735   (*a*)   Παλλάδα περσέπολιν κλήιζω πολεμαδόκον ἁγνάν
παῖδα Διὸς μεγάλου δαμάσιππον

(*b*)   Παλλάδα περσέπολιν δεινὰν θεὸν ἐγρεκύδοιμον

ambigitur utrum (*a*) an (*b*) Lamprocli sit adscribendum; confusa referunt antiqui:

P.Oxy. 1611 5+43. 160, xiii 135 G.–H. /ταις Φ[ρύ]ν[ιχος ... / ἀφηγο[ύ]μεν[ος ... / Πα[λ]λά[δα] περ[σέπολιν / κλήιζ]ω π[ολεμαδό/κο]ν ἀγνὰν π[αῖδα Δι/ὸς] μεγάλου δ[αμάσιπ/πον οὕτω παρα[ποιεῖ·?] / διαπορο̂υσι γὰρ ο[ὐκ ὀ/λίγοι π[ε]ρὶ τ[ού]των κα/[θ]άπερ Χαμαιλέων πό/τερόν ποτε Στη[σι]χόρου / ἐστὶν ἢ Λαμπροκλ[έ/ο]υς, κ[αἰπ]ερ[[ι]] τοῦ Φρυν[ί/χου Λαμ]προκλεῖ μα[θη⟨τῆι?⟩ / Μίδωνος?] προσνέμον/[τος· καὶ Α]ριστοφάνης / δὲ? παραπ]οιεῖ λέγων· / [Παλλάδα] π[ε]ρσέ[π]ο(λιν)

Ar. Nub. 967 ἢ Παλλάδα περσέπολιν δεινὰν ἢ τηλέπορόν τι βόαμα, / ἐντειναμένους τὴν ἁρμονίαν ἣν οἱ πατέρες παρέδωκαν, ubi schol. RV ἀρχὴ ᾄσματος Φρυνίχου. ὡς Ἐρατοσθένης φησί, Φρύνιχος [[δὲ V: om. R]] αὐτοῦ τούτου τοῦ ᾄσματος μνημονεύει ὡς Λαμπροκλέους ὄντος· Παλλάδα περσέπολιν κληίζω πολεμαδόκον ἀγνὰν παῖδα Διὸς μεγάλου; schol. Ald. Λαμπροκλέους εἶναί φασιν Ἀθηναίου τοῦ Μίδωνος υἱοῦ. ἔχει δὲ οὕτως· Παλλάδα περσέπολιν κληίζω πολεμαδόκον ἀγνὸν παῖδα Διὸς μεγάλου δαμάσιππον; schol. Ald. et E ed. Holwerda Mnemos. iv 5 (1952) 228 seqq. (cf. cod. Neapol. ed. Koster ibid. 1953, 62 seq.) ἄλλως· οὕτως (οὗτος E) Ἐρατοσθένης· Φρύνιχος (-ίχου E) αὐτοῦ τούτου τοῦ ᾄσματος μέμνηται ὡς Λαμπροκλέους ὄντος τοῦ Μίδωνος υἱοῦ ἢ μαθητοῦ (ἀθλητοῦ E). ἔχει δὲ οὕτως· Παλλάδα περσέπολιν κληίζω πολεμαδόκον (-ὴν Ald.) θεὸν ἐγρεκύδοιμον. Χαμαιλέων (-μολέων cod.) δ᾽ ἀπορεῖ πότερον κληίζω (Χαμ.— ἀπορεῖ om. Ald., ποτικληίζω pro πότερον κλ. scripto) πολεμαδόκον (-οδόκον E) ἀγνὰν παῖδα Διὸς μεγάλου δαμάσιππον, καὶ κατὰ Λαμπροκλέα ὑποτίθησι κατὰ λέξιν.

schol. Aristeid. *or.* xlvi 162 (laud. Ar. *Nub.* 967), iii 538 Di. Παλλάδα περσέπτολιν· ... εἶδος δὲ τοῦτο ᾄσματος καὶ ἀρχή· τὸν δὲ ποιητὴν αὐτοῦ Ῥοῦφος καὶ Διονύσιος ἱστοροῦσιν ἐν τῆι Μουσικῆι Φρυνίχον τινα, ἄλλοι δέ φασι Λαμπροκλέα ἢ Στησίχορον. τὸ δὲ δεινὰν γελοίως ἀντίκειται ⟨παρὰ τῶι κωμικῶι add. cod. Oxon.)· τὸ γὰρ ᾄσμα οὕτως ἔχει· Παλλάδα περσέπτολιν κλεισοπολεμοδόκον ἀγνὴν (B: -ὰν codd. D, Oxon.) παῖδα Διὸς μεγάλου (B: -λαι cod. D, -λην cod. Oxon.) δαμνηπῶλον ἄιστον (ἄριστον cod. Oxon.) παρθένον. hinc Tzetz. *chil.* i 682, p. 29 Kiessling τούτου τοῦ Στησιχόρου δὲ μέλος ὑπάρχει τόδε· / Παλλάδα περσέπτολιν κλήιζω πολεμαδόκον ἀγνὰν παῖδα Διὸς μεγάλου δαμόπωλον ἄιστον παρθένον; ad haec schol. An. Ox. Cramer iii 353. 13 Στησιχόρου μέλος· τινὲς Φρυνίχου τοῦτό φασιν, ἕτεροι δὲ Λαμπροκλέους.

Aristophanis locum respicit etiam Dio Chrys. *or.* 13. 19, p. 234–5 de Budé (i p. 184 von Arnim) τοὺς υἱέας παρασκευάζετε ὡς δυνατοὺς ἐσομένους χρῆσθαι τοῖς τε αὑτῶν καὶ τοῖς δημοσίοις πράγμασιν, οἳ ἂν ἱκανῶς κιθαρίσωσι Παλλάδα περσέπολιν δεινάν (Ἀθηνᾶν pro δεινάν codd. UB), ἢ τὼι ποδὶ βῶσι πρὸς τὴν λύραν· cf. Sud. s.v. τηλέπορον, iv 539 Adler Ἀριστοφάνης· τηλέπορόν τι βόημα. οἷον ὀρθόν τι καὶ ὑψηλόν. ἐστὶ δὲ ἀρχὴ ᾄσματος, ὥσπερ τὸ περσέπολιν Ἀθάναν (ubi -πτολιν GVM, ὥσπερ— Ἀθάναν om. F)

apparet Phrynichum fr. (*a*), non fr. (*b*), scripsisse; constat eundem versus suos ad Lamproclem nominatim rettulisse. apparet etiam Aristophanem fr. (*b*), non fr. (*a*), respexisse; fortasse ad Stesichorum referendum fr. (*b*), sed e tanta testimoniorum confusione veritatem extrahere non possumus
cf. Stes. fr. 97

2 (2 B. et D.)

736 Athen. xi 491 C

Λαμπροκλῆς δ' ὁ διθυραμβοποιὸς καὶ ῥητῶς αὐτὰς (τὰς Πλειάδας)
εἶπεν ὁμωνυμεῖν ταῖς περιστεραῖς ἐν τούτοις·

αἵ τε ποταναῖς
ὁμώνυμοι πελειάσιν αἰθέρι κεῖσθε.

Eust. *Od.* 1713. 5 καὶ Λαμπροκλῆς· αἱ ποταναῖς ὁμώνυμοι πελειάσιν ἐν αἰθέρι κεῖνται·
ἔνθα ὅρα τὸ ποταναῖς

1 τε om. E   2 κεῖνται E ; νεῖσθε coni. Meineke

SOPHOCLES

1 (6, 7 B., 4 D.)

(*a*)   παιάν· Ἀσκληπιός

737 Philostrat. iun. *imag.* 13. 4, p. 34–35 Schenkl–Reisch (= ii 415
Kayser)

Ἀσκληπιὸς δὲ οἶμαι οὗτος ἐγγὺς παιᾶνά που παρεγγυῶν γράφειν
καὶ
κλυτομήτης
οὐκ ἀπαξιῶν παρὰ σοῦ (scil. τοῦ Σοφοκλέους) ἀκοῦσαι . . .

Philostrat. *vit. Apoll.* iii 17, i 96 Kayser οἱ δὲ ᾖδον ᾠδὴν ὁποῖος ὁ παιὰν ὁ τοῦ
Σοφοκλέους ὃν Ἀθήνησι τῶι Ἀσκληπιῶι ᾄδουσιν
Lucian. *encom. Demosthen.* 27, iii 559 Jac. (loc. corrupt.) οὐδὲ γὰρ Ἀσκληπιῶι
μεῖόν τι γίνεται τῆς τιμῆς εἰ μὴ τῶν προσιόντων αὐτῶν ποιησάντων †ὅπλα ἀναδησοδή-
μου† (latet ὁ παιὰν †αδησ-) τοῦ Τροιζηνίου καὶ Σοφοκλέους ᾄδεται
Suda s.v. Σοφοκλῆς 815, iv 402 Adler, ἔγραψεν . . . παιᾶνας

κλυτόμητις coni. Bergk, fort. recte   e paeane Erythraeo (adesp. 934) sum-
ptum, Sophocli falso adscriptum esse coni. Oliver

(*b*) *IG* III i (1878) addenda p. 90 n. 171 g Dittenberger (= *IG*
ii 2. 4510 ; Kern *Inscr. Gr. Tab.* &c. 1913. 45) +Wilhelm *Beitr. zur
gr. Inschriftenkunde* (1909) 102 seqq. + Oliver *Hesperia* 5 (1936)
109 seqq. cum figuris 14, 16

ΣΟΦΟΚΛΕΟΥΣ [ΠΑΙ]ΑΝ

(i)   (ὦ) Φλεγύα] κούρα περιώνυμε μᾶτερ ἀλεξιπό[ν]ο[ιο] θεοῦ

(.).....].s ἀκειρεκόμασ.[.]ενάρξομαι [ὕμ]νον ἐγερσιβόαν

(.).....]νεσι[.]ευεπ.[....].[...].[.]αν[...]οβοα

]συρίγμασι μιγνύ[μεν]ον

5   ]σι Κεκροπιδῶν [ἐπ]ιτάρροθον

].μόλοις τον[.....]κομα[

]ν αὐτογ[   ]

]

]

10   'Ολύ]μπιον

(desunt vv. 6)

]τερα

· · ·

(ii)   ·   ·

..[

πο[

εμ[

λυρ[

5 ειλ[

κατ[

δ[

ε[

·   ·   ·

Oliverum sequor, qui omnia supplevit exceptis v. 1 (Buecheler) et v. 5 (Wilhelm)

(i) 1 init. desunt litt. 6 vel 7 (Oliver p. 113)   2 ἀκειρ. dubio procul de Apolline dictum ut in contextu simili Hes. fr. 123. 3–4, Pind. *Pyth.* 3. 8–14]εναρξομαι[legit Peek, probat Oliver;]εναριθμι[priores   ἀκειρεκόμα, σέ[θ]εν ἄρξομαι tentavit Oliver, recte opinor; tum init. τὸν ἔφυσ]ας ἀκειρεκόμα⟨ι⟩ veri sim. (spatio aptius τὸν φύσ]ας vel ὃν ἔφυσ]ας; φύειν cum subi. fem. Eur. *Phoen.* 1595, al.) 3]νεσι[ν] εὐεπί[η, sim., Dittenberger   fort. αὐλ]οβόα   6 χρυσο]κόμα[ν suppl. Oliver

(ii) vv. positio omnino incerta: e.g. ita cum reliquis coniungi possint ut legas v. 6 seq. χρυσο]κόμα[ν] / λυρ[άοιδον (Oliver)

'ambigo, utrum nobilis ille paean fuerit, . . . an peculiare carmen in honorem matris Coronidis [hoc probat Oliver p. 119], siquidem Sophocles plures paeanes condidisse fertur', Bergk

inscriptum est carmen saec. iii p.C. (p. pr.); decantatum est archonte Munatio Vopisco c. 175 p.C.

DIAGORAS

1 (1–2 B. et D.)

738 Philodem. *de piet.* p. 85 seq. Gomperz

ἀνθρ[ωποει]δεῖς γὰρ ἐκεῖνοι οὐ νομίζουσιν, ἀλλὰ ἀέρα[ς] καὶ
π[νε]ύματα [κ]αὶ αἰθέρας· ὥστ' ἔγωγε κἂν τεθαρρηκότως εἴπαιμι
τούτους Διαγόρου μᾶλλον πλημμελεῖν· ὁ μὲν γὰρ ἔπαιξεν, εἴπερ ἄρα
καὶ τοῦτ' [αὐτ]ο[ῦ] ἐστιν ἀλλ' οὐκ ἐπενήνεκ[τ]αι, [κ]αθάπ[ερ ἐ]ν τοῖς
Μαντινέων ἔθεσιν Ἀριστόξενός φησιν, ἐν δὲ τῆι ποιήσει τῆι μόνηι
δοκούσηι κατ' ἀλήθειαν ὑπ' αὐτοῦ γεγράφθαι τοῖς ὅλοις οὐ[δ]ὲν
ἀσεβὲς παρενέφ[η]νεν, ἀλλ' ἐστὶν εὔφημ[ος] ὡς ποιητὴς εἰς τὸ
δ[α]ιμόνιον, καθάπερ ἄλλα τε μαρτυρεῖ καὶ τὸ γεγραμ[μ]ένον εἰς
Ἀριάνθην τὸν Ἀργεῖον·

> (1)   θεὸς θεὸς πρὸ παντὸς ἔργου βροτείου
> νωμᾶι φρέν' ὑπερτάταν,
> ⟨αὐτοδαὴς δ' ἀρετὰ βραχὺν οἶμον ἕρπειν⟩,

καὶ τὸ εἰς Νικόδωρον τὸν Μαντινέα·

> (2)   κατὰ δαίμονα καὶ τύχαν
> τὰ πάντα βροτοῖσιν ἐκτελεῖται.

τὰ πα[ρ]απλήσια δ' αὐτῶι περιέ[χει καὶ τ]ὸ Μαντινέων ἐνκώμιον.

---

(1) Didym. Alexandr. *de Trinitate* iii 320, *PG* 39. 784 B οὐκ αὐτάρκης γὰρ ὄντως
ἡ ἀνθρώπου σύνεσις εἰπεῖν τι περὶ τοῦ θεοῦ, μὴ θείαν προσλαβοῦσα βοήθειάν τε καὶ
δύναμιν· ὥς που καὶ Διαγόρας ὁ Μήλιος ἔφησεν· θεὸς πρὸ παντὸς—ἕρπειν

(2) Sext. Emp. *adv. mathem.* ix 53, p. 225 Mutschmann Διαγόρας δὲ ὁ Μήλιος
διθυραμβοποιὸς ὥς φασι τὸ πρῶτον γενόμενος ὡς εἴ τις καὶ ἄλλος δεισιδαίμων, ὅς γε καὶ
τῆς ποιήσεως ἑαυτοῦ κατήρξατο τὸν τρόπον τοῦτον· κατὰ δαίμονα καὶ τύχην πάντα
τελεῖται

Diagoram non respiciunt Ar. *Av.* 544, Eust. *Il.* 258. 26, Hesych. s.v. θεὸς θεός
(1) 2 νομαφρενα, 3 δεαρεταββραχυν sic Didym., qui v. 3 solus affert   ἕρπειν:
ἕρπει nescio quis, fort. recte
(2) 1 τύχην, 2 πάντα τελεῖται, om. τὰ et βροτοῖσιν Sextus, 2 τὰ π. βρ. ἐκτελεῖσθαι
Philodem.; ἐκτελεῖται Schneidewin

2 (3 D.)

39 Schol. Vat. in Aristeid. *rhet.* ii 80. 15, ed. Keil, *Herm.* 55 (1920) 63 seqq.

Διαγόρας οὗτος φιλόσοφος ἦν. κληθεὶς δέ ποτε εἰς ἑστίασιν ὑφ' ἑτέρου φιλοσόφου, ἕψοντος ἐκείνου φακῆν καὶ κατά τινα χρείαν ἔξω [[ἐκείνου]] χωρήσαντος, τῆς φακῆς μὴ τελέως ἑψηθῆναι δυναμένης διὰ τὸ μὴ ὑπέκκαυμα ἔχειν τὸ ὑποκείμενον πῦρ, αὐτός τε περιστρα-φεὶς ὧδε κἀκεῖσε καὶ τὸ τοῦ Ἡρακλέους ἄγαλμα προχείρως εὑρὼν καὶ συντρίψας ἐνίησι τῶι πυρὶ ἐπειπὼν ἐπ' αὐτό· δωδεκάτοισιν ἄθλοις τρισκαιδέκατον τόνδ' ἐτέλεσεν Ἡρακλῆς δῖος.

fabulam fere eandem narrant Clem. Alex. *protr.* ii 24. 4, p. 18 Staehlin; Epiphan. *ancor.* 103, xliii 204 Migne; Athenag. *presb.* 4; Theosoph. Tubingensis n. 70, Buresch, *Klaros* 119; *Gnomolog. Vat.* ed. Sternbach, *Wien. Stud.* 10 (1888) 236; Schol. Ar. *Nub.* 830 (om. codd. RV); Tzetz. *chil.* 13. 375 seqq.; omnia exscripsit Keil l.c.

stilum poeticum (-τοισιν, Ἡρακλῆς δῖος) sibi visus audire editor numeros, quos Ionicos vocavit, meo quidem arbitratu duriores restituit: πρὸς (vel ἐπὶ) δώδεκα τοῖσιν ἄθλοις / τρισκαιδέκατον τόνδ' ἐτέλεσεν Ἡρακλῆς δῖος. egomet numeros non audio; utique autoschediasma fuit. cf. Wilam. *GV* 426 n. 4

ΙΩΝ

Διθύραμβοι

1 (12 B.)

40 Argum. Soph. *Antigon.* (Sallustius)

στασιάζεται δὲ τὰ περὶ τὴν ἡρωίδα ἱστορούμενα καὶ τὴν ἀδελφὴν αὐτῆς Ἰσμήνην· ὁ μὲν γὰρ Ἴων ἐν τοῖς Διθυράμβοις καταπρησθῆναί φησιν ἀμφοτέρας ἐν τῶι ἱερῶι τῆς Ἥρας ὑπὸ Λαοδάμαντος (Λαομέ-δοντος codd., corr. Brunck) τοῦ Ἐτεοκλέους.

interpr. Meuli *RE* xii 1 (1924) 696 seq.

2 (11 B.)

41 Schol. Ap. Rhod. i 1165[c], p. 106 W.

καὶ Ἴων φησὶν ἐν διθυράμβωι ἐκ μὲν τοῦ πελάγους αὐτὸν (scil. τὸν Αἰγαίωνα) παρακληθέντα ὑπὸ Θέτιδος ἀναχθῆναι φυλάξοντα τὸν Δία· Θαλάσσης δὲ παῖδα.

cf. Hom. *Il.* 1. 396 seqq.

"Υμνος εἰς Καιρόν

3 (14 B.)

742 Pausan. v 14. 9, ii 43 Sp.

"Ἴωνι δὲ οἶδα τῶι Χίωι καὶ ὕμνον πεποιημένον Καιροῦ· γενεαλογεῖ δὲ ἐν τῶι ὕμνωι νεώτατον παίδων Διὸς Καιρὸν εἶναι.

---

vid. Frazer *Pausan.* ii 564, Sauer *Myth. Lex.* ii 897 seqq., Lamer *RE* x 2 (1919) 1508 seqq.

Ἐγκώμιον εἰς Σκυθιάδην

4 (15 B.)

743 Paroem. ap. Miller *Mélanges* 361

Αἰγιέες οὔτε τρίτοι οὔτε τέταρτοι· Μνασέας ὁ Πατρεὺς ἐξηγούμενος τοῦ ἔπους τούτου τὸν νοῦν λέγει ὅτι οἱ Αἰγιεῖς οἱ ἐν Ἀχαίαι νικήσαντες Αἰτωλοὺς τὴν Πυθίαν ἐπηρώτων τίνες εἶεν κρείττους τῶν Ἑλλήνων, ἡ δὲ Πυθία εἶπεν· Ὑμεῖς δ' Αἰγιέες οὔτε τρίτοι οὔτε τέταρτοι. ὅτι γὰρ τούτοις ἐχρήσθη καὶ οὐ Μεγαρεῦσι, καὶ "Ἴων μέμνηται ἐν τῶι εἰς Σκυθιάδην ἐγκωμίωι.

Zenob. *cent.* i 48, i 19 L.–S., fere eadem; cf. etiam Phot. *lex.* s.v. ὑμεῖς ὦ Μεγαρεῖς, ii 238–9 Naber καὶ "Ἴων δὲ Αἰγιεῦσι δοθῆναι τὸν χρησμὸν ἱστορεῖ

INCERTI LOCI

5 (9 B., 8 D.)

744 Athen. ii 35 D–E

"Ἴων δ' ὁ Χῖός φησιν·

> ἄδαμον
> παῖδα ταυρωπόν, νέον οὐ νέον,
> ἥδιστον πρόπολον βαρυ-
> γδούπων ἐρώτων,

οἶνον ἀερσίνοον
5 ἀνθρώπων πρύτανιν.

---

1 ἄδαμνον coni. Casaubon, sed cf. Hesych. ἀδάμα   2 ταυρῶπα E ut vid.
4 -πνοον CE, corr. Casaubon; fort. -νόων, nisi v. 5 πρύτανιν ἀνθρ.   5 ⟨– ◡⟩
ἀνθρ. πρύτ. coni. Kaibel, probat von Blumenthal   quid sint *amores gravisoni*
explanent alii; in mentem venit rixae amatoriae (cf. Propert. *carm.* iv 8. 35
seqq.)

6 (10 B., 9 D.)

745   Ar. *Pax* 834 seqq.

καὶ τίς ἐστιν ἀστὴρ νῦν ἐκεῖ / "Ἴων ὁ Χῖος; —ὄνπερ ἐποίησεν πάλαι /
ἐνθάδε τὸν Ἀοῖόν ποθ'· ὡς δ' ἦλθ', εὐθέως / Ἀοῖον αὐτὸν πάντες
ἐκάλουν ἀστέρα, ubi Schol. RVAld. "Ἴων ὁ Χῖος· . . . ἐποίησε δὲ
ᾠδὴν ἧς ἡ ἀρχή·

> ἀοῖον ἀεροφοίταν
> ἀστέρα μείναμεν, ἀελίου
> λευκᾶι πτέρυγι πρόδρομον.

Suda s.v. διθυραμβοδιδάσκαλος, ii 91 Adler, fere eadem

---

1 ἀώιον coni. Bergk   ἀερο- : ἠερο- R Suda, fort. recte; ἀμερο- coni. Bentley
2 μείναμεν Bentley: μείνωμεν V Ald., μῆνα μὲν R Suda (sed μῆνα—πρόδρ. om. Sud.
cod. A, μετὰ ἐλίου pro μὲν ἀελίου scr. cod. I)   3 λευκῆι codd.   λευκοπτέρυγα
(Bentley) veri sim.

7 (16 B., 10 D.)

746 Philo π. τοῦ πάντα σπουδαῖον ἐλεύθ. 132–5, vi 38 Cohn–Reiter

Μιλτιάδης ὁ τῶν Ἀθηναίων στρατηγός, ἡνίκα βασιλεὺς ὁ
Περσῶν ἅπασαν τὴν ἀκμὴν τῆς Ἀσίας ἀναστήσας μυριάσι πολλαῖς
διέβαινεν ἐπὶ τὴν Εὐρώπην ὡς ἀναρπάσων αὐτοβοεὶ τὴν Ἑλλάδα,
συναγαγὼν ἐν τῶι παναθηναϊκῶι τοὺς συμμάχους ὀρνίθων ἀγῶνας
ἐπέδειξε, λόγου παντὸς δυνατωτέραν ὑπολαμβάνων ἔσεσθαι τὴν διὰ
τῆς τοιαύτης ὄψεως παρακέλευσιν. καὶ γνώμης οὐχ ἥμαρτε· θεασά-
μενοι γὰρ τὸ τλητικὸν καὶ φιλότιμον ἄχρι τελευτῆς ἐν ἀλόγοις
ἀήττητον, ἁρπάσαντες τὰ ὅπλα πρὸς τὸν πόλεμον ὥρμησαν. . . .
προτροπῆς γὰρ εἰς βελτίωσιν οὐδὲν οὕτως αἴτιον ὡς ἡ τῶν ἀφανε-
στέρων ἐλπίδος μείζων κατόρθωσις. τοῦ δὲ περὶ τοὺς ὄρνιθας ἐναγω-
νίου μέμνηται καὶ ὁ τραγικὸς Ἴων διὰ τούτων·

οὐδ᾽ ὅ γε σῶμα τυπεὶς διφυεῖς τε κόρας ἐπιλάθεται ἀλκᾶς,
ἀλλ᾽ ὀλιγοδρανέων φθογγάζεται·
θάνατον δ᾽ ὅ γε δουλοσύνας προβέβουλε.

τοὺς οὖν σοφοὺς τί οἰόμεθα οὐκ ἀσμενέστατα δουλείας ἀντικαταλ-
λάξεσθαι τελευτήν;

---

1 οὐδ᾽ ὅ γε GHP: οὐδέ γε τὸ M, οὐδ᾽ εἴ γε F, οὐδ᾽ ὅτε A, οὐδ᾽ ὅτι QT   τυπεὶς
MGQ: τύπτεις FHP, τύπτει AT   διφυεῖς APQT: διαφ- rell.   ἀλκῆς MQT
3 δ᾽ ὅ γε: δ᾽ ὅτε A, δέ γε M   -σύνης AQT   'fortasse hic locus ex tragoedia'
Bergk, probant Nauck *TGF* p. 743, Wilam. *Pind.*, 446 n. 1, von Blumenthal *Ion
von Chios* (1939) 49, qui fr. 39 p. 25 seq. (cf. Bergk fr. 16 adnot.) ταῖς ἀφλεγμάντοις
τραπέζαις (Plut. *quaest. conv.* vi prooem. 686 A) fragmentis melicis inclusit,
tragicis aequo iure potuisset

PRAXILLA

1 (2 B. et D.)

Ὕμνος εἰς Ἄδωνιν

747 Zenob. *cent.* iv 21, i 89 L.–S. (cod. Coisl.)

Ἠλιθιώτερος τοῦ Πραξίλλης Ἀδώνιδος· ἐπὶ τῶν ἀνοήτων. Πρά-
ξιλλα Σικυωνία μελοποιὸς ἐγένετο, ὥς φησι Πολέμων· αὕτη ἡ
Πράξιλλα τὸν Ἄδωνιν ἐν τοῖς ὕμνοις εἰσάγει ἐρωτώμενον ὑπὸ τῶν
κάτω τί κάλλιστον καταλιπὼν ἐλήλυθεν, ἐκεῖνον δὲ λέγοντα οὕτως·

κάλλιστον μὲν ἐγὼ λείπω φάος ἠελίοιο,
δεύτερον ἄστρα φαεινὰ σεληναίης τε πρόσωπον
ἠδὲ καὶ ὡραίους σικύους καὶ μῆλα καὶ ὄγχνας·

εὐηθὴς γάρ τις ἴσως ὁ τῶι ἡλίωι καὶ τῆι σελήνηι τοὺς σικύους καὶ τὰ
λοιπὰ συναριθμῶν.

Vv. exstant tantum in Zenob. cod. Coisl. 177
cf. Diogenian. *cent.* v 12, i 251 L.–S. ἠλιθιώτερος τῆς Πραξίλλης· αὕτη γὰρ
ἐρωτωμένη τί κάλλιστον, ἥλιος, ἔφη, καὶ σῦκα. Apostol. *cent.* viii 53, ii 445 L.–S. fere
eadem (ἀπεκρίνατο· ἥλιον σελήνην σῦκα καὶ μῆλα). Suda s.v. ἠλιθιάζω, ii 562 Adler,
... παροιμία, ἠλιθιώτερος τοῦ Πραξίλλης Ἀδώνιδος. Liban. *ep.* 707. 4, x 717 Foerster,
τὰ ἐπὶ τοῦ Πραξίλλης Ἀδώνιδος

3 ὄχνους Zenob., corr. Schneidewin

---

2 (i b. et d.)

Διθύραμβος· Ἀχιλλεύς

48 Hephaest. *ench.* ii 3, p. 9 Consbr.

περὶ συνεκφωνήσεως· . . . δύο βραχεῖαι εἰς μίαν βραχεῖαν . . .
παρὰ Πραξίλληι ἐν διθυράμβοις ἐν ὠιδῆι ἐπιγραφομένηι Ἀχιλλεύς
(cod. DI: Ἀχιλεύς cod. A)·

    ἀλλὰ τεὸν οὔποτε θυμὸν ἐνὶ στήθεσσιν ἔπειθον.

Schol. B p. 287 C. ἀλλὰ—ἔπειθεν. Schol. Dion. Thrac. cod. A (= An. Ox.
Cramer iv 326. 21) p. 210 Hilg. παρὰ Πραξίλληι· ἀλλὰ—ἔπειθον. Draco Stratonic.
p. 146. 18 Hermann δύο βραχεῖαι εἰς μίαν βραχεῖαν ὡς ἐν τῶι ἀλλὰ—ἔπειθεν. An.
Bachmann ii 180. 17 ἀλλὰ—ἔπειθεν sine auct. nom. Eust. *Il.* 12. 25 ἐκ Πραξίλλης
ἐν τῶι ἀλλὰ—ἔπειθον; 805. 21, eadem sine auct. nom.; 1372. 9 sine auct. nom. ἀλλ᾽
ἐτεὸν οὔποτε θυμὸν καὶ ἑξῆς

ἀλλ᾽ ἐτεὸν Eust. 1372   οὔποθε Schol. Dion.   στήθεσιν Eust. 12, στείθεσιν
Schol. Dion.   ἔπειθον Heph., Schol. Dion. sec. Hilgard (ἐπείθεον sec. Cramer),
Eust. bis: -θεν Schol. Heph., Draco, An. Bachm.

Παροίνια

3 (3 B.)

749

Ἀδμήτου λόγον ὦ ἑταῖρε μαθὼν τοὺς ἀγαθοὺς φίλει,
τῶν δειλῶν δ' ἀπέχου γνοὺς ὅτι δειλῶν ὀλίγα χάρις.

Ar. *Vesp.* 1238 Ἀδμήτου—φίλει, ubi Schol. Ἀδμήτου λόγον· καὶ τοῦτο ἀρχὴ
σκολίου. ἑξῆς δέ ἐστι· τῶν δειλῶν—χάρις. καὶ ἐν Πελαργοῖς (I 503 K.)· ὁ μὲν ἦιδεν
Ἀδμήτου λόγον πρὸς μυρρίνην, / ὁ δ' αὐτὸν ἠνάγκαζεν Ἁρμοδίου μέλος. Ἡρόδικος
δὲ ἐν τοῖς Κωμωιδουμένοις καὶ τὸν Ἄδμητον ἀναγέγραφε παραθεὶς τὰ τοῦ Κρατίνου
ἐκ Χειρώνων (I 84 K.)· Κλειταγόρας ἄιδειν ὅταν Ἀδμήτου μέλος αὐλῆι. . . . τοῦτο οἱ
μὲν Ἀλκαίου, οἱ δὲ Σαπφοῦς· οὐκ ἔστι δέ, ἀλλ' ἐν τοῖς Πραξίλλης φέρεται παροινίοις
Eust. *Il.* 326. 38 ἀπὸ δὲ τοῦ ῥηθέντος Ἀδμήτου σκόλιόν τι ἐν Ἀθηναῖς ἦν αἰδόμενον,
ὡς καὶ Παυσανίας φησὶν ἐν τῶι οἰκείωι λεξικῶι, λέγων ὡς οἱ μὲν Ἀλκαίου φασὶν
αὐτό, οἱ δὲ Σαπφοῦς, οἱ δὲ Πραξίλλης τῆς Σικυωνίας. ἀρχὴ δὲ τοῦ μέλους αὕτη·
Ἀδμήτου—χάρις
cf. Phot. *lex.* p. 32 Reitz. Ἀδμήτου λόγον· ἀρχὴ σκολίου, ὃ οἱ μὲν Ἀλκαίου, οἱ δὲ
Σαπφοῦς φασιν; Suda s.v. Ἀδμήτου μέλος καὶ Ἁρμοδίου, i 52 Adler, ἐπὶ τῶν ῥαιδίων
καὶ εὐκόλων. τοιαῦτα γὰρ καὶ τὰ σκόλια λεγόμενα; s.v. πάροινος, iv 64 A. ἦν δὲ καὶ
ἕτερα μέλη, τὸ μὲν Ἀδμήτου λεγόμενον. Hesych. Ἀδμήτου λόγον· σκόλιον
cf. Carm. Conv. 14

1 φίλει Ar., Eust.: φίλει σέβου Athen. A, φίλους σέβου E   2 γνοὺς Athen.,
Eust., Ar. cod. R: πιοῦσ' Ar. cod. V, ποιοῦσ' Aldina   δειλῶν ὀλίγα Schol. Ar.,
Eust.: δειλοῖς ὀλίγη Athen. (cf. Theogn. 854 δειλοῖς οὐδεμί' ἐστὶ χάρις: lectionem
exquisitiorem hic recte praeferunt Neue, Bergk)   incertum quatenus dialectus
Dorica sit restituenda   Bacchyl. 3. 76 seqq. sententias Admeto ab Apolline
datas confert Diehl

4 (4 B.)

750 Ar. *Thesm.* 528

τὴν παροιμίαν δ' ἐπαινῶ / τὴν παλαιάν· ὑπὸ λίθωι γὰρ / παντί που
χρὴ / μὴ δάκηι ῥήτωρ ἀθρεῖν, ubi Schol. ἐκ τῶν εἰς Πράξιλλαν
ἀναφερομένων·

ὑπὸ παντὶ λίθωι σκορπίον ὦ ἑταῖρε φυλάσσεο.

cf. Carm. Conv. 20; proverbium respiciunt Diogenian. *cent.* viii 59 et Hesych.
(ὑπὸ παντὶ λίθωι σκορπίος εὕδει); Suda iv 674 A. (ὑπὸ παντὶ λίθωι σκορπίος· ἐλλείπει
ὕπεστιν); Zenob. *cent.* vi 20 (ὑπὸ π. λ. σκορπίος καθεύδει); Anecd. de Villoison ii 177
cod. Marc.; al.

INCERTI LOCI

5 (6 B.)

751 Athen. xiii 603 A

Πράξιλλα δ' ἡ Σικυωνία ὑπὸ Διός φησιν ἁρπασθῆναι τὸν Χρύσιππον.

---

interpr. Lamer *RE* xii. 1 (1924) 476 ff. s.v. *Laios*

6 (8 B.)

752 Hesych. s.v. Βάκχου Διώνης (cf. An. Bekker i 225)

οἱ μὲν βακχευτρίας (-τηρίας Hesych., -τριαν An. Bekker) Σεμέλης, οἱ δὲ Βάκχου τοῦ Διονύσου καὶ Ἀφροδίτης τῆς Διώνης· παρόσον διωνυμία περὶ τὰς θεάς (τὴν θεάν coni. Latte coll. schol. Pind. *Pyth.* 3. 177ᵇ ἄλλως· Θυώνηι τῆι Σεμέληι· διωνυμίαι γὰρ ἐκέχρητο. εἰσὶν οἳ καὶ τὴν αὐτὴν Διώνην λέγουσιν, ὥσπερ Εὐριπίδης ἐν Ἀντιγόνηι· ὦ παῖ Διώνης . . . Διόνυσε, κτλ.). Πράξιλλα (Τράξ- cod., corr. Musurus) δὲ ἡ Σικυωνία Ἀφροδίτης παῖδα τὸν θεὸν ἱστορεῖ.

7 (7 B.)

753 Pausan. iii 13. 5, i 271 Sp.

Πραξίλληι μὲν δὴ πεποιημένα ἐστὶν ὡς Εὐρώπης εἴη καὶ ⟨Διὸς ὁ suppl. Rinckh⟩ Κάρνειος καὶ αὐτὸν ἀνεθρέψατο Ἀπόλλων καὶ Λητώ.

Schol. Theocr. v 83, p. 170 seq. Wendel Πράξιλλα (-ας codd.) μὲν ἀπὸ Κάρνου (K: Κάρνης G, Καρνίου vel Καρνείου rell.) φησὶν ὠνομάσθαι τοῦ Διὸς καὶ Εὐρώπης υἱοῦ ὃς ἦν ἐρώμενος τοῦ Ἀπόλλωνος

cf. Hesych. s.v. Καρνεῖος, Schol. Callim. *Apoll.* 71, ii 48–49 Pf.

8 (5 b., 3 d.)

754 Hephaest. *ench.* vii 8, p. 24 Consbr.

ἐστὶ δὲ αὐτῶν ἐπισημότατα τό τε πρὸς δύο δακτύλοις ἔχον
τροχαϊκὴν συζυγίαν, καλούμενον δὲ Ἀλκαϊκὸν δεκασύλλαβον (Alc.
fr. 328), καὶ τὸ πρὸς τρισὶ καλούμενον Πραξίλλειον·

> ὦ διὰ τῶν θυρίδων καλὸν ἐμβλέποισα
> παρθένε τὰν κεφαλὰν τὰ δ' ἔνερθε νύμφα

Schol. A p. 130 C. τὸ καλούμενον Πραξίλλειον· ὦ—ἐμβλέποισα (cod. A); πρὸς
φιλουμένην, παρθένον μὲν φαινομένην, μὴ οὖσαν δέ (cod. D). schol. B p. 275 C. τοῦ
δὲ πρὸς τρισὶ καλουμένου Πραξιλλείου, τό· ὦ—νύμφα. Tricha ibid. p. 379–80 C. τὰ
πρὸς τρισὶ . . . ἃ καὶ Πραξίλλεια λέγεται ἅτε τῆς ποιητρίας Πραξίλλης ἐν πολλῶι
χρησαμένης τῶι τοιούτωι μέτρωι
vasculo saec. V med. sinistrorsum inscr. οδιατεσθυριδοσ primus edidit amicus
desideratissimus Paulus Jacobsthal *Goettinger Vasen* (*Abh. d. koenigl. Ges. d.
Wiss. zu Goettingen*, phil.-hist. Kl. N.F. xiv 1913) 59 seqq. cum tab. xxii. 81 =
Athen. Mitteil. 65 (1940) tab. 3; huc spectare frustra negat Aly *RE* xxii (1954) 1765

---

1 τῶν θυρίδων: fort. τῆς θυρίδος cum vasculo legendum, cum fenestram non
fenestras videatur postulare sententia (cf. Wilam. *SS* 120 n. 1), pluralis autem pro
singulari valde sit abnormis (Carm. Pop. 7. 6 infra διὰ τᾶς θυρίδος; Ar. *Vesp.* 379
διὰ τῆς θυρίδος; *Thesm.* 797 κᾆν ἐκ θυρίδος παρακύπτωμεν; Plut. *aet. Rom. 36*, ii
1. 295 N.-T. γυνὴ . . . διὰ θυρίδος προκύψασα; pluralis in Asclep. *Anth. Pal.* v 152.
1-2 Νικαρέτης . . . πρόσωπον / πυκνὰ δι' ὑψιλόφων φαινόμενον θυρίδων actionis re-
petitione (πυκνά) comprobatur); sed rationem reddere nequimus cur facilis in
difficilem mutata sit lectio   etiam ἐκβλέποισα exspectasses: nisi huiusmodi erat
sententia, 'quae more meretricio vagabunda per fenestras intueri soles, scilicet
ut virum foras unde unde elicias'   2 κεφάλαν accentu aeolico Heph. cod. A

EURIPIDES

Ἐπινίκιον εἰς Ἀλκιβιάδην

1 (3 B. et D.)

755 Plut. *vit. Alcib.* 11, i 2. 266–7 L.–Z.

αἱ δ' ἱπποτροφίαι περιβόητοι μὲν ἐγένοντο καὶ τῶι πλήθει τῶν
ἁρμάτων· ἑπτὰ γὰρ ἄλλος οὐδεὶς καθῆκεν Ὀλυμπίασιν ἰδιώτης οὐδὲ
βασιλεύς, μόνος δ' ἐκεῖνος. καὶ τὸ νικῆσαι δὲ καὶ δεύτερον γενέσθαι
καὶ τέταρτον, ὡς Θουκυδίδης φησίν (6. 16), ὡς δ' Εὐριπίδης τρίτον,
ὑπερβάλλει λαμπρότητι καὶ δόξηι πᾶσαν τὴν ἐν τούτοις φιλοτιμίαν.
λέγει δ' Εὐριπίδης ἐν τῶι ἄισματι ταῦτα·

> σὲ δ' ἄγαμαι,
> ὦ Κλεινίου παῖ· καλὸν ἁ νίκα,
> κάλλιστον δ', ὃ μήτις ἄλλος Ἑλλάνων,
> ἅρματι πρῶτα δραμεῖν καὶ δεύτερα καὶ τρίτα⟨τα⟩,
> 5 βῆναί τ' ἀπονητὶ Διὸς στεφθέντ' ἐλαίαι
> κάρυκι βοὰν παραδοῦναι.

Athen. i 3 E Ἀλκιβιάδης δὲ Ὀλύμπια νικήσας ἅρματι πρῶτος καὶ δεύτερος καὶ
τέταρτος, εἰς ἃς νίκας καὶ Εὐριπίδης ἔγραψεν ἐπινίκιον

1 ἄγαμε N, corr. Lindskog; ἀείσομαι rell. (UA)   3 δ' N, om. UA   μηδεὶς
codd., numerorum causa correxi   4 τρίτα codd., corr. Bergk   5 -ναί
τ' UA: -ναι δ' N   Διὸς Hermann: δὶς codd.   6 βοᾶν scr. Bergk coll. Hdt.
vi 103. 2 νικῶν παραδιδοῖ . . . ἀνακηρυχθῆναι

2 (4 B., 3 testim. D.)

756 Plut. *vit. Demosth.* i 1, i 2. 317 L.–Z.

ὁ μὲν γράψας τὸ ἐπὶ τῆι νίκηι τῆς Ὀλυμπίασιν ἱπποδρομίας εἰς
Ἀλκιβιάδην ἐγκώμιον, εἴτ' Εὐριπίδης ὡς ὁ πολὺς κρατεῖ λόγος, εἴθ'
ἕτερός τις ἦν, ὦ Σόσσιε Σενεκίων, φησὶ χρῆναι τῶι εὐδαίμονι πρῶτον
ὑπάρξαι

> τὰν πόλιν εὐδόκιμον.

τὰν NU : τὴν A
incertum utrum verba εὐδ. πρῶτ. ὑπάρξαι poetae tribuenda sint

MELANIPPIDES

1 (I B. et D.)

Δαναΐδες

757 Athen. (om. E) xiv 651 F

Μελανιππίδης δ᾿ ὁ Μήλιος ἐν ταῖς Δαναΐσιν φοίνικας τὸν καρπὸν
οὕτως ὀνομάζει τὸν λόγον ποιούμενος περὶ αὐτῶν τῶν Δαναΐδων
(αὐτῶν τῶν γὰρ ἀίδων A, corr. Dobree)

> οὐ γὰρ †ἀνθρώπων φόρευν μορφὰν ἐνεῖδος†
> οὐδὲ †τὰν αὐτὰν† γυναικείαν ἔχον,
> ἀλλ᾿ ἐν ἁρμάτεσσι διφρού-
> χοις ἐγυμνάζοντ᾿ ἀν᾿ εὐ-
> ήλι᾿ ἄλσεα πολλάκις
> θήραις φρένα τερπόμεναι,
> 5 ⟨αἱ δ᾿⟩ ἱερόδακρυν λίβανον εὐώ-
> δεις τε φοίνικας κασίαν τε ματεῦσαι
> τέρενα Σύρια σπέρματα

1–2 μορφᾶεν εἶδος coni. Dobree, τὰν αὐδὰν Casaubon : sed quis unquam negavit
Danai filias formam vocemque humanam habere? sententiae aptum foret
οὔ⟨τε⟩ παρθένων (hoc iam Emperius denuoque Hiller, sed corruptela parum veri
sim.) φόρευν μορφᾶεν εἶδος, / οὐ δίαιταν (Dobree) τὰν γυναικείαν (-κίαν A) ἔχον
3 ασδεα A, corr. Emperius (αλσεα intellego, sed metr. incert.) πολλάκι A
4 θῆρες A, corr. Porson 5 supplev ἱ(vel ταὶ δ᾿) -δακρυ et πατεῦσαι A
corr. Emperius 6 συρίας τέρματα A, corr. Fiorillo

2 (2 B. et D.)

Μαρσύας

758 Athen. xiv 616 E

περὶ μὲν γὰρ αὐλῶν ὁ μέν τις ἔφη τὸν Μελανιππίδην καλῶς ἐν τῶι
Μαρσύαι διασύροντα τὴν αὐλητικὴν εἰρηκέναι περὶ τῆς Ἀθηνᾶς·

> ἁ μὲν Ἀθάνα
> τὥργαν' ἔρριψέν θ' ἱερᾶς ἀπὸ χειρὸς
> εἶπέ τ'· ἔρρετ' αἴσχεα, σώματι λύμα·
> †ἐμὲ δ' ἐγὼ† κακότατι δίδωμι.

1–2 ἀθάνατα ὄργανα Α, ἀθάνα ὄργανα Ε, corr. Bergk   2 ἔρριψέ τε Α, ἔρριψεν
(om. τε) Ε   3 σωματόλυμα coni. Meineke   4 ἐγὼ ⟨οὐ⟩ coni. Maas (ἔγωγ'
οὐ Wilam. GV 492); mihi magis adridet quod olim coniecerat Wilam., ὕμμε δ'
ἐγὼ κ. δ., cf. ὀδύνηισιν ἔδωκεν, simm.   illustravit Boardman JHS 76 (1956) 18 seqq.

3 (3 B. et D.)

Περσεφόνη

759 Stob. ecl. i 49. 50, i 418 Wachs.

Ἀχέροντα μὲν διὰ τὰ ἄχη, ὡς καὶ Μελανιππίδης ἐν Περσεφόνηι·

> καλεῖται δ'† ἐν κόλποισι γαίας
> †ἀχεοῖσι† προχέων Ἀχέρων.

2 ἀχεοῖσι F : ἀχαιοῖσιν P   1–2 καλεῖται δ' ⟨εἵνεκ'⟩ ἐν κ. γ. / ἄχε' εἶσιν π.
Ἀ. coni. Bergk, fort. recte

INCERTI LOCI

4 (4 B. et D.)

760 Athen. (om. E) x 429 B–C

οἱ δὲ ἀγνοοῦντες τὴν τοῦ οἴνου δύναμιν τὸν Διόνυσον φάσκουσιν
μανιῶν εἶναι αἴτιον τοῖς ἀνθρώποις, βλασφημοῦντες οὐ μετρίως·
ὅθεν ὁ Μελανιππίδης ἔφη·

> πάντες δ' ἀπεστύγεον ὕδωρ
> τὸ πρὶν ἐόντες ἀίδριες οἴνου·
> τάχα δὴ τάχα τοὶ μὲν οὖν ἀπωλλύοντο,
> τοὶ δὲ παράπληκτον χέον ὀμφάν.

---

3 μὲν οὖν (οὖν om. recc.): vid. Denniston *Gk. Part.* p. 473   ἀπωλαυοντο A, corr.
Kaibel

5 (5 B. et D.)

761 Athen. ii 35 A

τὸν οἶνον ὁ Κολοφώνιος Νίκανδρος ὠνομάσθαι φησὶν ἀπὸ Οἰνέως
(fr. 86 Schn.), φησὶ δὲ καὶ Μελανιππίδης ὁ Μήλιος (Μιλήσιος codd.)·

> ἐπώνυμον δέσποτ' οἶνον Οἰνέως

δέσποτ' suspectum: δός ποτ' coni. Bergk, δὸς δέσποτ' Hartung; δὲ δέσποτ'
Dobree   Οἰνέος maluit Bergk

6 (6 B. et D.)

762 Clem. Alex. *strom.* v 14. 112, ii 402 Staehlin

ὁ μελοποιὸς δὲ Μελανιππίδης ᾄδων φησίν·

> κλῦθί μοι ὦ πάτερ, θαῦμα βροτῶν,
> τᾶς ἀειζώου ψυχᾶς μεδέων.

Euseb. *praep. evang.* xiii 680, *PG.* 21. 1124 B ὁ μελοποιὸς δὲ Μελανιππίδης
ᾄδων φησί· κλῦθι—μεδέων ψυχᾶς.

2 ordinem μεδ. ψυχ. (Euseb.) praetulit Bergk, sed metrum omnino incertum;
vereor ut recte Melanippidae adscribatur

7 (7 B. et D.)

63 Plut. *amator.* 15, iv 360 Hub.

οὐδὲν γάρ ἐστιν αἰσχρὸν οὐδ᾽ ἀναγκαῖον ἀλλὰ πειθὼ καὶ χάρις
ἐνδιδοῦσα πόνον ἡδὺν . . . ὑφηγεῖται πρὸς ἀρετὴν καὶ φιλίαν, οὔτ᾽
ἄνευ θεοῦ τὸ προσῆκον τέλος λαμβάνουσαν οὔτ᾽ ἄλλον ἔχουσαν
ἡγεμόνα καὶ δεσπότην θεὸν ἀλλὰ τὸν Μουσῶν καὶ Χαρίτων καὶ
Ἀφροδίτης ἑταῖρον Ἔρωτα·

γλυκὺ γὰρ θέρος ἀνδρὸς ὑποσπείρων πραπίδων πόθωι
κατὰ τὸν Μελανιππίδην τὰ ἥδιστα μίγνυσι τοῖς καλλίστοις.

πόθωι Ε : πόθον Β ; πραπίδεσσι πόθων coni. Bergk

8 (10 B.)

64 Philodem. *de piet.* p. 23 Gomperz = Philippson *Herm.* 55 (1920)
277

Μελανιπ[πί]δης δὲ Δήμητρ[α καὶ] Μητέρα θεῶν φ[η]σιν μίαν
ὑπάρχ[ειν] καὶ Τελέσ[της (fr. 5) ἐν Διὸ]ς γονα⟨ῖ⟩ς τὸ [αὐτὸ κ]αὶ
Ῥέαν ετ[

9 (9 B.)

65 Schol. T Hom. *Il.* 13. 350, vi 26 Maass

ἐντεῦθεν δὲ Μελανιππίδης κύουσαν ἀπὸ Διὸς Θέτιν ἐκδοθῆναι
Πηλεῖ διὰ τὰ ῥηθέντα ὑπὸ Προμηθέως ἤτοι Θέμιδος (Θέμιδι cod.).

10 (8 B.)

66 Schol. T Hom. *Il.* 18. 570, vi 279 Maass (= An. Par. Cramer iii
289. 2)

ἡ δὲ περὶ τὸν Λίνον ἱστορία καὶ παρὰ Φιλοχόρωι ἐν τῆι ιθ' καὶ
παρὰ Μελανιππίδηι.

PRONOMUS

Προσόδιον εἰς Δῆλον

767 Pausan. ix 12. 5, iii 27 Sp.

Πρόνομος . . . τοῦ προσώπου τῶι σχήματι καὶ τῆι τοῦ παντὸς κινήσει σώματος περισσῶς δή τι ἔτερπε τὰ θέατρα· καί οἱ καὶ ᾆσμα πεποιημένον ἐστὶ [[ἐς]] προσόδιον ἐς Δῆλον τοῖς ἐπ᾽ Εὐρίπωι Χαλκιδεῦσι.

LICYMNIUS

1 (5 B.)

Διθύραμβος

768 Athen. xiii 603 D

Λικύμνιος (Ἀλκύμνιος A, corr. Reinesius) δ᾽ ὁ Χῖος ἐν Διθυράμβοις Ἀργύννου φησὶν ἐρώμενον Ὑμέναιον (ὑμαινεον A, corr. Musurus) γενέσθαι.

rarissima apud poetas Argynni mentio; vid. Hesiodi fr. E 1. 10 n., E 2. 19 Merkelbach, Phanoclis fr. 5 *Coll. Alex.* Powell Hymenaei (s.v.l.) amasium fuisse nemo praeter nostrum memorat; cf. etiam von Blumenthal *RE* xix 2 (1938) 1783

INCERTI LOCI

2 (4 B. et D.)

769 Sext. Emp. *adv. mathem.* xi 49, p. 386 seq. Mutschmann

Σιμωνίδης μὲν γὰρ ὁ μελοποιός φησι (fr. 99)· Λικύμνιος δὲ προειπὼν ταῦτα·

λιπαρόμματε μᾶτερ ὑψίστα θρόνων
σεμνῶν Ἀπόλλωνος βασίλεια ποθεινὰ
πραΰγελως Ὑγίεια

†ποῖον ὑψηλὸν† ἐπιφέρει· τίς γὰρ ⟨ἢ⟩ πλούτου κτλ. (= Ariphron fr. 1.)

1 -όμβατε E ὑψίστων codd., corr. Wilam.   3 ὑγεία codd., corr. Schnei-dewin   ποῖον ὑψηλὸν Licymnio dedit Maas, *Epid. Hymn.* 149 seq., ut fieret sententia "Ὑγίεια ⟨ ⟩," / "ποῖον ὑψηλὸν ⟨ ⟩" ἐπιφέρει, ⟨ Ἀρίφρων δέ φησι·⟩ "τίς γὰρ κτλ." equidem lacunam subesse credo

3 (1–2 B. et D.)

70 Stob. *ecl.* i 49. 50, i 418 Wachs.

Ἀχέροντα μὲν διὰ τὰ ἄχη . . . ἐπεὶ καὶ Λικύμνιός φησι·

(a)   μυρίαις παγαῖς δακρύων ἀχέων τε βρύει,
καὶ πάλιν

(b)   Ἀχέρων ἄχεα πορθμεύει βροτοῖσιν.

(a) πάσαις codd., corr. Grotius, nisi potius παγαῖσι δᾱκρ- (G. S. Farnell) ⟨Ἀχέρων⟩ ἀχέων coni. Grotius   (b) βροτοῖς Grotius

4 (3 B. et D.)

71 Athen. xiii 564 C–D

Λικύμνιος δ᾽ ὁ Χῖος τὸν Ὕπνον φήσας ἐρᾶν τοῦ Ἐνδυμίωνος οὐδὲ καθεύδοντος αὐτοῦ κατακαλύπτει τοὺς ὀφθαλμούς, ἀλλὰ ἀναπεπτα- μένων τῶν βλεφάρων κοιμίζει τὸν ἐρώμενον ὅπως διὰ παντὸς ἀπο- λαύηι τῆς τοῦ θεωρεῖν ἡδονῆς. λέγει δ᾽ οὕτως·

> Ὕπνος δὲ χαίρων
> ὀμμάτων αὐγαῖς, ἀναπεπταμένοις
> ὄσσοις ἐκοίμιζεν κόρον.

---

3 κοῦρον AE, corr. Fiorillo; vel fort. ὄσσοισιν ἐκοίμισε κοῦρον (Meineke)

5 (6 B.)

72 Parthen. ἐρωτ. παθ. 22, *Myth. Gr.* ii 38 Sakolowski

περὶ Νανίδος. ἡ ἱστορία παρὰ Λικυμνίωι τῶι Χίωι μελοποιῶι καὶ Ἑρμησιάνακτι (fr. 6 Powell). ἔφασαν δέ τινες καὶ τὴν Σαρδίων ἀκρόπολιν ὑπὸ Κύρου τοῦ Περσῶν βασιλέως ἁλῶναι προδούσης τῆς Κροίσου θυγατρὸς Νανίδος. ἐπειδὴ γὰρ ἐπολιόρκει Σάρδεις Κῦρος καὶ οὐδὲν αὐτῶι εἰς ἅλωσιν τῆς πόλεως προύβαινεν, ἐν πολλῶι τε δέει ἦν μὴ ἀθροισθὲν τὸ συμμαχικὸν αὐτῆς τῶι Κροίσωι διαλύσειεν αὐτῶι τὴν στρατιάν, τότε τὴν παρθένον ταύτην εἶχε λόγος περὶ προδοσίας συνθεμένην τῶι Κύρωι, εἰ κατὰ νόμους Περσῶν ἕξει γυναῖκα αὐτήν, κατὰ τὴν ἄκραν μηδενὸς φυλάσσοντος δι᾽ ὀχυρότητα τοῦ χωρίου εἰσδέχεσθαι τοὺς πολεμίους, συνεργῶν αὐτῆι καὶ ἄλλων τινῶν γενομένων· τὸν μέντοι Κῦρον μὴ ἐμπεδῶσαι αὐτῆι τὴν ὑπό- σχεσιν.

6

773 Dion. Hal. *Demosth.* 26, i 185–6 Usener–Radermacher

φησὶ γάρ· δεῖ δὴ τοιούτου τινὸς λόγου, ὅστις τοὺς μὲν τετελευτη-
κότας ἱκανῶς ἐπαινέσει, τοῖς δὲ ζῶσιν εὐμενῶς παραινέσει. οὐκοῦν
ἐπίρρημα ἐπιρρήματι ἀντιπαράκειται καὶ ῥήματι ῥῆμα, τὸ μὲν ἱκανῶς
τῶι εὐμενῶς, τῶι δ᾽ ἐπαινέσει τὸ παραινέσει, καὶ ταῦτα πάρισα· οὐ
Λικύμνιοι ταῦτ᾽ εἰσὶν οὐδ᾽ Ἀγάθωνες οἱ λέγοντες ὕβριν ἢ ⟨Κύ⟩πριν,
†μισθῶι ποθὲν ἢ μόχθον πατρίδων,† ἀλλ᾽ ὁ δαιμόνιος ἑρμηνεῦσαι
Πλάτων.

corrupta ut vid. ὕβριν ἢ κύπριν veri sim.; μισθῶι ποθέν et μόχθον πατρίδων
(πραπίδων coni. M. Schmidt) vix credibilia. veri simillimum est hic aliquid e
Licymnio exempli causa offerri, sed ex opere pedestri oratione scripto, cf. Plat.
Phaedr. 267 B, Aristot. *rhet.* iii 13. 1414 b cum schol.; Aulitzky *RE* xxv (1926) 541

CINESIAS

1 (1 B.)

Ἀσκληπιός

774 Philodem. *de piet.* p. 52 Gomperz

Ἀσκληπι[ὸν δὲ Ζε]ὺς ἐκεραύνωσ[εν ὡς μ]ὲν ὁ τὰ Ναυπα[κτι]κὰ
συνγράψας [κἀ]ν Ἀσκληπιῶ[ι Τε]λ[έ]στης (fr. 3) καὶ Κεινη[σίας] ὁ
μελοποιός, ὅ[τι τὸ]ν Ἱππόλυτον [παρα]κληθεὶς ὑπ᾽ Ἀρ[τέμι]δος
ἀνέστ[η]σε[ν, ὡς δ᾽ ἐ]ν Ἐριφύληι Σ[τησίχορ]ος (fr. 17), ὅτι Κα[πανέα
καὶ Λυ]κοῦρ[γον. . . .

INCERTI LOCI

2 (2 B.)

775 Athen. xii 551 D

ἦν δ᾽ ὄντως λεπτότατος καὶ μακρότατος ὁ Κινησίας, εἰς ὃν καὶ
ὅλον δρᾶμα γέγραφεν Στράττις (I 716 K.), Φθιώτην Ἀχιλλέα αὐτὸν
καλῶν διὰ τὸ ἐν τῆι αὐτοῦ ποιήσει συνεχῶς τὸ

Φθιῶτα

λέγειν· παίζων οὖν εἰς τὴν ἰδέαν αὐτοῦ ἔφη· Φθιῶτ᾽ Ἀχιλλεῦ.

3 (3 B.)

6 Erotian. p. 113 Klein

ῥαιβοειδέστατον (ῥεβο- codd.)· καμπυλώτατον. ῥαιβὸν (ῥεβὸν
codd.) γὰρ καὶ γαῦσον τὸ στρεβλὸν λέγεται. . . . †πλασίων† ἐπὶ τοῦ
κατά τι μὲν κοίλου, κατά τι δὲ καμπύλου, ὡς Κινησίας τάσσει τὴν
λέξιν.

'igitur Cinesias voce ῥαιβός usus est alicubi in carminibus', recte Bergk. cf.
etiam Nachmanson, *Erotianstudien* 167 seqq.

---

praeterea vide parodiam dictionis Cinesiacae apud Ar. *Av.* 1389 seqq.

TIMOTHEUS

1 (p. 620 adnot. B.)

Αἴας ἐμμανής

77 Lucian. *Harmonides* 1, i 535 Jac.

(Timotheum Thebanum adloquitur Harmonides poeta) ὥσπερ
ὅτε καὶ σύ, ὦ Τιμόθεε, τὸ πρῶτον ἐλθὼν οἴκοθεν ἐκ Βοιωτίας
ὑπηύλησας τῆι Πανδιονίδι καὶ ἐνίκησας ἐν τῶι Αἴαντι τῶι ἐμμανεῖ,
τοῦ ὁμωνύμου σοι ποιήσαντος τὸ μέλος, οὐδεὶς ἦν ὃς ἠγνόει τοὔνομα,
Τιμόθεον ἐκ Θηβῶν.

2 (I B.)

Ἄρτεμις

778   (a) Suda s.v. Τιμόθεος, iv 556 A. γράψας . . . Ἄρτεμιν

Macrob. *Sat.* v 22. 4 seqq., p. 347 seq. Eyss.

Alexander Aetolus . . . in libro qui inscribitur Musae refert quanto studio populus Ephesius dedicato templo Dianae curauerit praemiis propositis ut qui tunc erant poetae ingeniosissimi in deam carmina diuersa componerent. in his uersibus Opis non comes Dianae sed Diana ipsa uocata est. loquitur autem ut dixi de populo Ephesio,

> ἀλλ’ ὅ γε πευθόμενος πάγχυ Γραικοῖσι μέλεσθαι
> Τιμόθεον κιθάρης ἴδμονα καὶ μελέων
> υἱὸν Θερσάνδρου κλυτὸν ᾔνεσεν ἀνέρα σίγλων
> χρυσείων ἱερὴν δὴ τότε χιλιάδα
> ὑμνῆσαι ταχέων τ’ Ὦπιν βλήτειραν ὀϊστῶν
> ἥ τ’ ἐπὶ Κεγχρείωι τίμιον οἶκον ἔχει

et mox

> μηδὲ θεῆς προλίπηι Λητωίδος ἀκλέα ἔργα

Alexandri vv. 3–4 corrupti; vid. *Coll. Alex.* p. 124 seqq. Powell

---

(b) Plut. *de superstit.* 10, i 350 Pat.–Weg.–Pohl.

τοῦ Τιμοθέου τὴν Ἄρτεμιν ᾄδοντος ἐν Ἀθήναις καὶ λέγοντος

θυιάδα φοιβάδα μαινάδα λυσσάδα

Κινησίας ὁ μελοποιὸς ἐκ τῶν θεατῶν ἀναστάς· τοιαύτη σοί, εἶπε, θυγάτηρ γένοιτο.

---

id. *de aud. poet.* 4, i 43 Pat.–Weg.–Pohl., fere eadem

μ. θ. φ. λ. hoc ordine *de aud. poet.*

3 (3 adnot. D.)

779   ’Ελπήνωρ

CIA 1246 (*IG* II 3 p. 23)

Νι[κ]ί[α]ς Νι[κ]οδήμου Ξυ[π]εταίων ἀνέθηκε νικήσας χορηγῶν Κεκροπίδι παίδων· [Πα]νταλέων Σικυώνιο[ς] ηὔλει, ᾆσμα ’Ελπήνωρ Τιμοθέου, Νέ[αιχ]μ[ο]ς ἦρχεν (320/19 a.C.)

Κύκλωψ

4 (5 B., 2 D.)

780 Athen. xi 465 C

Τιμόθεος δ᾿ ἐν Κύκλωπι·

> ἔγχευε δ᾿ ἐν μὲν δέπας κίσσινον μελαίνας
> σταγόνος ἀμβρότας ἀφρῶι βρυάζον,
> εἴκοσιν δὲ μέτρ᾿ ἐνέχευ᾿, ἀνέμισγε
> δ᾿ αἷμα Βακχίου νεορρύτοισιν
> 5   δακρύοισι Νυμφᾶν.

Eust. *Od.* 1631. 61 ὡς δηλοῖ φασι καὶ Τιμόθεος ἐν τῶι κατ᾿ αὐτὸν Κύκλωπι παραφράσας οὕτως· ἐν μὲν δέπας κίσσινον μελαίνας σταγόνος ἀμβρότας ἀφρῶι βρυάζον, εἴκοσι δ᾿ ὕδατος μέτρ᾿ ἔχευεν

1 ἔχευεν A (om. E), corr. Bergk   3–4 ἀνέχευαν ἔμισγε διαμα A, ἐνέχευεν ἀνέμισγε δ᾿ ἅμα E, corr. Kaibel (-χευ᾿), Grotefend (αἷμα)   4 βακχεῖα E   νεωρύτως A, corr. E (-οις : syll. longam -οισιν restitui, -οισι iam Wilam.)   5 δακρύουσι A, corr. E sec. Peppink   νυμφᾶν A : πηγᾶν E

5 (4 B., 3 D.)

781 Chrysipp. π. ἀποφατ. 10, ii 54 seq. von Arnim

> εἰ Κύκλωψ ὁ τοῦ Τιμοθέου πρός τινα οὕτως ἀπεφήνατο·
>
> οὗτοι τόν γ᾿ ὑπεραμπέχοντ᾿ οὐρανὸν εἰσαναβήσει.

bis eadem Chrysippus

6 (p. 619 adnot. B.)

782 Aristot. *poet.* 2. 1448 a 11, p. 6 Bywater

> Ὅμηρος μὲν βελτίους, Κλεοφῶν δὲ ὁμοίους, Ἡγήμων δὲ ὁ
> Θάσιος ⟨ὁ⟩ τὰς παρωιδίας ποιήσας πρῶτος καὶ Νικοχάρης ὁ τὴν
> Δειλιάδα χείρους· ὁμοίως δὲ καὶ περὶ τοὺς διθυράμβους καὶ περὶ τοὺς
> νόμους, ὥσπερ[   ]γᾶς Κύκλωπας Τιμόθεος καὶ Φιλόξενος, μιμή-
> σαιτο ἄν τις.

ὥσπερ (in fine versus) γᾶσ κυκλωπᾶς Aᶜ : ὡς πέργας κυ^{καὶ}κλωπας Parisinus 2038 : ὡς πέρσας καὶ κύκλωπας cod. Robortelli   ὥσπερ [θεοὺς Ἀρ]γᾶς, vel sim., probat Bywater (Ἀργᾶς Castelvetrus, θεοὺς Vahlen)

7 (19 B.)

783 Schol. A Hom. *Il.* 9. 219, i 312 Di.

ὅτι θῦσαι οὐ σφάξαι ⟨ὡς add. Lehrs⟩ ὁ Τιμόθεος ὑπέλαβεν καὶ
Φιλόξενος (fr. 10) . . . ἀλλὰ θυμιᾶσαι.

---

cf. Philox. *Cycl.* 10; ad Tim. *Cycl.* (non *Pers.* 15. 29) refert Wilam.

8 (p. 619 adnot. B.)

784 Λαέρτης

Suda s.v. *Τιμόθεος*, iv 557 Adler γράψας . . . Λαέρτην

9 (ibid. B.)

785 Ναύπλιος?

Suda s.v. *Τιμόθεος* iv 556 seq. Adler: γράψας . . . Πέρσας ἢ Ναύπλιον, Φινείδας,
Λαέρτην, . . ., ubi ἢ del. Bernhardy

Hegesandros ap. Athen. viii 338 A ὁ αὐτὸς Δωρίων καταγελῶν τοῦ ἐν τῶι
Τιμοθέου Ναυτίλωι χειμῶνος ἔφασκεν ἐν κακκάβαι ζεούσαι μείζονα ἑωρακέναι χειμῶνα,
ubi Ναυπλίωι coni. Casaubon

Νιόβη

10 (6 adnot. B.)

786 Machon ap. Athen. viii 341 C

ἀλλ' ἐπεὶ
ὁ Τιμοθέου Χάρων σχολάζειν οὐκ ἐᾶι,
οὐκ τῆς Νιόβης, χωρεῖν δὲ πορθμίδ' ἀναβοᾶι,
καλεῖ δὲ μοῖρα νύχιος, ἧς κλύειν χρεών, . . .

---

etiam huc spectare coni. Nauck, Bergk, Stob. *ecl.* iii 1. 98 (iii 46 Hense) ὥσπερ
ἐκ συμποσίου ἀπαλλάττομαι οὐδὲν δυσχεραίνων, οὕτω καὶ ἐκ τοῦ βίου ὅταν [[ἤ]] ὥρα
ἦι, ἔμβα πορθμίδος ἔρυμα. 'incerta coniectura', Hense, quocum assentior

Machonis v. 3 πορθμὸν Athen., E, corr. Casaubon

11 (6 B., 5 D.)

37 Diog. Laert. vii 28

ἐτελεύτα δὴ οὕτως (ὁ Ζήνων)· ἐκ τῆς σχολῆς ἀπιὼν προσέπταισε
καὶ τὸν δάκτυλον περιέρρηξε· παίσας δὲ τὴν γῆν τῆι χειρί φησι τὸ
ἐκ τῆς Νιόβης·

ἔρχομαι· τί μ' αὔεις;

καὶ παραχρῆμα ἐτελεύτησεν ἀποπνίξας ἑαυτόν.

---

eadem vel similia ibid. vii 31; Suda i 411 A. s.v. αὔεις; Ps.-Lucian. *Macrob.* 19;
Stob. *ecl.* iii 7. 44, iii 321 H., unde etiam Gnomolog. Paris. (= Florileg. cod. Par.
1168) 302 sec. Wilam.
Timothei Niobae primus adscripsit Nauck (Sophoclis Brunck, Aeschyli Hermann)

Πέρσαι

12 (8 B., 6ᴬ D.)

88 Plut. *vit. Philopoem.* 11, ii 2. 15 L.–Z.

ἄρτι δ' αὐτῶν εἰσεληλυθότων, κατὰ τύχην Πυλάδην τὸν κιθαρωιδὸν
ἄιδοντα τοὺς Τιμοθέου Πέρσας ἐνάρξασθαι·

κλεινὸν ἐλευθερίας τεύχων μέγαν Ἑλλάδι κόσμον,

. . . ἐπίβλεψιν γενέσθαι τοῦ θεάτρου πανταχόθεν εἰς τὸν Φιλοποίμενα.

Pausan. viii 50. 3, ii 378 Sp.

μετὰ δὲ οὐ πολὺ ἀγόντων Νέμεια Ἀργείων ἔτυχε μὲν τῶν κιθαρωιδῶν τῶι ἀγῶνι
ὁ Φιλοποίμην παρών· Πυλάδου δὲ Μεγαλοπολίτου μὲν ἀνδρὸς γένος κιθαρωιδοῦ δὲ τῶν
ἐφ' αὑτοῦ δοκιμωτάτου καὶ ἀνηιρημένου Πυθικὴν νίκην τότε [[δὲ]] ἄιδοντος Τιμοθέου
νόμον τοῦ Μιλησίου, Πέρσας, καὶ καταρξαμένου τῆς ὠιδῆς,

κλεινὸν ἐλευθερίας τεύχων μέγαν Ἑλλάδι κόσμον,

ἀπεῖδεν ἐς τὸν Φιλοποίμενα τὸ Ἑλληνικόν, καὶ ἐπεσημήναντο τῶι κρότωι φέρειν ἐς
ἐκεῖνον τὸ ἆισμα

---

si ἐνάρξασθαι de prooemio dicitur, cf. Satyrum *vit. Eur.*, P.Oxy. 1176 39 xxii 27,
ix 167 Hunt τὸ τῶν Περσῶν προοίμιον συγγράψαι (scil. τῶι Τιμοθέωι ὁ Εὐριπίδης);
vid. Maas *RE* vi A (1937) 1336 § 9

13 (9 B., 6^B D.)

789 Plut. *de aud. poet.* 11, i 65 Pat.–Weg.–Pohl.

ἀφ᾽ ὧν (Hom. *Il.* 13. 121) καὶ Τιμόθεος ὁρμηθεὶς οὐ κακῶς ἐν τοῖς Πέρσαις τοὺς Ἕλληνας παρεκάλει·

  σέβεσθ᾽ αἰδῶ συνεργὸν ἀρετᾶς δοριμάχου.

id. *de fort. Rom.* 11, ii 2. 66 Nachst.–Siev.–Titch. οἷς πολλὴν τόλμαν καὶ ἀνδρείαν αἰδῶ τε συνεργὸν ἀρετᾶς δοριμάχου, ὥς φησι Τιμόθεος, τίς οὐκ ἂν ὁμολογήσειεν; αἰδῶ συνεργὸν aud. codd.: αἰδῶ τε συν. fort. cod. ΣFᵐᵍ¹: πρὸς συν. rell. (προσενερ- γῶν Z¹)

14 (10 B., 6^C D.)

790 Plut. *vit. Agesil.* 14, iii 2. 234 L.–Z.

πολλοῖς ἐπῄει τὰ τοῦ Τιμοθέου λέγειν·

  Ἄρης τύραννος· χρυσὸν Ἑλλὰς οὐ δέδοικε.

id. *vit. Demetr.* 42, iii 1. 53 L.–Z. Ἄρης μὲν γὰρ τύραννος, ὥς φησι Τιμόθεος. Zenob. Athous ii 47 ap. Miller *Mélanges* p. 363 Ἄρης τύραννος· τοῦτο τὸ κομμάτιον ἐκ τῶν Τιμοθέου Περσῶν. cf. Macar. *cent.* ii 39, Sud. i 349 A., Hesych., sine nomine auctoris

τύραννον *Ages.* cod. Y   δ᾽ Ἑλλὰς codd.: δ᾽ del. G. S. Farnell

15 (6^E D.)

791 P.Berol. 9865 (saec. iv a.C.): *Timotheus, die Perser* (1903), ed. Wilamowitz

col. i:

fragmenta minora (Wilam. *Tim.* pp. 10–13); digna quae referantur tantum

fr. 4. 3 νυμφα.[,]ναιανπ[,4 επ[ε]υκυκλ[,].ουρωθωι[, 5 επ[ε]υθυφ[,].σκοπειν[, 6 συ[ν]δρομ[, 12]παλιμμ[, 13]μουσα[
fr. 3. 3]στοιχο[, 11]πορο[, fr. 7. 3]πιφοβα[, 4]εοξυ[
fr. 8. 5].ρουκοιλ[, 6]λινοιοδ..[, 8]γυια, fr. 9. 6].ιαδιοπλ[, 9]ασειχον[

col. ii

```
[..].[..].[......]αντ[                    ]νων[                    ]..
συν[εμ]βολο[ι]σι γειτ[...]σ[..]υ[.........]αντιαι[.......]πρι[..]νε
χαρα[ξ]ανπο.ιδεγε[...]λογχο[......]αμφεθ[ε]ντοοδοντων
```
4   στο.[.].αιδ[.]κυρτοι[σι]κρασιν[.......

5   ]μέναι [χε]ῖ-

ρας παρέσυρον ἐλα[τίνα]ς·   cho. ia.

ἀλλ' εἰ μὲν [ἐ]νθένδε[......]ισ-   2 ia.?

τος ἐπ[ιφ]έροιτο πλαγὰ   ia. ba.

ῥηξι[...]ος, πάντες [..]ανέ-   2 tro.?

10   πι[πτον] ἐκεῖσε να[ῦ]ται·   cho. ia.

εἰ δ' ἀντίτοιχος ἀκτ[ὰ   ia. ba.

...]ος ἄξειεμ [πο]λυκροτο[..   tro. cr. ba.?

...]σιμον πεύκας, πάλιν ἐφέροντο·   „   ?

αἱ δε[....]αι.η γυῖα [δ]ιαφέρουσα[ι   2 ia. ba.?

15   πλ]ευρὰς λι[νο]ζώστους ἔφαι-   2 ia.

νον, τας.[....].[...]...[..]ις   [ ]

σκηπτ[..] ἐπεμβάλλ[ο]ντες ἀνε-   2 ia.?

[χ]αίτιζον, αἱ δὲ πρα[νέες   „

......].[...]ας ἀπηγ⟨λ⟩αϊ-   „   ?

20   σμένα[ι] σιδα[ρ]⟨έ⟩ωι κράνει·   „

ἴσος δὲ πυρὶ δαμ[ia. [ ]

---

omnia suppl. et corr. ed. primus exceptis quae notantur   litteris dubiis punctula non subscripsi nisi de vocabulo toto dubitari potest

1–4, 52–59: nec de sententiis nec de versuum divisione constat; etiam in reliquis (5–51) dubia multa

3 marg. dext. schol. χιων.[   ]ε / τωνηρα[.....]ς

5–6 *remos abrumpebant*

7–13 *remos frangebat hinc plaga hostilis, illinc litus* (cf. Virg. *Aen.* v 205 ff., Caes. *Bell. Civ.* i 58), *ita ut remiges subito retrorsum caderent* (ἀνέπιπτον, πάλιν ἐφέροντο)

7 ἀλλ' εἰ: αδλει Π   [ἀπρόσο]ιστος possis

9 ῥηξί[κωπ]ος veri sim.   suppl. Danielsson ([επ]ανεπι[πτον])

10 ἐκεῖσε Danielsson (εγεισε Wil.)

11 supplevi

12 e.g. μῆχ]ος ἄξειεν [πο]λυκρότο[ιο / πλώ]σιμον πεύκας (*machinam pinus navalem* = *remum*)

14 αἱ δ' ε[ῦτ' ἀν]αιδῆ, sim., possis

16 τὰς μ[έν, αἰόλας ὕβρε]ις / σκηπτ[ῶν] ἐπεμβ., sim., possis   σκηπτοί = δελφῖνες (*LSJ* s.v. II)

18 supplevi (πρα[νὲς iam Wil.)

19 βάπτουσι δέμ]ας, sim.

20 σιδ. κράνει = *rostro*

21 δαμ[ασίφως (Wil.), δαμ[αστάς, sim.

                ....] ἀγκυλένδετος   ba. ia.?
        μεθίετο χερσίν, ἐν δ' ἔπιπτε γυίοις   2 ia. ba.
        αἰθε[.........] ὠμὰ διακραδαίνων·   „   ?
25   στερεοπαγῆ δ' ἐφέρετο φόνι-   2 ia.
        α [.........]ạ[..] τά τε περίβολα   ?
        πυρὶ φλεγ[όμ]εν' ἐν ἀποτομάσι   lec.
        βουδό[ροισι· τῶν δὲ] βίοτος   2 tro.
        ἐθύετ' ἀδιν[ὸ]ς ὑπὸ τανυπτέ-   „
30   ροισι χαλκόκρασι νευρε[2 tro. ba.?
        σμαραγδοχαίτας δὲ πόν-   ia. cr.
        τος ἄλοκα ναΐοις ἐφοι-   2 ia.
        νίσσετο σταλά[γμασι   lec.
        ...]αυπαι βοὰ δὲ [πα]μμι[γ]ὴς κατεῖχεν·   2 ia. cr.
35   ὁμοῦ δὲ νάϊος στρατὸς   2 ia.
        βάρβαρος ἀμμι[γ.....]   cho. [ ]
        ạντεφέρετ' ἐ[π' ἰχ]θυ[ο]-   lec.
        στέφεσι μαρμαροπ[τύχ]ο[ι]ς   „
        κόλποισιν [Ἀμφιτρίτ]ας,   ia. cr.
40   ἔνθα τοι τ[.......]πέδιος   2 tro.?
        ἀνὴρ ἀμεροδρόμοι-   cr. ia.
        ο χώρας ἄναξ [...   ba. ia.?
        ...]μβρίαν α ω[...   [ ]
        ποσί τε χ]ερσίν τε παί-   2 cr.
45   ω[ν ἔ]πλει νησίω-   „
        τας [.......]ς θεινόμε[νος   2 ia.?
        .... δ]ιεξόδους μ[ατεύω]ν   2 tro.?
        ἰσόρροπά τε παλευό[μενος   2 ia.

---

22 Ἄρης] Wil. (ἀγκυλ. ἄρης = iaculum)
24 αἰθέ[ρια δούρατ'], sim.   vel ὠμάδια κρ.   κραιδ-, expuncta litt. ι, Π
25 de missilibus solidis (στερεοπ.), mox (26) de iaculis igniferis agitur   -τομεσι Π
28 βουδό[ροισι supplem. veri simill., sed significatio obscura ('ein Stecken, mit dem man die Ochsen prügelt', Wil.)   τῶν δὲ] supplevi
33 supplevi (-γμοῖς Wil.)
34 κρ]αυγᾶι coni. et suppl. Wil., ἰυγᾶι sibi visus legere Sitzler
36 ἀμμί[γδην vel ἄμμι[γ(α) veri sim.
38 suppl. Leeuwen
40 seqq. divisio incerta
40 τ[ις Φρυγιο]πέδιος (Wil.), ἀμετροπέδιος, sim.
43]μβριαν ut in textu Wil., non]βριαν ut in transcriptione, Π   δυσο]μβρ.?
44 ποσί τε supplevi
46 [ποντίαι]ς θεινόμε[νος ἄ-/ταις, sim.

```
                        ]ηλ[          ]ων                    [ ]
    50      καλεῖ θ[αλάσ]σιον θεὸν                          2 ia.
            πάτερα τ[
    .......].νο[...]φι[        ].κεπ[..]..[.............]λασσων.[
    .......]σπ[..]τε[        ]..γαν[..]ον[...........]απερσαν
    .....].εφασ[..]ρ[        ]αντεκεκρατ[.........]νινκελαι
    ...αμ]βλυδω[χ]ρον[       ]σκατεσσφρα[.........].στα
    ....]πεπα[..]ολλ[        ]υτεκ..τοσ[.........]νωτου
    ....]εδιαπαλενων[       ]πουβασιμον[.....]νδιοδον
    ....]εσμ[ο]s[απ]ειρος[   ]φιναοιστρυ[.....]λιχθεις
                        ]υλα[          ]φον[..]ευμα.[      ]
col. iii
    60      ὅ]τε δὲ τᾶι λείποιεν αὗραι                      2 tro.
            τᾶι δ' ἐπεισέπιπτον, ἀφρῶι                       „
            δ' ⟨ὕ'⟩ ἀβακχίωτος ὄμ-                          lec.
            βρος, εἰς δὲ τρόφιμον ἄγγος                     ia. ba.
            ἐχεῖτ'· ἐπεὶ δ' ἀμβόλιμος ἄλ-                   2 ia.
    65      μα στόματος ὑπερέθυιεν,                         ia. ba.
            ὀξυπαραυδήτωι                                   cho. sp.
            φωνᾶι παρακόπωι τε δόξαι φρενῶν                 ia. 2 cr.
            κατακορὴς ἀπείλει                              cr. ba.
            γόμφοισ⟨ιν⟩ ἐμπρίων                            ia. sp.
    70      †μιμούμενος† λυμεῶ-                             ia. cr.
            νι σώματος θαλάσσαι·                            ia. ba.
            ἤδη θρασεῖα καὶ πάρος                           2 ia.
            λάβρον αὐχέν' ἔσχες ἐμ                          lec.
            πέδαι καταζευχθεῖσα λινοδέτωι τεόν·             3 ia.
    75      νῦν δέ σ' ἀναταράξει                            cr. ba.
            ἐμὸς ἄναξ ἐμὸς πεύ-                              „
            καισιν ὀριγόνοισιν, ἐγ-                         lec.
            κλήισει δὲ πεδία πλόϊμα νομάσι ναύταις·         2 ia. ba.
```

58 ναοις an ναιοις in Π incertum
61–62 αφρωισδεαβαχχι-, litt. σ fort. expuncta, Π   ὕ' supplevi   ἀβακχ. = *vini*
dissimilis (quia salsus, male potabilis)
63 τρόφ. ἄγγ. = *ventrem*
69 γόμφ. ἐμπρ. = *dentibus immordens*   -οισ⟨ιν⟩ supplevi
70 μιμούμενος corruptum (βριμ-, θυμ-, μωμ-, alia, edd.)
71 θαλασας (ex -θας factum) Π
76–77 πεύκ. ὀριγ. *remis an navibus incertum*
77–78 *nautis undique vagis spatia navigabilia angustabit*
78 νομμασιναυγαις Π : νομάσι(ν) Wil., ναύταις Danielsson, Croiset, Sitzler simul

	οἰστρομανὲς παλεομί-	cho. cr.
80	σημ᾽ ἄπιστόν τ᾽ ἀγκάλι-	tro. cr.
	σμα κλυσιδρομάδος αὔρας.	cr. ba.
	φάτ᾽ ἄσθματι στρευγόμενος,	ia. cho.
	βλοσυρὰν δ᾽ ἐξέβαλλεν ἄ-	ion. ia.
	χναν ἐπανερευγόμενος	cr. cho.
85	στόματι βρύχιον ἅλμαν·	cr. ba.
	φυγᾶι δὲ πάλιν ἵετο Πέρ-	ia. cho.
	σης στρατὸς βάρβαρος ἐπισπέρχων·	tro. cr. sp.?
	ἄλλα δ᾽ ἄλλαν θραῦεν σύρτις	4 sp.
	μακραυχενό-	ia.
90	πλους, χειρῶν δ᾽ ἔγβαλλον ὀρεί-	cho. dim.
	ους πόδας ναός, στόματος	„
	δ᾽ ἐξήλλοντο μαρμαροφεγ-	„
	γεῖς παῖδες συγκρουόμενοι·	„
	κατάστερος δὲ πόντος ἐγ	2 ia.
95	λιποπνόης …[.]στερέσιν	[ ]
	ἐγάργαιρε σώμασιν,	ba. ia.
	ἐβρίθοντο δ᾽ αἰόνες.	cho. dim.
	ο[ἴ] δ᾽ ἐπ᾽ ἀκταῖς ἐνάλοις	cr. cho.
	ἥμενοι γυμνοπαγεῖς	„
100	αὐτᾶι τε καὶ δακρυ-	ba. ia.
	σταγεῖ [γ]όωι	ia.
	στερνοκτύπωι γοηταὶ	ia. ba.
	θρηνώδει κατείχοντ᾽ ὀδυρμῶι·	sp. cr. tro.
	ἅμα δὲ [γᾶν] πατρίαν ἐπανε-	glyc.
105	κα[λ]έοντ᾽· ἰὼ Μύσιαι	ia. cr.
	δενδροέθειραι πτυχαί,	cho. cr.

79–80 = ὃ πάλαι μεμίσηκα, Wil.
80–81 ἀγκάλ. αὔρας: *mare turbidum ventus fovet diligitque* κλυσιδρ. = ἐπι-
τρεχούσης ὥστε κλύζειν
82 αθματι Π
87 vix sana: βάρβαρος del. Wil.; fort. Πέρ-σης ἐπισπέρχων στρατὸς βάρβαρος
88 σύρτις = φθορὰ καὶ λύμη (Hesych.)
89 = μακρὸν αὐχένα (= *freta*) πλεούσας
90–91 ὀρ. πόδας ναός = *remos*
91–93 στόμ. μαρμ. παῖδες = *dentes*
94 κατάστερος suspectum: -στεγος Herwerden, -στορος Keil
95 λι[πο]στ- in ψυ[χο]στ- mut. Wil.: pro ΛΙ fort. ΑΥ legendum, mox hasta
vertic., e.g. Γ; itaque de αὐγ[ο]στερέσιν (*luce carentibus*) cogitandum
96 εγαργαιρε Π (non -γαισε ut Wil. in transcr. et Diehl in adn.)
102 -κτύποι coni. Wil.

[ῥύσ]ασθέ μ᾽ ἐνθέν[δ]ε· νῦν ἀήταις   ia. cr. ba.

φερόμεθ᾽, οὐ γὰρ ἔτι ποτ᾽ ἀμὸν   2 tro.

[σῶ]μα δέξεται [πόλ]ις   lec.

110   κ[.].εγ γὰρ χερὶ πα[.]ε[.]νυμφαιογονον

[...].ον αντρον ο[...].[...]διαστακαπε[.....].ονειτεο βαθυ-

[τ]ερον ποντοιο τ[...]α απεχε μαχιμο[..].[...]

πλοιμον Ελλαν ευ[...]η

        στέγην ἔδειμε

115   [τ]ῆλ[ε] τελεόπορον ἐμὸς   lec.

[δ]εσπότης· οὐ γὰρ ἄ[ν Τμῶ]λον οὐδ᾽   3 cr.

ἄστυ Λύδιον [λι]πὼν Σαρδέων   tro. 2 cr.

ἦλθον ["Ε]λλαν᾽ ἀπέρξων Ἄρ[η·   3 cr.

νῦν] δὲ πᾶι τις δυσέκφευκ[τ]ον εὔ-   „

col. iv

120   ρηι | γλυκεῖαν μόρου καταφυγήν;   „

Ἰλιοπόρος κακῶν λυαί-   2 ia.

α μόνα γένοιτ᾽ ἄν, εἰ   lec.

†δυναστα† πρὸς μελαμ-   [ ]

πεταλοχίτωνα Ματρὸς οὐρείας   2 ia. sp.

125   δεσπόσυνα γόνατα πεσεῖν   lec.

εὐωλένους τε χεῖρας ἀμφιβάλλων   2 ia. ba.

†λίσσων† χρυσοπλόκαμε   [ ]

θεὰ Μᾶτερ ἱκνοῦμαι   pherecr.

ἐμὸν ἐμὸν αἰῶνα δυσέκφευκτον, ἐπεί   3 cho.

130   μ᾽ αὐτίκα λαιμοτόμωι τις ἀποίσεται   4 dact.

ἐνθάδε μήστορι σιδάρωι,   cho. tro.?

---

109 πόλ]ις suppl. Danielsson; πατρ]ίς Inama et Sitzler

110–13 πα[λ]ε[ο]νυμφ. [ἄβα]τον ἄντρον suppl. Wil., reliqua incertissima (].ονειτεο =].ον εἴτε ὁ?)   sententia ut vid. utinam ne (εἴ[θε μ]ή Danielsson) trabibus Hellespontem operuisset Xerxes

115 τελεόπ. = traiectum efficiens?

117 Λυδὸν coni. Wil.

118 ατερξων Π

119 δυσεκφ. hic ut vid. quo fugere possis, infra (129) quod fugere possis

121–5 sententiam recte Wil.: εἰς τὴν Τρωάδα πορεύουσα ἐκ τῶν κακῶν μόνη ἂν ἀνασώσειεν ἡ ὀρεία Μήτηρ, εἰ δυνατὸν εἴη πρὸς τὰ γόνατα τῆς δεσποίνης πεσεῖν fort. δυνατά ⟨τωι⟩ vel δύναιτό ⟨τις⟩

124 -πεταλακιτ- Π

126 εὐωλένους: de Persarum delicatorum manibus dictum

127 λισσων: corruptum; fort. λίσσ⟨οιτο· λῦσ⟩ον

131 fort. μήστωρι legendum

	ἢ κατακυμοτακεῖς ναυσιφθόροι	4 dact.
	αὖραι νυκτιπαγεῖ βορέαι δια-	,,
	ραίσονται· περὶ γὰρ κλύδων	glyc.
135	ἄγριος ἀνέρρηξεν ἄπαγ	ia. cho.
	γυίων εἶδος ὑφαντόν·	pherecr.
	ἔνθα κείσομαι οἰκτρὸς ὀρ-	glyc.
	νίθων ἔθνεσιν ὠμοβρῶσι θοινά.	glyc. ba.
	τοιάδ᾽ ὀδυρόμενοι κατεδάκρυον·	4 dact.
140	ἐπεὶ δέ τις λαβὼν ἄγοι	2 ia.
	πολυβότων Κελαινᾶν	cr. ba.
	οἰκήτορ᾽ ὀρφανὸν μαχᾶν	2 ia.
	σιδαρόκωπος Ἕλλαν,	ia. ba.
	ἄγει κόμης ἐπισπάσας,	2 ia.
145	ὁ δ᾽ ἀμφὶ γόνασι περιπλεκεὶς	,,
	ἑλίσσετ᾽, Ἑλλάδ᾽ ἐμπλέκων	,,
	Ἀσιάδι φωνᾶι διάτορον	,,
	σφραγῖδα θραύων στόματος,	ia. cho.
	Ἰάονα γλῶσσαν ἐξιχνεύων·	ia. cr. ba.
150	ἔπω μοί σοι κῶς καὶ τί πρᾶγμα;	?
	αὖτις οὐδάμ᾽ ἔλθω·	cr. ba.
	καὶ νῦν ἐμὸς δεσπότης	ia. cr.
	δεῦρό μ᾽ ἐνθάδ᾽ ἥξει·	cr. ba.
	τὰ λοιπὰ δ᾽ οὐκέτι, πάτερ,	ia. cr.?
155	οὐκέτι μαχέσ᾽ αὖτις ἐνθάδ᾽ ἔρχω,	tro. cr. ba.?
	ἀλλὰ κάθω·	cho.
	ἐγώ σοι μὲν δεῦρ᾽ ἐγὼ	ba. ia.
	κεῖσε παρὰ Σάρδι, παρὰ Σοῦσα,	?
	Ἀγβάτανα ναίων·	?

---

132 = κατὰ τὰ κύματα τήκουσαι δ
133 = ὃς κατὰ νύκτα πήγνυται (ψυχρὸς γίγνεται) βορεαιαραισ- Π
136 obscurum; ut vid. aut ad vestitum referendum (formam membrorum textam = tegmen membrorum formosum) aut ad corpus (= membra formosa et subtiliter contexta); neutrum placet
146 ελλαδιεμπλεκων Π
147-9 bene Wil.: λυμαινόμενος τὸ εὖ ἐξακουστὸν τοῦ στόματος σύμβολον (τὸ συνετὸν τοῦ λόγου) διὰ τὸ διώκειν τὴν Ἰάδα.—quod genuinum est notat sphragis: oris sphragida corrumpit, qui lingua aliena non nativa loquitur alii silentium rumpit interpr.
150 επω (non, ut Wil., ἐγώ) Π: ita recte Longman CR n.s. 4 (1954) 208, sed quid velit obscurum; 'sequor' contextui minus aptum; fort. 'quid dicam?'
153 ἥξε coni. Wil., sed barbari graecissantis soloecismos ne mutaveris
155 ενθδερχω Π (non ενθαδ- ut in transcr. Wil.)

160 Ἄρτιμις ἐμὸς μέγας θεὸς   2 ia.
    παρ᾽ Ἔφεσον φυλάξει.   cr. ba.
    οἱ δ᾽ ἐπεὶ παλίμπορον φυ-   2 tro.
    γὴν ἔθεντο ταχύπορον,   lec.
    αὐτίκα μὲν ἀμφιστόμους ἄ-   ia. tro.
165 κοντας ἐκ χερῶν ἔριπτον,   2 tro.
    δρύπτετο δὲ πρόσωπ᾽ ὄνυξι·   „
    Περσίδα στολὴν περὶ στέρ-   „
    νοις ἔρεικον εὐυφῆ,   lec.
    σύντονος δ᾽ ἁρμόζετ᾽ Ἀσιὰς   2 tro.
170 οἰμωγὰ †πολυστόνωι†,   [ ]
    κτυπεῖ δὲ πᾶσα Βασιλέως πανήγυρις   3 ia.
    φόβωι τὸ μέλλον εἰσορώμενοι πάθος·   „
    ὁ δὲ παλινπόρευτον ὡς ἐσ-   2 tro.

col. v

    εἶδε | Βασιλεὺς εἰς φυγὴν ὁρ-   „
175 μῶντα παμμιγῆ στρατόν,   lec.
    γονυπετὴς αἴκιζε σῶμα,   2 tro.
    φάτο δὲ κυμαίνων τύχαισιν·   „
    ἰὼ κατασκαφαὶ δόμων   2 ia.
    σείριαί τε νᾶες Ἑλλανίδες, αἳ   tro. cr. cho.
180 κατὰ μὲν ἥλικ᾽ ὠλέσαθ᾽ ἥ-   cho. dim.
    βαν νεῶν πολύανδρον·   pherecr.
    νᾶες δ᾽ οὐκ ὀπισσοπόρευ-   cho. dim.
    τον †ἄξουσιμ, πυρὸς   [ ]
    δ᾽ αἰθαλόεμ μένος ἀγρίωι   ibyc.
185 σώματι φλέξει, στονόεντα δ᾽ ἄλγη   2 cho. ba.

---

165 εχιερων in εχχερων corr. Π   ερριπτον Π
166 προσωπονονυξι Π: corr. Blass et Sitzler; vel πρόσωπον ὄνυχι (Wil.)
167 fort. Περσίδα ⟨δὲ⟩
170 fort. οἰμωγὰ πολυ⟨γλώσσωι⟩ στόνωι, sim.
             ει
173–4 εσδεν (σ ex ι factum) Π
177 τύχαις coni. Maas
179 σείριαι obscurum; fort. *flammiferi, quae incendia navibus Persicis iniciunt* (cf. 27)
181 νεῶν an νέων incertum
182 ουκιοπισσ- Π
182–3 vix sana: excidit aliquid, velut ⟨μ᾽ ἀπ⟩άξουσιν
185 φλεξεισστονο- Π (λ postmodo insert.)

	ἔσται Περσίδι χώραι·	pherecr.
	ἰὼ βαρεῖα συμφορά,	2 ia.
	ἅ μ' ἐς Ἑλλάδ' ἤγαγες· ἀλλ' ἴτε,	tro. 2 dact.
	μηκέτι μέλλετε,	—⏑⏑–⏑–
190	ζεύγνυτε μὲν τετράορον ἵππων	4 dact.
	ὄχημ', οἱ δ' ἀνάριθμον ὄλ-	glyc.
	βον φορεῖτ' ἐπ' ἀπήνας·	pherecr.
	πίμπρατε δὲ σκηνάς,	cho. sp.
	μηδέ τις ἡμετέρου γένοιτ'	ibyc.
195	ὄνησις αὐτοῖσι πλούτου.	ia. tro.
	οἱ δὲ τροπαῖα στησάμενοι Διὸς	4 dact.
	ἁγνότατον τέμενος, Παιᾶν'	alcman.
	ἐκελάδησαν ἰήιον	glyc.
	ἄνακτα, σύμμετροι δ' ἐπε-	2 ia.
200	κτύπεον ποδῶν	ia.
	ὑψικρότοις χορείαις.	cho. ba.
	ἀλλ' ὦ χρυσεοκίθαριν ἀέ-	2 ia.
	ξων μοῦσαν νεοτευχῆ,	pherecr.
	ἐμοῖς ἔλθ' ἐπίκουρος ὕμ-	glyc.
205	νοις ἰήιε Παιάν·	pherecr.
	ὁ γάρ μ' εὐγενέτας μακραί-	glyc.
	ων Σπάρτας μέγας ἀγεμὼν	„
	βρύων ἄνθεσιν ἥβας	pherecr.
	δονεῖ λαὸς ἐπιφλέγων	glyc.
210	ἐλᾶι τ' αἴθοπι μώμωι,	pherecr.
	ὅτι παλαιοτέραν νέοις	glyc.
	ὕμνοις μοῦσαν ἀτιμῶ·	pherecr.
	ἐγὼ δ' οὔτε νέον τιν' οὔ-	glyc.
	τε γεραὸν οὔτ' ἰσήβαν	ia. ba.
215	εἴργω τῶνδ' ἑκὰς ὕμνων·	pherecr.
	τοὺς δὲ μουσοπαλαιολύ-	glyc.
	μας, τούτους δ' ἀπερύκω,	pherecr.

186–7 χωραιω : χώραι· ὦ an χώρα(ι)· ἰὼ incertum
190 τετραον Π
196 οιδε, ι postmodo insert., Π
204–5 υμνοισιν Π
211–12 hos vv. respicit Boethius, *inst. mus.* I 1 (182 seqq. Friedlein)
215 τωνδεκαδυμν- Π
216–17 δὲ . . . δ': vid. Denniston *Gk. Part.* p. 185   τουσοδε Π

λωβητῆρας ἀοιδᾶν,   pherecr.
κηρύκων λιγυμακροφώ-   glyc.
220 νων τείνοντας ἰυγάς.   pherecr.
πρῶτος ποικιλόμουσος Ὀρ-   glyc.
φεὺς ⟨χέλ⟩υν ἐτέκνωσεν   pherecr.
υἱὸς Καλλιόπα⟨ς ∪ –   glyc.
– ⌣⟩ Πιερίαθεν·   pherecr.
225 Τέρπανδρος δ᾽ ἐπὶ τῶι δέκα   glyc.
ζεῦξε μοῦσαν ἐν ὠιδαῖς·   pherecr.
Λέσβος δ᾽ Αἰολία ν⟨ιν⟩ Ἀν-   glyc.
τίσσαι γείνατο κλεινόν·   pherecr.
νῦν δὲ Τιμόθεος μέτροις   glyc.
230 ῥυθμοῖς τ᾽ ἐνδεκακρουμάτοις   ,,
κίθαριν ἐξανατέλλει,   pherecr.
θησαυρὸν πολύυμνον οἴ-   glyc.
ξας Μουσᾶν θαλαμευτόν·   pherecr.
Μίλητος δὲ πόλις νιν ἁ   glyc.

col. vi

235 θρέψασ᾽ ἁ | δυωδεκατειχέος   ?
λαοῦ πρωτέος ἐξ Ἀχαιῶν.   hippon.
ἀλλ᾽ ἑκαταβόλε Πύθι᾽ ἁγνὰν ,,
ἔλθοις τάνδε πόλιν σὺν ὄλβωι, ,,
πέμπων ἀπήμονι λαῶι   – – ∪ – ∪∪ – –
240 τῶιδ᾽ εἰρήναν θάλλουσαν εὐνομίαι. 2 sp., – –∪–∪∪–

---

220 ιυγγας Π
221–4 -μουσοσοριυσυνετεκνωσεννιοσκαλλιοπα/πιεριασενιτερπ- Π : Ὀρφεὺς ⟨χέλ⟩υν
et Καλλιόπας Wil., Πιερίαθεν conieci et metri causa lacunam indicavi
225–6 -δροσαεπιτωιδεκατευξε Π
227–8 αιολιαναντισσαγεινατο Π : corr. Wil.; vel Λεσβὶς δ᾽ Αἰολίαι νιν Ἄντισσα κτλ.
(Maas)
229 seqq. respicit Boethius l.c.
233 -μευτοσν, litt. σ expuncta, Π
235–6 mendosa ut vid., nondum sanata
240 τωδ ut vid. Π (non τωιδ ut Wil. in transcr.)   ευνομιαν Π

413

16 (p. 619 adnot. в.)

Σεμέλης ὠδίς

792 Athen. viii 352 A

ἐπακούσας δὲ τῆς Ὠδῖνος τῆς Τιμοθέου, εἰ δ' ἐργολάβον, ἔφη (scil.
ὁ Στρατόνικος), ἔτικτεν καὶ μὴ θεόν, ποίας ἂν ἠφίει φωνάς;

idem carmen respiciunt Alcaeus Messen., *Anth. Plan.* xvi 7 Δωρόθεος γοερούς
ἔπνεε Δαρδανίδας / καὶ Σεμέλας ὠδῖνα κεραύνιον; Dio Chrys. lxxviii 32, ii 271 de Budé
ὥσπερ αὐλοῦντα τὴν τῆς Σεμέλης ὠδῖνα; Boethius *inst. mus.* I 1 (182 seqq. Fried-
lein: consultum Spartiatarum de Timotheo factum referens; dubio procul
serioris aetatis fictionem) διεσκευάσατο (ὁ Τιμόθεος) . . . τὰν τᾶρ Σεμέλαρ ὠδῖνα
(οδυναρ codd.)

Σκύλλα

17 (cf. 3 adnot. d.)

793 Aristot. *poet.* 15. 1454 a 29, p. 42 Bywater

τοῦ δὲ ἀπρεποῦς καὶ μὴ ἁρμόττοντος (παράδειγμα) ὅ τε θρῆνος
⟨ὁ τοῦ⟩ Ὀδυσσέως ἐν τῆι Σκύλληι.

Ibid. 26. 1461 b 30, p. 88 B.

οἷον οἱ φαῦλοι αὐληταὶ κυλιόμενοι ἂν δίσκον δέηι μιμεῖσθαι καὶ
ἕλκοντες τὸν κορυφαῖον ἂν Σκύλλαν αὐλῶσιν.

Mittheilungen aus der Sammlung der Papyrus Erzherzog Rainer
I (1887) 84 seqq. Gomperz εἰσὶν δέ τινες οἳ ὃν μὲν προτίθενται οὐ
μειμοῦνται [[δέ]], ἄλλον δὲ καὶ τοῦτον καλῶς, [εἰ τ]υγχάνοιεν ἐνέχοντες
ἔννοιαν καὶ παράδειγμα παρ' ἡμεῖν αὐτοῖς, ὥσπερ καὶ Τειμόθεος ἐν
τῶι θρήνωι τοῦ Ὀδυσσέως εἰ μέν τινα μειμεῖται καὶ τὸ ὅμοιόν τινι
οἶδεν, ἀλλ' ο[ὐ] τῶι Ὀδυσσεῖ [

ita Gomperz: textum denuo ed. Oellacher *Études de Papyrologie* 4 (1938) 135
seqq., ubi καλῶς [οὖ τ]υγχάνομεν ἔχοντες et fin. ἀλλ[ὰ] τῶι Ὀδυσσεῖ [

18 (3 B., 23 D.)

4 Aristot. *rhet.* iii 14. 1415 a 10, p. 217 Roemer

τὰ μὲν γὰρ τῶν διθυράμβων ὅμοια τοῖς ἐπιδεικτικοῖς·
διὰ σὲ καὶ τεὰ δῶρα †ειτα† Σκύλλα

---

ita cod. Paris.: εἴτε (εἴ τι cod. Z^b) σκύλα cett. cf. *comment. in Ar. graec.* xxi 2
p. 230. 16 Rabe τινὰ μὲν τῶν διθυράμβων προοίμια ὅμοιά εἰσι τοῖς ἐπιδεικτικοῖς ἤτοι
πανηγυρικοῖς, οἷον· ἦλθον εἰς σὲ διὰ σὲ καὶ τὰ τεὰ καὶ τὰ σὰ δῶρα καὶ εὐεργετήματα καὶ
τὰ σκύλα, ὦ θεὲ Διόνυσε
vid. adesp. 7 (e) 22 adnot.

19 (p. 619 adnot. B.)

5 Φινεῖδαι

Suda s.v. Τιμόθεος, iv 557 Adler γράψας ... Φινεῖδας

INCERTI LOCI

20 (12 B., 7 D.)

96 Athen. iii 122 C–D

εἰ οὖν κἀγώ τι ἥμαρτον, ὦ καλλίστων ὀνομάτων καὶ ῥημάτων
θηρευτά, μὴ χαλέπαινε· κατὰ γὰρ τὸν Μιλήσιον Τιμόθεον τὸν ποιητήν

οὐκ ἀείδω τὰ παλαιά,
καινὰ γὰρ ἀμὰ κρείσσω·
νέος ὁ Ζεὺς βασιλεύει,
τὸ πάλαι δ' ἦν Κρόνος ἄρχων·
5   ἀπίτω Μοῦσα παλαιά.

Eust. *Od.* 1422. 50 καὶ Τιμόθεος δέ φασιν ὁ Μιλήσιος γράφει οὕτως· οὐκ ἀείδω—
μοῦσα παλαιά

1–2 parum numerosi: fort. pherecratei, οὐκ ἄιδω (G. S. Farnell) τὰ παλαιά /
καινὰ γὰρ μάλα (Bergk) κρείσσω   2 καινὰ γὰρ CE: καὶ ταγὰρ ἄμα Athen.
A (ἄμα om. CE, Eust.)   4 τὸ παλαιὸν Athen., CE, Eust., corr. Meineke
5 ἀπείτω Athen. A, corr. CE, Eust.

21 (16 B.)

797 Athen. x 433 C

οὐκ ἂν ἁμάρτοι δέ τις καὶ τὸ ποτήριον αὐτοῦ (τοῦ Νέστορος) λέγων
φιάλην Ἄρεως κατὰ τὸν Ἀντιφάνους Καινέα, ἐν ὧι λέγεται οὕτως
(II 55 K.)·

εἶτ' ἤδη δὸς φιάλην ⟦τὸ ὅπλον⟧ Ἄρεως
κατὰ Τιμόθεον ξυστόν τε βέλος.

τὸ ὅπλον del. Koppiers *observ. philol.* p. 20 seq., recte; sed vere τὸ ὅπλον (τὴν
ἀσπίδα), non ποτήριον, significat Ἄρεως φιάλη; cf. Aristot. *Poet.* 1457 b 22, *Rhet.*
1407 a 16, 1412 b 35; idem error Athen. xi 502 B

22 (17 B., 15 D.)

798 Athen. x 455 F

Ἀναξανδρίδης Αἰσχρᾶι (II 137 K.)·

ἀρτίως διηρτάμηκε καὶ τὰ μὲν διανεκῆ
σώματος μέρη δαμάζετ' ἐν πυρικτίτωι στέγαι·
Τιμόθεος ἔφη ποτ', ἄνδρες, τὴν χύτραν οἶμαι λέγων.

---

2 δαμάζετε ἐν πυρικτίτοισι γᾶσ A, corr. Kock

23 (7 B., 10 D.)

799 Et. Gen. B p. 227 Miller+Et. Mag. 630. 40 cum cod. Paris. 2720
ap. An. Par. Cramer iv 12. 25

ὀρίγανον· . . . ὥς φησιν Ὠριγένης, εὕρηται ἐν συστολῆι ἡ ρῑ
συλλαβὴ ὡς παρὰ Τιμοθέωι τῶι κιθαρωιδῶι, οἷον·

τεταμένον ὀρίγανα διὰ μυελοτρεφῆ.

σύγκειται δ' οὗτος ὁ στίχος ἀπὸ προκελευσματικῶν, ὁ δὲ τελευταῖος
πούς ἀνάπαιστος.

τεταμένα Et. Gen., An. Par., Et. Mag. cod. M   μυελ/τροφῆ Et. Mag. cod. M
δμοελοτρεφῆ An. Par.
post μυελοτρ. habent Et. Mag. cod. M ὅ, cod. D ὅ δ^, om. Et. Gen., An. Par.:
interpretationi Ὀδ(υσσείας) δ' iure obnititur Wilam. *Timoth.* 113

24 (13 B., 11 D.)

00 Macrob. *Sat.* i 17. 19, p. 90 seq. Eyss.

Apollodorus in libro quarto decimo περὶ θεῶν ᾿Ιήιον solem scribit: ita appellari Appollinem ἀπὸ τοῦ κατὰ τὸν κόσμον ἵεσθαι καὶ ἰέναι, quod sol per orbem impetu fertur. sed Timotheus ita:

σύ τ᾿ ὦ τὸν ἀεὶ πόλον οὐράνιον
λαμπραῖς ἀκτῖσ᾿ ῞Ηλιε βάλλων,
πέμψον ἑκαβόλον ἐχθροῖσ⟨ι⟩ βέλος
σᾶς ἀπὸ νευρᾶς, ὦ ἲε Παιάν.

litt. graec. in codd. aliis aliae corruptae   hos versus imitatur ut vid. fr. lyr. adesp. 35. 15 seqq., *Coll. Alex.* p. 197 Powell σὺ δ᾿ ὦ λαμπραῖς ἀκτῖσιν κτλ. anapaestos audiit Crusius, qui v. 1 σύ τ᾿ ἰὼ, v. 3 -οῖσι scripsit   abnormis elisio in v. 2; et vv. 1–3 aliter possis, 1 ∪ –◡– –◡◡–◡◡–, 3 –◡◡–◡◡– – –◡– (-οῖσιν coni. G. S. Farnell)   4 ἰὲ debuit

25 (14 B. et D.)

01 Plut. *de fort. Alex.* 1, ii 2. 94 Nachst.

᾿Αρχελάωι δὲ δοκοῦντι γλισχοτέρωι περὶ τὰς δωρεὰς εἶναι Τιμόθεος ἄιδων ἐνεσήμαινε πολλάκις τουτὶ τὸ κομμάτιον·

σὺ δὲ τὸν γηγενέταν ἄργυρον αἰνεῖς·

ὁ δ᾿ ᾿Αρχέλαος οὐκ ἀμούσως ἀντεφώνησε· σὺ δέ γ᾿ αἰτεῖς·

id. *reg. apophth.* 177 B, ii 1. 17 Nachst.–Titch., fere eadem

σὺ δὲ reg.: σὺ δὴ Alex.

26 (11 b., 8 d.)

802 Plut. *de laude ipsius* i, iii 372 Pohl.–Siev.

ἧι καὶ τὸν Τιμόθεον ἐπὶ τῆι κατὰ Φρύνιδος νίκηι γράφοντα·

μακάριος ἦσθα, Τιμόθε᾽, ὅτε κᾶρυξ
εἶπε· νικᾶι Τιμόθεος
Μιλήσιος τὸν Κάμωνος τὸν ἰωνοκάμπταν,

εἰκότως δυσχεραίνομεν ὡς ἀμούσως καὶ παρανόμως ἀνακηρύττοντα
τὴν ἑαυτοῦ νίκην.

1 Τιμόθεε codd.: -θεος coni. Hartung   ὅτε codd.: εὖτε coni. Wil.   κῆ-
CˡXJΘ   3 ὁ Μιλ. codd., corr. Bergk   Κάμωνος Pollux iv 66 (Φρῦνιν τὸν
Κ.): κάρβωνος codd., exc. κάρωνος D   ἰωνοκάμπταν varie corruptum (οἰωνοκ-,
πιτυοκ-, -κάμπαν, -κάμπτην)
cf. Arist. *metaph.* ā 1. 993 b 15 εἰ μὲν Τιμόθεος μὴ ἐγένετο, πολλὴν ἂν μελοποιίαν οὐκ
εἴχομεν, εἰ δὲ μὴ Φρῦνις, Τιμόθεος οὐκ ἂν ἐγένετο

27 (2 b., 12 d.)

803 Plut. *quaest. conv.* iii 10. 3, iv 115 Hub.

Τιμόθεος δ᾽ ἄντικρύς φησιν·

διὰ κυάνεον πόλον ἄστρων
διά τ᾽ ὠκυτόκοιο σελάνας.

id. *aet. Rom.* 77, ii 1. 316 Nachst.–Titch., eadem.   Macrob. *Sat.* 7. 16. 28,
p. 474 Eyss.: et hoc est quod eleganter poeta Timotheus expressit, διὰ λαμπρὸν
πόλον ἄστρων διά τ᾽ ὠκυτόκοιο σελάνας

1 ita Plut.; Macrob. ut supra

28 (3 b., 13 d.)

804 Stob. *ecl.* i 49. 61, i p. 448 W. (e Porphyr. περὶ Στυγός)

Ἠλύσιον μὲν πεδίον εἰκότως προσειπὼν (Hom. *Od.* 4. 563–4) τὴν
τῆς σελήνης ἐπιφάνειαν ὑπὸ ἡλίου καταλαμπομένην,

ὅτ᾽ αὔξεται ἡλίου αὐγαῖς

ὥς φησι Τιμόθεος.

ἀέξεται coni. Meineke   ἡλίου F: ἠελίου Pˡ, ἠελίου P²

omittimus (a) epigramma in Euripidem (*Vit. Eur.* p. 3, 4 Schw.), (b) Et. Mag.
271. 57 in διαψαίρουσα vid. Wil. *Tim.* p. 115

TELESTES

1 (I B. et D.)

Ἀργώ

Athen. xiv 616 F–617 A

πρὸς ὃν ἀντιλέγων ἄλλος ἔφη· ἀλλ᾽ ὅ γε Σελινούντιος Τελέστης τῶι
Μελανιππίδηι ἀντικορυσσόμενος ἐν Ἀργοῖ ἔφη· ὁ δὲ λόγος ἐστὶ περὶ
τῆς Ἀθηνᾶς·

(a) †ὃν† σοφὸν σοφὰν λαβοῦσαν οὐκ ἐπέλπομαι νόωι
     δρυμοῖς ὀρείοις ὄργανον
     δίαν Ἀθάναν δυσόφθαλμον αἶσχος ἐκφοβη-
     θεῖσαν αὖθις χερῶν ἐκβαλεῖν
     νυμφαγενεῖ χειροκτύπωι φηρὶ Μαρσύαι κλέος·
5   τί γάρ νιν εὐηράτοιο κάλλεος ὀξὺς ἔρως ἔτειρεν,
     ἆι παρθενίαν ἄγαμον καὶ ἄπαιδ᾽ ἀπένειμε Κλωθώ;

ὡς οὐκ ἂν εὐλαβηθείσης τὴν αἰσχρότητα τοῦ εἴδους διὰ τὴν παρ-
θενίαν, ἑξῆς τέ φησι·

(b) ἀλλὰ μάταν ἀχόρευτος ἅδε ματαιολόγων
     φάμα προσέπταθ᾽ Ἑλλάδα μουσοπόλων
     σοφᾶς ἐπίφθονον βροτοῖς τέχνας ὄνειδος.

μετὰ ταῦτα δὲ ἐγκωμιάζων τὴν αὐλητικὴν λέγει·

(c) ἂν συνεριθοτάταν Βρομίωι παρέδωκε σεμνᾶς
     δαίμονος ἀερόεν πνεῦμ᾽ αἰολοπτέρυγον
     σὺν ἀγλαᾶν ὠκύτατι χειρῶν.

Suda s.v. Τελέστης, iv 518 Adler, . . . τούτου δράματά ἐστιν Ἀργὼ καὶ Ἀσκληπιός,
ὥς φησιν Ἀθηναῖος (cf. fr. seq.)

(a) 1–3 δίαν om. E   1 ὃν suspectum (ἐν coni. Schweigh., ἦν Stephanus):
αὐλόν interpr. edd., vereor ut recte; fort. τὰν, mox σοφὰν σοφὸν (transp. Wilam.)
2 ὁρίοις A, corr. Musurus   3 αὖθις om. E   ἐκ χερ. βαλ. AE, transp. Wilam.
4 χοροιτύπωι coni. Wielandii censor Ienensis (1798) denuoque Jacobs, χοροκτύπωι
Meineke   5–6 vv. divisio incertissima   5 οὐ γαρ E   κάλλους E   ἤγειρεν
E sec. Peppink   6 ἆι Schweighaeuser (ἆι γὰρ) denuoque Dobree (ἆι περ):
αιγὰρ A; v. om. E   ἀγανὸν A, corr. Casaubon
(b) 1 αναχορευτος AE, corr. Grotefend   2 -πόλου E
(c) 1 λέγει· ἂν Kaibel (λέγει τὰν iam Musurus): λεγεγαν A; 1–3 om. E   συμεριθ-
A, corr. Hecker   2 ἀερόεν Bergk: ἀερθὲν A   ἄιολο- ut vid.   -πτερύγων
A, corr. Hartung

2 (2 B. et D.)

Ἀσκληπιός

806 Athen. (om. E) xiv 617 B

κομψῶς δὲ κἂν τῶι Ἀσκληπιῶι ὁ Τελέστης ἐδήλωσε τὴν τῶν
αὐλῶν χρείαν ἐν τούτοις·

ἢ Φρύγα καλλιπνόων αὐλῶν ἱερῶν βασιλῆα,
Λυδὸν ὃς ἅρμοσε πρῶτος
Δωρίδος ἀντίπαλον μούσας †νομοαίολον ὀρφναι†
πνεύματος εὔπτερον αὔραν ἀμφιπλέκων καλάμοις.

1 ἱερὸν coni. Kaibel   2 αὐδον ὃς ηροσε A, corr. Huschke (Λυδὸν), Grote-
fend (ἥρμοσε)   3 δουρ- A, corr. Musurus   μούσης A   νόμον αἰόλον ὀμφᾶι
coni. Schweighaeuser (et Dobree); νόμον αἰολόμορφον Hartung, -μόρφοις Wilam.

3 (3 B.)

807 Philodem. *de piet.* p. 52 Gomperz = Cinesias fr. 1 supra: cf.
ibid. p. 17

τὸν Ἀσκλ[ηπιὸν δ' ὑ]πὸ Διὸς κε[ραυνω]θῆναι γεγρ[άφασιν . . .]
καὶ ὁ τ[ὰ Ναυ]πάκτια ποι[ήσας] καὶ Τελέστ[ης Ἀσ]κληπιῶι.

4 (4 B., 3 D.)

Διθύραμβος· Ὑμέναιος

808 Athen. xiv 637 A

Τελέστης δ' ἐν Ὑμεναίωι διθυράμβωι πεντάχορδόν φησιν αὐτὴν
(τὴν μάγαδιν) εἶναι διὰ τούτων·

ἄλλος δ' ἄλλαν κλαγγὰν ἱεὶς
κερατόφωνον ἐρέθιζε μάγαδιν
πενταρράβδωι χορδᾶν ἀρθμῶι
χέρα καμψιδίαυλον ἀναστρωφῶν τάχος.

Eust. *Il.* 1108. 1 ἐν χορδαῖς χεῖρα—τάχος

2 ἠρέθ- coni. Schweighaeuser   3 ἐν πεντ. A: ἐν del. Dindorf   πενταράβδωι
A, πενταρόδω E, πενταράδωι C, corr. recc.   χορδὰν A, corr. E   ἀριθμῶι AE,
corr. Bergk   ἐν πενταράβωι . . . ἀριθμῶι defendit Wilam. *Timoth.* 30 n. 1 ('wie
sollten die Saiten auf Stäbchen liegen? . . . was wäre hier "gefügt"?'—iunctae sunt
chordae; et ea est rhabdi chordaeque similitudo, ut apte dicatur πεντάρραβδος pro
πεντάχορδος)   4 χεῖρα AE, Eust., corr. Wilam.   κάμψει δίαυλον ἀναστροφῶν
A, corr. E, Eust.

5 (8 B.)

Διὸς γοναί?

309 Philodem. *de piet.* p. 23 Gomperz = Philippson *Herm.* 55 (1920)
277 : = Melanippides fr. 8 supra.

INCERTI LOCI

6 (5 B., 4 D.)

310 Athen. (om. E) xiv 625 E–626 A

τὴν δὲ Φρυγιστὶ καὶ τὴν Λυδιστὶ παρὰ τῶν βαρβάρων οὔσας
γνωσθῆναι τοῖς Ἕλλησιν ἀπὸ τῶν σὺν Πέλοπι κατελθόντων εἰς τὴν
Πελοπόννησον Φρυγῶν καὶ Λυδῶν . . . διὸ καὶ Τελέστης ὁ Σελινούν-
τιός φησιν·

> πρῶτοι παρὰ κρατῆρας Ἑλλάνων ἐν αὐλοῖς
> συνοπαδοὶ Πέλοπος Ματρὸς ὀρείας
> Φρύγιον ἄεισαν νόμον·
> τοὶ δ᾽ ὀξυφώνοις πηκτίδων ψαλμοῖς κρέκον
> 5   Λύδιον ὕμνον.

1 Ἑλλήν- A   4 τοῖς δ᾽ A, corr. Musurus   fort. πακτ-   ψαλμοὶ A, corr.
recc.   5 fort. Λυδὸν

7 (6 B.)

311 Athen. (om. E) xi 501 F

καὶ Θεόπομπος δ᾽ ἐν Ἀλθαίαι (I 734 K.) ἔφη· λαβοῦσα πλήρη
χρυσέαν μεσόμφαλον / φιάλην· Τελέστης δ᾽ ἄκατον ὠνόμαζέ νιν· ὡς
τοῦ Τελέστου

ἄκατον

τὴν φιάλην εἰρηκότος.

ἄκρατον ὠνόμαζεν ἵν᾽ A, corr. Porson (Eur. *Med.* 139, 140; *Advers.* 132); tum
ἄκατον, superscripto ρ, A

8 (7 b.)

812 Philodem. *de piet.* p. 18 Gomperz (= Ibyc. fr. 11)

Αἰσχύλος δ[........] καὶ Εἴβ[υκος καὶ Τε]λέστης [.........]
τὰς Ἀρπ[υίας

ποιοῦσιν] τὰς Ἀρπ[υίας θνησκ]ούσας ὑπ[ὸ τῶν Βορέου παί]δων suppl. Gomperz

ARIPHRON

1 (1 b. et d.)

813 Athen. xv 701 F–702 B

τὸν εἰς τὴν Ὑγίειαν παιᾶνα ᾄσας τὸν ποιηθέντα ὑπὸ Ἀρίφρονος
τοῦ Σικυωνίου τόνδε·

Ὑγίεια βροτοῖσι πρεσβίστα μακάρων, μετὰ σεῦ
ναίοιμι τὸ λειπόμενον βιοτᾶς, σὺ δέ μοι πρόφρων ξυνείης·
εἰ γάρ τις ἢ πλούτου χάρις ἢ τεκέων
ἢ τᾶς ἰσοδαίμονος ἀνθρώποις βασιληΐδος ἀρχᾶς ἢ πόθων
5   οὓς κρυφίοις Ἀφροδίτας ἕρκεσιν θηρεύομεν,
ἢ εἴ τις ἄλλα θεόθεν ἀνθρώποισι τέρψις ἢ πόνων
ἀμπνοὰ πέφανται,
μετὰ σεῖο, μάκαιρ' Ὑγίεια,
τέθαλε καὶ λάμπει Χαρίτων ὀάροις·
10   σέθεν δὲ χωρὶς οὔτις εὐδαίμων ἔφυ.

Athen. codd. A et E(pitom.).
Cass. = *IG* iii 171 p. 66, lapis saec. ii/iii Cassellis Germanorum adservatus = Kaibel *Ep. Gr.* 1027 b; lectiones sec. Maas *Epid. Hymn.* p. 161, Taf. III.
Epid. = *IG* iv 1. 132, lapis Epidaur., lectiones sec. Maas l.c. p. 160, Taf. II.
Ott. = cod. Ottob. gr. 59, ii fol. 31 v, ed. Sp. Lambros *Νέος Ἑλληνομνήμων* iii (1906) 4; Horna *SB Wien. Akad.* 207. 1 (1928) 7; Maas l.c. p. 148.
Plut.¹ = *de virt. mor.* 10, iii 150 Pohl.–Siev. οὔτε γὰρ πλούτου χάριν ἢ τεκέων οὔτε τᾶς ἰσοδαίμονος ἀνθρώποις βασιληΐδος ἀρχᾶς. Plut.² = *de frat. am.* 2, iii 223 P.–S. ἧς χωρὶς οὔτε πλούτου φασὶν οὔτε τᾶς ἰσοδ.—ἀρχᾶς εἶναί τινα χάριν.
Luc. = *de lapsu inter salut.* 6, i 449 seq. Jacobitz ἵνα σοι μὴ τὸ γνωριμώτατον ἐκεῖνο καὶ πᾶσι διὰ στόματος λέγω, ὑγίεια πρεσβίστα—βιοτᾶς.
Max. = Max. Tyr. vii 1 a, p. 75 Hob. ᾄδεταί τι ἐξ ἀρχαίου ᾆσμα ἐν εὐχῆς μέρει· ὑγίεια πρεσβ.—βιοτᾶς.
Sext. = Sext. Emp. *adv. mathem.* xi 49, p. 387 Mutschmann ⟨Ἀρίφρων δέ φησιν⟩· τίς γὰρ πλούτου χάρις ἢ τοκήων ἢ τᾶς ἰσοδαίμονος ἀνθρώπου βασιληΐδος ἀρχᾶς; σέθεν δὲ χωρὶς—ἔφυ.
titulus in Cass. nullus, in Ott. εἰς ὑγίειαν (cf. Athen.), in Epid. ὑγεία (marg. fin.)

1 ὑγεία Cass., Luc., Max. (exceptis codd. MNa)   βροτοῖσι habent Cass., Ott., habuisse Epid. demonstrat Maas: om. Athen., Luc., Max.   σεῦ Epid., Luc.: σοῦ Cass., Ott., Athen., Max.   2 νέοιμι Luc. non nulli, Max. codd. RM; νειν Cass. βιοτᾶς Athen., Luc., Max. (-ῆς cod. B): βίου Cass., βὶ obscuro compendio Ott.   ξυνειης Ott. et dubio procul Epid.: ξυγειην Cass., σύνοικος εἴης Athen., ξύνοικον ἐλθεῖν in paraphrasi Max.   3 εἰ γάρ τις ἢ Ott., Athen. E: ἢ γὸρ τις Athen. A, ηδαυθιση Cass., τίς γὰρ Sext., οὔτε γὰρ Plut.[1,2] in paraphrasi χάριν Cass., Plut.[1,2]   τοκήων Sext.   4 ἢ τᾶς ἰσοδαίμονος: ηδαυθισευδαιμονος Cass., τᾶς (τὰς E, τοῦ C) εἰσοδαίμονος (om. ἢ) Athen.   αθρωπους Cass., ἀνθρώπου Sext. ἀρχὰς Athen. A, τ᾽ ἀρχᾶς E   4–5 αρχασηποιφρονζυγιησαφροδειτας Cass. 5 ερκεσι Ott.: ελκεσι Cass., ἄρκυσι(ν) Epid., Athen. (ἀρκουσι A)   6 ἢ εἰ Athen.: η Ott., η[.]σ Cass. (fort. η[ε]ι voluit)   τέρψιν Cass.   7 ἀμπνοὰ Ott., Athen. (ἀνπνοὰ A): ακμα[.] Cass., idem τεθαλται pro πέφανται   8 σεῖο: θια Cass., tum μακε[..]υγεια   ὑγεια Athen. A   9 τεθαλε Ott., Cass.: τέθαλε πάντα Athen. et dubio procul Epid.   οαροις Ott.: ὄαροι Athen. A (nisi ἔαρ-fuit), ὄαρι γρ. ὄαρ (hoc in textu cod. C) Athen. E, οαο[..] Cass.   10 ἔφυ om. Athen. ('deficit lap. Epid.' perperam Diehl)

PHILOXENUS CYTHERIUS

1 (p. 616 B.)

Γενεαλογία τῶν Αἰακιδῶν

814 Suda s.v. Φιλόξενος 393, iv 728 seq. Adler

ἔγραψε διθυράμβους κδ΄ . . . ἔγραψε δὲ μελικῶς Γενεαλογίαν τῶν Αἰακιδῶν.

Κύκλωψ ἢ Γαλάτεια

2 (p. 609 B.)

815 (a) Hermesianax ap. Athen. xiii 598 E (Coll. Alex. p. 100 Powell)

69   ἄνδρα δὲ τὸν Κυθέρηθεν ὃν ἐθρέψαντο τιθῆναι
    Βάκχου καὶ λωτοῦ πιστότατον ταμίην
    Μοῦσαι παιδευθέντα Φιλόξενον, οἷα τιναχθεὶς
    Ὀρτυγίηι ταύτης ἦλθε διὰ πτόλεως
    γιγνώσκεις, ἀίουσα μέγαν πόθον ὃν Γαλατείη
    αὐτοῖς μηλείοις θήκαθ᾽ ὑπὸ προγόνοις.

---

monendum est corruptissima haec apud Athen. tradi

3 (p. 609 B.)

816 (*b*) Athen. i 6 E–7 A

Φαινίας δέ φησιν ὅτι Φιλόξενος ὁ Κυθήριος ποιητής, περιπαθὴς ὢν
τοῖς ὄψοις, δειπνῶν ποτε παρὰ Διονυσίωι ὡς εἶδεν ἐκείνωι μὲν
μεγάλην τρῖγλαν παρατεθεῖσαν, ἑαυτῶι δὲ μικράν, ἀναλαβὼν αὐτὴν
εἰς τὰς χεῖρας πρὸς τὸ οὖς προσήνεγκε. πυθομένου δὲ τοῦ Διονυσίου
τίνος ἕνεκεν τοῦτο ποιεῖ, εἶπεν ὁ Φιλόξενος ὅτι γράφων τὴν Γαλάτειαν
βούλοιτό τινα παρ' ἐκείνης τῶν κατὰ Νηρέα πυθέσθαι· τὴν δὲ
ἠρωτημένην ἀποκεκρίσθαι διότι νεωτέρα ἁλοίη· διὸ μὴ παρακολουθεῖν·
τὴν δὲ τῶι Διονυσίωι παρατεθεῖσαν πρεσβυτέραν οὖσαν εἰδέναι πάντα
σαφῶς ἃ βούλεται μαθεῖν. τὸν οὖν Διονύσιον γελάσαντα ἀποστεῖλαι
αὐτῶι τὴν τρῖγλαν τὴν παρακειμένην αὐτῶι. συνεμέθυε δὲ τῶι
Φιλοξένωι ἡδέως ὁ Διονύσιος. ἐπεὶ δὲ τὴν ἐρωμένην Γαλάτειαν
ἐφωράθη διαφθείρων, εἰς τὰς λατομίας ἐνεβλήθη· ἐν αἷς ποιῶν τὸν
Κύκλωπα συνέθηκε τὸν μῦθον εἰς τὸ περὶ αὐτὸν γενόμενον πάθος, τὸν
μὲν Διονύσιον Κύκλωπα ὑποστησάμενος, τὴν δ' αὐλητρίδα Γαλάτειαν,
ἑαυτὸν δ' Ὀδυσσέα.

fere eadem sed brevius Suda s.v. *Φιλόξενος* 394, iv 729 Adler

4 (ibid. B.)

817 (*c*) Schol. Theocr. vi init., p. 189 Wendel

Δοῦρίς φησι διὰ τὴν εὐβοσίαν τῶν θρεμμάτων καὶ τοῦ γάλακτος
πολυπλήθειαν τὸν Πολύφημον ἰδρύσασθαι ἱερὸν παρὰ τῆι Αἴτνηι
Γαλατείας· Φιλόξενον δὲ τὸν Κυθήριον ἐπιδημήσαντα καὶ μὴ δυνά-
μενον ἐπινοῆσαι τὴν αἰτίαν ἀναπλάσαι ὡς ὅτι Πολύφημος ἤρα τῆς
Γαλατείας.

(*d*) idem carmen respiciunt Aristot. *poet.* 2. 1448 a 15 ; Didymus
in Demosth. Phil. col. 12. 55 seqq., *BKT* i 59 seqq. (vid.
p. 443 infra) ; Aelian. *v.h.* xii 44.

5 (ibid. B.)

(e) Synesius *ep.* cxxi, Patr. Gr. 66. 1500 B–D Migne

Ὀδυσσεὺς ἔπειθε τὸν Πολύφημον διαφεῖναι αὐτὸν ἐκ τοῦ σπηλαίου·
γόης γάρ εἰμι καὶ εἰς καιρὸν ἄν σοι παρείην οὐκ εὐτυχοῦντι τὰ εἰς
τὸν θαλάττιον ἔρωτα· ἀλλ' ἐγώ τοι καὶ ἐπωιδὰς οἶδα καὶ καταδέσμους
καὶ ἐρωτικὰς κατανάγκας, αἷς οὐκ εἰκὸς ἀντισχεῖν οὐδὲ πρὸς βραχὺ
τὴν Γαλάτειαν. μόνον ὑπόστηθι σὺ τὴν θύραν ἀποκινῆσαι, μᾶλλον
δὲ τὸν θυρεὸν τοῦτον· ἐμοὶ μὲν γὰρ καὶ ἀκρωτήριον εἶναι φαίνεται·
ἐγὼ δὲ ἐπανήξω σοι θᾶττον ἢ λόγος τὴν παῖδα κατεργασάμενος· τί
λέγω κατεργασάμενος; αὐτὴν ἐκείνην ἀποφανῶ σοι δεῦρο πολλαῖς
ἴυγξι γενομένην ἀγώγιμον. καὶ δεήσεταί σου καὶ ἀντιβολήσει, σὺ
δὲ ἀκκιῆι καὶ κατειρωνεύσηι. ἀτὰρ μεταξύ μέ τι καὶ τοιοῦτον
ἔθραξε, μὴ τῶν κωδίων ὁ γράσος ἀηδὴς γένηται κόρηι τρυφώσηι
καὶ λουομένηι τῆς ἡμέρας πολλάκις· καλὸν οὖν εἰ πάντα εὐθετήσας
ἐκκορήσειάς τε καὶ ἐκπλυνεῖς καὶ ἐνθυμιάσειας τὸ δωμάτιον· ἔτι
δὲ κάλλιον, εἰ καὶ στεφάνους παρασκευάσαιο κιττοῦ τε καὶ μίλακος,
οἷς σαυτόν τε καὶ τὰ παιδικὰ ἀναδήσαιο. ἀλλὰ τί διατρίβεις; οὐκ
ἐγχειρεῖς ἤδη τῆι θύραι; πρὸς οὖν ταῦτα ὁ Πολύφημος ἐξεκάγχασέ
τε ὅσον ἠδύνατο μέγιστον καὶ τὼ χεῖρε ἐκρότησε. καὶ ὁ μὲν Ὀδυσ-
σεὺς ὤιετο αὐτὸν ὑπὸ χαρμονῆς οὐκ ἔχειν ὅ τι ἑαυτῶι χρήσαιτο
κατελπίσαντα τῶν παιδικῶν περιέσεσθαι. ὁ δὲ ὑπογενειάσας αὐτόν,
ὦ Οὖτι, ἔφη, δριμύτατον μὲν ἀνθρώπιον ἔοικας εἶναι καὶ ἐγκατα-
τετριμμένον ἐν πράγμασιν. ἄλλο μέντοι τι ποίκιλλε· ἐνθένδε γὰρ οὐκ
ἀποδράσεις. ὁ μὲν οὖν Ὀδυσσεύς, ἠδικεῖτο γὰρ ὄντως, ἔμελλεν ἄρα
τῆς πανουργίας ὀνήσεσθαι· σὲ δέ, Κύκλωπα μὲν ὄντα τῆι τόλμηι,
Σίσυφον δὲ τοῖς ἐγχειρήμασι, δίκη μετῆλθε καὶ νόμος καθεῖρξεν,
ὧν μή ποτε σὺ καταγελάσειας. εἰ δὲ δεῖ πάντως ὑπερέχειν σε τῶν
νόμων, ἀλλὰ μὴ ἔγωγε εἴην ὁ παραλύων αὐτοὺς καὶ τὰς θύρας
καταρρηγνὺς τοῦ ἐπὶ τοῖς δεσμώταις οἰκήματος· καὶ γὰρ εἰ μὲν ἦν
ἐπὶ τοῖς ἱερεῦσιν ἡ πολιτεία, κτλ.

'Synesius si non ipsum carmen usurpavit, at rhetorem aliquem antiquiorem,
qui illo usus est, videtur secutus esse' (Bergk); vid. Holland *Leipziger Studien* 7
(1884) 192 seqq.

6 (II B.)

819 Ar. *Plut.* 290 seqq.

καὶ μὴν ἐγὼ βουλήσομαι θρεττανελὸ τὸν Κύκλωπα / μιμούμενος καὶ τοῖν ποδοῖν ὡδὶ παρενσαλεύων / ὑμᾶς ἄγειν· / ἀλλ᾽ εἶα τέκεα θαμίν᾽ ἐπαναβοῶντες / βληχώμενοί τε προβατίων / αἰγῶν τε κιναβρώντων μέλη / ἔπεσθε κτλ. Schol. ad loc. θρεττανελὸ τὸν Κύκλωπα·
. . . διασύρει δὲ Φιλόξενον τὸν τραγικόν, ὃς εἰσήγαγε κιθαρίζοντα τὸν Πολύφημον. τὸ δέ

(1) θρεττανελό

ποιὸν μέλος καὶ κρουμάτιόν ἐστι· τὸ δέ

(2) ἀλλ᾽ εἶα τέκεα θαμίν᾽ ἐπαναβοῶντες

ἐκ τοῦ Κύκλωπος Φιλοξένου ἐστί. Φιλόξενον τὸν διθυραμβοποιὸν ἢ τραγωιδοδιδάσκαλον διασύρει, ὃς ἔγραψε τὸν ἔρωτα τοῦ Κύκλωπος τὸν ἐπὶ τῆι Γαλατείαι. εἶτα κιθάρας ἦχον μιμούμενος ἐν τῶι συγγράμματι, τοῦτό φησι τὸ ῥῆμα θρεττανελό· ἐκεῖ γὰρ εἰσάγει τὸν Κύκλωπα κιθαρίζοντα καὶ ἐρεθίζοντα τὴν Γαλάτειαν. . . . ἄλλως· ὁ Φιλόξενος ὁ διθυραμβοποιὸς ἐν Σικελίαι ἦν παρὰ Διονυσίωι· λέγουσι δὲ ὅτι ποτὲ Γαλατείαι τινὶ παλλακίδι Διονυσίου προσέβαλε· καὶ μαθὼν Διονύσιος ἐξώρισεν αὐτὸν εἰς λατομίαν. φεύγων δὲ ἐκεῖθεν ἦλθεν εἰς τὰ ὄρη τῶν Κυθήρων καὶ ἐκεῖ δρᾶμα τὴν Γαλάτειαν ἐποίησεν, ἐν ὧι εἰσήνεγκε τὸν Κύκλωπα ἐρῶντα τῆς Γαλατείας· τοῦτο δὲ αἰνιττόμενος εἰς Διονύσιον· ἀπείκασε γὰρ αὐτὸν τῶι Κύκλωπι ἐπεὶ καὶ αὐτὸς ὁ Διονύσιος οὐκ ὠξυδόρκει.

Suda ii 727 A. s.v. θρεττανελώ· ἦχος κιθάρας. Φιλόξενον γὰρ τὸν διθυραμβοποιὸν e. q. s., fere eadem atque Schol. ut supra

(1) 290 et 296 θρεττανελὸ PV (in 290 A²) UΣV Ald. : -λὼ AM Suda Σᴿ

7 (ibid. B.)

820 Ar. *Plut.* 296 seqq.

ἡμεῖς δέ γ᾽ αὖ ζητήσομεν θρεττανελὸ τὸν Κύκλωπα / βληχώμενοι, σὲ τουτονὶ πινῶντα καταλαβόντες

πήραν ἔχοντα λάχανά τ᾽ ἄγρια δροσερὰ

κραιπαλῶντα / ἡγούμενον τοῖς προβατίοις / εἰκῇ δὲ καταδαρθόντα
που / μέγαν λαβόντες ἡμμένον / σφηνίσκον ἐκτυφλῶσαι.

Schol. RV ad loc. πήραν ἔχοντα· Φιλοξένου ἐστὶ παρηγμένον καὶ τοῦτο τὸ ῥητόν.
Schol. Junt. ἐνταῦθα ὁ ποιητὴς παιγνιωδῶς ἐπιφέρει τὰ τοῦ Φιλοξένου εἰπόντος πήραν
βαστάζειν τὸν Κύκλωπα καὶ λάχανα ἐσθίειν. οὕτω γὰρ πεποίηκε τὸν τοῦ Κύκλωπος
ὑποκριτὴν εἰς τὴν σκηνὴν εἰσαγόμενον. ἐμνήσθη δὲ καὶ τῆς τυφλώσεως ὡς οὔσης ἐν τῶι
ποιήματι

λάχανά τ' RVMU : λάχαν' A

8 (8 B., I D.)

821 Athen. xiii 564 E

ὁ δὲ τοῦ Κυθηρίου Φιλοξένου Κύκλωψ ἐρῶν τῆς Γαλατείας καὶ
ἐπαινῶν αὐτῆς τὸ κάλλος, προμαντευόμενος τὴν τύφλωσιν πάντα
μᾶλλον αὐτῆς ἐπαινεῖ ἢ τῶν ὀφθαλμῶν μνημονεύει, λέγων ὧδε·

ὦ καλλιπρόσωπε χρυσεοβόστρυχε ⟦Γαλάτεια⟧
χαριτόφωνε θάλος Ἐρώτων

Eust. 1558. 15 ἔτι δὲ καὶ Φιλοξένου τοῦ Κυθηρίου τὸ ὦ καλλ.—ἐρώτων, ἅπερ
ἐκεῖνος εἶπεν ἐπὶ Γαλατείαι τῆι Νηρηίδι ἐπαινῶν αὐτὴν ὡς ἐρωμένην, κτλ.

1 χρυσο- coni. Bergk   Γαλάτεια om. Eust., del. Wilam.   2 θάλος Bergk
(θάλλος iam Iacobs et Fiorillo): κάλλος AE, Eust.

9 (7 B.)

822 Plut. amator. 18, iv 372 Hub.

αὕτη (Σαπφώ) δ' ἀληθῶς μεμιγμένα πυρὶ φθέγγεται καὶ διὰ τῶν
μελῶν ἀναφέρει τὴν ἀπὸ τῆς καρδίας θερμότητα

Μούσαις εὐφώνοις ἰωμένη τὸν ἔρωτα

κατὰ Φιλόξενον.

id. quaest. conv. i 5. 1, iv 25 Hub. πῶς εἴρηται τό· ποιητὴν δ' ἄρα / Ἔρως διδάσκει,
κἂν ἄμουσος ἦι τὸ πρίν (E. fr. 663)· ἐζητεῖτο παρὰ Σοσσίωι Σαπφικῶν τινων αἰσθέντων
ὅπου καὶ τὸν Κύκλωπα Μούσαις εὐφώνοις ἰᾶσθαί φησι τὸν ἔρωτα Φιλόξενος. Cf. Schol.
Theocr. xi 1, p. 241 W. οὐδὲν Ἔρωτός μοι δοκεῖ φάρμακον πεφυκέναι εἰ μὴ ἡ παιδεία
καὶ αἱ Μοῦσαι· ταύταις γὰρ ὁ Κύκλωψ πρὸς διαγωγὴν τοῦ ἔρωτος τῆς Γαλατείας
ἐχρῆτο· καὶ Φιλόξενος τὸν Κύκλωπα ποιεῖ παραμυθούμενον ἑαυτὸν ἐπὶ τῶι τῆς Γαλα-
τείας ἔρωτι καὶ ἐντελλόμενον τοῖς δελφῖσιν, ὅπως ἀπαγγείλωσιν αὐτῆι, ὅτι ταῖς Μούσαις
τὸν ἔρωτα ἀκεῖται· καὶ Καλλίμαχος (epigr. 46. 1 seqq.). Cf. etiam Philodem. mus.
xv 1 seqq., p. 80 Kemke

incertum quaenam pars verbi ἰᾶσθαι apud Philoxenum occurrerit

10 (10 B., 3 D.)

823 Suda s.v., ii 211 Adler

ἔθυσας, ἀντιθύσηι.

τοῦτο παρὰ Φιλοξένωι ὁ Κύκλωψ λέγει πρὸς τὸν Ὀδυσσέα. ἀπεκδέ-
χονται γὰρ τό· ἔνθα δὲ πῦρ κείαντες ἐθύσαμεν· παρὰ τῶι ποιητῆι
εἰρῆσθαι ἐπὶ τῶν ἀρνῶν, οὐχὶ δὲ τὸ †ἀπεθύσαμεν† (ἐθυμιάσαμεν coni.
Bernhardy) νοεῖσθαι.

Zonaras 625 ἔθυσας· ἀντὶ τοῦ θύσηι· [τοῦτο παρὰ Φιλοξένωι]. huc spectat ut vid.
Schol. A Hom. *Il.* 9. 219 ὅτι θῦσαι οὐ σφάξαι, ὡς ὁ Τιμόθεος (fr. 7) ὑπέλαβεν καὶ
Φιλόξενος, . . . ἀλλὰ θυμιᾶσαι. App. Prov. ii 10, i 395 L.–S. ἔθυσας; ἀντιθύσηι· τοῦτο
ὁ Κύκλωψ λέγει πρὸς τὸν Ὀδυσσέα

ἔθυσεν Sud. cod. V   ἀντιθύσηι Sud. codd. AM, App. Prov.: ἀντὶ τοῦ θύσηι
Sud. rell., Zonar.

11 (9 B., 2 D.)

824 Zenob. *cent.* v 45, i 139 L.–S.

οἵωι μ᾽ ὁ δαίμων τέρατι συγκαθεῖρξεν·

ἐπὶ τῶν δυσανασχετούντων ἐπί τινι δυσχερεῖ πράγματι λέγεται ἡ
παροιμία· Κύκλωψ γάρ ἐστι δρᾶμα Φιλοξένου τοῦ ποιητοῦ ἐν ὧι ὁ
Ὀδυσσεὺς περισχεθεὶς τῶι τοῦ Κύκλωπος σπηλαίωι λέγει· οἵωι κτλ.

Diogenian. vii 19, i 289 L.–S., eadem (ἐπὶ τοῦ Κύκλωπος καὶ τοῦ Ὀδυσσέως) =
Arsen. = Apostol. xii 52, ii 554 L.–S., sine nomine auctoris   vid. Fiorillo *obs.
crit. Athen.* (1803) 84 seqq.
de *Cyclope* (Timothei an Philoxeni incertum) ut videtur agitur etiam comment.
anon. *Papyrus Erzherzog Rainer* n.s. 1932 p. 140 fr. b III   fort. συγκατ-

12 (p. 616 B.)

Κωμαστής?

825 Suda s.v. Ἀντιγενείδης, i 235 Adler

Σατύρου, Θηβαῖος μουσικὸς αὐλωιδὸς Φιλοξένου· οὗτος ὑποδήμασι
Μιλησίοις πρῶτος ἐχρήσατο καὶ κροκωτὸν ἐν τῶι Κωμαστῆι περι-
εβάλλετο ἱμάτιον· ἔγραψε μέλη.

Κωμαστήν Philoxeni fuisse carmen coni. Berglein

428

13 (ibid. B.)

Μυσοί;

26 Aristot. *pol.* viii 7. 9, 1342 b 8, p. 290 Immisch

καὶ τούτου πολλὰ παραδείγματα λέγουσιν οἱ περὶ τὴν σύνεσιν ταύτην ἄλλα τε καὶ διότι Φιλόξενος ἐγχειρήσας ἐν τῆι δωριστὶ ποιῆσαι διθύραμβον τοὺς Μύσους (μύθους codd., corr. Schneider) οὐχ οἷός τ᾽ ἦν, ἀλλ᾽ ὑπὸ τῆς φύσεως αὐτῆς ἐξέπεσεν εἰς τὴν φρυγιστὶ τὴν προσήκουσαν ἁρμονίαν πάλιν.

vid. Newman *Politics of Aristotle* iii (1902) 570 seq.

14 (12 B.)

Σύρος;

27 Hesych. s.v. μεσαύχενες· (Hdn. II 550. 8 L.)

Ἀριστοφάνης (fr. 725, I 567 K.) φησί· μεσαύχενας νέκυας, ⟨τοὺς⟩ ἀσκούς (ἀσώτους cod. : corr. et suppl. Dobree ; νέκυας οὕτως coni. Schmidt). διὰ τοῦ μ̄ γραπτέον, μεσαύχενες, ὅτι μέσον αὐχένα ἀσκοῦ (αὐτοῦ cod., corr. Schmidt) πιέζει ὃ περιεβάλλοντο σχοινίον (πεζεῖ παρεβάλλοντο τὸ σχ. cod., corr. Dobree et Bergk). ⟨παρα⟩- τραγωιδεῖ (suppl. Bergk ; παρωιδεῖ coniecerat Dobree) δὲ τὰ ἐν τῶι Φιλοξένου (-νω cod.) Σύρωι. ἔνιοι δὲ διὰ τοῦ δ̄ γράφουσι, δεσαύχενες, †καὶ† οὐ καλῶς.

vid. quae congessere Kock et Bergk ad loc. (Phot. s.v. μεσαύχενες, Hesych. et Et. Mag. s.v. δεσαύχενες, Hesych. s.v. βυσαύχην et Pollux ii 135) alii aliter interpretantur : 'nempe Philoxeni phrasin de suspensis per collum cadaveribus ad utres per iocum transtulit,' Dobree ; 'utres, quoniam ex pellibus mortuorum animalium conficiuntur, poeta comicus νέκυας appellavit. . . . id ipsum opinor Philoxenus dithyrambicorum more novare ausus erat. . . . comicus ut Philoxeni audaciam exagitaret, epitheton de suo adiecit,' Bergk Σύρωι: Σατύρωι coni. Bergk, Σισύφωι vel Σκίρωι Berglein

15 (13 B., 4 D.)

Ὑμέναιος

828 Athen. i 5 F–6 A

τὰ δ' αὐτὰ καὶ περὶ τοῦ Κυθηρίου Φιλοξένου ἱστοροῦσι . . .
Κλέαρχος δέ φησι Φιλόξενον προλουόμενον ⟨ἐν τῆι πατρίδι κἂν
ἄλλαις πόλεσι⟩ περιέρχεσθαι τὰς οἰκίας ἀκολουθούντων αὐτῶι παίδων
καὶ φερόντων ἔλαιον οἶνον γάρον ὄξος καὶ ἄλλα ἡδύσματα· ἔπειτα
εἰσιόντα εἰς τὰς ἀλλοτρίας οἰκίας τὰ ἑψόμενα τοῖς ἄλλοις ἀρτύειν
ἐμβάλλοντα ὧν ἐστι χρεία, κᾆθ' οὕτως ⟨εἰς ἑαυτὸν⟩ κύψαντα εὐωχεῖ-
σθαι. οὗτος εἰς Ἔφεσον καταπλεύσας εὑρὼν τὴν ὀψοπώλιδα κενὴν
ἐπύθετο τὴν αἰτίαν· καὶ μαθὼν ὅτι πᾶν εἰς γάμους συνηγόρασται
λουσάμενος παρῆν ἄκλητος ὡς τὸν νυμφίον. καὶ μετὰ τὸ δεῖπνον
ἄισας ὑμέναιον οὗ ἡ ἀρχὴ

> Γάμε θεῶν λαμπρότατε

πάντας ἐψυχαγώγησεν· ἦν δὲ διθυραμβοποιός.

Cf. Sud. s.v. *Φιλόξ. Λευκάδ.* iv 729 A., unde supplementa in textu Athen.

INCERTI LOCI

16 (14 B., 6 D.)

829 Antigon. Caryst. *mir.* cxxvii (141), p. 31 seq. Keller

οἱ Δελφοὶ δὲ λέγουσιν ὅτι ἐν τῶι Παρνασσῶι κατά τινας χρόνους
τὸ Κωρύκιον φαίνεσθαι χρυσοειδές· διὸ καὶ τὸν Φιλόξενον οὐδεὶς ἂν
εἰκονολογεῖν εἴποι λέγονθ' οὕτως·

> αὐτοὶ γὰρ διὰ Παρνασσοῦ
> χρυσορόφων Νυμφέων εἴσω
> θαλάμων

---

1 ἄισσοι (ex ἄττοι; ut vid. ἀίσσοι voluit) coni. Wilam., 'volitet (*carmen meum*)'.
de numeris non constat; anapaestos frustra quaerit Wilam.

17 (18 B.)

30 Ar. *Nub.* 335

ταῦτ' ἄρ' ἐποίουν ὑγρᾶν Νεφελᾶν στρεπταιγλᾶν δάιον ὁρμάν, κτλ.,
ubi Schol. RV Ald. ταῦτα δὲ εἰς Φιλόξενον τὸν διθυραμβοποιόν·
τὸ γὰρ

στρεπταίγλαν

οὗτος εἶπεν.

'Aristophanes illo loco non potuit Philoxenum notare: sed nequaquam im-
probabile, hoc vocabulo usum esse etiam postea Philoxenum, id quod istum
grammaticum in errorem induxit', Bergk; ad secundam *Nub.* editionem refert
Schmid *Gr. Lit.* I iv 499 n. 3
στραπτ- coni. Bentley (*epist. ad Kusterum* ap. *Mus. Crit.* ii 436), fort. recte;
sententiae alienum στρέφειν, nedum passive στρεπτ-

18 (16 B., 7 D.)

31 Athen. ii 35 D

ὁ δὲ Κυθήριος Φιλόξενος λέγει·

εὐρείτας οἶνος πάμφωνος.

Eust. *Od.* 1770. 9 τὸ τοῦ Κυθηρίου Φιλοξένου, τὸ εὐρ.—πάμφωνος

19 (17 B.)

32 Athen. x 446 A

ὁ αὐτός φησιν Ἀντιφάνης ἐν τῶι Τραυματίαι (II 101 K.)· . . .
παραδίδου δ' ἐξῆς ἐμοί / [[οἶνον]]

⟨τὸν⟩ ἀρκεσίγυιον

ὡς ἔφασκ' Εὐριπίδης. | —Εὐριπίδης γὰρ τοῦτ' ἔφασκεν; — ἀλλὰ
τίς; | — Φιλόξενος δήπουθεν. — οὐθὲν διαφέρει, / ὦ τᾶν· ἐλέγχεις μ'
ἕνεκα συλλαβῆς μιᾶς.

οἶνον del., τὸν suppl., Casaubon: epitheton vini pro appellatione vini usurpasse
Philoxenum non Euripidem contendit idem; ceterum vid. Schneidewin *Beitr.* 129

431

20 (6 b., 5 d.)

833 Athen. (om. E) xv 692 D

ἐπεὶ δ' ἐνταῦθα τοῦ λόγου ἐσμέν,

συμβαλοῦμαί τι μέλος ὑμῖν εἰς ἔρωτα

κατὰ τὸν Κυθήριον ποιητήν.

---

id. vi 271 B συμβαλοῦμαί τι καὶ αὐτὸς μέλος εἰς ἔρωτα. Plat. *Symp.* 185 C ταῦτά
σοι, ἔφη, ὡς ἐκ τοῦ παραχρῆμα, ὦ Φαῖδρε, περὶ Ἔρωτος συμβάλλομαι. Dion. Hal.
comp. i 6, p. 5 Us.–Rad. συμβάλλομαί σοι μέλος εἰς ἔρωτα. cf. App. Prov. iv 77, i
453 L.–S. συμβαλούμενος· κατ' ἔλλειψιν καὶ αὕτη· ἐνδεῖ γὰρ εἰς ἔρωτα

συμβάλλομεν Plat. cod. B, Dion. cod. F   μέρος Dion. codd.   εἰς τὸν ἔρωτα
Dion. codd. PMV

ad *Cyclopem* referunt Winckelmann Bergk alii, obloquitur Schneidewin

---

21 (20 b.)

834 Plin. *n.h.* 37. 31, v 393 Mayhoff

Phaethontis fulmine icti sorores luctu mutatas in arbores
populos lacrimis electrum omnibus annis fundere iuxta Eri-
danum amnem, quem Padum vocavimus, electrum appellatum,
quoniam sol vocitatus sit elector, plurimi poetae dixere, primique
ut arbitror Aeschylus Philoxenus Euripides Nicander Satyrus.

---

22 (19 b.)

835 Theophrast. *de ventis* 38, iii 107 Wimmer

πνεῖ δ' ἐνιαχοῦ μὲν χειμέριος (ὁ Ζέφυρος), ὅθεν καὶ ὁ ποιητὴς
δυσαῆ προσηγόρευσεν· ἐνιαχοῦ δὲ μετρίως καὶ μαλακῶς, διὸ καὶ
Φιλόξενος ἡδεῖαν αὐτοῦ πεποίηκε τὴν πνοήν.

ἡδεῖαν Meineke: ἰδίαν cod.

PHILOXENUS LEUCADIUS

(pp. 601–8 B., fasc. 3 pp. 153–9 D.)

Δεῖπνον

836 (a) Athen. (om. E) xv 685 D

Φιλόξενος δ' ὁ διθυραμβοποιὸς ἐν τῶι ἐπιγραφομένωι Δείπνωι
ἀρχὴν ποιεῖται τὸν στέφανον τῆς εὐωχίας οὑτωσὶ λέγων·

$$\text{κατὰ χειρὸς δ'}$$

2 ἤλιθ' ὕδωρ ἁπαλὸς
   παιδίσκος ἐν ἀργυρέαι
   πρόχωι φορέων ἐπέχευεν,
3 εἶτ' ἔφερε στέφανον
   λεπτᾶς ἀπὸ μυρτίδος εὐ-
   γνήτων κλαδέων δισύναπτον.

---

2 ἤλυθ' A, correxi προχοω φέρων A, correxi; φέρων προχόωι Bergk, hiatu
non tolerabili 3 στεφανολεπτας ἀπὸ μυρτίδων A, corr. Grotefend (simulque
Fiorillo) κλάδων A, corr. Bergk

(b) Athen. iv 146 F+ix 409 E

Φιλόξενος δ' ὁ Κυθήριος ἐν τῶι ἐπιγραφομένωι Δείπνωι, εἴπερ
τούτου καὶ ὁ κωμωιδιοποιὸς Πλάτων ἐν τῶι Φάωνι ἐμνήσθη (I 646
K.) καὶ μὴ τοῦ Λευκαδίου Φιλοξένου, τοιαύτην ἐκτίθεται παρασκευὴν
δείπνου·

  εἰς δ' ἔφερον διπλόοι
   παῖδες λιπαρῶπα τράπεζαν
  ἄμμ', ἑτέραν δ' ἑτέροις,
   ἄλλοις δ' ἑτέραν, μέχρις οὗ
   πλήρωσαν οἶκον·

Eust. Od. 1388. 64 (ad v. 1) λιπαρώψ, οὗ χρῆσις παρὰ Φιλοξένωι ἐν τῶι· εἰς δ'
ἔφερον διπλόοι παῖδες λιπαρῶπα τράπεζαν; Od. 1887. 50 (ad v. 42) Φιλόξενος δὲ ὁ
Κυθήριος ἔκτριμμα

tantum 1–3 αὐγάς, 6 παρέφερον—χιονόχροας, 13 seqq. ὅτι θερμὸς παρῆλθε μετ'
αὐτῶν ἰσοτράπεζος συνόδων καὶ ξανθαὶ μελικαρίδες Epitom.
2 ἄμμι ἑτέραν δ' ἕτεροι ἄλλοι δ' ἑτέραν Athen. AE, corr. Bergk, Kaibel μέχρι
Athen. A

ταὶ δὲ πρὸς ὑψιλύχνους
ἔστιλβον αὐγὰς
εὐστέφανοι λεκάναις
παροψίσι τ' ὀξυβάφων
†πλήρεις† σύν τε χλιδῶσαι
5 παντοδαποῖσι τέχνας
εὑρήμασι πρὸς βιοτάν,
ψυχᾶς δελεασματίοισι·
πάρφερον ἐν κανέοις
μάζας χιονόχροας ἄλλοι·
⟨τοῖς⟩ δ' ἐπὶ πρῶτα παρῆλθ'
οὐ κάκκαβος, ὦ φιλότας,
ἀλλ' †ἀλλοπλατεῖς† τὸ μέγιστον
†πάντ' ἔπαθεν λιπαρoντες
εγχελεατινες ἄριστον†
†γόγγροιτοιωνητεμων†
πλῆρες θεοτερπές· ἐπ' αὐτῶι
10 δ' ἄλλο παρῆλθε τόσον,
βατὶς δ' ἐνέην ἰσόκυκλος·
μικρὰ δὲ κακκάβι' ἧς
ἔχοντα τὸ μὲν γαλεοῦ
τι, ναρκίον ἄλλο ⟨   ⟩
⟨   ⟩ παρῆς ἕτερον
πίων ἀπὸ τευθιάδων
καὶ σηπιοπουλυποδείων
⟨   ⟩ ἁπαλοπλοκάμων·
θερμὸς μετὰ ταῦτα παρῆλθεν

---

4 ἐστέφανοι λαχάνοις A, corr. Bergk   πλήρεις : τε πλήθεϊ coni. Kaibel; fort.
⟨παμ⟩πλήρεσι
5 -δαποῖς A, corr. Bergk
6 παρέφερον ἐν κανέοισι A, corr. Bergk
6–7 ἄλλοι δ' ἐπεὶ A, corr. et suppl. Hartung (οἷς; τοῖς Bergk)
7 παρῆλθεν A
7–9 ἀλλοπλατεῖς—τεμων corruptissima : nihil memoratu dignum adhuc inventum; 7 ἀμφιπλατές, 9 γογγριονωτοτόμων?
10 βαστισνεην A, corr. Bergk (-έης, coll. 11; sed cf. 26)
11 κακκαβίης A, corr. Bergk   ἄλλου A, corr. et lacunam statuit
Bergk
12 πίων suspectum   τευθιάδα A, corr. Bergk, nisi τευθιδίων (Diehl) praeferendum   σηπίου πολυποδίων A, corr. Bergk
13 ⟨τῶν⟩ suppl. Bergk

ἰσοτράπεζος ὅλος
    †μνήστης συνόδων πυρὸς ⟨ ⟩†
15   ⟨ ⟩ †ἔπειτα βαθμοὺς
    ἀτμίζων ἐπὶ τῶιδ' ἐπιπυσται†
τευθίδες, ὦ φίλε, καὶ
    ξανθαὶ μελικαρίδες αἱ
      κοῦφαι παρῆλθον·
θρυμματίδες δ' ἐπὶ ταύ-
    ταις εὐπέταλοι χλοεραί
    τε †δηφαρυγες†
†πυριων τε† στεγαναὶ
    φυσταὶ μέγαθος κατὰ κάκ-
    καβον γλυκυόξεες ⟨ ⟩
ὀμφαλὸς θοίνας καλεῖται
    παρά γ' ἐμὶν καὶ τίν, σάφ' οἶδα.
20   †εσταδα† ναὶ μὰ θεοὺς
    ὑπερμέγεθές τι θέμος
      θύννου μόλεν ὀπτὸν ἐκεῖθεν
†θερμὸν ὅθεν γλυφις†
    τετμημένον εὐθὺς ἐπ' αὐτὰς
τὰς ὑπογαστρίδας, ⟨αἷς⟩
    διανεκέως ἐπαμύνειν
εἴπερ ἐμίν τε μέλοι
    καὶ τίν, μάλα κεν κεχαροίμεθ'.

14–15 corruptissima : init. νῆστις pro μνήστης probabiliter Schweighaeuser, mox ἀτμί-ζων ἔτι, τῶι δ' ἐπὶ πασταί Meineke
16 φίλαι A, corr. Dindorf   κἀξανθισμέναι καρῖδες αἱ κυφαὶ (hoc Jacobs) ingeniose Bergk, sed nihil mutandum
17 χλωραί A   ἡδυφάρυγγες (Musurus) edd. recc. contra metrum
18 πύρνων τε coni. Bergk, πυριδίων Knox   στεγναι βύσται A, corr. Schmidt κακὰ κακκάβου A, corr. Edmonds (κατὰ), ego   γλυκυου ὄξιος A, corr. Schmidt lacunam indic. Bergk; ⟨οἷος⟩ suppl. Edmonds
19 θοιναας A, corr. Meineke   πάρ γ' coni. Meineke   καὶ τίν Koen : καπιν A   σαφυοιδα A, corr. Jacobs
20 ἐς τάδε coni. Edmonds; multo minus veri sim. ἔσχατα (Kaibel)   θέμος = θέμα; τι δέμας (Bergk) vel τέμαχος (Schmidt) edd. recc.   θύννου Schmidt : θυγμοῦ A   ἐκεῖθεν suspectum
21 θερμανθὲν veri sim., tum γλυφίσιν vel γλυφάνοις (Bergk)   τετμενον A, corr. Schmidt
22 αἷς supplevi   διανεκεος ἐπαμυν A, corr. Bergk
23 εἴπερ Bergk : επ A

ἀλλ' ὅθεν ἐλλίπομεν,
θοίνα παρέης †ὅτε παλάξαι†

25   †δύνατ' ἐπικρατέως†
ἔγωγ' ἔτι, κού κε λέγοι τις
πάνθ' ἃ παρῆν ἐτύμως
ἄμμιν, †παρέπεσαι† δὲ θερμὸν
σπλάγχνον· ἔπειτα δὲ νῆ-
στις δέλφακος οἰκετικᾶς
καὶ νωτί' ἐσῆλθε καὶ ὀσ-
φῦς καὶ μινυρίγματα θερμὰ
καὶ κεφάλαιον ὅλον
διαπτυχὲς ἐφθὸν †ἀπερ-
πευθηνος ἀλεκτοτρόφου†
πνικτᾶς ἐρίφου παρέθηκε.

30   εἶτα δίεφθ' ἀκροκώ-
λια σχελίδας τε μετ' αὐτῶν
λευκοφορινοχρόους,
ῥύγχη κεφάλαια πόδας
τε χναυμάτιόν τε σεσιλ-
φιωμένον·
ἐφθά τ' ἔπειτα κρέ' ὀπ-
τά τ' ἄλλ' ἐρίφων τε καὶ ἄρνων
ἅ θ' ὑπερωμόκρεως
χορδὰ γλυκίστα
μιξεριφαρνογενής,
ἃν δὴ φιλέοντι θεοί,

35   τουτ⟨   ⟩ ὦ φιλότας
ἔσθοις κε, λαγῶιά τ' ἔπειτ'

---

24 οὐθὲν ἐλλείπ- A, corr. Bergk
24–25 prorsus obscura : nihil memoratu dignum   καὶ λέγοι A, corr. Bergk
26 πάντα παρῆν A, corr. Kaibel ; παρῆς coni. Meineke   ὔμμιν A, corr. Meineke
παρέπαισε coni. Bergk ; fort. potius παρέπεισε   δὲ A : τε veri sim.
28 νώτιος εἴληφε A, corr. Bergk, Kaibel   ἰσφῦς A, corr. Musurus
29 'inesse videtur θηλογαλακτοτρόφου' (Kaibel)
31 ῥύγχη καὶ κεφαλαὶ ἀποδος τεχνάματι ὄντες ἐσιλφωμένον A, corr. Dobree
32 ὀπτὰ A : τ' suppl. Bergk
33 αθυπερωμακαρὸς χορδὴ γλυκὺς ταμιξ A, corr. Bergk
35 τουτωφιλετας A, corr. Dindorf ; e.g. τούτ⟨ων σὺ μέν,⟩ ὦ φιλ. (Hartung, Bergk)
ἔσθοις καὶ A, corr. Bergk

ἀλεκτρυόνων τε νεοσσοί,
περδίκων φάσσεων
τε †χύδαν ἤδη δὲ παρεβάλλετο θερμὰ πολλὰ†
καὶ μαλακοπτυχέων
ἄρτων· ὁμοσύζυγα δὲ
ξανθόν τ᾽ ἐπεισῆλ-
θεν μέλι καὶ γάλα σύμπακ-
τον, τό κε τυρὸν ἅπας τις
ἦμεν ἔφασχ᾽ ἁπαλόν,
κἠγὼν ἐφάμαν· ὅτε δ᾽ ἤδη
βρωτύος ἠδὲ ποτᾶ-
τος ἐς κόρον ἦιμεν ἑταῖροι,
40   τῆνα μὲν ἐξαπάει-
ρον δμῶες, ἔπειτα δὲ παῖ-
δες νίπτρ᾽ ἔδοσαν κατὰ χειρῶν
σμήμασιν ἰρινομίκ-
τοις χλιεροθαλπὲς ὕδωρ
ἐπεγχέοντες
τόσσον ὅσον ⟨τις⟩ ἔχρηιζ᾽,
ἐκτρίμματά τ(ε) ⟨   ⟩ λαμπρὰ
σινδονυφῆ, δίδοσαν
⟨δὲ⟩ χρίματά τ᾽ ἀμβροσίο-
δμα καὶ στεφάνους ἰοθαλέας.

---

36 corruptissima: εἴδη pro ἤδη Kaibel, δὲ seclusit Bergk
37 καὶ τυρὸν A, corr. Dindorf
38 ἔφασκεν A, corr. Dindorf
39 ἦιμεν ἑταῖροι Schweighaeuser: ἑταῖροι ἵμεν A
40 -είρεον A, corr. Bergk
40–43 habet Athen. ix 409 E (incipit 40 ἔπειτα δὲ παῖδες)
41 χαιερο- A, corr. Schweighaeuser   ἐπεπεγχ- A, corr. recc.
42 τις suppl. Bergk   ἔχρηζεν A, corr. Bergk   ἐκτριμμά τε A, corr. Musurus lacunam indic. Bergk
43 δὲ suppl. Bergk   χρίματ᾽ ἀμβρ. A, corr. Villebrun

(c) Athen. (om. E) xi 487 A–B

Φιλόξενος δ᾽ ὁ διθυραμβοποιὸς ἐν τῶι ἐπιγραφομένωι Δείπνωι μετὰ
τὸ ἀπονίψασθαι τὰς χεῖρας προπίνων τινί φησι·

σὺ δὲ τάνδ᾽ †ἐκβακχια†
εὔδροσον πλήρη μετανιπτρίδα δέξαι·
πραΰ τί τοι Βρόμιος
γάνος τόδε δοὺς ἐπὶ τέρ-
ψιν πάντας ἄγει.

1 fort. ἐν βακχίαι (Bergk) ; minus veri sim. τάνδε Βακχίου, τάνδε βακχίαν (Jacobs,
Meineke) 3 ἅπαντας Athen., corr. Meineke

(d) Athen. (om. E) xi 476 D–E

τοὺς δὲ Παιόνων βασιλεῖς φησι Θεόπομπος ἐν δευτέραι Φιλιπ-
πικῶν (fr. 38 Jac.) τῶν βοῶν τῶν παρ᾽ αὐτοῖς γιγνομένων μεγάλα
κέρατα φυόντων, ὡς χωρεῖν τρεῖς καὶ τέτταρας χόας, ἐκπώματα
ποιεῖν ἐξ αὐτῶν, τὰ χείλη περιαργυροῦντας καὶ χρυσοῦντας· καὶ
Φιλόξενος δ᾽ ὁ Κυθήριος ἐν τῶι ἐπιγραφομένωι Δείπνωι φησίν·

πίνετο νεκτάρεον
πῶμ᾽ ἐν χρυσέαις προτομαῖς
†τε ἄλλων† κεράτων,
†ἔβρεχον δὲ κατὰ μικρὸν†

1 ἐπίνετο Athen., corr. Meineke πόμ᾽ A, corr. Fiorillo χρυσαῖς A, corr.
Meineke τε ἄλλων : μεγάλων, καλῶν, κοίλων, ταύρων (τ. κεραστῶν Kaibel), alia
temere coni. edd. ; fort. τεαλλων = τελαιων = τελέων 2 ἐβρέχοντο δ᾽ οὐ
κατὰ μικρὸν Meineke (δ᾽ αὖ), Hartung

(e) Athen. xiv 642 F seqq.

ἐπεὶ δὲ καὶ ὁ Κυθήριος Φιλόξενος ἐν τῶι Δείπνωι δευτέρων
τραπεζῶν μνημονεύων πολλὰ καὶ τῶν ἡμῖν παρακειμένων ὠνόμασεν,
φέρε καὶ τούτων ἀπομνημονεύσωμεν·

τὰς δὲ δὴ πρόσθεν μολούσας
⟨ ⟩ λιπαραυγεῖς
πορθμίδας πολ-
λῶν ἀγαθῶν πάλιν εἴσφε-
ρον γεμούσας,

tantum 1 λιπαραυγεῖς—5 μυελός Epitom.

1 lacun. indic. Meineke
2 εἰσέφ- A, corr. Meineke πάλιν om. E

τὰς ἐφήμεροι καλέοντι
νῦν τραπέζας ⟨δευτέρας⟩,
ἀθάνατοι δέ τ' Ἀμαλθεί-
ας κέρας· ταῖς δ' ἐν μέσαισιν
5   ἐγκαθιδρύ-
θη μέγα χάρμα βροτοῖς, λευ-
κὸς μυελὸς γλυκερός,
λεπτᾶς ἀράχνας ἐναλιγκί-
οισι πέπλοις
συγκαλύπτων ὄψιν αἰσχύ-
νας ὕπο, μὴ κατίδηις
μαλογενὲς †πῶυ λιπὼν
ταῖς ἀνάγκαις†
ξηρὸν ἐν ξηραῖς Ἀρισταί-
ου μελιρρύτοισι παγαῖς·
10   τῶι δ' ὄνομ' ἦς ἄμυλος,
χερσὶν δ' ἐπέθεντο ⟨
       ⟩ στόμιον μαλεραῖς
⟨   ⟩
ταν δεξαμέναν ὅ τι κεν
διδῶι τις, ἂ Ζανὸς καλέοντι
τρώγματ'· ἔπειτ' ἐπένειμεν
ἐγκατακνακομιγὲς
πεφρυγμένον
πυρβρομολευκερεβινθο-
†ακανθουμικτριτυαδυ†
βρῶμα τὸ παντανάμικτον

---

3 ἐφημέριοι AE, corr. Meineke   suppl. Bergk ex Athen. l.c. init.
4 σταῖσι (ταῖσι E) δ' ἐν μέσαις AE, corr. Meineke; vel ταῖσιν δὲ μέσσαις, Kaibel
7 -καλύπτον A, corr. Casaubon   κατίδηι τις dett., Bergk
8 μολογ- A, corr. dett. (μαλ- Meineke)   πῶυ τὸ μαλ. λιπόντ' ἀνάγκαι(ς) coni. Meineke, Edmonds
9 ξηροῖς A, corr. Meineke   μελι- Meineke : παλι- A ; πολυ- Bergk
10 τὸ δ' A, corr. Meineke   ἐπίθεντο A, corr. Musurus   lacun. indic. Kaibel; desideratur partic. negat. (*frenum manibus avidis imposuerunt nullum*), e.g. ⟨μάλ' οὐδαμὰ, τότ' οὐκέτι⟩
11 lacun. indic. Bergk   -μένην A   κεν scripsi: καὶ A ; κα Dindorf
13 πῦρ ὀβρομ- A, corr. Meineke   -ερεβινθοξάνθωμ' ἔκκριτον ἀδὺ dubitanter scr. Bergk   παγκατάμικτον coni. Meineke

†ἀμπυκικηροιδηστί-
χας† παρεγίνετο τούτοις
15 σταιτινοκογχομαγῆς
†τοξαισελαιο-†
ξανθεπιπαγκαπύρ⟨ω-
τ⟩ος χοιρίνας,
ἀδέα δε⟨　　⟩
κυκλωτὰ †ομοφλωκτα† ἀνάριθμα
καὶ μελίπακτα τετυγμέν'
ἄφθονα σασαμόφωκτα·
τυρακίνας δὲ γάλακτι
καὶ μέλι συγκατάφυρτος
ἧς ἄμυλος πλαθανίτας·
σασαμοτυροπαγῆ δὲ
καὶ ζεσελαιοπαγῆ
πλατύνετο σασαμόπλαστα
20 πέμματα, κᾆτ' ἐρέβινθοι
κνακομιγεῖς ἀπαλαῖς θάλ-
λοντες ὥραις,
ὠιά τ' ἀμυγδαλίδες ⟨τε⟩
τᾶν μαλακοφλοΐδων
⟨　　⟩τετο τρωκτά τε παισὶν
†αδυιδη† κάρυ' ἄλλα
θ' ὅσσα πρέπει παρὰ θοίναν
ὀλβιόπλουτον ⟨　　⟩·
πόσις δ' ἐπεραίνετο κότ-
ταβοί τε λόγοι τ' ἐπὶ κοινᾶς·

14 ἄμπυκ. non intellegitur; -κηριο- coni. Meineke
15 ταιτινοκογχομανὴς A, corr. Meineke　　τοξαισ-: χὼ ψαιστ- coni. Bergk, sed latet ζεσελαιο- (Meineke, coll. 19); fort. τε ⟨?καὶ⟩ ζεσελαιο⟨◡ – (–)⟩ ξανθ. κτλ. -πύρωτος suppl. Meineke　　χοιρινις A, corr. Meineke
16 αδεαδε κυκλωτα ομοφλωκτα A: lacun. indic. Bergk, tum (κυκλώθ') ὁμόφωκτ' Meineke, ὀλόφωκτ' Bergk, ὀπόφωκτ' Kaibel
17 -πηκτα A sec. Bergk (nihil adnotat Kaibel)　　-φλωκτα A, corr. Meineke
18 τυρακίνας suspectum　　μέλι pro μέλιτι ut vid.; μελισυγκατάφ. coni. Meineke πλαθανίτας Meineke: πλατανις A
19 -ρυτοπαγῆ A, corr. Schmidt　　πλατυντο A, corr. Meineke
20 καὶ τερεβινθοκνακοσυμμιγεῖς A, corr. Meineke, Schmidt　　ὥραις suspectum
21 τε suppl. Meineke　　μαλακόφλοια ὦν A, corr. Bergk　　lacun. indic. Meineke
22 ἀδυεδῆ Fiorillo; ⟨τρωκτά, τὰ παισὶν⟩ ἀδὺ ἔδειν Bergk
23 ἔδειν, ἰδεῖν, ἔμεν (Bergk), alia supplere possis

24 ἔνθα τι καινὸν ἐλέχθη
  κομψὸν ἀθυρμάτιον, καὶ
   θαύμασαν αὔτ' ἐπί τ' ἤινη-
    σαν ⟨ ⟩

ταῦτα καὶ ὁ Κυθήριος Φιλόξενος· ὃν ἐπαινῶν Ἀντιφάνης ἐν τῶι
Τριταγωνιστῆι (II 102 K.) φησι· πολύ γ' ἐστὶ πάντων τῶν ποιητῶν
διάφορος / ὁ Φιλόξενος· πρώτιστα μὲν γὰρ ὀνόμασιν / ἰδίοισι καὶ
καινοῖσι χρῆται πανταχοῦ, / ἔπειτα τὰ μέλη μεταβολαῖς καὶ χρώ-
μασιν / ὡς εὖ κέκραται· θεὸς ἐν ἀνθρώποισιν ἦν / ἐκεῖνος, εἰδὼς τὴν
ἀληθῶς μουσικήν.

---

24 κηνον A, corr. Dalecamp   ἐθαύμασαν αὐτὸ ἔπειτ' A, corr. Meineke (vel
fort. κἀθαύμασαν)   'nos et emendandi utrumque locum et interpretandi
laborem omnem inanem censemus,' Casaubon

(f) Plut. aud. poet. init., i 28 Pat.–Weg.

ὡς Φιλόξενος ὁ ποιητὴς ἔλεγεν . . . τῶν κρεῶν τὰ μὴ κρέα ἥδιστά
ἐστι καὶ τῶν ἰχθύων οἱ μὴ ἰχθύες.

---

vid. Sitzler Bursians Jb. 75 (1893) 232; Coll. Alex. Powell p. 251 cum adnot.

praeterea vide parodiam apud Athenaeum i 5 B (Plat. com. I 646 K.)

POLYIDUS

1 (1 B.)

337 Et. Mag. 164. 20 (= Tzetz. ad Lyc. Alex. 879, p. 284 seq. Scheer)

Πολύιδος δὲ ὁ διθυραμβοποιὸς παρίστησιν αὐτὸν (τὸν Ἄτλαντα)
ποιμένα γεγονέναι καί φησιν ὅτι παραγενόμενος ὁ Περσεὺς ἐπερωτώ-
μενός τε ὑπ' αὐτοῦ τίς εἴη καὶ πόθεν ἀφίκοιτο, ἐπειδὴ λέγων οὐκ
ἔπειθεν, ἀνάγκηι ἔδειξεν αὐτῶι τὸ τῆς Γοργόνος πρόσωπον καὶ
ἀπελίθωσεν αὐτόν· καὶ ἀπ' αὐτοῦ τὸ ὄρος Ἄτλας ἐκλήθη. οὕτως
Λυκόφρονος ἐν ὑπομνήματι.

Schol. Tzetz. ad exeg. in Iliadem 132. 18 Πολύι[δος] δὲ ὁ διθυραμβοποιὸς ποιμένα
Λίβυν τὸν Ἄτλαντα λέγει, ἀπολιθωθῆναι δὲ τῆι Γοργόνι ὑπὸ Περσέως διὰ τὸ μὴ ἐᾶν
αὐτὸν διέρχεσθαι

CLEOMENES

1 (ι в.)

Μελέαγρος

838 Athen. ix 402 A

ἐπεὶ δὲ σὺ καὶ τὸ προβληθέν σοι ἀποπροσπεποίησαι περὶ τῆς χρόας
τοῦ Καλυδωνίου συός, εἴ τις αὐτὸν ἱστορεῖ λευκὸν τὴν χρόαν γεγονότα,
ἐροῦμεν ἡμεῖς τὸν εἰπόντα, τὸ δὲ μαρτύριον ἀνίχνευσον σύ· πάλαι
(οὐ πάλαι coni. Edmonds) γὰρ τυγχάνω ἀνεγνωκὼς τοὺς Κλεο-
μένους τοῦ Ῥηγίνου διθυράμβους, ὧν ἐν τῶι ἐπιγραφομένωι Μελε-
άγρωι τοῦτο ἱστόρηται.

nominatur hic poeta etiam ab Epicrate ap. Athen. xiii 605 E (= II 284 Kock),
cf. schol. Ar. *Nub.* 332; fort. etiam Athen. xiv 638 D

LAMYNTHIUS

1

Λυδή

839 Athen. xiii 596 F–597 A

μικροῦ . . . ἐξελαθόμην ὑμῖν εἰπεῖν τήν τε Ἀντιμάχου Λυδήν,
προσέτι δὲ καὶ τὴν ὁμώνυμον ταύτης ἑταίραν Λυδὴν ἣν ἠγάπα
Λαμύνθιος ὁ Μιλήσιος· ἑκάτερος γὰρ τούτων τῶν ποιητῶν, ὥς φησι
Κλέαρχος ἐν τοῖς Ἐρωτικοῖς, τῆς βαρβάρου Λυδῆς εἰς ἐπιθυμίαν
καταστὰς ἐποίησεν ὁ μὲν ἐν ἐλεγείοις, ὁ δ' ἐν μέλει τὸ καλούμενον
ποίημα Λυδήν.

'nur bekannt durch Klearchos bei Athen. xii 597 A', Kroll *RE* Suppl. vi (1935)
218: nominatur etiam ab Epicrate ap. Athen. xiii 605 E (= II 284 Kock); Phot.
lex. p. 207 Porson s.v. Λαμύνθιος· ποιητὴς ἐρωτικῶν μελῶν

OENIADES

Κύκλωψ

840 Didymus *in Demosth. Phil.* col. 12. 59 seqq., *BKT* i 59 seq.

περὶ μὲν γὰρ τὴν Μεθώνης πολιορκίαν τὸν δεξιὸν ὀφθαλμὸν ἐξεκόπη
(scil. ὁ Φίλιππος) . . . ὁμολογεῖται καὶ παρὰ Μαρσύαι διότι συν-
τελοῦντι μουσικοὺς ἀγῶνας αὐτῶι μικρὸν ἐπάνω τῆς συμφορᾶς κατὰ
δαίμονα συνέβη τὸν Κύκλωπα πάντας αὐλῆσαι, Ἀντιγενείδην (-γεντην
Π, corr. e.p.) μὲν τὸν Φιλοξένου, Χρυσόγονον δὲ τὸν [Στ]ησιχόρου,
Τιμόθεον δὲ τὸν Οἰνιάδου.

IG ii 1234 contulit e.p.: anno 384/3 Οἰνιάδης Προνόμου ηὔλει; avi nomen idem
refert *Anth. Plan.* xvi 28. 2

STESICHORUS II

Κύκλωψ

841 Didymus l.c.

---

hunc Stesichorum commemorat Marmor Parium 73 n. 239, ii[b] p. 1001 Jacoby:
anno 370/68 Στησίχορος ὁ Ἱμεραῖος ὁ δεύτερος ἐνίκησεν Ἀθήνησιν; vid. Comment.
ii[d] p. 697 J.

ARISTOTELES

1 (6 B., I i p. 117 seqq. D.)

842 Athen. xv 696 A–697 B

ἀλλὰ μὴν καὶ τὸ ὑπὸ τοῦ πολυμαθεστάτου γραφὲν Ἀριστοτέλους
εἰς Ἑρμείαν τὸν Ἀταρνέα οὐ παιάν ἐστιν, ὡς ὁ τὴν τῆς ἀσεβείας
κατὰ τοῦ φιλοσόφου γραφὴν ἀπενεγκάμενος Δημόφιλος †εἰς αἰδωτε†
παρασκευασθεὶς ὑπ' Εὐρυμέδοντος, ὡς ἀσεβοῦντος καὶ ἄιδοντος ἐν
τοῖς συσσιτίοις ὁσημέραι εἰς Ἑρμείαν παιᾶνα. ὅτι δὲ παιᾶνος
οὐδεμίαν ἔμφασιν παρέχει τὸ ἆισμα ἀλλὰ τῶν σκολίων ἕν τι καὶ αὐτὸ
εἶδός ἐστιν, ἐξ αὐτῆς τῆς λέξεως φανερὸν ὑμῖν ποιήσω·

> Ἀρετὰ πολύμοχθε γένει βροτείωι,
> θήραμα κάλλιστον βίωι,
> σᾶς πέρι, παρθένε, μορφᾶς
> καὶ θανεῖν ζηλωτὸς ἐν Ἑλλάδι πότμος
> 5 καὶ πόνους τλῆναι μαλεροὺς ἀκάμαντας·
> τοῖον ἐπὶ φρένα βάλλεις
> καρπὸν ἰσαθάνατον χρυσοῦ τε κρείσσω
> καὶ γονέων μαλακαυγήτοιό θ' ὕπνου.
> σεῦ δ' ἕνεκεν ⟨καὶ⟩ ὁ δῖος
> 10 Ἡρακλῆς Λήδας τε κοῦροι
> πόλλ' ἀνέτλασαν ἐν ἔργοις
> σὰν †[. .]έποντες δύναμιν†·
> σοῖς τε πόθοις Ἀχιλεὺς Αἴ-
> ας τ' Ἀίδαο δόμους ἦλθον·
> 15 σᾶς δ' ἕνεκεν φιλίου μορφᾶς Ἀταρνέος
> ἔντροφος ἀελίου χήρωσεν αὐγάς.
> τοιγὰρ ἀοίδιμος ἔργοις,
> ἀθάνατόν τέ μιν αὐξήσουσι Μοῦσαι,
> Μναμοσύνας θύγατρες, Δι-
> 20 ὸς ξενίου σέβας αὔξου-
> σαι φιλίας τε γέρας βεβαίου.

ἐγὼ μὲν οὐκ οἶδα εἴ τίς τι κατιδεῖν ἐν τούτοις δύναται παιανικὸν
ἰδίωμα, σαφῶς ὁμολογοῦντος τοῦ γεγραφότος τετελευτηκέναι τὸν
Ἑρμείαν δι' ὧν εἴρηκεν· σᾶς γὰρ φιλίου μορφᾶς Ἀταρνέος ἔντροφος
ἠελίου χήρωσεν αὐγάς. . . . ἀλλὰ μὴν καὶ αὐτὸς Ἀριστοτέλης ἐν τῆι

Ἀπολογίαι τῆς Ἀσεβείας, εἰ μὴ κατέψευσται ὁ λόγος, φησίν· οὐ γὰρ
ἄν ποτε Ἑρμείαι θύειν ὡς ἀθανάτωι προαιρούμενος ὡς θνητῶι μνῆμα
κατεσκεύαζον καὶ ἀθανατίζειν τὴν φύσιν βουλόμενος ἐπιταφίοις ἂν
τιμαῖς ἐκόσμησα τὸ ⟨σῶμα⟩.

Diog. Laert. v 6 seqq. ὁ δὲ ὕμνος ἔχει τοῦτον τὸν τρόπον· Ἀρετὰ—βεβαίου. Didymus
in Demosth. Phil. col. 6. 18 seqq., BKT i 25 καὶ ἡ κηδεία δὲ ἡ πρ[ὸς τ]ὸν Ἀριστοτέλη
κ[αὶ ὁ] γραφεὶς ἐπ᾽ αὐτῶι [παι]ὰν μαρτυρεῖν αὐτ[ο]ῦ τῆι ἀρετῆι δόξε[ιεν ἄν], κοὺκ ἂν
[ἐ]χ[ο]ι φαύλως αὐτὸν ἀναγρά[ψαι δι]ὰ τὸ μὴ πολλοῖς πρὸ χειρὸς εἶναι, ἔχοντα [οὕτως·
Ἀρετὰ] πολ[ύμο]χθε γένει—γέρας β[εβαίου

Athen. A et E(pitom.); D.L. = Diog. Laert. codd. ABDFGHPQV, quorum
lectiones sec. Gercke Herm. 37 (1902) 424 nugis neglectis refero; Π = Didymus
1 βροτέωι Π, βροτοῖο D.L. cod. F   2–3 βιωσας Athen. A (corr. E)   3 τε
πέρι Athen. AE   4 ἐν om. Athen. (add. E), D.L. cod. Q   5 ἀκαμάτους
Athen. AE, ακαμαντος Π   7 καρπὸν vix credibile : ἄρπυν coni. Bergk   ἰσ-
αθανατον Π (coniecerat Wilam.) : τ᾽ ἀθάνατον Athen., εἰς ἀθάνατον D.L.   7 ισαθ.
–8 ὕπνου om. Athen. E   κρεῖσσον D.L.   8 γονέων vix credibile   -αυγητου
Π   ὕπνους Athen.   9 σεῦ Athen. : σοῦ D.L., οου Π   δ᾽ Athen., D.L. :
γ᾽ Π   ἕνεκεν ⟨καὶ⟩ ὁ δῖος (δῖος iam Neander in Gnomolog.) scripsi : ἕνεκεν ὁ
διὸς Athen. A, ἕνεχ᾽ ὁ διὸς E, ἕνεκ᾽ ἐκ διὸς D.L. (οουγ)ενειοσοδειος Π; ἕνεχ᾽ οὐκ Διὸς
coni. Brunck, ἕνεχ᾽ οἱ Διὸς Wilam.   10 -κλῆς Athen. et dubio procul Π :
-κλέης D.L.   κόροι habuit Π   11 πολληνεπλασαν Π   ἐν add. nescio quis :
non habent codd. ; ἐπ᾽ coni. Bergk   12 lectio incerta : εργοις[. . . . .]επουτε[. .
. . .]μιν Π, ut vid. = σὰν ἐφέποντες (vel διέπομιν, Diels) δύναμιν; σὰν ἀγρεύοντες
δύναμιν Athen.; ἀναγορεύοντες (ex σὰν ἀγρεύ- corruptum?) δύναμιν D.L.   neque
numeris mederi neque varias lectiones [. .]επουτες, ἀγρεύοντες reconciliare possum
13 δὲ Athen.   ποθοισι Π, unde fort. πόθοισιν Ἀχιλλεύς / scribendum   Ἀχιλεὺς
habuit ut vid. Π (coniecerat Maittaire) : Ἀχιλλ- Athen., D.L.   14 τ᾽ Ἄΐδαο
δόμους Athen., D.L., et dubio procul Π, αἴ[. . . . . .]ους : τ᾽ Ἄΐδα δόμον coni. Wilam.
15 ἕνεκα Athen. E   φιλίας D.L. cod. G, -ία DPV   καὶ (Ἀταρνέος) Athen., καὶ
non habent D.L. codd., Π (μ[ορφας] ατερνεος)   Ἀταρνέος D.L. codd. BFQ : ἀτὰρ
νέος P, ἀταρνέως ADGV, Athen. E, ατερνεος Π, ἀταρτανεος Athen. A   16 ἔν-
τροφον D.L. codd. ADGHPQV   ἀελίου D.L. : ἠελ- Athen., ἀλίου vel ἠλίου Π
ut vid. ([. . .]ου) αὐγὰς Athen. E, D.L. cod. B¹; αὐγᾶς D.L. rell., αὐγας Athen.
A   17 ἀοίδιμος D.L. : -μον Athen., Π   18 ἀθάνατόν Athen., Π: -τοί
D.L. τὲ μὴν Athen. A, corr. E   19–21 om. Athen. E   19 μνημοσύνης
Athen., μνημοσυ[Π   -ατέρες Athen.   21 τεγαρας Athen.   βεβαίας Athen.

LYCOPHRONIDES

1 (1 B. et D.)

843 Athen. (om. E) xiii 564 A–B

καὶ γὰρ τὸ παλαιὸν παίδων ἦρων, ὡς καὶ ὁ Ἀρίστων ἔφη, ὅθεν καὶ καλεῖσθαι τοὺς ἐρωμένους συνέβη παιδικά. πρὸς ἀλήθειαν γάρ, καθάπερ φησὶ Κλέαρχος ἐν τῶι πρώτωι τῶν ἐρωτικῶν, Λυκοφρονίδην εἰρηκέναι φησίν·

οὔτε παιδὸς ἄρρενος οὔτε παρθένων
τῶν χρυσοφόρων οὐδὲ γυναικῶν βαθυκόλπων
καλὸν τὸ πρόσωπον, ἀλλ᾽ ὃ κόσμιον πεφύκει·
ἡ γὰρ αἰδὼς ἄνθος ἐπισπείρει.

3 ἀλλ᾽ ὃ scripsi: ἀλλὰ Athen.   πέφυκεν Schaefer, fort. recte

2 (2 B. et D.)

844 Athen. (om. E) xv 670 E

(διὰ τί τῶν ἐστεφανωμένων ἐὰν λύηται ὁ στέφανος ἐρᾶν λέγονται;) —ἢ μᾶλλον ὑφ᾽ ὧν οἴονταί τε καὶ πρὸς ἀλήθειαν τὸν τῆς ψυχῆς κόσμον ἐσκύλευνται, [[καὶ]] τούτοις καὶ τὸν τοῦ σώματος κόσμον ὑπὸ τοῦ πάθους ἐξαγόμενοι [[καὶ]] σκυλεύοντες ἑαυτοὺς ἀνατιθέασιν. πᾶς δ᾽ ὁ ἐρῶν τοῦτο δρᾶι μὲν ⟨παρόντος⟩, μὴ παρόντος δὲ τοῦ ἐρωμένου τοῦ ἐμποδὼν ποιεῖται τὴν ἀνάθεσιν. ὅθεν Λυκοφρονίδης τὸν ἐρῶντα ἐκεῖνον αἰπόλον ἐποίησε λέγοντα·

τόδ᾽ ἀνατίθημί σοι ῥόδον,
καλὸν ἄνθημα, καὶ πέδιλα καὶ κυνέαν
καὶ τὰν θηροφόνον λογχίδ᾽, ἐπεί μοι νόος ἄλλαι κέχυται
ἐπὶ τὰν Χάρισιν φίλαν παῖδα καὶ καλάν.

1 ῥόδον vix credibile: ῥόπαλον coni. K. F. Hermann   2 ἄνθημα dubitanter Casaubon: νόημα A   3 καὶ τὴν A; τὴν del. Fiorillo, fort. recte   4 Χάρισι A, corr. Fiorillo   παῖδα καὶ καλάν suspectum

446

CASTORION

1 (I B.)

45 Athen. xii 542 E

ἐν δὲ τῆι πομπῆι τῶν Διονυσίων, ἣν ἔπεμψεν ἄρχων γενόμενος (scil. Δημήτριος ὁ Φαληρεύς a.C. 306), ἦιδεν ὁ χορὸς εἰς αὐτὸν ποίημα τὸ Καστορίωνος (ποιήματα σείρωνος Athen.: ποίημα τὸ scripsi, Καστορίωνος Leopardi) τοῦ Σολέως, ἐν ὧι (οἷς cod.) ἡλιόμορφος προσηγορεύετο·

ἐξόχως δ᾽ εὐγενέτας ἡλιόμορφος ζαθεοῖς
ἄρχων τιμαῖς σε γεραίρει.

Eust. Od. 1558. 1 χορὸς ... ἄιδων ποιήματα εἰς τὸν Φαληρέα Δημήτριον, ἡλιόμορφον ἐκεῖνον ἐξόχως τε εὐγενέταν προσηγόρευσε

1 δὲ Athen. A: τε E   ἠπιόμοιρος Athen. (ἠπιόμορφος E sec. Peppink), corr. Eust., Kuhn   2 σε τιμαῖς Athen., transposui   ζαθ.—γεραίρει om. E eiusdem iambos refert Athen. x 454 F (i 3 p. 67 Diehl; p. 635 seq. Bergk)

HERMOLOCHUS

1 (= Hermodotus, p. 637 B.)

46 Stob. ecl. iv 34. 66, v 845 Hense

Ἑρμολόχου·

ἀτέκμαρτος ὁ πᾶς βίος οὐδὲν ἔχων πιστὸν πλανᾶται
συντυχίαις· ἐλπὶς δὲ φρένας παραθαρσύνει· τὸ δὲ μέλλον ἀκριβῶς
οἶδεν οὐδεὶς θνατὸς ὅπαι φέρεται·
θεὸς δὲ πάντας †ἐν κινδύνοις θνατοὺς† κυβερνᾶι·
5 ἀντιπνεῖ δὲ πολλάκις εὐτυχίαι δεινά τις αὔρα.

lemma Ἑρμολόχου codd. MA, et eundem nominat in poetarum catalogo Stob. ap. Phot. bibl. 167 p. 115 Bekker: Ἑρμολάου cod. S
2 φρένα A   3 θνατὸς ὅπαι Pflugk: ὁ θάνατος ὅπη codd.   4 ἔν γε (ἔν τε Edmonds) κινδύνοισιν ἔν τ᾽ ἄταις κυβ. coni. Bergk   fort. ἔν γε κινδύνοις κυβ., deleto θνατούς   θνητοὺς MA   4 post 5 posuit Bergk, fort. recte   5 -πνέει, ἀτυχίας, δεινή codd.: corr. Pflugk, Schneidewin (nisi εὐτυχίαις praeferendum)

CARMINA POPULARIA

exclusa sunt dactylica, elegiaca, iambicorum quae
aenigmata (γρῖφοι) vocantur

1 (13 B., 27 D.)

847 Athen. iii 109 F

Ἀχαΐνας· τούτου τοῦ ἄρτου μνημονεύει Σῆμος ἐν η΄ Δηλιάδος
λέγων ταῖς θεσμοφόροις γίνεσθαι. εἰσὶ δὲ ἄρτοι μεγάλοι, καὶ ἑορτὴ
καλεῖται Μεγαλάρτια ἐπιλεγόντων τῶν φερόντων·

ἀχαΐνην στέατος ἔμπλεων τράγον.

---

de imperat. forma τράγον vid. Kühner–Blass *Gramm.* i 2. 45

2 (41 B., 32 D.)

848 Athen. viii 360 B

κορωνισταὶ δὲ ἐκαλοῦντο οἱ τῆι κορώνηι ἀγείροντες . . . καὶ τὰ
ἀιδόμενα δὲ ὑπ᾽ αὐτῶν κορωνίσματα καλεῖται, ὡς ἱστορεῖ Ἀγνοκλῆς
ὁ Ῥόδιος ἐν Κορωνισταῖς· καὶ χελιδονίζειν δὲ καλεῖται παρὰ Ῥοδίοις
ἀγερμός τις ἄλλος, περὶ οὗ φησι Θέογνις ἐν β΄ περὶ τῶν ἐν Ῥόδωι
θυσιῶν, γράφων οὕτως· εἶδος δέ τι τοῦ ἀγείρειν χελιδονίζειν Ῥόδιοι
καλοῦσιν, ὃ γίνεται τῶι Βοηδρομιῶνι μηνί· χελιδονίζειν δὲ λέγεται
διὰ τὸ εἰωθὸς ἐπιφωνεῖσθαι·

  ἦλθ᾽ ἦλθε χελιδὼν
  καλὰς ὥρας ἄγουσα,
  καλοὺς ἐνιαυτούς,
  ἐπὶ γαστέρα λευκά,
5 ἐπὶ νῶτα μέλαινα.
  παλάθαν σὺ προκύκλει
  ἐκ πίονος οἴκου
  οἴνου τε δέπαστρον
  τυροῦ τε κάνυστρον·
10 καὶ πύρνα χελιδὼν
  καὶ λεκιθίταν
  οὐκ ἀπωθεῖται· πότερ᾽ ἀπίωμες ἢ λαβώμεθα;
  εἰ μέν τι δώσεις· εἰ δὲ μή, οὐκ ἐάσομες·
  ἢ τὰν θύραν φέρωμες ἢ τὸ ὑπέρθυρον
15 ἢ τὰν γυναῖκα τὰν ἔσω καθημέναν·
  μικρὰ μέν ἐστι, ῥαιδίως νιν οἴσομες.

ἂν δὴ †φέρῃς τι, μέγα δή τι† φέροις·
ἄνοιγ' ἄνοιγε τὰν θύραν χελιδόνι·
οὐ γὰρ γέροντές ἐσμεν, ἀλλὰ παιδία.

τὸν δὲ ἀγερμὸν τοῦτον κατέδειξε πρῶτος Κλεόβουλος ὁ Λίνδιος ἐν
Λίνδωι χρείας γενομένης συλλογῆς χρημάτων.

Eust. *Od.* 1914. 45 ἦλθ'—μέλαινα· εἶτα ὡς ἐν συνόψει φάναι, οὐ παλάθαν ζητοῦμεν
οἴνου τε δέπαστρον, ἅ χελιδών, καὶ λεκιθίταν οὐκ ἀπωθεῖται. πότερ' ἀπίωμεν ἢ
λαβώμεθα; εἰ μὲν—ἐάσομεν· ἢ τὰν θύραν φέρομεν ἢ τὸ ὑπέρθυρον ἢ τὰν γυναῖκα κἂν
(sic) ἔσω καθημέναν, μετὰ δὲ ὀλίγα τελειοῦται ἡ ᾠδὴ εἰς τό· ἄνοιγ'—παιδία. . . . ἐν
τοῖς εἰρημένοις παλάθη μὲν συκῶν ἐπισύνθεσις, δέπαστρον δὲ καὶ παρὰ Λυκόφρονι τὸ
δέπας . . . λεκιθίτης δὲ πλακοῦς ὧι παραμέμικται καὶ ᾠοῦ λέκιθος. τὸ δὲ εἰ μέν τι
δώσεις, εἰ δὲ μὴ οὐκ ἐάσομεν, ἐλλειπτικῶς ἔχει

3 καὶ καλοὺς Athen., Eust., corr. Hermann   5 κἀπὶ . . . μέλανα A, corr.
C, Eust.   6 οὐ προκυκλεῖς Athen., Eust., corr. Hermann   9 τυρῶ A,
corr. C (nisi dialecti purioris vestigium); -ῶν coni. Ahrens   κανν- A, corr. C
10 πύρνα χελιδὼν Bergk: πυρῶν ἀχελιδὼν A, πυρῶν ἁ χελιδὼν C   12 parum
numerosus; et post ἀπωθ. versum novum novo metro incipere par erat   latet
fortasse corruptela   13 ἐάσομεν codd.   14 φέρομεν C   θοὐπερ- vel
τοὐπερ- edd.   16 μικρὰ μιν Athen.   17 iamb. trim. latere censebant
Meineke Dindorf; fort. potius anapaest., ἂν δή τι φέρῃς κτλ.

est chelidonismi forma recentior: vetustiorem Rhodiorum dialectum aliqua-
tenus restituere possis

3 (I B., 29 D.)

849 Athen. xiv 618 D

Σῆμος δ' ὁ Δήλιος ἐν τῶι περὶ Παιάνων φησί· τὰ δράγματα τῶν
κριθῶν αὐτὰ καθ' αὑτὰ προσηγόρευον ἀμάλας, συναθροισθέντα δὲ
καὶ ἐκ πολλῶν μίαν γενόμενα δέσμην οὔλους καὶ ἰούλους· καὶ τὴν
Δήμητρα ὁτὲ μὲν Χλόην, ὁτὲ δὲ 'Ιουλώ· ἀπὸ τῶν οὖν τῆς Δήμη-
τρος εὑρημάτων τούς τε καρποὺς καὶ τοὺς ὕμνους τοὺς εἰς τὴν θεὸν
οὔλους καλοῦσι καὶ ἰούλους· δημήτρουλοι καὶ καλλίουλοι· καὶ

πλεῖστον οὖλον ἵει, ἴουλον ἵει.

ἄλλοι δέ φασιν ἐριουργῶν εἶναι τὴν ᾠδήν.

Eust. *Il.* 1162. 42, fere eadem. Schol. Ap. Rhod. i 972, p. 85 W. ἴουλος· . . .
ὕμνος εἰς Δήμητρα . . . οὖλος καὶ ἴουλος ἡ ἐκ τῶν δραγμάτων συναγομένη δέσμη καὶ
Οὐλὼ ἡ Δημήτηρ. Cf. Phot. i 295 N. ἴουλος· . . . ᾠδὴ εἰς Δήμητρα; Pollux i 38 ᾠδαὶ
εἰς θεούς· . . . Δήμητρος ἴουλος· ἴουλος δὲ σημαίνει . . . καὶ τὸν ὕμνον, ὥς φησιν 'Ερατο-
σθένης (fr. 10 *Coll. Alex.* Powell)

οὖλον ἵει Eust.: οὖλον οὖλον ἵει Athen. (ἵει sscr. η bis E)

4 (24 B., 37 D.)

850 Athen. xiv 619 C

Κλέαρχος δ᾽ ἐν πρώτωι Ἐρωτικῶν νόμιον καλεῖσθαί τινά φησιν
ὠιδὴν ἀπ᾽ Ἡριφανίδος, γράφων οὕτως· Ἡριφανὶς ἡ μελοποιὸς
Μενάλκου κυνηγετοῦντος ἐρασθεῖσα ἐθήρευεν μεταθέουσα ταῖς ἐπιθυ-
μίαις. φοιτῶσα γὰρ καὶ πλανωμένη πάντας τοὺς ὀρείους ἐπεξήιει
δρυμούς, ὡς μῦθον εἶναι τοὺς λεγομένους Ἰοῦς δρόμους· ὥστε μὴ
μόνον τῶν ἀνθρώπων τοὺς ἀστοργίαι διαφέροντας ἀλλὰ καὶ τῶν
θηρῶν τοὺς ἀνημερωτάτους συνδακρῦσαι τῶι πάθει, λαβόντας αἴσθησιν
ἐρωτικῆς ἐλπίδος. ὅθεν ἐποίησέ τε καὶ ποιήσασα περιήιει κατὰ τὴν
ἐρημίαν, ὥς φασιν, ἀναβοῶσα καὶ ἄιδουσα τὸ καλούμενον νόμιον,
ἐν ὧι ἐστιν·

μακραὶ δρύες, ὦ Μέναλκα.

5 (7–8 B., 47–48 D.)

851 Athen. ((b) om. E) xiv 622 A–D

Σῆμος δ᾽ ὁ Δήλιος ἐν τῶι περὶ Παιάνων . . . οἱ δὲ ἰθύφαλλοι, φησί,
καλούμενοι προσωπεῖα μεθυόντων ἔχουσιν καὶ ἐστεφάνωνται, χειρῖδας
ἀνθίνας ἔχοντες· χιτῶσι δὲ χρῶνται μεσολεύκοις καὶ περιέζωνται
ταραντῖνον καλύπτον αὐτοὺς μέχρι τῶν σφυρῶν. σιγῆι δὲ διὰ τοῦ
πυλῶνος εἰσελθόντες, ὅταν κατὰ μέσην τὴν ὀρχήστραν γένωνται,
ἐπιστρέφουσιν εἰς τὸ θέατρον λέγοντες·

(a)   ἀνάγετ᾽, εὐρυχωρίαν
τῶι θεῶι ποιεῖτε·
θέλει γὰρ ὁ θεὸς ὀρθὸς ἐσφυδωμένος
διὰ μέσου βαδίζειν.

οἱ δὲ φαλλοφόροι, φησίν, προσωπεῖον μὲν οὐ λαμβάνουσιν, προσκό-
πιον (Kaibel: προπόλιον Athen.) δ᾽ ἐξ ἑρπύλλου περιτιθέμενοι καὶ
παιδέρωτος ἐπάνω τούτου ἐπιτίθενται στέφανον ⟦τε⟧ δασὺν ἴων καὶ
κιττοῦ· καυνάκας τε περιβεβλημένοι παρέρχονται οἱ μὲν ἐκ παρόδου,
οἱ δὲ κατὰ μέσας τὰς θύρας, βαίνοντες ἐν ῥυθμῶι καὶ λέγοντες·

452

(b)   σοί, Βάκχε, τάνδε Μοῦσαν ἀγλαΐζομεν,
         ἁπλοῦν ῥυθμὸν χέοντες αἰόλωι μέλει,
         καινὰν ἀπαρθένευτον, οὔ τι ταῖς πάρος
         κεχρημέναν ὠιδαῖσιν, ἀλλ' ἀκήρατον
5   κατάρχομεν τὸν ὕμνον·

εἶτα προστρέχοντες ἐτώθαζον κτλ.

(a) 1 ἀνάγετ' ⟨ἀνάγετε⟩ κῶμον, εὐρυχωρίαν / coni. Tyrwhitt (denuoque Porson)
2 ποιεῖτε τῶι θεῶι A, ποιεῖτε (om. τῶι θ.) E, transp. Porson   ἀνάγετ' εὐρυχωρίαν
ποι-/εῖτε τῶι θεῶι· θέλει γὰρ / ὀρθὸς ἐσφ., deleto ὁ θεός, coni. Wilam. (sed aliter GV
266 n. 5)   3 ἐθέλει AE, corr. Meineke   ὀρθὸς om. E   ἐσφυρ- AE, corr.
Meineke
(b) 3 καὶ μὰν A, corr. Hemsterhuys   ἀπαρθ.: vid. Pearson ad Soph. fr. 304
4 κεχρημεναν A, corr. Porson

6 (19 B., 36 D.)

52 Athen. xiv 629 E

ἦν δὲ καὶ παρὰ τοῖς ἰδιώταις ἡ καλουμένη ἄνθεμα· ταύτην δὲ
ὠρχοῦντο μετὰ λέξεως τοιαύτης μιμούμενοι καὶ λέγοντες·

1   ποῦ μοι τὰ ῥόδα, ποῦ μοι τὰ ἴα,
        ποῦ μοι τὰ καλὰ σέλινα;
2   ταδὶ τὰ ῥόδα, ταδὶ τὰ ἴα,
        ταδὶ τὰ καλὰ σέλινα.

---

2 ποῦ μοι ταδὶ τὰ ῥόδα Athen., corr. censor Ienensis   καλὰ om. E

7 (27 B., 43 D.)

853 Athen. (om. E) xv 697 B

ὁ Κύνουλκος ἔφη· τί μ' ἀνέμνασας κείνων κυλίκων, κατὰ τὸν σὸν
Φίλωνα, δέον μηδένα τῶν σπουδῆς ἀξίων λέγειν τι τοῦ γάστρωνος
παρόντος Οὐλπιανοῦ; οὗτος γὰρ τὰς καπυρωτέρας ᾠδὰς ἀσπάζεται
μᾶλλον τῶν ἐσπουδασμένων, οἷαί εἰσιν αἱ Λοκρικαὶ καλούμεναι,
μοιχικαί τινες τὴν φύσιν ὑπάρχουσαι, ὡς καὶ ἥδε·

> ὦ τί πάσχεις; μὴ προδῷς ἄμμ', ἱκετεύω·
> πρὶν καὶ μολεῖν κεῖνον, ἀνίστω,
> μὴ κακόν ⟨σε⟩ μέγα ποιήσηι
> κἀμὲ τὰν δειλάκραν.
> 5 ἀμέρα καὶ ἤδη· τὸ φῶς
> διὰ τᾶς θυρίδος οὐκ εἰσορῆις;

2 μολιν A   3–4 κακὸν μέγα ποιήσης· καί με τὴν A: post Toupium (ποιήσηι
⟨σε⟩) corr. Bergk   5 καὶ ἤδη synecphon.; καὶ δή coni. Bergk, fort. recte
(vid. Denniston *Gk. Part.* p. 251)   6 διὰ monosyll.; ζὰ scr. Bergk   ἔκορης
A, corr. Meineke
quatenus dialectus sit corrupta non constat: an 1 ἀμ(έ), 2 μολὲν (vel μολῆν)
κῆνον, 4 κῆμὲ, 5 ἀμάρα?

8 (p. 684 B.)

854 Marc. Aurel. 5. 7, p. 50 Schenkl = i 78 Farquharson

εὐχὴ Ἀθηναίων·

> ὗσον ὗσον ὦ φίλε
> Ζεῦ κατὰ τῆς ἀρούρας
> 2 †τῆς Ἀθηναίων καὶ τῶν πεδίων.†

2 aut pedestris oratio aut graviter corrupta: τῆς Ἀθηναίων ⟨τε⟩ καὶ / τῶν
πεδί⟨οις ἐνοίκ⟩ων, sim., possis

9 (28 D.)

855 Demosthen. *de corona* 259, p. 181 seq. Goodwin

ἀνὴρ δὲ γενόμενος τῆι μητρὶ τελούσηι τὰς βίβλους ἀνεγίγνωσκες
καὶ τἄλλα συνεσκευωροῦ, τὴν μὲν νύκτα νεβρίζων καὶ κρατηρίζων
καὶ καθαίρων τοὺς τελουμένους καὶ ἀπομάττων τῶι πηλῶι καὶ τοῖς
πιτύροις, καὶ ἀνιστὰς ἀπὸ τοῦ καθαρμοῦ κελεύων λέγειν·

> ἔφυγον κακόν, εὗρον ἄμεινον.

Zenob. *cent.* iii 98, i 82 seq. L.–S. ἔφυγον—ἄμεινον· αὕτη τάττεται ἐπὶ τῶν μεταβολὴν ἐν ἑαυτοῖς κρείττονα οἰωνιζομένων. Ἀθήνησι γὰρ ἐν τοῖς γάμοις ἔθος ἦν ἀμφιθαλῆ παῖδα ἀκάνθας μετὰ δρυΐνων καρπῶν στέφεσθαι καὶ λίκνον ἄρτων πλῆρες περιφέροντα λέγειν· ἔφυγον—ἄμεινον. ἐσήμαινον δὲ ὡς ἀπώσαντο μὲν τὴν ἀγρίαν καὶ παλαιὰν δίαιταν, εὑρήκασι δὲ τὴν ἥμερον τροφήν. proverbium laudant Diogenian. *cent.* iv 74, i 243 L.–S.; Hesych. s.v. (addito τὸ γὰρ ἐκ τῶν δρυῶν καὶ ἀκανθῶν κάμμα κακὸν ἔλεγον); Suda s.v. ii 491 Adler (στέμμα pro κάμμα); Eust. *Od.* 1726. 19 παροιμία . . . παρὰ Παυσανίαι λέγουσα· ἔφυγον—ἄμεινον, sequitur nihil novi; etiam Plut. *prov. cent.* i 16, i 323 seq. L.–S.; Arsen. = Apostol. viii 16, ii 429 L.–S.; cf. Porphyr. *de abstin.* init. κατὰ τὴν παροιμίαν, φυγῆι κακοῦ τὸ ἄμεινον εὑρόντι

proverbia hoc metro scripta (cf. Hephaest. *ench.* viii p. 26 seq. C.) permulta congessit Meineke *Theocritus &c.* ed. tert. 1856 *epimetrum de proverbiis paroemiacis* p. 494 seqq.

10 (Tyrt. 15 B., C.P. 18 D.)

856 Dio Chrys. *or.* ii 59, i 28 seq. Arnim, i 36 de Budé

ἔτι δὲ οἶμαι τὴν παρακλητικήν, οἵα ἡ τῶν Λακωνικῶν ἐμβατηρίων, μάλα πρέπουσα τῆι Λυκούργου πολιτείαι καὶ τοῖς ἐπιτηδεύμασιν ἐκείνοις·

ἄγετ' ὦ Σπάρτας εὐάνδρου
κοῦροι πατέρων πολιητᾶν,
λαιᾶι μὲν ἴτυν προβάλεσθε,
δόρυ δ' εὐτόλμως πάλλοντες,
5   μὴ φειδόμενοι τᾶς ζωᾶς
οὐ γὰρ πάτριον τᾶι Σπάρται.

schol. ad loc. παρακλητικὰ ἐκ τῶν Τυρταίου. Tzetz. *chil.* i 696 seqq. ὡς Δίων . . . γράφει . . .· ἄγετ'—Σπάρται, quasi Tyrtaei carmen
cf. Mar. Vict. *Gramm. Lat.* vi 98. 26 ite o Spartae primores fauste nunc †parcas† ducentes

4 βάλλοντες UBV Tzetz., -οντε P, corr. Luzac

11 (Tyrt. 16 B., C.P. 19 D.)

857 Hephaest. *ench.* viii 4, p. 25–26 C.

τὸ μέντοι τὸν σπονδεῖον ἔχον ἀλλὰ μὴ τὸν ἀνάπαιστον παραλήγοντα εἰσὶν οἳ Λακωνικὸν καλοῦσι, προφερόμενοι παράδειγμα τὸ

ἄγετ' ὦ Σπάρτας ἔνοπλοι κοῦροι
ποτὶ τὰν Ἄρεως κίνασιν.

Ἄρεος codd. DI   κίνησιν cod. I

12

858 P.Argent. W.G. 306ᵛ col. ii ed. Snell *Herm.* Einzelschrift v
(1937) 90 seq. (saec. ii a.C.)

ex anthologia : 'Paean Spartanus in Eurum : constat xix versi-
bus paroemiacis, quorum plerique perierunt, leguntur iii ultimi
et pauca ceterorum fragmenta'

1]ας ἀντ' ἀλκᾶς   2]κυαναρου[4]ναστρο[

7   τὺ δεπα[
     πέφαται παν[
     μετάδος πω.. ρασκ[
10   ἵει νυν οὖρον ἐπαγρ[
     πολεμ.. μονον.[
     [
     [
     [

15   αρη[
     λιαρὸν ῥηέθροις Εὐρο[
     Εὖρ' ὦ σωτὴρ τᾶς Σπάρτας
     κατὰ πάντα μόλοις μετὰ νίκας·
     ἰὲ Παιὰν ἰήιε Παιάν

10 ἐπ' ἀγρ[ούς? e.p.   18 μόλοι in -οις corr.

13 (26 B., 42 D.)

859 Festus, p. 414 Lindsay

Stri(gem ut ait Verr)ius Graeci στριγγα (συρνια F, corr. Scali-
ger, Mueller) ap(pellant . . .)t maleficis mulieribus nomen indi-
tum est, quas volaticas etiam vocant. Itaque solent his verbis
eas veluti avertere Graeci :

†συρριντα πομπειεν νυκτικομαν στριντατολαον† ορνιν ανωνυμιον
ωκυπορους επι νηας.

συρριντα, στριντα : procul dubio στρίγγα   init. στρίγγ' ἀποπομπεῖν (Bergk)
veri sim.   νυκτικομαν : νυκτιβόαν Turnebus, coll. Hesych. στρίγλος· τὰ ἐντὸς
τοῦ κέρατος· νυκτίφοιτον· καλεῖται δὲ καὶ νυκτιβόα, οἱ δὲ νυκτικόρακα (⟨στρίγγα·
ὄρνεον⟩ νυκτίφοιτον· καλεῖται δὲ καὶ νυκτιβόας, Bergk) ; cf. Hesych. γλαύξ· νυκτο-
βας, ubi νυκτοβόαν vel νυκτόβανς (hoc Latte, i 378) coni. Bergk   στριντατολαον :

στρίγγ' ἀπὸ λαῶν coni. Haupt, ἀπὸ λαοῦ Scaliger   ανωνυμιον: ἀνώνυμον (Bergk) veri sim.   ἀνώνυμον ⟨ἐχθρῶν⟩ suppl. Bergk, 'nam permirum est, strigem navibus immitti'

14 (12 B., 52 D.)

860 Heracl. *quaest. Hom.* 6, p. 10 ed. Bonn.

ὅτι μὲν τοίνυν ὁ αὐτὸς Ἀπόλλων ἡλίωι καὶ θεὸς εἷς δυσὶν ὀνόμασι κοσμεῖται, σαφὲς ἡμῖν ἔκ τε τῶν μυστικῶν λόγων, οὓς αἱ ἀπόρρητοι τελεταὶ θεολογοῦσι, κἀκ τοῦ δημώδους ἄνω καὶ κάτω θρυλουμένου·

ἥλιος Ἀπόλλων, ὁ δέ γ' Ἀπόλλων ἥλιος.

Procl. *theolog. Plat.* 6. 12, p. 376 Aem. Portus ὅ τε γὰρ ἥλιος Ἀπόλλων ὑμνούμενος χαίρει διαφερόντως καὶ Ἀπόλλων ἥλιος ἀνακαλούμενος. Ps.-Eratosth. *catast.* 24, *Myth. Gr.* iii 1. 29 Olivieri; schol. Plat. *Resp.* vi 509 C, p. 245 Greene; schol. Demosth. *Meid.* 517. 9, p. 662 Hunziger; Iulian. *or.* iv 149 D, i 194 Hertl.; Fest. p. 420 Lindsay

ὁ ἥλιος Ἀπόλλων, om. ὁ δέ γ' Ά. ἥλιος, Heracl. cod. O

15 (22^B B., 41 D.)

861 Hesych. s.v.

ἐξάγω χωλὸν τραγίσκον, παιδιᾶς εἶδος παρὰ Ταραντίνοις.

εξαγώχωλον τραγίσκιον cod., corr. Musurus, Salmasius

16 (10 B., 51 D.)

862 Hippolytus *refut. omn. haeres.* v 8. 40, p. 96 Wendland (= v 18, p. 165 Duncker–Schneidewin)

ὁ δὲ στάχυς οὗτός ἐστι καὶ παρὰ Ἀθηναίοις ὁ παρὰ τοῦ ἀχαρακτηρίστου φωστὴρ τέλειος μέγας, καθάπερ αὐτὸς ὁ ἱεροφάντης, οὐκ ἀποκεκομμένος μὲν ὡς ὁ Ἄττις, εὐνουχισμένος δὲ διὰ κωνείου καὶ πᾶσαν ἀπηρτημένος τὴν σαρκικὴν γένεσιν, νυκτὸς ἐν Ἐλευσῖνι ὑπὸ πολλῶι πυρὶ τελῶν τὰ μεγάλα καὶ ἄρρητα μυστήρια βοᾶι καὶ κέκραγε λέγων·

ἱερὸν ἔτεκε πότνια κοῦρον Βριμὼ βριμόν,

τουτέστιν ἰσχυρὰ ἰσχυρόν.

βριμόν Miller: -μη cod.

17 (14 B., 20 D.)

863 Iulian. *Caes.* 318 D, i 409 Hertlein

καὶ ὁ Σειληνὸς ἐσιώπα καὶ τοῖς ἀγωνιζομένοις ἐκ τούτου τὸν νοῦν
προσεῖχεν. Ἑρμῆς δὲ ἐκήρυττεν·

> ἄρχει μὲν ἀγών, τῶν καλλίστων
> ἄθλων ταμίας, καιρὸς δὲ καλεῖ
> μηκέτι μέλλειν.

cf. Galen. *in Hippocr. epid. vi comment.* 4. 25, *Corp. Medic. Graec.* vi 10. 2. 2,
p. 237 Wenkebach ὥσπερ οἱ κήρυκες ὅταν τὸν καλούμενον Πόδα λέγωσιν. cf. fr.
18 infra

1 ἀγώνων τῶν codd., corr. Bergk

18 (17 B., 22 D.)

864 Lucian. *saltat.* 11, ii 215 Jac.

τοιγαροῦν καὶ τὸ ᾆσμα ὃ μεταξὺ ὀρχούμενοι ᾄδουσιν (οἱ Λάκωνες)
Ἀφροδίτης ἐπίκλησίς ἐστι καὶ Ἐρώτων, ὡς συγκωμάζοιεν αὐτοῖς καὶ
συνορχοῖντο· καὶ θάτερον δὲ τῶν ᾀσμάτων, δύο γὰρ ᾄδεται, καὶ
διδασκαλίαν ἔχει ὡς χρὴ ὀρχεῖσθαι· πόρρω γάρ, φησίν (φασιν codd.),
ὦ παῖδες, πόδα μετάβατε καὶ κωμάσατε βέλτιον· τουτέστιν
ἄμεινον ὀρχήσασθε.

κωμάσατε codd. : -άξατε edd. Flor. et Solani   incertum quatenus paraphrasis,
vel quo modo cantilena sit restituenda : γάρ Luciani est non carminis (Crusius) ;
init. fort. πόρρω παῖδες μετάβατε πόδας

19 (16 B., 23 D.)

865 Lucian. *Demonactis vita* 65, i 1. 89 seq. Nilén

ὅτε δὲ συνῆκεν οὐκέθ᾽ οἷός τε ὢν αὑτῶι ἐπικουρεῖν, εἰπὼν πρὸς τοὺς
παρόντας τὸν ἐναγώνιον τῶν κηρύκων πόδα·

> λήγει μὲν ἀγὼν τῶν καλλίστων
> ἄθλων ταμίας, καιρὸς δὲ καλεῖ
> μηκέτι μέλλειν·

καὶ πάντων ἀποσχόμενος ἀπῆλθε τοῦ βίου φαιδρός.

458

Philostrat. *gymn.* 7, ii 264 Kayser εἰ δὲ μὴ ῥαιθύμως ἀκούεις τοῦ κήρυκος, ὁρᾶις ὡς ἐπὶ πάντων κηρύττει λήγειν μὲν τὸν τῶν ἄθλων ταμίαν ἀγῶνα, τὴν σάλπιγγα δὲ τὰ τοῦ Ἐνναλίου σημαίνειν προκαλουμένην τοὺς νέους ἐς ὅπλα. κελεύει δὲ τουτὶ τὸ κήρυγμα καὶ τοὔλαιον ἀραμένους ἐκποδών ποι φέρειν, οὐχ ὡς ἀλειψομένους ἀλλ' ὡς πεπαυμένους τοῦ ἀλείφεσθαι. cf. Ammian. xxiv 6. 10; fr. 17 supra

2 καλεῖ: καμὲ cod. Ω (λεῖ sscr.; καμοὶ rec. et cod. Z)

20 (15 B., 21 D.)

866 Moeris p. 193. 4 Bekker (p. 103 Pierson)

βαλβῖδες αἱ ἐπὶ τῶν ἀφέσεων βάσεις ἐγκεχαραγμέναι, αἷς ἐπέβαινον οἱ δρομεῖς, ἵν' ἐξ ἴσου ἵσταιντο. διὸ καὶ οἱ κήρυκες ἐπὶ τῶν τρεχόντων·

βαλβῖδα† ποδὸς θέτε πόδα παρὰ πόδα,

καὶ νῦν ἔτι λέγουσιν.

βαλβῖδα πόδας θέντες codd. Pricaei et Vossii ap. Pierson   βαλβῖδι (Bergk
πέλας (Headlam) θέτε πόδα παρὰ πόδα sententiae aptum foret

21 (45 B., II vi p. 103 D.)

867 Plut. *vit. Lys.* 18, iii 2. 126 L.–Z.

πρώτωι μὲν γάρ, ὡς ἱστορεῖ Δοῦρις, Ἑλλήνων ἐκείνωι (τῶι Λυσάνδρωι) βώμους αἱ πόλεις ἀνέστησαν ὡς θεῶι καὶ θυσίας ἔθυσαν, εἰς πρῶτον δὲ παιᾶνες ἤισθησαν, ὧν ἑνὸς ἀρχὴν ἀπομνημονεύουσι τοιάνδε·

τὸν Ἑλλάδος ἀγαθέας
στραταγὸν ἀπ' εὐρυχόρου Σπάρτας
ὑμνήσομεν, ὦ ἰὲ Παιάν.

Athen. x 696 E ὁ εἰς Λύσανδρον τὸν Σπαρτιάτην γραφεὶς ὄντως παιάν, ὅν φησι Δοῦρις ἐν τοῖς ἐπιγραφομένοις Ὥροις ἄιδεσθαι ἐν Σάμωι

2 στραταγὸν L²: στρατὸν L¹, στρατηγὸν G   εὐρυχώρου codd., corr. Naeke
3 ὑμνήσομεν Iuntina: -σωμεν codd.   ὦ ἰὲ scripsi: ὠιὴ codd.

22 (23 B., 53 D.)

868 Plut. *vit. Thes.* 16, i 1. 13 seq. L.–Z.

Ἀριστοτέλης (fr. 443) δὲ καὶ αὐτὸς ἐν τῆι Βοττιαίων πολιτείαι δῆλός ἐστιν οὐ νομίζων ἀναιρεῖσθαι τοὺς παῖδας ὑπὸ τοῦ Μίνω, ἀλλὰ θητεύοντας ἐν τῆι Κρήτηι καταγηράσκειν· καί ποτε Κρῆτας εὐχὴν παλαιὰν ἀποδιδόντας ἀνθρώπων ἀπαρχὴν εἰς Δελφοὺς ἀποστέλλειν, τοῖς δὲ πεμπομένοις ἀναμειχθέντας ἐκγόνους ἐκείνων συνεξελθεῖν· ὡς δ᾽ οὐκ ἦσαν ἱκανοὶ τρέφειν ἑαυτοὺς αὐτόθι, πρῶτον μὲν εἰς Ἰταλίαν διαπερᾶσαι κἀκεῖ κατοικεῖν περὶ τὴν Ἰαπυγίαν, ἐκεῖθεν δ᾽ αὖθις εἰς Θρᾴκην κομισθῆναι καὶ κληθῆναι Βοττιαίους· διὸ τὰς κόρας τῶν Βοττιαίων θυσίαν τινὰ τελούσας ἐπάιδειν·

> ἴωμεν εἰς Ἀθάνας·

ἔοικε γὰρ ὄντως χαλεπὸν εἶναι φωνὴν ἐχούσηι πόλει καὶ μοῦσαν ἀπεχθάνεσθαι.

---

id. *quaest. graec.* 35, ii 1. 353 Nachst.–Titch. τί δή ποτε ταῖς κόραις τῶν Βοττιαίων ἔθος ἦν λέγειν χορευούσαις· ἴωμεν εἰς Ἀθήνας;

Ἀθήνας codd.

23 (43 B., 30 D.)

869 Plut. *sept. sap. conv.* 14, i 323 Pat.–Weg.–Pohl.

ὁ μὲν Θαλῆς ἐπισκώπτων εὖ φρονεῖν ἔφη τὸν Ἐπιμενίδην ὅτι μὴ βούλεται πράγματα ἔχειν ἀλῶν τὰ σιτία καὶ πέττων ἑαυτῶι καθάπερ Πιττακός. ἐγὼ γάρ, εἶπε, τῆς ξένης ἤκουον ἀιδούσης πρὸς τὴν μύλην ἐν Ἐρέσωι γενόμενος·

> ἄλει μύλα ἄλει·
> καὶ γὰρ Πιττακὸς ἄλει
> μεγάλας Μυτιλήνας βασιλεύων.

μιτυλάνας PQJ, μυτηλάνας B, μιτυλήνας rell.   v. primi metr. incert.: si vere vetustum Lesbiumque, scribendum esset μύλ᾽ ἄλ-

cf. Aelian. *v.h.* vii 4 Πιττακὸς πάνυ σφόδρα ἐπήινει τὴν μύλην, τὸ ἐγκώμιον αὐτῆς ἐκεῖνο ἐπιλέγων, ὅτι ἐν μικρῶι τόπωι διαφόρως ἔστι γυμνάσασθαι. ἦν δέ τι ᾆσμα ἐπιμύλιον οὕτω καλούμενον. Diog. Laert. i 81, p. 20 Cobet (Πιττακῶι) γυμνασία ἦν σῖτον ἀλεῖν, ὥς φησι Κλέαρχος ὁ φιλόσοφος. Clem. Alex. *paidag.* iii 10. 50, i 265 Staehlin Πιττακός . . . ἤληθεν ὁ Μιτυληναίων βασιλεὺς ἐνεργῶι γυμνασίωι χρώμενος. Isid. Pelus. *ep.* i 470, *PG.* 78. 440 B Πιττακὸς καίτοι βασιλεὺς ὢν τὸν μύλωνα ἠυτούργει καὶ ἐνεργῶς γυμναζόμενος καὶ τὴν τροφὴν ἐργαζόμενος

24 (18 B., 17 D.)

870 Plut. *apophth. Lac.* 15, ii 1. 208 Nachst.–Titch.

τριῶν οὖν χορῶν ὄντων κατὰ τὰς τρεῖς ἡλικίας καὶ συνισταμένων ἐν
ταῖς ἑορταῖς ὁ μὲν τῶν γερόντων ἀρχόμενος ᾖδεν·

 1 ἀμές ποκ' ἦμες ἄλκιμοι νεανίαι,

εἶτα ὁ τῶν ἀκμαζόντων ἀνδρῶν ἀμειβόμενος ⟦ἔλεγεν⟧·

 2 ἀμὲς δέ γ' εἰμές· αἱ δὲ λῇς, αὐγάσδεο.

ὁ δὲ τρίτος ὁ τῶν παίδων·

 3 ἀμὲς δέ γ' ἐσσόμεσθα πολλῶι κάρρονες.

---

fere eadem Plut. *vit. Lycurg.* 21, iii 2. 37 L.–Z.; *de laude ipsius* 15, iii 385 seq.
Pohl.–Siev.; cf. *consol. Apoll.* 15, i 227 Pat.–Weg.; etiam anon. ap. Miller *Mélanges*
367 ἄμες πόθ' ἦμες· Λακωνική ἐστιν αὕτη· μέμνηται δὲ αὐτῆς Σωσίβιος ἐν τῶι περὶ
Ἐθῶν, καί φησιν ὅτι οἱ πρεσβύτεροι οἱ Λακεδαιμόνιοι χορεύοντες τοῦτο ἐπέλεγον·
ἄμες ποθ' ἦμες. cf. Polluc. iv 107; schol. Plat. *Legg.* 633 A, p. 305 Greene; Dio-
genian. ii 30, v 3; Zenob. i 82 ἄμμες ποτ' ἦμες; Greg. Cypr. i 45; Arsen. = Apostol.
ii 72

---

1 ἀμές: ἄμες vel ἅμες vel ἄμμες Plut. codd. (ubique ἄμμες paroemiographi,
ἡμεῖς schol. Plat.) ποκ': ποτ' (ποθ' anon. ap. Miller) codd. omn. ἦμεν codd.
plerique 2 [ordinem 3–2 *de laude* codd.] ἀμὲς: ἄμες vel ἅμες codd. (ἄμμες
tantum *apophth.* cod Γ) εἰμές Diogenian.: εἰμὲν vel ἐσμὲν rell. (δ' ἔνεσμεν schol.
Plat.) αἱ δὲ λῇς (ἢν δ' ἕλοις schol. Plat.): ἢν θέλῃς *de laude* codd. M² marg.,
J¹K αὐγάσδεο *apophth.* codd. X²ΦΠ, *de laude* codd. M²ΠS² (αὐγάζεο *apophth.*
ΓΣgX¹, αὐγάδεο *de laude* plerique): var. lect. πεῖραν λαβέ *Lyc.* codd. (S² in rasura),
de laude codd. M² marg., J¹KΣ, schol. Plat., Apostol. 3 ἐσσόμεσθα *apophth.*
codd. aA², *Lyc.* cod. S, *de laude* codd. M a rubr. D, schol. Plat., Diogenian.,
Apostol.: ἐσσόμεθα vel ἐσόμεθα rell. πολλῶν κρείσσονες *Lyc.* cod. L¹, schol.
Plat. cod. O; πολλῶι κρείσσονες schol. Plat. rell.; πολλῶι κάρρωνες *de laude* codd.
M¹N

25 (6 в., 46 d.)

871 Plut. *quaest. graec.* 36, ii 1. 353 Nachst.–Titch.

διὰ τί τὸν Διόνυσον αἱ τῶν Ἠλείων γυναῖκες ὑμνοῦσαι παρακαλοῦσι
βοέωι ποδὶ παραγίνεσθαι πρὸς αὐτάς; ἔχει δ' οὕτως ὁ ὕμνος·

> ἐλθεῖν ἥρω Διόνυσε
> Ἀλείων ἐς ναὸν
> ἁγνὸν σὺν Χαρίτεσσιν
> ἐς ναὸν
> 5 τῶι βοέωι ποδὶ δύων,
> ἄξιε ταῦρε,
> ἄξιε ταῦρε.

lectio plerumque incerta, numeris fides nulla

1 ἥρω casu vocat. inauditum: ἥρως coni. Schneidewin; fort. ἥρω Διόνυσον, de quo cogitabat Bergk   2 Ἀλείων Bergk (Ἀλεῖον Welcker): ἄλιον codd.   4 alterum ἐς ναὸν del. nescio quis primus; fort. ἐς ναὸν βοέωι ποδὶ δύων /, deleto τῶι   5 δύων Nachst.–Titch. sine adnot.: θύων priores   5–7 δύων, εἶτα δὶς ἐπάιδουσιν ἄξιε ταῦρε codd.

cf. Pausan. vi 26. 1 θεῶν δὲ ἐν τοῖς μάλιστα Διόνυσον σέβουσιν Ἠλεῖοι, καὶ τὸν θεόν σφισιν ἐπιφοιτᾶν ἐς τῶν Θυιῶν τὴν ἑορτὴν λέγουσιν κτλ.

26 (4 в., Alcm. 66 d.)

872 Plut. *quaest. conv.* iii 6. 4, iv 103 Hub.

καὶ ἡμᾶς οὔπω παντάπασιν ἡ Ἀφροδίτη πέφευγεν, ἀλλὰ καὶ
προσευχόμεθα δήπουθεν αὐτῆι λέγοντες ἐν τοῖς τῶν θεῶν ὕμνοις·

> ἀνάβαλλ' ἄνω τὸ γῆρας,
> ὦ καλὰ Ἀφροδίτα.

cf. Hesych. ἀναβαλλόγηρας (-αγορας cod., corr. Bergk)· φάρμακόν τι, καὶ λίθος ἐν Σάμωι

1 ἀνάβαλ' coni. Bergk   2 -δίτη codd. sec. Bergk, Diehl; nihil adnotat Hubert

27 (44 в. et d.)

873 Plut. *amator.* 17, iv 367–8 Hub.

Ἀριστοτέλης δὲ (fr. 93) τὸν μὲν Κλεόμαχον ἄλλως ἀποθανεῖν φησι,
κρατήσαντα τῶν Ἐρετριέων τῆι μάχηι· τὸν δ' ὑπὸ τοῦ ἐρωμένου
φιληθέντα τῶν ἀπὸ Θράικης Χαλκιδέων γενέσθαι, πεμφθέντα τοῖς

ἐν Εὐβοίαι Χαλκιδεῦσιν ἐπίκουρον· ὅθεν ἄιδεσθαι παρὰ τοῖς Χαλκιδεῦσιν·

ὦ παῖδες ⟨ὅσ⟩οι Χαρίτων τε καὶ πατέρων λάχετ' ἐσθλῶν
μὴ φθονεῖθ' ὥρας ἀγαθοῖσιν ὁμιλεῖν·
σὺν γὰρ ἀνδρείαι καὶ ὁ λυσιμελὴς
Ἔρως ἐνὶ Χαλκιδέων θάλλει πόλεσιν.

1 ὅσοι Bergk   ἐλάχετε codd., corr. Meineke   2 ὁμιλίαν codd., corr.
Bergk   3 ἀνδρία codd., corr. Stephanus   4 ἐνὶ Bernadakis: ἐπὶ codd.
interpr. Kroll *RE* xi. 1 (1921) 900

28 (39 B., 16 D.)

874   Plut. *aet. phys.* 16, v 3. 14 Hub.

διὰ τί λέγεται·

σῖτον ἐν πηλῶι φύτευε, τὴν δὲ κριθὴν ἐν κόνει;

φύτευε Bergk : φυτεύετε codd. exc. Est. 145 φυτεύειν (quod coni. Headlam)

29 (33 D.)

875   Pollux ix 113, ii 178 Bethe

ἡ δὲ χυτρίνδα, ὁ μὲν ἐν μέσωι κάθηται καὶ καλεῖται χύτρα, οἱ δὲ
τίλλουσιν ἢ κνίζουσιν ἢ καὶ παίουσιν αὐτὸν περιθέοντες. ὁ δ' ὑπ'
αὐτοῦ περιστρεφομένου ληφθεὶς ἀντ' αὐτοῦ κάθηται. ἔσθ' ὅτε ὁ μὲν
ἔχεται τῆς χύτρας κατὰ τὴν κεφαλὴν τῆι χειρὶ τῆι λαιᾶι, περιθέων
ἐν κύκλωι, οἱ δὲ παίουσιν αὐτὸν ἐπερωτῶντες

τίς τὴν χύτραν;

κἀκεῖνος ἀποκρίνεται

ἀναζεῖ·

ἢ

τίς περὶ χύτραν;

κἀκεῖνος ἀποκρίνεται

ἐγὼ Μίδας·

οὗ δ' ἂν τύχηι τῶι ποδί, ἐκεῖνος ἀντ' αὐτοῦ περὶ τὴν χύτραν περιέρχεται.

30 (20+22ᴬ+21 b., 34+40+35 d.)

876 Pollux ix 122–5, ii 180–1 Bethe

εἰσὶ δὲ καὶ ἄλλαι παιδιαί, ἐν κοτύληι, χαλκῆν μυῖαν, ἔξεχ᾽ ὦ φίλ᾽
ἥλιε, . . . χελιχελώνη . . . ἡ δὲ χαλκῆ μυῖα, ταινίαι τὼ ὀφθαλμὼ
περισφίγξαντος ἑνὸς παιδός, ὁ μὲν περιστρέφεται κηρύττων

    (a)   χαλκῆν μυῖαν θηράσω,

οἱ δ᾽ ἀποκρινόμενοι

        θηράσεις, ἀλλ᾽ οὐ λήψει,

σκύτεσι βυβλίνοις αὐτὸν παίουσιν ἕως τινὸς αὐτῶν λάβηται. ἡ δ᾽

    (b)   ἔξεχ᾽ ὦ φίλ᾽ ἥλιε

παιδιὰ κρότον ἔχει τῶν παίδων σὺν τῶι ἐπιβοήματι τούτωι ὁπόταν
νέφος ἐπιδράμηι τὸν θεόν· ὅθεν καὶ Στράττις ἐν Φοινίσσαις (I 725
K.)· εἶθ᾽ ἥλιος μὲν πείθεται τοῖς παιδίοις / ὅταν λέγωσιν ἔξεχ᾽ ὦ
φίλ᾽ ἥλιε . . . ἡ δὲ χελιχελώνη, παρθένων ἐστὶν ἡ παιδιά, παρόμοιόν
τι ἔχουσα τῆι χύτραι· ἡ μὲν γὰρ κάθηται καὶ καλεῖται χελώνη, αἱ δὲ
περιτρέχουσιν ἀνερωτῶσαι·

    (c)   χελιχελώνη, τί ποῖεις ἐν τῶι μέσωι;

ἡ δὲ ἀποκρίνεται

        μαρύομ᾽ ἔρια καὶ κρόκην Μιλησίαν.

εἶτ᾽ ἐκεῖναι πάλιν ἐκβοῶσιν

        ὁ δ᾽ ἔκγονός σου τί ποῖων ἀπώλετο;

ἡ δέ φησι

        λευκᾶν ἀφ᾽ ἵππων εἰς θάλασσαν ἅλατο.

---

cf. Eust. *Il.* 1243. 29, χαλκῆν μυῖαν; ibid. 881. 44 λέξεις ἄρ᾽ ὥσπερ τὰ παιδία,
ἔξεχ᾽ ὦ φίλ᾽ ἥλιε; Sud. ii 310 A. s.v., κωλάριόν τι παροιμιῶδες ὑπὸ τῶν παιδίων
λεγόμενον ὅταν ἐπινέφηι ψύχους ὄντος; Ar. fr. 389, I 493 K.; Eust. *Od.* 1914. 56, fere
eadem ac Pollux de ludo χελιχελώνη; Hesych. χελεῦ χελώνη

(c) 1 χέλει χελώνη Eust.   2 ἔρια μαρύομαι codd., corr. Meineke   κρόκον
Poll. cod. A   3 ἔγγονός Eust.   σοι Poll. cod. C   -χελώνα, κρόκαν edd. recc.
fort. recte

31 (9 B., 50 D.)

877 Procl. in Hes. *op.* 389, ii 212 Gaisf., p. 136 Pertusi; codd. AQR

οἱ δὲ ἀρχαῖοι καὶ πρωιαίτερον ἔσπειρον, καὶ δῆλον ἐκ τῶν Ἐλευσι-
νίων τελετῶν, ἐν οἷς ἐλέγετο (ἔλεγε τοῦ codd.)·

†πῖθι κόρη γέφυραν ὅσον οὔπω· τριπόλεον δέ†

πάριθι vel πέριθι codd. AQ (om. R) sec. Pertusi; mox ut supra QR, τριπόλε cum
compendio A   ἔπιθι coni. Crusius, πάριθι Bergk   τρὶς πολέουσιν coni. Bergk,
τρίπολον δή (δή iam Bergk) Wilam.

32 (45 D.)

878 Schol. M Aesch. *Pers.* 940, p. 252 Daehnhardt (similia codd.
VPO)

Καλλίστρατος ἐν δευτέρωι περὶ Ἡρακλείας Τιτυοῦ τρεῖς παῖδας
εἶναι, Πριόλαν Μαριανδυνὸν ⟨Βῶρ⟩μον, ὃν κυνηγετοῦντα ἀπολέσθαι,
καὶ μέχρι νῦν Μαριανδυνοὺς ἀκμῆι θέρους θρηνεῖν αὐτόν. τὸν δὲ
Μαριανδυνὸν αὐξῆσαι μάλιστα τὴν θρηνητικὴν αὐλωιδίαν, καὶ διδάξαι
Ὕαγνιν τὸν Μαρσύου πατέρα. καὶ αὐλοὶ δέ τινές εἰσι Μαριανδυνοὶ
ἐπιτηδειότητα ἔχοντες εἰς τὰς θρηνωιδίας. καὶ τὸ περιφερόμενον·

αὐλεῖ Μαριανδυνοῖς καλάμοις κρούων Ἰαστί,

ὡς τῶν Μαριανδυνῶν θρηνωιδῶν ὄντων.

αὐλοῖς cod. V   αὔλει et κροτῶν coni. Wilam. *Isyll.* 135

33 (5+11 B., 24–25 D.)

879 (1) Schol. RV Ar. *Ran.* 479

ἐν τοῖς Ληναϊκοῖς ἀγῶσι τοῦ Διονύσου ὁ δαιδοῦχος κατέχων λαμπάδα λέγει·

καλεῖτε θεόν·

καὶ οἱ ὑπακούοντες βοῶσι·

Σεμελήι᾽ Ἴακχε πλουτοδότα

(2) Ar. *Pac.* 968

—ἀλλ᾽ εὐχώμεθα. / τίς τῆιδε; ποῦ ποτ᾽ εἰσὶ πολλοὶ κἀγαθοί; ubi Schol. RV σπένδοντες γὰρ ἔλεγον·

τίς τῆιδε;

ἀντὶ τοῦ τίς πάρεστιν· εἶτα οἱ παρόντες εὐφημιζόμενοι ἔλεγον·

πολλοὶ κἀγαθοί.

(3) Schol. RV Ar. *Ran.* 479

ἢ πρὸς τὸ ἐν ταῖς θυσίαις ἐπιλεγόμενον· ἐπειδὰν γὰρ σπονδοποιήσωνται ἐπιλέγουσιν·

ἐκκέχυται· κάλει θεόν.

---

(1) Ἴακχ᾽ ὦ coni. Bergk κἀγαθοί)

(2) App. Prov. iv 90, i 455 L.–S. (ubi καλοὶ

34 (2 B.)

Schol. B Hom. *Il.* 18. 570, iv 200 Di.

φασὶ δὲ αὐτὸν (τὸν Λίνον) ἐν Θήβαις ταφῆναι καὶ τιμηθῆναι
θρηνώδεσιν ᾠδαῖς ἃς λινῳδίας ἐκάλεσαν. ἐστὶ δὲ μέλος θρηνητικὸν
ὁ λίνος μετ᾽ ἰσχνοφωνίας ἀιδόμενος. ἆρα οὖν ὁ νεανίας διὰ τῆς
μιμήσεως ταύτης τὰ κατὰ τὸν Λίνον ᾖδεν; ἐθρηνεῖτο γὰρ οὗτος παρὰ
τῶν Μουσῶν οὕτως·

†ὦ Λίνε θεοῖσι τετιμημένε, σοὶ γὰρ πρώτωι μέλος ἔδωκαν ἀθάνα-
τοι ἀνθρώποισι φωναῖς λιγυραῖς ἀεῖσαι· Φοῖβος δέ σε κότωι
ἀναιρεῖ, Μοῦσαι δέ σε θρηνέουσιν.†

---

cf. Schol. T Hom. *Il.* ibid., vi 279 Maass φασὶ δὲ αὐτὸν ἐν Θήβαις ταφῆναι καὶ
τιμᾶσθαι ὑπὸ ποιητῶν ἐν θρηνώδεσιν ἀπαρχαῖς· ἐπιγραφή ἐστιν ἐν Θήβαις· ὦ Λίνε
πᾶσι θεοῖσι τετιμένε, σοὶ γὰρ ἔδωκαν / ἀθάνατοι πρώτωι (πρῶτοι cod.) μέλος ἀνθρώ-
ποισιν ἀεῖσαι / ἐν ποδὶ δεξιτέρωι· Μοῦσαι δέ σε θρήνεον αὐταί / μυρόμεναι μολπῆισιν,
ἐπεὶ λίπες ἠλίου (ἠελίου cod.) αὐγάς. Eust. *Il.* 1163. 59 ἐτάφη δὲ ἐν Θήβαις καὶ
ἐτιμᾶτο ὑπὸ τῶν ποιητῶν θρηνώδεσιν ἀπαρχαῖς, εἰς ὃν καὶ ἐπίγραμμά ἐστι τοιοῦτον·
ὦ Λίνε πάντα θεοῖσι τετιμένε, σοὶ γὰρ ἔδωκαν / ἀθάνατοι πρώτωι μέλος ἀνθρώποισιν
ἀείδειν / ἐν ποδὶ δεξιτέρωι· Μοῦσαι δέ σε θρήνεον αὐταί / μυρόμεναι μολπῆισιν, ἐπεὶ
λίπες ἠλίου αὐγάς. hinc carmen vetustius e schol. B refinxit Bergk: ὦ Λίνε πᾶσι
θεοῖσι / τετιμένε, σοὶ γὰρ ἔδωκαν / πρώτωι μέλος ἀνθρώποισι / φωναῖς λιγυραῖς ἀεῖσαι /
Φοῖβος δὲ κότωι σ᾽ ἀναιρεῖ, / Μοῦσαι δέ σε θρηνέουσιν

35 (25 B., 31 D.)

881 (*a*) Schol. Pind. *Pyth.* iii 32, ii 67 seq. Dr.

τὸ ὑποκουρίζεσθαι ἀοιδαῖς εἶπε διὰ τὸ τοὺς ὑμνοῦντας ἐπευφη-
μιζομένους λέγειν· σὺν κόροις τε καὶ κόραις. Αἰσχύλος (post κόραις
habet cod. D ἔνιοί φασιν ἐκκόρει κόρει κορώνας. καὶ Αἰσχύλος)·
Δαναΐσι (fr. 43 N.)· κἄπειτα δ᾽ εἶσι λαμπρὸν ἡλίου φάος / ἕως
ἐγείρω πρευμενεῖς τοὺς νυμφίους / †νόμοισι θέντων† σὺν κόροις τε
καὶ κόραις. κἂν τῶι βίωι †εὐκορεῖ ἀντὶ τοῦ κόρους κορώνας παρα-
τρέποντες† ἔνιοί φασιν· ἐκκόρει κόρει κορώνας (κἂν . . . κορώνας om.
cod. D, vid. supra).

κἂν τῶι βίωι εὐκορεῖ EFGPQ : [.]κορει B (sine accentu; prima litt. legi nequit),
ἀκορεῖ editio Romana 1515   ἀντὶ τοῦ om. E   κόρους EFQ : κούρους G, κόρος
BP, κόρας ed. Rom.   κορωνᾶς B (de accent. ceterorum non liquet), κορωσας
F   παρατρέποντες : περι- EFQ, προ- G, παρατρέποντες δὲ B, παροτρύνοντες (-τας
P) δ᾽ P ed. Rom.   κόρει EFGQ, κόρους BP ed. Rom.

(*b*) Horapollo *Hierogl.* i 8, p. 18–19 Sbordone

ἑτέρως δὲ τὸν Ἄρεα καὶ τὴν Ἀφροδίτην γράφοντες δύο κορώνας
ζωογραφοῦσιν ὡς ἄνδρα καὶ γυναῖκα, ἐπεὶ τοῦτο τὸ ζῶιον δύο ὠὰ
γεννᾶι, ἀφ᾽ ὧν ἄρρεν καὶ θῆλυ γεννᾶσθαι δεῖ· ἐπειδὰν δὲ γεννήσηι,
ὅπερ σπανίως γίνεται, δύο ἀρσενικὰ ἢ δύο θηλυκά, τὰ ἀρσενικὰ τὰς
θηλείας γαμήσαντα οὐ μίσγεται ἑτέραι κορώνηι, οὐδὲ μὴν ἡ θήλεια
ἑτέραι κορώνηι μέχρι θανάτου, ἀλλὰ μόνα τὰ ἀποζυγέντα διατελεῖ.
διὸ καὶ μιᾶι κορώνηι συναντήσαντες οἰωνίζονται οἱ ἄνθρωποι ὡς
χηρεύοντι συνηντηκότες ζώιωι· τῆς δὲ τοιαύτης αὐτῶν ὁμονοίας
χάριν μέχρι νῦν οἱ Ἕλληνες ἐν τοῖς γάμοις

ἐκκορὶ κορὶ κορώνη

λέγουσιν ἀγνοοῦντες.

κορώνην cod. L

(*c*) Hesych. s.v. κουριζόμενος· ὑμεναιούμενος, διὰ τὸ λέγειν γαμου-
μέναις (γαμ. διὰ τὸ λέγ. cod.)· σὺν κούροις τε καὶ κόραις. ὅπερ νῦν
παρεφθαρμένως ἐκκορεῖν λέγεται.

(d) Aelian. h.a. iii 9 ἀκούω δὲ τοὺς πάλαι καὶ ἐν τοῖς γάμοις μετὰ τὸν ὑμέναιον τὴν κορώνην ᾄδειν, σύνθημα ὁμονοίας τοῦτο τοῖς συνιοῦσιν ἐπὶ τῆι παιδοποιίαι διδόντας.

dixerunt Graeci ἐν τοῖς γάμοις (1) σὺν κόροις τε καὶ κόραις, (2) ἐκκόρει κόρει (vel ἐκκορῖ κορῖ) κορώνας (vel κορώνην vel etiam κορώνη); frustra conabantur grammatici hoc ab illo derivare (παρατρέποντες, παρεφθαρμένως); alii alia, velut ἐκκόρει, κόρη, κορώνην (LSJ s.v. ἐκκορέω), ἐκκόρει κορικορώνην (Deubner Herm. 48 (1913) 299 seq.)

36 (42 B., 38 D.)

882 Prolegom. Theocr. B b, p. 3 Wendel

τοὺς δὲ νενικημένους (scil. βουκόλους) εἰς τὰς περιοικίδας χωρεῖν ἀγείροντας ἑαυτοῖς τὰς τροφάς· ᾄδειν δὲ ἄλλα τε παιδιᾶς καὶ γέλωτος ἐχόμενα καὶ εὐφημοῦντας ἐπιλέγειν·

> δέξαι τὰν ἀγαθὰν τύχαν,
> δέξαι τὰν ὑγίειαν,
> ἃν φέρομες παρὰ τᾶς θεοῦ,
> ἃν †ἐκλελάσκετο† τήνα.

---

3 φέρομεν Eᵇ T   τῆς Eᵇ AT, τοῦ K, corr. Hermann   4 ἐκλελάσκετο K, ἐκαλέσσατο rell.; ἅι 'κελήσατο coni. Ahrens

37 (26 D.)

883 Zenobius *cent.* iv 33, i 93 L.–S.

θύραζε Κᾶρες, οὐκέτ᾽ Ἀνθεστήρια.

οἱ μὲν διὰ πλῆθος οἰκετῶν Καρικῶν εἰρῆσθαί φασιν ὡς ἐν τοῖς
Ἀνθεστηρίοις εὐωχουμένων αὐτῶν καὶ οὐκ ἐργαζομένων. τῆς οὖν
ἑορτῆς τελεσθείσης λέγειν ἐπὶ τὰ ἔργα ἐκπέμποντας αὐτούς· θύρ.—
Ἀνθ. τινὲς δὲ οὕτω τὴν παροιμίαν φασίν, ὅτι οἱ Κᾶρές ποτε μέρος
τῆς Ἀττικῆς κατέσχον· καὶ εἴ ποτε τὴν ἑορτὴν τῶν Ἀνθεστηρίων
ἦγον οἱ Ἀθηναῖοι, σπονδῶν αὐτοῖς μετεδίδοσαν καὶ ἐδέχοντο τῶι
ἄστει καὶ ταῖς οἰκίαις. μετὰ δὲ τὴν ἑορτὴν τινῶν ὑπολελειμμένων ἐν
ταῖς Ἀθηναῖς, οἱ ἀπαντῶντες πρὸς τοὺς Κᾶρας παίζοντες ἔλεγον· θύρ.
—Ἀνθ.; hic addunt codd. BV τινὲς δὲ οὕτως φασί· θύραζε Κῆρες,
οὐκέτ᾽ Ἀνθεστήρια, cf. Phot. *lex.* i 286 N. (et eadem Suda ii 738
Adler) θύρ.—Ἀνθ., eadem ac Zenob. usque ad ἐκπέμπ. αὐτούς·
θύρ.—Ἀνθ., tum pergit τινὲς δὲ οὕτως τὴν παροιμίαν φασί· θύραζε
Κῆρες, οὐκέτ᾽ (οὐκ ἔνι cod., corr. Naber) Ἀνθ., ὡς κατὰ τὴν πόλιν
τοῖς Ἀνθεστηρίοις τῶν ψυχῶν περιερχομένων. prov. laudant etiam
Diogenian. *cent.* v 24, i 255 L.–S.; Hesych. s.v.; Arsen. =
Apostol. *cent.* viii 94, ii 459 (ubi Κᾶρας).

---

de Zenobii codd. vid. Crusius *Analecta critica ad paroemiographos graecos* (1883)
48 seq., 146; de lectt. Κᾶρες, Κῆρες Ehrlich *Zur indogerm. Sprachgesch.* (*Königsb.*
Progr. Altstädt. Gymn. 1910) 10

CARMINA CONVIVIALIA

884 Athen. xv 694 C seqq.

τῶν οὖν δειπνοσοφιστῶν ὁ μέν τις ἔλεγε τῶν σκολίων τόδε, ὁ δέ
τις τόδε. πάντα δ᾽ ἦν τὰ λεχθέντα ταῦτα·

1 (2 B., 1 D.)

Παλλὰς Τριτογένει᾽ ἄνασσ᾽ Ἀθηνᾶ,
ὄρθου τήνδε πόλιν τε καὶ πολίτας
ἄτερ ἀλγέων [[τε]] καὶ στάσεων
καὶ θανάτων ἀώρων, σύ τε καὶ πατήρ.

---

1 Ἀθάνα coni. Jacobs   3 τε del. Jacobs et Hermann   4 εὐώρων (om.
σύ—πατήρ) E

2 (3 B., 2 D.)

885

Πλούτου μητέρ᾽ Ὀλυμπίαν ἀείδω
Δήμητρα στεφανηφόροις ἐν ὥραις
σέ τε παῖ Διὸς Φερσεφόνη·
χαίρετον, εὖ δὲ τάνδ᾽ ἀμφέπετον πόλιν.

---

om. E   1 ειδω A, corr. recc.   2 -τραστε στεφ- A   4 fort. τήνδ᾽
(Bergk) scribendum   ἀμφετον A, corr. Canter *nov. lect.*[3] p. 244 (denuoque
Casaubon)

3 (4 B., 3 D.)

886

ἐν Δήλωι ποτ᾽ ἔτικτε τέκνα Λατώ,
Φοῖβον χρυσοκόμαν ἄνακτ᾽ Ἀπόλλω
ἐλαφηβόλον τ᾽ ἀγροτέραν
Ἄρτεμιν, ἃ γυναικῶν μέγ᾽ ἔχει κράτος.

---

1 τέκνα A : παῖδα E   2 ἀπόλλων᾽ A, -ωνα E, corr. Ilgen   vid. Wehrli
RE Suppl. v (1931) 565 seq.

4 (5 B., 4 D.)

887

ὦ Πὰν Ἀρκαδίας μεδέων κλεεννᾶς,
ὀρχηστὰ βρομίαις ὀπαδὲ Νύμφαις,
γελάσειας ὦ Πὰν ἐπ᾽ ἐμαῖς
†εὐφροσύναις ταῖσδ᾽ ἀοιδαῖς αοιδε† κεχαρημένος.

472

1 ἴω πᾶν AE, corr. Hermann   μέδων coni. idem   2 βρόμιε (om. ὀπαδὲ νύμφαις) E   3 γελασίαισϊω A, tantum ἰὼ E, corr. Valckenaer   4 ita AE (ἄειδε pro αοιδε E): αοιδε del. Hermann   εὔφροσι ταῖσδ' ἀοιδαῖς κεχαρη-μένος coni. Wilam. coll. Pae. Erythr. versione Ptolem. (= *Coll. Alex.* p. 138 Powell) χαῖρέ μοι ὦ Παιὰν ἐπ' ἐμαῖς εὔφροσι ταῖσδ' ἀοιδαῖς   εὐφροσύναισι, ταῖσδ' ἀοιδαῖς κεχ. coni. Meineke, Bergk (αοιδε = ἀοιδᾶι, var. lect. ταῖδ' ἀοιδᾶι)   εὔφρο-σύναις, ἀοιδαῖς (melius ἀοιδᾶι) κεχ. coni. Hermann

5 (6 B., 5 D.)

888

> ἐνικήσαμεν ὡς ἐβουλόμεσθα
> καὶ νίκην ἔδοσαν θεοὶ φέροντες
> παρὰ Πανδρόσου †ὡς φίλην Ἀθηνᾶν.†

1 -όμεθα AE, corr. Hermann   3 (om. E) non intellegitur   παρὰ Πάνδροσον ὡς φίλην Ἀθηνᾶι (vel Ἀθάναι) coni. Bergk

6 (7 B., 6 D.)

889

> εἴθ' ἐξῆν ὁποῖός τις ἦν ἕκαστος
> τὸ στῆθος διελόντ', ἔπειτα τὸν νοῦν
> ἐσιδόντα, κλείσαντα πάλιν,
> ἄνδρα φίλον νομίζειν ἀδόλωι φρενί.

Eust. *Od.* 1574. 16, eadem

3 εἰσιδ- A, ἰδ- E Eust.   fort. κλήισ- scribendum   Ar. *Eccl.* 938 seqq., parodiam lepidissimam, confert Engelbrecht *de scol. poesi* (1882) 57

7 (8 B., 7 D.)

890

> ὑγιαίνειν μὲν ἄριστον ἀνδρὶ θνητῶι,
> δεύτερον δὲ καλὸν φυὰν γενέσθαι,
> τὸ τρίτον δὲ πλουτεῖν ἀδόλως,
> καὶ τὸ τέταρτον ἡβᾶν μετὰ τῶν φίλων.

testimonia ad Simon. fr. 146 supra

1 θνατῶι Stob., schol. Plat. W   2 φυὰν καλὸν Stob., schol. Plat.   3 τρίτον (om. τὸ) Stob., alii   τὸ δὲ τρίτον schol. Plat.   4 καὶ τὸ: εἶτα Stob.   τέταρ-τον δὲ schol. Plat.   συνηβᾶν Athen.   σῶν Stob.

891 pergit Athenaeus: ἐξῆς δ᾽ ἐλέχθη καὶ τάδε·

8 (15 B., 8 D.)

⟨⌣ – ⌣⟩ ἐκ γῆς χρὴ κατίδην πλόον
εἴ τις δύναιτο καὶ παλάμην ἔχοι
ἐπεὶ δέ κ᾽ ἐν πόντωι γένηται
τῶι παρεόντι τρέχειν ἀνάγκη.

vid. Alcaei fr. 249   1 κατίδην Α: κατιδεῖν Ε   3 κ᾽ ἐν recc.: καὶ ἐν
AE (δὲ om. E)

9 (16 B., 9 D.)

892 ὁ δὲ καρκίνος ὧδ᾽ ἔφα
χαλᾶι τὸν ὄφιν λαβών·
εὐθὺν χρὴ τὸν ἑταῖρον ἔμ-
μεν καὶ μὴ σκολιὰ φρονεῖν.

Eust. Od. 1574. 15 ἐν οἷς καὶ τὸ παιδεῦον ὀρθότητα φιλικὴν ἔχον οὕτως· ὁ δὲ—
φρονεῖν. ἤγουν καρκίνος χηλῆι τὸν ὄφιν συσχὼν εἶπεν ὡς ὀρθὸν χρὴ τὸν φίλον εἶναι καὶ
μὴ σκολιόφρονα

1 δὲ om. Athen. codd. dett., probant Ilgen, Bergk alii; sed vid. Denniston Gk.
Part. p. 173   ἔφη codd.   2 χαλλιτον Α, corr. E (sed η sup. utrumque α
scr.), Eust.   3 εὐθέα Ε, Eust.   3–4 ἐνμὲν Α, ἔμεν Ε, Eust., corr.
Casaubon

10 (9 B., 10 D.)

893 ἐν μύρτου κλαδὶ τὸ ξίφος φορήσω
ὥσπερ Ἁρμόδιος καὶ Ἀριστογείτων
ὅτε τὸν τύραννον κτανέτην
ἰσονόμους τ᾽ Ἀθήνας ἐποιησάτην.

Ar. Lys. 632 καὶ φορήσω τὸ ξίφος τὸ λοιπὸν ἐν μύρτου κλαδί, ubi schol. ἐκ τοῦ
σκολίου ἐστὶν ὅτι ἐν μυρσίνωι κλάδωι τὸ ξίφος φορέσομεν ὥσπερ Ἁρμ. καὶ Ἀριστογ.
Hesych. s.v. ἐν μύρτου κλάδωι   Suda s.v. ἐν μύρτου κλαδί, ii 287 Adler, ubi τὸ
ξίφος κρατήσω   Eust. Od. 1400. 18 ἐν μύρτου—Ἀριστογ.
Harmodii melos commemorant etiam Hesych. s.v. Ἁρμ. μέλος· τὸ ἐπὶ Ἁρμοδίωι
ποιηθὲν σκόλιον ὑπὸ Καλλιστράτου οὕτως ἔλεγον; Ar. Ach. 979 (vid. fr. 11 infra) et
fr. 430 (I 503 K.); Antiphanes fr. 85. 5 (II 45 K.); Diogenian. cent. ii 68, i 207 L.–S.;
Macar. cent. ii 32; Apostol. cent. iii 82

2 melius fort. κ᾽ Ἀρι-   3 κανέτην coni. Ilgen

11 (10 B., 11 D.)

894

φίλταθ' Ἁρμόδι', οὔ τί πω τέθνηκας,
νήσοις δ' ἐν μακάρων σέ φασιν εἶναι,
ἵνα περ ποδώκης Ἀχιλεὺς
Τυδεΐδην τέ †φασι τὸν ἐσθλόν† Διομήδεα.

Ar. *Ach.* 979 τὸν Ἁρμόδιον ἄισεται, ubi schol. (= Suda s.v. οὐδέποτ' ἐγώ, iii 579 Adler) ἐν ταῖς τῶν πότων συνόδοις ᾖδόν τι μέλος Ἁρμοδίου καλούμενον οὗ ἡ ἀρχή· φίλταθ'—τέθνηκας; fere eadem Suda s.v. πάροινος, iv 64 A.; schol. Ar. *Ach.* 1093 (versu ut vid. corrupto, τὰ φίλταθ' Ἁρμοδίου) τουτέστι τὰ εἰς Ἁρμόδιον σκόλια ἄισματα, ὅπερ ἀνωτέρω ἔφη Ἁρμοδίου μέλος ἄισεται. Aristeid. *or.* i 133 καλὸν δὲ καὶ ἐν σκολίοις ὥστε Ἁρμόδιον ἄιδειν οὔ τι που τέθνηκας λέγοντας

1 ἁρμόδι' οὔ τί που schol. Ar., ἁρμοδίου πω Athen.; που Aristeid. codd. Δ Θ, πω rell.: πω praetuli, cum valde abnormis sit usus partic. οὔ τί που nisi in interrogat. (Denniston *Gk. Part.* 492)   2 νήσσοις Athen. A   φασι ναίειν coni. Nauck   3 Ἀχιλλεὺς Athen. AE, corr. Rob. Lowth *de sacra poesi Hebr.* (1753) p. 11   4 om. Athen. E   T. τέ φασιν Διομήδεα coni. Lowth, T. παρ' ἐσθλὸν Διομήδεα Manzoni, T. τέ φασιν ἐσθλὸν Δ. Bergk

12 (11 B., 12 D.)

895

ἐν μύρτου κλαδὶ τὸ ξίφος φορήσω
ὥσπερ Ἁρμόδιος καὶ Ἀριστογείτων
ὅτ' Ἀθηναίης ἐν θυσίαις
ἄνδρα τύραννον Ἵππαρχον ἐκαινέτην.

om. E

13 (12 B., 13 D.)

896

αἰεὶ σφῷν κλέος ἔσσεται κατ' αἶαν,
φίλταθ' Ἁρμόδιε καὶ Ἀριστόγειτον,
ὅτι τὸν τύραννον κτανέτην
ἰσονόμους τ' Ἀθήνας ἐποιησάτην.

om. E   2 Ἁρμόδιος κ(αὶ) Ἀριστογείτων coni. Ilgen   3 κανέτην coni. Mehlhorn (ad 10. 3 iam Ilgen)

14 (21 B., 14 D.)

897

Ἀδμήτου λόγον ὦ ἑταῖρε μαθὼν τοὺς ἀγαθοὺς φίλει,
τῶν δειλῶν δ' ἀπέχου γνοὺς ὅτι δειλοῖς ὀλίγη χάρις.

vid. Praxillae fr. 3 supra

475

15 (17 B., 15 D.)

898

παῖ Τελαμῶνος Αἶαν αἰχμητά, λέγουσί σε
ἐς Τροίαν ἄριστον ἐλθεῖν Δαναῶν μετ' Ἀχιλλέα.

Eust. *Il.* 285. 2 παῖ—Ἀχιλλέα. Ar. *Lys.* 1237 ὥστ' εἰ μέν γέ τις / ᾅδοι Τελαμῶνος, Κλειταγόρας ᾄδειν δέον, ubi Schol. Τελαμῶνος· ἀρχή τινος σκολίου, παῖ Τελαμῶνος αἰχμητά, περὶ οὗ δεδήλωται ἤδη
cf. Athen. i 23 E Θεόπομπος (I 750 K.)· ἐπίνομεν μετὰ ταῦτα . . . / κατακείμενοι μαλακώτατ' ἐπὶ τρικλινίωι / Τελαμῶνος οἰμώζοντες ἀλλήλοις μέλη. id. xi 503 D–E Ἀντιφάνης . . . ἐν Διπλασίοις (II 45 K.)· . . . ἴσχε, τὸν ὠιδὸν λάμβανε· / ἔπειτα μηδὲν τῶν ἀπηρχαιωμένων / τούτων περάνηις, τὸν Τελαμῶνα μηδὲ τὸν / Παιῶνα μηδ' Ἁρμόδιον. Phot. *lex.* p. 48 Reitz. ᾄδειν τὰ Τελαμῶνος· ἦν τι σκόλιον γεγραμμένον ἐπὶ Αἴαντι, οὗ καὶ ὁ Τελαμὼν κατεμέμικτο; eadem sed brevius Hesych. s.v. ᾄδειν Τελαμῶνος (γεγρ. εἰς Αἴαντα)

1 λέγουσί σε Fiorillo: λεγούσης Athen. A, λέγουσί σ' E, Eust.   2 Δαναῶν
Athen.: Ἀχαιῶν Eust.   μετ' Ἀχ. Eust.: καὶ Ἀχ. Athen.; cf. Alcaeum fr. 387

16 (18 B., 16 D.)

899

τὸν Τελαμῶνα πρῶτον, Αἴαντα δὲ δεύτερον
ἐς Τροίαν λέγουσιν ἐλθεῖν Δαναῶν μετ' Ἀχιλλέα.

om. E   2 Δαναῶν καὶ Ἀχ. Athen., corr. Casaubon, nisi πεδ' praeferendum

17 (19 B., 17 D.)

900

εἴθε λύρα καλὴ γενοίμην ἐλεφαντίνη
καί με καλοὶ παῖδες φέροιεν Διονύσιον ἐς χορόν.

Dio Chrys. *de regno* 2. 63, i 38 de Budé = i 30 von Arnim ἢ νὴ Δία τὰς τῶν Ἀττικῶν σκολίων τε καὶ ἐπoιvίων εὐχὰς οὐ βασιλεῦσι πρεπούσας, ἀλλὰ δημόταις καὶ φράτορσιν ἱλαροῖς καὶ σφόδρα ἀνειμένοις· εἴθε—χορόν

1 γενοίμαν Dio   -τίνα E   2 φέροιεν Athen., Dion. codd. PW: φορέοιεν Dion. codd. UBV; φοροῖεν Stephanus

18 (20 B., 18 D.)

901

εἴθ' ἄπυρον καλὸν γενοίμην μέγα χρυσίον
καί με καλὴ γυνὴ φοροίη καθαρὸν θεμένη νόον.

Dio Chrys. ibid. εἴθ'—φοροίη

1 γενοίμαν E, Dio   μέγα om. Dion. cod. V   2 γυνὴ καλὴ Dio   φοροῖεν
Dion. codd. UBV

19 (22 B., 19 D.)

902

σύν μοι πῖνε συνήβα συνέρα συστεφανηφόρει,
σύν μοι μαινομένωι μαίνεο, σὺν σώφρονι σωφρόνει.

Eust. *Od.* 1574. 20, eadem

1 συνστεφ- A, corr. E; συγκανηφόρει Eust.   2 μένεο A, corr. E, Eust.   σὺν
σωφρονήσω σώφρονι A, συσσωφρόνει σώφρονι E, Eust., corr. Canter

20 (23 B., 20 D.)

903

ὑπὸ παντὶ λίθωι σκορπίος ὦ ἑταῖρ' ὑποδύεται.
φράζευ μή σε βάληι· τῶι δ' ἀφανεῖ πᾶς ἕπεται δόλος.

vid. Praxillae fr. 4 supra

21 (24 B., 21 D.)

904

ἁ ὗς τὰν βάλανον τὰν μὲν ἔχει, τὰν δ' ἔραται λαβεῖν·
κἀγὼ παῖδα καλὴν τὴν μὲν ἔχω, τὴν δ' ἔραμαι λαβεῖν.

om. E   1 ἁ δ' ὗς possis, cf. 9 init. supra   ἁ σῦς in ἁ ὗς ab Atticis esse
mutatum coni. Wilam. *Isyll.* 124 n. 1   2 ἔχων A, corr. recc.

22 (25 B., 22 D.)

905

πόρνη καὶ βαλανεὺς τωὐτὸν ἔχουσ' ἐμπεδέως ἔθος·
ἐν ταὐτᾶι πυέλωι τόν τ' ἀγαθὸν τόν τε κακὸν λόει.

1–2 fort. aut πόρνα aut ταύτῆι   1 ἐμπεδέως om. E

23 (27 B., 23 D.)

906

ἔγχει καὶ Κήδωνι, διάκονε, μηδ' ἐπιλήθου,
εἰ χρὴ τοῖς ἀγαθοῖς ἀνδράσιν οἰνοχοεῖν.

Aristot. *Ath. Pol.* c. 20 fin. ἔτι δὲ πρότερον τῶν Ἀλκμεωνιδῶν Κήδων ἐπέθετο τοῖς
τυράννοις, διὸ καὶ ᾖδον καὶ εἰς τοῦτον ἐν τοῖς σκολίοις· ἔγχει—οἰνοχοεῖν. cf. Zenob.
cent. ii 42, i 43 L.–S.; Diogenian. *cent.* viii 42, i 313 L.–S.

2 εἰ χρὴ Aristot. (coniecerant Porson et Schweighaeuser): εἰ δὴ χρὴ Athen.

24 (14 B., 24 D.)

907

αἰαῖ Λειψύδριον προδωσέταιρον,
οἴους ἄνδρας ἀπώλεσας, μάχεσθαι
ἀγαθούς τε καὶ εὐπατρίδας,
οἳ τότ᾽ ἔδειξαν οἴων πατέρων ἔσαν.

Aristot. *Ath. Pol.* c. 19. 3 ἔν τε γὰρ τοῖς ἄλλοις οἷς ἔπραττον διεσφάλλοντο (οἱ
Ἀλκμεωνίδαι) καὶ τειχίσαντες ἐν τῆι χώραι Λειψύδριον τὸ ὑπὲρ Πάρνηθος, εἰς ὃ
ξυνεξῆλθόν τινες τῶν ἐκ τοῦ ἄστεως, ἐξεπολιορκήθησαν ὑπὸ τῶν τυράννων, ὅθεν
ὕστερον μετὰ ταύτην τὴν συμφορὰν ᾖδον ἐν τοῖς σκολίοις· [[αἰεί]]· αἰαῖ—ἔσαν. Et.
Gen. B p. 122 Miller+Et. Mag. 361. 31, Et. Sym. cod. V ibid. (αἰαῖ—μάχεσθαι):
ἐπὶ Λειψυδρίωι μάχη· χωρίον ὑπὲρ Πάρνηθος, ὃ ἐτείχισαν οἱ φυγάδες τῶν τυράννων,
ὧν οἱ Ἀλκμαιονίδαι προεστήκεσαν. ἐκπολιορκηθέντων δ᾽ αὐτῶν ὑπὸ τῶν περὶ Πεισί-
στρατον σκόλιον εἰς αὐτοὺς ᾔδετο· αἰ αἰ—ἔσαν. fere eadem Suda ii 367 Adler s.v.
ἐπὶ Λειψυδρίωι μάχη· ... αἰαῖ—ἔσαν; Eust. *Il.* 461. 26 αἰ αἰ—εὐπατρίδας; Arsen. =
Apostol. *cent.* vii 70, i 414 seq. L.–S. cf. Hesych. Λειψύδριον

---

om. E   1 προδοσ- Suda (προσδοσ- cod. A), Eust., Apostol.; -εταιροον
Athen.   2–3 (μάχεσθαι) δ᾽ ἀγαθούς γε καὶ Suda, τ᾽ ἀγαθοὺς καὶ Eust., (μάχεσθ᾽)
ἀγαθούς γε καὶ Apostol.   3 καὶ εὐ- hiatus causa suspectum: κἀξ εὐπατριδᾶν
coni. Tyrrell   4 οἳ τότ᾽: ὁπότ᾽ Suda, Et. Mag. cod. D, Apostol.   ἔσαν
(coniecerat Erasmus; ἔασαν Et. Mag.): κύρησαν Athen.

25 (26 B., 25 D.)

908

ὅστις ἄνδρα φίλον μὴ προδίδωσιν, μεγάλην ἔχει
τιμὴν ἔν τε βροτοῖς ἔν τε θεοῖσιν κατ᾽ ἐμὸν νόον.

---

om. E   2 τιμὰν A; fort. μεγάλαν ... τιμὰν (Bergk) scribendum   θεοῖς
A, corr. recc.

909 pergit Athenaeus: σκόλιον δέ φασί τινες καὶ τὸ ὑπὸ Ὑβρίου τοῦ
Κρητὸς (κριτὸς A, corr. E) ποιηθέν. ἔχει δὲ οὕτως·

26 (28 B., Hybr. 1 D.)

ἐστί μοι πλοῦτος μέγας δόρυ καὶ ξίφος
καὶ τὸ καλὸν λαισήιον, πρόβλημα χρωτός·
τούτωι γὰρ ἀρῶ, τούτωι θερίζω,
τούτωι πατέω τὸν ἁδὺν οἶνον ἀπ᾽ ἀμπέλων,
5   τούτωι δεσπότας μνοίας κέκλημαι.

τοὶ δὲ μὴ τολμῶντ' ἔχειν δόρυ καὶ ξίφος
καὶ τὸ καλὸν λαισήιον, πρόβλημα χρωτός,
πάντες γόνυ πεπτηῶτες †ἐμὸν
⟨‿ –⟩ κυνέοντι δεσπόταν ⟨◡ ◡ – ◡ –⟩
10   καὶ μέγαν βασιλῆα φωνέοντες.

Eust. *Od.* 1574. 7 ἔτι δὲ καὶ ἐν σκολίωι Ὑβρίας γοῦν ὁ Κρῆς κατὰ τὴν τοῦ δειπνοσο-
φιστοῦ ἱστορίαν γράφει οὕτως· (1–10). ἤγουν προσκυνοῦσί με ὡς δεσπότην καὶ προ-
φωνοῦσι μέγαν βασιλέα

1 μέγα E, Eust.   4 ἀμπέλων Athen. A (teste Rogero Dawe (1959); -ω sine
adnot. perperam Kaibel; -ων etiam Athen. E, -ου Eust.; -ω Neander in *Gnomolog.*
(1564) et Stephanus)   5 μνοίας om. E, Eust.   5 cho. dim.+ba. = 10 glyc.+
ba.; cho. dim. = glyc. iam in Sapph. 95. 9, 96. 7, Anacr. 12. 5   6 τολμῶντες
AE, Eust., corr. Hermann   καὶ ξίφος om. Eust.   7 πρόβλημά τε χρωτὸς
AE (om. Eust.), corr. recc.   8 πεπτηῶτες Eust.; -ότες AE sec. Peppink
ἐμὸν: ἁμὸν (Hermann) veri sim.   9 e.g. ⟨ἁμᾶ⟩ κυνέοντι, tum quod coni.
Crusius δεσπόταν ⟨ἐμὲ δεσποτᾶν⟩; vel ⟨– – ◡ ◡ – προσ⟩κυνέοντί ⟨με⟩ δεσπόταν
(Bergk)   10 βασιλέα codd., corr. Hermann   φωνέοντι Eust.   carmen
saec. v non vetustius ut vid.

27 (1 B., Pytherm. 1 D.)

910 Athen. xiv 625 C

φασὶ δὲ Πύθερμον τὸν Τήιον ἐν τῶι γένει τῆς ἁρμονίας [[αὐτοῦ]]
τούτωι ποιῆσαι σκόλια (σκαιὰ A, corr. Casaubon) μέλη, καὶ διὰ
τὸ εἶναι τὸν ποιητὴν Ἰωνικὸν Ἰαστὶ κληθῆναι τὴν ἁρμονίαν. οὗτός
ἐστι Πύθερμος οὗ μνημονεύει Ἀνάνιος ἢ Ἱππῶναξ ἐν τοῖς Ἰάμβοις
⟨. . . καὶ⟩ ἐν ἄλλωι οὕτως· χρυσὸν λέγει Πύθερμος ὡς οὐδὲν τἄλλα.
λέγει δ' οὕτως ὁ Πύθερμος·

    οὐδὲν ἦν ἄρα τἄλλα πλὴν ὁ χρυσός.

Diogenian. *cent.* vi 94, i 285 L.–S. οὐδὲν ἦν τἄλλα πάντα πλὴν χρυσός, ubi Schol.
αὕτη ἀρχή ἐστι σκολίου· ἀνατιθεῖσι δὲ αὐτὸ Πυθέρμωι (-μωνι cod.). Suda s.v. iii 577
Adler οὐδὲν ἦν παρὰ τἄλλα πλὴν ὁ χρυσός. Plut. *prov. cent.* i 96, i 335 L.–S. οὐδὲν
ἦν ἄρα τὰ ἄλλα πλὴν ὁ χρυσός

οὐθὲν Athen.   ὁ Suda, Plut.: om. Athen.

28 (13 B., 27 D.)

911 Ar. *Vesp.* 1225

ἄιδω δὲ πρῶτος Ἁρμοδίου, δέξει δὲ σύ·
    οὐδεὶς πώποτ' ἀνὴρ ἔγεντ' Ἀθήναις

ἐγένετ' Ἀθηναῖος codd., corr. Bentley

479

29 ((*b*) = 29 в., 28 d.)

912 Ar. *Vesp.* 1239 seqq.

—τούτωι τί λέξεις σκόλιον;—ὠιδικῶς ἐγώ·

(*a*) οὐκ ἔστιν ἀλωπεκίζειν
οὐδ' ἀμφοτέροισι γίγνεσθαι φίλον.

—μετὰ τοῦτον Αἰσχίνης ὁ Σέλλου δέξεται, / ἀνὴρ σοφὸς καὶ μουσικός,
κᾆτ' ἄισεται·

(*b*) χρήματα καὶ βίαν Κλειταγόραι τε κἀμοὶ μετὰ Θετταλῶν.

Schol. ad loc. 1239 Ἡρόδικος δὲ ἐν τοῖς Κωμωιδουμένοις καὶ τὸν Ἄδμητον ἀνα-
γέγραφε παραθεὶς τὰ τοῦ Κρατίνου ἐκ Χειρώνων (236 K.)· Κλειταγόρας ἄιδειν ὅταν
Ἀδμήτου μέλος αὐλῆι. . . . τοῦτο οἱ μὲν Ἀλκαίου, οἱ δὲ Σαπφοῦς· οὐκ ἔστι δέ, ἀλλ' ἐν
τοῖς Πραξίλλης φέρεται παροινίοις. 1245 Κλειταγόρας μέλος λέγουσι τὸ εἰς αὐτὴν
Κλειταγόραν, ἥτις ἐγένετο ποιήτρια, Θετταλή τις γυνή· Ἁρμοδίου μέλος τὸ εἰς Ἁρμόδιον,
καὶ Ἀδμήτου τὸ εἰς Ἄδμητον. ἐκ σκολίου τινός ἐστιν. Ἀθηναίοις δὲ Θετταλοὶ συνεμά-
χησαν ἐν τῶι πρὸς τυράννους πολέμωι. Schol. Ar. *Lys.* 1237 (εἰ μέν γέ τις / ἄιδοι
Τελαμῶνος, Κλειταγόρας ἄιδειν δέον)· ὁ δὲ νοῦς ὅτι τὰ ἐναντία λέγομεν ἑαυτοῖς καὶ
πράττομεν· ὅταν γάρ τις ἄισηι ἀπὸ τῶν σκολίων Πινδάρου, λέγομεν ὅτι δεῖ μᾶλλον
ἄιδειν ἀπὸ Κλειταγόρας τῆς ποιητρίας· ἡ γὰρ Κλειταγόρα ποιήτρια ἦν Λακωνική, ἧς
μέμνηται καὶ ἐν Δαναΐσιν (261 K.) Ἀριστοφάνης. Hesych. Κλειταγόρα· ὠιδῆς τι
εἶδος· καὶ Λεσβία τὸ γένος

(*b*) κἀμοὶ *Vesp.* ΛΓ: καί μοι R   Θεσσ- coni. Bergk   non intellegitur

---

30 (30 в., 29 d.)

913 Athen. xi 783 E (iii 23 Kaibel)

ἔπινον δὲ τὴν ἄμυστιν μετὰ μέλους μεμετρημένου πρὸς ὠκύτητα
χρόνου, ὡς Ἀμειψίας (I 676 K.)· αὔλει μοι μέλος· / σὺ δ' ἆιδε πρὸς
τήνδ', ἐκπίομαι δ' ἐγὼ τέως. / αὔλει σύ, καὶ ⟨σὺ⟩ τὴν ἄμυστιν
λάμβανε.—

οὐ χρὴ πόλλ' ἔχειν θνητὸν ἄνθρωπον† ἀλλ' ἐρᾶν
καὶ κατεσθίειν· σὺ δὲ κάρτα φείδηι.

---

manifeste corrupta: οὔ ⟨τι⟩ χρὴ πόλλ' ἔχειν θνητὸν ἄνθρωπον ⟨ὄντ'⟩ / ἀλλ' ἐρᾶν
κτλ., similia, possis
2 σὺ δὲ κάρτ' ἀφειδής coni. Meineke

31 (p. 653 adnot. B.)

914 Hesych. s.v.

Βορέας·

σκόλιόν τι οὕτως ἀιδόμενον ἔλεγον.

οὕτως ἀρχόμενον coni. Meineke, ἀιδόμενον οὕτως Latte

32

915 Suda s.v. πάροινος, iv 64 Adler

μέλος τι Ἁρμόδιον καλούμενον. . . . ἦν δὲ καὶ ἕτερα μέλη, τὸ μὲν Ἀδμήτου λεγόμενον, τὸ δὲ Λάμπωνος.

33

916 Ar. *Pax* 289

τὸ Δάτιδος μέλος

---

fort. scolium, velut Ἀδμήτου, Λάμπωνος, Ἁρμοδίου μέλος   de hymno in Nemesim cogitat Raubitschek *Charites: Stud. zur Altertumswiss.* p. 234 seqq.; vid. fr. adesp. 932 infra

34 (30 D.)

917 P.Berol. 270, *BKT* v 2 (1907) 56 cum tab. viii ed. Schubart
& Wilamowitz

(a) [....]αι θυγάτη[ρ
[.]πλε[.]ασιτα φέρων [
[.]αμοι τεμένη β[.........]ων[

(b) [ἐ]γκέρασον Χαρίτων κρατῆ[ρ]' ἐπιστ[ε]-
φέα κρ[...... π]ρόπι[ν]ε | [λό]γον·
σήμαιν' ὅτι παρθένων
ἀπε[ί]ροσι πλέξομεν ὕμνοις |
[τ]ὰν δορὶ †σώματι κειραμέναν Τρ[οΐ]αν
5 κ̣αὶ̣ [τ]ὸν παρὰ ναυσὶν ἀειμνά[σ]τοις ἁλόντα |
νυκτιβάταν σκοπόν.

(c) ὦ Μοῦσ' ἀγανόμματε μᾶτερ
συνεπίσπεο σῶν τέκνων | [..].ωι .[...]ωι·
ἄρτι βρύουσαν ἀοιδὰν
πρωτοπαγεῖ σοφίαι διαποίκιλον ἐκφέρομεν· |
5 [....]ο̣ι τέγξαν Ἀχελώιου δρόσ[οι·]
[....] παραπροϊών, ὑφίει πόδα,
λῦ' ἔανοῦ | πτέρυγας, τάχος ἵεσο
λεπτολίθων [......]ν·
εὖ· καθόρα πέλαγος,
10 παρὰ γᾶν | ἔκφευγε νότου χαλεπὰν
φοβερὰ[ν διαπο]ντοπλανῆ μανίαν.

Π saec. iii a.C. p.pr.: carmina saec. iv credideris scripta   vid. Powell *Coll.*
Alex. p. 190 seqq., Page *Gk. Lit. Pap.* 86 p. 386 seqq.
  marg. sin. ad (c) 3 seqq. eadem manu scr. μουσαι | ευφωρατ[..] | μνημοσυνη |:
carminum titulos esse coni. e.p., ita ut εὐφώραт[ος] ad (b)—nam de Dolone capto
agitur—, Μοῦσαι ad (a), Μνημοσύνη ad (c) referretur
  omnia suppl. e.p.   scriptio plena ubique in Π excepto (c) 1 ubi ωμουσαγα·
accentus, sim., nulli   (c) 9 :ev: ut vid.   sub (c) 10 ἔκφ. paragraphus (sequitur
epigramma)
  (a) 2 [ἄ]πλε[τ]α σῖτα suppl. e.p.
  hucusque sec. lineas, abhinc in versiculos divisimus; signo | notantur linearum
in Π termini
  (b) 2 κρ[ύφιόν τε suppl. e.p.   4 δορὸς ἤματι coni. Powell, δ. οἴματι ego
5 καὶ: κάτα coni. e.p.   αμν- sscr. ει   6 σκολοπον in σκοπον corr. man. prima
  (c) 1 Μουσᾶν ἀγαν. coni. e.p., fort. recte   2 [ἀγν]ῶι χ[όν]ωι suppl. e.p.
3 αωιδαν   5 [νῆά τ]οι eleganter suppl. e.p.   6 [παῦε] (e.p.), [λῆγε], sim.,
possis, sed de sententia non constat   πέρα προϊών coni. e.p.   8 [ψαμαθῶ]ν
spatio et sententiae aptum

482

FRAGMENTA ADESPOTA

omittimus papyracea quae Pindari vel Bacchylidis
editionibus inclusit Bruno Snell; quae in *Poet. Lesb.*
fr. iam edidimus; quae Alexandrinae vel posterioris
aetatis videntur esse (fere omnia exceptis quae recens
innotuerunt exscripsimus in *Collectaneis Alexandrinis*
Iohannes U. Powell, in *Gr. Lit. Papyris* ego; adde inter
alia P.Lit.Lond. 51, *Herm.* Einzelschr. v 106 Snell);
denique non nulla quae potius fortasse tragicis ad-
scribenda sunt, velut Favorin. π. φυγῆς vii 44 seqq.,
ix 25 seqq., xi 3 seqq.; P.Hibeh i 7 fr. (*b*) col. ii 5–8,
40–53, P.Cair.Zen. 4. 59533, P.Rendel Harris 9, P.Ryl.
i 34, P.Hibeh ii (1955, ed. Turner) n. 176, P.Heidelb.
(*Lit. Gr. Texte* 1956, ed. Siegmann) n. 185; PSI xiv
(1957) n. 1391 Pind. vel Bacchyl. editoribus relinquo

1

918 Ex eis quae olim Sapphoni vel Alcaeo adscribebantur, *Poet.*
Lesb. Fragmentis non inclusa, sequentia tantum mentione
digna (scilicet nihil indici verborum addunt cetera, P.Oxy.
1231 frr. 8, 24, 32, 33, 34, 37, 39, 40, 46, 49; 1233 fr. 29; 1360 frr.
7, 25; 1787 fr. 2(*a*); 1789 fr. 19; 2081 (*d*)6):

(*a*) P.Oxy. 1788 fr. 9

  ἐ]κ θαλα[
  ]πέδιο[
  ]πολυ[

 · · ·

aeolicum esse ex accentu]πέδιο[ν
coni. e.p.; sed aliter supplere possis

(*b*) P.Oxy. 1787 fr. 8

  ]αθανα[
  ]ερα, σε[
  ]λον[
  ]εδοισιν[
5]αθεισεν[
  ]αιγινη[
  ]ρακ[

 · · ·

3 vel ']λον

(*c*) P.Oxy. 1787 fr. 9

  ]οδέρκεν ἐπῶμοσσ[
  ]νέτι· τὰν παῖδα δε[
  ]βρ['.]ταν κἀνχερριθ[έτ
  ]εν[....]παρε[

 · · ·

= Σαπφοῦς *Μέλη* δ 26: Pindaro fortasse tribuendum accentus, sim.: 1 δέρ
ώμ 2 νέτι· παῖ 3 κἀνχερριθ

1]ο δέρκεν dividendum credideris mihi videtur aut εγώμ aut επόμ scriptum
2 vel]ν ἔτι,]νέ τι 3 ἀβρόταν vel ἀμφιβρόταν suppl. e.p. fin. suppl. Lobel

1ᴬ

919 P.Oxy. xxiii (1956) n. 2378 (saec. i/ii p.C.) ed. Lobel

  · · ·
  ].ιητ[
  ].ερο.[
  ].ινδη.[
  ]αμφεβ[
5].ῦρωφ.[

]χος μαλ[
-π]λόκω Κύ[π]ριδ[
]. νεως πυκιν[
κλ]εέννας Διος ἀγ[γ]έλω . .[.].[
10   ]ος Μάκαρος ἔπελθε νᾶσο[ν   ]
    ] σέμνας μέγαν ὄρκον ε.[..]ε[
    ].[[ι]]σθ. νατ. . φορωθ.[.].[.].[
      ].[.]αροπ[.] λάμπρον ὥς
        ] ὐπίσσω
15   ]διλλεπει
       ][ ]

· · ·

omnia suppl. e.p.   accentus, sim., in Π: 5 ῦρ   6 μᾱ́λ (vel μᾰ̈λ)   9 δί
11 σέμ   13 ὤς
5]. : λ ut vid.   .[: fort. ε vel θ, cuius ad dextr. sscr. ο   7 e.g. δολοπ],
dat. an gen. incertum   8 προσ]ανέως possis (e.p.)   8 seqq. marg. dextr.
schol.] ἐν γὰρ τῆι φ.[/] ἐστὶν η τιμαῖς ω[/ Λ]έσβον τὸν δὲ Μά[καρα /]ν συνιστ[
12 inter τ et φ ut vid. εχ, sscr. δ et punctulum crassius   14 marg. dextr.
schol. ἀντὶ τοῦ ὀ[πίσω   15 fort. (-)πε]διλλ- (e.p.)
    quominus Sapphoni vel Alcaeo adscribatur obstant syllabae breves iv continuae
v. 10: ⟨δ'⟩ ἔπελθε suppl. Treu Philol. 102 (1958) 13 seqq., fragmentum Alcaeo
adscribit idem; equidem particulam ⟨δ'⟩ contextui minime aptam esse iudico.
versus impares ad formam ⏒—⏑——⏑⏑—⏑—⏑—, pares —⏑——⏑⏑—⏑—⏑—— redigere
frustra conatus sum

2

20 Pap. R. Univ. Milano i (1937) n. 7 pp. 10–11 (saec. iii a.C.)

      fr. (a)   fr. (b)
  vac.   vac.   ·   ·
  ]   σμικρ[ειϲκυπ[
  ]θην   τανσφ[ι....[
  ]οις   πολλα[....τ[
  ]   4 πριγγα[....ωγ[
  ]οι   πολλαισ[vac.
  ].   τωνσφω[
  ]   ωδαμελ[
  ]   8 χει[
  ]   γοργ[

· · · · · ·

accentus, sim., in pap. nulli   aeolicum esse coniecit ed. pr.; ne hoc quidem
certum

3

921 P. Argentorat. inv. gr. 1406–9 ed. Snell *Herm*. Einzelschr. v (1937) 98 seqq. (saec. ii p.C.)

(*a*)

1406 fragmenta minora novem, inter quae

```
          ]ερσ[
        ]..ο....ν[
        ]νος εὐτυχία
        ]εις
```
. . .

(*b*)

1407–8 columnarum quattuor conexarum fragmenta

col. ii	col. iv

```
 6   .[.....]ρμ.ο.[
     νο[....]στ..[
     ἀθάνατος νιφ.[
     αιον ρο......οσ.[
10   τ.[...]σδιον....γ[
     [...].σ..ο.[
     [...]..[
     [...]ναַ[
     [...].ατταλ..β[
15   [...]υμν...[
     [....]υρ..[
   ⌐ TIMO[
     σταδιε̣[ι
     δ̣.[.]δ[
20   αρχαι̣.[
```
. . .

```
              ]....[
     θ[    ].[
     .[....]..φ[
     ...ουμα..νονομα
 5   αδ[.]..οως ἐφάνης
     δυσε.[..]τοκιτμω
     α[
     κα[
     αγα[
10   ..[..]μόρω ψυχῆς
     δ[        ]αι
     [
     δ[
     θ[
15 ⌐ [      ]Η
     σ[      ].μ
     θ[
     συνος δρόμον
     ...λε[.]ο
20   .[
     ε[
     .[
```
. . .

col. iii

.   .

]ορημι
].μονος
].σηριον
].νοαγ..λσαια
5   ]ζειω

accentus in Π: 1408 col. iv 5 φὰν

col. v

    .   .   .

α̣[   ]ο[.....]α
αλλο̣[.....]...τοδιον
πι.[   ]
μι̣σ̣[.........]μναγιον
5   θυ̣μο̣[   ].
..[   ]...
κελ[   ]
β...[   ]
.....[.....]δομος
10   χ.....[.....]ν
..οτ[.......]νισπου.[
       ]Ν
    ].Υ[.]ΟΣ
.....φ.ρ....ον
15   ...]ν[.......]ηρο[   ]
...]α...δ[...]γ[...]νιης
[   ]
αγλη...ωσ[...]ι̣ο̣.μβα
φθ......[.....]...μενος
20   φόβο̣ς λα[....]..εσις
καθ᾽ ἡμέω̣[ν...].σοι̣
εὐμεμπτο̣[....]αγμανα
φ...μεν[......]μ.

(c)

1409 columnarum trium fragmenta: coll. i, iii, vestigia minima

col. ii

⌐ ἹΕΡ[Ω̣
]..[
].υπνο[
]..[
5   θ̣..τα ...ι̣τ...να....αυσ̣δ̣[
[   ]ζοφθωμα
δα[   ]λ̣[   ]σ

accentus in Π: 1409 col. ii 5 ι̣τ
carminum tituli litt. maioribus impressi
Simonidis ἐπινίκοις δρομέσιν adscripsit Snell; dubitant Pfeiffer *Callim.* i Addenda
p. 508, Lobel *P.Oxy.* xxv (1959) p. 45 n. 2

4

922 P.Oxy. iv (1904) n. 660 pp. 61–62 (saec. i p.C. fin. vel ii init.)

col. init.

<table>
<tr><td align="center">fr. (a)</td><td>fr. (b)</td></tr>
<tr><td>[..].[...]χεοδ[..]ν ἀπείρατ[</td><td>]ον ἔσσεσθ[αι</td></tr>
<tr><td>ξας· ἰὲ παιῆον ἀναρσίων τ[</td><td>]άμμορον [</td></tr>
<tr><td>ὀιστῶν δούρων τε σιδαρο[</td><td>]μων φα[</td></tr>
<tr><td>βρίσει νέας ἀιθέων μάλισ[τ</td><td>].χορῶν δ[</td></tr>
<tr><td>5   ἢ πόλεμόνδε κορυσσομε[</td><td>]ωμενοι̣[</td></tr>
<tr><td>θεσπεσίας δ' ἀπὸ κνίσας μ[</td><td>]ομερο[</td></tr>
<tr><td>κ[.....] πολλάκις πυθοιτ[</td><td></td></tr>
<tr><td>ἀ μὲν ταῦτ' ἀίοισα γνάμψε[</td><td></td></tr>
<tr><td>ἐσσομ[έ]νου δ' ύέος οὐ μέλλε.[</td><td></td></tr>
<tr><td>10   [ἰὲ] παιᾶς̣[ι]ν· συν αλιοι τριτα[</td><td></td></tr>
<tr><td>[ἰὲ] παιᾶσιν α.χεν..ουλα.[</td><td></td></tr>
<tr><td>[..]ος· αὐτίκα δὲ σκοπιᾶς οἱ [</td><td></td></tr>
<tr><td>[..]ρτο μεταχρόνιαι . [</td><td></td></tr>
<tr><td>[..]νοντι . γᾶν ἐρατὰν [</td><td></td></tr>
</table>

15 [ἰε]παιάν δ᾽ ἄρα νύκτα κ[
   [μα]ρτυράμεναι δ[.]κ[
   [..]ας· ἰὲ πα[ιῆο]ν· .[
   [..]ῳ πρω[ ]έ[
   [..]ν στολ[
20 [..].ονα[
   [...]βροτο[
   [..].χρύσ[
   [...]αοιδ[
   [..]ακυν[
25 [...]ος· ἰὲ [παι-

· · ·

omnia suppl. ed. pr.
accentus, sim., in Π: 1 πείρᾱ   2 ξας·   ἀμμ   3 δού   δᾱρ   4 βρῑ
νέᾱς αϊθ μᾱλ   5 ἡ   6 ἀπο   8 ᾱʹ ταυτʾ ἅί   9 δʾ   10 -σ[ι]ν·
12]ος·   ᾱς οί   15 παιάν   17]ας·ϊεπα[ιηο]ν·   18]έ[22 χρύ
25]ος·ϊέ[
frr. (a), (b) quo distent intervallo incertum; vid. ed. pr.
5 κορυσσομε[ν- (ed. pr.) veri sim.   7 π[vel τ[: itaque Πυθοῖ vel πύθοιτ[
possis   8 γνάμψε[ι ed. pr.   11 αυχενι.ου vel αυχενα.ου possis

5

923 P.Tebt. iii 1 (1933) n. 691 pp. 2–3 (saec. iii a.C. fin.)

]
   · · ·
].αχνε.ων μένει αὔρας ἐπηγλαϊσμένον [   ]σιδ.οις
]ιος τρέφει φιλάνθεμα γάπαν   ὡς δωματασ[
].ερεύγματι κουφήρει θεὰ νυμφᾶν θαλάμους ἐπιπεπτ[
].ν ἀλλοτρίοις δ᾽ οὐ μίγνυται μοῦσαν ἀρούραις μασ
5].ασ.... καὶ λήγετε μοῦσαν ἀκοαῖσι παρασχεῖν φημιε
]τανε

fin. col.

accentus, sim., in Π nulli
1 επιγλαεισμ- Π   fin. fort.]σιανοις   2 fort.]νος vel φίλ᾽ ἄν- post
νάπαν (vel ναπᾶν) spat. latius vac.   ὡς δωμ. fort. schol. pars   2, 3: ver-
sibus 1, 4, 5 marg. dext. nihil deest; incertum an de vv. 2, 3 idem constet
3].ερ εύγματι possis   fort. θαλάμους ἔπι dividendum   4 ἀλλοτρίαις coni.
ed. pr.   4, 5 fin. μασ, φημιε non intelleguntur: de coniunctione ⟨β⟩λάσφημε
dubitanter cogitat ed. pr.   an Φήμιε / [δύσ]τανε? vel φημι ε-?

6

924   P.Oxy. xxiv (1957) n. 2395 pp. 87 seqq. (saec. iii p.C. p. pr.)

fr. 1

]υμωι [

]αῦ βίαι χ.[

]δυσφορέω[

].[   ].δ' ό.[

5   ο]ὐδεσηλ[. . .]ν.[

ἔ]ειπε δὲ τοῦτο.[

ἄ]χομα[ι] θυμὸν ζ..[

α]ὐτόματον τ[

ἐραννὰν ἐπι.[

10   ὀρικοίτας Κένταυρ[ος

αἰτεῖ δέ με παῖδατα[

ἐθέλων ἄγεσθαι   [

πρὸς Μαλέαν· ἐμοὶ δ'[

ἀέκοντι δ[ὲ] πικροτε[ρ-

15   .ασεπιτ λά[.]αιμέγᾳά[

αλλασεγ[. . . .].όντ'.[

ὡς ὄφελ[.].αμυμ[

---

omnia suppl. e.p. exceptis 5, 14   accedit fr. 2]υσιο[, col. fin. ut vid.
accentus, sim., 2]῀..ίαι   4 δ' ό   11 αἰτεῖδέμεπαί   12 άγ
13 μᾶλέαν·εμοιδ'   15, 16 sic

6 seqq. erat huiusmodi sententia (versibus aliter divisis): ἔειπε δὲ τοῦτο πατὴρ
βαρέα στενάχων· | ἄχομαι θυμὸν ζαμενεῖ περὶ λύπαι· | αὐτόματόν τοι Θεσσαλίαθεν
ἐραννὰν | ἐπὶ δαῖτα μολὼν ὀρικοίτας | Κένταυρος ἀτάσθαλα βάζει· | αἰτεῖ δέ με παῖδα
τανίσφυρον εὐναίαν ἐθέλων ἄγεσθαι | πρὸς Μαλέαν· ἐμοὶ δ' ἀποθύμια γίνεται· ||
ἀέκοντι δὲ πικρότερον καταπειλεῖ | [   ] μέγ' ἀάσθης· | ἀλλά σ' ἐγὼ . . .
1 θ]υμῶι e.p.   4 ω in ό corr.   5 vel δρσ   9 λ[, etiam δ[possis
                                                              [.].α
15 init. κ credideris   inter τ et λ spatiolum vac.   λά[.]⟦.⟧   17 ἀμύμων,
-ονα, sim.   col. fin.
Bacchylidis fragmentis inclusit Snell (ed. octav., fr. 66)

7 (Timoth. fr. 3 D.)

925 L = P.Hibeh, Mus. Brit. inv. n. 693 prim. ed. Grenfell & Hunt
Greek Papyri ser. ii (1897) n. viii p. 18; Milne *Catal. G. Lit. Pap.
Brit. Mus.* (1927) n. 49 p. 37; denuo ed. Gerhard una cum
eiusdem p. fragmentis H = *Veröffentlichungen aus den badi-
schen Papyrus-Sammlungen* vi, *Griechische Papyri: Urkunden
und literarische Texte aus der Papyrus-Sammlung der Uni-
versitätsbibliothek Heidelberg* (1938) n. 178 p. 26 seqq.; 280–
240 a.C.   accentus, sim., nulli

L 1

(a)

$$
. \quad . \quad .
$$

]ειδμ[
φ]αεσφόρ[ο]ν ἀελ[ίου] δρόμον εν[
ἐ]πὶ νέρτερον αὐγὴν νυκτ[
]ερισμ' ἀντεφαε[ ]. νεκ[
5   ] τέκνον ὦ τέκνον ε[.].. [
].λλα τας Δαρδανι[
]υγοτατεδεα[
col. fin.

2 φαεσφόρον suppl. G.–H., ἀελίου Milne   4 scriptum est φαε (Milne)
non φλε (e.p.)   post φαε, lacuna unius litt. latioris vel duarum quarum una ι;
[ι] Milne, sed spatio nequaquam sufficit   ante νεκ, ν veri sim. sed etiam αι
credo legi posse; fort. igitur ἀντέφαε [κ]αὶ νεκ[6]αλλα vel]ελλα possis

L 2

(b)

$$
. \quad . \quad .
$$

]μμέλεος δ[.].ο.. [
]κφυγον ἀλκα[
]ατα μὲν σκοτεα[
]αισδε ποτμο[
5   ]αρμενος ὦλε[
]ταστορέσας β[
κ]εδρινὸν π.[
]αποσφαλτ[
].σι υπε.(.)[
col. fin.

7 suppl. G.–H.   πα[possis   9 υπεν[edd., υπερμ[mihi visus sum di-
spicere (e.g. ὑπὲρ μ[όρον)

(c)

H 1 col. 1

```
                    ·    ·   ·
                                  ].
          ].ορα..[.].[.]..[...]..[.]ν
          ]μπροχέω λόγοις ἐμῶν
          ].αμοις οἶδα γὰρ ὡς πα[
  5       ]υ κυαναυγέος εὖ ἄγε[ι]ν
          ] Κίρκασεν.[.]μεε.[...]..
          ]σεη δὲ τάφου στηρίγματι
          ] τέκνων ἱκέτας προχέων
          ]πω οἱ μὲν βαθύπορον α[
 10       ]υδέγμονα παι[..]ν
          ].αστε[..]χας παθέων [
          ].ρασδ..ιαιδ᾽ ἤγειρον [
          ]γη μυχὸν αι.λο.[
          ]ηραιαιηδενεα
 15       ]θεοι
          ]μεναιψυχα
          ]..ιδα
                    ·    ·   ·
```

---

10 πολ]υ- (e.p.) veri sim.   11 τε [τύ]χας Diehl   13 ἁιδου[Diehl
14]ηρ, αἰαῖ vel γ]ηραιαί?   ἠδὲ potius quam ἤ δὲ?   16]μεν ἀ ψυχά,]μένα
ψυχά,]μεν ἄψυχα?

(d)

H 1 col. 2

```
                    ·    ·   ·
          πολυπλάνηταδ[
          ἀπαται δολιμήτας δ[
          κτονα πήματα δ[
          οδεμε λυγρὰ κώλυσεναλ[
  5       ὡς ἀνὰ κύματα πόντια[
          ροις ἀλαλημένος ἠλυ[
          οσ..νας ὑψιτύπου π[
          β[....]ε κρατεραυγέσι γορ[
          [....]ατόπνευστος αὔρα [
 10       [...]ηδ᾽ ὑποερείφθη γ.[
          [..].έπνευσε νεκυοπο..[
```

492

[μ]ᾶτερ ἐμὰ θάμα το[
[ἀ]λλ' ἄγε μοι τόδε τ[
[. .]νομοι ἔννεπενδα[
15   [. . .]ε̣α̣ο̣υ̣στα̣θανατ̣[

· · ·

---

2 fort. δολο- vel δολιο- scribendum (e.p.)
8 fort. γορ[γ- (e.p.)   9 compositum ut vid.
(e.p.)   14 κεῖ]νό μοι Diehl

6 ἠλυ[θ- veri sim. (e.p.)
10 γυ[possis   11 -πομπ[?

(e)

H 2 col. 1

· ·

].νεοιτεατε διαμέτρου
]αδεπω..αχιρι.τιαδ.
]ροσηβαν.μ..νει.δολιχ.[
]ηρ τις σοι..εφα...να ἀμφέβαλεν
5   σ]ὺν ναῖ μελαίναι̣ πλαγχθεὶς κατα
]..ναις ἀνέμοις μα...ταις τε ἐμοῖσιν
]και λίφ' ἑκὼν..ρ.....τις σοι κα...ὄφρων
]...ελιπον.ματερ.....ραννννο....
]νας καὶ Εὐμενι̣δᾶν ε̣.ω...ὑπὸ ζόφου δ' ἀερό-
10 [εντος   ]σμον μύθων ὅρμαν̣...ε τάδε δὴ πολύαιν' Ὀ[δυσ]σεῦ
].δώματα καὶ φθιμένων βασιλῆα πανδ[οκέα]
]μεν προφυγὼν θάνατον θρασυαίγιδα τ[....]αν
] δι' ἀπείρονα κύ[μα]τα θε̣.[..]ασογκαιε[....]υμα
]...[...]ουσασπ[...].ωρυτ[....]σλατα[.]σει οὔτε
15   ]ανδιελε.[.....]λωποσσιμ.ιαιαι[.] ἐξαΐσσων
]μυχον ημ[.....] πείρασιν ἄντρου ἀραιεγ[
]ου λώβαν τα[.....] οὐκ εἶδον οὐδ' ἐδόκευσα νόωι
]ες εὐεριστα[.....]ει θαλερὰν φρένα ἐδρέψατο
]δρυ..[.........].σων δι[..]ώματος
20   ]οι.βαθυπόλωμ μελα-
]τος συνθεὶς κλίμακα
]αδωραε...[....]ιν

---

omnia suppl. e.p.   lectio multis in locis difficillima
1 δι' ἀμέτρου potius quam διὰ μέτρου   3 ξνει e.p. (idem]ρος ἤβαν divisit,
satis audacter)   7 καρτερόφρων Diehl   8 ἔλιπον ὦ μᾶτερ possis (e.p.)
11 βασιλη, sup. η scr. α   13 ὄγ καί?   15 obscurum: ποσσί μοι αἰαῖ Diehl,
vix recte   19 δι[ὰ σ]ώμ- e.p.   22 sup. αε... scr. απο γαρ   eundem esse
versum ac Timoth. fr. 18 recte negavit e.p.

(*f*)

H 2 col. 2

α[

.[

.[

ακεμ[

5   ψυχα[

εκπρο[

αμμι.[

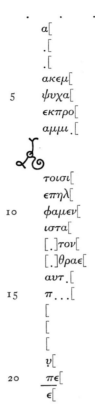

τοισι[

επηλ[

10   φαμεν[

ιστα[

[.]τον[

[.]θραε[

αυτ.[

15   π...[

[

[

[

υ[

20   πε[

     ε[

7 coronis, unius v. spat. vac.   20 paragraphus

de Ulixe manifesto agitur, ut vid. in regionibus infernis versato. ad Timothei 'Odysseam' referunt Gerhard alii, sed Elpenoris Scyllae Cyclopis in textu mentio nulla (H 1 col. 1 v. 1 Ἑλπή]νορα supplere voluit Gerhard; vid. etiam H 2 col. 1 v. 22 supra adnot.)

8 (chor. adesp. 36–40 D.)

926 P.Oxy. i (1898) n. 9 p. 14 seqq. (ex Aristoxeni *Rhythmicis* ut vid.; *Π* saec. iii p.C., carminum eclogae saec. v/iv a.C.)

col. ii 7 seqq. ἔσται δὲ τὸ σχῆμα τοῦ ποδὸς δι' οὗ ἡ ῥυθμοποιΐα πορεύσεται τὸ εἰς ἴαμβον, οἷον·

494

(a) ἔνθα δὴ ποικίλων ἀνθέων ἄμβροτοι λείμακες
βαθύσκιον παρ' ἄλσος ἁβροπαρθένους
εὐιώτας χοροὺς ἀγκάλαις δέχονται.

ἐν τούτωι γὰρ οἵ τε πρῶτοι πέντε πόδες οὕτω κέχρηνται τῆι λέξει καὶ
πάλιν ὕστεροι τρεῖς. καί·

(b) ὅστις εὐθυμίηι καὶ χοροῖς ἥδεται.

. . . col. iii 1 seqq. κατὰ δὲ τὰ τῆς ῥυθμοποιΐας σχήματα παραλ-
λάττει ἐν τῶι·

(c) φίλιον Ὥραισιν ἀγάπημα, θνατοῖσιν ἀνάπαυμα μόχθων.

ἐστὶ δέ που καὶ ξυνεχεῖς ἐπὶ τρεῖς·

(d) φέρτατον δαίμον' ἁγνᾶς τέκος
ματέρος, ἃν Κάδμος ἐγέννασέ ποτ' ἐν
ταῖς πολυόλβοισι Θήβαις.

χρήσαιτο δ' ἂν καὶ ὁ ἴαμβος τῆι αὐτῆι ταύτηι λέξει, ἀφυέστερον δὲ
τοῦ βακχείου. τὸ γὰρ μονόχρονον οἰκειότερον τοῦ τροχαϊκοῦ ἢ τοῦ
ἰάμβου, οἷον ἐν τῶι·

(e) βᾶτε βᾶτε κεῖθεν, αἱ δ'
ἐς τὸ πρόσθεν ὀρόμεναι.
τίς ποθ' ἁ νεᾶνις; ὡς
εὐπρεπής νιν ἀμφέπει·

τρεῖς πόδας διαλείπουσιν αἱ ξυνζυγίαι ὥστε περιοδῶδές τι γί-
γνεσθα[ι . . .

(a) 1 λιμακες Π
(c) φιλον Π, correxi
(d) 3 -ολβ'οισ⟦⟦ιν⟧⟧ Π, et fort. -ολβίοισι legendum
(e) 1 ἐς : εις Π   2 ποθε in ποθα corr. Π
vid. Coll. Alex. p. 192 seq. Powell

9

927 Griechische Papyri, Hamburg 1954 n. 128 (Π c. 250 a.C.:? =
Theophrast. π. λέξ. i) p. 38 ed. Snell

v. 49 χρυσὸς αἰγλήεις
v. 55 βοτρυοκαρποτόκος
v. 56 ἀστερομαρμαροφεγγής

49 cf. Bergkii coniecturam ad fr. adesp. 70. 1 infra   55–56 dithyrambicis ad-
scripsit e.p.

10

928 P.Hibeh ii (1955) n. 1 p. 1 seqq. ed. Turner (c. 270–230 a.c.)

onomastici fragmentum epitheta composita exhibet. plus triginta nova, quorum pars maxima ex epicis et tragicis sumpta, non nulla fortasse Pindaro vel Bacchylidi adscribenda ; omnino incertum unde excerpta sint ἀλογενέτωρ δαιτόποινος ἐτυμόγλωσ-σος -μαντις -φανος -φάς καμψίγουνος -χειρ κυανοέθειραι μιλτοπάραος σιδηροπέρσης φοινικοπάραος alia

11 (chor. adesp. 41–48 D.)

929 *Mitteilungen aus der Papyrussammlung der Nationalbibliothek in Wien (Papyrus Erzherzog Rainer) n.s. 1 (1932): Griechische literarische Papyri I* xxii p. 136 seqq. Oellacher

P. Graec. Vindob. 19996 *a, b*: de dithyrambicis saec. v/iv agitur ; *a* I col. 4. 1–2 Μελανιππί[δη]ν, 5 Τε[λέστης?, *a* II col. 4 ὁ δὲ [Φιλόξ]ενος?

(*a*) *a* I col. 3. 2–6

μέλος μαλα[κὸν ἡ]γεῖτο πολ[λ]αχοῦ μὲν ἀποφαίνε[σ]θαι, μάλιστα δ᾽ ἐν τῶι·

τίς ἄρα λύσσα νῶι τιν᾽ ὑφαι[

(*b*) *a* II col. 2

ἀναβόασον αὐτῶι·
Διόνυσον α[.]σομεν
ἱεραῖς ἐν ἀμέρα[ι]ς
δώδεκα μῆνας ἀπόντα·
5 πάρα δ᾽ ὥρα, πάντα δ᾽ ἄνθη

(*c*) *a* II col. 3

Ζ[ε]ὺς μὲν ἐπέβρεμε βάρβαρα βροντᾶι,
γᾶν δ᾽ ἐτίναξε Ποσειδὰν
χρυσεόδοντι τριαίναι

496

(d)   *a* II col. 5

> ..] φύετο .[.]α.[ ] καρπῶι
> ἀγ[ν]ὰ δρῦς·
> φ[ύ]ετο στάχυς ἄμμιγα κριθαῖς
> πασπερμεί,
> 5   ἄνθει καὶ λευκοχίτων
> ἄμ[[ε]]α ζειὰ κυανότρι[χ-

(e)   *b* I col. 1

> Ἄ]μμωνος α[.]εθλ[..
> ..]έβα τηλωπὸν ἱδρυθεὶς
> ἀ[νύδ]ρου Λιβύας
> ἀσπάσιος ποσὶ λειμώ-
> νων τέρεν' ἄν[θ]εα τείρας
> 5   σῶμ' ἀκαμάτου [

(f)   *b* I col. 2

>]ου
> νύμφαν φοινικοπ[τέρ]υγα·
> κράτει δ' ὑπὸ γᾶς θέτο βριαρὸν
> τέκνον μαστοῖς Ἄρεως πεφρι-
> κὸς πα[ί]δευμ' ἀτυχίας

(g)   *b* II col. 1

>]ε μαλακόμματος ὕπ-
> νος [γ]υῖα περὶ πάντα βαλών,
> ὡσεὶ μάτηρ παῖδ' ἀγαπα-
> τ]ὸν χρόνιον ἰδοῦσα φίλωι
> 5   κ]όλπωι πτέρυγας ἀμφέβαλεν

(h)   *b* II col. 2

> ὄμματα κλήισας ἐν δι[|
> ταις ἄρκυσιν ἤδη βιο[|
> δεσμοῖς ἐνέχηι.

(b) 2 ἀ[εί]σομεν dubitanter e.p., idem etiam αὔσομεν   3 an ἀμέραισι?
4 vel ἄγοντα   5 ita in adnot., πάρα δῶρα in textu e.p.
  (c) 1 vel βαρβαραβροντᾶι
  (d) 1 σ[τ]αχ[tentavit e.p.
  (e) vv. divisio incerta   2 ἐπ]έβα e.p.
  (f) vv. divisio incerta   3 κράτει suspectum   fort. βριαροῦ debuit
  (g) 1 ἦλθεν δ]ὲ suppl. Croenert
  (h) vv. ita in columna divisi

12 (chor. adesp. 50 D.)

930 *Mitteilungen aus der Papyrussammlung der Nationalbibliothek in Wien (Papyrus Erzherzog Rainer)* n.s. iii (1939) n. xviii p. 26 = P. Gr. Vindob. 29774 ed. Oellacher; saec. ii/iii p.C.

$$
\cdot \quad \cdot \quad \cdot
$$

$$
\begin{array}{ll}
 & \dot{\epsilon}\mu\iota\alpha\nu\alpha\tau o\delta\omega\rho\iota o\nu \ \underset{.}{\delta}[\\
 & \mu\alpha\tau\alpha \ \pi\alpha\acute{\iota}\delta\omega\nu \ \mu\underset{.}{\epsilon}\nu\underset{.}{o}\pi[\\
 & \theta\lambda\acute{\iota}\alpha\nu \ \dot{\epsilon}\kappa\epsilon\hat{\iota}\nu o\varsigma \ \dot{\epsilon}\mu\omega[\\
 & \pi\omega\nu \ \kappa\alpha\grave{\iota} \ \theta\rho\hat{\eta}\nu o\varsigma \ \alpha\underset{.}{\upsilon}[\\
5 & \tau\acute{\epsilon}\kappa\nu\omega\nu \qquad\quad [\\
 & \tau\acute{o}\delta\epsilon \ \mu\grave{\epsilon}\nu \ \Sigma\kappa\upsilon\theta\iota\kappa\hat{\omega}\nu \ [\\
 & \gamma\acute{\alpha}\mu\omega\nu \ \epsilon\iota\mu\epsilon\delta\omega\underset{.}{\rho}[\\
 & \kappa\lambda\epsilon\acute{\iota}\omega \ \underset{.}{\delta}\acute{\underset{.}{o}}\mu o\nu \ \theta[\\
 & \theta\ldots\underset{.}{o}\sigma\phi\rho[\\
10 & \qquad]\underset{.}{\tau}\iota\sigma\iota\nu[\\
 & \qquad]\theta o\rho[
\end{array}
$$

$$
\cdot \quad \cdot \quad \cdot
$$

accentus suppl. e.p.
1 vocc. divisio incerta   ατο ex ετο corr. ut vid.   3 ἀ]|θλίαν (e.p.)
4 vel τ[, ρ[5 post τέκνων vacat   7 ι in correctione ut vid.; fort. pro
ες   8 post μον spatiolum vac.
de choro tragico Oellacher, de monodia lyrica cogitat Maas

13 (chor. adesp. 49 D.)

931 Ibid. n. xix p. 26 seqq. = P. Gr. Vindob. 29819; saec. ii/iii p.C.

(i) recto (inter (a) et (b) paucae desunt litterae)

(a)   (b)

```
                  ]..[
]ητ[.....]ωραιο.καπα[            ].βερασεδρα[
]τ[....]εμονακεχ..ωγ[            ά]γγελον εὐγ[
].[...].[.]..γ ὀρεσιβ[α]κχ[      ]⟨litt. vestigia incertissima⟩
5  ]ινδι[.]'[.]..κισχροον ενδι[  ]ν ἀφελη μον[
   ]os B                [        ]                 [
   ]φυ[.........]σεν.....[       ]δρόμημα κου[..]ν Ἀρκαδ[
                                 ]νον κρατουμένην ἀλλη[
                                 ]ην χειμέροις φέρων ὀργ[
10                               ]ομορον τύπον δρακαίνης γόγογ
                                 ]ραν καταντία βοῖ λασίωι φοινίαν βαλλ[
                                 ]ν μανεῖσαν ἄλλην 'Ἰνὼ δυσω[
                                 ]Νυκτέως τὴν πανδάκρυτον [
                                 ]χηστρα
```

col. fin.

---

accentus suppl. e.p.

2 ὡραῖος Καπα[νεὺς (vel cas. obliquum) suppl. e.p. φ]οβερα(s) possis 3 vel μοναισεχ (e.p.; idem -να κεχολωμ[tentavit) suppl. e.p. 4 suppl. e.p. 5 πολ]λάκις χρόον e.p.: de forma χρόον vid. Hdn. II 667. 12 L., sed hic ut alibi lectio mihi incerta videtur; fort. compositum, ιόχροον vel -ιόχροον ἀφέληι? 6 χορ-, ἐπωιδ-, ἀντιστροφ-? (e.p.) 7 κοῦ[φο]ν Radermacher, κού[ρω]ν e.p. 11 -σιω Π 12 ἴνω Π fort. δυσω[νυμ- (e.p.) 13 post πανδ. spatiolum vac. 14 Κλυταιμ]νη- (vel Κλυται]μη-?) negat e.p., qui ὀρ]χ- suppl. trag. an dithyr. incertum

(ii) verso

vv. 17 vestigia minima miserrima; mentione digna tantum 11 γι]γάντων?, 12 ταυρο[, 13 -γα κυκλω[

14

932 *Mitt. d. deutschen Archäol. Inst., Athen. Abt.* 67 (1942: prim.
ed. 1952) 159 seq. n. 333 Tab. 21. 2 ed. Peek

$$].\sigma\epsilon[$$
$$\ldots\ldots\ldots(.)]\delta\omega\tau\alpha\tau[$$
$$\ldots\ldots(.)]\nu\epsilon o\chi\mu\grave{\alpha}\nu \kappa\alpha[$$
$$\ldots\ldots(.)\sigma]\tau\epsilon\acute{\iota}\beta o\iota\sigma\alpha \pi o\delta[$$
5      $\ldots\ldots]\alpha \, Καλλιόπας \, \alpha\nu\epsilon[$
$$\ldots\ldots]\delta\iota\alpha \, \mu\epsilon\lambda\acute{\epsilon}\tau\alpha \, \pi\epsilon\delta' \, \grave{\alpha}\epsilon\iota\tau .[$$
$$\ldots]\,\nu o\nu \, \check{\epsilon}\chi o\iota\sigma\alpha \, \pi\acute{o}\nu o\nu \, \kappa\alpha\mu\psi\epsilon[$$

        $\hat{\eta}\tau]o\rho \, \check{o}\mu\omega\varsigma\cdot$ [

        $o\check{v}]\tau\iota \, \gamma\grave{\alpha}\rho \, \epsilon\grave{v}\pi\alpha\lambda\acute{\epsilon}\varsigma \, \grave{\epsilon}\sigma\tau\iota\cdot \, \varDelta\alpha\tau\iota\varsigma \, \tau' \, \grave{\alpha}\gamma\alpha.[$

10     $\underline{o\hat{\iota}]\delta\epsilon \, \pi\alpha\theta\grave{\omega}\nu}$ [

       $\kappa\alpha\grave{\iota} \, \chi\acute{\omega}\rho\alpha \, Ἀχαιμενιδᾶν \, \mu\epsilon\gamma\alpha\lambda\alpha\acute{v}\chi\omega\nu$ [

---

omnia suppl. e.p.   4 $\pi o\delta[$ tabula: $\pi\acute{o}\delta\epsilon[\sigma\sigma\iota$ Peek   6 fort. $\mu o\iota\rho\iota]\delta\acute{\iota}\alpha$,
coll. S. *Phil.* 196 .[: h.v. pars inf., ρ credideris   7 fort. $\tau\epsilon\rho]\pi\nu\grave{o}\nu$ 9 .[:
σ veri simill., etiam ν possis (Peek)   10–11 paragraphus incisa
vid. J. Pouilloux *La Forteresse de Rhamnonte* 160 seq.; A. E. Raubitschek
Charites: Stud. zur Altertumswiss. p. 238   marmor Pentelicum Rhamnunte (vel,
quod vix credibile, Sunio) repertum   inscr. saec. i p.C. ut vid., sed cum carmen
victoriam Marathoniam celebret, illo tempore scriptum esse conieceris   diale-
ctus lyrica quae vocatur communis   metrum incertum : lyricum arguit dialectus,
quamvis in dact. hexam. quadrent omnes excepto v. 8 (v. 3 $\nu\epsilon\acute{o}\chi\mu\grave{\alpha}\nu$ possis; fin.
$o\check{v}\tau\iota \, \gamma\grave{\alpha}\rho \, \epsilon\grave{v}\pi\alpha\lambda\acute{\epsilon}\varsigma \, \grave{\epsilon}\sigma\tau\acute{\iota}\cdot \, \varDelta\hat{\alpha}\tau\iota\varsigma \, \tau' \, \alpha\gamma\alpha.$ [$-\smile\smile--$]/ $o\hat{\iota}\delta\epsilon \, \pi\alpha\theta\grave{\omega}\nu \, \kappa\alpha\grave{\iota} \, \chi\acute{\omega}\rho\alpha \, Ἀχ. \, \mu\epsilon\gamma.$ possis,
sed obstant neglecta paragraphus et scansio $\varDelta\hat{\alpha}\tau\iota\varsigma$ vix credibilis)

15 (II vi p. 108 seq. D.)

933 Inscr. Erythraeam primus ed. Wilamowitz *Nordionische Steine* (*Abh. d. königl. preuss. Akad. d. Wiss.* 1909) 37 seqq.

ὅσοι δὲ ἐγκατακοιμηθέντες θυσίην ἀποδιδῶσι τῶι Ἀσκληπιῶι καὶ τῶι Ἀπόλλωνι ἢ εὐξάμενοι θυσίην ἀποδιδῶσιν, ὅταν τὴν ἱρὴν μοῖραν ἐπιθῆι, παιωνίζειν πρῶτον περὶ τὸμ βωμὸν τοῦ Ἀπόλλωνος τόνδε τὸμ παιῶνα ἐστρίς·

ἰὴ Παιών, ὤ, ἰὴ Παιών (ter repet.)
[ὤ] ἄναξ Ἄπολλον φείδεο κούρων
φείδ[εο

sequuntur fragmenta minora ex quibus digna quae verborum indici addantur haec seligo:

χοροί, μάκαιρα, [Πα]ιὰν Ἀπόλλω[ν], χ]ρυσηλακα[τ, θεᾶι, εὐκάρπου, ῟Ωραι, αὐτίκα χερ[σίν?, ἰὴ ἰὴ Παιάν,]τειλας Ἀπολ[λ-, Δ]ελφοῖς (dub.), ἰὲ Παιάν

inscriptum est 380–360 a.C.   sequitur Paean qui vocatur Erythraeus   vid. Powell *Coll. Alex.* p. 140, Diehl *Anth. Lyr. Gr.* II² vi 108 seq.

16 (ibid. p. 109 seqq. D.)

934 Anonymi paeanem Erythraeum primus ed. Wilamowitz *Nord-ionische Steine* (*Abh. d. königl. preuss. Akad. d. Wiss.* 1909) 42 seqq.

[Παιᾶνα κλυτό]μητιν ἀείσατε
[κοῦροι Λατοΐδαν ῾Εκ]ατον,
ἰὲ Παιάν,
ὃς μέγα χάρ[μα βροτοῖσ]ιν ἐγείνατο
5   μιχθεὶς ἐμ φι[λότητι Κορ]ωνίδι
ἐν γᾶι τᾶι Φλεγυείαι,

disceptationes satis luculentas citant Powell *Coll. Alex.* (1925) 136 seqq.; Bülow *Xenia Bonnensia* (1929) 35 seqq.; Oliver *Hesperia* 5 (1936) 114 seqq.; Diehl *Anth. Lyr. Gr.* II² vi (1942) 109 seqq.   videtur esse inscriptum carmen 380–360 a.C.; eiusdem leviter mutati exemplaria reperta sunt Ptolemaide Aegyptia (97 p.C.), Dio Macedoniae (saec. ii p.C., p. post.), Athenis (saec. ii/iii), unde lacunas in Erythraeo suppl. et errores corr. edd.   vid. *Coll. Alex.* l.c.: pauca refero— 6 ἐν γᾶι om. Ptol., Di., fort. delendum (εγαι primo Erythr., ν add. man. recentior); τῇ Φλεγύαο Di. recte ut vid. (modo τᾶι scribas)

[ἰὴ Παι]άν, Ἀσκληπιὸν
δαίμονα κλεινό[τατ]ον,
      ἰὲ Παιάν·
10 [το]ῦ δὲ καὶ ἐξεγένοντο Μαχάων
καὶ Πο[δα]λείριος ἠδ' Ἰασώ,
      ἰὲ Παιάν,
Αἴγλα [τ'] εὁῶπις Πανάκειά τε
Ἠπιόνας παῖδες σὺν ἀγακλυτῶι
15 εὁαγεῖ Ὑγιείαι·
ἰὴ Παιάν, Ἀσκληπιὸν
δαίμονα κλεινότατον,
      ἰὲ Παιάν.
χαῖρέ μοι, ἵλαος δ' ἐπινίσεο
20 τὰν ἀμὰν πόλιν εὐρύχορον,
      ἰὲ Παιάν,
δὸς δ' ἡμᾶς χαίροντας ὁρᾶν φάος
ἀελίου δοκίμους σὺν ἀγακλυτῶι
εὁαγεῖ Ὑγιείαι·
25 ἰὴ Παιάν, Ἀσκληπιὸν
δαίμονα κλεινότατον,
      ἰὲ Παιάν.

---

13 Ἀγλαια Erythr.: corr. Ptol., Di.   23 δόκιμον Erythr.: corr. Ptol., Di.,
Athen.

17 (Telesilla 2 D.)

935 *IG* IV i² 131

        [   ]ς θεαί,
δεῦρ' ἔλθετ' ἀπ' ὠρανῶ
καί μοι συναείσατε
τὰν Ματέρα τῶν θεῶν,
5 ὡς ἦλθε πλανωμένα
κατ' ὤρεα καὶ νάπας
†συρουσαρπα[.]τα[.]κομαν†
†κατωρημενα† φρένας.
ὁ Ζεὺς δ' ἐσιδὼν ἄναξ
10 τὰν Ματέρα τῶν θεῶν

κεραυνὸν ἔβαλλε, καὶ
τὰ τύμπαν' ἐλάμβανε·
πέτρας διέρησσε, καὶ
τὰ τύμπαν' ἐλάμβανε.
15 Μάτηρ ἄπιθ' εἰς θεούς,
καὶ μὴ κατ' ὄρη πλαν[ῶ],
μή σ' ἢ χαροποὶ λέον-
τες ἢ πολιοὶ λύκοι

. . . .

καὶ οὐκ ἄπειμι εἰς θεούς,
20 ἂν μὴ τὰ μέρη λάβω,
τὸ μὲν ἥμισυ οὐρανῷ,
τὸ δ' ἥμισυ γαίας,
πόντῳ τὸ τρίτον μέρος
χοὔτως ἀπελεύσομαι.
25 χαῖρ' ὦ μεγάλα ἄνασ-
σα Μᾶτερ 'Ολύμπου.

---

vid. in primis Maas *Epid. Hymn.* (1933) 134 seqq.   7–8 funditus pessum
dati   7 fin. vix κόμαν, cacemphaton enim κόμην σύρειν (Ioh. Gaz. 1. 47, Christodor.
91 cit. Maas)   8 κατωρ- incuria de versu sup. repetitum   11 et 13 fort.
καὶ ἁ (χὰ Wilam.) debuit   13 vid. LSJ s.v. ῥάσσω   17 μὴ σε χαρ-
lapis, corr. Kalinka   18–19 incertum quot versus omiserit lapicida : μὴ (17)
κτλ. verbum desiderat, καὶ arguit Matris responsum in antecedentibus incohatum
19 absoni inter telesilleos cretici : emendantibus renituntur, nimirum quia incor-
rupti   21 fort. ὠρανῷ voluit, et fort. τὠρανῷ scribendum
   mihi minime persuasit Paulus Maas quamvis egregia disceptatione Telesillae
carmen adscribens. equidem abhinc xxx annis lapidem sub dio marcescentem
situ squalentem offendi, miseritus fovi, apographo confecto invitis musei custodi-
bus reddidi: ex illo tempore usque in hunc diem causam inveni nullam quare
versiculi saeculo priori quam IV a.C. adscriberentur. metrum vetustiores
regulas minime olet (3 συναείσατε | ; 19 cretici inter telesilleos miserrimi ; 21 τὸ
μὲν pro ancipite ; 22 reizianus singularis. telesilleos κατὰ στίχον—nam strophas
non video—scribere potuit quivis, et scribebant non nulli ; Maas l.c. 137). at-
ticissat v. 20 (ἂν pro εἴ κε vel αἴ κε) dialectus, alioquin communis lyrica. saeculo
quarto vixit opinor hic versiculorum artifex

18 (II v p. 145 D.)

936 *IG* IV i² 130 (Epidaur.)

ΠΑΝΙ

Πᾶνα τὸν νυμφαγέταν
Ναΐδων μέλημ' ἀείδω,
χρυσέων χορῶν ἄγαλμα,
κωτίλας ἄνακτ[α μ]οίσα⟨ς⟩
5 εὐθρόου σύριγγος ευ[ ]
ἔνθεον σειρῆνα χεύει,
ἐς μέλος δὲ κοῦφα βαίνων
εὐσκίων πηδᾶι κατ' ἄντρων
παμφυὲς νωμῶν δέμας
10 εὐχόρευτος εὐπρόσωπος
ἐμπρέπων ξανθῶι γενείωι.
ἐς δ' Ὄλυμπον ἀστερωπὸν
ἔρχεται πανωιδὸς ἀχὼ
θεῶν Ὀλυμπίων ὅμιλον
15 ἀμβρόται ῥαίνοισα μοίσαι.
χθὼν δὲ πᾶσα καὶ θάλασσα
κίρναται τεὰν χάριν· σὺ
γὰρ πέλεις ἔρεισμα πάντων,
ὦ ἰὴ Πὰν Πάν.

4 suppl. Hiller   5–6 fort. εδ[τ' ἀν] . . . χεύηι (displicent supplementa
εὐρών, εὔχειρ, εὔχος, alia)   6 χευη lapis, fort. recte   15 ραινοισαι lapis
carmen aetatis incertae: vid. in primis Maas *Epid. Hymn.* 130 seqq., qui saec.
iv vel iii init. adscripsit

19 (II v p. 165 D.)

937 *IG* IV i² 129 (Epidaur.)

.   .   .
π]υριμηλ[. . .]α
]ον Διὸς μεγίστου
]ιϝον Βρόμιόν τε χορευτάν
]ευϊον
5 ἠδ' Ἀσκλαπιὸν ὑψιτέχναν

504

FRAGMENTA ADESPOTA 938

δισσ]ούς τε καλεῖτε Διοσκούρους
σεμνάς τε [Χάρ]ιτας εὐκλεεῖς τε Μοίσας
εὐμενεῖς τε Μοίρας
'Ηέλιόν τ' ἀκάμαντα Σελήνην τε πλήθουσαν,
10   ἐν δὲ τὰ τείρεα πάντα τά τ' οὐρανὸς ἐστεφάνωται.
χαίρετε ἀθάνατοι πάντες θεοὶ αἰὲν ἐόντες
ἀθάναταί τε θεαὶ καὶ σώιζετε τόνδ' 'Επιδαύρου
ναὸν ἐν εὐνομίαι πολυάνορι 'Ελλάνων,
ἱεροκαλλίνικοι
15   εὐμενεῖ σὺν ὄλβωι.

6 suppl. Wilam.   7 suppl. Hiller   9–10 = Hom. Il. 18. 484 seq.:
'die Geschmacklosigkeit, mit der 9 f. die Homerverse eingeflickt sind, weist auf
späthellenistische Zeit. Die lyrische Vorlage kann beträchtlich älter sein',
Maas: mihi nequaquam persuasit; saec. iii vel ii miserulos versus adsignaverim

20

938   carminum melicorum fragmenta vasis inscripta perpauca
mentione digna congessi: neque enim inter carmina melica
numero, siquis operi suo autoschediasma quamvis elegans in-
scribit, velut Κλείμαχός μ' ἐποίησε κείμι κείνου (vid. Beazley *JHS*
52 (1932) 172 n.16); neque versus dactyl. hexam., iamb., sim.,
inclusi.

consulendus imprimis Beazley *AJA* 31, 33, 39, 45, 54, 58:
autoschediasmata videntur esse

(*a*)   κάλει μ' ὅπως πίεσθε

AJA 45 (1941) 593 seq. n.1: Anacreontis tempore scri-
ptum; fort. iamb. dim. catal. voluit

(*b*)   ὀρτὴν ἔ]ς πανιωνίην

AJA 31 (1927) 348 n. 9, cf. 33 (1929) 364: c. 500 a.C.; vers.
glycon. suppl. Beazley; cf. Kretschmer *Gr. Vaseninschr.*
90

accedunt etiam
(*c*)   στησίχορον ὕμνον ἄγοισαι

BSA 5 (1898/9) 64, inscr. in calice descripsit H. L. Lorimer

505

JHS 25 (1905) 120, tab. vi 5, vii 3, 4, 5. fort. -χόρων ὕμνων; cf. Pind. *Pyth.* i 6

(*d*)   θεοί· ἠερίων ἐπέων ἄρχομαι ....

Mus. Ital. ii 64 (Reinach *Répertoire* i 526; Kretschmer *Gr. Vaseninschr.* 93; Beazley, *Greek Vases in Poland* 8 seqq.; Edmonds *CQ* 16 (1922) 1 seqq.) 440–430 a.C.: tenet mulier libellum, adscriptum est Σαππως; libelli in partibus utrimque convolutis legitur sin. πτεροετα, dextra επεα; in planitie θεοι/ηερι/ων/επε/ων/αρχ/ομ/α.α/τ..\/τ./ν

(*e*)   Μοῖσά μοι ἀμφὶ Σκάμανδρον εὔρροον ἄρχομ᾿ ἀείδειν.

Arch. Zeit. 1874 p. 1; Kretschmer *Gr. Vaseninschr.* 104; c. 480 a.C. = *adesp.* 30 A Bergk, Stes. 26 Diehl. tenet libellum ludi magister, scriptum est μοισαμοι/αφισκαμανδρον/ευρωναρχομαι/αεινδεν

(*f*)   (i)   ὦ Ζεῦ πάτερ, αἴθε πλούσιος γεν[οίμαν

  – –∪∪–∪–∪–∪– –?

(ii)   ἤδη μὲν ἤδη πλέον, παραβέβακεν ἤδη

  – –∪– –∪– ∪∪∪–∪– –?

Mon. dell'Instituto 2 tab. 44 g; Robert *Bild und Lied* (1881) 81 seqq.; *Anzeiger* 1927, 71 seqq.; Albizzati *tab.* 61; c. 510–500 a.C.

---

vid. etiam K. Friis Johansen *Arkaeol. Kunsthist. Medd. Dan. Vid. Selsk.* 4. 2 (1959), *eine Dithyrambosaufführung* (crater, saec. V p. post.): praecinente auleta 'Amphilocho' carmen dithyrambicum ut videtur proferunt choreutae quinque quorum princeps Φρύνιχος nominatur

21 (Arion 1 B. et D.)

939   Aelian. *h.a.* xii 45, i 315 seq. Hercher

τὸ τῶν δελφίνων φῦλον ὥς εἰσι φιλωιδοί τε καὶ φίλαυλοι τεκμηριῶ-
σαι ἱκανὸς καὶ Ἀρίων ὁ Μηθυμναῖος ἔκ τε τοῦ ἀγάλματος τοῦ ἐπὶ
Ταινάρωι καὶ τοῦ ὑπ᾿ αὐτοῦ γραφέντος ἐπιγράμματος . . . ὕμνον δὲ
χαριστήριον τῶι Ποσειδῶνι μάρτυρα τῆς τῶν δελφίνων φιλομουσίας
οἱονεὶ καὶ τούτοις ζωάγρια ἐκτίνων ὁ Ἀρίων ἔγραψε. καὶ ἔστιν ὁ
ὕμνος οὗτος·

ὕψιστε θεῶν
πόντιε χρυσοτρίαινε Πόσειδον
γαιάοχε †ἐγκυμονάλμαν† ·
βραγχίοις δὲ περί σε πλωτοὶ
5   θῆρες χορεύουσι κύκλωι
κούφοισι ποδῶν ῥίμμασιν
ἐλάφρ’ ἀναπαλλόμενοι, σιμοὶ
φριξαύχενες ὠκύδρομοι σκύλακες, φιλόμουσοι
δελφῖνες, ἔναλα θρέμματα
10 κουρᾶν Νηρεΐδων θεᾶν,
ἃς ἐγείνατ’ Ἀμφιτρίτα·
οἵ μ’ εἰς Πέλοπος γᾶν
ἐπὶ Ταιναρίαν ἀκτὰν ἐπορεύσατε
πλαζόμενον Σικελῶι ἐνὶ πόντωι,
15 κυρτοῖσι νώτοις φορεῦντες,
ἄλοκα Νηρεῖας πλακὸς
τέμνοντες, ἀστιβῆ πόρον,
φῶτες δόλιοί μ’ ὡς ἀφ’ ἁλιπλόου γλαφυρᾶς νεὼς
εἰς οἶδμ’ ἁλιπόρφυρον λίμνας ἔριψαν.

An. Ox. Cramer (schol. Tzetz. _chil._) iii 352. 9 καὶ τὸ (τῶι codd., correxi) ἐπὶ
Ταινάρωι ἐν χαλκῶι δελφῖνι Ἀρίονος αὐτοῦ ἐπίγραμμα δηλοῖ καὶ ὁ εἰς Ποσειδῶνα
ὕμνος τοῦ ἀνδρός . . . τοῦ ὕμνου δὲ ἡ ἀρχὴ ⟦δὲ⟧ αὕτη· ὕψιστε—ἀναπαλλόμενοι

lectiones Aelianas sec. ed. Ien. Jacobs 1832 ii 437 seq. dedi: Aeliani codd.
M m a b c Vat.; g = v.l. in marg. ed. Gesn., modo ex a, modo ex m sumpta.
Tzetz. codd. A et B. nugas neglexi (ex. grat. 2 χρυσοτρίμινε Tzetz. B, 14 ἰσκελῶι
Ael. m, σκελῶ a)
2 -τρίαινα coni. Hermann   Ποσειδᾶν coni Ahrens   3 γαιή- omnes   ἐγκυ-
μονάλμαν Ael. cod. a, ἔγκυμον ἄλμαν g, κυμόναρχα b, κυμοναλκʹ Vat., ἐγκύμου ἁλμὰς
Tzetz.: ἐγκύμον’ ἂν’ ἅλμαν coni. Hermann, fort. recte   4 βραγχίοις Hermann:
-ιοι Ael. codd. except. b Vat. (-ιε), -ια Tzetz.   περὶ δέ σε omnes, trans-
posui   5 ἐν κύκλωι Ael. codd. M a c   6 ῥιπάσμασιν Tzetz. A, ῥιάσμμασιν B
7 σιμοὶ Ael. codd. b Vat.: σεισμοὶ rell.   9 ἐνάλια Ael. cod. b   10 νηρε-
Ael. codd. m a: νηρη- rell.   13 ἐπορεύσατο Ael. codd. b Vat.; ἐπόρευσαν
coni. Brunck   15 fort. κυρτοῖς νώτοισι   φορεῦντες scripsi (nisi φορεύοντες
coll. Hesych. s.v. praeferendum): χορεύοντες codd.; parum convenit ὀχέοντες
quod coni. Brunck, probant edd. recc.   18 μ’ ὡς scripsi: ὥς με codd.
19 ῥίψαν codd., corr. Hermann
carmen saec. iv a.C. ut videtur

22 (134 B.)

940 Aelian. *h.a.* xiv 14, i 348 Hercher

ἤ γε μὴν καλουμένη ⟦καὶ: secl. Reiske⟧ ὑπὸ τῶν ποιητῶν

κεμὰς

δραμεῖν μὲν

ὠκίστη, θυέλλης δίκην,

ἰδεῖν δὲ ἄρα πυρρόθριξ καὶ λασιωτάτη.

δραμεῖν ὠκ., om. μέν, codicum pars   fort. etiam δραμεῖν poetae verbis in-
cludendum

23 (Terpander 3 B., Carm. Pop. 49 D.)

941 Anal. Gramm. 6. 6 Keil

σπονδεῖος δ' ἐκλήθη ἀπὸ τοῦ ῥυθμοῦ τοῦ ἐν ταῖς σπονδαῖς ἐπαυλου-
μένου τε καὶ ἐπαιδομένου, οἷον·

σπένδωμεν ταῖς Μνάμας παισὶν Μούσαις
καὶ τῶι μουσάρχωι ⟨τῶι⟩ Λατοῦς υἱεῖ.

---

1 μνάμαις codd., corr. Keil   Μωσ- hic et infra Bergk   2 τῶι addidi
Λατῶς maluit Bergk
Terpandro adscripsit Bergk

24 (105 B., Alcm. 69 D.)

942 An. Ox. Cramer i 171–2 (epimerism. Hom.; cf. Hdn. II 261.
15 n. L.)

σεσημείωται τὸ Πολύμνια ἐπὶ τούτου, καὶ τὸ κύριον καὶ τὸ
προσηγορικὸν ἐξέθλιψε τὸ ῡ·

Πολύμνια παντερπὴς κόρα,

Πολύμνιά τ' Οὐρανίη τε (Hes. *theog.* 78).

Alcmani adscripsit Blass

25 (76 B., mon. adesp. 4 D.)

43 An. Ox. Cramer i 413. 11 (epimerism. Hom.; cf. Hdn. I 180. 22 L.)

ἀπὸ δὲ τῶν εἰς ην οὐ γίνεται συγκριτικόν· ἔνθεν σημειοῦνται τὸ
ναρκίσσου τερενώτερον.

26 (41 B., mon. adesp. 16 D.)

44 Ap. Dysc. *pron.* 58 a, i 46 Schn.

καὶ ἔτι τὸ

μήτ᾽ ἐμωῦτᾶς
μήτε κασιγνήτων πόδας ὠκέας
τρύσῃς

διέσταλκεν δυσὶ περισπωμέναις· ἠδυνάτει γὰρ συντεθῆναι διὰ τὸ
ἐπιφερόμενον ῥῆμα.

1 μητεμ᾽ωϋτας cod. : μήτ᾽ ἐμοῦ (vel ἐμῶ) αὐτᾶς edd.   2 ὠκέας ⟨ἵππως⟩
suppl. Bergk

27 (67 B.)

45 Ap. Dysc. *adv.* 563, i 153 Schn. (= An. Bekker ii 563. 19)

βαρύνεται καὶ ὅσα ἐκ μεταλήψεώς ἐστι τῶν εἰς θεν, ὅπερ ἐστὶ παρ᾽
Αἰολεῦσι καὶ Δωριεῦσι . . .· ὄπισθεν ὄπισθα,

ὁ δ᾽ ἐξύπισθα καστάθεις

accent. aeol. rest. Ahrens

28 (142 B., chor. adesp. 18 D.)

46 Apollon. Tyan. *ep.* ογ᾽, ap. *Philostrat.* i 365 Kayser

πατρίδος ἐσμὲν πορρωτέρω σὺν δαίμονι, ἤδη δὲ τὰ τῆς πόλεως
πράγματα ἐν νῶι ἐβαλόμην·

ὁδεύει
Μοῖρα πρὸς τέλος ἀνδρῶν
οἵ ⟨τε⟩ τὰν πρώταν λελόγχασι τιμάν.

3 suppl. Bergk 'ex lyrico vel tragico poeta', Bergk   fort. anapaesti leviter
detorti, e.g. Μοῖρα ⟨δ᾽⟩ ὁδεύει πρὸς τέλος ἀνδρῶν / οἱ τὰν πρώταν λέλαχον τιμάν

29 (Simon. 60+46 B., Stes. 25 D.)

947 Aristeid. *or.* xxviii 66, ii 163 Keil

ὥστε ὥρα σοι σκώπτειν αὐτοὺς ὡς ἀδολέσχας τινὰς νεκροὺς καὶ
οὐκ εἰδότας ἡσυχίαν ἄγειν. κἆιτά σε ἀνήρ τις Σιμωνίδειος ἀμείψεται·
ὤνθρωπε κεῖσαι ζῶν ἔτι μᾶλλον τῶν ὑπὸ γῆς ἐκείνων. φέρε δὴ καὶ
ταῦτα ἐξέτασον·

(*a*) ἁ Μοῦσα γὰρ οὐκ ἀπόρως γεύει τὸ παρὸν μόνον ἀλλ' ἐπέρχεται
    πάντα θεριζομένα.

ταῦτ' οὐ δοκεῖ σοι σαφῶς ὁ ποιητὴς ἐπαινῶν λέγειν ὡς γόνιμον καὶ
πόριμον εἰς τὰ μέλη; τί δ' ἐπειδὰν λέγηι·

(*b*) μή μοι καταπαύετ' ἐπεί περ ἤρξατο
    τερπνοτάτων μελέων ὁ καλλιβόας πολύχορδος αὐλός;

ὤνθρωπε—ἐκείνων poetae adscr. Ursinus et Stephanus, probant edd. plurimi:
obloquitur Wilam. *SS* 150 seq. n. 3; egomet haesito
(*b*) 1 μοι AS: μου T, με QU
versus Stesichoro dubitanter adscr. Wilam. l.c.; Simonidi Ursinus, probavit
Bergk, abiudicavit Boas *Sim. epigr.* 95

30 (102 B., Cydias 2 D.)

948 Ar. *Nub.* 967

ἢ τηλέπορόν τι βόαμα, ubi Schol. τὸ δὲ τηλέπορόν τι βόαμα (-ημα
V), καὶ τοῦτο μέλους ἀρχή. φασὶ δὲ μὴ εὑρίσκεσθαι ὅτου ποτ'
ἐστίν· ἐν γὰρ ἀποσπάσματι ἐν τῆι βιβλιοθήκηι εὑρεῖν Ἀριστοφάνη.
τινὲς δέ φασι Κυδίδου (Κυδίου coni. Bernhardy) τινὸς Ἑρμιονέως·

τηλέπορόν τι βόαμα λύρας.

Suda s.v. τηλέπορον, iv 539 Adl. Ἀριστοφάνης· τηλέπορόν τι βόημα. οἷον ὀρθόν τι
καὶ ὑψηλόν. ἐστὶ δὲ ἀρχὴ ἄισματος. cf. Schol. Ar. *Nub.* Neapol. ed. Koster *Mnemos.*
6 (1953) 62 seq. τινὲς δέ φασιν αὐτὸ Κιδύλου Ἑρμιονέως . . . Κυδίδου τοῦ Ἑρμιονέως
κιθαρωιδοῦ. cf. Lamproclis fr. 1 testim.

de *Cydide* consulendus Kroll *RE* xi 1 (1921) 109 seq.

31 (129 B., Sappho 156 D.)

949 Aristot. *eth. Nicom.* vii 7. 3, 1149 b 15

ἡ δ' ἐπιθυμία καθάπερ τὴν Ἀφροδίτην φασίν·
δολοπλόκου γὰρ Κυπρογενοῦς

-γενέος ⟨πρόπολον⟩ coni. Bergk, coll. Hesych. s.v. Κυπρογενέος; vid. libellum
meum *Sappho & Alcaeus* (1955) p. 6

32 (Simon. 26ᴮ B., II vi p. 171 D.)

950 Aristot. *rhet.* iii 8. 1409 a 12, p. 194 seq. Roemer

ἐστὶν δὲ παιᾶνος δύο εἴδη ἀντικείμενα ἀλλήλοις, ὧν τὸ μὲν ἕν
ἀρχῆι ἁρμόττει, ὥσπερ καὶ χρῶνται· οὗτος δ' ἐστὶν οὗ ἄρχει μὲν ἡ
μακρά, τελευτῶσι δὲ τρεῖς βραχεῖαι·

(a)   Δαλογενὲς εἴτε Λυκίαν ⟨   ⟩
καὶ

(b)   χρυσεοκόμα Ἕκατε παῖ Διός·

ἕτερος δ' ἐξ ἐναντίας, οὗ βραχεῖαι ἄρχουσιν τρεῖς, ἡ δὲ μακρὰ
τελευταία·

(c)   μετὰ δὲ γᾶν ὕδατά τ' ὠκεανοῦ ἠφάνισε νύξ·

οὗτος δὲ τελευτὴν ποιεῖ, ἡ γὰρ βραχεῖα διὰ τὸ ἀτελὲς εἶναι ποιεῖ
κολοβόν.

Schol. Aristot., An. Par. Cramer i 308. 4 δαλογενὲς ... ἤ τε λυκί- ... -αν καὶ ...
χρυσεοκό- ... -μα ἕκατε ... παῖ διός. εἰς τε τὴν Ἄρτεμιν, ἢ καὶ τὴν Λυκίαν ἔχει, ὁ
ὕμνος, εἰς τε τὸν Ἀπόλλω. μετὰ δὲ γᾶν ... ὕδατά τ' ὠ- ... -κεανὸν ἠ- ... -φάνισε νύξ

(a) εἴτε ex Aᶜ Vict.: ἤτε ΘDE Ald., Schol.   λυκία Q   fort. ⟨ἔχεις⟩
(b) -κόμας coni. Bergk
(c) ὠκεανὸν codd., corr. Bergk
(a), (b) perperam coniunxit Schol.

33 (127 b.)

951 Aristot. *rhet.* iii 11. 1412 b–1413 a, p. 209 Roemer

εἰσὶν δὲ καὶ αἱ εἰκόνες . . . αἱ εὐδοκιμοῦσαι τρόπον τινὰ μεταφοραί·
ἀεὶ γὰρ ἐκ δυοῖν λέγονται, ὥσπερ ἡ ἀνάλογον μεταφορά, οἷον ἡ
ἀσπίς, φαμέν, ἐστὶ φιάλη Ἄρεως, καὶ τόξον

φόρμιγξ ἄχορδος

Demetr. *eloc.* 85, p. 23 Raderm. ὁ Θέογνις παρατίθεται τῶι τόξωι φόρμιγγ' (τὸν τοξοφόρμιγγα P, corr. Nauck) ἄχορδον, ἐπὶ τοῦ τῶι τόξωι βάλλοντος, ubi Θέογνις corruptum censet Bergk

34 (40 b., Alex. adesp. 8 d.)

952 Athen. xi 781 C (iii 16 Kaibel)

αὐτός γε μὴν ὁ Ζεὺς τῆς Ἡρακλέους γενέσεως ἄξιον ἡγεῖται δῶρον
Ἀλκμήνηι δοθῆναι ποτήριον, ὅπερ Ἀμφιτρύωνι εἰκασθεὶς δίδωσιν·

ἁ δ' ὑποδεξαμένα θαήσατο χρύσεον αἶψα ποτήριον

ποτήριον add. epitomator sec. Kaibel, qui 'versus est poetae Alexandrini'
nescio qua de causa scripsit; rectius iudicaverat Bergk ad loc.
  cf. Athen. xi 474 F ἀρχαιότατον δ' ἐστὶ ποτήριον τὸ καρχήσιον, εἴ γε ὁ Ζεὺς
ὁμιλήσας Ἀλκμήνηι ἔδωκε δῶρον αὐτὸ τῆς μίξεως; Pausan. v 18. 3

35 (Sappho 26 b., mon. adesp. 1 d.)

953 Athen. (om. E) xiii 599 D (praecedit Anacr. fr. 13; testis est
Chamaeleon)

καὶ τὴν Σαπφὼ δὲ πρὸς αὐτὸν (scil. τὸν Ἀνακρέοντα) ταῦτά φησιν
εἰπεῖν·

κεῖνον, ὦ χρυσόθρονε Μοῦσ', ἔνισπες
ὕμνον, ἐκ τᾶς καλλιγύναικος ἐσθλᾶς
Τήιος χώρας ὃν ἄειδε τερπνῶς
πρέσβυς ἀγανός.

ὅτι δὲ οὐκ ἔστι Σαπφοῦς τοῦτο τὸ ᾆσμα παντί που δῆλον.

1 κείνων . . . μοῦσα εἰνσπες, 3 ὁ Τήιος χώρας ὅς, 4 πρέσβυς ἀγλαός Athen., omnia
corr. Barnes

36 (80–81 B., Alcm. 70+41 D.)

954 Athen. (om. E) xiv 633 A

ὅθεν καὶ Πρατίνας φησί· Λάκων ὁ τέττιξ εὔτυκος εἰς χορόν.
(sequentia ex alio loco huc translata) διὸ καὶ οἱ ποιηταὶ διετέλουν
προσαγορεύοντες οὕτως τὰς ὠιδάς·

(a)   γλυκυτάτων πρύτανιν ὕμνων

καὶ

(b)   μέλεα μελιπτέρωτα Μουσᾶν

(a) ὑμῶν A, (b) μοῦσαν A, corr. Casaubon; idem (καὶ μέλεα·) μέλη πτερωτὰ coni.
(potius fortasse καὶ μέλη· μέλεα πτ.)

37 (Carm. Pop. 3 B., Alcm. 60 D.)

955 Athen. (om. E) xiv 636 C–D

περὶ ὧν φησι Δικαίαρχος ἐν τοῖς περὶ τοῦ τῆς Ἑλλάδος Βίου
ἐπιχωριάσαι φάσκων ποτὲ καθ᾽ ὑπερβολὴν εἰς τὸ προσορχεῖσθαί τε
καὶ προσαίδειν ταῖς γυναιξὶν ὄργανά τινα ποιά, ὧν ὅτε τις ἅπτοιτο
τοῖς δακτύλοις ποιεῖν λιγυρὸν ψόφον. δηλοῦσθαι δὲ ἐν τῶι τῆς
Ἀρτέμιδος ἄισματι, οὗ ἐστιν ἀρχή·

Ἄρτεμι, σοί μέ †τι φρὴν ἐφίμερον
ὕμνον νεναιτε ὅθεν
αδε τις ἀλλὰ χρυσοφανια†
κρέμβαλα χαλκοπάραια χερσίν

---

1 ⟨ἐφίησιν⟩ ἐφίμερον coni. Wilam.   2 νεναιτε ὅθεν: ὑφαινέμεναι coni. Bergk,
θεόθεν Hiller et Crusius   3 α⟨ίρε⟩ δέ τις καλὰ χρυσ., sim., possis -φάεννα
coni. Bergk   4 -πάραια (-παραα cod.) Schweighaeuser   'carmen fortasse
Alcmanis' frustra Kaibel

38 (103 B., chor. adesp. 21 D.)

956 Bacchius *isagoga* fin., p. 316 Jan

δέκατος δὲ ἐνόπλιος ἐξ ἰάμβου καὶ ἡγεμόνος καὶ χορείου καὶ
ἰάμβου, οἷον·

ὁ τὸν πίτυος στέφανον

39 (Anacr. 72ᴮ B., 64 D.)

957 Choerob. in Hephaest. ii *de synecph.*, p. 209 Consbr.

ὁ δ᾽ Ἡλιόδωρός φησιν ἐν τῆι εἰσαγωγῆι ὅτι καὶ τρεῖς εἰς μίαν
συνεκφωνοῦνται συλλαβαί, ὡς τὸ διπενθημιμερὲς τοῦτο [[οἱονεὶ]] τὸ
δοκοῦν εἶναι ἐλεγεῖον·

   Ἀστερίς, οὔτε σ᾽ ἐγὼ φιλέω οὔτ᾽ Ἀπελλῆς.

οὐ γάρ ἐστιν ἐλεγεῖον, ἀλλὰ τὸ πρῶτον αὐτοῦ μέρος ἐστὶ δακτυλικόν,
τὸ δὲ δεύτερον ἰαμβικόν· δύο γὰρ ἰαμβικοὺς ἔχει πόδας καὶ συλλαβήν.
τὸ οὖν φιλέω οὖ ἀπὸ βραχείας καὶ μιᾶς μακρᾶς.

Anacreonti adscripsit Bergk; idem Ἀπελλέης scripsit   de nomine Apelle
consulendus Bechtel *Gr. Dial.* iii 130

40 (106 B., chor. adesp. 10 D.)

958 Chrysipp. π. ἀποφατ. 24, ii 58 Arnim

εἰ ποιητής τις οὕτως ἀπεφαίνετο·

   οὐκ εἶδον ἀνεμωκέα κόραν,

ἐστίν τι καταφατικὸν ἀξίωμα ἀντικείμενον τῶι κτλ.

---

ut solet ter repet.   'fort. *Pindari*', Bergk

41 (86ᴮ B.)

959 Clem. Alex. *strom.* v 3. 16, ii 337 Staehlin

τὴν μέντοι κακότητα καὶ ἰλαδὸν ἔστιν ἑλέσθαι (Hes. *op.* 287), τῶι
δ᾽ αὖ πονοῦντι καὶ θεὸς συλλαμβάνει (Eur. *Hipp. pr.* fr. 432).

   οὐ γὰρ ἐν μέσοισι κεῖται
   δῶρα δυσμάχητα Μοισᾶν
   τὠπιτυχόντι φέρειν.

Bacchylidi adscr. Blass, mox etiam Edmonds coll. P.Oxy. 1361 fr. 32 (vv. fin.
]ται,]αν), probat Snell (= Bacchyl. fr. 55, cf. fr. 20 C 42 adn.; Jebb *Bacchyl.*
fr. 32 adn.)

42 (87 B., Alex. adesp. 13 D.)

60 Clem. Alex. *strom.* v 4. 27, ii 343 Staehlin

ἡ χελιδὼν δέ, ἧι τὸν μῦθον αἰνίττεται τὸν Πανδίονος, ἀφοσιοῦσθαι
ἀξία ⟨διὰ⟩ τὰ ἐπ' ἐκείνηι θρυλούμενα πάθη, ἐξ ὧν τὸν Τηρέα τὰ μὲν
παθεῖν, τὰ δὲ καὶ δρᾶσαι παρειλήφαμεν. διώκει δὲ ἄρα καὶ τέττιγας
τοὺς μουσικούς, ὅθεν ἀπωθεῖσθαι δίκαιος ὁ διώκτης τοῦ λόγου·

ναὶ τὰν Ὄλυμπον καταδερκομέναν σκηπτοῦχον Ἥραν,
ἐστί μοι πιστὸν ταμιεῖον ἐπὶ γλώσσας,

ἡ ποιητική φησιν.

1 Ὀλύμπου coni. Staehlin   σκαπτ- Bergk, qui Pindaro adscripsit

43 (104ᴮ B., chor. adesp. 11 D.)

61 Clem. Alex. *strom.* vi 14. 112, ii 488 Staehlin

τὸν γοῦν τῆς ἐλευθερίας ἀγῶνα οὐ μόνον ἐν πολέμοις ἀγωνίζονται οἱ
πολέμων ἀθληταί, ἀλλὰ καὶ ἐν συμποσίοις καὶ ἐπὶ κοίτης κἂν τοῖς
δικαστηρίοις οἱ ἀλειψάμενοι τῶι λόγωι, αἰχμάλωτοι γενέσθαι ἡδονῆς
αἰσχυνόμενοι·

οὐ μή ποτε τὰν ἀρέταν ἀλλάξομαι ἀντ' ἀδίκου κέρδους.

μήποτε τὰν Bergk : μὴν ποτ' ἂν cod.   ἀλλάξωμαι cod., corr. Sylburg   κέρδεος
Bergk   'lyrici vel tragici poetae', Bergk ; hoc fortasse probabilius

44 (128 B.)

62 Demetr. *eloc.* 91, p. 24 Raderm.

ληπτέον δὲ καὶ σύνθετα ὀνόματα, οὐ τὰ διθυραμβικῶς συγκείμενα,
οἷον

(a)   θεοτεράτους πλάνας

οὐδὲ

(b)   ἄστρων δορύπυρον στρατὸν

ἀλλ' ἐοικότα τοῖς τῆς συνηθείας συγκειμένοις.

45 (126 B.)

963 Demetr. *eloc.* 143, p. 33 Raderm.

ἐκ συνθέτου του ὀνόματος καὶ διθυραμβικοῦ·

δέσποτα Πλούτων μελανοπτερύγων·

τουτὶ δεινὸν †προπτερύγων αὐτὸ ποίησον†, ἃ μάλιστα δὴ κωμωιδικὰ παίγνιά ἐστι καὶ σατύρια (σατυρικά coni. Gale)

πλοῦτον P, corr. Bergk; idem post μέλαν. ⟨ὀνείρων⟩ suppl.   equidem -ρύγων ⟨ψυχῶν⟩ malim; quae sequuntur insanabilia

46 (104ᴬ B., Sappho 156+22 D.)

964 Demetr. *eloc.* 164, p. 37 Raderm.

τὸ μὲν γὰρ εὔχαρι μετὰ κόσμου ἐκφέρεται καὶ δι' ὀνομάτων καλῶν, ἃ μάλιστα ποιεῖ τὰς χάριτας, οἷον τὸ

    (a)   ποικίλλεται μὲν γαῖα πολυστέφανος

καὶ τὸ

    (b)   χλωρηὶς ἀηδών.

Sapphicis temere includunt edd. recc.

47 (101 B., chor. adesp. 31 D.)

965 Dio Chrys. *or.* 33. 59, i 400 de Budé

καὶ μὴν οὐχ οὕτω δεινόν ἐστιν, εἰ ἄνθρωποι μεταξὺ προβάτων φωνὴν λάβοιεν οὐδ' εἰ βοῶν, οὐδ' ἂν χρεμετίζωσιν οὐδ' ἂν ὑλακτῶσιν, ὥσπερ τὴν Ἑκάβην οἱ ποιηταὶ λέγουσιν ἐπὶ πᾶσι τοῖς δεινοῖς τελευταῖον ποιῆσαι τὰς Ἐρινύας

        χαροπὰν κύνα· χάλκεον δέ οἱ
        γνάθων ἐκ πολιᾶν
        φθεγγομένας ὑπάκουε μὲν Ἴ-
        δα Τένεδός τε περιρρύτα
    5   Θρηίκιοί τε φιλήνεμοι πέτραι.

1 seqq. οἱ—φθεγγομένας: Hom. *Il.* 16. 531 οἱ ὦκ' ἤκουσε μέγας θεὸς εὐξαμένοιο contulit Bergk   2 γναθμῶν codd., corr. Geel   3 ὑπακούεμεν codd., corr. Geel   5 φιλήνεμοι πέτραι coni. Jacobs: φιλίην ἔμοιγε codd.; φιλήνεμοι γύαι coni. Wilam.   Simonidi adscripsit Bergk

516

48 (p. 610 b.)

966 Diogenian. *cent.* vii 82, i 301 L.–S.

πῦρ ἐπὶ δαλὸν ἐλθόν·

ἐπὶ τῶν ταχέως γινομένων· ἀπὸ τοῦ Κύκλωπος ἡ μεταφορά.

ad Philoxeni *Cyclopem* referunt edd. recc.

49 (118 b., mon. adesp. 25 d.)

967 Dion. Hal. *comp.* 25, p. 130 Usener–Radermacher

ὁρῶ δὴ κἂν τούτωι μετὰ τὴν προσαγόρευσιν τῶν Ἀθηναίων εὐθέως
τὸν κρητικὸν ῥυθμόν, εἴτε ἄρα παιᾶνά τις αὐτὸν βούλεται καλεῖν,
διοίσει γὰρ οὐδέν, τὸν ἐκ πέντε συγκείμενον χρόνων οὐκ αὐτοσχεδίως
μὰ Δία ἀλλ᾽ ὡς οἷόν τε μάλιστα ἐπιτετηδευμένως δι᾽ ὅλου τοῦ κώλου
πλεκόμενον τούτου· τοῖς θεοῖς εὔχομαι πᾶσι καὶ πάσαις· οὐ τοιοῦτος
μέντοι κἀκεῖνός ἐστιν ὁ ῥυθμός,

Κρησίοις ἐν ῥυθμοῖς παῖδα μέλψωμεν;

ἐμοὶ γοῦν δοκεῖ· ἔξω γὰρ τοῦ τελευταίου ποδὸς τά γε ἄλλα παντά-
πασιν ἴσα.

50 (75 b., mon. adesp. 21 d.)

968 Et. Gen. B p. 65 Miller+Et. Mag. 199. 52 (cf. Hdn. II 428. 32 L.)

ἢ ἀπὸ τοῦ βλῆμι· ὁ δεύτερος ἀόριστος ἔβλην, οἷον·

πόθεν δ᾽ †ὠλκὸς εὐπετὲς† ἔβλης;

ita (πόθεν δὲ) Et. Mag.: πόθεν δ᾽ εωλκὼς εὐπεὲς ἔβλης Et. Gen.; πόθεν / δ᾽ ἔλκος
(hoc iam Ahrens) κτλ. coni. et Anacreonti adscripsit Schneidewin   displicet
εὐπετές

51 (83ᴮ b.)

969 Et. Gen. B p. 76 Miller (= Et. Mag. 230. 58)

ἐστὶ δὲ πρώτης καὶ δευτέρας συζυγίας τὸ γηρᾶις, ὥσπερ τὸ
πιμπλᾶις, οἷον πιμπλῶ πιμπλᾶις καὶ πιμπλεῖς (hic deficit Et. Mag.),
οἷον·

†τὰς Ῥαδάμανθυς πιμπλεῖς βίαν.†

τᾶς Ῥαδαμάνθυος πιμπλεῖς βίαν coni. Edmonds

52 (83ᴬ B., chor. adesp. 7 D.)

970 Et. Gen. B p. 142 Miller (cf. Et. Mag. 417. 15)

ἠβαιόν· . . . ἐξ οὗ καὶ τὸ βαιός κατὰ ἀποβολὴν τοῦ ἠ· . . . ἐτυμώ-
τερον δέ ἐστιν οἷον ἀβαιόν, ὧι οὐκ ἔστι διὰ μικρότητα ἐπιβῆναι· οἱ δ'
ἐλθόντες οὐδ' ἢ βαιόν, καὶ

βαιῶι δ' ἐν αἰῶνι βροτῶν,

καὶ βαιὸν ἐπὶ ποταμοῦ (cf. Arat. 358).

53 (73 B., mon. adesp. 20 D. ; Callim. fr. anon. 132 Schn.)

971 Et. Gen. A *Ind. Lect. Rost.* 1891/2 p. 4 Reitz., B p. 249 Miller

πόκτος·

πάντες †φαυροφόροι πόκτοισι† φέρον·

παρὰ τὸ πόκος πόκτος. περὶ παθῶν.

φαυροτέροις cod. B   φαροφόροι ('de ovibus pellitis') coni. Reitzenstein   πό-
κτοις coni. Bergk (idem πάνετες et ἔφερον)   φέρον / πόκτοις coni. Hoffmann   cf.
Hesych. φανόφοροι· Αἰολεῖς ἱέρειαι

54 (38 B., Alcm. 86 D.)

972 Et. Mag. 579. 18, Et. Sym. cod. V ibid. Gaisf.

Μενέλας· ⟨οἷον· add. Et. Sym.⟩ Μενέλας τε καὶ Ἀγαμέμνων. ἀπὸ
τοῦ Μενέλαος.

Μενέλας τε κἈγαμέμνων Alcmani dedit Diehl   Μενέλας: vid. Kretschmer *Gr.
Vaseninschr.* 7 seqq.

55 (123 B., mon. adesp. 13 D.)

973 Et. Sym. cod. V ap. Et. Mag. 497. 27 (cf. Schol. Hes. *op.* 664 adnot. Gaisf.)

μετὰ γὰρ τὸ ᾱ φωνήεντος ἐπαγομένου προστίθεται Αἰολικῶς τὸ ῡ,
ὡς . . . ἀάταν, τὴν βλάβην, καὶ

τὰν ἀκόρεστον ἀνάταν.

τὴν cod.

56 (46ᴬ B., Alcm. 117 D.)

974 Hephaest. *ench.* iv 4, p. 14 Consbr.

ὑπερκατάληκτα δὲ ὅσα πρὸς τῶι τελείωι προσέλαβε μέρος ποδός,
οἷον ἐπὶ ἰαμβικοῦ·

εἶμ' ὦτ' ἀπ' ὑσσάκω λυθεῖσα,

τοῦτο μὲν οὖν συλλαβῆι ⟦πλέονι⟧ περιττεύει.

Schol. A in Heph. p. 114 C. ἀντὶ τοῦ εἶμι ὥστε ἀπὸ πασσάλου λυθεῖσα (λύουσα cod.
A)· τοῦτο δὲ ἴσον τῶι πορεύομαι ὥσπερ ἀπὸ πασσάλου λυθεῖσα

ὦ ταπυσσάκωλυθεῖσα cod. A, ὦτ' ἀπυσσάλω λυεῖσα cod. I, ὥστ' ἀπισσάλω λυεῖσα
cod. D, ὥστ' ἀπὸ πυσσάλω λυεῖσα cod. H : corr. Bentley; ὦτε πυσσάκω parum
probabiliter coni. Wilam. *GV* 414 n. 1   'possis *Alcmani* versum tribuere',
Bergk

57 (69–71 B., mon. adesp. 22–24 D.)

975 Hephaest. *ench.* ix 1, p. 29 Consbr.

περαιοῦται μὲν γὰρ ⟨τὸ χοριαμβικὸν⟩ καὶ εἰς τὴν ἰδίαν, τὸν δάκτυλον
ἢ κρητικόν, οἷον δίμετρον μὲν τὸ

(a)   ἱστοπόνοι μείρακες

τρίμετρα δὲ

(b)   οὐδὲ λεόντων σθένος οὐδὲ τροφαί

τετράμετρα δὲ

(c)   αἲ Κυθερήας ἐπιπνεῖτ' ὄργια λευκωλένου

Schol. A in Heph. p. 138 C. μείρακες ; ter ἱστοπόνοι μείρακες ; τροφαί ; λευκώλενος
(-ωλένου debuit). Mar. Plot. *Gramm. Lat.* vi 534. 14 K. ἱστοπόνοι μείρακες. Epitom.
Heph. p. 360 C. οὐδὲ—τροφαί. Rhet. gr. vii 988. 9 Walz (schol. anon. εἰς ἰδεῶν
τομ. α') ἐκ Κυθερείας ἐπιπνεῖτ' ὄργια λευκωλένου

(c) αἲ A, ἐκ Rhet. gr.   κυθερήας C: -ῆας AP, -είας DI Rhet. gr.   Lesbiorum
imitatio, itaque fort. ἐπίπνειτ', -ωλένω scribendum   ἐπιπνεῖτε = ἐπισκοπεῖτε,
cf. Hesych. ἐπιπνεύων· ἐπιβλέπων, Αἰολικῶς ; Alc. fr. 382

58 (Sappho 52 B., 94 D.)

976 Hephaest. *ench.* xi 5, p. 37 Consbr.

ἀντὶ δὲ τῶν ἐξασήμων τροχαϊκῶν ἔσθ' ὅτε τὰς ἑπτασήμους
τροχαϊκάς, οἷον·

δέδυκε μὲν ἀ σελάνα
καὶ Πληϊάδες, μέσαι δὲ
νύκτες, παρὰ δ' ἔρχεθ' ὥρα·
ἐγὼ δὲ μόνα καθεύδω.

Schol. A Heph. p. 147 C. δέδυκε μὲν ἀ σελάνα, et mox ἀ σελάνα bis repet. Apostol.
v 98 c, ii 363 L.–S. δέδυκε—καθεύδω, ubi Σαπφοῦς add. Arsenius

1 σελάνα codd. et ter schol.; ν sup. ν scr. Heph. cod. A   2 πλειάδες I
μέσαι I, μέσσαι M
sunt qui Arsenium secuti Sapphoni adscribere velint, nequaquam faventibus
dialecto numerisque; vid. Galiano *Safo* (1958) 82 seqq., Marzullo *Studi di poesia
eolica* (1958) cap. i   vehementer obloquitur Wilam. *Isyll.* 129 n. 7; vid. etiam
JHS 78 (1958) 83 seq.

59 (72 B., chor. adesp. 3 D.)

977 Herodian. π. παθ. fr. 341, II 281. 19 Lentz (= Choerob. i 243
Hilg.)

τὸ πός, οἷον

ὡς πὸς ἔχει μαινομένοισι

ἀπὸ τοῦ πούς γέγονε.

---

eadem (sed πὸς χειμαιν-) Choerob. i 192. 15 Hilg., Et. Mag. 635. 22

μαιομένοισι coni. Schneider (*Callim.* 2. 727)

60 ((*a*) = 78 B., Anacr. 7 D.; (*b*), (*c*) = 82^{AB} B., mon. adesp. 14–15 D.)

978 Herodian. π. κλίσ. ὀνομ. 23, II 642. 13 Lentz (= An. Ox. Cramer
iii 237. 23)

ἰστέον ὅτι τοῦ Ζήν Ζηνός ἐφύλαξαν οἱ παλαιοὶ Ἴωνες τὴν κλίσιν,
οἷον

     (*a*)   ἐπὶ δ' ἴαχε
         Ζηνὸς ὑψερεφὴς †δόμοις
         ζάρης†·

μεταγενέστεροι Αἰολεῖς ἔτρεψαν Ζανός καὶ Ζάν· καὶ ἔτι μετα-
γενέστεροι οἱ Ἴωνες διὰ τοῦ ᾱ Ζάν ὁμοίως τῶι Λυκᾶνι·

(b) κλῦθί μοι Ζανός τε κούρη

(c) Ζανί τ᾽ ἐλευθερίωι

_____

(a) 1 ἐπεὶ δ᾽ ἴσχε cod., corr. Bergk 2–3 δόμος / ζαχρειές coni. Bergk
(b)–(c) Ζανός τε κουρηξαν τε λευθεριω cod., corr. Bergk
(a) Anacreonti adscripsit Crusius

61 (62 b., Alex. adesp. 2 d.)

979 Herodian. π. κλίσ. ὀνομ. fr., II 755 adn. Lentz (= Choerob. in
Aldi Cornucop. f. 268ᵇ, i introd. p. lxv Hilg., cod. Voss. ap.
Reitzenstein *Gesch. Etym.* p. 367)

ἡ Σαπφώ τῆς Σαπφῶς, ἡ Λητώ τῆς Λητῶς· καὶ δηλοῦσιν αἱ
χρήσεις οὕτως ἔχουσαι·

ἐκ Σαπφῶς τόδ᾽ ἀμελγόμενος μέλι τοι φέρω.

_____

τὸ δὲ ἐκ Σαπφοῦς (-ῶς cod. Voss.) ἀμελγόμενος φέρω μέντοι codd., corr. Ahrens

62 (47ᴬ b.)

980 Herodian. π. τῶν εἰς μῑ 7, II 833. 29 Lentz (= Choerob. 2. 859. 10,
An. Ox. Cramer iv 356. 24)

καὶ πάλιν ὁ εἶς τοῦ ἔντος τῶι ἔντι τὸν ἔντα ἀντὶ τοῦ ὑπάρχοντα,
ὡς καὶ ἡ χρῆσις δηλοῖ οὕτως ἔχουσα·

παῖδα ἔντα

ἀντὶ τοῦ παῖδα ὑπάρχοντα.

_____

fort. aut παῖδ᾽ ἔντα aut παῖδα ... ἔντα scribendum Alcmani adscr. Ahrens,
Schneidewin

63 (79ᶜ b., mon. adesp. 17 d.)

981 Hesych. s.v.

εὐσέλανον δῖον οἶκον·

ἤτοι παρὰ τὸ σέλας ἢ παρὰ τὴν σελήνην, ἵνα ἦι ἀπὸ μέρους ἔναστρον.

_____

εὐσελανόνδιον οἶκον cod.; εὐσέλαον Διὸς οἶκον coni. Salmasius

64 (64 B.)

982 Hesych. s.v.

πασσύριον· ἀντὶ τοῦ πασσυδίην. Αἰολεῖς. †τὸ πασσύριον ἡμῶν
ἁπάντων γένος†.

---

cf. πασσύρως· ἄρδην, πανοικί. versiculum aeolicum frustra refingunt edd.

65 (74 B., Alcm. 8 D.)

983 Hesych. s.v.

τυίδε (τύδαι cod.)· ἐνταῦθα. Αἰολεῖς. τυδᾶν κολωνᾶν· Τυνδαριδᾶν
κολωνᾶν.

---

fort. τυίδ' ἀν κολωνὰν Τυνδαριδᾶν vel τυίδ' ἀν Τυνδαριδᾶν κολωνάν, ubi ὀν pro ἀν
et accentus aeolicos reponere possis Alcmani adscr. Bergk

66 (137 B.)

984 Himer. *or.* xxxviii 1, p. 154 Colonna

ἰδοὺ δὴ τὰ νῦν, ὁ γενναῖος, τῆι νέαι σου πόλει ταύτηι καὶ μουσικὴ
συνεγείρεται, ὠδίνουσα μὲν καὶ πρόσθεν φανῆναι τοῖς Ἕλλησιν,
οὐδὲν γὰρ οἶμαι καλὸν ἐθέλει κρύπτεσθαι,

ἔκατι δὲ σοῦ,

ἔφη τις ἤδη τῶν πρὸς λύραν ἀισάντων, ἐπὶ σοὶ τὴν ὠδῖνα τηρήσασα,
ἵνα δὴ τελεσφόρον αὐτὴν ἐπιδείξηι καὶ ὥριον.

67 (84 B.; Pind. fr. 74ᵇ Schroeder)

985 Hippolytus *refut. omn. haeres.* v 17, p. 134 seqq. Duncker–
Schneidewin, postea v 7. 2, p. 79 Wendland

τὴν γενεὰν αὐτοῦ τίς διηγήσεται; μάθετε πῶς κατὰ μέρος παρὰ
τῶν ἐθνῶν τὴν ἀνεξεύρητον καὶ ἀδιάφθορον τοῦ ἀνθρώπου γενεὰν
λαβόντες ἐπιπλάσσουσι τῶι Χριστῶι. γῆ δέ, φασὶν οἱ Ἕλληνες,
ἄνθρωπον ἀνέδωκε πρώτη καλὸν ἐνεγκαμένη γέρας, μὴ φυτῶν
5 ἀναισθήτων μηδὲ θηρίων ἀλόγων, ἀλλὰ ἡμέρου ζωιοῦ καὶ θεοφιλοῦς
ἐθέλουσα μήτηρ γενέσθαι. χαλεπὸν δέ, φησίν, ἐξευρεῖν, εἴτε Βοιωτοῖς
Ἀλαλκομενεὺς ὑπὲρ λίμνης Κηφισίδος ἀνέσχε πρῶτος ἀνθρώπων,
εἴτε Κουρῆτες ἦσαν Ἰδαῖοι, θεῖον γένος, ἢ Φρύγιοι Κορύβαντες,
οὓς πρώτους ἥλιος ἔπιδε δενδροφυεῖς ἀναβλαστάνοντας, εἴτε προσελη-
10 ναῖον Ἀρκαδία Πελασγόν, ἢ Ῥαρίας οἰκήτορα δίαυλον Ἐλευσίν, ἢ

522

Λῆμνος καλλίπαιδα Κάβιρον ἀρρήτων ἐτέκνωσεν ὀργιασμῶν, εἴτε
Πελλήνη Φλεγραῖον Ἀλκυονέα πρεσβύτατον γιγάντων. Λίβυες δὲ
Ἰάρβαντά φασι πρωτόγονον αὐχμηρῶν ἀναδύντα πεδίων γλυκείας
ἀπάρξασθαι Διὸς βαλάνου. Αἰγυπτίων δὲ Νεῖλος ἰλὺν ἐπιλιπαίνων
15 μέχρι σήμερον ζωιογόνων, φησίν, ὑγρᾶι σαρκούμενα θερμότητι ζωιὰ
σώματα ἀναδίδωσιν. Ἀσσύριοι δὲ Ὠάννην ἰχθυοφάγον γενέσθαι παρ'
αὐτοῖς, Χαλδαῖοι δὲ τὸν Ἀδάμ.

7 ἀλκομενεύς, 8 ἢ σανίδαι οἱ, 9 οὓς πρῶτος, ἔφιδε, 9–10 πρὸς σεληναῖον ἀρκάδα διὰ
πελασγόν, 10–11 ἠραρυίας οἰκήτορα δίαυλον ἐλευσὶν ἡ λῆμνος, ὀργιασμῶ, 12–13 δίβες δὲ
τάρβαντα, 13 πεδίω, 14 νείλος ὕλην, 15 ὑργᾶς ἀρκούμενα θερμότητι ζωιὰ καὶ σῶμα : hos
codicis errores iam in editione D.–S. corr.

habes ipsa poetae verba (frustra negat Wilam. *Herm.* 37
(1902) 332) mutato ordine detorta : quae Bergkium secutus hunc
fere in modum refingere possis :

(a)   . . . καλὸν ἐνεγκαμένη γέρας . . .
(b)   εἴτε Βοιωτοῖσιν Ἀλαλκομενεὺς λίμ-
          νας ὑπὲρ Καφισίδος
          πρῶτος ἀνθρώπων ἀνέσχεν·
          εἴτε ⟨που⟩ Κουρῆτες ἦσαν, θεῖον Ἰδαῖοι γένος·
5   ἢ Φρύγιοι Κορύβαντες
          τοὺς ἄλιος πρώτους ἐπεῖδε
          δενδροφυεῖς ἀναβλαστάνοντας· εἶτ' ⟨ἄρ'⟩
          Ἀρκαδία προσεληναῖον Πελασγόν·
          ἢ Ῥαρίας δύσαυλον οἰκητήρ' Ἐλευσίν·
10   ἢ καλλίπαις δι' ὀργιασμῶν
          Λῆμνος ἀρρήτων ἐτέκνωσε Κάβειρον·
          εἴτε Πελλάνα Φλεγραῖον
          Ἀλκυονῆα, γιγάντων
          πρεσβύτατον· Λίβυες δέ
15   φασιν αὐχμηρῶν πεδίων ἀναδύντα
          πρωτόγονον ⟨τὸν⟩ Ἰάρ-
          βαν βαλάνου Διὸς ἄρξασθαι γλυκείας·

quae sequuntur, paraphrasis ut vid. : σαρκοῦσθαι, θερμότης
poeticae aliena

5–6 vel ἢ Φρυγίους Κορ. ἄλιος πρώτους . . .   9 δύσαυλον οἰκητῆρα scripsi =
Δυσαύλην ; cf. Schneidewin ad loc., Kern *RE* s.v. ; Δυσαύλην iam in textu Wendland
16 Γαράμαντα pro Ἰάρβαντα coni. Bergk

68 (130 B.)

986 Plat. *Meno* 77 B

δοκεῖ τοίνυν μοι, ὦ Σώκρατες, ἀρετὴ εἶναι καθάπερ ὁ ποιητὴς
λέγει,

χαίρειν τε καλοῖσι καὶ δύνασθαι,

καὶ ἐγὼ τοῦτο λέγω ἀρετήν, ἐπιθυμοῦντα τῶν καλῶν δυνατὸν εἶναι
πορίζεσθαι.

καλοῖσι BTF : καλοῦσι W (sed ῦ in rasura)
Aristot. *Polit.* v 5. 1339 b 1, 6. 1340 b 38 contulit Bergk ('fortasse *Simonidis*
vel *Pindari*')

69 (135 B.)

987 Plat. *Resp.* 607 B

ταῦτα δή, ἔφην, ἀπολελογήσθω ἡμῖν ἀναμνησθεῖσιν περὶ ποιήσεως,
ὅτι εἰκότως ἄρα τότε αὐτὴν ἐκ τῆς πόλεως ἀπεστέλλομεν τοιαύτην
οὖσαν· ὁ γὰρ λόγος ἡμᾶς ᾕρει. προσείπωμεν δὲ αὐτῆι, μὴ καί τινα
σκληρότητα ἡμῶν καὶ ἀγροικίαν καταγνῶι, ὅτι παλαιὰ μέν τις
διαφορὰ φιλοσοφίαι τε καὶ ποιητικῆι· καὶ γὰρ ἡ

        (*a*)   λακέρυζα πρὸς δεσπόταν κύων

ἐκείνη κραυγάζουσα καὶ

        (*b*)   μέγας ἐν ἀφρόνων κενεαγορίαισι

καὶ ὁ

        (*c*)   †διασοφῶν ὄχλος κρατῶν†

καὶ οἱ

        (*d*)   λεπτῶς μεριμνῶντες

ὅτι ἄρα

                 πένονται,

καὶ ἄλλα μυρία σημεῖα παλαιᾶς ἐναντιώσεως τούτων.

(*a*) δεσπόταν AFM : δέσποτα D
(*c*) διασοφῶν FM : δία σοφῶν A, διὰ σοφῶν D ; λίαν σοφῶν coni. Herwerden
κράτων coni. Adam
(*c*), (*d*), fort. e tragico vel comico

70 (138 B., chor. adesp. 8 D.)

988 Plat. *epist.* i 310 A

κἀκεῖνο δὲ τὸ ποίημα τοῖς νοῦν ἔχουσιν οὐ κακῶς ἔχειν δοκεῖ·

1   οὐ χρυσὸς ἀγλαὸς σπανιώτατος ἐν θνα-
     τῶν δυσελπίστωι βίωι, οὐδ' ἀδάμας,

2   οὐδ' ἀργύρου κλῖναι πρὸς ἄνθρω-
     πον δοκιμαζόμεν' ἀστράπτει πρὸς ὄψεις,

3   οὐδὲ γαίας εὐρυπέδου γόνιμοι βρί-
     θοντες αὐταρκεῖς γύαι,

4   ὡς ἀγαθῶν ἀνδρῶν ὁμοφράδμων νόησις.

1 αἰγλάεις coni. Bergk, fort. recte; cf. fr. adesp. 9 supra, χρυσὸς αἰγλήεις
2 κλῖναι A (sed ι̑ ex emend.): κλίνα L   δοκιμαζόμενα ἀστράπτει A (sed ἀ in initio
vocis postea add.)   3 γύαι: γυῖαι ALO   'fort. ex tragoedia petitum
sicut ii qui praecedunt versus', Bergk

71 (119 B., chor. adesp. 35 D.)

989 Mar. Plot. *art. gramm.* iii 3, *Gramm. Lat.* vi 510. 25 Keil

de pentametro integro acatalecto monoschematisto: est me-
trum integrum pentametrum dactylicum quod semper quinque
dactylis constat, quale est exemplum graecum illud:

        Ἴλιον ἀμφ' Ἑλένηι πεπυρωμένον ὤλετο

ΔΕΙΜΟΝΑΜΦΕΑΗΝΕΝΗΠΥΩΜΕΝΟΝΩΑΗΤΟ cod. A, ΔΕΙΜΟΝΑΛΑΦΕΛ-
ΕΝΕΙΠΥΟ̊ΜΕΝΟ̊ΛΕΣΟ cod. B: corr. Bergk

72 (114 B.)

990 Mar. Plot. *art. gramm.* iii 3, *Gramm. Lat.* vi 515. 2 Keil

hemidexium trimetrum dactylicum schemata habet octo, de
quibus unum solum ponam graecum exemplum hemidexium
quod repperi tribus dactylis constans, ut

        ξεῖνε, τὸν Ἀρχεβρου† τάφον

ΞΕΙΝΗΤΟΝΑΡΧΕΒΡΟΥΤΑΦΩΝ cod. A, ΞΕΙΝΕΤΟΝΑΡΧΕΒΡΟΥΤΑΦΟΝ
cod. B: Ἀρχεβίου coni. Scaliger, Ἀρχεμόρου Bergk   'aut a metricis ficta aut . . .
ex epigrammate aliquo petita', Hiller

FRAGMENTA ADESPOTA 991, 992, 993, 994

73 (120 B., chor. adesp. 34 D.)

991 Mar. Plot. *art. gramm.* iii 4, *Gramm. Lat.* vi 524. 1 Keil

tetrametrum brachycatalectum colurum fit hoc modo, cum novissimus pes debens habere syllabas quattuor duas habeat, ut est

ὁ Πύθιος μὲν ὀμφαλοῦ θεὸς παρ᾽ ἐσχάραις

ΟΡΙΘΙΟΣΜΕΝΟΜΦΑΑΟΥΟΕΣΠΛΡΕΣΧΔΑΡΑΙΣ cod. A, ΟΡΙΟΙΟΣΜΕΝΩ-
ΜΦΑΑΩΥΘΕΣΠΑΡΕΣΧΑΑΡΑΙΣ cod. B μὲν ὀμφαλοῦ : μεσομφάλοις temere coni
Bergk   fort. versus a grammaticis fictus

74 (115ᴮ B., Alex. adesp. 4 D.)

992 Mar. Plot. *art. gramm.* iii 9, *Gramm. Lat.* vi 540. 1 Keil

ἑλικόπεταλε . . .
καλλικέλαδε . . .
φιλοχορευτά

ΕΛΙΚΟΣΤΙΗΤΑΛΗ cod. A, ΕΛΥΚΟΣΠΗΤΛΑΗ cod. B
ΚΑΑΑΤΚΕΑΑΗ cod. A, ⟨   ⟩ΛΛΔΕ cod. B
ΦΙΛΟΚΧΟΡΕΙΤΑ cod. A, ΦΙΑΟΚΟΛΟΡΕΙΤΑ cod. B
in unum redegit Bergk : ἑλικοπέταλε καλλικέλαδε φιλοχορευτὰ ⟨Βάκχε⟩

75 (115ᴬ B., Alex. adesp. 10 D.)

993 Mar. Plot. *art. gramm.* iii 9, *Gramm. Lat.* vi 542. 3 Keil

minus Ionicum dimetrum catalecticum fit ionico minore et anapaesto,

ἴθι μᾶτερ μεγάλα

ΙΘΜΑΤΗΡΜΕΤΑΑΝ cod. A, ΙΕΜΗΤΙΡΜΕΓΑΛΗ cod. B: alios secutus corr.
Bergk

76 (98 B., chor. adesp. 28 D.; *TGF* adesp. 373)

994 Plut. *consol. Apoll.* 28, i 240 Pat.–Weg.–Pohl.

εἰ γοῦν ἡ Νιόβη κατὰ τοὺς μύθους πρόχειρον εἶχε τὴν ὑπόληψιν
ταύτην ὅτι καὶ ἡ (ὅτι οὐκ αἰεὶ codd. praeter ΔB)

θαλέθοντι βίωι
βλάσταις τε τέκνων βριθομένα γλυκερὸν
φάος ὁρῶσα

τελευτήσει, οὐκ ἂν οὕτως ἐδυσχέραινεν ὡς καὶ τὸ ζῆν ἐθέλειν ἐκλιπεῖν.

'forte sunt *tragici* alicuius versus', Bergk   3 fort. φῶς

77 (99 B., chor. adesp. 9 D.)

995   Plut. *de amic. mult.* 5, i 191 Pat.–Weg.–Pohl.

τὰ γὰρ εὔχρηστα τῆς φιλίας δύσχρηστα γίγνεται διὰ τὴν πολυφιλίαν·

ἄλλον τρόπον ἄλλον ἐγείρει
φροντὶς ἀνθρώπων.

τρόπον LCΔn : τρόπος rell.   γὰρ post τρόπ. add. Δn

78 (92 B., chor. adesp. 13 D.)

996   Plut. *de EI apud Delph.* 21, iii 23 Pohl.–Siev.

λέγεται γὰρ ὁ μὲν Ἀπόλλων ὁ δὲ Πλούτων, καὶ ὁ μὲν Δήλιος ὁ δ᾽ Ἀϊδωνεύς, καὶ ὁ μὲν Φοῖβος ὁ δὲ Σκότιος, καὶ παρ᾽ ὧι μὲν αἱ Μοῦσαι καὶ ἡ Μνημοσύνη, παρ᾽ ὧι δ᾽ ἡ Λήθη καὶ ἡ Σιωπή· καὶ ὁ μὲν Θεώριος καὶ Φαναῖος, ὁ δὲ

νυκτὸς ἀϊδνᾶς ἀεργηλοῖό θ᾽ ὕπνου κοίρανος.

id. *de lat. vivendo* 6, vi 2. 221 Pohl. τὸν μὲν ἥλιον Ἀπόλλωνα . . . Δήλιον καὶ Πύθιον προσαγορεύουσι· τὸν δὲ τῆς ἐναντίας κύριον μοίρας, εἴτε θεὸς εἴτε δαίμων ἐστίν, ὀνομάζουσιν, ὡς ἂν εἰς ἀειδὲς καὶ ἀόρατον ἡμῶν ὅταν διαλυθῶμεν βαδιζόντων, νυκτὸς—κοίρανον

ἀϊδνᾶς *lat. viv.* : αἰδοίας (-ης cod. x) *Delph.*   ἀεργήλοισθ᾽ *lat. viv.* codd. U¹H c(?)d, -λην θ᾽ cod. y   κοίρανον *lat. viv.*
metr. incert.: fort. ᾱ-ῐδνᾱς, cf. ᾱ-ῐδᾱς   νυκτός τ᾽ coni. Wilam.   '*Pindari* ex threnis videtur versus, quibus Plut. ibi saepius utitur', Bergk; dubitationem movet voc. ἀεργηλός

FRAGMENTA ADESPOTA 997, 998

79 (90 B.)

997 Plut. *de Pyth. orac.* 29, iii 58 Pohl.–Siev.

οἱ μὲν οὖν περὶ τὸ Γαλάξιον τῆς Βοιωτίας κατοικοῦντες ᾔσθοντο
τοῦ θεοῦ τὴν ἐπιφάνειαν ἀφθονίαι καὶ περιουσίαι γάλακτος·

προβάτων γὰρ
ἐκ πάντων κελάρυξεν, ὡς
κρανᾶν φέρτατον ὕδωρ,
θηλέον γάλα· τοὶ δὲ
5   πίμπλων ἐσσύμενοι πίθους·
ἀσκὸς δ᾽ οὔτε τις ἀμφορεὺς
ἐλίννε δόμοισιν·
πέλλαι γὰρ ξύλιναι ⟨καὶ⟩
πίθοι πλῆσθεν ἅπαντες.

numeri traduntur glyc.-pherecr., modo deleas ἀπό v. 3 : quos Bergkium secutus
(*Anacr. carm. reliqu.* 1834 p. viii) etsi parum confidens refero
1 πρὸ πάντων codd., corr. Leonicus   3 ἀπὸ κρηνάων codd., corr. Bergk
4–5 δ᾽ ἐπίμπλων codd. : τοὶ δ᾽ ἄρ᾽ ἐμ-/πίμ. coni. Bergk   6 οὔτε B, ὀντέ E
7 ἐλίννε δόμοις codd.   8 ξύλινοι codd., corr. Wilam.   καὶ add. Bergk
(τε καὶ)
Pindaro versus meo quidem arbitratu indignos adscripsit Schneidewin, pro-
bant Schroeder *Pind.* fr. 104 b, Snell fr. 104 b, Turyn fr. 108

80 (133 B.)

998 Plut. *de defect. orac.* 30, iii 95 Pohl.–Siev.

ὥσπερ οἱ Τυνδαρίδαι τοῖς χειμαζομένοις βοηθοῦσιν

ἐπερχόμενόν τε μαλάσσοντες βίαιον
πόντον ὠκείας τ᾽ ἀνέμων ῥιπάς.

id. *non posse suaviter* . . . 23, vi 2. 163 Pohl. ὥσπερ εἴ τις ἐν πελάγει καὶ χειμῶνι
θαρρύνων ἐπιστὰς λέγοι μήτε τινὰ τὴν ναῦν ἔχειν κυβερνήτην μήτε τοὺς Διοσκόρους
αὐτοῖς ἀφίξεσθαι ἐπερχόμενόν—ῥιπάς

1 ἐπερχόμενόν *non posse*: -οἱ *def. orac.*   μαλάξοντας *non posse*   βίαιον *non*
posse: βία τὸν *def. orac.*; βιατὰν coni. Bergk   'fortasse *Pindari*', Bergk; pro-
bant Snell *Pind.* fr. 140 c, Turyn fr. 205

81 (132 в.; *TGF* adesp. 377)

999 Plut. *de tranqu. anim.* 17, iii 215 Pohl.–Siev.

κυβερνήτηι γὰρ οὔτε κῦμα πραῦναι τραχὺ καὶ πνεῦμα δυνατόν
ἐστιν, οὔθ' ὅποι βούλεται δεομένωι λιμένος τυχεῖν, οὔτε θαρραλέως
καὶ ἀτρόμως ὑπομεῖναι τὸ συμβαῖνον· ἀλλ' ἕως οὐκ ἀπέγνωκε τῆι
τέχνηι χρώμενος,

> φεύγει μέγα λαῖφος ὑποστολίσας ἐς ἐνέρτερον ἱστὸν
> ἐρεβώδεος ἐκ θαλάσσας,

⟨ἐπειδὰν δὲ τὸ πέλαγος (suppl. Pohlenz)⟩ ὑπέρσχηι, τρέμων κάθηται
καὶ παλλόμενος.

---

id. *de superstit.* 8, i 348 Pat.–Weg.–Pohl. φεύγει μέγα λαῖφος ὑποστολίσας ἐρεβ.
ἐκ θαλ.

---

1 μέγα: μάλα *tranqu.* ΠΘ, *superst.* Θn   ἐς ἐν. *tranqu.* G¹ Nqvwz: ἐστεν. L
(ut vid.) C; ἔστ' ἐν. G⁴WXYS²; εἰς ἐν. Jh; ἕως εἰς ἐν. RD (νέρτ.); ἕως ἐν. rell.
2 ἐρεύδεος *superst.* XWYNM¹   θαλάσσας *superst.* X¹YNMΠΘ: -ης rell. (θαλάττ-
tranqu. ΥΣΘς)

---

82 (100 в., chor. adesp. 20 d.)

1000 Plut. *de garrul.* 2, iii 281 Pohl.–Siev.

ὅταν εἰς συμπόσιον ἢ συνέδριον γνωρίμων λάλος εἰσέλθηι, πάντες
ἀποσιωπῶσι μὴ βουλόμενοι λαβὴν παρασχεῖν· ἂν δ' αὐτὸς ἄρξηται
διαίρειν τὸ στόμα,

> πρὸ χείματος ὥστ' ἀνὰ ποντί-
> αν ἄκραν βορρᾶ ζάεντος

ὑφορώμενοι σάλον καὶ ναυτίαν ἐξανέστησαν.

---

id. *de tuend. sanit.* 13, i 266 Pat.–Weg.–Pohl. πόρρωθεν! ξευλαβεῖσθαι, πρὸ
χείματος—βορρᾶ πνέοντος; *de cohib. ira* 4, iii 162 Pohl.–Siev. πρὸ χείματος ὥστ' ἀνὰ
ποντίαν ἄκραν στελλόμενος

χείματος: κύματος *ira* codd.   ὡς ἀνὰ *ira* Θ, ὥς τινα *ira* rell.   βορρᾶ *sanit.*,
garrul. G¹: βορέου *garrul.* rell.   ζάεντος Crusius: πνέοντος *sanit.* omnes et *garrul.*
Υ¹ (ζε sscr.¹) ΣΘn²; ζεπνέοντος N (ζεφύροιο πν.²); ζέοντος *garrul.* rell.

FRAGMENTA ADESPOTA 1001, 1002, 1003

83 (53 B., chor. adesp. 17 D.)

1001 Plut. *de garrul.* 5, iii 285 Pohl.–Siev.

σκόπει τὴν Λυσίου πειθὼ καὶ χάριν· κεῖνον γὰρ ἐγὼ
φαμὶ ἰοπλοκάμων Μοισᾶν εὖ λαχεῖν.

κεῖνον Γ (exc. X) uYNhΘ: ἐκεῖνον XiS (sed ε in ras.), κἀκεῖνον ΜΠD   φημὶ
G¹Θ   οἰπλοκάμων D   μοῖραν LC¹   μοῖσαν ex μοισῶν ut vid. G   fort. κεῖνόν
φαμι ἰοπλοκάμων / εὖ λαχεῖν Μοισᾶν   ἰοπλόκων coni. Bergk ('fort. *Sapphus* est'
idem; obstat hiatus φαμὶ ἰοπλ.)

84 (141 B., chor. adesp. 6 D.)

1002 Plut. *quaest. conv.* i prooem., iv 1 Hub.

τὸ
μισέω μνάμονα συμπόταν

. . . ἔνιοι πρὸς τοὺς ἐπιστάθμους εἰρῆσθαι λέγουσιν, φορτικοὺς
ἐπιεικῶς καὶ ἀναγώγους ἐν τῶι πίνειν ὄντας· οἱ γὰρ ἐν Σικελίαι
Δωριεῖς ὡς ἔοικε τὸν ἐπίσταθμον μνάμονα προσηγόρευον· ἔνιοι δὲ
τὴν παροιμίαν οἴονται τοῖς παρὰ πότον λεγομένοις καὶ πραττομένοις
ἀμνηστίαν ἐπάγειν.

Lucian. *symp.* 3, i 2. 248 Nilén μισῶ γάρ φησιν καὶ ὁ ποιητικὸς λόγος μνάμονα
συμπόταν. Martial. i 27. 7 μισῶ μνάμονα συμπόταν. Stob. *ecl.* iii 18. 27 (cod. S;
om. MA), iii 520 Hense συναιδεῖ καὶ τὸ μισῶ μνήμονα συμπόταν (ubi μνημοσύναν
ποτάν cod.)

85 (131 B.)

1003 Plut. *quaest. conv.* iv 6. 1, iv 146 Hub.

ὁ Σύμμαχος, ἆρ', ἔφη, σὺ τὸν πατριώτην θεόν, ὦ Λαμπρία,

εὔιον ὀρσιγύναικα
μαινομέναις Διόνυσον
ἀνθέοντα τιμαῖς

ἐγγράφεις καὶ ὑποποιεῖς τοῖς Ἑβραίων ἀπορρήτοις;

eadem *de EI apud Delph.* 9, iii 12 Pohl.–Siev., *de exilio* 17, iii 531 P.–S.

1 εὔιον ὀρσιγύναικα *quaest.*: εὔιον ὀρειγύναικα *Delph.*, εὐήνορσι γυναῖκα *exil.*
2–3 verborum ordo incertus: μαιν. Διόν. ἀνθ. τιμ. *Delph.*, *exil.* cod. v: Διόν. μαιν.
θύοντα τιμ. *exil.* (excepto cod. v); μαιν. ἀνθ. τιμαῖσι Διόν. *quaest.*; -γύναικ' / ἀνθ.
μαιν. / τιμαῖσιν Διόνυσον possis

530

86 (91 B., mon. adesp. 11 D.)

004 Plut. *an seni ger. resp.* 12, v 1. 39 Hub.–Pohl.

ἢ πλοίων μὲν ἄρχοντας οὐ ποιεῖ γράμματα κυβερνητικά, μὴ πολ-
λάκις γενομένους ἐν πρύμνηι θεατὰς τῶν πρὸς κῦμα καὶ πνεῦμα καὶ
νύκτα χειμερίων ἀγώνων,

ὅτε Τυνδαριδᾶν ἀδελφῶν ἅλιον ναύταν πόθος βάλλει.

ναύτην ΧΦαᵃᶜ?
metr. incert.; fort. ἀδελ/φῶν ναύταν ἅλιον πόθος / βάλλει

87 (Simon. 23 B., [42] D.)

005 Plut. *praec. ger. reip.* 2, v 1. 59–60 Hub.–Pohl.

πολλοὶ δ' ἀπὸ τύχης ἁψάμενοι τῶν κοινῶν καὶ ἀναπλησθέντες
οὐκέτι ῥαιδίως ἀπελθεῖν δύνανται, ταὐτὸ τοῖς ἐμβᾶσιν εἰς πλοῖον
αἰώρας χάριν εἶτ' ἀποσπασθεῖσιν εἰς πέλαγος πεπονθότες· ἔξω
βλέπουσι ναυτιῶντες καὶ ταραττόμενοι, μένειν δὲ καὶ χρῆσθαι τοῖς
παροῦσιν ἀνάγκην ἔχοντες,

λευκᾶς καθύπερθε γαλάνας
εὐπρόσωποι σφᾶς †παρ(ι)ῆσαν† ἔρωτες ναΐας
κληΐδος χαραξιπόντου δαιμονίαν ἐς ὕβριν.

---

2 εὐπρ.—ὕβριν om. o¹Φ   παρῆσαν ΣΘ; παρίησαν FR; παρήισαν rell.   nondum
sanatum, frustra παράιξαν, παράειραν, παρέπεισαν coni. edd.: fort. potius ⟨ἐ⟩π'
ἄρ' ἤισαν (cf. homericum κατ' ἄρ' ἕζετο, sim.) = *invasere*   νηίας GVk   3 κλα-
Hermann   χαράζει (-άξει o², χαλάξει R) πόντου codd., corr. de Meziriac
Simonidi adscr. Schneidewin, probavit Bergk, dubitabat Wilam. *SS* 128 seq.

88 (125 B., Delphic. 2 D.)

006 Plut. *de primo frigido* 17, v 3. 107 Hub.–Pohl.

ὁ γὰρ ἥλιος ἀνίσχων, ὥς τις εἶπε τῶν διθυραμβοποιῶν,

εὐθὺς ἀνέπλησεν ἀεροβατᾶν μέγαν οἶκον ἀνέμων.

-βάταν codd., corr. Emperius, nisi malis -βάτας, -βατῶν (Bergk)   metr. incert.:
μέγαν post ἀνέμων posito evadunt cretici quinque (Wilam. *Herm.* 40 (1905) 130,
cf. *GV* 334 n. 1)

89 (94 B., chor. adesp. 15 D.)

1007   Plut. *de commun. notit.* 19, vi 2. 80–81 Pohl.

δέκα φαύλους ἢ χιλίους ἢ μυρίους ἔδει γενέσθαι, καὶ μὴ κακίας μὲν
φορὰν τοσαύτην τὸ πλῆθος·

οὐ ψάμμος ἢ κόνις ἢ πτερὰ ποικιλοτρίχων οἰωνῶν
τόσσον ἂν χεύαιτ᾽ ἀριθμόν·

ἀρετῆς δὲ μηδ᾽ ἐνύπνιον.

id. *de amore prolis* 4, iii 265 Pohl.–Siev. οὐ γὰρ ἔστιν εὑρεῖν οὐδ᾽ ἐπιτυχεῖν τοῦ
τἀλλότρια βουλομένου λαμβάνειν· ⟨οὐ⟩ ψάμμος—ἀριθμόν· ὅσος ἐστὶν ὁ τῶν κληρονο-
μούντων

1 οὐ Basil.: οὖ *comm.* codd.; om. *prol.* codd.   πτερὰ: παρὰ *prol.* codd. gca¹ ut
vid.   ποικιλοτρίχων *comm.* codd.: ποικιλοθρόων *prol.* codd.   fort. -τριχ᾽ οἰωνῶν
2 τόσον *prol.* HCygc, fort. recte (/ οἰωνῶν τόσον κτλ.)   ἀχλευταὶ *prol.* U¹HC¹
gc, οὐκ ἔχει *prol.* ΠU³C² (ἐχεῖ) BXn

90 (93 B., chor. adesp. 14 D.)

1008   Plut. *non posse suaviter* . . . 13, vi 2. 146 Pohl.

ποῖος γὰρ ἂν αὐλὸς ἢ κιθάρα διηρμοσμένη πρὸς ᾠδὴν ἢ τίς χορὸς
εὐρύοπα κέλαδον ἀκροσόφων
ἀγνύμενον διὰ στομάτων

φθεγγόμενος οὕτως εὔφρανεν Ἐπίκουρον καὶ Μητρόδωρον, ὡς Ἀρι-
στοτέλη . . . οἱ περὶ χορῶν λόγοι, κτλ.

2 ἀγνυμένων Π   Pindaro adscripsit Boeckh

91 (96 B., chor. adesp. 16 D.)

1009   Plut. *non posse suaviter* . . . 26, vi 2. 166 Pohl.

ἀλλ᾽ ἐκεῖνο τοῦ θανάτου τὸ πρόσωπον ὡς φοβερὸν καὶ σκυθρωπὸν
καὶ σκοτεινὸν ἅπαντες ὑποδειμαίνουσι, τὸ τῆς ἀναισθησίας καὶ λήθης
καὶ ἀγνοίας· καὶ πρὸς τὸ ἀπόλωλε καὶ τὸ ἀνήιρηται καὶ τὸ οὐκ ἔστι
ταράσσονται καὶ δυσανασχετοῦσι τούτων λεγομένων, †τὸ (⟨οἷον⟩ τὸ
Reiske, ⟨ὡς⟩ τὸ Deubner)

ἔπειτα κείσεται βαθυδένδρωι
ἐν χθονὶ συμποσίων τε καὶ λυρᾶν ἄμοιρος
ἰαχᾶς τε παντερπέος αὐλῶν.

1 ἐπιτακήσεται codd., corr. Deubner   'fort. *Pindari* est', Bergk

92 (97 B., chor. adesp. 29 D.)

10 Plut. *non posse suaviter* . . . 27, vi 2. 168 Pohl.

οὐδὲ ῥαιδίως οὐδ' ἀλύπως ἀκούομεν

ὣς ἄρ' εἰπόντα μιν τηλαυγὲς ἀμβρόσιον
ἐλασίππου πρόσωπον ἀπέλιπεν ἀμέρας.

πρόσωπον Wyttenbach: πρὸς τόπον codd.   metr. incert.: ἀμβρόσιον τηλαυγὲς coni. Bergk; varia possis, velut μιν / τηλαυγὲς (vel τηλαυγέος) ἀμβροσίας ἐλασίππου / πρόσωπον ἀπέλιφ' ἀμέρας
Bacchylidi adscripsit Headlam *CR* 14 (1900) 9; 'forte *tragici* alicuius est', Bergk

93 (31–32 B.; Alcm. 75 + mon. adesp. 12 D.)

11 Priscian. *inst.* i 20, *Gramm. Lat.* ii 15. 7 Keil

pro Aeolico digamma ϝ, u ponitur. quod sicut illi solebant accipere digamma modo pro ⟨u, modo pro: *add. Edmonds*⟩ consonante simplici teste Astyage, qui diversis hoc ostendit usibus, ut in hoc versu:

(*a*)   ὀψόμενος ϝελέναν ἑλικώπιδα,

sic nos quoque pro simplici habemus plerumque consonante u loco ϝ digamma positum, ut 'at Venus haud animo nequiquam exterrita mater'; est tamen quando idem Aeolis inveniuntur pro duplici quoque consonante digamma posuisse, ut

(*b*)   Νέστορι δὲ ϝῶ παιδός

(*a*) Οϝ†ΟΜΕΝΟΣ, sscr. 'aspiciens', in litura l: OYO- RA, OΦO- rGD   ϝελέναν ἑλικώπιδα multimodis ut solent corrumpunt codd.
(*b*) Νέστορι: inter accus. et dat. fluctuant codd., ipso nomine turpiter deformato   reliqua solitis modis corrupta   intellege νέστορι δὲ ϝῶ παῖδός (digamma 'pro duplici consonante')   exempla ex Alcmane petita esse coni. Bergk

94 (Alcm. 8 B., 6 D.)

12 Schol. Ap. Rhod. i 146, p. 20 W.

Φερεκύδης δὲ ἐν τῆι β̄ (3 F 9 Jac.) ἐκ Λαοφόνης (-φόντης codd., corr. Wilam.) τῆς Πλευρῶνος Λήδαν καὶ Ἀλθαίαν Θεστίωι γενέσθαι φησίν. ὅτι δὲ Γλαύκου ἐστὶ θυγάτηρ καὶ † Ἀλθαίας† αἰνίττεται λέγων·

†τοὺς τέκε θυγάτηρ† Γλαύκω μάκαιρα.

†Ἀλθαίας†: Ἀλκμὰν coni. Bergk; egomet Ἀλκαῖος malim, τοὶς τέκε Γλαύκω θυγάτηρ μάκαιρα

95 (88 B.)

1013 Schol. Aristot. iv p. 26 b 35 Brandis

ἐν μὲν τοῖς διαλογικοῖς τοῖς ἐξωτερικοῖς σαφής (ὁ Ἀριστοτέλης),
ὡς πρὸς τοὺς ἔξω φιλοσοφίας διαλεγόμενος. ὡς δὲ ἐν διαλεκτικοῖς,
ποικίλος ταῖς μιμήσεσιν,

Ἀφροδίτας †ὄνομα† τέμνων καὶ Χαρίτων ἀνάμεστος.

ὄνομα: ἄλοκα coni. Bergk   numeros non audiunt Crusius alii

96 (44 B., Stes. 10ᴬ D.)

1014 Schol. A Hom. *Il.* 16. 57, ii 95 Di.

ὅσοις κυρίοις εἰς ῆς λήγουσι βαρυτόνοις συνθέτοις παράκειται
ἐπιθετικὰ ὀξυνόμενα, Διογένης, αὐτὰρ ὁ διογενής· Πολυνείκης,
ἀλλ᾽ ἁ πολυνεικὴς δι᾽ Ἑλένα

ἀλλὰ (corr. Hermann) πολυνικὴς (corr. Schneidewin) διελένα (corr. Hermann)
cod.   'fort. est *Stesichori*', Bergk

97 (95 B., chor. adesp. 30 D.)

1015 Schol. Pind. *Nem.* vi 85ᵇ, iii 112 Dr.

δίκρουν γάρ (scil. τὸ τοῦ Ἀχιλλέως δόρυ), ὥστε δύο ἀκμὰς ἔχειν
καὶ μιᾶι βολῆι [[ὥστε]] δισσὰ τὰ τραύματα ἀπεργάζεσθαι. καὶ
Αἰσχύλος ἐν Νηρεῖσι (fr. 152 N.), . . . καὶ Σοφοκλῆς ἐν Ἀχιλλέως
Ἐρασταῖς (fr. 152 P.)· ἢ δορὸς διχόστομον πλᾶκτρον. ⟨καὶ: lacu-
nam indic. Heath⟩

δίπτυχοι γὰρ ὀδύναι μιν ἤρικον Ἀχιλλήιου δόρατος.

ἤρεικον coni. L. Dindorf, fort. recte   Ἀχιλλεῖου coni. Bergk   vid. Pearson
S. fr. 152 (fr. 156 Nauck)   duo lemmata esse confusa indicat vocc. δορός—
δόρατος repetitio; 'fortasse *Pindaro* vindicandus', Bergk

98 (p. 681 seq. B., Alcm. 68 D.)

1016 Stob. *ecl.* i 1. 31 b, i 39 W. [ὅτι θεὸς δημιουργὸς τῶν ὄντων κτλ.]

ὑμνέωμες μάκαρας, Μοῦσαι Διὸς ἔκγονοι, ἀφθίτοις ἀοιδαῖς.

ὑμνέωμες P : -μας F ; ὑμνέομες Grotius
Stobaei in codd. accedit decimus hic versus versibus novem hexam. dact.
scriptis, in quibus celebrantur singillatim Hercules Pan Aesculapius Hygia
Dioscuri Curetes Gratiae Horae Nymphae : in his absoluta est sententia, cum
omnes casu genet. regat verbum μεμνᾶσθαι (μέγιστον, scil. ἐστί). itaque hunc
decimum a prioribus seiunxit Meineke, recte opinor, nam valde abruptum illud
ὑμνέωμες, frigidum μάκαρας, vix credibilis numerorum subita mutatio. manet
autem quaestio, excideritne sequela ; iure enim increpat incilatque Wilamowitz
Timoth. 91 n. 2, 'soll Stobaeus das als etwas besonderes excerpiert haben?' ; similiter
iam Bergk, 'haud dubie dixit poeta de deo summo, cuius gratia haec Stobaeus
adscripsit'

99 (143 B., chor. adesp. 19 D.)

1017 Stob. *ecl.* i 5. 19, i 81 W.

Πλουτάρχου ἐκ τοῦ Εἰ ἡ τῶν μελλόντων πρόγνωσις ὠφέλιμος· τὸ
γὰρ εἱμαρμένον ἄτρεπτον καὶ ἀπαράβατον,

　　　　χὤιπερ μόνον ὀφρύσι νεύσηι,
　　　　καρτερὰ τούτωι κέκλωστ' ἀνάγκη

καὶ πεπρωμένη.

---

1 χὤπερ F, χὦπερ P (ου sscr. man. sec.), corr. Gaisford　　ὀφρύσιν P　　νεύσει
FP², νεῦσι P¹, corr. Meineke　　2 τοῦτο F　κέκλωτ' FP, corr. Meineke　　fort.
ἀνάγκα scribendum

100 (140 B., chor. adesp. 5 D.)

1018   Stob. *ecl.* i 5. 12, i 76 seq. W.

(*a*)   Εὐριπίδου Πηλεῖ· (fr. 620 N.)

κλῦτε, Μοῖραι, Διὸς αἵ τε πα-
ρὰ θρόνον ἀγχοτάτω θεῶν
ἑζόμεναι περιῶσι᾽ ἄφυκτά τε
μήδεα παντοδαπᾶν βου-
λᾶν ἀδαμαντίναισιν ὑφαίνετε κερκίσιν.

(*b*)

Αἶσα ⟨καὶ⟩ Κλωθὼ Λάχεσίς τ᾽, εὐώλενοι
κοῦραι Νυκτός,
εὐχομένων ἐπακούσατ᾽,
οὐράνιαι χθόνιαί τε
δαίμονες ὦ πανδείματοι·
5   πέμπετ᾽ ἄμμιν ⟨τὰν⟩ ῥοδόκολπον
Εὐνομίαν λιπαροθρόνους τ᾽ ἀδελφὰς
Δίκαν καὶ στεφανηφόρον Εἰράναν,
πόλιν τε τάνδε βαρυφρόνων
λελάθοιτε συντυχιᾶν.

---

versuum divisio incertissima

(*a*) 1 κλύετ᾽ ὦ coni. Seidler, etiam κλῦτ᾽ ὦ possis   μοῖρα F   ἀγχοτάτα P¹
θεῶν praetulerim   2 περιῶσια· φυκτά FP, corr. Grotius   3 -πὰν
βουλὰν FP, corr. Grotius   -αις ὑφαίνεται FP, corr. Wilam.

(*b*) 1 suppl. Bergk (κερκίσιν αἶσα fin. (*a*), κλωθὼ κτλ. init. (*b*), Stobaei edd.)
2 Νυκτὸς κόραι coni. Wilam.   3 -σατε F, -σαται P   4 ὦ fortasse delen-
dum   -δείματοι FP, corr. Wachsmuth   5 fort. ἄμμι τὰν (suppl. Wilam.)
scribendum   9 συντυχιᾶν (-ίαν FP, corr. Grotius) λελάθοιτε coni. Bergk

in marg. ad (*a*) 2 (περιῶσια seqq.) lemma σοφοκλ᾽ cod. P, mox ad (*b*) 2 (κοῦραι
Νυκτός) addit idem ἐκ φαίδρας; in marg. ad (*b*) 1 lemma Σοφοκλ̃ (ἐ)κ Φαίδρας cod.
F: quae lemmata perperam ex ecloga sequ. (Σοφοκλῆς Φαίδραι = *TGF* Soph. fr.
624 Nauck) hic repetita esse coni. Wilam. *Isyll.* 16 n. 2; idem (*a*) 2 ⟨αἵ⟩ περιῶσι᾽—
(*b*) 9 συντυχιᾶν continuum esse carmen censuit, postea omnia coniunxit Nauck
TGF² p. xx, deleto lemmate Εὐρ. Πηλεῖ
κλῦτε—κερκίσιν continua esse manifestum est: de coniunctione frr. (*a*) et (*b*)
dubito, cum carminum initia videantur esse (*a*) κλῦτε Μοῖραι et (*b*) Αἶσα κτλ.—
ἐπακούσατ᾽; praeterea in (*a*) sedent Fata Διὸς παρὰ θρόνον ἀγχοτάτω θεῶν, in
(*b*) non modo οὐράνιαι sed etiam χθόνιαι esse dicuntur. equidem causam invenio
nullam cur κλῦτε—κερκίσιν Euripidis Peleo abiudicentur.

(*b*) Κλωθὼ—συντυχιᾶν Simonidi vel Bacchylidi adscr. Meineke; Simonidi
carmen suum Wilam., Nauckianum Bowra *CQ* n.s. 8 (1958) 231 seqq.   mihi dictio
nequaquam Simonidea videtur; displicet inter alia epitheton illud inauditum
insulsumque ῥοδόκολπον

101 (139 B., chor. adesp. 4 D.)

19 Stob. *ecl.* i 6. 13, i 86 W.

Τύχα, μερόπων ἀρχὰ
καὶ τέρμα, τὺ καὶ Σοφίας θακεῖς ἕδρας
καὶ τιμὰν βροτέοις ἐπέθηκας ἔργοις·
καὶ τὸ καλὸν πλέον ἢ κακὸν ἐκ σέθεν,
5 ἅ τε Χάρις λάμπει περὶ σὰν πτέρυγα χρυσέαν,
καὶ τὸ τεᾶι πλάστιγγι δοθὲν μακαριστότατον τελέθει·
τὺ δ᾽ ἀμαχανίας πόρον εἶδες ἐν ἄλγεσι
καὶ λάμπρον φάος ἄγαγες ἐν σκότεϊ, προφερεστάτα θεῶν.

1 τύχα P² : τύχαν FP¹   ἀρχᾶι P²   1–2 μερόπων | ἀρχά ⟨τε⟩ καὶ coni.
Meineke   2 τέρμα τὺ Grotius : τέρματι FP   θακεῖς ἕδρας Jacobs : ἄκος
δρᾶις F, lacun. decem litt. P   4 ἤ : ἤ sscr. P²   κακὸν P² : καλὸν FP¹
7 τὺ Grotius (sec. Wachs.; σὺ Grotius in ed. 1623): σὺ FP   εὗρες coni. Bergk
ἄλγεσιν codd., corr. Grotius   8 κᾶς coni. Heeren (κές)   σκότωι codd.,
numerorum causa correxi   προσφερ- P¹

102 (86ᴬ B., chor. adesp. 12 D.)

20 Strabo i 2. 14, i 35 Kramer

ἢ καὶ Ἡσιόδωι μὲν ἔπρεπε μὴ φλυαρεῖν . . . Ὁμήρωι δὲ
πᾶν ὅττι κεν ἐπ᾽ ἀκαιρίμαν
γλῶσσαν ἵηι κελαδεῖν.

Dion. Hal. *comp.* i 5, p. 5 Us.–Raderm. εἰ μέλλουσι μὴ πᾶν ὅ τι κεν—γλῶσσαν
ἔπος ἔλθηι λέγειν. Lucian. *hist. conscr.* 32, ii 33 Jac. ληροῦσι . . . ἐπινοοῦντες δὲ καὶ
ἀναπλάττοντες ὅ τι κεν—γλῶσσαν, φασίν, ἔλθηι; id. *rhet. praec.* 18, iii 184 Jac. μηδὲ
μελλήσας λέγε ὅττι κεν—γλῶτταν ἔλθηι. Athen. v 217 C κατὰ γὰρ τὸν εἰπόντα
ποιητὴν ὅττι κεν—γλῶσσαν ἔλθηι

πᾶν : om. Luc. (bis), Athen.   ὅττι κεν Athen., Dion. cod. M, Luc. *rhet.* codd.,
hist. cod. G, Strab. cod. t marg.: ὅτι κεν Dion., Luc. *hist.*, ὅτι ἂν Strabo   ἐπ᾽
ἀκαιρίμαν: varie corruptum in Strab. et Luc. codd. (ἐπικερῆμα, ἐπί κε ρῆμα, ἐπὶ
καὶ ῥῆμα, ἐπεὶ καὶ ῥῆμα, similia) post γλῶσσαν (γλῶτταν codd. plerique): ἔπος
ἔλθηι λέγειν per paraphrasin Dion., mox brevius ἔλθηι Luc. *hist.* et *rhet.*, Athen.
fort. ὅττι κε ῥῆμ᾽ ἐπ᾽ ἀκαιρίμαν κτλ. (cf. Strab. cod. t marg., ὅττι κε ῥῆμα γλῶτταν
ἵηι κελαδεῖν coni. scriba recentior)   Pindaro adscripsit Dindorf

103 (89 B.)

1021 Theodorus Metochita, *misc. philos. et hist.* p. 515 Mueller–Kiessling

καὶ ποιηταὶ δέ φασιν·

> ὦ γλυκεῖ' Εἰράνα,
> πλουτοδότειρα βροτοῖς.

εἰρήνη codd.   'fortasse *Pindari* est, quo poeta ille saepius utitur, et videtur ex eodem petitum, quod est p. 562' (= fr. seq.), Bergk ; probat Turyn *Pind.* fr. 263

104 (89 adnot. B. ; Pind. fr. 223. 3 Sn.)

1022 Theodorus Metochita, *misc. philos. et hist.* p. 562 Mueller–Kiessling

καὶ λαμβάνειν ἐξὸν καὶ χρηματίζεσθαι ῥᾶστα, κἂν εἰ πλάττωνται
παρολιγωρεῖν καὶ παρορᾶν ἀνεπιστρόφως καὶ παρατρέχειν,

> νύσσει γ' ὅμως σφᾶς θέλγητρ' ἀδονᾶς.

φησὶν ἡ ποίησις.

νύττει et ἡδονὰς codd.   cf. Turyn *Pind.* fr. 266 adn.: fort. tantum θέλγ. ἀδ. poetae adscribendum ; sed de auctore non constat

non nulla tragica fortasse iam admisimus (e.g. frr. 28, 43, 70). etiam de sequentibus oritur quaestio, tragicone reddenda sint an lyrico :

105

1023 Pap. saec. iii/ii a.C. ed. Schubart *Ber. Sächs. Akad. d. Wiss. Leipzig* (1950) n. 17 p. 37 seqq.

col. i

(*a*)   (*b*)

	(*a*)	(*b*)
	]μα πέτρηι ξ[	]ν
	]ν ἔβρεμεν μ[	]α
	]γλυκυνεκτ[	]ν
	]νπασαι.[	].
5	]εθλα.[	]ν

⟨vv. 2 vestig. minima, tum
vacant vel desunt vv. 2⟩

10   ].δεσα[.].
        ].συνωρι

col. ii

ζουσαινυχιανκελ[.....]οναιταν[
περιδωνχ[.]ραγ.[.]ιπ[.....]οτροφον[
πανινατεννξ[.....]ιβεταιτα[
15 φοροναιγλανεοιον[.]ναιθεραφερ.[
μεριονφαοσδιακυβατοσαεριουπτ[
ναναυταισποδαγ.[.]σωμπερασθυ[
τεργανλ[.]τεσ[....]χρυσοθρονεευ[
νακηρυξιψ[.....]ιανδια[.]γλαε[
20 ηταμενα.[..]ελ...ωντωλ[.]γκα[
λοφ[.]ρονλοχ[.]παντιπ[.]ρθεν[
πρινεπικ[.]λλατα[.].αιτλατα.[

---

vid. Merkelbach *Mus. Helv.* 10 (1953) 125 seqq.; Alfonsi *Aegyptus* 33 (1953)
297 seqq.
exstant margines sup. et inf.　　　accentus, sim., nulli
col. i (a), (b): intervallum incertum; v. 1 de ξ[ὺ]ν cogitabat e.p.
(a) 4 etiam]νπλωι.[possis　　　5 vel]εθμα
col. ii 14 τα[e το[corr.　　　15 in εωιον corr. Snell　　　fin. etiam αιθεραφθι[,
αιθεραφοι[possis　　　16 κυμ coni. e.p., non est scriptum　　　18 τερ valde
dub., fort. e τεσ corr.　　　20 init. valde dub., sed ητ certum　　　21 init.
potius λ quam δ　　　παντι valde dub.　　　22 λλ: etiam λα vel κλ possis
ad tragoediam saec. iv (vel iii?) referunt Merkelbach, Snell
coniunctio i 11–ii 12 συνωρί|ζουσαι (e.p.) veri simill.; supplementa probabiliora:
12 κέλ[ευθον], 12–13 Ἑσ]περίδων χοραγ-, 14 ἵνα τε νύξ [ἐπαμε]ίβεται, 14–15 τὰ[ν
φαεσ]φόρον vel φωσ]φόρον, 15 [ἀ]ν' αἰθέρα, 15–16 ἀ]μέριον, 16–17 πτ[αμέ]να, 17 ποδα-
γ[ό]s, 19 δι' α[ἰ]γλαε[ν-; haec omnia iam e.p. excepto v. 14 ubi ἀπαμ. ille, ἐπαμ.
ego, ἐσαμ. Snell; 14–15 φωσ- ille, φαεσ- ego
praeterea ex e.p. refero: 12–14 κέλ[ευθον] [[ον]] αἱ τᾶν [Ἑσ]περίδων χοραγ[ο]ὶ
π[οτὶ νε]ότροφον [τρο]πάν; 15 φέρο[ισα, ubi φέρε[ι δὲ praetulerim; 20–21 ἀεθ]λοφόρον
versus restituere conatus est Merkelbach l.c., quem secutus ita fere scribere
possis, quamquam multa manent incerta:

συνω-
ρίζουσαι νυχίαν κέλευθον
αἱ τᾶν Ἑσπερίδων χοραγοὶ
ποτὶ νεότροφον τροπάν,
ἵνα τε νὺξ ἐπαμείβεται
τὰν φαεσφόρον αἴγλαν
ἑῷον ἀν' αἰθέρα·
φέρει δ' ἀμέριον φάος
διὰ κύματος ἀερίου πταμένα
ναύταις ποδαγὸς . . .

106

1024   P.Oxy. 2436 (saec. ii p.C. inc.)

col. ii

..]ιογα. τα̣[........]η..η ψαύω δελ[
.]ν· ὁ δεμο[.].[..]ν̣ι̣[..]αις Ἄρεως Ὑμη.[
μου μᾶλλον ηὐτέκνησ᾽ ἐγὼ σπευσο[
ἀπαλλα[γὴν τ]ῶν κακῶν χορεύσατε· .[
5   καὶ μη[..].[.]μάθητε μνημονεύσατ̣[ε
εἴ τις κατὰ στέγας πυρσὸς ἔτι λείπεται πυρὶ παι[
λάσσεται· ἢν π̣[α]ῖ̣δες αἰπόλων καὶ γέας ο̣[
πης ποι[μένε]ς βουκόλοι μαινάδες δο.[

col. fin.

---

col. i supersunt vv. exitus 3].ρειφα   4].χρεισ   5]ρων   6].επος
7]φαινε   8]δομοις
est textus notis ad rem musicam pertinentibus plenissime instructus   de
natura et aetate carminis disserunt e.p.; mihi omnia obscura
omnia suppl. e.p.   2 Ὑμησ[vel Ὑμην[2–3 Πριά|μου suppl. e.p.

107 (p. 741 seq. B.)

1025   An. Ox. Cramer iii 261. 31

Πελίου τε Μάγνησσαν κόραν

---

ad tragoediam refert Pfeiffer *Callim.* i fr. 708 n.

108 (p. 742 B.; *TGF* adesp. 85)

1026   Aristot. *poet.* 21. 1457 b 29

σπείρων θεοκτίσταν φλόγα

109

(a) 112 B., Alex. adesp. 5 D.; (b) 108 B., chor. adesp. 22 D.;
(c) Terpander fr. 4 B., chor. adesp. 23 D.; (d) 109 B., chor.
adesp. 24 D.; (e) 111 B., chor. adesp. 26 D.; (f) 117 B.,
Timoth. 6ᵈ D.; (g) 110 B., chor. adesp. 25 D.; (h) 116 B.,
chor. adesp. 27 D.

1027   Dion. Hal. *comp.* 17, p. 68 seqq. Usener–Radermacher

ὁ μὲν οὖν βραχυσύλλαβος ἡγεμών τε καὶ πυρρίχιος καλεῖται, καὶ
οὔτε μεγαλοπρεπής ἐστιν οὔτε σεμνός· σχῆμα δ᾽ αὐτοῦ τοιόνδε·
(a) λέγε δὲ σὺ κατὰ πόδα νεόχυτα μέλεα.

. . . ὁ μὲν γὰρ ἐξ ἁπασῶν βραχειῶν συνεστώς, καλούμενος δὲ ὑπό
τινων χορεῖος ⟦τρίβραχυς πούς⟧, οὗ παράδειγμα τοιόνδε·
(b) Βρόμιε δορατοφόρ᾽ ἐννάλιε πολεμοκέλαδε πάτερ Ἄρη,

ταπεινός τε καὶ ἄσεμνός ἐστι . . . ὁ δ᾽ ἐξ ἁπασῶν μακρῶν, μολοττὸν
δ᾽ αὐτὸν οἱ μετρικοὶ καλοῦσιν, ὑψηλός τε καὶ ἀξιωματικός ἐστι καὶ
διαβεβηκὼς ἐπὶ πολύ. παράδειγμα δὲ αὐτοῦ τοιόνδε·
(c) ὦ Ζηνὸς καὶ Λήδας κάλλιστοι σωτῆρες.

ὁ δ᾽ ἐκ μακρᾶς καὶ δυεῖν βραχειῶν μέσην μὲν λαβὼν τὴν μακρὰν ἀμφί-
βραχυς ὠνόμασται, καὶ οὐ σφόδρα τῶν εὐσχήμων ἐστὶ ῥυθμῶν ἀλλὰ
διακέκλασταί τε καὶ πολὺ τὸ θῆλυ καὶ ἀηδὲς ἔχει, οἷά ἐστι ταυτί·
(d) Ἴακχε θρίαμβε, σὺ τῶνδε χοραγέ.

. . . ἕτερος . . . ἀπὸ τῶν βραχειῶν ἀρξάμενος ἐπὶ τὴν ἄλογον τελευτᾷ·
τοῦτον χωρίσαντες ἀπὸ τῶν ἀναπαίστων κυκλικὸν καλοῦσι παρά-
δειγμα αὐτοῦ φέροντες τοιόνδε·
(e) κέχυται πόλις ὑψίπολις κατὰ γᾶν.

. . . ἐν ἔτι λείπεται τρισυλλάβων ῥυθμῶν γένος, ὃ συνέστηκεν ἐκ
δύο μακρῶν καὶ βραχείας, τρία δὲ ποιεῖ σχήματα· μέσης μὲν γὰρ

---

omnia excepto (e) refert epitom. p. 171–2 Raderm.   (b) Βρόμιε—Ἄρη *Anal.*
Gramm. 8. 11 Keil; cf. Macrob. *sat.* i 19. 1 Bacchus ἐννάλιος cognomi-
natur

(a) νεόχυτα F E(pitom.): νεόλυτα PMV   vid. Wilam. *GV* 369   (b) πολέ-
μοιο κέλαδε FE, πολεμόκλονε *Anal. Gramm.*   πάτερ Ἄρη non habet Dion., add.
Anal. Gramm.   (d) θρίαμβε L. Dindorf: διθύραμβε codd.   χῶραγὲ P
(e) ὑψίмπυλος (cum rasura) F: ὑψίπυλον PMV

γινομένης τῆς βραχείας, ἄκρων δὲ τῶν μακρῶν, κρητικός τε λέγεται
καὶ ἔστιν οὐκ ἀγεννής· ὑπόδειγμα δὲ αὐτοῦ τοιοῦτον·

(f) οἱ δ' ἐπείγοντο πλωταῖς ἀπήναισι χαλκεμβόλοις.

ἂν δὲ τὴν ἀρχὴν αἱ δύο μακραὶ κατάσχωσιν, τὴν δὲ τελευτὴν ἡ
βραχεῖα, οἷά ἐστι ταυτί·

(g) σοί, Φοῖβε, Μοῦσαί τε σύμβωμοι,

ἀνδρῶδες πάνυ ἐστὶ τὸ σχῆμα καὶ εἰς σεμνολογίαν ἐπιτήδειον. τὸ δ'
αὐτὸ συμβήσεται κἂν ἡ βραχεῖα προτεθῆι τῶν μακρῶν· καὶ γὰρ
οὗτος ὁ ῥυθμὸς ἀξίωμα ἔχει καὶ μέγεθος· παράδειγμα δὲ αὐτοῦ
τόδε·

(h) τίν' ἀκτάν, τίν' ὕλαν δράμω; ποῖ πορευθῶ;

(f) ἐπήγοντο coni. Nauck   πρώταις FM²   ἀπήναισι PE : ἀπήνεσι MV, ἀπήνεσσι
F, ἀπήνηισι ed. Steph.   -βόλοισιν PMV   (g) σὺ F   Μούσαις coni. Bergk
συμβῶμεν P, ed. Steph., unde σύμβωμον coni. Bergk   (h) τίν' ἀκτάν, τίν'
ὕλαν : τίνα γᾶν τινυδᾶν F   δρόμω M
    pars maior fortasse tragicis adscribenda : (a), (c)–(h) = TGF adesp. 136, 139–44,
p. 868 seqq. Nauck

110 (79ᴮ B., chor. adesp. 32 D.; TGF adesp. 243)

1028   Hesych. s.v.

ὁμόπαιδα κάσιν Κασάνδρας·

ὁμοῦ παιδευθέντα (-θέντες cod. : corr. Mus.) ἢ ὁμοῦ τεκνωθέντα·
ἐπειδὴ δίδυμοί εἰσιν.

κάσι cod., corr. Musurus

sequentia potius Alexandrinae aetati adscripserim (et
procul dubio plura debui):

111 (79ᴬ B., Alex. adesp. 14 D.)

1029   Hephaest. ench. x 2, p. 32 Consbr.

δίμετρον δὲ ἀκατάληκτον τὸ καλούμενον Γλυκώνειον, αὐτοῦ (οὐ
τοῦ coni. Bergk) Γλύκωνος εὑρόντος αὐτό·

κάπρος ἡνίχ᾽ ὁ μαινόλης
ὀδόντι σκυλακοκτόνωι
Κύπριδος θάλος ὤλεσεν.

Epitom. Heph. p. 360 C. κάπρος γ᾽ ἡνίχ᾽ ὁ μ. Mar. Plot. *Gramm. Lat.* vi 537
κάπρος—μαινόλης
1 et 3 cit. etiam schol. rec. Ar. *Nub.* 563

3 θάλλος A, schol. Ar. (Ald.)   ὤλεσσεν DI
fuisse Glyconem quendam versus glyconei inventorem Sapphone (vel etiam
Alcmane) antiquiorem vix credibile videtur: sed ne ideo negaveris Glyconis
esse hos versiculos

112 (121 B., Alex. adesp. 9 D.)

030   Hephaest. *ench.* xii 3, p. 38 seq. Consbr.

τοῦτο μέντοι καὶ γαλλιαμβικὸν καὶ μητρωιακὸν [[καὶ ἀνακλώμενον]]
καλεῖται . . . διὰ τὸ πολλὰ τοὺς νεωτέρους εἰς τὴν μητέρα τῶν θεῶν
γράψαι τούτωι τῶι μέτρωι· ἐν οἷς καὶ τὰ τοὺς τρίτους παιῶνας
ἔχοντα καὶ παλιμβακχεῖον καὶ τροχαϊκὰς ἀδιαφόρως παραλαμβάνουσι
πρὸς τὰ καθαρά, ὡς καὶ τὰ πολυθρύλητα ταῦτα παραδείγματα δηλοῖ·

Γάλλαι μητρὸς ὀρείης φιλόθυρσοι δρομάδες
αἷς ἔντεα παταγεῖται καὶ χάλκεα κρόταλα.

cf. Choerob. ad loc. p. 245–6 Consbr.

γαλλαὶ codd.   vid. Callim. fr. incerti auctoris 761 Pf.

113 (107 B., Delphic. 1 D.)

031   Hephaest. *ench.* xiii 4, p. 42 Consbr.

συντιθέασι δέ τινες καὶ ἑτέρωι τρόπωι τὸ τετράμετρον ὥστε τρεῖς
εἶναι τοὺς καλουμένους τετάρτους παιῶνας, εἶτα τελευταῖον τὸν
κρητικόν·

θυμελικὰν ἴθι μάκαρ φιλοφρόνως εἰς ἔριν.

Choerob. ad loc. p. 249 Consbr. θυμελικὰν ἴθι μάκαρ καὶ τὰ ἑξῆς· ἐκ τῶν καλουμένων
Δελφικῶν ἐστιν ἡ προκειμένη χρῆσις, μὴ ἐχόντων τὸ ὄνομα τοῦ ποιητοῦ

114 (Alex. adesp. 7 D.)

1032   Schol. B Hephaest. 3, p. 261 Consbr.

τίθημι μέτρον ἰωνικὸν ἀπὸ μείζονος·
βλαστεῖ δ' ἐπὶ γῆς δένδρεα παντοῖα φύοντα.

---

ibid. -στεῖ—φύοντα, ἐπὶ—φύοντα, -πὶ γῆς—φύοντα, γῆς—φύοντα

βρύοντα coni. Nauck (*Lex. Vindob.* xxxvi) coll. An. Ox. Cramer i 96. 3   = Sotadeum fr. 20 *Coll. Alex.* p. 244 Powell

115 (113 B., Alex. adesp. 6 D.)

1033   Schol. B Hephaest. p. 299 Consbr.

κατὰ διποδίαν δὲ συντιθέμενος (ὁ πυρρίχιος) καὶ τὸν προκελευσματικὸν ποιῶν τὰ καλούμενα προκελευσματικὰ ἢ πυρριχιακὰ μέτρα ποιεῖ, ὧν παραδείγματα·

ἴθι μόλε ταχύποδος ἐπὶ δέμας ἐλάφου
πτεροφόρον ἀνὰ χερὶ δόνακα τιθεμένα.

Anal. Gramm. 4. 17 Keil (cod. Ambros.), fere eadem

1 ταχύποδε cod. Ambros.   ἐπὶ δέμας cod. Ambros.: ἐπίδεσμα rell.   2 πτεροφόραν codd. Y (unde πτεροφόρ⟨ον⟩ ἀν⟨ὰ⟩ coni. Bergk)   ἀνὰ χερὶ δόνακα τιθεμένα Bergk: (πτεροφ.) χελιδόνα καθημένην cod. Ambros., χαιρηδόνα καθε^{μν} cod. Chisian., χέρσον καθημένα codd. Y, χερσο' καθομαγ' cod. S   de Simm. Rhod. auctore cogitavit Bergk; procul dubio Alexandrinum

116 (*TGF* adesp. 472; Sotades fr. 8 D.)

1034   Stob. *ecl.* i 1. 9, i 24 W. [ὅτι θεὸς δημιουργὸς τῶν ὄντων κτλ.]

Ζεὺς ὁ καὶ ζωῆς καὶ θανάτου πείρατα νωμῶν.

Sotadeis addidit Hense, fortasse recte; congruunt fons sententia numeri = Sotad. fr. 4 (*c*) *Coll. Alex.* p. 239 Powell

117

1035 P.Oxy. iv (1904) n. 675 p. 125–6 (saec. i p.C. med.)

col. init.

col. i

παιᾶνι φιλοστεφά[νωι]
μέλπ[ον]τες ω[. . . . .]
ἱεραν .[.]τέχων [. . . . .]
Ἀλεξάν[δρ]ειαν .[. . . . .]
5 πολιν [. . .] καὶ βα[. . . . . .]
ὁμοῦ π[. .]ωμεν[. . . . .]
ταισδε.[
σπονδα[
δοισυμ.[
10 σεβιαι[

· · ·

col. ii

κε[. . .]μελιψο[
κελάδου παιᾶν[
μέλεσι στειψα[
εὐιέρων πελα[
θυμα δεδώκατ[
σταις ἐν ὡδα[ι]σ[
πολυώνυμοι ιλ[
[. . . . . .]σανδεφ[
[. . . . . .]ουτον[

· · ·

omnia suppl. e.p.   accentus, sim., nulli   sub i 2 paragraphus
i 3 ἱερὰν veri sim.   κ[α]τ, π[ο]τ, alia possis
ii 4 πελά[νων suppl. e.p.   5 θῦμα veri sim.

118

1036 Études de Papyrologie 4 (1938) p. 121–2 Waddell (saec. ii/iii p.C.)

· · ·

προσίπταν[το
θηρεύειν ἀκοὴν δι[
ἀνά⟨ρ⟩θροις μινυρίσμ[ασιν
4 μελιχρῶς ἐδίδαξ.[
καὶ γὰρ κόσσυφος αγ[
λάβρως εὐκέλαδον [
φθόγγοις οὖλον ὑπ[
8 ἦλθε μουσικὸς ὄρν[ις
]λον ψιθυρο[

· · ·

accentus, sim., in pap. nulli   omnia suppl. e.p.
2 δι[vel δρ[4 vel μελίχρως   ἐδίδαξα[ν veri sim.   6 [μέλος Goossens
7 ὑπ[οκρέκων Keydell   metrum ut vid. 3 glyc., pher.
vid. Goossens Chron. d'Ég. 41 (1946) 107 seqq.; carmen saec. ii p.C. ut vid.

119

1037 *Inscriptions Grecques du Musée du Louvre: les textes inédits*
(Paris 1933) n. 60 p. 66 seqq. ed. Dain

ὠ]δῖσιν οὐδὲ Τριτογένευς λωβα[
πηκτὰν τιθεισ ἅλα· τάδε μὲν γὰρ ον[
-ρων κειναις ἀναγκαν τεων ἡσυχα[
-φες, αὐτὰρ ἀμετέρας φροντίδος ὑμνο[
5   -φης ἱκέτας βλαστὸς μερίμνας πραῦ[
γάρ σε δᾶμος ὃν κτίσεν Ἐνδυμίων [
-κοιμάτου σφετέρας ἀνίας ἀνεχε[
-τρωι τῆνον ἐς τὸν ἀεικοίματον υ[
προύθηκεν ἄντροις, τὰν μὲν ἐκ το[ῦ
10 -νοις λοιβαῖς γεραίρει, τὰν δ᾽ ἐς ἄστυ [
σὺν βιαιολεχεῖ καὶ τέκνοις ἔστακε σ[
λαζυμένα πέρας· γέγαθε νῦν ἅπας μ[
-πων ἀπ᾽ ἄκρων ἐκ πολυθρίγκων τερά[μνων
αὐχμὸν ἔς θ᾽ ἅλα ῥίψασαν ὑπ᾽ ἀμφιπολ[
15 -εν θῆκαν βιοτᾶς, ἅπασά θ᾽ ἥβα κωμο[
-δοις κέρτομον χέοισ᾽ ἰαχάν, οὐδέ τις [
-πὸ στομάτων ἀχαλίνων ἡνία γλωσσ[ἀ]-
-νάγκα τὰν ἀπὸ σώματος· ἀμφὶ γὰρ οισ[
-ρων ἀπερύκουσα θιγεῖν. κόνις δ᾽ ἐς ἀπε[
20 τ᾽ ἄστυ, παντοφώνοις δ᾽ ὀργάνοις θελ[
ἄλλος παρ᾽ ἄλλον σὺν γέλωι γῆρυν προ[
-παυσιν, λύπα δὲ χαρὰν πληστυ[
θαλίας, δμώων δ᾽ ὁ μέν τις ὦμον[
-θος πυριθηγὲς ἀσιν⟨έ⟩ας δόμους [
25 ζεύγλαι δ᾽ ἀπ᾽ ἄλλος ταυροτενεῖσ[
-γλαγέας παντοῖον ὡρίων φερον[
-τεροις, σιγᾶι δὲ κερκὶς ἁ λεχέων φυλ[
...] οἰκουρός, ἐπταύχενος δὲ δεσποιν[
....]οιτονδε ἐς οὖδας ὁμολεχὴς πιπτ[
30 .....]α δ᾽ ἐν ἄγγεσιν παρέστακεν[
........]ς τελετας· ὦ τὰν ἀείμναστο[ν
........]λέκτρων [ἄ]πειρος ἐφ᾽ ἇι σε οπ[
........]ας ἐπεὶ γάμων ἀκμᾶι δέμας [

. . .

supplementa omnia ex ed. prima, cui adnotationes suppeditavere Haussoullier et Wilamowitz

carmen melicum arguunt dialectus numerique: aetas incerta. est ambitiosior hic poeta, dithyrambi antiquioris imitator; prisca recolit (cum v. 17 confer Eur. *Ba.* 387), nova appetit (*ἀεικοίματος βιαιολεχής πολύθριγκος παντόφωνος πληστυ-επταύχην ὁμολεχής*—quod coni. Meineke in S. *OT* 1361 *πυριθηγής ταυροτενής*). nuptiale esse carmen coni. Haussoullier, quocum coniungi irae divinae deprecationem, fortasse anniversariam. sententiarum conexio plerumque obscura, versuum divisio incertissima

1–2 fort. e.g. 'neque Artemis infructuosis partibus, neque Athenae ira glaciato mari urbem adfliget', *λωβάσεται ἄστυ χόλος* . . . / *πηκτὰν τιθεὶς ἅλα*, sim. *τιθεὶς* an *τιθεῖσ'* incertum   celebratur ut videtur hiemis aerumnosissimae finis, siquidem finita est: dicitur esse 'supplex' etiamnunc, 'sollicitudine oriundus', 'anxietatis nostrae' hymnus; iam autem resipiscit a doloribus urbs ab Endymione condita (scil. Heraclea ad Latmum)   3 accentus ambigui   5 *πραῦ[ν-* e.p. 6–7 *ἀ]κοιμάτου* e.p., etiam *θεο]κοιμάτου*, alia possis   S. *OT* 173 *καμάτων ἀνέχουσι* confert Wilam.   *ἀνέχε[ιν* e.p.   8 *λέκ]τρωι* Wilam.   *ὕ[πνον* e.p.   9 *τὰν μὲν*: Lunam?   10 *τὰν δὲ*: quis fuerit ignotum; 'illam autem ad urbem reduximus*, . . . *ἔνθα πόσει] σὺν βιαιολεχεῖ καὶ τέκνοις ἔστακε* [. . . *μόχθων*] *λαζυμένα πέρας*?   12 *μ[ὲν ὄχλος* Wilam.   13 *βλέ]πων* Haussoullier   15 *χαρί]εν, ἱμερό]εν*, sim., Wilam.   *κῶμο[ν ἄγει*, sim.   16 *ὅ]δοις* (e.p.) veri sim.   16– 18 sententiam ita fere reddidit Wilam.: *στόματα μὲν ἀχάλινα, ὕβριν δὲ τὴν ἀπὸ σώματος κατέχει ἀνάγκη*, mox *θηλυτέ]ρων ἀπερύκ. θιγεῖν*   17 *ἀ]πὸ* potius quam *ὑ]πὸ*   19 *ἄπε[ιρον αἰθέρα* e.p.   20 *κα]τ' ἄστυ* e.p.   *θελ[γ-* e.p.   22 *ἀνά-]παυσιν* Wilam.   24 *πυρὶ θῆγ' ἐς* e.p.: compositum reddidi; *πευκᾶν αἴ]θος πυριθηγὲς*, sim., huic dicendi modo satis aptum   *ἀσινέας* veri sim.   25 *ἀπ'*: *ὑπ'* voluit Wilam.   26 *περι]γλ., εὖ]γλ.* Wilam.   27 *ἀλεχέων φύλ[αξ* e.p.: improbavit Wilam., qui *ἁ λεχέων* scripsit; fort. *ἁ λεχέων φυλ[άκεσσι συνήθης*, sim., ubi 'lectorum custodibus' = 'mulieribus'   28 *ἐπταύχενος*: de candelabri septem bracchiis dictum esse coni. Haussoullier   29 *κ]οῖτόνδε* e.p.

120

1038 sequentia ex ostracis animi causa exscribo:

(I) ostracon scr. saec. ii/i a.C. ed. Hogarth *JHS* 25 (1905) 118, denuo Page ibid. 67 (1947) 134 seq.

. . .
].ευρεθνητ[
]ρενοβλαβεσπα[
].ρυμβεχα.[
]οντεπ[

col. fin. ut vid.

---

1 fort.]σ   sup. ευ scr. ↺′   2 φ]ρενοβλαβες veri sim.: cuius voc. testimoniis addendum fr. Trag. (scr. saec. iii a.C.) ap. Grenfell & Hunt *Greek Papyri, Series II, New Classical Fragments* (1897) I (*a*) fr. i 3 = P.Hibeh I (1906) 4 fr. (*g*) ἄ]νδρες ὦ φρενοβλαβε[ῖς   3]ορ ut vid.   -κ]ορυμβ- supplere possis   αρ[veri sim.
procul dubio poetice, sed metr. incert.

(II) ostracon scr. saec. i/ii p.C. ed. Youtie *TAPA* 81 (1950) 111 seqq.

. . .
]σηισουσα
].ωπαυσασθε
]εμηικενωσωτελετηι
].ιουληναιαιωκυ
5   ]..μηφισησθετιγωγυ
]θιοειτετονπανα
]νησυριζων
]μοισιασκων̣
].βωδεπαρων
10   ]οντρ[...]αξον
].οσι

col. fin. ut vid.

1]σηις οὖσα div. e.p.   2 fort. = παύσασθαι (e.p.)   3 fort. = καινώσω (e.p.)   4].: ο vel ρ   Ληναῖαι ὠκυ- div. e.p.   5 φισοισθ (= φεισ-) possis (e.p.)   ἔτι γ᾽ ὦ γυ[ναῖκες vel ὠγυ[γι- div. e.p.   6]θροεῖτε coni. Pearl ap. e.p.   8]μοις ἰάσκων voluit scriptor ut in ostraco apparet (ἰάσκειν = ἄγειν Hesych.) sec. e.p. qui tamen -μοισι ἀσκῶν div. e.p.   10 πρ[όστ]αξον suppl. e.p.   11].: h.h. pars extrema dext., τ vel γ

fr. mel. adesp. sub Herodot. vii 10 *e* latere censet L. A. Mackay *Class. Journ.* 36 (1940) 102 seqq., fort. recte   fr. mel. Lesb. sibi visus agnoscere R. Stark *Rh. Mus.* 99 (1956) 172 seqq. ap. Et. Mag. 230. 50 seqq. γήρεις ἐν οἰκίοισιν (-έουσιν codd.): mihi nequaquam persuasit, cum incerta sint aetas dialectus metrum   omnino omittenda censui schol. Soph. *El.* 139 = mon. adesp. 18 Diehl, fort. Aeschyli versus (*TGF* adesp. 456 Nauck); schol. anon. 18ᴬ Diehl (dact. hex.+pent. esse credo); carm. pop. 39 Diehl (numeros non audio); *Gr. Lit. Pap.* 9 col. i Schubart (1950); P.Oxy. 2390 fr. 50 (*c*) 17–21 (lemmata ex ionico poeta ut vid.); Plut. *de fort. Rom.* 4, ii 2. 48 N.–S.–T., ubi fr. melicum sibi visus agnoscere Headlam *CR* 14 (1900) 9 seq. (potius iamb., e.g. πτεροῖς ἐλαφρίζουσα κούφοισιν δέμας / ἀκρώνυχον καθεῖσ' ὑπὲρ σφαίρας ἴχνος); praeterea sequentia, fortasse e versibus hexam. dact. huic operi alienis sumpta:

121 (68 B.)

039 Et. Gen. A *Ind. Lect. Rost.* 1891/2 p. 4 Reitz., B p. 260 Miller (Et. Mag. 702. 39)

παρὰ δέ σφι κόραι λευκίππιδες.

σφιν cod. A   -ίππιδες cod. A sec. Reitz., -άσπιδες cod. B sec. Miller

122 (30ᴮ B., Alex. adesp. 12 D.)

040 Et. Mag. 48. 39, Et. Sym. Va ibid. Gaisf. (= Hdn. II 167. 15 L.) ἀκινάγματα, οἷον·

χειρῶν ἠδὲ ποδῶν ἀκινάγματα.

τὰ τινάγματα τῶν ποδῶν μετὰ ῥυθμοῦ καὶ τῶν χειρῶν κινήματα. καὶ πλεονασμῶι τοῦ ā καὶ τοῦ γ̄ καὶ τροπῆι τοῦ η̄ εἰς ā ἀκινάγματα. Ἡρωδιανός (οὕτως Ἡρ. περὶ παθητικῶν Va).

123 (48–49 B.)

041 Et. Mag. 417. 12

ἰστέον ὅτι τὸ ἦχι οἱ Δωριεῖς ἆχι λέγουσι διὰ τοῦ ā·

(*a*)   ἆχι Λίχα μέγα σᾶμα,

τούτεστιν ὅπου τοῦ Λίχα τὸ μέγα μνημεῖον, καὶ

(*b*)   ἆχι ὁ κλεινὸς Ἀμφιτρυωνιάδας.

2 -ίδης, -ίδας codd.
ambo hexam. dact. ut vid.

124 (47ᴮ B.)

1042 Et. Mag. 420. 40

ἤδω· παρὰ τὸ ἄδω, τὸ ἀρέσκω·

ἄδον φίλον, ὅς κεν ἄδῃσι·

τὰ γὰρ ἀρέσκοντα ἡδέα.

ὥς κεν codd., corr. Sylburg, nisi ὅς κ' ἔμ' (Edmonds) praeferendum

125 (mon. adesp. 19 D.)

1043 Hephaest. *ench.* i 3, p. 2 Consbr.

Τίρυνς οὐδέ τι τεῖχος ἐπήρκεσε

---

vid. Callim. fr. incerti auctoris 760 Pf. ('Callimacho tribuit E. Diehl . . . recte opinor')

126 ((b) = 122 B., chor. adesp. 33 D.)

1044 Herodian. π. καθ. προσ. κ̄, I 523. 12 Lentz (= An. Ox. Cramer iii 283. 5)

τὸ δὲ

    (a)   στάδα λίμνην

ἤ

    (b)   κλάδα χρυσεόκαρπον

οὐχ ἕξει τινὰ εὐθεῖαν στάς (voc. om. *LSJ*) ἢ κλάς· μεταπλασμοὶ γάρ εἰσι.

στάδα λίμνην 'epici alicuius esse videtur', Bergk; idem de fr. sequ. iudicare possis

127 (33ᴬ B., chor. adesp. 2 D.)

1045 Priscian. *inst.* i 22, *Gramm. Lat.* ii 16. 19 Keil

Digamma Aeolis est quando in metris pro nihilo accipie-
bant, ut

ἀμὲς δὲ ϝειρήναν· τόδε γὰρ θέτο Μῶσα λίγεια,

est enim hexametrum heroicum.

---

legendum erat ἀμὲς δ' εἰρήναν: ϝειρήνα soloecum, etiam in *IG* 5 (i) 1509 per-
peram traditum   reliqua miris modis corrupta praebent codd., ita tamen ut
veritatem facile dispicias

alia addere possis, velut Et. Gen. B p. 180 Miller (= Hdn. II 218. 12 L.; Et.
Gud. 308. 26; An. Par. Cramer iv 55. 29, 68. 24) Καύκων θ' ἕλικας βόας (= adesp. 50
Bergk); Plut. *non posse suaviter* 13, vi 2. 145 Pohl. τοῖς Σαμίοις ὦ Μοῦσα τίς ὁ
φθόνος; Athen. iv 163 F = Cercid. 10, *Coll. Alex.* p. 212 Powell

INDICES

I. POETAE

	pp.	*nn.*		*pp.*	*nn.*
Alcman	1–91	1–177	Lycophronides	446	843–4
Anacreon	171–235	346–505	Melanippides	392–5	757–66
Apollodorus	364	701	Myrtis	371	716
Ariphron	422–3	813	Oeniades	443	840
Aristoteles	444–5	842	Philoxenus Cyth.	423–32	814–35
Callistratus	474	893	Philoxenus Leuc.	433–41	836
Castorion	447	845	Polyidus	441	837
Cinesias	398–9	774–6	Pratinas	367–9	708–13
Cleomenes	442	838	Praxilla	386–90	747–54
Corinna	325–58	654–95	Pronomus	396	767
Cydias	370	714–15	Pythermus	479	910
Diagoras	382–3	738–9	Simonides	237–323	506–653
Eumelus	361	696	Sophocles	380–1	737
Euripides	391	755–6	Stesichorus	94–141	178–281
Hermolochus	447	846	Stesichorus II	443	841
Hybrias	478–9	909	Telesilla	372–4	717–26
Ibycus	143–69	282–345	Telestes	419–22	805–12
Ion	383–6	740–6	Terpander	362–3	697–8
Lamprocles	379–80	735–6	Timocreon	375–8	727–34
Lamynthius	442	839	Timotheus	399–418	777–804
Lasus	364–6	702–6	Tynnichus	366	707
Licymnius	396–8	768–73	Xanthus	363–4	699–700

II. CARMINUM TITULI*

Ἆθλα ἐπὶ Πελίαι	Stesichorus 178		*Κατάπλους*	Corinna 662
Αἴας ἐμμανής	Timotheus 777		*Κατευχαί*	Simonides 537
Ἀργώ	Telestes 805		*Κένταυροι*	Lasus 704
Ἄρτεμις	Timotheus 778		*Κέρβερος*	Stesichorus 206
Ἀσκληπιός	Cinesias 774, Telestes 806		*Κολυμβῶσαι?*	Alcman 158
Ἀχιλλεύς	Praxilla 748		*Κύκλωψ ἢ Γαλάτεια*	Philoxenus 815
Βοιωτός	Corinna 658		*Κύκλωψ*	Timotheus 780, Oeniades 840,
Γηρυονηίς	Stesichorus 181			Stesichorus II 841
Δαναΐδες	Melanippides 757		*Κύκνος*	Stesichorus 207
Δεῖπνον	Philoxenus 836		*Κωμαστής?*	Philoxenus 825
Διὸς γοναί	Telestes 809		*Λαέρτης*	Timotheus 784
Δύσμαιναι	Pratinas 711		*Λυδή*	Lamynthius 839
Ἑλένη	Stesichorus 187		*Μαρσύας*	Melanippides 758
Ἑλένη : Παλινωιδία	Stesichorus 192		*Μελέαγρος*	Cleomenes 838
Ἐλπήνωρ	Timotheus 779		*Μέμνων*	Simonides 539
Ἑπτὰ ἐπὶ Θήβας	Corinna 659		*Μυσοί?*	Philoxenus 826
Ἐριφύλη	Stesichorus 194		*Ναύπλιος*	Timotheus 785
Ἐρυ[	(Corinna) 694 fr. 13		*Νιόβη*	Timotheus 786
Εὐρωπεία	Stesichorus 195		*Νόστοι*	Stesichorus 208
Εὐρώπη	Simonides 562		*Ὀρεστεία*	Stesichorus 210
Εὐωνυμίαι	Corinna 660		*Ὀρέστης*	(Corinna) 690
ϝεροῖα	Corinna 655		*Πέρσαι*	Timotheus 788
Ἡ ἐν Σαλαμῖνι ναυμαχία			*Περσεφόνη*	Melanippides 759
	Simonides 536		*Ῥαδίνη*	(Stesichorus) 278
Ἡ ἐπ᾽ Ἀρτεμισίωι ναυμαχία			*Σεμέλης ὠδίς*	Timotheus 792
	Simonides 532		*Σκύλλα*	Stesichorus 220, Timotheus 793
Ἰλίου πέρσις	Stesichorus 196		*Συοθῆραι*	Stesichorus 221
Ἰόλαος	Corinna 661		*Σύρος?*	Philoxenus 827
Καλύκη	(Stesichorus) 277		*Ὑμέναιος*	Telestes 808
Καρυάτιδες	Pratinas 711		*Φινεῖδαι*	Timotheus 795

* omissa sunt quae potius describunt quam nominant, velut τὸ γεγραμμένον εἰς Ἀριάνθην τὸν Ἀργεῖον et τὸ Μαντινέων ἐγκώμιον (Diagoras 738), ὕμνος εἰς Καιρόν et ἐγκώμιον εἰς Σκυθιάδην (Ion 742–3), προσόδιον εἰς Δῆλον (Pronomus 767), παιὰν εἰς τὴν Ὑγίειαν (Ariphron 813); Ἄτακτοι λόγοι et Σύμμικτα (Simonides 653, 540); similia.

557

III. INDEX VERBORUM

omissa tantum δέ, καί, τε; lemmata paucis exceptis ad normam lexici *Liddell–Scott–Jones* relata.

decurtata: Al(cman), St(esichorus), Ib(ycus), An(acreon), Sim(onides), Co(rinna), Min(ores), Pop(ularia), Scol(ia), Ad(espota). Euripideum fr. 1018 (*a*), dact. hexam. frr. 1039–45 non inclusi

ἀάνθα Al. 127
ἀάω *pass.* Ad. 924. 15 (suppl.)
ἀβακίζω *med.* An. 416. 4
ἀβακχίωτος Min. 791. 62
ἀβάλε Al. 111
   vid. etiam Al. 3. 77
Ἄβδηρα (An.) 505 (*a*)
ἁβροπάρθενος Ad. 926 (*a*) 2
ἁβρός An. 347. 1, 373. 3 (corrupt.), 461
   adv. -ῶς St. 212. 2, An. 373. 2
ἄβροτος Ad. 918 (*c*) 3 (dub. suppl.)
αγ[Ad. 1036. 5
αγα[Ad. 921 (*b*) iv 9, 932. 9
Ἀγάθαρχος vid. Sim. 510
ἀγαθός St. 222 i 4, An. 357. 9, Sim. 531. 6,
   542. 1 et 17, Co. 654 iii 17, Pop. 879
   (2) 2, 882. 1, Scol. 905. 2, 906. 2, 907.
   3, Ad. 988. 4
   (οἱ) ἀγαθοί Sim. 520. 5, Min. 749. 1,
   Pop. 873. 2, Scol. 897. 1
   (τὸ) ἀγαθόν, (τὰ) ἀγαθά An. 435, Min.
   836 (*e*) 2
   vid. etiam Co. 654 ii 34 et (Co.) 692
   fr. 7. 8
Ἀγαθωνίδης vid. Sim. 602
ἀγακλυτός Ad. 934. 14 et 23
ἄγαλμα Al. 1. 69, Ad. 936. 3
ἄγαμαι Min. 755. 1
Ἀγαμέμνων Ib. 282 (*a*) 20, Ad. 972
   vid. etiam St. 216, Sim. 549, Min. 700
ἄγαμος Min. 805 (*a*) 6
ἄγαν Sim. 542. 34
ἀγανοβλέφαρος Ib. 288. 3
ἀγανόμματος Scol. 917 (*c*) 1
ἀγανός Sim. 519 fr. 35 (*b*) 9
   adv. -ῶς An. 408. 1
ἀγάπημα Ad. 926 (*c*)
ἀγαπητός Ad. 929 (*g*) 3
ἀγαυός Ad. 953. 4
ἀγάω Al. 129
Ἀγβάτανα Min. 791. 159
ἀγγελία vid. Sim. 519 fr. 114. 3

ἄγγελος St. 209. 3, Sim. 597, Ad. 919. 9
   vid. etiam Ad. 931. 3
†ἀγγεοσελίνων An. 462
ἄγγος Al. 56. 3, Min. 791. 63
   pl. Ad. 1037. 30
   vid. etiam An. 346 fr. 4. 7, 462
ἀγείρω vid. Al. 17. 2 adnot., Ad. 925 (*c*) 12
ἀγένειος Al. 10 (*b*) 17–18
ἀγέρωχος Al. 5 fr. 1 (*b*) 4, 10 (*b*) 15
ἄγη Sim. 519 fr. 79. 9 (suppl.)
ἀγήραος, -ως Co. 654 iii 25
Ἀγησίδαμος Al. 10 (*b*) 11
Ἀγησιχόρα Al. 1 (quinquies)
Ἀγιδώ Al. 1 (quater)
ἁγίζω *med.* Al. 128
ἅγιος Sim. 519 fr. 9. 6
ἀγκάλη *pl.* Co. 660. 2, Ad. 926 (*a*) 3
ἀγκάλισμα Min. 791. 80
ἀγκυλένδετος Min. 791. 22
ἀγκύλη An. 415
ἀγκυλομήτης Co. 654 i 14–15
ἀγκύλος Sim. 541. 15 (ut vid.)
ἀγκυλότοξος vid. An. 504
ἀγλαΐζω Sim. 519 fr. 120 (*b*) 6, Min.
   851 (*b*) 1
ἀγλαός Sim. 507. 2, Min. 805 (*c*) 3, Ad.
   988. 1
αγν[Sim. 519 fr. 26. 3
ἁγνός Al. 14 (*b*), Sim. 577 (*a*) 2 et (*b*) 1,
   579. 3, Min. 735 (*a*), 791. 237, Pop.
   871. 3, Ad. 926 (*d*) 1, 929 (*d*) 2
   superl. Min. 791. 197
ἄγνυμι Min. 791. 12
   pass. Ad. 1008. 2
ἀγός Ib. 282 (*a*) 21
ἀγρεῖος Al. 16. 1
ἄγριος Al. 5 fr. 2 i 10, An. 348. 2, 362. 3,
   Min. 791. 135 et 184
   vid. etiam Min. 820
ἀγρότερος Scol. 886. 3
ἀγρότης Al. 1. 8
Ἀγχίσης vid. St. 205

559

ἄγω Al. 3. 8, An. 410. 2, Min. 708. 5, 791.
140 et 144 et 183 et 188, Pop. 848. 2,
Ad. 925 (c) 5, 938 (c), 1019. 8
med. vel pass. Co. 654 iv 43 (ut vid.),
Ad. 924. 12
ἄγε, ἄγετε Al. 14 (a) 1, 27. 1, (Al.) 174,
St. 240, (St.) 278. 1, An. 356 (a) 1 et
(b) 1, (Co.) 692 fr. 3. 4, Pop. 865. 1,
857, Ad. 925 (d) 13
ἀγών Al. 3. 8, Sim. 506. 3, (Co.) 692 fr.
19. 2 (ut vid.), Pop. 863. 1, 865. 1
vid. etiam Ib. 344
ἀδάμας Ad. 988. 1
ἄδαμος Min. 744. 1
ἀδελφή Al. 64. 1
pl. Ad. 1018 (b) 6
ἀδελφιδεός Al. 88
ἀδελφός *pl.* Ad. 1004
ἄδην Al. 20. 4
ἀδίαντος Sim. 543. 5
ἄδικος Min. 727. 5, Ad. 961
adv. -ως Min. 727. 9
ἀδινός Min. 791. 29
Ἄδμητος Min. 749 = Scol. 897. 1
ἄδολος Scol. 889. 4
adv. -ως Scol. 890. 3
ἄδυτον *pl.* Co. 654 iii 30
Ἄδων Al. 109
Ἄδωνις vid. Min. 747, Ad. 1029
ἄεθλον, ἄθλον *pl.* Sim. 519 fr. 92. 8
(suppl.), Pop. 863. 2, 865. 2
vid. etiam Min. 739
ἀεθλοφόρος Al. 1. 48, Ib. 287. 6
vid. etiam Ad. 1023. 20
ἀεί An. 440 (corrupt.), Min. 800. 1
αἰεί St. 200, Ib. 317 (b), Scol. 896. 1
αἰέν Al. 14 (a) 2, Ib. 282 (a) 46, Min.
731. 3 (coni.), Ad. 937. 11
ἠί(ν) Co. 654 i 9, (Co.) 692 fr. 1. 3
ἀείδω Al. 1. 39 et 99, 3 fr. 4. 7, 11, 14 (a)
3, 28, 29. 1, (Al.) 171, Sim. 519 fr.
4. 8, 519 fr. 55. 8, 519 fr. 84. 5, 564.
4, Co. 655. 1. 2, Min. 697, 796. 1,
810. 3, Pop. 880, Scol. 885. 1, Ad.
934. 1, 936. 2, 938 (e), 953. 3
ἄιδω An. 402 (c) 2, Co. 675 (d) (cor-
rupt.), Min. 697 (coni.)
ἀείζωος Min. 762. 2
ἀεικής *adv.* -έως Sim. 507. 1
ἀεικοίμητος Ad. 1037. 8
ἀείμνηστος Scol. 917 (b) 5, Ad. 1037. 31
ἀείρω An. 405 (corrupt.)
med. vel pass. Al. 1. 63, An. 376. 1,
Sim. 516

ἀειτ.[Ad. 932. 6
ἀελλόπους Sim. 515
ἀέναος Sim. 531. 9, 581. 2
ἀέξω Min. 791. 202
ἀεργηλός Ad. 996
ἀέριος, ἠέρ- Ad. 938 (d), 1023. 16
ἀεροβάτης Ad. 1006
ἀερόεις Min. 805 (c) 2, Ad. 925 (e) 9
ἀεροφοίτης Min. 745. 1
ἀερσίνοος Min. 744. 4
†ἀετοῖς An. 379 (b)
ἀετώσιος Ib. 326
ἀζαλέος Ib. 286. 10
ἄζομαι Al. 70 (c)
ἀηδών Ad. 964 (b)
pl. Al. 4 fr. 5. 6 (suppl.), Ib. 303 (b),
Sim. 586. 1
vid. etiam (Al.) 10 (a) 6
ἀήτης Sim. 595. 1, Min. 791. 107
Ἀθαμαντίς An. 463
ἀθαμβής Ib. 286. 11
ἀθάνατος Al. 7. 4, Sim. 519 fr. 32. 5 et 79.
6 (suppl.), Min. 842. 18, Ad. 921 (b)
(ii) 8, 937. 11 et 12
(οἱ) ἀθάνατοι Co. 654 i 17 et iii 44,
Min. 836 (e) 4, Pop. 880
vid. etiam Al. 3 fr. 13. 5
Ἀθῆναι Min. 727. 3, Pop. 868, Scol. 893.
4, 896. 4, 911
vid. etiam Al. 21
Ἀθηναῖος Al. 22
pl. Sim. 519 fr. 35 schol.
vid. etiam Sim. 519 fr. 120 (b) 3, Pop.
854
Ἀθήνη, -ηνᾶ St. 209 i 8, Sim. 519 fr. 35
(b) 3 et fr. 62. 4 et fr. 120 (b) 5, Min.
758. 1, 805 (a) 3, Scol. 884. 1, 888. 3
Ἀθηναία Al. 87 (c), (Co.) 694 fr. 1 (b) 4,
Scol. 895. 3
vid. etiam St. 195, 233, Co. 667, 668
ἄθλιος Ad. 930. 3 (suppl.)
ἀθρόος An. 347. 5
ἄθυρμα *pl.* Al. 162 fr. 3+2 (a) 6
ἀθυρμάτιον Min. 836 (e) 24
ἄθυρος Sim. 541. 2
αἰ vid. εἰ
αἶα Scol. 896. 1
αἰαῖ Scol. 907. 1
Αἰακίδαι vid. Min. 814
Αἴας, Αἶας Al. 68, 69, Ib. 282 (a) 34
(suppl.), Min. 842. 13, Scol. 898. 1,
899. 1
vid. etiam Min. 777
Αἰάτιος Sim. 511 fr. 1 (a) 2 et 4

Ἀκταίων vid. St. 236
ἀκτή Min. 791. 11 (suppl.), Ad. 939. 13,
 1027 (h)
pl. Min. 791. 98
ἀκτίς pl. Min. 800. 2
ἄκων, ἀέκων Ib. 287. 7, Sim. 541. 8, Ad.
 924. 14
ἄκων iaculum St. 179 (b)
pl. St. 243, Min. 791. 165
ἅλα.[Al. 3 fr. 5. 3
ἀλάλημαι Ad. 925 (d) 6
ἀλαλητός An. 356 (b) 2
Ἀλαλκομενεύς Ad. 985 (b) 1
ἄλαστος Al. 1. 34
ἄλγος pl. Min. 791. 185, Scol. 884. 3, Ad.
 1019. 7
ἀλέγω Al. 1. 2, Sim. 543. 15
ἀλεκτοτρόφος Min. 836 (b) 29 (dub.)
ἀλεκτρυών pl. Min. 836 (b) 35
ἀλέκτωρ Sim. 583
Ἀλεξάνδρεια Ad. 1035 col. i 4
Ἀλέξανδρος Al. 70 (b)
 vid. etiam St. 190
ἀλεξίπονος Min. 737 (b) 1
Ἄλεξις An. 394 (b)
ἀλέω Pop. 869 (ter)
ἀλήθεια Sim. 541. 5, 598
ἀληθής adv. -έως Sim. 542. 1
Ἀλθαία vid. Ib. 290, Ad. 1012
ἁλι[Sim. 519 fr. 37. 2
ἀλίβαπτος vid. (Al.) 166
Ἁλιεῖς vid. An. 353 adnot.
ἅλιος Ad. 1004
ἁλίπλοος Ad. 939. 18
ἁλιπόρφυρος Al. 26. 4, An. 447, Ad. 939. 19
ἀλιτηρός Al. 79
ἁλίτροχος Ib. 327
ἀλκα[Ad. 925 (b) 2
ἀλκή Al. 1. 15, Min. 714. 1 (suppl.), 746.
 1, Pop. 858. 1
Ἄλκηστις vid. St. 179 (a)
Ἀλκιβιάδης vid. Min. 755, 756
ἄλκιμος Ib. 282 (a) 34, An. 419. 1, 426,
 Sim. 519 fr. 32. 1, Pop. 870. 1
Ἀλκμαιονίδαι vid. Scol. 907
Ἀλκμάν, -μάων Al. 17. 4, 39. 1, 95 (b)
Ἀλκμήνη Sim. 509. 3
Ἀλκυονεύς Ad. 985 (b) 13
ἀλκυών Sim. 508. 7
pl. Al. 26. 3, Ib. 317 (a) 4
 vid. etiam St. 248
ἀλλά Al. 1. 71 et 77 et 82, 3. 65 (suppl.),
 3. 100, 16. 5, 17. 3 et 7, An. 346 fr. 11.
 7, 356 (b) 4, 366. 1, 407. 1, 424, Sim.

591, Min. 710, 712 (a) 3, 727. 1, 729. 3,
 731. 2, 746. 2, 748, 757. 3, 791. 7 et 156
 et 188 et 202 et 237, 805 (b) 1, 819 (2),
 836 (b) 7 et 24, 843. 3, Pop. 848. 19, 851
 (b) 4, 876 (a), Scol. 913. 1, Ad. 924. 16,
 925 (d) 13, 947 (a), 1014
ἀλλάσσω med. Ad. 961
ἀλλη[Ad. 931. 8
ἀλλο[Ad. 921 (b) (v) 2
ἅλλομαι Sim. 567. 4, Pop. 876 (c) 4
†ἀλλοπλατεῖς Min. 836 (b) 7
ἄλλος Al. 1. 30, 104, St. 179 (a) 2, Ib. 282
 (a) 13, An. 346 fr. 1. 2, 358. 8, 411 (a)
 1, Min. 729. 3 et 5, 755. 3, 791. 88
 (bis), 808. 1 (bis), 813. 6, 836 (b) 2 et
 6 et 10 et 11 et 32 et (e) 22, Scol.
 910, Ad. 931. 12, 995. 1 (bis), 1037.
 21 (bis) et 25
 adv. ἄλληι Min. 844. 3
ἀλλότριος Al. 4 fr. 3. 2 (dub.), Ad. 923. 4
ἄλμη Min. 791. 64 et 85, Ad. 939. 3
ἁλμυρός Al. 108
ἁλογενέτωρ Ad. 928
ἄλοξ Min. 791. 32, Ad. 939. 16
ἄλοχος St. 185. 4, Sim. 545. 2, Min. 702. 1
ἅλς Al. 89. 5, Sim. 571, 600, Ad. 1037. 2
 et 14
ἄλσος St. 185. 5, Ad. 926 (a) 2
pl. Min. 757. 3
Ἀλφειός, -εός Sim. 519 fr. 131. 4, Min.
 717. 2
 vid. etiam Ib. 323
ἀλωπεκίζειν Scol. 912 (a)
ἀλώπηξ pl. Min. 729. 5
ἀλώσιμος Ib. 282 (a) 14
ἅμα Al. 26. 3, Co. 654 i 22, Min. 791. 104,
 Ad. 929 (d) 6
Ἀμαλθία, -θεια An. 361. 1, Min. 836 (e) 4
Ἀμαρσυάδης Sim. 550 (b)
ἁμαρτάνω Ib. 310. 2
ἀμαυρόω Sim. 531. 5
ἀμάχητος Sim. 541. 9
ἀμβλύς Min. 791. 55
ἀμβόλιμος Min. 791. 64
ἀμβροσία vid. Ib. 325, Co. 654 i 36 (dub.)
ἀμβροσίοδμος Min. 836 (b) 43
ἀμβρόσιος Al. 1. 62, Sim. 577 (b) 3, Co.
 654 i 36 (dub.), Ad. 1010. 1
ἄμβροτος Sim. 519 fr. 84. 2, (Co.) 690.
 10, Min. 780. 2, Ad. 926 (a) 1, 936. 15
ἀμείβω Ib. 310. 2, (Co.) 692 fr. 6. 1
 med. vel pass. Al. 3. 64, Co. 654 iii 51,
 (Co.) 692 fr. 6. 5
 vid. etiam Ad. 1023. 14

ἀναπετάννυμι *pass.* Min. 771. 2
ἀναπέτομαι An. 378. 1
ἀναπίμπλημι Ad. 1006
ἀναπίπτω Min. 791. 9–10 (dub.)
ἀναπνοή, ἀμπνοή Min. 813. 7
ἄναρθρος Ad. 1036. 3
ἀνάριθμος Min. 791. 191, 836 (*e*) 16
ἀναρίτης *pl.* Ib. 321. 3
ἀναρρήγνυμι Min. 791. 135
ἀνάρσιος Ad. 922 (*a*) 2
ἄνασσα Al. 1. 18, 43, Scol. 884. 1, Ad. 935. 25
ἀνάσσω Al. 74, Sim. 545. 3
ἀνασταλύζω An. 395. 7
ἀναστρωφάω Min. 808. 4
ἀνασύρω An. 350
ἀναταράσσω Min. 791. 75
ἀνατείνω, ἀντείνω *med.* Sim. 509. 2
ἀνατίθημι Min. 844. 1, Ad. 1033. 2 (in tmesi)
ἀνατλάω Min. 842. 11
Ἄναυρος Sim. 564. 3
ἀναφαίνω Co. 654 i 24
ἀναχαιτίζω Min. 791. 18
ἀναχέω *med. vel pass.* An. 409
ἀναχωρέω (Al.) 162 fr. 1 col. ii (*b*) 6 (suppl.)
ἀνδάνω Al. 1. 88, 45, 56. 2
ἀνδρεία Sim. 579. 7, Pop. 873. 3
ἀνδρεῖα = συσσίτια Al. 98. 2
Ἄνδριοι vid. Sim. 519 fr. 35
ἄνεμος Sim. 519 fr. 46. 2 (fort.), 543. 3 et 15
pl. Sim. 595. 2, Ad. 925 (*e*) 6, 998. 2, 1006
vid. etiam Sim. 535
ἀνεμοτρεφής Sim. 612
ἀνεμώκης Ad. 958
ἀνεπιδόκητος Sim. 527. 2
ἄνευ Sim. 526. 1, 542. 3, (Co.) 692 fr. 1. 6
ἄνευθεν Sim. 519 fr. 61. 2
ἀνέχω Ad. 985 (*b*) 3, 1037. 7
ἀνεψιά Al. 1. 52
ἄνη Al. 1. 83
ἀνήλατος An. 468
ἀνηλής Al. 102 (corrupt.)
ἀνήμερος An. 348. 7
ἀνήρ Al. 5 fr. 2 i 10, 15, 16. 1, 79, 104, 107, St. 209 i 7, 245, Ib. 282 (*a*) 25, An. 434. 1, Sim. 519 fr. 27. 2 et fr. 80. 6 et fr. 84. 4, 521. 2, 542. 1 et 14 et 17 et 36, Min. 727. 3, 732. 1, 763, 791. 41, Scol. 889. 4, 890. 1, 895. 4, 908. 1, 911

pl. Al. 5 fr. 2 i 10, 56. 4, St. 210. 2, 266, Ib. 282 (*a*) 21, An. 348. 6, Sim. 531. 6, (Co.) 692 fr. 7. 7 (suppl.), Scol. 906. 2, 907. 2, Ad. 946. 2, 988. 4
ἄνητον An. 496
ανθ[Al. 4 fr. 1. 4, Sim. 519 fr. 5 (*b*) 4
ἀνθεμόεις An. 396. 1
ἄνθεμον vid. Ad. 923. 2 adnot.
Ἀνθεστήρια Pop. 883
ἀνθέω Al. 90, Ad. 929 (*d*) 5, 1003. 3
ἄνθος Al. 26. 3, 92 (*b*), An. 414, Sim. 550 (*a*) 2, Min. 843. 4
pl. Al. 58. 2, Ib. 288. 4, An. 346 fr. 11. 20 (fort.), Sim. 581. 2, (Co.) 690. 11, 692 fr. 1. 8, Min. 791. 208, Ad. 926 (*a*) 1, 929 (*b*) 5 et (*e*) 4
vid. etiam Sim. 519 fr. 1. 4
ἄνθρωπος Sim. 521. 1, 542. 24, Scol. 913. 1, Ad. 988. 2
pl. Al. 1. 16, 2 (ii), St. 245, Ib. 310. 2, Sim. 519 fr. 79. 9 (suppl.), 520. 1, 525, 527. 2, Min. 731. 3, 744. 5, 757. 1, 813. 4 et 6, Pop. 880, Ad. 985 (*b*) 3, 995. 2
ανι[Sim. 519 fr. 91. 1
ἀνία Ad. 1037. 7
ἀνίημι *med. vel pass.* Min. 712 (*a*) 2
Ἄνιος vid. Sim. 537
ἀνίστημι *med.* Pop. 853. 2
ἀνίψαλος St. 249
Ἀννίχωρος Al. 150
ἀνοίγνυμι, -οίγω Pop. 848. 18 (bis)
αντ[Co. 654 iv 22
ἄντα Al. 41
ἀντί Al. 1. 98, (Al.) 7. 17, (Co.) 692 fr. 3. 4 (ut vid.), Pop. 858. 1, Ad. 961
Ἀντιγόνη vid. Min. 740
ἀντίθεος St. 228
ἀντιθύω *pass.* Min. 823
ἀντίος Min. 791. 2 (dub.)
adv. ἀντία Ib. 311 (*b*), Sim. 581. 4
Ἀντίοχος Sim. 528
ἀντίπαλος Min. 806. 3
ἀντιπέρας St. 184. 1
ἀντιπνέω Min. 846. 5
Ἄντισσα Min. 791. 227
ἀντίτοιχος Min. 791. 11
ἀντιφάω Ad. 925 (*a*) 4 (ut vid.)
ἀντολία, ἀντελ- (Co.) 694 fr. 2. 3
ἄντρον Co. 654 i 14, Min. 791. 111, Ad. 925 (*e*) 16
pl. Ad. 936. 8, 1037. 9
ἀνυβρίστως vel -ιστί An. 356 (*a*) 5 (coni.)
ἄνυδρος Ad. 929 (*e*) 3 (suppl.)

ἀρύω Sim. 577 (b) 2
  pass. Sim. 577 (a) 1
αρχαι.[Ad. 921 (b) (ii) 20
† Ἀρχεβρου Ad. 990
Ἀρχέμορος vid. Sim. 553
ἀρχεσίμολπος St. 250
ἀρχή Al. 125, Min. 698. 1 et 2, 813. 4,
  Ad. 1019. 1
ἀρχηγός Co. 655. 1. 13 (suppl.)
ἄρχω Al. 10 (b) 8, 14 (a) 3, 27. 2, 87 (e),
  (St.) 278. 1, Ib. 282 (a) 21, Min. 796.
  4, Pop. 863. 1
  med. Al. 29. 2, Min. 737 (b) 2, Ad. 938
  (d) et (e), 947 (b), 985 (b) 17
ἄρχων Min. 845. 2
ασ.[Al. 3 fr. 19. 3
ἄση pl. An. 347. 8
ἄσημος An. 403. 1
ἆσθμα Min. 791. 82
Ἀσία Al. 3 fr. 23. 2 (suppl.)
Ἀσιάς Min. 791. 147 et 169
ἀσινής Ib. 330. 2, Ad. 1037. 24
ἄσκαφος Min. 710
Ἀσκληπιός Ad. 934 (ter), 937. 5
  vid. etiam St. 194, Min. 737, 774,
  806, 807
ἀσκός Ad. 997. 6
ἆ(ι)σμα (Co.) 692 fr. 19. 3 (dub.)
ἄσμενος Al. 79 (corrupt.)
ἀσπάσιος St. 222 i 2, Ad. 929 (e) 4
  adv. -ως Co. 654 iii 48
  vid. etiam Sim. 511 fr. 1 (b) 4, 519 fr.
  32. 6
ἀσπίς Ib. 282 (b) fr. 4. 5, An. 381 (b), 388.
  4
  vid. etiam Co. 667
ἄσσα An. 346 fr. 1. 11
ἆσ]σον Al. 3 fr. 3. 80
Ἀσσός Al. 153
Ἀσταφίς Al. 1. 74
ἀστεμφής An. 367. 2
Ἀστερίς Ad. 957
ἀστερομαρμαροφεγγής Ad. 927
Ἀστεροπαῖος (An.) 501. 6
ἀστερωπός Ad. 936. 12
ἀστήρ Al. 3. 66, Min. 745. 2
ἀστιβής Ad. 939. 17
ἀστός pl. An. 371. 2
ἀστράβη An. 469
ἀστραγάλη pl. An. 398
ἀστράγαλος pl. An. 388. 2
ἀστράπτω Ad. 988. 2
ἄστρον Al. 1. 63
  pl. Min. 747. 2, 803. 1, Ad. 962 (b)

ἄστυ Ib. 282 (a) 2, An. 353. 3, 448, Min.
  791. 117, Ad. 1037. 10 et 20
  pl. Al. 3 fr. 23. 5 (dub.)
Ἀστυάναξ vid. St. 202
Ἀστυδάμεια vid. Sim. 554
Ἄστυλος vid. Sim. 506
Ἀστυμέλοισα Al. 3. 64, 73
Ἀσωπός Co. 654 ii 26 (suppl.) et iii 48
  (suppl.)
  vid. etiam Ib. 322
ἄτακτοι λόγοι vid. (Sim.) 653
ἀτάρ St. 222 i 3
Ἀταρνεύς Min. 842. 15
Ἀταρνίς (Al.) 10 (a) 15
ἀτα[σθαλία (Al.) 7. 17
ἀτάσθαλος vid. An. 445
ἄτε Al. 1. 62
ἀτέκμαρτος Min. 846. 1
ἀτελής Sim. 541. 3
  superl. St. 244
ἄτερ Sim. 584. 1 et 4, Scol. 884. 3
ἀτερπής Sim. 543. 10
ἄτερπνος vid. St. 251, Ib. 328
ἄτη, ἀνάτα Ib. 282 (a) 8, Ad. 973
ἀτιμάω Min. 791. 212
ἀτιτάλλω An. 346 fr. 1. 6, Sim. 519 .fr.
  96. 4
Ἄτλας Sim. 555. 3
  vid. etiam Sim. 556, Min. 837
ἀτμίζω Min. 836 (b) 15
ἀτραπός, ἀταρπ- Al. 102
ἀτρέκεια Co. 654 iii 43
Ἀτρεύς Ib. 282 (a) 22
ἀτρύγετος St. 209. 4
ἄτρυφος Al. 56. 6
ἀτυχία Ad. 929 (f) 4
αὖ Al. 137, St. 222 ii 8, Ib. 282 (b)
  fr. 4. 6, An. 412 (codd.), Sim. 524, Ad.
  924. 2
ἀυάτα vid. ἄτη
αὐγάζομαι Pop. 870. 2
αὐγή Ad. 925 (a) 3
  pl. Min. 771. 2, 804, 836 (b) 3, 842. 16
αὖθις Min. 805 (a) 3
  αὖθιν (Ib.) 341 (b)
αὐλακίζω pass. Min. 710
αὐλέω Al. 126, Pop. 878
Αὐλίς Ib. 282 (a) 27
  vid. etiam St. 217. 25 seqq.
αὐλοβόας Min. 737 (b) 3 (suppl.)
αὐλός Min. 708. 6, Ad. 947 (b)
  pl. An. 375. 2, Min. 806. 1, 810. 1,
  Ad. 1009. 3
  vid. etiam Co. 668

αὐξάνω, αὔξω Min. 842. 18 et 20
med. vel pass. Ib. 286. 5, Min. 804
ἄυπνος Ib. 303 (*b*)
αὔρα Min. 791. 81, 806. 4, 846. 5, Ad.
    923. 1, 925 (*d*) 9
pl. Min. 791. 60 et 133
αὔριον Sim. 521. 1
    Αὔριον Sim. 615
αὖσιος Ib. 293
αὐτάγητος An. 470
αὐτάρ Ad. 1037. 4
αὐταρκής Ad. 988. 3
αὖτε Al. 69 (dub.), (Al.) 174, St. 193. 9,
    Ib. 287. 1, Min. 697 (coni.)
vid. etiam δηὖτε
αὐτεῖ vid. αὐτοῦ
ἀυτή Min. 791. 100
αὐτίκα Co. 654 i 19, Min. 791. 130 et 164,
    Ad. 922 (*a*) 12, 933
αὖτις Min. 697, 791. 151 et 155
αυτο[Co. 654 iii 9
αὐτοδαής Min. 738 (1) 3
αὐτόματος Ad. 924. 8
αὐτός *ipse* Al. 1. 45 et 85, St. 242, Ib.
    298. 3, Min. 836 (*b*) 21
    ὁ αὐτός *idem* Scol. 905. 1 et 2
pron. St. 200, An. 395. 10, 437, Sim.
    509. 2, 526. 3 (dub.), Min. 791. 195,
    836 (*b*) 30 et (*e*) 24, Ad. 929 (*b*) 1
vid. etiam Al. 1. 33, 4 fr. 4. 9, 10 (*b*)
    16, 129, St. 209 i 9, Min. 737 (*b*) 7,
    757. 2, 829. 1, Ad. 925 (*f*) 14
αὐτοῦ, -εῖ: αὐτεῖ Al. 1. 79, 10 (*b*) 16 (coni.),
    (Co.) 692 fr. 7. 5
αὐτοφον- (Co.) 690. 2 (dub.)
αὔτως Al. 1. 93 (suppl.), An. 388. 12
αὐχήν An. 347. 2, 388. 7, Min. 791. 73,
    Ad. 922 (*a*) 11 (suppl.)
αὐχμηρός An. 347. 4, Ad. 985 (*b*) 15
αὐχμός Ad. 1037. 14
αὔω Sim. 519 fr. 32. 4, 608 fr. 1. 11, Co.
    654 i 25, Min. 787
vid. etiam Ad. 929 (*b*) 2
ἀφαιρέω, -εῖλον Ad. 931. 5 (ut vid.)
ἀφανής Scol. 903. 2
ἀφανίζω Ad. 950 (*c*)
Ἀφαρεύς vid. St. 227
Ἀφα[ρητιαδ- Al. 7. 11
ἄφθιτος Ib. 282 (*a*) 47, Sim. 523. 3, Ad.
    1016
ἄφθονος Min. 836 (*e*) 17
Ἄφιδνα vid. Al. 21, 22
ἀφίημι Sim. 519 fr. 24. 2
ἀφικνέομαι St. 185. 3

Ἀφροδίτη Al. 1. 17, 58. 1, An. 346 fr. 4.
    6, 346 fr. 9. 2 (dub.), 357. 3, Sim.
    541. 10, 575. 1, Min. 813. 5, Pop.
    872. 2, Ad. 1013
vid. etiam Al. 5 fr. 2 i 4, St. 200, Min.
    752
ἀφρός Min. 780. 2, 791. 61
ἄφρων Ad. 987 (*b*)
ἄφυκτος Sim. 520. 4
Ἀχαιμενίδαι Ad. 932. 11
ἀχαΐνη Pop. 847
Ἀχαιοί St. 222 ii 4, Ib. 282 (*a*) 31, Min.
    791. 236
ἀχάλινος Ad. 1037. 17
Ἀχελῶιος Scol. 917 (*c*) 5
Ἀχέρων Min. 731. 3, 759. 2, 770 (*b*)
Ἀχίλλειος, -ήιος Ad. 1015
Ἀχιλλεύς, Ἀχιλεύς Ib. 282 (*a*) 33, Min.
    842. 13, Scol. 894. 3, 898. 2, 899. 2
vid. etiam St. 217. 25 seqq., 234, Ib.
    291, Sim. 557 seq.
ἄχνη Sim. 543. 13 (coni.), Min. 791. 84
ἄχομαι Ad. 924. 7
ἄχορδος Ad. 951
ἀχόρευτος Min. 805 (*b*) 1
ἄχος Al. 116
    pl. Min. 759. 2 (coni.), 770 (*a*) et (*b*)
ἀψεύδεια Co. 654 iii 31
ἄωρος Scol. 884. 4
ἀωτέω Sim. 543. 8
Ἀῶτις Al. 1. 87

βα[Ad. 1035 col. i 5
βαδ[St. 209. 4
Βαδᾶς vid. Sim. 539
βαδίζω Pop. 851 (*a*) 4
βαθμός *pl.* Min. 836 (*b*) 15
βαθυ[Sim. 519 fr. 41 (*a*) 1
βαθύδενδρος Ad. 1009. 1
βαθύκολπος Min. 843. 2
Βάθυλλος vid. An. 402, 471, 503
βαθύπολος Ad. 925 (*e*) 20
βαθύπορος Ad. 925 (*c*) 9
βαθύς Sim. 543. 14
    comp. -ύτερον Min. 791. 111
βαθύσκιος Ad. 926 (*a*) 2
βαίνω Al. 1. 30, St. 185. 5, 192. 2, Ib.
    287. 7, An. 452, 458, Sim. 519 fr. 73
    (*b*) 2 (suppl.), Co. 654 iii 20, 664 (*a*)
    3, Min. 727. 8, 755. 5, Ad. 926 (*e*) 1
    (bis), 929 (*e*) 2, 936. 7
vid. etiam Al. 3. 102 (fort. βᾶ)
βαιός Ad. 970
βακχ[Ad. 931. 4

δο.[Sim. 519 fr. 4. 12, Ad. 1024. 8
δοάν vid. δήν
δοκεύω Ad. 925 (e) 17
δοκέω Al. 1. 45, 79, St. 219. 1, An. 346
  fr. 1. 4, 417. 2, Sim. 598
δοκιμάζω pass. Ad. 988. 2
δόκιμος Ad. 934. 23
δολερ[(Co.) 693 fr. 5 (a) 2
δολι⟨ο⟩μήτης Ad. 925 (d) 2 (nisi δολομ-)
δόλιος Ad. 939. 18
δολιχ.[Ad. 925 (e) 3
δολομήδης Sim. 575. 1
δολομήχανος Sim. 575. 2
δολοπλόκος Sim. 541. 9, Ad. 949
  vid. etiam Ad. 919. 7
δόλος Scol. 903. 2
δόμος Al. 1. 20, 45, Ad. 930. 8
  pl. Al. 3 fr. 17. 3, St. 209 i 6, Co. 654
  iii 20, 679, Min. 791. 178, 842. 14,
  Ad. 978 (a), 997. 7, 1037. 24
  vid. etiam Ad. 1024 col. i 8
δονακοτρόφος Co. 684
δόναξ Ad. 1033. 2
  pl. Sim. 519 fr. 56. 3
δονέω Min. 791. 209
  pass. Co. 675 (e)
δόξα Min. 791. 67
δορατοφόρος Ad. 1027 (b)
δορίμαχος Min. 789
δόρκος Al. 133
δόρυ iaculum Al. 68, Sim. 564. 1, Pop.
  856. 4, Scol. 909. 1 et 6, 917 (b) 4,
  Ad. 922 (a) 3, 1015
  navis Sim. 543. 10
  = ποδοκάκκη An. 388. 7
  lignum Co. 675 (a)
Δορυκλῆς vid. Al. 73 (dub. coni.)
δορύπυρος Ad. 962 (b)
δουλεία, -ηίη An. 419. 2
δουλεύω Sim. 613
δουλοσύνη Min. 746. 3
δράκαινα Ad. 931. 10
δράκων Al. 1. 66, St. 219. 1
δραμεῖν vid. τρέχω
δρέπω med. Ad. 925 (e) 18
δρομάς Ad. 1030. 1
δρομεύς pl. vid. Sim. 506
δρόμημα Ad. 931. 7
δρόμος An. 417. 4, Ad. 921 (b) iv 18,
  925 (a) 2
δροσερός vid. Min. 820
δροσόεις Sim. 519 fr. 52. 5
δρόσος pl. Scol. 917 (c) 5
δρυμός pl. Min. 805 (a) 2

Δρύοπες St. 222 ii 8
δρύπτω pass. Min. 791. 166
δρῦς Ad. 929 (d) 2
  pl. Pop. 850
δρυφέω med. vel pass. Al. 95 (a)
Δυμαίναι Al. 4 fr. 5. 4, 10 (b) 8
  vid. etiam Al. 5 fr. 2 i 24
δύναμαι Al. 26. 2, Min. 836 (b) 25 (cor-
  rupt.), Scol. 891. 2, Ad. 986
δύναμις Min. 842. 12
δυνατός Sim. 541. 14, 542. 22
δύο Co. 654 iii 15
δυσάμβατος Sim. 579. 2
δύσαυλος Ad. 985 (b) 9
δύσβατος Sim. 579. 2 (v.l.)
δυσε[Ad. 921 (b) iv 6
δυσέκφευκτος Min. 791. 119 et 129
δυσέλπιστος Ad. 988. 1
Δύσηρις Sim. 528
δυσμ[Al. 4 fr. 4. 8
δυσμάχητος Ad. 959. 2
δύσ]μορος Ad. 921 (b) iv 10 (dub.
  suppl.)
δυσο]μβρία Min. 791. 43 (dub.)
δυσόφθαλμος Min. 805 (a) 3
Δύσπαρις Al. 77
δυσποτ[An. 346 fr. 7. 4
δυσφορέω Ad. 924. 3
δυσω[Ad. 931. 12
δύω Pop. 871. 5, Ad. 976. 1
  med. Sim. 594
δυωδεκατειχής Min. 791. 235
δω[Co. 654 ii 14
δώδεκα Ad. 929 (b) 4
δῶμα Ad. 923. 2 (ut vid.), 925 (e) 11
δωριάζω An. 399
Δώριος Sim. 519 fr. 53. 9 (fort.), Min.
  708. 16
  vid. etiam Ad. 930. 1
Δωρίς Min. 806. 3
δῶρον Al. 59 (b) 2, Sim. 602. 2
  pl. Al. 1. 25, An. 346 fr. 11. 8, (Co.)
  690. 5, Min. 794, Ad. 959. 2

ἑ, μιν, νιν:
  ϝε Al. 1. 41, ἑοῦς Co. 662. 2, ἑίν Co.
  681, (ϝ)οι St. 181. 2, Ib. 298. 4,
  (Co.) 694 fr. 2. 4 (dub.), Ad. 922 (a)
  12 (ut vid.), 965. 1
  μιν Sim. 508. 4, 519 fr. 62 (b) 3 et 92. 8,
  579. 3, Min. 842. 18, Ad. 1010. 1,
  1015
  νιν Al. 1. 44, 73 (coni.), Ib. 287. 5,
  321. 3, Sim. 541. 8, Co. 654 i 16 et

25 et 34 (suppl.), (Co.) 692 fr. 7. 8
(ut vid.), Min. 791. 227 (coni.) et
234, 805 (a) 5, Pop. 848. 16, Ad.
926 (e) 2
vid. etiam Sim. 519 fr. 53. 10
ἐανός Scol. 917 (c) 7
ἔαρ, ἦρ:
  ἔαρ Sim. 519 fr. 35 (b) 5 et fr. 55. 7
  (suppl.), 597, (Co.) 690. 11
  ἦρ Al. 20. 3, St. 211, 212. 3, Ib. 286. 1
ἐαρινός, εἰαρ- Sim. 581. 2, 586. 2
ἐαριτίς Sim. 519 fr. 77. 2
ἐάω Al. 1. 45, An. 389, 412, Pop. 848.
  13
εγ[Ib. fr. 282 (b) fr. 4 ii 8, Co. 654
  iii 1
ἐγείρω Ib. 303 (b), 995. 1
ἐγερσιβόας Min. 737 (b) 2
ἐγκαθιδρύω pass. Min. 836 (e) 5
ἐγκατακνακομιγής Min. 836 (e) 12
ἐγκεράννυμι Scol. 917 (b) 1
ἐγκλείω Min. 791. 78
ἐγκρατής adv. -έως Ib. 286. 12
ἐγκρίς pl. St. 179 (a) 1
ἐγκύμων Ad. 939. 3 (coni.)
ἐγρεκύδοιμος Min. 735 (b)
ἔγχελυς vid. Min. 836 (b) 8
ἐγχερρίθετος Ad. 918 (c) 3
ἐγχέω An. 356 (a) 3, Min. 780. 1 et 3,
  Scol. 906. 1
ἔγχος (Co.) 692 fr. 5. 6
ἐγώ, ἐγών, ἰών(η), ἰώνγα nom. Al. 1. 2 et
  39 et 85 et 87, 3. 81 (suppl.), 29.
  1, 43, (Al.) 162 fr. 1 ii (a) 2 et (b)
  4, St. 209 i 10, An. 347. 8, 359. 1,
  361. 1, 416. 1, 433. 1, 437, Sim.
  519 fr. 84. 12, 542. 21 et 36, 639,
  Co. 654 ii 23, 655. 1. 12, 664 (a) 2
  et (b) 1, (Co.) 695 (a), Min. 727.
  2, 729. 4, 747. 1, 758. 4, 791. 157
  (bis) et 213, 836 (b) 25 et 38, Pop.
  875, Scol. 904. 2, Ad. 924. 16
  (suppl.), 957, 976. 4, 1024. 3
gen. ἐμοῦ St. 210. 1
  ἐμοῦς Co. 682
  μου An. 418, 421
dat. ἐμοί Ib. 286. 6, 311 (b), An. 367. 1,
  378. 2, Sim. 608 fr. 1. 17, Scol.
  912 (b), Ad. 924. 13
  ἐμίν Min. 836 (b) 19 et 23
  μοι Al. 1. 74, 58. 2, 106, Ib. 282 (a)
  10, An. 411 (a) 1, 420, Sim. 542.
  11, 543. 27, Min. 697, 762. 1, 791.
  150, 813. 2, 844. 3, Pop. 852. 1

(ter), Scol. 902. 1 et 2, 909. 1, Ad.
  925 (d) 13, 934. 19, 935. 3, 938 (e),
  947 (b), 960. 2, 978 (b)
acc. ἐμέ Al. 1. 43, 48, 171, An. 402 (c),
  Min. 708. 3 (bis), 758. 4 (dub.),
  853. 4
  με Al. 1. 77, 3. 1 et 8 et 64, 26. 1, 59
  (a) 1, 116, Ib. 287. 1, 317 (b), An.
  347. 16, 354. 1, 358. 1, 389, 412,
  413. 1, 417. 1 et 2, Sim. 571, Co.
  655. 1. 1, Min. 787, 791. 107 et 130
  et 153 et 188 et 206, 824, Scol.
  900. 2, 901. 2, Ad. 924. 11, 925 (d)
  4 (ut vid.), 938 (a), 939. 12 et 18,
  955. 1
ἔδνον Co. 654 iv 16 (ut vid.)
ἕδρα pl. Ad. 1019. 2
ἔδω Al. 42
ἐελδώ Ib. 318 (a)
ἐέλδωρ Ib. 318 (b)
ἐθελόπορνος pl. An. 388. 5
ἐθέλω Ad. 924. 12
ἔθνος pl. Min. 791. 138
ἔθος Scol. 905. 1
εἰ, αἰ Al. 1. 46, 3. 77 et 79, 37 (a), 50 (a),
  81, (Al.) 162 fr. 1 ii (a) 2, An. 347. 16
  (suppl.), 387, Sim. 541. 1, 542. 18,
  543. 18, 604, Min. 727. 1, 791. 7 et 11
  et 122, 813. 3 et 6, Pop. 848. 13 (bis),
  870. 2, Scol. 891. 2, 906. 2, Ad.
  1024. 6
vid. etiam εἴθε, εἴπερ
εἰ.[Al. 3. 95, Sim. 519 fr. 57. 2 et fr.
  137. 3
εἷα Min. 819 (2)
εἶδον Al. 3. 79, 47, St. 209 i 1 et 11, An.
  386, Sim. 519 fr. 40. 2, 519 fr. 92. 8
  (suppl.), 521. 2, Co. 655. 1. 20 et 4.
  3, Ad. 925 (e) 17, 929 (g) 4, 958,
  1019. 7
ἰδού Min. 708. 14
εἶδος Al. 1. 58, Ib. 282 (a) 5, Sim. 555. 4,
  Min. 791. 136
vid. etiam Min. 757. 1 adnot.
εἴθε, αἴθε Ib. 282 (b) fr. 5. 4, Scol. 889. 1,
  900. 1, 901. 1, Ad. 938 (f)
εἴκοσι(ν) An. 374. 1, Sim. 559. 1, Min.
  780. 3
εἴκω Al. 83, Sim. 519 fr. 79. 12, Co. 654
  iii 44
ειλ[Min. 737 (b) 5
Εἰλατίδης St. 222 i 9
εἷλον Al. 3. 75, Co. 654 i 23 et 26
  med. Sim. 531. 7, Co. 654 iii 21, 660. 2

575

εἴλυμα An. 388. 4
εἰμί praes.: εἰμί An. 371. 1; εἰς An. 346 fr.
2. 1, 389; ἐστί(ν) Al. 1. 36, 58. 1,
St. 192. 1, An. 358. 5, 395. 9, Sim.
526. 3, 527. 1, 579. 1, 581. 5, 582,
Min. 708. 7, Pop. 848. 16, Scol.
909. 1, Ad. 932. 9, 960. 2; ἐσμέν
Min. 848. 19; εἰμές Min. 870. 2;
ἐστέ An. 425. 1; ἐντί, Al. 38. 2,
Min. 729. 3 et 5; εἰσίν An. 398;
ἐνθί (Co.) 692 fr. 3. 9
fut. ἔσσεται Sim. 521. 2, Scol. 896. 1;
ἔσται Sim. 603, 608 fr. 1. 28, Min.
791. 186; ἐσσόμεσθα Pop. 870. 3;
ἔσσονθη Co. 654 iii 24; ἐσσομένου
Ad. 922 (a) 9; ἔσσεσθαι Ad. 922
(b) 1
impf. (2 sing.) ἦς Al. 16. 1, An. 367. 1;
ἦσθα Co. 657, Min. 802. 1
(3 sing.) ἦν Al. 4 fr. 3. 5 (dub.),
Sim. 543. 18, Min. 796. 4, Scol.
889. 1, 910; ἦς Min. 836 (b) 11 et
(e) 10 et 18; εἶς Co. 654 iv 40
(dub.); ἦσκε Al. 74
pl. ἦμες Min. 870. 1; ἦσαν An. 426,
Ad. 985 (b) 4; ἔσαν Scol. 907. 4
infin. εἶναι An. 438, Scol. 894. 2;
ἔμμεναι Sim. 542. 13 et 15, Min.
708. 9; ἔμμεν Scol. 892. 3; ἦμεν
Al. 1. 45, Min. 836 (b) 38
pcp. ἐών Sim. 521. 1; ἔντα Ad. 980;
ἐόντα Min. 727. 5; ἐόντες Min.
760. 2, Ad. 937. 11
opt. εἴην Al. 26. 2, 115; εἴη Al. 81
ἔστι = ἔξεστι Al. 20. 5, 118, Ib. 313,
Sim. 542. 15, Scol. 912 (a)
εἶμι An. 381 (a), Ad. 974, ἴῃ Ad. 1020. 2,
ἴωμεν Min. 868, ἴομες Al. 5 fr. 2 i 13,
ἴμεν Al. 3. 8, ἰοῖσα Al. 3. 80 (suppl.),
ἴθι (Co.) 694 fr. 11. 6, Ad. 993, 1031,
1033. 1, ἴτε Min. 791. 188, ἤιμεν Min.
836 (b) 39, ἤισαν (Al.) 162 fr. 1 ii (b)
13
εἴπερ Min. 836 (b) 23
εἶπον Al. 1. 85, 106, Ib. 282 (a) 26, An.
347. 13, Sim. 543. 7, Min. 758. 3, 802.
2, Ad. 924. 6, 1010. 1
εἴργω Min. 791. 215
εἰρήνη Al. 1. 91, Min. 791. 240
Εἰρήνη Ad. 1018 (b) 7, 1021. 1
εἰριπόνος Sim. 618
εἰς, ἐς ante voc., ἔς Al. 1. 16 et 73, (Al.)
174, St. 185. 5, Ib. 282 (a) 37, 287.
3 et 7, An. 347. 4, 375. 2, 381 (a)

(coni.), 395. 10, Sim. 507. 2, 542. 22,
579. 7, Min. 791. 188, Ad. 999. 1,
1005. 3, 1037. 10 et 19 et 29
ante voc., εἰς Min. 727. 8, 833, Pop.
868, Ad. 939. 18, 1031
ante cons. Al. 3. 101 (dub.), An. 347. 6,
376. 2, Sim. 519 fr. 47. 2 et fr. 70. 1
et fr. 79. 12, 523. 4, 541. 14, 545. 1,
Co. 654 i 21 et ii 32 et iii 20 et iv 9
et 13 et 38, Min. 709, 791. 63 et 174,
836 (b) 39, Pop. 871. 2 et 4, 876 (c) 4,
Scol. 898. 2, 899. 2, 900. 2, Ad. 926
(e) 1, 935. 15 et 19, 936. 7 et 12,
938 (b) 939. 12, 1037. 8 et 14
vid. etiam Sim. 600
εἷς, μία vel ἴα, ἔν Sim. 519 fr. 79. 12 (vid.
adnot.), 522. 1, Co. 654 iii 17, Min.
727. 4, 780. 1
vid. etiam μηδείς, οὐδείς
εἰσαναβαίνω Min. 781
εἰσβάλλω Ib. 287. 4 (coni.), An. 347.
17
εἰσέρχομαι, -ῆλθον Min. 836 (b) 28, Ad.
924. 5 (dub.)
εἰσκαθοράω An. 348. 6
εἰσκαταβαίνω St. 185. 1
εἰσοράω, -εἶδον Min. 791. 174, Pop. 853.
6, Scol. 889. 3, Ad. 935. 9
med. Min. 791. 172
εἰσφέρω Min. 836 (b) 1 et (e) 2
εἴσω, ἔσω Min. 727. 7 (coni.), 829. 2,
Pop. 848. 15
εἶτα Min. 836 (a) 3 et (b) 30 et (e) 20
εἴτε Ad. 950 (a), 985 (b) (quater)
ἐκ, ἐξ Al. 1. 90, 5 fr. 2 ii 3, 29. 2, St. 209
ii 3, 219. 2, Ib. 282 (a) 22, 286. 3, An.
346 fr. 1. 8, 385, 411 (a) 2, Sim. 517,
523. 2, 543. 24, 564. 3, 567. 4, 577 (b) 3,
Co. 654 iii 25 et 28 et 34 et 35, 676
(a), (Co.) 690. 10, Min. 791. 94 et 165
et 236, Pop. 848. 7, Scol. 891. 1, Ad.
918 (a) 1, 953. 2, 965. 2, 979, 997. 2,
999. 2, 1019. 4, 1037. 9 et 13
Ἑκάβη vid. St. 198, Sim. 559, Ad. 965
ἑκάς Min. 791. 215
ἕκαστος Ib. 282 (a) 26, An. 434. 1, Scol.
889. 1
Ἑκάτη vid. St. 215
ἑκατηβόλος Sim. 511 fr. 1 (a) 6, Min.
697, 791. 237
vid. etiam (Co.) 692 fr. 5. 2 adnot.
ἑκατόν An. 361. 3
Ἕκατος Al. 46, Sim. 573, Ad. 934. 2,
950 (b)

†ἐμπορικός St. 272
ἐμπρέπω Ad. 936. 11
ἐμπρίω Min. 791. 69
ἐμφύω Sim. 538
ἐν ante voc., ἔν Ib. 285. 4, 288. 4, An. 356
(b) 5, 408. 2, 436, Sim. 506. 3, 543.
10, (Co.) 690. 11 (ut vid.; metr. in-
cert.), Min. 701,731. 2,731. 3 (codd.),
757. 3, 791. 27 et 226, 810. 1, 836 (a)
2, 842. 4 et 11, Scol. 885. 2, Ad. 929
(b) 3, 937. 13, 970, 987 (b), 1019. 7,
1035 col. ii 6, 1037. 30
ante voc. ἔν An. 388. 2
ante cons. Al. 1. 2 et 47 et 95, 14 (c),
15, 19. 3, 56. 1 et 5, 89. 5, 98. 1, St.
184. 3, 192. 2, 222 i 3, An. 346 fr. 1.
10, 386, 388. 7 (bis), 409, 413. 2,
431. 1, Sim. 519 fr. 55. 5 et fr. 124.
3, 520. 3, 531. 1, 543. 2 et 17, 608
fr. 1. 21, Co. 654 i 34, (Co.) 692
fr. 1. 2, Min. 731. 1, 759. 1, 791. 73,
836 (b) 6 et (d) 2 et (e) 4 et 9, Pop.
874 (bis), 876 (c) 1, Scol. 886. 1, 891.
3, 893. 1, 894. 2, 895. 1 et 3, 905. 2,
908. 2 (bis), Ad. 926 (d) 2, 929
(h) 1, 934. 5 et 6, 959. 1, 967, 988.
1, 1009. 2, 1019. 8
ἐνί Min. 748, Pop. 873. 4 (coni.), Ad.
939. 14
vid. etiam Al. 79, An. 424, Sim. 519
fr. 78. 9, 526. 3, 590, 605, Min.
846. 4
ἐν[Sim. 519 fr. 117 ii 5, (Co.) 692 fr. 7. 9,
Ad. 925 (a) 2
ἐναγώνιος Sim. 555. 1
ἐναίρω Ib. 282 (a) 2
ἐναλίγκιος Min. 836 (e) 6
ἔναλος Min. 791. 98, Ad. 939. 9
ἐναντίος adv. -ον Sim. 509. 2
'Ενα]ρσφόρος Al. 1. 3
ἔνδεκα Al. 1. 98
ἐνδεκακρούματος Min. 791. 230
ἔνδοθεν Sim. 579. 6
'Ενδυμίων Ad. 1037. 6
vid. etiam Ib. 284, Min. 771
†ἐνεῖδος Min. 757. 1
ἔνειμι Min. 836 (b) 10
ἔνεκα, -κεν, εἶν- An. 402 (c) 1, Min. 842. 9
et 15
vid. etiam οὕνεκα, τούνεκα
ἐνέπω, ἐννέπω Al. 104 (coni.), Co. 654 ii
14 (suppl.) et iii 34 et 42, Ad. 925 (d)
14, 953. 1
ἔνερθε Min. 754. 2

ἐνέρτερος Ad. 999. 1
'Ενετίδες (Al.) 172
'Ενετικός Al. 1. 51
ἐνέχω Ad. 929 (h) 3
ἔνθα Sim. 577 (a) 1, Min. 791. 40 et 137,
836 (e) 24, Ad. 926 (a) 1
vid. etiam An. 346 fr. 13. 3
ἐνθάδε Sim. 519 fr. 35 (b) 4, Min. 791.
131 et 153 et 155
ἔνθεν St. 222 ii 1 et 8
ἐνθένδε Min. 791. 7 et 107
ἔνθεος Ad. 936. 6
ἐνιαυτός pl. Pop. 848. 3
ἐνίγυιος Ib. 285. 3
ἐννέα Co. 654 iii 21
ἐννοσίφυλλος Sim. 595. 1
ἔννυμι med. Al. 53
pass. Al. 117
ἐνοπή Sim. 519 fr. 35 (b) 9
pl. Co. 655. 1. 5
ἔνοπλος Pop. 857
ἐντάφιον Sim. 531. 4
ἔντος pl. Ad. 1030. 2
ἔντροφος Min. 842. 16
'Ενυάλιος Ib. 319, Ad. 1027 (b)
vid. etiam Al. 44
ἐξάγω Pop. 861
ἐξαιρέω Co. 654 i 17–18
med. An. 406
ἐξαΐσσω Ad. 925 (e) 15 (ut vid.)
ἐξαίφνης St. 209 i 1
ἐξάλλομαι Min. 791. 92
ἐξαναπάλλομαι Ib. 298. 4
ἐξανατέλλω Min. 791. 231
ἐξὰπ[Ib. 282 (b) fr. 5. 9
ἐξαπαείρω Min. 836 (b) 40
ἐξάρχω Co. 676 (b)
ἐξελαύνω Sim. 519 fr. 155
ἐξελέγχω Sim. 602. 1
ἐξελκύω Co. 655 fr. 4. 7
ἔξεστι, -ῆν Scol. 889. 1
ἐξευρίσκω St. 212. 2
ἐξέχω Pop. 876 (b)
ἐξικνέομαι Sim. 523. 4
ἐξιχνεύω Min. 791. 149
ἔξοθεν St. 252, Ib. 330. 1
ἔξοχος Al. 1. 7, Sim. 555. 4, (Co.) 692
fr. 7. 4
adv. -ως Min. 845. 1
ἐξύπισθα Ad. 945
ἔοικα Al. 5 fr. 2 i 17 (dub.), 110, An. 425.
1, Min. 728. 3
vid. etiam Sim. 519 fr. 53. 9
ἑορτή Al. 56. 2, An. 410. 2

ἐρασιπλόκαμος Ib. 303 (a) 2
ἐράσμιος An. 375. 1
ἐρατός Al. 1. 76 et 91, 10 (b) 15, 27. 2,
  60. 3, (St.) 278. 1 (corrupt.) et 2, Co.
  654 i 25, Ad. 922 (a) 14
ἐράω, -έω Al. 1. 88, An. 359. 1, 428. 1
  (bis), Scol. 913. 1
  med. vel pass. Al. 17. 5
ἔργον Min. 738 (1) 1
  pl. Al. 1. 35, (Co.) 694 fr. 9. 3, Min.
  842. 11 et 17, Ad. 1019. 3
ἔρδω An. 347. 9, Sim. 542. 28
ἐρέβινθος pl. Min. 836 (e) 20
ἐρεβώδης Ad. 999. 2
ἐρεθίζω Min. 808. 2
ἐρείδω Co. 654 i 33
ἐρείκω Min. 791. 168, Ad. 1015
ἐρείπω Sim. 543. 5
ἔρεισμα Ad. 936. 17
ἐρεμνός St. 185. 3, Ib. 286. 11
ἔρευγμα vid. Ad. 923. 3
ἐρέω vid. ἐράω
ἐρίβρομος An. 365. 1
ἐριήρης St. 222 ii 4
ἐριθηλής Sim. 550 (a) 3
ἐρίκτυπος Sim. 519 fr. 4. 2
ἐρικυδής Sim. 511 fr. 1 (a) 3
Ἐρινῦς vid. Ad. 965
ἔριον pl. Pop. 876 (c) 2
ἔρις Ib. 311 (a), Co. 664 (a) 3, Ad. 1031
ἐρίσφηλος St. 253
ἔριφος Min. 836 (b) 29
  pl. Min. 836 (b) 32
Ἐριφύλη vid. St. 194
ἔρκος pl. Min. 813. 5
ἕρμα pl. An. 403. 2
Ἑρμῆς Sim. 555. 1, Co. 654 i 24 et iii 18,
  666
  vid. etiam St. 178
Ἑρμιόνη vid. Ib. 294
ἔρνος Al. 3. 68
  pl. Ib. 286. 5
Ἐρξίων An. 433. 1
ἐρογλέφαρος Al. 1. 21
ἐρόεις Ib. 282 (a) 44, An. 346 fr. 11. 7,
  373. 2
  vid. etiam Ib. 282 (c) 4. 7, An. 408. 2
  testim.
(ϝ)εροῖον pl. Co. 655. 1. 2
ἔρομαι An. 387
ἑρπετόν pl. Al. 89. 3
ἕρπω Al. 41, Min. 738 (1) 3
ἔρρω Min. 758. 3
ἔρση, ἔερσα Al. 57. 1

Ἐρυθεία St. 184. 1
ἐρύκω St. 209 i 10, (Co.) 692 fr. 3. 5
Ἐρυσιχαῖος Al. 16. 4
ἔρχομαι, ἦλθον Al. 1. 73, Ib. 282 (a) 29,
  An. 357. 7, Sim. 507. 2, 511 fr. 3. 7,
  551, Min. 701, 714, 727. 4, 787, 791.
  118 et 151 et 204 et 238, 842. 14,
  Pop. 848. 1 (bis), 871. 1, Scol. 898.
  2, 899. 2, Ad. 925 (d) 6 (suppl.), 935.
  2 et 5, 936. 13, 966, 1036. 8
ἔρχω Min. 791. 155 (balbutit bar-
  barus)
ἐρῶ dicam
  εἰρημένον Sim. 542. 12–13
  ϝιρίω = εἰρέω? Co. 655. 1. 19
ἔρως An. 357. 10, 376. 2, 450, Min. 805
  (a) 5, 822, 833
  pl. Min. 744. 3, Ad. 1005. 2
Ἔρως, Ἔρος:
  -ως Al. 58. 1, 59 (a) 1, An. 346 fr. 4. 4,
  357. 1, 358. 2, 378. 2, 396. 2, 398,
  400. 2, 413. 1, 459, 460, Co. 654 iii
  18, Min. 821. 2, Pop. 873. 4
  -ος Ib. 286. 6, 287. 1
  vid. etiam Ib. 324, An. 402 (b), 444,
  445, 490, 494, Sim. 575, Min. 763
ἐσθίω Al. 17. 6 (coni.), 20. 4, Min. 727. 12
ἐσθλός St. 209 i 12, Ib. 282 (a) 19 et 22,
  318 (b), Min. 541. 7, 542. 13, Pop. 873.
  1, Scol. 894. 4, Ad. 953. 2
ἔσθω Al. 17. 6, Min. 836 (b) 35
ἔσοπτος Sim. 579. 5
Ἑσπερίδες Ad. 1023. 13
ἕσπερος vid. Ib. 331
ἐσσ[(Co.) 692 fr. 7. 7
Ἐσσηδόνες Al. 156
Ἑστία vid. Sim. 519 fr. 118 schol.
ἐσχάρα pl. Ad. 991
ἐσχατιά (Co.) 692 fr. 6. 2
ἔσχατος Sim. 594
ἔσω vid. εἴσω
ἑταῖρος Al. 80. 1, Min. 749. 1, 750, Scol.
  892. 3, 897. 1, 903. 1
  pl. Min. 836 (b) 39
Ἐτεοκλῆς vid. (Co.) 692 fr. 5 schol.
Ἐτεοκλυμένη vid. St. 238
ἕτερος Min. 836 (b) 2 (ter) et 12
ἔτι Al. 17. 3, 26. 1, Ib. 313, Min. 791. 108,
  836 (b) 25, Ad. 1024. 6, 1038 II 5
  (ut vid.)
  vid. etiam μηκέτι, οὐκέτι
ἔτνος Al. 17. 4
ἕτοιμος An. 395. 11
  vid. etiam Sim. 608 fr. 1. 7 et 15

εὐτεκνέω Ad. 1024. 3
εὔτολμος adv. -ως Pop. 856. 4
εὔτυκος Min. 709
εὐτυχία Min. 846. 5, Ad. 921 (a) 3
εὐυφής Min. 791. 168
εὔφημος Sim. 519 fr. 35 (b) 10
εὐφροσύνη pl. Scol. 887. 4
εὔφρων Al. 1. 37, Sim. 519 fr. 1 ii 2 et fr.
  92. 4
εὔφωνος Min. 822
εὐφώρατος vid. Scol. 917 adnot.
εὔχομαι Al. 60. 1, Sim. 519 fr. 18. 5 et
  fr. 79. 9, 543. 25, Min. 727. 12, Ad.
  1018 (b) 3
  vid. etiam Sim. 519 fr. 77ᵃ 6
εὐχόρευτος Ad. 936. 10
εὐχωλή An. 357. 8
ενω[(Co.) 691. 10
εὐώδης Sim. 577 (b) 3, Min. 757. 5
εὐώλενος Min. 791. 126, Ad. 1018 (b) 1
Εὐωνυμίαι vid. Co. 660
εὐώνυμος Sim. 519 fr. 79. 10
Εὐώνυμος Co. 654 iii 33
εὔωπις Ad. 934. 13
ἐφάπτω med. Co. 654 iii 49 (suppl.)
ἐφέπω: ἐπίσποι (corrupt. ut vid.) Al.
  104
Ἔφεσος Min. 791. 161
ἐφέστιος, ἐπίστ- An. 427. 4
ἐφευρίσκω Sim. 542. 26 (in tmesi)
ἐφήμερος Min. 836 (e) 3
ἐφθός Sim. 592, Min. 836 (b) 29 et 32
ἐφίμερος Al. 1. 101, Ad. 955. 1
ἐφοράω (An.) 505 (c), Ad. 985 (b) 6
Ἐφύρα vid. Sim. 596
εχα[Sim. 519 fr. 5 (b) 2
Ἐχεκρατίδας Sim. 528
ἐχθαίρω Min. 727. 4
ἐχθρός Min. 800. 3
ἔχω Al. 3. 65 et 83, 26. 4, 56. 3 et 4, 84,
  91, 116, Ib. 282 (a) 6 et 47, 303 (a) 3,
  311 (a), An. 346 fr. 1. 2 et 5, 374. 1,
  383. 2, 386, 388. 1, 402 (a) (corrupt.),
  416. 2, 417. 4 et 6, 433. 1, 434. 1, Sim.
  519 fr. 92. 7, 542. 14, 543. 7, 592, 599,
  604, Co. 654 ii 40 et iii 12 et 36, (Co.)
  692 fr. 3. 7, Min. 696. 2, 708. 10, 757. 2,
  791 col. i, 791. 73, 836 (b) 11, 846. 1,
  Scol. 886. 4, 891. 2, 904. 1 et 2, 905. 1,
  908. 1, 909. 6, 913. 1, Ad. 932. 7, 977,
  1035 col. i 3
ἐῶ(ι)ος, ἠῶ(ι)ος, ἀοῖος Min. 745. 1, Ad.
  1023. 15 (ut vid.)
ἑωσφόρος vid. Ib. 331

ϝ: ϝ.[(Co.) 693 fr. 4. 2; ϝε[654 ii 3;
  ϝεσ[694 fr. 8 (a) 3; ϝιδιο[655. 1. 10,
  cf. 692 fr. 15. 2; ϝιρίω 655. 1. 19

ζάημι Ad. 1000
ζαθεός Sim. 519 fr. 35 (b) 1, Co. 654 i 13,
  Min. 845. 1
Ζάκυνθος Sim. 591
†ζάρης Ad. 978 (a)
ζάτροφος Al. 134
ζειά Ad. 929 (d) 6
ζεσελαιο- Min. 836 (e) 15 (coni.)
ζεσελαιοπαγής Min. 836 (e) 19
ζεύγλη Ad. 1037. 25
ζεύγνυμι Min. 791. 190 et 226
Ζευξίππη Al. 71
  vid. etiam (Co.) 692 fr. 36
Ζεύξιππος supplendum Ib. 282 (a) 40
Ζεύς, Διός Al. 1. 20, 27. 1, 28, 29. 2,
  43, 45, 46, 57. 1, 81, (Al.) 169, St.
  185. 6, 200, Ib. 298. 2 (suppl.), An.
  348. 2, 390, 423, Sim. 507. 2, 508. 3,
  519 fr. 9. 2, 519 fr. 41 (a) 4, 543. 24,
  Co. 654 ii 34 et iii 13, (Co.) 690. 10,
  Min. 698. 1 et 2, 735 (a), 755. 5, 791.
  196, 796. 3, 842. 19, Pop. 854, Scol.
  885. 1, Ad. 919. 9, 929 (c) 1, 935. 9,
  937. 2, 938 (f), 950 (b), 985 (b) 17,
  1016, 1034
  Ζῆν- Ib. 282 (a) 4, Min. 836 (e) 11, Ad.
  978 (a) et (b) et (c), 1027 (c)
  Διόθεν fort. Sim. 519 fr. 60. 6
  vid. etiam Sim. 589, 614, Min. 726,
  741, 742, 751, 753, 765, 774
Ζέφυρος vid. Min. 835
ζηλωτός Sim. 584. 4, Min. 842. 4
ζητεύω Al. 17. 8
Ζήτης vid. Sim. 534
ζόφος Ad. 925 (e) 9
ζωή Ib. 313, Pop. 856. 5, Ad. 1034

ἤ Al. 1. 18 et 19, 3. 68 (bis), 92 (d)
  (quater), 100, Sim. 506. 1 et 2, 541. 8
  et 9, 543. 26, 584. 2, Min. 727. 1 et 2,
  791. 132, 806. 1, 813. 3 (bis) et 4 (bis)
  et 6 (bis), Pop. 848. 12 et 14 (bis) et
  15, Ad. 922 (a) 5, 935. 17 et 18, 985 (b)
  (ter), 1007. 1 (bis), 1019. 4
ἤ Al. 1. 50, Co. 657
  ἦ μάν Ib. 287. 5
  ἦρα Al. 3 fr. 4. 4, 47
ἦ.[Al. 4 fr. 3. 5
ἡβάω An. 374. 3, Scol. 890. 4
  vid. etiam Al. 4 fr. 1. 10 adnot.

ἥβη Al. 1. 27, An. 375. 2, 395. 3, 419. 2,
Min. 791. 180 et 208, Ad. 1037. 15
ἠγάθεος Pop. 867. 1
ἤγανον An. 436
ἡγεμών Min. 791. 207
ἡγέομαι Al. 114
ἡγήτωρ Ib. 282 (c) 4. 5, Min. 698. 1
ἠδέ Sim. 564. 4, Co. 654 ii 37, Min. 747.
    3, 836 (b) 39, Ad. 934. 11, 937. 5
vid. etiam Ad. 925 (c) 14
ἤδη Al. 96. 1, Ib. 282 (a) 43, An. 395. 1,
    432. 1, Sim. 519 fr. 32. 3, Co. 654 iii
    11, Min. 791. 72, 836 (b) 36 et 38, Pop.
    853. 5, Ad. 929 (h) 2, 938 (f) (ter)
ἥδομαι Co. 654 iv 7 (suppl.), Ad. 926 (b)
    ἥδω An. 476
ἡδονή Sim. 584. 1, Ad. 1022
    pl. Co. 654 iv 23
ἡδυεδής Min. 836 (e) 22 (coni.)
ἡδυμελής An. 394 (a)
ἥδυμος Sim. 599
    superl. -έστατον Al. 135
ἡδυόδμος Sim. 597
ἡδύς Al. 59 (b) 1, An. 346 fr. 11. 6, Sim.
    519 fr. 44. 8, Min. 836 (e) 16, Scol.
    909. 4
    superl. Min. 744. 3
vid. etiam (Co.) 695 (c), Min. 835, 836
    (e) 22
ἡδύφωνος Min. 711
ἥδω vid. ἥδομαι
ἠερο- vid. ἀερο-
ἧθος An. 402 (a), Sim. 543. 9
ἤϊθεος pl. Ad. 922 (a) 4
ἠϊών pl. Min. 791. 97
ἥκω: ἧκε Sim. 519 fr. 32. 5 fort. ad
    ἵημι referendum
Ἡλεῖος Pop. 871. 2
Ἠλέκτρα vid. Min. 700
ἠλίβατος St. 254
ἤλιθα Min. 836 (a) 2 (coni.)
ἠλίθιος Sim. 542. 37
ἡλικία Sim. 519 fr. 98 (dub.) et fr.
    143. 2
ἧλιξ Al. 10 (b) 16, Ib. 285. 3, Min. 791.
    180
ἡλιόμορφος Min. 845. 1
ἥλιος, ἠέλιος:
    ἠλ- Al. 1. 41, An. 451, Sim. 605, Min.
    800. 2, 804, Pop. 860 (bis), 876 (b),
    Ad. 985 (b) 6; Ἧλιος St. 185
    ἠέλ- St. 185. 1, Sim. 581. 3, Co. 654 ii
    18, Min. 745. 2, 747. 1, 842. 16, Ad.
    925 (a) 2, 934. 23

Ἧλις vid. Ib. 284
ἠλυ[Ad. 925 (d) 6 (ἤλυθ- veri sim.)
Ἠλύσιον πεδίον vid. Ib. 291, Sim. 558
ἦμαι Al. 15, 79, Ib. 283, Min. 791. 99
ἦμαρ Al. 5 fr. 2 ii 25, Ib. 282 (a) 15
    pl. Sim. 508. 3
ἡμεῖς, ἁμές, ἄμμες Al. 1. 41 et 60 et 89, 10
    (b) 16, 36, 37 (a) et (b), 38. 1, St. 209
    i 3, An. 356 (a) 1, 357. 7, 395. 1, 396. 1,
    438, Min. 836 (b) 2 et 26, Pop. 853. 1,
    870 (ter), Ad. 921 (b) v 21, 934. 22,
    1018 (b) 5
ἡμέρα Al. 1. 38, Pop. 853. 5, Ad. 1010. 2
    pl. Ad. 929 (b) 3
ἡμέριος vid. Ad. 1023. 16
ἡμερόδρομος Min. 791. 41
ἡμετέρειος An. 392
ἡμέτερος Ib. 286. 13, Min. 791. 194, Ad.
    1037. 4
vid. etiam Sim. 519 fr. 84. 7
ἡμί Al. 136
ἡμίθεος pl. Al. 1. 7, Sim. 523. 2, Co. 654
    iii 24
ἡμίοπος An. 375. 2
ἥμισυς Ad. 935. 21 et 22
ἦμος Ib. 303 (b) (coni.)
ἤν Min. 708. 14 (ἤν ἰδού), Ad. 1024. 7
    (ut vid.)
ἡνία Ad. 1037. 17
    pl. An. 417. 4
ἡνίκα Ad. 1029. 1
ἡνιοχεύω An. 360. 4
ἥξει Min. 791. 153 (balbutit barbarus)
ἤπειρον Sim. 519 fr. 40. 2 et fr. 73 (b) 1,
    Min. 731. 2
ἤ(ι)περ Ib. 314. 1
ἠπεροπός vid. An. 438
ἠπιόδωρος St. 223. 2
Ἠπιόνη Ad. 934. 14
ἦρ vid. ἔαρ
ἦρα vid. ἦ
Ἥρα St. 178. 2, An. 381 (a) (coni.), Ad.
    960. 1
vid. etiam Al. 25, 60 adnot., St. 239,
    Min. 726, 740
Ἡρακλῆς Al. 87 (a), Ib. 298. 1, Min.
    842. 10
vid. etiam Al. 1. 1 seq. adnot., 15
    adnot., 72, St. 181, 185, 207, 229,
    230, 231, 253, Ib. 285, 299, 300, Sim.
    509, Min. 699, 739
Ἡριδανός vid. Min. 834
Ἡροτίμη An. 346 fr. 1. 13
ἡρωάς pl. Co. 664 (b) 2

ἤρως Pop. 871. 1
  pl. Ib. 282 (*a*) 16 et 19, Sim. 519 fr.
  62. 2, Co. 654 iii 22, 664 (*b*) 1
  vid. etiam Al. 66
Ἡσίοδος vid. St. 269
ἥσσων Sim. 581. 5
ἥσυχα[Ad. 1037. 3
ἥσυχος An. 431. 2
ἦτορ Al. 26. 4, Sim. 543. 9 (v.l.), Ad.
  932. 8 (suppl.)
Ἥφαιστος vid. St. 234, Ib. 300, Sim.
  552, 568
ἠχώ Sim. 619, Ad. 936. 13
ἠῶ(ι)ος, ἀοῖος vid. ἐῶ(ι)ος
Ἡώς vid. Ib. 289

θαέομαι Ad. 952
θαητός Sim. 519 fr. 1. 3
θακέω Ad. 1019. 2
θάκη Al. 79 (corrupt.)
θαλα[Ad. 918 (*a*) 1
θαλαμα.[(Co.) 693 fr. 3. 4
θαλαμευτός Min. 791. 233
θάλαμος An. 424
  pl. Min. 829. 3, Ad. 923. 3
  vid. etiam Al. 4 fr. 2. 3
θάλασσα Sim. 533 (*a*), (Co.) 692 fr. 1. 4,
  Min. 731. 1, 791. 71, Pop. 876 (*c*) 4, Ad.
  936. 16, 999. 2
θαλασσαῖος Sim. 581. 4
θαλάσσιος Min. 791. 50 (suppl.)
θαλασσομέδουσα Al. 50 (*b*)
θάλεα Al. 15
  vid. etiam Sim. 519 fr. 44. 6
θαλέθω Ib. 286. 6, Ad. 994
θάλεια An. 410. 2
θαλερός Ad. 925 (*e*) 18
Θαλήτας vid. Min. 713 (iii)
θαλία Ad. 1037. 23
  pl. St. 210. 3
θάλλω Al. 20. 4, Min. 791. 240, 813. 9,
  836 (*e*) 20, Pop. 873. 4
θάλος Ib. 288. 1, Min. 821. 2 (coni.), Ad.
  1029. 3
θαμά An. 395. 8, Ad. 925 (*d*) 12
θάμβος Sim. 620
θαμινός Min. 819 (2)
θανατηφόρος vid. Ad. 919. 12
θάνατος Al. 3. 62, Sim. 520. 4, 524, Min.
  746. 3, Ad. 925 (*e*) 12, 1034
  pl. Scol. 884. 4
θαρσαλέος Sim. 543. 25
θαῦμα Min. 762. 1
θαυμάζω Min. 836 (*e*) 24

θαυμαίνω (An.) 501. 11
θαυμαστός Al. 4 fr. 1. 4
θεά St. 193. 10, Sim. 519 fr. 79. 12
  (suppl.; vid. adnot.), Co. 654 i 13,
  Min. 791. 128, Ad. 923. 3, 933
  dual. et pl. Al. 1. 98, Co. 654 iii 10,
  (Co.) 694 fr. 11. 5, Ad. 935. 1, 937.
  12, 939. 10
  vid. etiam Co. 654 iv 13
Θέβρος Al. 1. 3
θείνω *pass.* Min. 791. 46
  vid. etiam s.v. φένω
θεῖος St. 209 i 1 et 13 (dub.), Ad. 985
  (*b*) 4
θέλγητρον *pl.* Ad. 1022
θέλγω Ad. 1037. 20 (veri sim.)
θέλω An. 378. 2, 429. 1, Co. 660. 1, Min.
  708. 8, Pop. 851 (*a*) 3
  vid. etiam ἐθέλω
Θέμις vid. Min. 765
Θεμιστοκλῆς Min. 727. 4 et 12
  vid. etiam Sim. 627, Min. 728 seqq.
θέμος Min. 836 (*b*) 20
θεόδμητος Al. 2 (iv) 5, 12. 4
θεοειδής Al. 1. 71
θεοκ.[Al. 3 fr. 17. 6
θεόκτιστος Ad. 1026
Θεομαχία vid. (Co.) 692 fr. 36
θεός Sim. 526. 3, 527. 3, 542. 14, Min.
  735 (*b*), 737 (*b*) 1, 738 (1) 1 (bis),
  791. 50 et 160, 846. 4, Pop. 851 (*a*)
  2 et 3, 879 (1) et (3), 882. 3, Ad. 991
  pl. Al. 1. 36 et 82 et 83, 2 iv 3, 7. 3,
  56. 2, St. 210. 2, 223. 2, Ib. 310. 1,
  Sim. 523. 2, 525, 526. 1, 542. 30,
  581. 5, 584. 4, Co. 654 iii 5, Min. 828,
  836 (*b*) 20 et 34, Pop. 880, Scol. 888.
  2, 908. 2, Ad. 925 (*c*) 15 (ut vid.),
  935. 4 et 10 et 15 et 19, 936. 14, 937.
  11, 939. 1, 1019. 8
θεόθεν Min. 813. 6, θεόφιν Al. 12. 1
θεοτέρατος Ad. 962 (*a*)
θεοτερπής Min. 836 (*b*) 9
θεοφιλής Al. 10 (*b*) 10–11
Θεράπναι Al. 4 fr. 8. 4, 14 (*b*)
  vid. etiam Al. 7. 8 seqq.
θεράπων Al. 54, An. 454
θερίζω Scol. 909. 3
  med. Ad. 947 (*a*)
Θερμοπύλαι Sim. 531. 1
θερμός Min. 836 (*b*) 13 et 21 et 26 et
  28 et 36
θέρος Al. 20. 1, Min. 763
θεσμός An. 406

θεσπέσιος Ad. 922 (a) 6
Θέσπια Co. 654 ii 40 (suppl.), 674
Θεσσάλιος Al. 122
Θεσσαλός Al. 16. 3, 122 (coni.), Sim. 511
    fr. 1 (b) 8
    (οἱ) Θεσσαλοί Scol. 912 (b)
Θεστιάδαι St. 222 i 1
Θέτις vid. Al. 5 fr. 2 ii 15 seqq., St. 234,
    Min. 741, 765
θέω Sim. 541. 13 (dub.)
Θῆβαι Ad. 926 (d) 3
    vid. etiam St. 194, Co. 659
θηλέω Ad. 997. 4
θήρ, φήρ :
    θήρ pl. Al. 53, 89. 4, An. 348. 3, Ad.
        939. 5
    φήρ Min. 805 (a) 4
        pl. Sim. 587
θήρα pl. Min. 757. 4
θήραμα Min. 842. 2
θηράω Pop. 876 (a) (bis)
θηρεύω Min. 813. 5, Ad. 1036. 2
θηροφόνος Min. 844. 3
θησαυρός Min. 791. 232
Θησεύς vid. Al. 21, St. 191, 193, Sim.
    550
θίασος pl. Al. 98. 1
θιγγάνω Al. 58. 2, Ad. 1037. 19
θνή(ι)σκω St. 244, 245, Sim. 531. 1, Co.
    654 iv 48 (ut vid.), Min. 842. 4, Scol.
    894. 1
θνητός Ib. 282 (a) 25, Min. 846. 3, Scol.
    890. 1, 913. 1, Ad. 1038 I 1
    (οἱ) θνητοί Sim. 579. 4, 584. 1, Min.
    846. 4, Ad. 926 (c), 988. 1
    vid. etiam Al. 8. 11
θοίνη Min. 791. 138, 836 (b) 19 et 24 et
    (e) 22
    pl. Al. 98. 1
θοός Ib. 287. 7, Sim. 519 fr. 51. 2, 579. 3
    (corrupt.)
θόρυβος Min. 708. 1
θρᾶνος Al. 1. 86
θρᾶνυξ Co. 683
θρασυ[(An.) 501. 9
θρασύαιγις Ad. 925 (e) 12
θρασυκάρδιος An. 348. 5
θρασύς Min. 791. 72
    comp. θρασίων Al. 87 (e) (ut vid.)
θραύω Sim. 581. 6, Min. 791. 88 et 148
θρέμμα pl. Ad. 939. 9
θρεττανελό vid. Min. 819
Θρή(ι)κη An. 347. 10
    vid. etiam Sim. 534

Θρή(ι)κιος Ib. 286. 9, An. 417. 1, 422,
    Ad. 965. 5
θρηνέω Pop. 880
θρῆνος Ad. 930. 4
θρηνῳδης Min. 791. 103
θρίαμβος Min. 708. 15, Ad. 1027 (d)
θριδακίσκη pl. Al. 94
θρίξ pl. An. 420
θροέω Ad. 1038 II 6 (coni.)
θρόνος Sim. 545. 3 (coni.)
    pl. Min. 769. 1
θρυμματίς pl. Min. 836 (b) 17
θρώ(ι)σκω St. 179 (b) 1, Sim. 519 fr. 79. 12
θυγάτηρ Al. 27. 1, 28, 43, 57. 1, 64. 2,
    169, Co. 669, Scol. 917 (a) 1, Ad. 1012
    pl. Sim. 515, 519 fr. 55. 3, 555. 3, Min.
    842. 19
θύελλα Ad. 940
θυιάς Min. 778 (b)
    Θυιάδες Al. 63
θυίω An. 347. 17
Θύλακις Al. 1. 72
θῦμα Ad. 1035 col. ii 5 (veri sim.)
θυμέλη Min. 708. 2
θυμελικός Ad. 1031
θυμο[Ad. 921 (b) v 5
θυμός Ib. 317 (b), An. 375. 2, Co. 654 iv
    37 (ut vid.), Min. 748, Ad. 924. 7
    vid. etiam Ad. 924. 1
θύννος Min. 836 (b) 20
θύρα Pop. 848. 14 et 18
    pl. An. 431. 1, Min. 701
θύραζε Pop. 883
θυράμαχος Min. 708. 8
θυρίς Pop. 853. 6
    pl. Min. 754. 1
θυρωρός An. 351
θυσία Co. 654 ii 19 (suppl.)
    pl. Sim. 519 fr. 73 (c) 2, Scol. 895. 3
θύω Min. 783, 823
    pass. Min. 791. 29
θυωδε.[Sim. 519 fr. 8. 4, cf. fr. 157. 2
θωμίζω pass. An. 388. 8
θωρήσσω An. 477
θωστήρια Al. 1. 81

ἴα vid. εἶς
ἰαίνω Al. 59 (a) 2
Ἴακχος Pop. 879 (1) 2, Ad. 1027 (d)
Ἰανθεμίς Al. 1. 76
ἰανογλέφαρος Al. 1. 69
ἰανοκρήδεμνος (Al.) 177
ἰανόκροκος (Al.) 177
ἰάομαι Min. 822

INDEX VERBORUM

'Ιάρβας Ad. 985 (b) 16
ἰάσκω vid. Ad. 1038 II 8 adnot.
'Ιαστί Min. 712 (a) 2, Pop. 878
'Ιασώ Ad. 934. 11
'Ιάσων vid. St. 238, Ib. 301, Sim. 544
  seqq., 576
ἰάτωρ Al. 1. 89
ἰαχή Ad. 1009. 3, 1037. 16
'Ιβηνός Al. 1. 59
'Ιδαῖος pl. Ad. 985 (b) 4
"Ιδας vid. Sim. 563
"Ιδη Ad. 965. 3
  (ϝ)ιδιο[Co. 655. 1. 10, cf. (Co.) 692 fr. 15. 2
'Ιδομενεύς vid. Ib. 297, Sim. 561
ἱδρύω pass. Ad. 929 (e) 2
ἱδρώς Sim. 579. 5
ἱέ Pop. 858. 19, 867. 3, Ad. 922 (a) 2 et 10
  (suppl.) et 11 (suppl.) et 15 (suppl.)
  et 17 et 25, 933, 934 (sexies)
  vid. etiam Min. 800. 4
ιε[Sim. 519 fr. 76. 1
ἱέραξ Al. 82. 2
ἱερόδακρυς Min. 757. 5
ἱεροκαλλίνικος Ad. 937. 14
ἱερός, ἱρός:
  ἱερός Al. 26. 4, 124, St. 185. 3, 222 ii 6,
    Sim. 508. 6, 519 fr. 8. 2, (Co.) 690. 9,
    Min. 727. 3, 758. 2, 806. 1, Pop. 862,
    Ad. 929 (b) 3, 1035 col. i 3
  ἱρός An. 353. 3
  adv. ἱρωστί An. 478
ἱερόφωνος Al. 26. 1
'Ιερ[ω- Ad. 921 (c) 1
'Ιέρων vid. Sim. 580
ἰζάνω St. 222 ii 2, Ib. 317 (a) 2
ἴζω Al. 3. 72
ἰή Ad. 933, 934 (ter), 936. 18
  ἰηιή Sim. 519 fr. 78. 10, Ad. 933
  ἰη[Sim. ibid. fr. 55. 2
ἴηιος Min. 791. 198 et 205, Pop. 858. 19
'Ιηλύσιος An. 349. 1
'Ιηλυσός Min. 727. 7
ἵημι (An.) 501. 12, Sim. 585. 2, Min. 808.
  1, Pop. 849 (bis), 858. 10
  med. Sim. 519 fr. 35 (b) 9, Min. 791.
    86, Scol. 917 (c) 7
  vid. etiam Sim. 519 fr. 32. 5, Min.
    800. 4
'Ιθωμήτης Min. 696. 1
ἴκα vid. ὔψ
ἱκάνω Sim. 519 fr. 44. 5 (ut vid.)
'Ικάριος vid. St. 227
'Ικετάων vid. St. 208
ἱκετεύω Pop. 853. 1

ἱκέτης Ad. 925 (c) 8, 1037. 5
ἱκέτις Al. 3. 81
ἱκνέομαι, ἵκω St. 192. 3, Sim. 522. 1, 545.
  1 (coni.), 579. 7, (Co.) 694 fr. 1 (a) 7,
  Min. 791. 128
ἵκω vid. ἱκνέομαι
ιλ[Ad. 1035 col. ii 7
'Ιλάειρα vid. Al. 8. 2
ἵλαος Ad. 934. 19
'Ιλεύς vid. St. 226, (Sim.) 650
ἵλημι Sim. 559. 2
'Ιλιοπόρος Min. 791. 121
"Ιλιος, -ον Ib. 282 (a) 37, Ad. 989
  vid. etiam St. 196 seqq., Sim. 572
'Ιλισσός Sim. 519 fr. 86. 5 (suppl.)
ἱμάς pl. Sim. 517
'Ιμέρα vid. St. 270, Ib. 343
ἵμερος Al. 27. 2
  vid. etiam Sim. 519 fr. 76. 2
ἱμερόφωνος Sim. 583
  vid. etiam Al. 26. 1 (coni.)
ἱμερτός Al. 55
ἵνα = ubi Ib. 286. 3, An. 346 fr. 1. 8,
  Scol. 894. 3
  vid. etiam Sim. 519 fr. 9. 5, Ad.
    1023. 14
'Ινώ Al. 50 (b), Ad. 931. 12
ἰοθηλής Min. 836 (b) 43
'Ιόλαος vid. Co. 661
ἴον pl. St. 187. 3, Ib. 315. 1, Pop. 852
  (bis)
'Ιόπη vid. St. 193. 23
ἰοπλόκαμος Sim. 555. 3, Ad. 1001
ἰός sagitta Al. 1. 30
ἰοστέφανος Sim. 553
'Ιουλίς Sim. 621
ἴουλος Pop. 849
ιππ.[Sim. 519 fr. 120 (a) 2
"Ιππαρχος Scol. 895. 4
ἱππεύς pl. Al. 4 fr. 1. 8 (ut vid.)
ἱπποδρ[ομ- Sim. 511 fr. 1 (a) 8
ἱπποθόρος An. 377. 1
'Ιπποκρατίδας vid. Al. 5 fr. 2 i 18–19
  adnot.
'Ιππόλοχος Al. 73
'Ιππολύτη vid. St. 193. 26, Ib. 301
'Ιππόλυτος vid. Min. 774
'Ιππόνοος vid. Sim. 566
ἱπποπείρας An. 417. 6
ἵππος Al. 1. 47 et 59, Ib. 287. 6, Co. 675 (a)
  pl. Al. 4 fr. 6. 9, 85 (a), St. 235, An.
    346 fr. 1. 9, Sim. 515, Min. 791. 190,
    Pop. 876 (c) 3
  vid. etiam Sim. 607

586

ἱππότης *pl.* Al. 2 (iv) 6
ἱπποτροφία vid. Sim. 591
ἱπποτρόφος Ib. 282 (*a*) 30
ἱρινόμικτος Min. 836 (*b*) 41
(ϝ)ιρίω vid. ἐρῶ
ἰσαθάνατος Min. 842. 7
ἰσήβας Min. 791. 214
'Ισθμός Min. 727. 10
ἴσκω Ib. 282 (*a*) 45
'Ισμήνη vid. Min. 740
ἰσοδαίμων Min. 813. 4
ἰσοκέφαλος Ib. 285. 3
ἰσόκυκλος Min. 836 (*b*) 10
ἰσόνομος Scol. 893. 4, 896. 4
ἰσόρροπος Min. 791. 48
ἴσος Sim. 520. 5, Min. 791. 21
ἰσότιμος Sim. 519 fr. 22. 2
ἰσοτράπεζος Min. 836 (*b*) 14
'Ισσηδόνες vid. Al. 156
ιστα[Ad. 925 (*f*) 11
ἵστημι *trans.* Al. 1. 47
  intrans. An. 362. 2, Ad. 1037. 11
  med. (*trans.*) Min. 791. 196
  vid. etiam Sim. 519 fr. 32. 2
ἱστίον Sim. 550 (*a*) 1
ἱστοπόνος Ad. 975 (*a*)
ἱστός Ad. 999.1
ἴσχω Sim. 571
ἰτέα (Al.) 162 fr. 2 (*c*) 6 (ut vid.)
ἴτριον An. 373. 1
ἴτυς Pop. 856. 3
"Ιτων, -ωνίς, -ωνος vid. Co. 670
ἰυγή *pl.* Min. 791. 220
'Ιφιγένεια vid. St. 191, 215, 217. 25
ἰχθυόεις An. 346 fr. 11. 17
ἰχθυοστεφής Min. 791. 37
ἰχθῦς *pl.* Ib. 321. 4, Sim. 567. 3
  vid. etiam Al. 4 fr. 2. 4, Min. 836 (*f*)
ἴχνιον *pl.* Ib. 282 (*b*) fr. 5. 3 (ut vid.)
ἰψ: ἷκα Al. 93. 1
ἰώ Min. 791. 105 et 178 et 187
'Ιωλκός Sim. 564. 3
  vid. etiam Sim. 540
ἰών, ἰώνη, ἰώνγα vid. ἐγώ
"Ιων, -άων Min. 791. 149
ἰωνοκάμπτης Min. 802. 3

κα vid. κε
κα[Sim. 519 fr. 138. 3
καβαίνω vid. καταβ-
Κάβειρος Ad. 985 (*b*) 11
Καδμίς Ib. 302
Κάδμος Ad. 926 (*d*) 2
  vid. etiam Al. 7. 14

κάδος An. 373. 2
καθαιρέω St. 196, Sim. 542. 16
καθαρός An. 409, Min. 696. 2, Scol.
  901. 2
κάθεκτος Co. 654 i 29
κάθερμα *pl.* An. 388. 10
καθεύδω An. 431. 2, Ad. 976. 4
κάθημαι Pop. 848. 15
καθίστημι Min. 708. 6
  pass. Ad. 945
κάθοδος, κάτ- An. 395. 11
καθοράω, κατεῖδον Min. 836 (*e*) 7, Scol.
  891. 1, 917 (*c*) 9
καθύπερθε Ad. 1005. 1
κάθω Min. 791. 156 (balbutit barbarus)
καινός Min. 796. 2, 836 (*e*) 24, Pop. 851
  (*b*) 3
καινόω vid. Ad. 1038 II 3 adnot.
καίνυμαι St. 217. 23
καίνω Min. 727. 9, Scol. 895. 4
καιρός Pop. 863. 2, 865. 2
Καιρός vid. Min. 742
καίτοι Sim. 542. 12
καίω (Co.) 690. 6
κακκάβιον *pl.* Min. 836 (*b*) 11
κακκαβίς *pl.* Al. 39. 3
κάκκαβος Min. 836 (*b*) 7 et 18
κακός Al. 1. 35, An. 388. 4, Sim. 520. 6,
  542. 15 et 18, Scol. 905. 2
  (τὸ) κακόν, (τὰ) κακά Al. 77, Ib. 282
  (*a*) 19, Sim. 527. 1, 543. 22, Min.
  731. 3, 791. 121, Pop. 853. 3, 855,
  Ad. 1019. 4, 1024. 4
  adv. -ῶς Sim. 542. 18
κακότης Min. 758. 4
Κάλαϊς vid. Sim. 534
Κάλαισος Al. 5 fr. 2 i 9–10
κάλαμος *pl.* Min. 806. 4, Pop. 878
καλέω An. 346 fr. 4. 9, Sim. 508. 5,
  Min. 791. 50, 836 (*e*) 3 et 11, Pop.
  863. 2, 865. 2, 879 (1) et (3), Ad.
  937. 6, 938 (*a*)
  med. vel pass. Sim. 555. 4, Min. 759. 1,
  836 (*b*) 19, Scol. 909. 5
κάλλα Al. 35
καλλιβόας Ad. 947 (*b*)
καλλιγένεθλος Co. 674
καλλιγύναιξ Ad. 953. 2
καλλιερέω Sim. 511 fr. 4. 5
καλλικέλαδος Ad. 992
καλλίκομος Al. 3. 71 (suppl.), St. 212. 1,
  Ib. 288. 2, An. 390, Sim. 577 (*a*) 2
Καλλικρίτη An. 449
καλλιλαμπέτης An. 451

Καλλιόπη, -όπεια Al. 27. 1, St. 240, (Co.)
692 fr. 20 i 4 (suppl.), Min. 791. 223,
Ad. 932. 5
καλλίπαις Ad. 985 (b) 10
καλλίπνοος Min. 806. 1
καλλιπρόσωπος An. 346 fr. 1. 3, Min.
821. 1
καλλίροος An. 381 (b)
καλλίσφυρος Al. 1. 78
καλλίχορος Co. 669
κάλλος Ib. 282 (a) 46, Min. 805 (a) 5
καλός, καλῶς:
κᾰλ- Al. 36 (ut vid.), 41, (Al.) 162 fr.
2 (a) 3 (dub.), Sim. 541. 1, 542. 39,
567. 5, Co. 655. 1. 2 et 20, Min. 754.
1,844.4 (dub.), Pop.848.2,852 (bis),
872. 2, Scol. 890. 2, 900. 1 et 2, 901.
1 et 2,904. 2,909. 2 et 7, Ad. 1019. 4
κᾱλ- Al. 3. 5, An. 356 (b) 4, 386, 392
(ut vid.), (An.) 505 (a), Sim. 519 fr.
32. 2, Ad. 985 (a) (dub.)
vid. etiam Al. 117, (Al.) 162 fr. 1 ii
(b) 10, An. 402 (b), 417. 3, Sim. 519
fr. 78. 9, 531. 2, 543. 17, 604, (Co.)
692 fr. 5. 6 et fr. 24. 3, 693 fr. 5 (a)
3, Min. 755. 2, 843. 3, 844. 2, Pop.
848. 3, Ad. 986
superl. κάλλιστος Sim. 519 fr. 55. 2,
Min. 747. 1, 755. 3, 842. 2, Pop. 863.
1, 865. 1, Ad. 1027 (c)
adv. κάλλιστα Al. 87 (b)
κάλπις pl. Co. 654 i 21
Καλύκη vid. (St.) 277
κάλυμμα pl. An. 388. 1
κάλυξ An. 479
καλύπτρα pl. Ib. 316. 1
κάλχη pl. Al. 91
κάλως Ib. 330. 2
Καμβύσης vid. Sim. 532
κάμνω Al. 1. 2, Ad. 932. 7
καμψίγουνος et -χειρ Ad. 928
καμψιδίαυλος Min. 808. 4
Κάμων Min. 802. 3
καναχήπους Al. 1. 48
κάνεον pl. Min. 836 (b) 6
κάνυστρον Pop. 848. 9
Καπανεύς vid. St. 194, Ad. 931. 2 adnot.
καπνός Sim. 541. 3
κάπρος Ad. 1029. 1
κάρα St. 219. 1, An. 395. 2
καρδία Al. 59 (a) 2, (Co.) 690. 3
Κᾶρες Sim. 519 fr. 32. 1, Pop. 883
vid. etiam Co. 686
Καρικὸς αἶνος Min. 734

Καρικουργής An. 401. 1
καρκίνος Scol. 892. 1
κάρμος (Co.) 694 fr. 6. 5 (ut vid.), cf.
fr. 7. 2 ibid.
Κάρνεα, τά vid. Al. 52
Κάρνεος, -ειος vid. Al. 52, Min. 753
καρπός Sim. 542. 25, Min. 842. 7, Ad.
929 (d) 1
κάρρων Al. 105, Pop. 870. 3
κάρτα Scol. 913. 2
καρτερ- vid. κρατερ-
κάρυον pl. Min. 836 (e) 22
Καρύστιος Al. 92 (d)
κάρχαρος Al. 138
κασία Min. 757. 5
κασιγνήτη Al. 5 fr. 1 (a) 10
κασίγνητος (Co.) 693 fr. 2. 2 (suppl.)
pl. Ad. 944
κάσις An. 370, Ad. 1028
Κασσάνδρα Ib. 282 (a) 12, 303 (a) 1, Ad.
1028
Κάστωρ Al. 2 (iv) 5
vid. etiam s.v. Διόσκουροι, et Al. 5
fr. 1 (a) 3, 25
κατ[Min. 737 (b) 6 (dub.)
κατά c. gen. Sim. 594, Min. 836 (a) 1 et
(b) 40, Pop. 854, Ad. 921 (b) v 21,
936. 8
c. acc. Al. 3. 73, Ib. 282 (a) 7 et 48, 318
(a), An. 354. 2, Sim. 508. 2, Min.
738 (2) 1, 836 (b) 18 et (d) 3, Pop.
858. 18, Scol. 896. 1, 908. 2, Ad. 935.
6 et 16, 1024. 6, 1027 (a) et (e)
forma κάδ An. 441 (b) (in tmesi)
vid. etiam Al. 79, 120, Co. 675 (b),
(Co.) 692 fr. 3. 5 et fr. 5. 2 et fr. 6. 2,
Ad. 925 (e) 5
καταβαίνω Al. 58. 2 (καβαίν-), An. 395. 12
κατάγνυμι An. 346 fr. 1. 10 (dub.)
κατάγω An. 362. 4, Min. 727. 6 et 9
καταδακρύω Min. 791. 139
καταδέρκομαι Ad. 960. 1
καταδέω An. 346 fr. 1. 9
καταδύω An. 400. 2
καταζεύγνυμι pass. Min. 791. 74
καταθύμιος Min. 696. 1
κατάσσω An. 346 fr. 1. 10 (dub.)
κατάκοιτος Ib. 286. 7
κατακορής Min. 791. 68
κατακυμοτακής Min. 791. 132
καταμέμφομαι An. 358. 7
καταντία Ad. 931. 11
καταπαύω Ad. 947 (b)
κατάπτυστος An. 480

κυανοέθειρα Ad. 928
κυανόθριξ Ad. 929 (d) 6
κυανοπρώ(ε)ιρα Sim. 625
κυανῶπις An. 357. 2
Κυάρας Ib. 320
κυβερνάω Min. 846. 4
κυβερνητήρ Ib. 282 (b) fr. 7. 3 (suppl.)
κυβερνήτης Al. 1. 94
κυδάζω vid. Al. 5 fr. 30. 2 (adnot. p. 25)
κυδοιμός pl. An. 398
κῦδος Sim. 519 fr. 79. 10
κυδρός Al. 2 (iv) 7
Κυδώνιος St. 187. 1, Ib. 286. 1
    vid. etiam Al. 99
Κυθέρεια Ad. 975 (c)
†Κύκης An. 388. 11
κύκλος Ad. 939. 5
    vid. etiam Sim. 519 fr. 131. 3, Ad.
    931 (ii)
κυκλωτός Min. 836 (e) 16
Κύκλωψ vid. Min. 780 seqq., 815 seqq.,
    840, 841
κύκνος Al. 1. 101, Min. 708. 5
Κύκνος vid. St. 207
Κύλλαρος St. 178. 2
    vid. etiam Al. 25
κῦμα Al. 26. 3, Ib. 330. 1, An. 376. 2, 427.
    1, Sim. 543. 15, Ad. 1023. 16 (coni.)
    pl. An. 347. 18, Sim. 626, Ad. 925 (d)
    5 et (e) 13
κυμαίνω Min. 791. 177
κυνέα Min. 844. 2
κυνέω Scol. 909. 9
κυνηγέτης vid. Sim. 519 fr. 52. 6
κυννυλαγμός St. 255
κυπ[Ad. 920 (b) 1
κὐπ...[(Co.) 692 fr. 1. 5
κυπειρίσκος (κυπαιρ-) Al. 58. 2
κύπειρον (κύπαιρ-) Al. 60. 3
Κύπρις Al. 59 (a) 1, St. 223. 3, Ib. 282
    (a) 9, 286. 10, 287. 4, 288. 2, An. 346
    fr. 1. 8, Co. 654 iii 19, Ad. 919. 7,
    1029. 3
    vid. etiam An. 489
Κυπρογενής Ad. 949
Κύπρος Al. 55
Κῦρος vid. Min. 772
κυρτός Min. 791. 4, Ad. 939. 15
κύτος Al. 17. 1
κυών Ad. 965. 1, 987 (a)
    pl. Ib. 338, (Co.) 692 fr. 1. 3
κω[Al. 3 fr. 19. 4
κωκυτός Sim. 608 fr. 1. 22
κωλύω Ad. 925 (d) 4

κωμ[Sim. 519 fr. 1. 2 (κῶμον?), κωμο[
    Ad. 1037. 15
κῶμα Al. 7. 2
κωμάζω An. 373. 3, 442, Pop. 864
κῶμος Min. 708. 8
κωτίλος An. 453, Sim. 606, Ad. 936. 4
κωφός Al. 14 (c)

λα[Sim. 519 fr. 113. 2, Co. 654 ii 29
λᾶας, -ος pl. Co. 654 i 34
λάβρος Min. 791. 73
    adv. -ως Ad. 1036. 6
λαγχάνω St. 232. 3, Sim. 520. 5, Co. 654
    iii 30, Pop. 873. 1, Ad. 946. 3, 1001
λαγῶιος Min. 836 (b) 35
Λάδων Co. 684
Λαέρτης vid. Min. 784
λάζυμαι Ad. 1037. 12
λαθιπορφύρις pl. Ib. 317 (a) 3
λαθράδην Co. 654 i 14
λαῖλαψ Sim. 608 fr. 1. 29–30 (veri sim.)
λαιμοτόμος Min. 791. 130
λαιός Pop. 856. 3
λαισήιον Scol. 909. 2 et 7
λαῖφος Ad. 999. 1
λακέρυζα St. 209 i 9, Ad. 987 (a)
Λάκων Min. 709
λαλάζω An. 427. 2
λαλοβαρύοψ Min. 708. 12
λαμβάνω Al. 3. 80, St. 181. 1, An. 381 (a),
    Sim. 526. 2, Min. 727. 8, 791. 140,
    805 (a) 1, Pop. 870. 2 (v.l.), 876 (a),
    Scol. 892. 2, 904. 1 et 2, Ad. 935. 12
    et 14 et 20
    med. Pop. 848. 12
Λαμία vid. St. 220
Λαμπάδες Al. 63
λαμπρός An. 385, Min. 800. 2, 836 (b) 42,
    Ad. 919. 13, 1019. 8
    superl. Min. 828
λάμπω St. 233, An. 384, Min. 813. 9, Ad.
    1019. 5
Λάμπων vid. Scol. 915
λανθάνω St. 223. 2, Ad. 1018 (b) 9
λάο.[(Al.) 162 fr. 1 (b) 12, Sim. 519 fr.
    5 (b) 3
Λαοδάμας vid. Min. 740
Λαοδάμεια St. 218
Λαοδίκη vid. Min. 700
Λαομέδων vid. Ib. 282 (a) (schol., p. 145)
λαός Sim. 608 fr. 1. 11, Min. 791. 209 et
    236 et 239
    pl. Sim. 564. 4, Co. 654 iv 20 (ut vid.)
Λαπίθαι vid. Sim. 632

592

λιπεσήνωρ St. 223. 5
λιποπνόη Min. 791. 95
λισσάς Co. 654 i 31
λίσσομαι Al. 5 fr. 2 i 22, Min. 791. 127
  (ut vid.) et 146
λό[Co. 654 ii 42
λόγιον pl. Co. 655. 1. 9
λόγος St. 192. 1, Ib. 282 (a) 24, Sim. 579.
  1, Min. 730, 749. 1 = Scol. 897. 1,
  917 (b) 2 (suppl.)
  pl. An. 402 (c) 1, Co. 655. 1. 13 (suppl.),
  Min. 836 (e) 23, Ad. 925 (c) 3
  vid. etiam Al. 4 fr. 4. 2
λογχίς Min. 844. 3
]λογχο[Min. 791. 3
λοιβή pl. Ad. 1037. 10
λοιπός Min. 791. 154
Λοκρός pl. St. 222 ii 1
λοξός An. 417. 1
λούω, λόω An. 413. 2, Scol. 905. 2
λόφος Sim. 538
  pl. Λόφοι Al. 92 (c)
λοχ[Ad. 1023. 21
λυαῖος Min. 791. 121
λύγξ vid. Min. 703
λύγος An. 352. 2
λυγρός Ad. 925 (d) 4
Λυδή vid. Min. 839
Λύδιος Al. 1. 68, Min. 791. 117, 810. 5
λυδοπαθής An. 481
Λυδός Min. 806. 2
λυκ[Sim. 519 fr. 40. 4
Λύκαιος Al. 49, 50 (a)
Λύκαισος Al. 1. 2
Λυκία Ad. 950 (a)
  vid. etiam St. 198
Λύκιος Sim. 519 fr. 55. 1
Λυκομίδαι vid. Sim. 627
λύκος pl. Ad. 935. 18
Λυκοῦργος Lacedaemonius vid. Sim.
  628
Λυκοῦργος Thrax vid. St. 194, 234
λυμεών Min. 791. 70
λύμη Min. 758. 3
λύπη Ad. 1037. 22
  pl. Co. 654 i 29
λυρ[Min. 737 (b) 4
λύρα (St.) 278. 2, Scol. 900. 1, Ad. 948
  pl. Ad. 1009. 2
Λυσίμαχος Sim. 530
λυσιμελής Al. 3. 61, Pop. 873. 3
λύσις An. 411 (a) 2
λύσσα Ad. 929 (a)
λυσσάς Min. 778 (b)

λύω Al. 82. 1, Co. 654 iii 45 (ut vid.),
  Scol. 917 (c) 7
  pass. Ad. 974
λῶ Pop. 870. 2
λω[Sim. 519 fr. 95. 4 (ut vid.)
λωβα[Ad. 1037. 1
λώβη Ad. 925 (e) 17
λωβητήρ pl. Min. 791. 218
λων[Co. 654 ii 27
λῶπος An. 441 (b)
λῶ(ι)στος Min. 727. 4
λώτινος An. 397

μά Min. 836 (b) 20
μάγαδις Al. 101, An. 374. 1, Min. 808. 2
Μάγνης, -ησσα Ad. 1025
Μαγνησία Sim. 545. 1
μᾶζα pl. Min. 836 (b) 6
μαζός, μαστ-, μασδ- Co. 693 fr. 3. 2
  pl. Al. 50 (b), Ad. 929 (f) 4
μάθησις Al. 125
μαι[Sim. 511 fr. 3. 3
Μαῖα Co. 654 iii 17
Μαιάς Sim. 555. 2
μαινάς Min. 778 (b), Ad. 1024. 8
μαινόλης Ad. 1029. 1
μαίνομαι Al. 68, An. 428. 2 (bis), Scol.
  902. 2 (bis), Ad. 931. 12, 977, 1003. 2
Μαιόν[Al. 3 fr. 23. 6
μάκαρ Al. 15, 59 (b) 2, Sim. 519 fr. 4. 1,
  Co. 654 i 16, 658, Min. 813. 8, Ad.
  933, 1012, 1031
  (οἱ) μάκαρες St. 210. 3, Co. 654 i 19 et
  28 et 45 (suppl.), Min. 813. 1, Scol.
  894. 2, Ad. 1016
Μάκαρ Ad. 919. 10
μακάριος Min. 802. 1
μακαριστός Ad. 1019. 6
μακραίων Min. 791. 206
μακραυχενόπλους Min. 791. 89
μακρός Ib. 314. 1, Pop. 850
μαλ[Ad. 919. 6
μάλα St. 232. 1 (corrupt.), Ib. 282 (a) 45,
  Min. 836 (b) 23
  μᾶλλον Sim. 551, Ad. 1024. 3
  μάλιστα Al. 1. 87 et 95, 3. 9, 5 fr. 2 i 22,
  11, St. 232. 1, Sim. 587, Ad. 922 (a) 4
μαλακαύγητος Min. 842. 8
μαλακόμματος Ad. 929 (g) 1
μαλακοπυχής Min. 836 (b) 37
μαλακοφλοΐς Min. 836 (e) 21
μαλάσσω Ad. 998. 1
Μαλέα Ad. 924. 13
μαλερός Min. 836 (e) 10, 842. 5

μαλθακός Al. 4 fr. 1. 5
μάν vid. μήν
μανθάνω An. 416. 3, Min. 749. 1 = Scol.
  897. 1, Ad. 1024. 5
μανία Scol. 917 (c) 11
  pl. Ib. 286. 11, An. 398
μανιόκηπος An. 446
μαντ[Sim. 519 fr. 8. 3, Co. 654 iv 52
μαντόσυνος Co. 654 iii 25
μάργος Al. 58. 1, Ib. 311 (a)
μαργοσύνη An. 432. 2
Μαριανδυνός Pop. 878
μαρμαρόπτυχος Min. 791. 38
μάρμαρος Al. 1. 31
μαρμαροφεγγής Min. 791. 92
μαρμαρυγή vid. Al. 5 fr. 2 ii 27
Μάρπησσα vid. Sim. 563
Μαρσύας Min. 805 (a) 4
  vid. etiam Min. 758
μαρτυρέω Sim. 531. 7
μαρτύρομαι Al. 1. 42, Ad. 922 (a) 16
μασδός vid. μαζός
μάσταξ pl. Al. 97
μάστιξ An. 388. 8
μαστός vid. μαζός
ματαιολόγος Min. 805 (b) 1
μάταιος Al. 1. 29 (suppl.)
ματεύω Min. 710, 791. 47 (suppl.)
ματέω (LSJ s.v. μάτημι B) Min. 757. 5
μάτη pl. St. 257
μάτην Al. 1. 86, Min. 805 (b) 1
Μαχάων Ad. 934. 10
μάχη (An.) 501. 11 (nisi -μάχαι)
  pl. Min. 791. 142
μάχιμος Min. 791. 112
μάχομαι Al. 1. 63, An. 429. 1 et 2, Sim.
  542. 30, Min. 791. 155, Scol. 907. 2
μαψιδίως Al. 3. 63
με[Sim. 519 fr. 9. 8 et fr. 19. 1 et fr. 86.
  6, Co. 654 ii 17
μεγαθο[(Co.) 693 fr. 5 (a) 9
μέγαθος Min. 836 (b) 18
μεγάλαυχος Ad. 932. 11
μεγαλοσθενής (Al.) 169, Co. 662. 1
Μεγαλοστράτα Al. 59 (b) 3
Μεγαρεῖς vid. Sim. 629
μέγαρον pl. St. 222 i 3
μέγας Al. 1. 9, 3 fr. 27. 2, 56. 3 et 6, 123,
  Ib. 282 (a) 1 et 4 et 34, An. 406, 413.
  1, Sim. 519 fr. 79. 12, 522. 2, 531. 8,
  Co. 654 i 17, 655. 1. 14, (Co.) 692 fr.
  7. 9 et fr. 18. 3 (ut vid.), Min. 735
  (a), 788, 791. 160 et 207, Min. 836
  (e) 5, Pop. 848. 17, 853. 3, 869, Scol.

886. 4, 901. 1, 908. 1, 909. 1 et 10,
  Ad. 919. 11, 934. 4, 935. 25, 987 (b),
  993, 999. 1, 1006
  adv. μέγα Co. 655. 1. 4, Ad. 924. 15
  comp. μείων Al. 4 fr. 6. 11, 100
  superl. μέγιστος Min. 836 (b) 7, Ad.
  937. 2
  vid. etiam Al. 69, Co. 655. 1. 6
μεγασθενής Al. 87 (c), Sim. 541. 10
Μεγιστῆς An. 352. 1, 353. 2, 416. 3
μεδέω Min. 762. 2, Scol. 887. 1
Μέδουσα vid. St. 204
μέδων Co. 654 iii 14
μεθίημι med. vel pass. Min. 791. 23
μεθύω An. 376. 2, 412
μειδιάω An. 380
μείλιχος An. 425. 1
μεῖραξ pl. Ad. 975 (a)
μείρομαι Sim. 519 fr. 79. 4
μείς An. 362. 1, Sim. 508. 2
  pl. An. 352. 1, Ad. 929 (b) 4
μελ[Sim. 519 fr. 69, (Co.) 692 fr. 29. 2
μελα[Ad. 925 (e) 20 (fort. μελάθρων)
μέλαθρον pl. Co. 654 ii 30 (suppl.)
μελαμπεταλοχίτων Min. 791. 123
Μελάμπους Al. 87 (d), St. 228
μελάμφυλλος An. 443, Sim. 519 fr. 93. 3
μελάνζοφος Sim. 630
Μελάνιππος (Co.) 692 fr. 5. 4
μελανοπτέρυγος Ad. 963
μέλας Al. 89. 3, 90, An. 347. 5, 420, Min.
  780. 1, Pop. 848. 5, Ad. 925 (e) 5
μελε[Sim. 519 fr. 19. 3
Μελεαγρίς vid. Ib. 290
Μελέαγρος St. 179 (b)
  vid. etiam St. 222 ii, Sim. 564, Min.
  838
μελέδημα Ib. 288. 2
μελετάω An. 356 (b) 4
μελέτη Ad. 932. 6
μελησδών pl. Sim. 520. 2
μέλημα Al. 3. 74, Ad. 936. 2
μέλι St. 179 (a) 2, Sim. 593, Min. 836 (b)
  37 et (e) 18, Ad. 979
  vid. etiam Ib. 325
μελιβόας Min. 702. 2
Μελίβοια vid. Min. 721
μελίγηρυς Al. 26. 1, (Co.) 693 fr. 1. 3
  (suppl.)
μελίζω med. Al. 35
μελιηδής An. 352. 2, Sim. 595. 3
μελικαρίς pl. Min. 836 (b) 16
μελίπηκτος Min. 836 (e) 17
μελιπτέρωτος Ad. 954 (b)

595

(ὁ, ἡ, τό)
285. 1, 286. 1 et 4, 288. 3, 298. 2,
320, An. 346 fr. 1. 7, 347. 12,
349. 2, 352. 1 (bis), 356 (a) 3 et 4,
357. 10, 358. 6, 360. 3, 372. 2, 373. 3,
378. 2, 387, 388. 5, 416. 4, 417. 3, 421,
427. 2, 427. 4, 429. 1, 433. 2, 465,
Sim. 506. 1, 507. 1, 519 fr. 53. 8, 520.
4 et 5, 521. 4, 522. 2 (bis), 524 (bis),
526. 3, 531. 1 et 2 (bis) et 3 (bis) et
5, 541. 1 (bis) et 3 (bis) et 14, 542.
11 et 21 et 37, 543. 18, 577 (a) 1, 579.
2, 590, 598 (bis), 602. 1 (codd.) et 2
et 3 (bis), 603, 608 fr. 1. 11, Co. 654
iii 12 et 15 et 17, 662. 1, 663. 1, 677,
689, Min. 696. 1 et 2, 708. 1 (bis) et
3 et 6 (bis) et 10 et 11 et 16, 709,
712 (a) 2 et 3 et 4, 717. 1 et 2, 728. 1,
732. 2, 738 (2) 2, 749. 1 et 2, 754. 1
et 2 (bis), 755. 2, 756, 757. 2, 758. 1 et
2, 760. 2, 762. 2, 781, 791. 26 (dub.)
et 154 et 172 et 206 et 216 et 234 et
235, 796. 1 et 3 et 4, 800. 1, 801, 802.
3 (bis), 813. 2 et 4, 822, 824, 832
(suppl.), 836 (b) 7 et 16 et 22 et 33
et (e) 1 et 8 et 13 et 21, 842. 9, 843.
2 et 3 et 4, 844. 3 et 4, 846. 1 et 2,
Pop. 848. 14 (bis) et 15 (bis) et 18,
851 (a) 2 et 3 et (b) 3 et 5, 852
(sexies), 853. 4 et 5 et 6, 854, 856. 5
et 6, 857. 2, 858. 17, 860, 863. 1,
865. 1, 867. 1, 871. 5, 872. 1, 873. 3,
874, 875, 876 (c) 1 et 3, 882 (ter),
Scol. 889. 2 (bis), 890. 3 et 4 (bis),
891. 4, 892. 1 et 2 et 3, 893. 1 et 3, 894.
4, 895. 1, 896. 3, 897. 1 et 2, 899. 1, 903.
2, 904. 1 (bis), 905. 1 et 2 (ter), 906.
2, 909. 2 et 4 et 7, 910 (bis), 917 (b)
4 et 5, Ad. 918 (c) 2, 926 (d) 3 et (e)
1 et 2, 929 (h) 1, 931. 13, 934. 6 et 20,
935. 4 (bis) et 9 et 10 (bis) et 12 et
14 et 20 et 21 et 22 et 23, 936. 1, 941.
1 et 2, 946. 3, 947 (a) (bis) et (b),
953. 2, 956 (bis), 959. 3, 960. 1, 961,
973, 976. 1, 982, 985 (b) 16 (suppl.),
990, 991, 1014, 1018 (b) 5 (suppl.),
1019. 4 et 5 et 6, 1024. 4, 1029. 1,
1034, 1037. 8 et 9 et 18 et 27 et 31
et 32, 1038 II 6
II relat. Al. 17. 2 (coni.), 26. 3, 58. 2,
St. 181. 2, An. 347. 1, 348. 4, 357. 1, 424
(corrupt.), (An.) 501. 7, Sim. 523.
1, 542. 16 et 39, 564. 1, 575. 2, 579.
5, Co. 654 iv 51, (Co.) 693 fr. 2. 2,

Min. 727. 5, 755. 3, 791. 179 et 188,
805 (a) 1 et 6 et (c) 1, 806. 2, 813. 5,
836 (b) 22 (suppl.) et 26 et 34 et 37
et (e) 3 et 11, 843. 3 (coni.), Pop.
882 (bis), Scol. 886. 4, 907. 4, 909. 6,
Ad. 926 (d) 2, 934. 4, 939. 11 et 12,
953. 3, 975 (c), 985 (b) 6 (dub.),
1012, 1030. 2, 1037. 6 et 32
vid. etiam ὅσπερ, ὅστε, ὅστις
III demonstr. Al. 1. 30 et 37 et 82 et 96
et 101, 4 fr. 1. 8 (dub.), 83, 120 (dub.),
St. 185. 5, 219. 1 et 2, Ib. 282 (a) 20
(suppl.) et 23 et 32 et 41 et 46, 282
(b) fr. 4. 6, 317 (a) 1, An. 347. 4,
358. 5, 434. 2 (bis), (An.) 501. 9,
Sim. 567. 1, Co. 654 i 22 et 28 et 29
(suppl.) et iii 22 et 35 et 40 et 48
et iv 15 (ut vid.) et 36 (ut vid.),
678, (Co.) 694 fr. 6. 3 (ut vid.), Min.
727. 9 (ter) et 12, 746. 1 et 3, 757. 5
(coni.), 760. 3 et 4, 791. 14 (ut vid.)
et 18 et 98 et 145 et 162 et 173 et
191 et 196 et 225, 810. 4, 836 (b) 3 et
7 (suppl.) et 11 et (e) 4 et 10, Scol.
904. 1 (bis) et 2 (bis), Ad. 922 (a) 8,
925 (c) 9 et (d) 4 (ut vid.), 926 (e) 1,
934. 10, 952, 997. 4, 1027 (f), 1037. 10
et 23
IV vid. etiam Al. 4 fr. 1. 10 et fr. 2. 5,
50 (b), St. 209 ii 5, An. 369, Sim.
519 fr. 41 (b) 5 et fr. 84. 11 et fr. 92.
5, Co. 654 ii 33 et iv 45 et 47, 655.
1. 21, 675 (c), (Co.) 692 fr. 1. 7, Ad.
920. 2 et 6, 925 (a) 6 et (f) 8, 945,
969, 1024. 2
ὅαρος pl. Min. 813. 9
Ὀγκαῖαι πύλαι vid. (Co.) 692 fr. 5. 7
adnot.
ὄγχνη pl. Min. 747. 3
ὅδε Al. 1. 99 (suppl.), 39. 1, 46, 60. 2, 106,
St. 209 i 3, 217. 22, An. 347. 13, 411
(a) 2, Sim. 519 fr. 55. 5, 531. 6, 543.
11 (coni.), 555. 4 (coni.), 581. 7, 584.
4, Co. 654 i 18 et iii 27, (Co.) 692
fr. 1. 10, Min. 708. 1 (bis) et 14,
728. 1, 791. 215 et 238 et 240, 805 (b)
1, 836 (b) 15 et (c) 1 et 3, 844. 1,
Pop. 851 (b) 1, Scol. 884. 2, 885. 4,
887. 4, Ad. 925 (d) 13 et (e) 10, 930.
6, 937. 12, 979, 1018 (b) 8, 1027 (d),
1037. 2
ὁδί Min. 852 (ter)
ὁδεύω Ad. 946. 1
ὀδμή Sim. 638

ὁδός vid. (Co.) 693 fr. 2. 6, Ad. 1037. 16 adnot.
ὁδούς Ad. 1029. 2
pl. An. 395. 4, Min. 791. 3
ὀδύνη *pl.* Ad. 1015
ὀδυρμός Min. 791. 103
ὀδύρομαι Min. 791. 139
'Οδύσειος St. 209 i 2
'Οδυσσεύς, 'Οδυσεύς Al. 80. 1, St. 209 i 6 (suppl.), Ad. 925 (*e*) 10 (suppl.)
vid. etiam 'Ολίξης, et St. 225, Sim. 537, Min. 793 seq., 815 seqq.
ὄζω Al. 92 (*b*)
ὅθεν Min. 836 (*b*) 21 (dub.) et 24, Ad. 955. 2 (corrupt.)
οἴγνυμι Min. 791. 232
οἶδα Al. 3. 115 et 116, 4 fr. 3. 4, 40, An. 360. 3, 402 (*c*) 2, 417. 2 et 3, Sim. 542. 34, Min. 836 (*b*) 19, 846. 3, Ad. 925 (*c*) 4, 932. 10 (suppl.)
Οἰδίπους vid. Co. 672
οἶδμα Ad. 939. 19
οἴκαδε An. 412
οἰκέτης Sim. 531. 6
οἰκετικός Min. 836 (*b*) 27
οἰκητήρ Ad. 985 (*b*) 9
οἰκήτωρ Min. 791. 142
Οἰκιάδης Sim. 566
οἶκος (Al.) 174, St. 272, Sim. 519 fr. 41 (*a*) 4, Min. 836 (*b*) 2, Pop. 848. 7, Ad. 981, 1006
οἰκουρός Ad. 1037. 28
οἰκτίρω St. 200, An. 419. 1
οἶκτος Sim. 531. 3
οἰκτρός An. 347. 11, Min. 791. 137
adv. -ῶς Co. 654 i 32
vid. etiam (Co.) 695 (*b*)
'Οιλεύς vid. St. 226
οἶμος Min. 738 (1) 3
οἰμωγή (Co.) 694 fr. 7. 5, Min. 791. 170
οἰνανθίς *pl.* Ib. 286. 4
οἰνάρεος Ib. 286. 6
Οἰνεύς Min. 761
οἰνηρός An. 454
οἰνίζω *med.* vid. Sim. 519 fr. 96. 7
οἰνοπότις An. 455
οἶνος Al. 92 (*a*) et (*d*), An. 346 fr. 4. 7, 356 (*a*) 4 et (*b*) 3, 373. 2, 383. 2, 396. 1, Sim. 602. 1, Min. 744. 4, 760. 2, 761, 831, Pop. 848. 8, Scol. 909. 4
vid. etiam Sim. 647
Οἰνότροποι vid. Sim. 537
Οἰνουντιάδης vid. Al. 92 (*d*)
οἰνοχοέω An. 383. 1, Scol. 906. 2

Οἰολύκη vid. Ib. 299
οἷος vid. Sim. 519 fr. 79. 12 adnot.
οἷος Al. 4 fr. 3. 5 (dub.), 17. 4, Sim. 543. 7, Min. 824, Scol. 907. 2 et 4
adv. οἷα Al. 57. 1, 58. 1, οἷά τε Al. 56. 4, An. 408. 1, Min. 708. 5
vid. etiam Ib. 282 (*b*) fr. 5. 4
ὀιστός Sim. 636
pl. Ad. 922 (*a*) 3
οἰστρομανής Min. 791. 79
οἶστρος Sim. 541. 10
οἰωνός *pl.* Al. 89. 6, Ad. 1007. 1
ὄκταλλος *pl.* Co. 654 iii 50 (suppl.)
ὀλβιόπλουτος Min. 836 (*e*) 23
ὄλβιος Al. 1. 37, Ib. 282 (*a*) 2, Sim. 521. 2
superl. -ιώτατος Sim. 519 fr. 73 (*c*) 3
ὀλβιοτελής Sim. 519 fr. 157. 4
ὄλβος Sim. 511 fr. 1 (*b*) 7, 519 fr. 6 (*a*) 5 et fr. 55. 8 et fr. 92. 5, Min. 791. 191 et 238, Ad. 937. 15
ὄλεθρος Min. 727. 8
ὀλεσισιαλοκάλαμος Min. 708. 11
ὀλετήρ Al. 93. 2
ὀλιγοδρανέω Min. 746. 2
ὀλίγος Sim. 520. 1, 527. 2, 541. 6, Min. 749. 2 (= Scol. 897. 2)
'Ολίξης vel -εύς vid. Ib. 305
ὀλκ[Al. 3. 98
ὁλκάς Al. 142
ὄλλυμι Al. 1. 27, An. 419. 2, Ad. 1029. 3
pass. Ad. 925 (*b*) 5 (suppl.), Ad. 989
ὀλοός (Al.) 7. 17
ὀλός Al. 116
ὅλος Min. 836 (*b*) 14 et 29
'Ολυμπ[(Co.) 693 fr. 1. 17, 694 fr. 7. 7
'Ολυμπία Sim. 519 fr. 53. 8 (suppl.), 519 fr. 131. 6 (suppl.)
'Ολ]υμπιάδες Al. 3. 1
'Ολύμπιος Scol. 885. 1, Ad. 936. 14
"Ολυμπος *mons* An. 378. 1, Ad. 935. 26, 936. 12, 960. 1
"Ολυμπος *poeta* vid. Min. 713 (i)
ὅμαιμος *pl.* Co. 654 iii 29
ὄμβρος Min. 791. 62
ὀμῆλιξ (Al.) 162. 1 col. i 1
"Ομηρος Sim. 564. 4
ὁμιλέω An. 388. 5, Pop. 873. 2
ὅμιλος Ad. 936. 14
ὄμμα *pl.* Ib. 287. 2, An. 417. 1, Min. 771. 2, Ad. 929 (*h*) 1
ὅμοιος Ib. 282 (*a*) 45, (Co.) 692 fr. 7. 3

ὅσος, ὅσσος:
ὅσος An. 416. 2, Sim. 542. 24, 555. 4
(coni.), Min. 836 (b) 42, Pop. 873. 1
(coni.)
ὅσσος Al. 38. 1, Sim. 521. 2, Min. 836
(e) 22
ὁσ- an ὁσσ- incertum Al. 89. 3, Sim.
519 fr. 6 (a) 3, Pop. 877
ὅσπερ Al. 1. 41, Ad. 1017. 1
ὅσσε Min. 771. 3
ὅς τε Al. 26. 3, Ib. 282 (a) 17, An. 408. 2,
Sim. 542. 39–40, Min. 736, Ad. 946. 3
(coni.)
ὅστις Al. 1. 37, Sim. 519 fr. 84. 5, 520. 6,
521. 1, 542. 28, 543. 25, 595. 2, Co.
655. 1. 6, Min. 836 (e) 11, Scol. 908.
1, Ad. 926 (b), 1020. 1
vid. etiam Sim. 519 fr. 79. 3 adnot.
ὀσφῦς Min. 836 (b) 28
ὅτε, ὅκα, ὅκκα:
ὅτε Sim. 519 fr. 47. 2, 543. 1. Min. 791.
60, 802. 1, 804, 836 (b) 38, Scol. 893.
3, 895. 3, Ad. 1004
ὅκα Al. 20. 3, 56. 1, Ib. 317 (b) 1
ὅκκα Al. 115
vid. etiam St. 211
ὅτι An. 360. 3, Co. 664 (a) 2, Min. 749. 2
(= Scol. 897. 2), 791. 211, Scol. 896. 3,
917 (b) 3
οὐ, οὐκ Al. 1. 2 et 78, 5 fr. 2 i 9, 16. 1, 20.
5, 26. 1, 43, 58. 1, 73, St. 192. 1, Ib.
282 (a) 25, 293, 313, An. 348. 7, 360.
2 et 3, 371, 378. 2, 411 (a) 1, 412, 417.
6, 424, 428. 1 et 2, 431. 1, Sim.
507. 1, 519 fr. 35 (b) 5, 526. 2 (bis),
527. 1, 541. 4 et 7, 542. 14 et 15
et 21 et 36, 543. 5 et 15, 572, 591,
Co. 657, 663. 1, Min. 710, 727. 6, 729.
1 et 4, 744. 2, 757. 1, 790, 791. 108 et
116 et 182, 796. 1, 805 (a) 1, 836 (b)
7 et 25, Pop. 848. 12 et 13 et 19, 853.
6, 856. 6, 876 (a), Scol. 912 (a), 913.
1, Ad. 922 (a) 9, 923. 4, 925 (e) 17,
935. 19, 947 (a), 958, 959, 961, 988. 1,
1007. 1
οὐχ Al. 1. 50
οὐχί Al. 1. 97 (suppl.)
οὐ [Al. 3. 96
οὐατόεις Sim. 631
οὐδάμα An. 411 (a) 2, Min. 791. 151
οὐδαμῶς Al. 1. 45
οὐδας Ad. 1037. 29
οὐδέ Al. 1. 67 et 70 et 71 et 72 et 73, 3. 63,
4 fr. 1. 12 et fr. 5. 7, 5 fr. 2 i 2, 10, 16. 1

et 2 et 3 et 4, (Al.) 173 (bis), St. 192. 2
et 3, 209 i 10, Ib. 282 (a) 15, 320, An.
346 fr. 1. 1, 371. 2, 384, Sim. 509. 1 et
3, 521. 3, 523. 1 et 3 (bis), 542. 11 et
30, 543. 15, 572, 579. 4, 584. 4, 592, 595.
1, Min. 746. 1, 757. 2, 791. 116, 843. 2,
Scol. 912 (a), Ad. 924. 5, 925 (e), 17
975 (b) (bis), 988 (ter), 1037. 1 et 16
οὐδείς (Al.) 162 fr. 1 col. i (b) 9, Min.
846. 3, Scol. 911
οὐδεμία Ib. 286. 7
οὐδέν Al. 3. 64, 79, An. 417. 2, Sim.
526. 4, Min. 846. 1, Scol. 910
οὐκέτι An. 395. 3 et 5, Sim. 603, Min.
791. 154 et 155, Pop. 883
οὐλοκίκιννος Min. 724
οὖλος = ἴουλος Pop. 849
οὖλος densus St. 187. 3, Ad. 1036. 7
οὖν, μὲν οὖν Min. 760. 3
οὕνεκα St. 223. 1
οὔποτε Min. 748
οὔπω Sim. 602. 1, Pop. 877
οὐράνιος Al. 28, Sim. 555. 5, Min. 800. 1,
Ad. 1018 (b) 3
οὐρανός Al. 1. 16, 3. 67, St. 209 i 3, Sim.
519 fr. 61. 2 (fort.), 605, Co. 654 iii
40, Min. 781, Ad. 935. 2 et 21
vid. etiam Al. 61, 67
οὖρος Pop. 858. 10
οὖς, οὖας Sim. 543. 20
pl. Al. 80. 1, An. 388. 2
οὔτε Al. 1. 43 et 44 et 64 et 66, Ib. 282
(a) 10 et 11, An. 361. 1 et 2, 370, 392
(bis), Sim. 519 fr. 61. 2 et fr. 96. 7
(dub.) et fr. 160 (a), 531. 4 et 5, Min.
791. 213 (bis) et 214, 843. 1 (bis), Ad.
925 (e) 14 (dub.), 957 (bis), 997. 6
οὔτις Sim. 526. 1, Min. 813. 10
adv. οὔτι Al. 17. 6, Ib. 318 (a), Pop.
851 (b) 3, Scol. 894. 1, Ad. 932. 9
οὑτίς Al. 143
οὗτοι Min. 781
οὗτος Al. 1. 57, 37 (a), 59 (b) 1, 119, St.
192. 1, An. 349. 1, 395. 7, Sim. 542.
14, 587, 599, Co. 654 iii 41, Min.
698. 2, 730, 791. 217, 836 (b) 13 et 17
et 35 et (e) 14, Scol. 909. 3 et 4 et 5,
Ad. 922 (a) 8, 924. 6, 1017. 2
vid. etiam Sim. 519 fr. 6 (a) 7
οὕτω(s) An. 356 (b) 1, Sim. 521. 4, 564. 4,
Co. 654 iii 18, Ad. 935. 24
ὀφείλω An. 346 fr. 4. 3
ὤφελεν c. infin. Min. 731. 1, ὡς ὄφελ[
Ad. 924. 17

ὀφθαλμός *pl.* Al. 93. 1
ὄφις Scol. 892. 2
ὄφρα St. 185. 2
ὀφρῦς *pl.* An. 410. 1, Ad. 1017. 1
ὄχανος An. 401. 2
ὄχημα Min. 791. 191
ὄχθη *pl.* An. 381 (*b*)
ὄχλος Ad. 987 (*c*)
Ὄχνη vid. Min. 716
ὄχος *pl.* Ib. 287. 7
ὄψ, ὀπός Al. 3. 4, 39. 3
ὀψίγονος St. 222 i 2, Sim. 519 fr. 92. 6 (suppl.)
ὄψις Min. 836 (*e*) 7
pl. Ad. 988. 2

πα[Ib. 282 (*b*) fr. 5. 6, Ad. 925 (*c*) 4, 1038 I 2
-παγκαπύρωτος Min. 836 (*e*) 15 (coni.)
παγκρατής Sim. 541. 5
παγχρύσιος Al. 1. 67
πάθος Min. 791. 172
pl. Ad. 925 (*c*) 11
παι.[Sim. 519 fr. 4. 10, παι[Ad. 1024. 6
παιάν, παιών, παιηών:
παιᾶνα Al. 98. 2,]παιαν Sim. 519 fr. 61.
3, παιᾶσιν Ad. 922 (*a*) 10 et 11,
ἱεπαίαν ibid. 15, παιᾶνι Ad. 1035
col. i 1, παιᾶν[col. ii 2
παιήων Sim. 519 fr. 78. 4, Ad. 922 (*a*)
2 et 17
Παιάν Min. 791. 197 et 205, 800, Pop.
858. 19 (bis), 867. 3, Ad. 933, 934
(decies)
Παιών Ad. 933
παιγμοσύνη *pl.* St. 232. 2
παίδευμα Ad. 929 (*f*) 4
παιδίον *pl.* Pop. 848. 19
παιδίσκος Min. 836 (*a*) 2
παιδοτρόφος Sim. 508. 6
παίζω Al. 58. 1, An. 417. 5
παῖς Al. 1. 19, 3. 82 et 84, 5 fr. 2 i 18, 58.
1, St. 185. 6, 209 i 2, 249, Ib. 282 (*a*)
22, 293, An. 348. 2, 356 (*a*) 1, 360. 1,
373. 3 (corrupt.), 388. 11, 396. 1,
(An.) 501. 6, Sim. 511 fr. 1 (*a*)
3, 555. 1 (coni.), 575. 1, Co. 654
iii 18 et 37, 660. 1, Min. 735 (*a*), 744.
2, 755. 2, 843. 1, 844. 4, Scol. 885. 3,
898. 1, 904. 2, Ad. 918 (*c*) 2, 924. 11,
929 (*g*) 3, 950 (*b*), 967, 980, 1011 (*b*)
pl. Al. 1. 99, 5 fr. 2 i 14, 38. 1, St. 185.
4, (St.) 278. 2, Ib. 282 (*a*) 13, An.
346 fr. 1. 3, 402 (*c*) 1, Sim. 559. 1,

Co. 654 iii 12, 655. 1. 16, Min. 791. 93,
836 (*b*) 1 et 40 et (*e*) 21, Pop. 864, 873.
1, Scol. 900. 2, Ad. 925 (*c*) 10 (veri
sim.), 930. 2, 934. 14, 941. 1, 1024. 7
vid. etiam Al. 3. 83
παίω Min. 708. 10, 791. 44
παλάθη Pop. 848. 6
πάλαι An. 426, Min. 796. 4
παλαιός Min. 796. 1 et 5
comp. -ότερος Min. 791. 211
παλάμη Scol. 891. 2
pl. St. 217. 22, Ib. 321. 2, Sim. 581. 6
Παλαμήδης vid. St. 213
†παλάξαι Min. 836 (*b*) 24
παλεομίσημα Min. 791. 79
παλεύω *med. vel pass.* Min. 791. 48 et 57
παλιμμ[Min. 791 col. i
παλιμπόρευτος Min. 791. 173
παλίμπορος Min. 791. 162
πάλιν Min. 791. 13 et 86, 836 (*e*) 2, Scol.
889. 3
Παλλάντιον St. 182
Παλλάς St. 274, Ib. 298. 3 (suppl.), An.
346 fr. 11. 18, Min. 735 (*a*) et (*b*), Scol.
884. 1
πάλλω Al. 65, Pop. 856. 4
πάλος *pl.* Al. 65
Πάλτος vid. Sim. 539
πάμμητις Sim. 526. 3
παμμιγής Min. 791. 34 et 175
πάμπαν Sim. 519 fr. 79. 8
παμφάγος Al. 17. 4
παμφαλάω An. 482
παμφανόων Ib. 314. 2
παμφυής Ad. 936. 9
πάμφωνος Min. 831
Πάν Scol. 887. 1 et 3, Ad. 936. 1 et 18
(bis)
παν.[Sim. 519 fr. 7. 4, Pop. 858. 8
πανα[Ad. 1038 II 6
Πανάκεια Ad. 934. 13
πανάμωμος Sim. 542. 24
πανδάκρυτος Ad. 931. 13
πανδαμάτωρ Sim. 531. 5
πανδείματος Ad. 1018 (*b*) 4
πανδοκεύς Ad. 925 (*e*) 11 (suppl.)
πανδοκεύω Min. 727. 10
πανδοσία An. 446
Πάνδροσος Scol. 888. 3
πανήγυρις Min. 791. 171
πανιώνιος Ad. 938 (*a*)
πάννυχος An. 346 fr. 11. 16
vid. etiam ibid. fr. 11. 4

πα(ν)σπερμεί Ad. 929 (d) 4
παντανάμικτος Min. 836 (e) 13
παντάπασι An. 346 fr. 4. 5
παντερπής Ad. 942, 1009. 3
παντοδαπός Ib. 287. 3, Min. 836 (b) 5
παντοῖος An. 435, Ad. 1032, 1037. 26
παντόφωνος Ad. 1037. 20
πανωιδός Ad. 936. 13
παπταίνω (Al.) 162 fr. 1 col. ii (b) 5
παρ[Sim. 519 fr. 4. 11, 519 fr. 11 (b) 1,
    (Co.) 691. 6 (dub.)
παρά, πάρ c. gen. Ib. 286. 10, Sim. 542.
    12, Pop. 882. 3, Scol. 888. 3
c. dat. Al. 98. 2, Ib. 310. 1, An. 356
    (b) 3, Min. 836 (b) 19, Scol. 917 (b)
    5, Ad. 991
c. acc. Al. 124 (bis), St. 184. 2, Ib. 321.
    1, An. 381 (b), 400. 1, Sim. 516, 592,
    Min. 810. 1, 836 (e) 22, Pop. 866,
    Scol. 917 (c) 10, Ad. 926 (a) 2, 1037.
    21
vid. etiam (Al.) 10 (a) 7, Al. 16. 2,
    (Al.) 162 fr. 1 ii (b) 7 et fr. 2 (a) 4,
    Min. 791. 158 (bis) et 161
πάρα vid. πάρειμι
παρα[(Co.) 693 fr. 2. 6
παραβαίνω Ad. 938 (f)
παραβάλλω pass. Min. 836 (b) 36
παραγίγνομαι Min. 836 (e) 14
παραδίδωμι Min. 755. 6, 805 (c) 1
παραθαρσύνω Min. 846. 2
παράκοπος Min. 791. 67
παραλέχομαι Ib. 302
παραμελορυθμοβάτης Min. 708. 12
παραμένω Al. 1. 80 (dub. suppl.)
παραπέτομαι An. 379 (b)
παράπληκτος Min. 760. 4
παραπρόειμι Scol. 917 (c) 6
παρασύρω Min. 791. 6
παρατίθημι St. 181. 2, Min. 836 (b) 29
παραφέρω, παρφ- Min. 836 (b) 6
πάρεδρος Sim. 519 fr. 120 (b) 5
παρειή pl. Sim. 543. 5
πάρειμι adsum Al. 118, An. 346 fr. 11. 8,
    429. 2, Min. 836 (b) 12 et 24 et 26,
    Scol. 891. 4, Ad. 947 (a), 1038 II 9
    (ut vid.)
    πάρα = πάρεστι Al. 1. 79, An. 395. 4,
    Ad. 929 (b) 5
πάρειμι praetereo Sim. 519 fr. 35 (b) 5,
    543. 14
†παρέπεσαι Min. 836 (b) 26
παρέρχομαι, -ῆλθον Min. 836 (b) 7 et 10
    et 13 et 16, Ad. 976. 3 (in tmesi)

παρέχω Al. 96. 1, Min. 727. 11, Ad.
    923. 5
παρθενία Min. 805 (a) 6
παρθενική Sim. 519 fr. 35 (b) 8
    pl. Al. 3. 72, 26. 1
παρθένιος An. 360. 1
    vid. etiam An. 444
παρθενίσκη (Al.) 162 fr. 2 (a) 8
παρθένος Al. 1. 86, 11 (bis), St. 193. 11,
    Sim. 519 fr. 125+126 (dub.), 585. 2,
    (Co.) 692 fr. 3. 6, Min. 754. 2, 842.
    3
    pl. Al. 14 (a) 3, 59 (b) 2, Ib. 286. 3, Co.
    655. 1. 11 et 2. 1, (Co.) 692 fr. 2. 1,
    Min. 843. 1, Scol. 917 (b) 3
παρίημι Al. 1. 12
†παρίησαν Ad. 1005. 2
Πάρις Ib. 282 (a) 10
παρίστημι Ad. 1037. 30
Παρνασσός Min. 829. 1
Πάρνης Sim. 519 fr. 35 (b) 1, Co. 654 iv
    22 et 46 (suppl.) et 49 (suppl.)
παρο[Co. 654 (b) 2. 2
πάροινος Min. 708. 8
πάρος Co. 657, Min. 791. 72, Pop. 851
    (b) 3
παροψίς pl. Min. 836 (b) 4
πᾶς Al. 1. 13, 5 fr. 2 i 22, 40, St. 223. 2,
    245, Ib. 330. 2, An. 385, 416. 2,
    Sim. 511 fr. 1 (b) 8, 519 fr. 77. 4,
    519 fr. 80. 4 (fort.), 522. 1, 527. 3,
    538, 542. 17 et 27 et 39, 564. 1, 579.
    4, Co. 654 i 22 et iii 13 (suppl.) et iv
    12 (ut vid.), 662. 3, Min. 698. 1
    (bis), 712 (b) 2, 731. 3, 738 (1) 1 et
    (2) 2, 750, 760. 1, 791. 9 et 171, 836
    (b) 8 et 26 et (c) 3, 846. 1 et 4, Pop.
    858. 18, Scol. 903. 1 et 2, 909. 8, Ad.
    929 (b) 5 et (g) 2, 936. 16 et 17, 937.
    11, 947 (a), 971, 997. 2, 1020. 1
    vid. etiam Sim. 519 fr. 7. 4, (Co.) 693
    fr. 5 (a) 4
πασα[(Co.) 690. 9
Πασιχάρηα Al. 107
πάσσαλον Sim. 519 fr. 41 (a) 3
πασσύριος Ad. 982
πάσχω Al. 1. 35, St. 261, An. 347. 15,
    Min. 836 (b) 8 (dub.), Pop. 853. 1, Ad.
    932. 10
πατ[Co. 654 ii 25
παταγέω An. 362. 4 (v.l.), Min. 708. 3
    pass. Ad. 1030. 2
πάταγος An. 356 (b) 2
πατέω Scol. 909. 4

περσέπολις St. 274, Min. 735 (a) et (b)
Περσεύς Sim. 543. 6
vid. etiam St. 227, Sim. 543 passim,
Min. 837
Περσεφόνη, Φερ- Scol. 885. 3
Πέρσης Persa Min. 791. 86
vid. etiam Min. 791. 53
Πέρσης vid. Al. 5 fr. 49 i 2
Περσίς Min. 791. 167 et 186
πέρυσι Sim. 602. 2
πετ[Sim. 519 fr. 84. 3
πέταλον pl. Al. 91, Ib. 317 (a) 1, Sim.
506. 1
πέτομαι An. 346 fr. 11. 16, 363. 1
vid. etiam Ad. 1023. 16
πέτρα Al. 79, St. 184. 3, An. 376. 2, Co.
654 i 31, Ad. 1023 i 1
pl. Sim. 579. 2, Ad. 935. 13, 965. 5
(coni.)
πετραῖος Sim. 519 fr. 148. 1 (ut vid.)
πεύκη Min. 791. 13
pl. Min. 791. 76
πέφαται vid. φένω
Πέφνος vid. Al. 23
πεφυ]λαγμένως Sim. 519 fr. 92. 7 (dub.)
πῆ(ι) Min. 791. 119
πηγή pl. St. 184. 2, Min. 770 (a), 836 (e) 9
πήγνυμι pass. Ib. 283
πηγός Al. 1. 48
πηδάω Ad. 936. 8
πηκτίς An. 373. 3, 386
pl. Min. 810. 4
πηκτός Ad. 1037. 2
Πηλεύς vid. An. 497, Min. 765
πηλός Pop. 874
πῆμα pl. Ad. 925 (d) 3
πημονή Co. 654 ii 32
Πηνειός Sim. 519 fr. 22. 4
Πηνελόπη St. 209 i 11
πηνέλοψ St. 262
pl. Ib. 317 (a) 3
πήρα vid. Min. 820
πῆχυς Sim. 519 fr. 92. 6
πιέζω Al. 120
Πιερία Min. 791. 224 (ut vid.)
Πιερίς Min. 708. 6
pl. An. 346 fr. 11. 9
πίθος pl. Ad. 997. 5 et 9
πικρός comp. -ότερος Ad. 924. 14 (ut vid.)
πίμπλημι, -έω Ad. 969, 997. 5
pass. Ad. 997. 9
πίμπρημι Min. 791. 193
Πίνδαρος Co. 664 (a) 3
vid. Sim. 602, Co. 688, 695ᵃ

πινύσκω Sim. 508. 2
πίνω St. 181. 2, Ib. 312, An. 352. 2, 389,
427. 4, 450, Sim. 512 (bis), 519 fr.
84. 10, Scol. 902. 1, Ad. 938 (a)
pass. Min. 836 (d) 1
πῖος Min. 836 (b) 12
πίπτω Al. 85 (b), An. 347. 4, Min. 791. 10
(nisi ἀναπίπτω) et 125, Ad. 1037.
29
Πίσα St. 263, Sim. 519 fr. 1. 6, 633
vid. etiam Sim. 589
πιστός Min. 846. 1, Ad. 960. 2
πίσυνος Sim. 581. 1
Πιτάνη, Πιτανήτιδες vid. Al. 11
πίτνω Al. 14 (c)
Πιττάκειος Sim. 542. 11
Πιττακός Pop. 869
πίτυς Ad. 956
Πιτυώδης Al. 157
πίων Pop. 848. 7
πλάζω pass. Ad. 925 (e) 5, 939. 14
πλαθανίτης Min. 836 (e) 18
πλανάομαι Min. 846. 1, Ad. 935. 5 et
16
πλάνη pl. Ad. 962 (a)
πλάξ Ad. 939. 16
πλάσσω pass. Min. 708. 13
πλάστιγξ Ad. 1019. 6
Πλάταια Co. 654 iv 42 (suppl.)
πλατύνω pass. Min. 836 (e) 19
Πλειάδες, Πελειάδες, Πληϊάδες Al. 1. 60,
Sim. 555. 5, Ad. 976. 2
vid. etiam Co. 654 iv 33, Min. 736
Πλεισθενίδης St. 209 ii 4, 219. 2, Ib. 282
(a) 21
Πλε]ιστοδίκη Al. 5 fr. 1 (b) 5
πλεκτός An. 397
πλέκω An. 439, Scol. 917 (b) 4
πλευρά pl. An. 388. 3, Min. 791. 15
Πλευρώνιος vid. Ib. 304
πλέω Min. 727. 8, 791. 45
πλέως, -ος Al. 17. 3, (Al.) 162 fr. 2 (c) 5
(dub.)
πληγή Min. 791. 8
πλήθριον Al. 86
πλήν Scol. 910
πληξίαλος Sim. 519 fr. 55. 6
πλήρης Min. 836 (b) 4 (dub.) et 9 et (c) 2
πληρόω Min. 836 (b) 2
πλησtυ[Ad. 1037. 22
πλόιμος Min. 791. 78 et 113
-πλ[όκαμος Al. 4 fr. 5. 5
πλόκος An. 346 fr. 7. 3 (suppl.)
πλοῦς, πλόος Scol. 891. 1

πλούσιος (Al.) 162 fr. 1 i 4, Ad. 938 (*f*)
πλουτέω Scol. 890. 3
πλουτοδοτήρ, -της:
  -δότης Pop. 879 (1) 2
  -δότειρα Ad. 1021. 2
πλοῦτος Sim. 522. 2, Min. 791. 195, 813.
  3, Scol. 909. 1
  Πλοῦτος Min. 731. 1, Scol. 885. 1
Πλούτων Ad. 963
  vid. etiam Ad. 996
πλωτός Ad. 939. 4, 1027 (*f*)
πν[(Co.) 692 fr. 10. 1
πνεῦμα Min. 805 (*c*) 2, 806. 4
-πνευστος Ad. 925 (*d*) 9 (-ατόπν.)
πνέω Sim. 543. 3, Ad. 925 (*d*) 11
πνικτός Min. 836 (*b*) 29
πνοή, πνοι- Sim. 600, Min. 708. 10
πο[Sim. 519 fr. 166, Min. 737 (*b*) ii 2
Ποδαλείριος Ad. 934. 11
ποδανιπτήρ St. 188
Ποδάργα St. 178. 1
ποδηγός Ad. 1023. 17 (ut vid.)
ποδήνεμος vid. Sim. 519 fr. 118 schol.,
  519 fr. 131. 2 adnot.
ποδώκης Al. 1. 3, Scol. 894. 3
ποθεινός Sim. 584. 2, Min. 769. 2
πόθεν Ad. 968
πόθος Al. 3. 61, Min. 763, Ad. 1004
  pl. Min. 813. 4, 842. 13
  vid. etiam An. 444
ποῖ Ad. 1027 (*h*)
ποιέω An. 354. 2, Pop. 851 (*a*) 2, 853. 3,
  876 (*c*) 1 et 3
  med. Scol. 893. 4, 896. 4
ποικίλλω *med. vel pass.* Ad. 964 (*a*)
ποικιλόθριξ Ad. 1007. 1
ποικιλόθρους Ad. 1007. 1 (v.l.)
ποικιλόμουσος Min. 791. 221
ποικιλόπτερος Min. 708. 5
ποικίλος Al. 1. 66, 4 fr. 1. 7, 93. 1, Ib.
  316. 1, 317 (*a*) 2, Sim. 508. 6, Min. 708.
  10, Ad. 926 (*a*) 1
ποικιλοσάμβαλος An. 358. 3
ποιμαίνω An. 348. 8
ποιμήν Al. 16. 4
  pl. Al. 56. 4, Ad. 1024. 8
ποῖος Sim. 519 fr. 4. 6, 584. 2
πόκτος *pl.* Ad. 971
πολ[Co. 654 iv 38
πολεμ[Pop. 858. 11
πολεμέω vid. Sim. 643
πολεμηδόκος Min. 735 (*a*)
πολεμίζω An. 351
πολεμοκέλαδος Ad. 1027 (*b*)

πόλεμος, πτόλεμος Ib. 282 (*a*) 7, Co. 676 (*b*)
  pl. St. 210. 1
πόλεμόνδε Ad. 922 (*a*) 5
  vid. etiam Al. 4 fr. 4. 4
πολιός St. 245 (corrupt.), An. 376. 2, 395.
  1, Ad. 935. 18, 965. 2
πόλις Al. 22, An. 348. 6, 391, Sim. 526. 2,
  Co. 655. 1. 4, 675 (*c*), Min. 756, 791.
  109 (suppl.) et 234 et 238, Scol. 884.
  2, 885. 4, Ad. 934. 20, 1018 (*b*) 8,
  1027 (*e*)
  pl. Pop. 873. 4
  vid. etiam Ad. 1035 col. i 5
πολίτης, -ιήτης:
  -ίτης (Co.) 694 fr. 7. 4, Scol. 884. 2
  -ιήτης An. 346 fr. 1. 12, 348. 8, Pop.
  856. 2
πολλάκι, -κις:
  -κι Al. 56. 1, Min. 757. 3 (cod.)
  -κις An. 347. 13, Min. 757. 3 (coni.),
  846. 5, Ad. 922 (*a*) 7, 931. 5 (suppl.)
Πολλαλέγων Al. 107
πόλος Min. 800. 1, 803. 1
πολτός Al. 96. 1
πολύαινος Ad. 925 (*e*) 10
πολύανδρος Min. 791. 181
πολύβοτος Min. 791. 141
πολύβοτρυς Sim. 564. 3
πολύγομφος Ib. 282 (*a*) 18
πολ]υδέγμων Ad. 925 (*c*) 10
Πολυδεύκης, Πωλυ-:
  Πολυ- Sim. 509. 1
  Πωλυ- Al. 1. 1, 2 iv 6
  vid. etiam Διόσκουροι et Al. 5 fr. 1
  (*a*) 1 seqq., 25
Πολύδωρος Al. 5 fr. 2 i 18
πολυήνωρ Ad. 937. 13
πολύθριγκος Ad. 1037. 13
Πολυκράτης Ib. 282 (*a*) 47
  vid. etiam An. 414, 483, 491, 493
πολύκροτος An. 427. 2, Min. 791. 12
πολυκώτιλος Sim. 586. 1
πολύλιστος Sim. 577 (*b*) 2
πολυμελής, πολυμμ- Al. 14 (*a*) 1
Πολύμνηστος Al. 145
Πολύμνια Ad. 942
πολύμοχθος Min. 842. 1
πολυνεικής Ad. 1014
Πολυνείκης (Co.) 692 fr. 6. 1 et fr. 20
  ii (suppl.) et fr. 22. 3
Πολυξένη vid. Ib. 307
πολύολβος *vel* -όλβιος Ad. 926 (*d*) 3
πολυπάταξ Min. 708. 2
πολυπήμων Al. 5 fr. 2 i 9

πολυπλανής vel -πλάνητος Ad. 925 (d) 1
πολύς, πολλός Al. 3 fr. 23. 4, 4 fr. 3. 6, 7.
13, 15, St. 187. 1 et 2, An. 346 fr. 1.
11, fr. 4. 3, 365. 1, 388. 7 (bis) et 8,
395. 5, 440, Sim. 519 fr. 77. 5
(suppl.), 519 fr. 79. 8 (suppl.), 519
fr. 92. 8 (schol.), Min. 836 (b) 36 et
(e) 2, 842. 11, Pop. 879 (2) 2, Scol.
913. 1
adv. πολλά Co. 655. 1. 12 et 14, πολλῶι
Pop. 870. 3
vid. etiam Ad. 918 (a) 3, 920 (a) 3 et 5
πλέων, -είων Co. 654 i 23, Ad. 938
(f), 1019. 4
πλεῖστος Pop. 849
πολυσπερής Co. 654 iii 24
πολυστέφανος Ad. 964 (a)
πολύστονος Min. 791. 170
πολύυμνος Ib. 282 (a) 6, An. 446, Min.
791. 232
πολύφανος Al. 56. 2
Πολύφημος vid. Κύκλωψ
πολύφορβος Sim. 511 fr. 4. 2
πολύχορδος Ad. 947 (b)
πολυώνυμος Ad. 1035 col. ii 7
πόμα vid. πῶμα
πονηρός An. 388. 5, Min. 729. 3
πόνος Sim. 519 fr. 35 (b) 6, 520. 3 (bis),
543. 7, Ad. 932. 7
pl. Al. 1. 88, An. 411 (a) 2, Min. 813. 6,
842. 5
πόντιος An. 427. 1, Ad. 925 (d) 5, 939. 2,
1000
πόντος Ib. 282 (a) 28, An. 347. 17, Sim.
543. 22, Co. 654 iii 14, Min. 791. 31
et 94 et 112, Scol. 891. 3, Ad. 935. 23,
939. 14, 998. 2
vid. etiam (Al.) 164
πορεύω Ad. 939. 13
pass. Ad. 1027 (h)
πορθμεύω Min. 770 (b)
πορθμίς pl. Min. 836 (e) 2
Πόρκος Al. 1. 19
πόρνη Scol. 905. 1
πόρος Ad. 939. 17, 1019. 7
vid. etiam Sim. 519 fr. 73 (b) 2
Πόρος Al. 1. 14 schol. (p. 6); vid. etiam
5 fr. 2 ii 3 seqq.
πόρρω Pop. 864
πορφύρα Al. 1. 64
vid. etiam Sim. 576
πορφύρεος Al. 89. 5, An. 347. 18, 357. 3,
358. 1, Sim. 543. 16, 571, 585. 1,
(Co.) 693 fr. 1. 13 (suppl.)

πορφυρίς Ib. 317 (b)
πόρω, πεπρωμένον Sim. 519 fr. 79. 5
vid. etiam Co. 654 (b) 4. 4
Ποσειδῶν, Ποτιδάων Sim. 519 fr. 77. 6,
Co. 654 ii 38 (suppl.) et 15 et iii 37,
658, Ad. 929 (c) 2, 939. 2
vid. etiam Al. 25, St. 235, Sim. 576
Ποσιδηίων An. 362. 1
πόσις potus An. 356 (b) 3, Min. 836 (e) 23
πόσις vir Al. 81
ποταίνιος Sim. 519 fr. 92. 3
ποταμός St. 184. 2, Ib. 286. 3, An. 381
(b), 385
pl. Sim. 581. 2
ποτανός Min. 736
ποτάομαι Al. 1. 16, 26. 3
ποταυδάω St. 264
ποτέ, ποκά:
ποτέ St. 223. 2, 245 (corrupt. ut vid.),
Ib. 311 (a) (dub.), An. 426, Sim.
521. 1, 523. 1, 542. 21, Min. 791. 108,
Pop. 870. 1 (codd.), Scol. 886. 1,
911, Ad. 926 (d) 2 et (e) 2, 961
ποκά Al. 17. 1, 80. 1, 104, Co. 654 iii 9
et 22 et iv 51 (ut vid.), (Co.) 693
fr. 1. 7 (ut vid.), 694 fr. 11. 4, Pop.
870. 1 (coni.)
πότερον: πότερα . . . ἤ Pop. 848. 12
ποτήριον Ad. 952
ποτής Min. 836 (b) 39
ποτί vid. πρός
ποτιγλέπω Al. 1. 75
ποτιδέρκομαι Al. 3. 62
ποτιρριπτέω St. 187. 1
πότμος Sim. 531. 2, Min. 842. 4, Ad. 925
(b) 4
πότνια Sim. 519 fr. 55. 7, Pop. 862
ποῦ Pop. 852. 1 (ter)
που, κου An. 348. 4, Scol. 894. 1 (dub.),
Ad. 985 (b) 4 (suppl.)
πουλύπους, πωλύ-: πωλύ- Sim. 514
πούς Min. 708. 14, Pop. 866 (ter), 871. 5,
Scol. 917 (c) 6, Ad. 1027 (a), πός
Ad. 977
pl. Al. 3. 10 et 70, St. 185. 6, Sim. 542.
2, Min. 791. 44 et 91 et 200, 836 (b)
31, Ad. 925 (e) 15 (dub.), 929 (e) 4,
939. 6, 944
vid. etiam (Al.) 162 fr. 2 (a) 10, St.
222 i 3, Ib. 282 (a) 33, Sim. fr. 519
fr. 131. 2, Pop. 864, Ad. 932. 4
πρ.[Sim. 519 fr. 138. 2; πρα[(Co.) 692
fr. 7. 5
πρᾶγμα Min. 791. 150

πραπίδες Min. 763
πράσσω Sim. 542. 17
πραΰ[Ad. 1037. 5
πραΰγελως Min. 769. 3
πραΰς Min. 836 (c) 3
πρέπω: πρέπει Al. 98. 2, Min. 712 (b) 1,
836 (e) 22
πρέσβιστος Min. 813. 1
πρέσβυς, πρέσγυς Al. 5 fr. 2 ii 20, Ad.
953. 4
superl. -ύτατος Ad. 985 (b) 14
πρηνής Min. 791. 18 (suppl.)
Πρίαμος Ib. 282 (a) 1 et 13, 303 (a) 2,
Sim. 519 fr. 5 (a) 4 (fort.)
vid. etiam Al. 71, St. Hel., Orest., al.
πρίν Sim. 519 fr. 77ª 4, (Co.) 693 fr. 2. 5,
Pop. 853. 2, Ad. 920 (a) 4
adv. An. 388. 1, Min. 760. 2
πρῖνος Sim. 550 (a) 2
πρό Sim. 531. 3, Min. 738 (1) 1, Ad. 1000
προ[(Co.) 694 fr. 10. 2, Ad. 1037. 21
προβάλλω Co. 654 iii 50
med. Pop. 856. 3
πρόβατον pl. Ad. 997. 1
vid. etiam Sim. 562
προβέβουλα Min. 746. 3
πρόβλημα Scol. 909. 2 et 7
προδέχομαι pass. Ib. 318 (b) (dub.)
προδίδωμι Pop. 853. 1, Scol. 908. 1
προδότης Min. 727. 5
πρόδρομος Min. 745. 3
προδωσέταιρος Scol. 907. 1
προκαλέω med. An. 358. 4
Προκάων St. 222 i 4
προκυκλέω Pop. 848. 6
πρόμαχος Ib. 298. 1
Προμηθεία Al. 64. 2
Προμηθεύς vid. Ib. 342, Min. 765
προοίμιον vid. St. 241
προπίνω An. 356 (a) 3, 407. 1, Scol. 917
(b) 2
πρόπολος Min. 744. 3
vid. etiam Ad. 949 adnot.
πρός, ποτί c. gen. πρός Al. 70 (a), Ib.
310. 2
c. dat. πρός An. 346 fr. 1. 2, ποτί Ib.
287. 6
c. acc. πρός An. 358. 8, 378. 1, 396. 2,
Min. 791. 123, 836 (b) 3 et 5, Ad.
924. 13, 946. 2, 987 (a), 988. 2 (bis),
ποτί Al. 85 (b), St. 185. 3 et 4, 187.
1, 209 i 2, Co. 664 (a) 3, 666, Min.
732. 2, Pop. 857
vid. etiam Sim. 519 fr. 37. 3

προσαυδάω St. 264
προσβλέπω vid. ποτιγλέπω
προσεληναῖος Ad. 985 (b) 8
προσηνής An. 371. 2
πρόσθε(ν), πρόσθα Al. 49, Ib. 321. 3,
Min. 836 (e) 1, Ad. 926 (e) 1
προσπέτομαι Min. 805 (b) 2, Ad. 1036. 1
πρόσωπον Al. 1. 55, An. 380, Sim. 543.
17, Min. 747. 2, 791. 166 (pl. coni.),
843. 3, Ad. 1010. 2
πρότερος Sim. 551 (dub.)
adv. -ον Sim. 523. 1
vid. etiam (Co.) 691. 9
προτίθημι Ad. 1037. 9
προτομή pl. Min. 836 (d) 2
προφαίνω pass. St. 209 i 6 (suppl.)
προφανής Co. 675 (c)
πρόφασις vid. Ib. 344
προφερής superl. Ib. 282 (a) 32, Ad.
1019. 8
προφεύγω Ad. 925 (e) 12
προφήτης Co. 654 iii 29
πρόφρων Min. 813. 2
προχέω Min. 759. 2, Ad. 925 (c) 3 et 8
πρόχοος Min. 836 (a) 2
πρύτανις St. 235, Min. 744. 5, Ad. 954 (a)
Πρύτανις vid. Sim. 628
πρω[Ad. 922 (a) 18
πρών pl. Al. 89. 2
]πρῶτέρικα[(Co.) 694 fr. 1 (b) 5
πρωτεύς Min. 791. 236
Πρωτεύς vid. St. 193. 16
πρωτόγονος Ad. 985 (b) 16
πρωτοπαγής Scol. 917 (c) 4
πρῶτος St. 242, An. 419. 1, Co. 654 iii 32,
Min. 791. 221, 806. 2, 810. 1, Pop.
880, Scol. 899. 1, Ad. 946. 3, 985 (b)
3 et 6
adv. πρῶτα Min. 755. 4, 836 (b) 7
πτερόεις Al. 11 (suppl.)
πτερόν pl. Ad. 1007. 1
πτεροφόρος Ad. 1033. 2
πτέρυξ Min. 745. 3, Ad. 1019. 5
pl. An. 378. 1, 379 (b), Scol. 917 (c) 7,
Ad. 929 (g) 5
πτήσσω Scol. 909. 8
πτίλον vid. ψίλον
πτοέω pass. An. 346 fr. 1. 12, 408. 3
Πτοῖος (Co.) 694 fr. 1 (b) 3 (suppl.)
πτυχή pl. Sim. 519 fr. 1. 6 (suppl.) et fr.
37. 4 (suppl.) et fr. 55. 1 (suppl.),
Min. 791. 106
vid. etiam Sim. 519 fr. 95. 2
πυάνεος, -ιος Al. 96. 1

πυγμαχία *pl.* Min. 708. 8
πυελός Scol. 905. 2
Πυθαεύς vid. Min. 719
Πύθιος Min. 791. 237, Ad. 991
  vid. etiam Sim. 573
πυθμήν (Al.) 162 fr. 1 col. ii (*b*) 7
  vid. etiam An. 462
Πυθόμανδρος An. 400. 1
Πυθώ Sim. 511 fr. 1 (*a*) 7, Ad. 922 (*a*) 7
  (dub.)
  vid. etiam Sim. 519 fr. 35
Πυθών vid. Sim. 573
πυκινός Ib. 312, Ad. 919. 8
  adv. -ῶς An. 346 fr. 1. 5
πυκταλίζω An. 346 fr. 4. 1, 396. 2
πυκτεύω Co. 666. 2
πυλεών Al. 3. 65, 60. 2
πύλη *pl.* Sim. 612
πυλημάχος St. 242
πῦρ Al. 121, An. 425. 2, Sim. 587, (Co.)
  690. 6, Min. 791. 21 et 27 et 183, 836
  (*b*) 14, Ad. 966, 1024. 6
  vid. etiam Al. 3 fr. 23. 3, Ad. 937. 1
πυρβρομολευκερεβινθο- Min. 836 (*e*) 13
πυριθηγής Ad. 1037. 24
πυρίκτιτος vid. Min. 798
†πυριων Min. 836 (*b*) 18
πύρνον *pl.* Pop. 848. 10 (coni.)
πυροφόρος St. 222 ii 7, Sim. 591
πυρόω *pass.* Ad. 989
πυρσός Ad. 1024. 6
πω, κω An. 384, Scol. 894. 1, 911
  vid. etiam οὔπω
πώγων An. 388. 9
πῶλος An. 417. 1
  pl. Al. 2 iv 5, (Al.) 172, An. 456
πῶμα Min. 836 (*d*) 2 (πόμα cod.)
]πώρω Al. 1. 10
πῶς (Co.) 693 fr. 1. 7 (ut vid.)
  κῶς Min. 791. 150
πως Al. 3. 79
πωτάομαι Sim. 567. 2
πῶν Min. 836 (*e*) 8

ῥα vid. ἄρα
ῥά(ι) Al. 104
ῥα[Sim. 519 fr. 157. 3 (fort.)
'Ραδάμανθυς Ad. 969
  vid. etiam Ib. 309
'Ραδίνη vid. (St.) 278
ῥαδινός Al. 91, St. 243, An. 407. 2, 456
  vid. etiam Ib. 336
ῥά(ι)διος *adv.* -ως Pop. 848. 16
ῥαιβός Min. 776

ῥαίνω Ad. 936. 15
ῥαπίζω *pass.* An. 457
'Ραρία Ad. 985 (*b*) 9
'Ρέα, 'Ρεία Co. 654 i 16
ῥέγμα *pl.* Ib. 316. 1
ῥέγος An. 447
ῥέζω St. 223. 2
ῥεῖα Sim. 525
ῥεῖθρον, ῥέε- *pl.* Sim. 519 fr. 32. 2, Pop.
  858. 16
ῥῆμα *pl.* Sim. 543. 19
  vid. etiam Ad. 1020. 1 adnot.
ῥηξί[...]ος Min. 791. 9
(-)ῥῆρ[Sim. 519 fr. 6 (*a*) 8
ῥίμμα *pl.* Ad. 939. 6
'Ρῖπαι Al. 90
ῥιπή *pl.* Ad. 998. 2
ῥίπτω An. 381 (*b*), (An.) 501. 8, Min. 758.
  2, 791. 165, Ad. 939. 19, 1037. 14
ῥόδεος Ib. 288. 4
ῥόδινος St. 187. 3, An. 434. 2
ῥοδόκολπος Ad. 1018 (*b*) 5
ῥόδον Min. 844. 1 (dub.)
  pl. Ib. 315. 2, Sim. 506. 2, Pop. 852
  (bis)
'Ρόδος vid. An. 491
ῥοή *pl.* Al. 1. 100, Ib. 286. 2
  vid. etiam Al. 10 (*a*) 7 adnot.
ῥόθιον *pl.* (Co.) 692 fr. 3. 5 (dub.,]ροθ-)
ῥόθος Min. 791 col. i (ut vid.)
ῥόμβος (An.) 501. 12
ῥύγχος St. 221
  pl. Min. 836 (*b*) 31
ῥυθμός, ῥυσμός Pop. 851 (*b*) 2
  pl. An. 416. 2, Min. 791. 230, Ad. 967
ῥύομαι Min. 791. 107
ῥύτειρα (Al.) 170

σαλαΐζω An. 484
Σαλαμίς vid. Sim. 536
σάλπιγξ Al. 4 fr. 5. 8
Σάμβας Al. 109
Σάμιος (St.) 278. 2
Σάμος vid. An. 353
σάνδαλον, σάμβ- *pl.* Min. 696. 2
σάνδυξ (Al.) 175
Σαπφώ Ad. 979
Σάρδεις Al. 13 (*d*) 4 (suppl.), 16. 5, Min.
  791. 117 et 158
  vid. etiam Min. 772
Σαρπηδόνιος, -ία (νῆσος) St. 183, (πέτρα)
  Sim. 534
σατίνη *pl.* An. 388. 10
σαῦλος An. 411 (*b*), 458

(σύ, τύ)
853. 3 (suppl.), 880, Scol. 885. 3,
894. 2, 898. 1, 903. 2, Ad. 924. 16
(ut vid.), 935. 17, 939. 4, 957, 1037.
6 et 32
nom. τύ Al. 10 (*b*) 8, (Al.) 169, Co. 654
iii 44, 658 (bis), 661, 695 (*a*), Min.
727. 1 (bis) et 2, 858. 7 (dub.), Ad.
1019. 2 et 7
gen. τέο Al. 48, τεῦς Co. 677, τεοῦς Co.
654 iv 6 et 25 (ut vid.), 666
dat. τιν Al. 5 fr. 29. 5 (vid. adnot.
p. 25), 60. 1, Min. 836 (*b*) 19 et 23
τοι Al. 1. 56, 17. 1, 45, Sim. 543. 18,
Ad. 979
τείν Co. 654 ii 30 et iv 20 ut vid.
acc. τε Al. 70 (*a*)
τεί Al. 70 (*b*)
τυ (Al.) 168
τιν Co. 663. 1
σῦ .[Al. 3. 97
συγγιγνώσκω Sim. 543. 27
συγκαθείργω Min. 824
συγκαλύπτω Min. 836 (*e*) 7
συγκατάφυρτος Min. 836 (*e*) 18
συγκρούω *med. vel pass.* Min. 791. 93
Συλοσών (An.) 505 (*b*)
συμβάλλω *med.* Min. 833
σύμβουλος An. 357. 10
σύμβωμος Ad. 1027 (*g*)
σύμμετρος Min. 791. 199
συμπαίζω An. 357. 4, 358. 4
σύμπηκτος Min. 836 (*b*) 37
συμπίνω Scol. 902. 1 (in tmesi)
συμπόσιον *pl.* Ad. 1009. 2
συμπότης Ad. 1002
συμφορά Sim. 542. 16, Min. 791. 187
pl. Sim. 512
σύν *ante voc.* Ib. 287. 7, 298. 2, Sim. 511
fr. 1 (*b*) 7, 519 fr. 55. 4, 567. 5, (Co.)
692 fr. 29. 3, Min. 791. 2 et 238, 805
(*c*) 3, Ad. 922 (*a*) 10 (dub.), 934. 14
et 23, 937. 15
ante cons. An. 427. 3, Pop. 871. 3,
873. 3, Scol. 902. 1 et 2 (bis), Ad.
925 (*e*) 5, 1037. 11 et 21
adverbiascit Min. 836 (*b*) 4
συν[Co. 654 ii 22 et iv 19
συναείδω Ad. 935. 3
συναικλία *pl.* Al. 95 (*a*)
συ[ν]δρομ[Min. 791 col.i
σύνειμι Min. 813. 2
συνεράω Scol. 902. 1
συνεργός Min. 789

συνέριθος *superl.* Min. 805 (*c*) 1
συνέστιος Sim. 545. 2 (coni.)
συνευδ .[Sim. 519 fr. 4. 7
συνεφέπομαι Scol. 917 (*c*) 2
συνηβάω An. 378. 2, 402 (*a*), Scol. 902. 1
συνθ .[St. 209 ii 6
συνίημι An. 475
συνκ[Al. 4 fr. 2. 6
συνόδων Min. 836 (*b*) 14
συνοπηδός Min. 810. 2
συνορμάδες (πέτραι) Sim. 546
συντ[Co. 654 iv 35
συντίθημι Ad. 925 (*e*) 21
med. Al. 39. 3
σύντονος Min. 712 (*a*) 1, 791. 169
συντυχία *pl.* Min. 846. 2, Ad. 1018 (*b*) 9
συνωρίζω Ad. 1023. 11–12
Συοθῆραι vid. St. 221
σύριγμα *pl.* Min. 737 (*b*) 4
σύριγξ Ad. 936. 5
pl. An. 363. 2
συρίζω Ad. 1038 II 7
Σύριος Min. 757. 6
σύρτις Min. 791. 88
σύρω Ad. 935. 7 (dub.)
συστεφανηφορέω Scol. 902. 1
σφ[Ad. 920 (*a*) 2
σφάζω (Co.) 690. 3
σφαῖρα An. 358. 1
σφάλλω *pass.* Sim. 519 fr. 119. 2 (suppl.)
σφεῖς Ad. 1005. 2, 1022
σφεός Al. 83, 85 (*b*)
σφέτερος Al. 85 (*a*), Ib. 318 (*a*), Ad. 1037.
7
σφηκόω *pass.* An. 388. 1
σφός Al. 88
σφραγίς Min. 791. 148
σφυ[Al. 9. 3
σφυδόω *pass.* Pop. 851 (*a*) 3
σφώ *vel* σφῶϊ Scol. 896. 1
σφω[Ad. 920 (*a*) 6
σχεδόν (Al.) 162 fr. 1 ii (*b*) 8, St. 184. 1
σχελίς *pl.* Min. 836 (*b*) 30
σχέτλιος Sim. 575. 1
σω[Al. 3 fr. 26. 4
σώ(ι)ζω Ad. 937. 12
σῶμα Min. 746. 1, 758. 3, 791. 71 et 96 et
109 et 176 et 185, Scol. 917 (*b*) 4 (dub.),
Ad. 925 (*e*) 19 (suppl.), 929 (*e*) 5,
1037. 18
σωτήρ Pop. 858. 17
pl. Ad. 1027 (*c*)
σωφρονέω Scol. 902. 2
σώφρων Scol. 902. 2

τα[Sim. 511 fr. 3. 5, 519 fr. 10. 5 et fr.
140. 1
Ταινάριος Ad. 939. 13
τακερός Ib. 287. 2, An. 459
comp. Al. 3. 61
vid. etiam An. 346 fr. 7. 5
τάλαντον *pl.* Min. 727. 8, 730
vid. etiam An. 355
ταλαπείριος Ib. 282 (*a*) 8
ταλασίφρων Al. 80. 1
Τάλως vid. Ib. 309, Sim. 568
ταμία Al. 83
ταμίας Pop. 863. 2, 865. 2
ταμιεῖον Ad. 960. 2
Ταμύναι Sim. 530
Τάναγρα Co. 654 ii 33 seqq. adnot. (p. 332)
vid. etiam Min. 716
Ταναγρίδες Co. 655. 1. 3
ταναός Al. 3. 70
τανίσφυρος Ib. 282 (*a*) 11
τανταλίζω An. 443
Τάνταλος vid. Al. 79, An. 355
τανύπεπλος St. 222 i 7
τανύπτερος Ib. 317 (*b*), Min. 791. 29
τανυπτέρυγος Al. 89. 6, Sim. 521. 3
τανυσίπτερος (Al.) 162 fr. 2 (*a*) 13, Ib.
317 (*a*) 4
Ταργήλιος An. 364. 2
Τάρταρος St. 254, An. 395. 8, Min. 731. 2
Ταρτησσός St. 184. 2, An. 361. 4
τάσσω Co. 654 i 20
ταῦρος Pop. 871. 6 (bis)
vid. etiam Sim. 562, Ad. 931 (ii)
ταυροτενής Ad. 1037. 25
ταυρωπός Min. 744. 2
τάφος *admiratio* Ib. 283
τάφος *sepulcrum* Sim. 531. 3, Ad. 925
(*c*) 7, 990
τάχα Al. 17. 3, Co. 654 i 24, Min. 760. 3
(bis)
τάχι[στα (Co.) 691. 9 (dub.)
τάχος *adv.* Min. 808. 4, Scol. 917 (*c*) 7
ταχύπορος Min. 791. 163
ταχύπους Ad. 1033. 1
τε passim; vid. etiam ὅς τε, οἷά τε,
ἐπεί τε, ἇτε, δέ τε
τε[Co. 654 ii 41
τεα[Sim. 519 fr. 4. 5
τέγγω Scol. 917 (*c*) 5
τέγος Al. 2 (iii)
τείνω Min. 791. 220
pass. Sim. 543. 12, Min. 799
τείρω Al. 1. 77, Min. 805 (*a*) 5, Ad. 929 (*e*) 4
pass. An. 347. 9

τέκμωρ Al. 5 fr. 2 ii 3 seqq.
τέκνον Sim. 543. 7 (v.l.), Scol. 886. 1,
Ad. 925 (*a*) 5 (bis), 929 (*f*) 4
pl. St. 178. 1, 222 ii 3, Ib. 285. 2,
Scol. 917 (*c*) 2, Ad. 925 (*c*) 8, 930. 5,
994, 1037. 11
vid. etiam Co. 654 iv 10
τεκνόω Min. 791. 222, Ad. 985 (*b*) 11
τέκος Sim. 509. 3, 543. 7, 553. 2, Ad. 926
(*d*) 1
pl. Min. 813. 3, 819 (2)
Τελαμών Scol. 898. 1, 899. 1
Τελαμώνιος Ib. 282 (*a*) 34
τελέθω Ad. 1019. 6
τελεόπορος Min. 791. 115
τελεσφόρος Sim. 511 fr. 1 (*b*) 5
τελετή Ad. 1037. 31, 1038 II 3
pl. Al. 7. 4
τελέω Sim. 519 fr. 92. 3, 523. 4
τέλος Al. 1. 84, St. 209 i 12 (suppl.), Sim.
541. 7 (suppl.), Ad. 946. 2
Τελχῖνες vid. St. 265
τέμενος Sim. 507. 3, Min. 791. 197
pl. Scol. 917 (*a*) 3 (dub.)
τέμνω, τάμνω Ib. 282 (*c*) 3. 4, Ad. 939. 17,
1013
pass. Min. 836 (*b*) 21
Τένεδος Ad. 965. 4
τεός Sim. 519 fr. 4. 5 (fort.), 543. 13. 1,
Co. 654 iii 8 (ut vid.) et 19, 695 (*a*),
Min. 748, 791. 74, 794, Ad. 936. 17,
1019. 6, 1037. 3
τέραμνον Ad. 1037. 13
τέρας Al. 146, St. 209 i 1, Min. 824
τέρην Ib. 315. 2, An. 375. 2, Min. 757. 6,
Ad. 929 (*e*) 4
comp. τερενώτερος Ad. 943
τέρθρον Min. 701
τέρμα Ad. 1019. 2
pl. An. 417. 4
τερπ[Al. 4 fr. 1. 6
Τέρπανδρος Min. 791. 225
τερπνός Ad. 932. 7 (suppl.)
adv. -ῶς Ad. 953. 3
superl. Ad. 947 (*b*)
τέρπω *med. vel pass.* Al. 7. 5, Min.
757. 4
τερτ.[Al. 8. 11 (nisi τερψ.[ )
τέρψις Min. 813. 6, 836 (*c*) 3
Τερψιχόρα Co. 655. 1. 1
τέσσαρες Sim. 508. 3
τέταρτος, τέτρατος Al. 20. 3, Sim. 519 fr.
131. 5, Scol. 890. 4
τετράορος Min. 791. 190